COMER
AMAR
MAMAR

¡Hola chicos!
Esperamos que os
sean útiles. Al final
la mejor guía es el
instinto de la madre.
Adri, tu haz lo que
puedas... ¡besos!

temas'de hoy.

CARLOS GONZÁLEZ

COMER AMAR MAMAR

GUÍA DE CRIANZA NATURAL

temas'de hoy. VIVIR MEJOR

Primera edición: noviembre de 2009
Duodécima impresión: febrero de 2017

Edición actualizada y corregida de *Bésame mucho,*
Un regalo para toda la vida y *Mi niño no me come*

El papel utilizado para la impresión de este libro
es cien por cien libre de cloro
y está calificado como **papel ecológico**

Colección: Vivir Mejor

Ediciones Temas de Hoy, sello editorial de Editorial Planeta, S. A.
Avda. Diagonal, 662-664, 08034 Barcelona
www.temasdehoy.es
www.planetadelibros.com
ISBN: 978-84-8460-820-2
Depósito legal: M. 679-2012
Preimpresión: J. A. Diseño Editorial, S. L.
Impresión: Unigraf, S. L.
Printed in Spain-Impreso en España

ÍNDICE

UN REGALO PARA TODA LA VIDA

GUÍA DE LA LACTANCIA MATERNA

MI NIÑO NO ME COME

CONSEJOS PARA PREVENIR Y RESOLVER EL PROBLEMA

PRIMERA PARTE
LAS CAUSAS

PRÓLOGO A ESTA EDICIÓN

Para ser buenos padres, no hace falta leer ningún libro.

Parece una forma un poco rara de presentar un libro para padres. Pero es la verdad.

Es fácil oír voces que claman lo contrario. Que para ser padres habría que tener un título, que el simple hecho de dar a luz no te capacita para criar a un hijo... Pero resulta que sí, que en la vida real, el simple hecho de tener un hijo te convierte en madre o padre, como ha ocurrido durante millones de años.

Una de las ventajas de ser pediatra es el privilegio de conocer a cientos, miles de padres. Sobre todo madres. Personas que hace apenas unos meses eran tal vez inmaduras, egoístas o despreocupadas, aparentemente incapaces de denvolverse en este mundo y a las que difícilmente habrías confiado el cuidado de un helecho, de pronto, solo por dar a luz, dan un paso al frente y asumen la agotadora responsabilidad de atender todas las necesidades de un recién nacido. Le protegen, alimentan, cuidan y educan sin vacilar. Bueno, con vacilaciones, muertos de miedo al principio, llenos de dudas, pero sin retroceder, sin salir huyendo, casi sin llorar, y con notable eficacia.

Criar a un hijo es agotador, sin duda. Pero también divertido, satisfactorio, trascendente. Para la mayoría de nosotros, lo más divertido, satisfactorio y trascendente que haremos en la vida.

Divertido, porque el mundo parece nuevo a través de sus ojos asombrados, y los actos más sencillos, tras sus pacientes repeticiones y su sonrisa de triunfo, recuperan toda la importancia.

Satisfactorio, porque una persona ha depositado en nosotros una confianza ciega, y sentimos que no le hemos fallado.

Trascendente, porque cuando el recuerdo de todo lo que fuimos e hicimos se desvanezca, los nietos de nuestros nietos aún poblarán la tierra; y, aunque no conozcan nuestros nombres, seguirán llevando algo de nosotros.

También hay, por supuesto, momentos de duda, incluso de angustia. Como pediatra, he podido ver que muchas veces esas preocupaciones son infundadas. El niño está bien, los padres están bien, no pasa nada..., pero no se han cumplido las normas de los expertos. El bebé no ha dormido las horas que «tiene» que dormir, o no ha engordado los gramos que «debe» engordar, o ha pedido el pecho cuando «no le toca», o no se ha comido la cantidad de verdura que «le corresponde», o está adquiriendo una «mala costumbre».

Por eso escribí mis libros. Para ofrecer a esos padres preocupados otro punto de vista, para ayudarles a liberarse de normas y prejuicios, a hacer sin miedo lo que su corazón y su hijo les piden.

Mis editoras están convencidas de que es buena idea publicar los tres libros en un solo volumen. Sin duda, quedará un pisapapeles considerable, un ladrillo sobre el que sentar a los niños pequeños para que alcancen la mesa. Parece que saldrá más barato que comprar los tres por separado, lo que siempre es una ventaja en tiempos de crisis.

He aprovechado para revisarlos y actualizarlos. Sobre todo, he suavizado las recomendaciones sobre alimentación: hay menos normas, y son menos importantes. No sé si será la edad, pero cada vez tengo más la sensación de que los niños pequeños pueden comer lo que les venga en gana. Igual que los adultos.

Espero que mis libros le sean útiles. Pero, en caso de conflicto, no dude ni un momento: su hijo es más importante que el libro.

CARLOS GONZÁLEZ
Hospitalet de Llobregat, septiembre de 2009

BÉSAME MUCHO

CÓMO CRIAR A TUS HIJOS CON AMOR

A Joana, Daniel, Sara y Marina,
que me enseñaron a ser padre

AGRADECIMIENTOS

El autor da las gracias a Alicia Bair-Fassardi, Elena Garrido, Joana Guerrero, Rosa Jovè, Lourdes Martínez, Maribel Matilla, Pilar Serrano, Mónica Tesone, Eulalia Torras, Patricia Trautmann-Villalba y Silvia Wajnbuch por sus valiosos comentarios al manuscrito.

Los testimonios de madres citados en este libro provienen de cartas enviadas al autor, la mayoría a través de la revista *Ser Padres*, y de foros públicos en Internet. Se han cambiado los nombres para proteger la intimidad de los protagonistas.

capítulo
uno

El niño bueno y el niño malo

Hemos tomado prestado este título de un cuento de Mark Twain no para hablar, como él, de dos niños concretos, sino de todos y cada uno de los niños, del Niño en general. ¿Son los niños buenos o malos? Pues de todo habrá, pensará el lector. Cada niño es distinto, y probablemente la mayoría, lo mismo que los adultos, serán normales tirando a buenos.

Sin embargo, y dejando aparte los méritos propios de cada niño, mucha gente (padres, psicólogos, maestros, pediatras y público en general) tiene una opinión predeterminada y general sobre la bondad o maldad de los niños. Son «angelitos» o «pequeños tiranos»; lloran porque sufren o porque nos toman el pelo; son criaturas inocentes o «saben latín»; nos necesitan o nos manipulan.

De esta concepción previa depende que veamos a nuestros propios hijos como amigos o enemigos. Para unos, el niño es tierno, frágil, desvalido, cariñoso, inocente, y necesita nuestra atención y nuestros cuidados para convertirse en un adulto encantador. Para otros, el niño es egoísta, malvado, hostil, cruel, calculador, manipulador, y solo si doblegamos desde el principio su voluntad y le imponemos una rígida disciplina podremos apartarlo del vicio y convertirlo en un hombre de provecho.

Estas dos visiones antagónicas de la infancia impregnan nuestra cultura desde hace siglos. Aparecen en los consejos de parientes y vecinos, y también en las obras de pediatras, educadores y filósofos. Los padres jóvenes e inexpertos, público habitual de los libros de puericultura (con el segundo hijo sueles tener menos fe en los expertos y menos tiempo para leer), pueden encontrar obras de las dos tendencias: libros sobre cómo tratar a los niños con cariño o sobre cómo aplastarlos. Los últimos, por desgracia, son mucho más abundantes, y por eso me he decidido a escribir este, un libro en defensa de los niños.

La orientación de un libro, o de un profesional, raramente es explícita. En la solapa del libro tendría que decir claramente: «Este libro parte de la base de que los niños necesitan nuestra atención», o bien: «En este libro asumimos que los niños nos toman el pelo a la más mínima oportunidad». Lo mismo deberían explicar los pediatras y psicólogos en la primera visita. Así, la gente sería consciente de las distintas orientaciones, y podría comparar y elegir el libro o el profesional que mejor se adapta a sus propias creencias. Consultar a un pediatra sin saber si es partidario del cariño o de la disciplina es tan absurdo como consultar a un sacerdote sin saber si es católico o budista, o leer un libro de economía sin saber si el autor es capitalista o comunista.

Porque de creencias se trata, y no de ciencia. Aunque a lo largo de este libro intentaré dar argumentos a favor de mis opiniones, hay que reconocer que, en último término, las ideas sobre el cuidado de los hijos, como las ideas políticas o religiosas, dependen de una convicción personal más que de un argumento racional.

En la práctica, muchos expertos, profesionales y padres ni siquiera son conscientes de que existen estas dos tendencias, y no se han parado a pensar cuál es la suya. Los padres leen libros con orientaciones totalmente diferentes, incluso incompatibles, se los creen todos e intentan llevarlos a la práctica simultáneamente. Muchos autores les ahorran el trabajo, pues ya escriben directamente híbridos contra natura. Son los que te dicen que tomar al niño en brazos es buenísimo, pero que nunca lo cojas cuando llora porque se acostumbra; que la leche materna es el más maravilloso alimento, pero que a partir de los seis meses ya no alimenta; que los malos tratos a los niños constituyen un gravísimo problema y un atentado a los derechos humanos, pero que un cachete a tiempo hace maravillas... Vamos, «libertad dentro de un orden».

Veamos un ejemplo clásico, en la obra del pedagogo Pedro de Alcántara García, que en 1909 citaba al filósofo Kant:[1]

> Tan perjudicial puede ser la represión constante y exagerada, como la complacencia continua y extremosa. Kant nos ha dejado dicho a este respecto: «No debe quebrantarse la voluntad de los niños, sino dirigirla de tal modo que sepa ceder a los obstáculos naturales —los padres se equivocan ordinariamente rehusando a sus hijos todo lo que les piden. Es absurdo negarles sin razón lo que esperan de la bondad de sus padres—. Mas, de otra parte, se perjudica a los niños haciendo cuanto quieren; sin duda que de este modo se impide que manifiesten su mal humor, pero también se hacen más exigentes».

> La voluntad se educa, pues, ejercitándola y restringiéndola, por el ejercicio y la represión, positiva y negativamente.

En conjunto, estos párrafos parecen bastante razonables, y bastante favorables al niño (aunque la palabra «represión» hoy en día chirría un poco, ¿verdad? Seguimos reprimiendo a los niños, pero preferimos decir que los formamos, encauzamos o educamos). Todo depende de qué se considere una «complacencia extremosa». No hay que negarles cosas sin razón, pero si un niño se va a tirar por la ventana, desde luego que no se lo hemos de permitir. Todos de acuerdo.

Pero ¿por qué precisamente al hablar de los niños hay que acordarse de esas limitaciones? Tampoco permitiríamos que se tirase por la ventana un adulto, ya sea nuestro padre o nuestro hermano, nuestra esposa o nuestro marido, nuestra jefa o nuestra empleada. Pero eso es tan lógico que, al hablar de personas adultas, no creemos necesario hacer la aclaración. Substituya en los párrafos anteriores al hijo por la esposa: «En la vida conyugal, tan perjudicial puede ser la represión constante y exagerada, como la complacencia continua y extremosa. Se perjudica a las mujeres haciendo cuanto quieren; sin duda que de este modo se impide que manifiesten su mal humor, pero también se hacen más exigentes». En dos frases las ha llamado exigentes y malhumoradas. ¿A que da rabia?

Durante siglos, la mujer ha estado «naturalmente» sometida al marido, y se escribían frases similares sin que nadie se escandalizase. Hoy nadie se atrevería a hablar así de las mujeres, pero todavía nos parece normal hacerlo de los niños.

Pensará algún lector que estoy cogiendo las cosas muy por los pelos, que tampoco es para tanto, que estoy sacando de contexto las frases de Pedro de Alcántara y que él en realidad era muy respetuoso con los niños. Pero es que aquello no era más que el principio. Unas pocas páginas más adelante leemos:

> Para contener estos impulsos y evitar la formación de semejantes hábitos, precisa oponer resistencia a los deseos de los niños, contrariar sus caprichos, no dejarles hacer todo lo que quieran ni estar con ellos tan solícitos como suelen estar muchos padres a sus menores indicaciones.

Aquí ya no estamos hablando de impedir que el niño juegue con una pistola, pegue a otro niño o rompa un jarrón. Estamos hablando de no dejarle hacer lo que quiere «porque sí», por el puro placer de contrariarle, cuando acaba de decir que «es absurdo negarles sin razón lo que esperan». Parece que ni el autor ni sus lectores se daban cuenta de que había una contradicción.

Mucha gente se siente atraída por estas posiciones indefinidas, por el «sí, pero...» y por el «no, aunque...», pues está muy extendida en nuestra sociedad la idea de que los extremos son malos y en el medio está la virtud. Pero no es así, al menos no en todos los casos. La virtud está, muchas veces, en un extremo. Un par de ejemplos en los que quiero creer que todos mis lectores coincidirán: la policía jamás debe torturar a un detenido, el marido jamás debe golpear a su esposa. ¿Le parece que estos «jamases» resultan demasiado extremistas, tal vez fanáticos? ¿Debería adoptar una postura intermedia, más conciliadora y comprensiva, como torturar poquito y solo a asesinos y terroristas, o pegar a la esposa solo cuando ha sido infiel? Rotundamente no. Pues bien, del mismo modo, no estoy dispuesto a aceptar que «un cachete a tiempo» sea otra cosa que malos tratos, ni conozco ningún motivo por el que haya que hacer caso a los niños de día pero no de noche.

El libro que tiene usted en sus manos no busca el «justo medio», sino que toma claro partido. Este libro parte de la base de que los niños son esencialmente buenos, de que sus necesidades afectivas son importantes y de que los padres les debemos cariño, respeto y atención. Quienes no estén de acuerdo con estas premisas, quienes prefieran creer que su hijo es un «pequeño monstruo» y busquen trucos para meterlo en vereda, encontrarán (por desgracia, pienso yo) otros muchos libros más acordes con sus creencias.

Este libro está a favor de los hijos, pero no debe pensarse por ello que está en contra de los padres, pues precisamente solo en la teoría del «niño malo» existe ese enfrentamiento. Quienes atacan al niño parecen creer que así defienden a los padres («un horario rígido para que tú tengas libertad, límites para que no te tome el pelo, disciplina para que te respete, dejarlo solo para que puedas tener tu propia intimidad...»); pero se equivocan, porque en realidad padres e hijos están en el mismo bando. A la larga, los que creen en la maldad de los niños acaban atacando también a los padres: «No tenéis voluntad, lo estáis malcriando, no seguís las normas, sois débiles...».

Pues la tendencia natural de los padres es la de creer que sus hijos son buenos, y tratarlos con cariño. Una vez llegué demasiado pronto a mi consulta y me entretuve charlando con el recepcionista. En la sala solo había una madre, con un bebé de pocos meses en un cochecito, esperando para otro colega. El bebé se puso a llorar, y la madre intentó calmarlo moviendo el cochecito adelante y atrás. Cada vez los llantos eran más desesperados, y los paseos de la madre más frenéticos. Cuando un niño llora con todas sus fuerzas, los minutos parecen horas. «¿Qué hace? —pensé—. ¿Por qué no lo saca del coche y lo toma en brazos?» Esperé y esperé, pero la madre no hacía nada. Finalmente, aunque nunca he sido amigo de dar consejos no solicitados, me decidí a lanzar una indirecta lo más suave que pude:

—¡Pero qué enfadado está este niño! Parece que quiere brazos...

Y entonces, como movida por un resorte, la madre se abalanzó a sacar del coche a su hijo (que se calmó al instante) y explicó:

—Es que como dicen los pediatras que no es bueno cogerlos...

¡No se atrevía a tomar a su hijo en brazos porque había un pediatra delante! Aquel día comprendí cuánto poder tenemos los médicos y cuántas presiones y temores deben soportar cada día las madres.

Esa misma explicación, «le cogería en brazos, pero como dicen que se malacostumbran...», la he oído docenas de veces en circunstancias menos dramáticas. Todas las madres sienten el deseo de consolar a su hijo que llora, y solo una fuerte presión y un completo «lavado de cerebro» puede convencerlas de lo contrario. En cambio, nunca he visto el caso opuesto: una madre que espontáneamente prefiera dejar llorar a su hijo, pero lo tome en brazos por obligación («le dejaría llorar, pero como dicen que eso les provoca un trauma...»).

La puericultura elástica

> *Si hay un ángel que anota las penas de los hombres, así como sus pecados, bien sabe cuántas y cuán profundas son las penas nacidas de falsas ideas de las que nadie tiene la culpa.*
>
> GEORGE ELIOT, *Silas Marner*

Otro importante problema es que, a menudo, las palabras de los libros y de los expertos son tan imprecisas que admiten cualquier interpretación.

Una vez escuché durante más de media hora a un psicólogo que hablaba sobre la educación de los niños ante un grupo de madres y padres. No entendí nada. En realidad, sospecho que no dijo nada. Al final, todos le aplaudieron. Consciente o inconscientemente, algunos expertos en educación parecen adoptar el método de los redactores de horóscopos: decir generalidades vacías de contenido con las que cualquiera puede identificarse. Si yo digo, por ejemplo, «los géminis son cariñosos y leales, aunque no les gusta que les tomen el pelo», muchos de mis lectores géminis pensarán que he descrito a la perfección su personalidad. ¿Y si hubiera dicho «los sagitario son cariñosos y leales...»? Otro completo acierto. Claro, todo el mundo es (o cree ser) más o menos así. Nadie reconoce ser arisco o traicionero, nadie quiere que le tomen el pelo.

Del mismo modo, ¿quién no estaría de acuerdo en que «los padres deben encauzar las potencialidades de sus hijos, pero sin limitar su creatividad»? Los padres de Marta y de Enrique, dos niños de seis años, están de acuerdo. Marta sale de casa a las siete de la mañana y vuelve a las seis o siete de la noche tras comer en el colegio y estudiar inglés, informática y danza después de clase. La recoge una canguro que la cuida hasta que vuelven sus padres. Por su parte, el padre de Enrique ha dejado el trabajo para poder cuidar de su hijo. Enrique come en casa, y dos días por semana estudia guitarra porque le gusta, no porque sea necesario pasar de algún modo las horas hasta que vuelven sus padres.

Los dos padres están convencidos de que están haciendo exactamente lo que recomienda el experto: ellos hacen lo posible por encauzar las potencialidades de sus hijos. Solo les preocupa un poco lo de «limitar la creatividad». ¿No la estarán limitando sin darse cuenta? El papá de Enrique decide que a partir de ahora no solo jugará con su hijo al fútbol, sino también al baloncesto (tal vez no sea bueno centrarse en un solo deporte); el de Marta decide apuntarla a piano dos días por semana, de siete a ocho de la tarde, para completar su educación.

Y usted, ¿cree que Marta y Enrique están recibiendo la misma educación?

Muchas veces, las frases son tan elásticas que se les puede dar la vuelta como a un calcetín. Si le ha gustado «los padres deben encauzar las potencialidades de sus hijos, pero sin limitar su creatividad», ¿qué me dice de «los padres deben permitir que las potencialidades de sus hijos fluyan libremente, pero poniendo límites a su desordenada creatividad»? Al verlas juntas, se da usted cuenta de que estas dos frases son exactamente opuestas; pero si hubiera leído una en un libro y meses después la otra en otro libro, probablemente no habría notado la diferencia.

¿Y qué decir de una frase como «el vínculo afectivo entre madre e hijo debe ser lo suficientemente sólido para dar seguridad al niño, pero sin caer en la sobreprotección, para no ahogar el desarrollo de su personalidad»? ¿Qué significa esto? ¿Cómo es de sólido un vínculo lo suficientemente sólido, dónde está el «vinculómetro» para medirlo? ¿Es posible ahogar el desarrollo de una personalidad? ¿Y cómo? ¿Cómo se distingue, de mayores, a quienes tienen la personalidad «ahogada»? Al oír esta frase, dos madres, Isabel y Yolanda, se quedan un poco preocupadas. La hija de Isabel, de diez meses, va a la guardería nueve horas al día, y al salir la recoge la abuela, que la cuida de cinco a ocho. Isabel sospecha que su suegra está malcriando y consintiendo a la niña, y se pregunta si no sería mejor contratar a una canguro para esas horas, antes de que ahoguen por completo la personalidad de su tierna hija. Yolanda ha pedido excedencia en el trabajo para cuidar a su hijo de diez meses, que toma pecho y duerme en la cama de sus padres; pero el martes pasado fue a la peluquería, había más cola de la que esperaba, y al volver su marido le dijo que el niño había llorado mucho. «¿Se habrá roto nuestro vínculo afectivo?», se pregunta Yolanda; «¿se volverá mi hijo inseguro por causa de esta separación? Al ver tanta cola, tenía que haber vuelto a casa enseguida y dejar el corte de pelo para otro día». Por supuesto, tanto Isabel como Yolanda están totalmente de acuerdo con el experto en cuestión; ninguna de las dos duda de la importancia de un vínculo sólido, ni de los peligros de la sobreprotección.

Todo el mundo puede estar de acuerdo con este tipo de declaraciones generales, porque cada cual las puede interpretar de acuerdo con sus propias ideas. Un experto canadiense, Robert Langis,[2] nos brinda otro ejemplo. En su libro *Cómo decir no a los niños* (un título de por sí significativo: el gran problema de los niños parece ser que no les han dicho «no» suficientes veces) enumera «las trece condiciones de la esclavitud de los padres de hoy en día». Dichas condiciones son extremadamente amplias, por ejemplo la primera:

> No sabemos establecer la diferencia entre las necesidades de nuestro hijo y sus caprichos.

Esto se puede interpretar de mil maneras. Para algunos padres, todo lo que pida su hijo, menos la comida, será un capricho. Y la comida tiene que ser exactamente la que le han puesto en el plato y no otra, y se ha de comer a una hora fija y siguiendo unas normas de urbanidad inmutables. Para otros, en cambio, un niño tiene plena necesidad de estar en brazos gran parte del día, de dormir con sus padres, de recibir caricias y consuelo cuando llora, de comer lo que le gusta y dejar lo que le disgusta, de tener juguetes variados y agradables y de romper alguno de ellos de vez en cuando. Pero estos padres seguirán estando de acuerdo en distinguir entre necesidad y capricho; por supuesto que no van a permitir que su hijo de dos años abra la llave del gas.

Haciendo este tipo de declaraciones generales, es muy fácil tener a todo el mundo contento. En este libro intentaremos concretar un poco más, aun a costa de desagradar a algunos lectores.

Y su hijo, ¿con qué sueña?

El último tabú

¿Qué tienen los niños, que así los besamos, los abrazamos, los mimamos [...]?

ERASMO DE ROTTERDAM, *Elogio de la locura*

Nuestra sociedad parece muy tolerante porque muchas cosas que hace cien años estaban prohibidas se consideran ahora completamente normales. Pero si nos fijamos mejor, también hay cosas que hace cien años eran normales y que ahora están prohibidas. Tan completamente prohibidas que hasta nos parece normal que sea así, tan normal como a nuestros bisabuelos les debía de parecer su sistema de tabúes y prohibiciones.

Muchos de los antiguos tabúes se referían al sexo; muchos de los actuales se refieren a la relación madre-hijo, para desgracia de los niños y de sus madres. Por ejemplo, la palabra «vicio» se usa ahora en una forma totalmente diferente a como la usaban nuestros abuelos. Casi todo lo que entonces era «vicio» ha dejado ahora de serlo. Beber, fumar o jugar son ahora enfermedades (alcoholismo, tabaquismo, ludopatía), con lo que el pecador se ha convertido en víctima inocente. La masturbación (el «vicio solitario» que tanto preocupaba a médicos y educadores) se considera normal. La homosexualidad es simplemente un estilo de vida. Hablar de vicio en cualquiera de esos casos se consideraría hoy un grave insulto. Hoy en día, solo se llama vicio a algunas inocentes actividades de los niños pequeños: «Tiene el vicio de morderse las uñas». «Llora de vicio.» «Si lo coges en brazos, se va a enviciar.» «Lo que pasa es que está enviciado con el pecho, y por eso no se come la papilla.»

Si todavía tiene dudas sobre cuáles son los verdaderos tabúes de nuestra sociedad, imagine que va a su médico de cabecera y le explica una de las siguientes historias:

1. «Tengo un niño de tres años y vengo a ver si me hace la prueba del sida, porque este verano he tenido relaciones sexuales con varios desconocidos.»
2. «Tengo un niño de tres años y fumo un paquete al día.»
3. «Tengo un niño de tres años; le doy el pecho y duerme en nuestra cama.»

¿En cuál de los tres casos cree que su médico le echaría la bronca? En el primer caso, le dirá «ah, bueno» y le pedirá la prueba del sida sin pestañear; todo lo más le recordará educadamente la conveniencia de usar el preservativo, lo mismo que en el segundo caso le explicará que el tabaco no es bueno para la salud (y si el médico también fuma, no le dirá nada de nada). Nadie la increpará: «¡Pero qué descaro, cómo se atreve, una mujer casada, una madre de familia!».

¿Y en el tercer caso? Conozco una historia real. Cuando la psicóloga de la guardería se enteró de que Maribel estaba dando el pecho a su hijo de dieciséis meses, la citó para explicarle que si no lo destetaba inmediatamente su hijo sería homosexual (uno no sabe si asombrarse más de los prejuicios contra la lactancia o de los prejuicios contra la homosexualidad). Como Maribel persistió en su «peligrosa» actitud, la psicóloga llamó a su casa para hablar directamente con su marido y advertirle del daño que su esposa estaba haciendo al hijo de ambos.

Nuestra sociedad, tan comprensiva en otros aspectos, lo es muy poco con los niños y con las madres. Estos modernos tabúes podrían clasificarse en tres grandes grupos:

- Relacionados con el llanto: está prohibido hacer caso de los niños que lloran, tomarlos en brazos, darles lo que piden.
- Relacionados con el sueño: está prohibido dormir a los niños en brazos o dándoles pecho, cantarles o mecerles para que duerman, dormir con ellos.
- Relacionados con la lactancia materna: está prohibido dar el pecho en cualquier momento o en cualquier lugar; o a un niño «demasiado» grande.

Casi todos ellos tienen una cosa en común: prohíben el contacto físico entre madre e hijo. Por el contrario, gozan de gran predicamento todas aquellas actividades que tiendan a disminuir dicho contacto físico y a aumentar la distancia entre madre e hijo:

- Dejarlo solo en su propia habitación.
- Llevarlo en un cochecito o en uno de esos incomodísimos capazos de plástico.
- Llevarlo a la guardería lo antes posible, o dejarlo con la abuela o mejor con la canguro (¡las abuelas los «malcrían»!).

— Enviarlo de colonias y campamentos lo antes posible y durante el mayor tiempo posible.
— Tener «espacios de intimidad» para los padres, salir sin niños, hacer «vida de pareja».

Aunque algunos intentan justificar estas recomendaciones diciendo que es «para que la madre descanse», lo cierto es que nunca te prohíben nada cansado. Nadie te dice: «No friegues tanto, que se malacostumbra a tener la casa limpia», o «irá a la mili y tendrás que ir tú detrás para lavarle la ropa». En realidad, lo prohibido suele ser la parte más agradable de la maternidad: dormirle en tus brazos, cantarle, disfrutar con él.

Tal vez por eso, criar a los hijos se hace tan cuesta arriba para algunas madres. Hay menos trabajo que antes (agua corriente, lavadora automática, pañales desechables...), pero también hay menos compensaciones. En una situación normal, cuando la madre disfruta de la libertad de cuidar a su hijo como cree conveniente, el bebé llora poco, y cuando lo hace, su madre siente pena y compasión («pobrecito, qué le pasará»). Pero cuando te han prohibido cogerlo en brazos, dormir con él, darle el pecho o consolarlo, el niño llora más, y la madre vive ese llanto con impotencia, y a la larga con rabia y hostilidad («¡y ahora qué tripa se le ha roto!»).

Todos estos tabúes y prejuicios hacen llorar a los niños, pero tampoco hacen felices a los padres. ¿A quién satisfacen, entonces? ¿Tal vez a algunos pediatras, psicólogos, educadores y vecinos que los propugnan? Ellos no tienen derecho a darle órdenes, a decirle cómo ha de vivir su vida y tratar a su hijo.

Demasiadas familias han sacrificado su propia felicidad y la de sus hijos en el altar de unos prejuicios sin fundamento.

Con este libro queremos desmentir mitos, romper tabúes y dar a cada madre la libertad de disfrutar de su maternidad como ella desee.

Hacia una puericultura ética

¡Dichoso el hombre sobre el cual han llovido como celestial rocío los besos de sus padres!

ARMANDO PALACIO VALDÉS, *Testamento literario*

Un viejo chiste que corre entre los estudiantes de pediatría dice: «¿En qué se parecen y en qué se diferencian un pediatra y un veterinario?». Tanto uno como otro tienen pacientes que no hablan y que no les consultan voluntariamente, sino que son traídos por un adulto. En ambos casos, el cliente (el que toma la decisión de venir a la consulta y paga los gastos) es distinto del paciente. Pero mientras el veterinario atiende a su paciente teniendo siempre como principal objetivo el satisfacer al cliente, el pediatra tiene que buscar lo mejor para su paciente, aunque no sea lo que el cliente (los padres) desea. Al menos en teoría.

Nuestra sociedad no trata a los niños con el mismo respeto que a los adultos. Cuando hablamos de un adulto, las consideraciones éticas son siempre primordiales y tienen prioridad sobre la eficacia o la utilidad.

Compare los siguientes párrafos:

OPCIÓN A: Al castigar a una mujer, ¿cuál es la diferencia entre una fuerza «razonable» o «no razonable»? Esta espinosa pregunta quedó sin respuesta en enero cuando el Tribunal Supremo de Ontario respaldó un artículo del Código Penal que data de 1892 y que permite a los maridos y a los empresarios pegar a las mujeres con propósitos disciplinarios. Los tres jueces no quisieron declarar ilegal ninguna manera particular de golpear. En vez de ello, indicaron que los maridos no deberían golpear a las ancianas ni a las menores de veinte años, ni usar objetos como cinturones o reglas al aplicar el castigo corporal, y que deberían evitar golpear o abofetear a la mujer en la cabeza.

OPCIÓN B: Al castigar a un niño, ¿cuál es la diferencia entre una fuerza «razonable» o «no razonable»? Esta espinosa pregunta quedó sin respuesta en enero cuando el Tribunal Supremo de Ontario respaldó un artículo del Código Penal que data de 1892 y que permite a los padres y a los profesores pegar a los niños con propósitos disciplinarios. Los tres jueces no quisieron declarar ilegal ninguna manera particular de golpear. En vez de ello, indicaron que los cuidadores no deberían golpear a los adolescentes ni a los menores de dos años, ni usar objetos como cinturones o reglas al aplicar el castigo corporal, y que deberían evitar golpear o abofetear al niño en la cabeza.

Uno de los textos anteriores es falso; el otro apareció publicado el año 2002 en la revista de la Asociación Médica de Canadá.[3] ¿Adivina cuál?

En el mismo artículo se explican los argumentos de los que están en contra del castigo físico:

> Parece haber una asociación lineal entre la frecuencia de los golpes y bofetadas recibidos durante la infancia y la prevalencia a lo largo de toda la vida de ansiedad, abuso o dependencia del alcohol y otros problemas.

Y una experta añade:

> [...] estamos buscando pruebas sólidas en las que basar cualquier opinión o declaración. Pero no existe el tipo de pruebas que nos gustaría tener sobre este asunto, porque no se presta a hacer estudios aleatorios.

Un estudio aleatorio es aquel en que se distribuye a los sujetos al azar en dos grupos, a los que se recomiendan dos tratamientos distintos. En cambio, en un estudio de observación, cada sujeto hace lo que quiere. Por ejemplo, quiere usted saber si hacer gimnasia es bueno para el dolor de espalda. Para hacer un estudio de observación, puede recorrer los gimnasios de su ciudad para entrevistar a cien personas que hagan mucha gimnasia, y luego buscar por la calle, o a la salida del cine, a otras cien personas que no hagan gimnasia casi nunca. Supongamos que los deportistas tienen menos dolor de espalda. ¿Será porque la gimnasia es buena para la espalda, o será porque la gente a la que le duele la espalda se guarda muy mucho de pisar un gimnasio? Para responder a esta pregunta, necesita un estudio aleatorio. Contacte con doscientos jóvenes de veinte años, convenza a cien de ellos de que hagan gimnasia cada día y a los otros cien de que no hagan nada (este es el «grupo control») y espere cinco, diez o veinte años para ver a quiénes les duele más la espalda. Es fácil comprender que los estudios aleatorios resultan mucho más fiables, pero también son caros y difíciles de hacer.

Así pues, lo que dice la experta canadiense es que sospechamos que pegar a los niños es malo porque se vuelven alcohólicos y tienen problemas mentales cuando se les pega mucho; pero no estamos seguros porque nadie ha distribuido al azar a doscientos niños en dos grupos para pegarles regularmente a los de un grupo y a los otros no y ver qué les ocurre después. A falta de estudios aleatorios, podría tratarse de una simple asociación no causal, o incluso podría haber una causalidad inversa (es decir, aquellos niños que de mayores van a ser alcohólicos y a tener problemas mentales ya se portan mal de pequeños, y por eso sus padres se ven «obligados» a pegarles). Así que a lo mejor, después de todo, resulta que pegar a los niños no es tan malo, y de momento no pensamos hacer una declaración oficial en contra del castigo físico (por cierto, ¿por qué será que pegar a un adulto se llama «violencia doméstica», pero pegar a un niño se llama «castigo físico»?).

Pegar a los niños por lo visto solo es malo si eso les produce alcoholismo y problemas mentales; en cambio, pegar a un adulto es siempre malo, intrínsecamente malo. Es un crimen, un atentado contra los derechos humanos, tanto si produce alcoholismo como si no. Incluso si pegar a los adultos protegiese contra el alcoholismo, seguiría siendo malo, ¿verdad?

No permitiríamos a los empresarios pegar a los obreros, aunque eso aumentase la productividad. Ni aceptaríamos la práctica legal de la tortura, aunque eso disminuyese la delincuencia. Ni implantaríamos en todos los restaurantes el menú único obligatorio controlado por nutricionistas, aunque eso bajase el colesterol. Ni dejarían los bomberos de atender el teléfono por la noche para que la gente deje de llamar por tonterías.

No, no todo vale en el trato con los adultos. Hay cosas que se hacen o se dejan de hacer por principio, independientemente de que «funcionen» o «no funcionen».

En este libro defendemos que también en el trato con los niños existen principios. Que con ciertos métodos nuestros hijos tal vez comerían «mejor», o dormirían más, o nos obedecerían sin rechistar, o se estarían más callados..., pero no podemos usarlos. Y no necesariamente porque tales métodos sean inútiles o contraproducentes, ni porque produzcan «traumas psicológicos». Algunos métodos que criticaremos en este libro son eficaces, y puede que algunos incluso sean inocuos. Pero hay cosas que, sencillamente, no se hacen.

capítulo
dos

Por qué los niños son así

Es la gente del mundo que más ama a sus hijos y mejor tratamiento les hace.

ALVAR NÚÑEZ CABEZA DE VACA,
Naufragios

Se lamentan algunos de que los niños vengan al mundo sin manual de instrucciones, o de que no se pidan estudios y un título para ser padres. Detrás de estas frases pretendidamente graciosas subyace la peligrosa creencia de que no se puede criar adecuadamente a un niño sin seguir los consejos del experto de turno. En realidad, los padres lo hacen en general bastante bien, como lo han hecho durante millones de años. La mayoría de los errores que cometen no se les ha ocurrido a ellos, sino que provienen de expertos anteriores. Fueron médicos los que recomendaron hace un siglo dar el pecho diez minutos cada cuatro horas, lo que llevó al fracaso casi total de la lactancia. Fueron farmacéuticos los que hace apenas sesenta años vendían «polvos para la dentición» a base de mercurio, sumamente tóxicos, que había que administrar a los bebés para hacerles babear, pues la «baba retenida» causaba graves enfermedades. Fueron médicos y educadores los que hace dos siglos advirtieron que la masturbación «secaba el cerebro», e idearon terribles castigos y complejos aparatos para evitar que los niños se tocasen. Fueron expertos los que hace cinco siglos recomendaban envolver a los niños como momias para que no pudieran gatear, porque tenían que andar como las personas y no arrastrarse por el suelo como animales. Es posible que todos los errores que cometemos al educar a nuestros hijos sean el sedimento de siglos de consejos erróneos de psicólogos, médicos, sacerdotes y hechiceros. ¡Menos mal que los niños no traen instrucciones, menos mal que no nos piden aún el título de padre!

¿Cómo ha de criar la coneja a sus conejitos? Hay una manera muy fácil de averiguarlo: vamos al campo y observamos a cualquier coneja. Todas lo hacen perfectamente, de la mejor forma que sus genes y su entorno permiten hacerlo. No necesitan leer ningún manual de instrucciones; nadie les explica lo que deben hacer.

Una coneja que viva en cautividad también cuidará a sus crías perfectamente, lo mejor que le permita su precaria situación. Su conducta maternal está básicamente controlada por los genes. Pero con los grandes primates no es exactamente así; las gorilas nacidas y criadas en cautividad, sin contacto apenas con otros de su especie, son incapaces de cuidar adecuadamente a sus hijos. Muestran conductas aberrantes que pueden causar la muerte de la cría. En algunos zoológicos han recurrido a poner a las monas jóvenes junto a otras con más experiencia que están criando para que observen; o a pasarles vídeos, o incluso a veces han buscado madres humanas que dieran el pecho y cuidasen a sus hijos varias horas al día delante de la jaula de una gorila embarazada.

¿Y las personas? ¿Cuál es la manera normal de criar a un niño humano? Solo tenemos que observar a unas cuantas madres que vivan en libertad. Este es el problema, porque ya no quedan seres humanos «en libertad», es decir, guiándose únicamente por sus instintos y sus imperativos biológicos. Todos vivimos «en cautividad», es decir, en ambientes artificiales y en el seno de grupos humanos con normas culturales. Como las monas del zoo, muchas madres actuales parecen haber perdido la capacidad de criar a sus hijos siguiendo sus propios instintos. Dudan, tienen miedo, consultan libros, preguntan a expertos... Incluso se sienten culpables cuando, años después, otro libro u otro experto les dice todo lo contrario. En Europa, en los últimos doscientos años, la forma de cuidar a los niños ha sufrido cambios radicales, a veces oscilantes, que han afectado a los aspectos más básicos: cuánto tiempo dar el pecho, a qué edad dar otros alimentos, dónde ha de dormir el niño, cómo se le ha de poner a dormir, quién le ha de cuidar durante las veinticuatro horas del día, a qué edad puede empezar a ir a una escuela o guardería, cómo vestirlo, dónde ha de jugar, qué normas se le han de inculcar y con qué métodos... Cada generación de padres ha respondido a estas preguntas de forma totalmente distinta, y muchos ya no sabríamos qué responder. ¿Era correcto lo que hacían nuestros bisabuelos? ¿Es correcto lo que hacemos nosotros? O tal vez todo es correcto (y entonces, ¿para qué preocuparse tanto por hacerlo «bien»?). O, peor incluso, a lo mejor tanto nuestros bisabuelos como nosotros nos hemos equivocado, hemos seguido normas arbitrarias de falsos expertos en vez de hacer lo que sería normal para nuestra especie.

Sin duda, las madres de hace cien mil años no necesitaban libros y expertos para tomar en cada momento la decisión más acertada; lástima que no estuviéramos allí para verlo. ¿Llevaban a sus hijos en brazos o en un cochecito? ¿Dormían los niños con los padres o en otra habitación? ¿Hasta qué edad les daban el pecho? ¿A qué edad empezaban a caminar? ¿Qué hacían las madres cuando los niños decían palabrotas o se peleaban? ¿Cómo les inculcaban disciplina, cómo les imponían límites? Jamás lo sabremos. Pero podemos hacer algunas suposiciones lógicas, puesto que no había ni habitaciones ni cochecitos.

Ante la falta de datos sobre nuestros antepasados, sentimos la tentación de fijarnos en los pueblos a los que llamamos «primitivos». Hace muchos, muchos años, cuando yo tenía nueve o diez, leí en un álbum de cromos que los aborígenes australianos jamás pegaban a sus hijos. Aquella frase se marcó en mi cerebro y marcó mi vida. No, mis padres no me pegaban; pero yo no sabía por qué. Pensaba, como muchos niños que leían las aventuras de Zipi y Zape, o escuchaban por la radio las historias de Matilde, Perico y Periquín, que pegar a los niños era lo normal. En cada episodio, Zipi, Zape y Periquín acababan huyendo de sus padres, que les perseguían para pegarles. El saber que era posible criar a los hijos de otra manera, que toda una civilización había decidido no pegar a los niños, no por casualidad o porque se portaran bien, sino por principio, fue para mí toda una revelación. He dejado un momento el ordenador para ir a buscar aquel álbum que no abría desde hace más de treinta años, pero que cambió mi vida, la de mis hijos y tal vez también, amiga lectora, cambie la de los suyos. Aquí está la cita exacta:

> La vida de los niños australianos es muy agradable, ya que por grandes que sean las dificultades que atraviesa el grupo al que pertenece su familia, ellos reciben la mejor parte de la comida, son tratados siempre con gran cariño por sus padres, que les regañan si hacen travesuras, pero nunca les castigan.[4]

¡Mejor todavía de lo que yo recordaba! No solo no les pegan, sino que ni siquiera les castigan. No soy ni mucho menos el primero que admira la manera de criar a sus hijos de otros pueblos. En la cita que encabeza este capítulo, Cabeza de Vaca, soldado y explorador del siglo XVI, no habla de los cultos aztecas ni de los poderosos incas, sino de una tribu de indios desharrapados, pobres, hambrientos y afligidos por las epidemias, que sin embargo acogieron a docenas de españoles llegados en patera a las costas de Florida y, sin pedirles los papeles, compartieron con aquellos emigrantes ilegales europeos lo poco que tenían.

¿Casualidad? Parece que las personas que fueron tratadas con cariño en su infancia se convierten en adultos más pacíficos, más amables, más comprensivos, y también más sanos y más felices. Encontrará amplia información sobre estos efectos a largo plazo del cariño en un libro excelente, *Lazos vitales*, de Shelley Taylor.[5] Pero, por supuesto, no vamos a tratar con cariño a nuestros hijos «porque así serán más...». No. Les trataremos con cariño porque los queremos. Si además eso los hace a su vez más cariñosos, pues mejor todavía. Pero les trataríamos con el mismo cariño aunque de mayores fueran a ser antipáticos, porque son nuestros hijos.

Sería un error creer que los «pueblos primitivos» tienen la respuesta, porque no existen pueblos primitivos. Todos los pueblos que existen en la actualidad son, por definición, actuales. Todos tienen detrás los mismos milenios de historia que nosotros.

Existen centenares de culturas humanas distintas, y cada una tiene su propia forma de criar a sus hijos. En algunos aspectos coinciden casi todas: el niño toma el pecho, su principal cuidadora es su madre, durante los primeros años está en contacto físico con su madre o con otra persona casi todo el tiempo. Es probable que estos aspectos en que casi todos coinciden representen «lo normal», la forma en que los primeros humanos criaban a sus hijos... y, en tal caso, debería preocuparnos que nuestra cultura sea, precisamente, casi la única excepción.

Los Human Relations Area Files (Archivos del Área de Relaciones Humanas) son una organización internacional que agrupa a universidades y centros de investigación en más de 30 países. Intenta recopilar todos los documentos de investigación antropológica que existen, desde libros y revistas hasta notas y escritos que jamás fueron publicados, y dispone de un millón de páginas de información sobre 400 culturas pasadas y presentes. Los documentos relativos a 60 de esas culturas, representativas de los cinco continentes, han sido incluidos en una base de datos electrónica que contiene 200 000 páginas de información.

Unos científicos[6] analizaron con detalle esa base de datos electrónica para comparar la crianza de los niños en 60 culturas humanas (por desgracia, la información es incompleta, y en muchos casos no se dispone de los datos necesarios). En 25 de las 29 culturas para las que se conocía este dato, los niños dormían con la madre o con ambos padres. En 30 de 30 eran transportados a espaldas de su madre. En ninguna, entre las 27 en que constaba el dato, dormía el bebé por la noche en una habitación separada, y solo en una de 24 estaba en una habitación separada durante el día. En 28 de 29 culturas, el lactante estaba constantemente con otra persona o vigilado. En 48 de 48 se amamantaba a los niños siempre a demanda. En 35 casos había datos sobre la edad habitual del destete: antes del año en dos culturas; entre un año y dos en siete, entre dos y tres en catorce, y más de tres años en doce.

Casi todos coinciden en lo fundamental; pero en otras costumbres, como el vestido o la alimentación, cada cultura es distinta, y seguro que muchas han encontrado soluciones igualmente correctas. La conducta de los chimpancés es más variada y adaptable que la de los conejos; seguro que la conducta humana es más adaptable aún, seguro que existen muchas maneras distintas de criar bien a un hijo.

Pero también hay costumbres tradicionales de algunas sociedades, como ciertos tatuajes y mutilaciones, que son perjudiciales para el niño. Y seguro que muchas cosas de nuestra cultura, como llevar zapatos o aprender a escribir, son beneficiosas y no tenemos por qué renunciar a ellas. No, la respuesta no es intentar criar a nuestros hijos igual que los bosquimanos o los esquimales.

Así que no va a resultar fácil decidir qué es lo mejor para nuestros hijos, cuál es la manera normal de criar a un ser humano. Tendremos que observar lo que hacen otros mamíferos, sobre todo nuestros parientes los primates. Tendremos que comparar lo que hacen diversas sociedades humanas y elegir aquellas cosas que parezcan funcionar mejor. Tendremos que usar nuestra razón para intentar adivinar cómo vivían nuestros antepasados y por qué los niños son como son. Sobre todo, tendremos que usar nuestro corazón; mirar a nuestros hijos y pensar en la manera de hacerlos felices.

Selección natural y selección cultural

> *Los hijos, a menudo, se nos parecen y así nos dan la primera satisfacción.*
>
> JOAN MANUEL SERRAT

Los hijos se nos parecen, y no es de extrañar, porque han heredado nuestros genes. Pero de vez en cuando se produce un error en el complicado proceso de copiar los genes para pasárselos a nuestros descendientes. Es lo que se llama una mutación.

Las mutaciones se producen al azar, todos somos «mutantes». La mayoría de las veces son cambios químicos sin importancia práctica (una pequeña alteración en el ADN que no tiene ninguna consecuencia, o una proteína un pelín distinta pero que sigue cumpliendo su función), y no nos enteramos de su existencia. Cuando la mutación es lo bastante importante para producir un efecto, la mayor parte de las veces resulta perjudicial para la víctima: un león con mala vista, una mosca que no puede volar... Estos animales mueren jóvenes, dejando pocos o ningún descendiente, por lo que la selección natural tiende a eliminar las mutaciones perjudiciales.

De vez en cuando, la mutación no tiene ningún efecto, ni positivo ni negativo, sobre la capacidad del animal para reproducirse y sobrevivir. Ojos azules o pardos, cabello liso o rizado, se distribuyen al azar por el planeta.

Muy de tarde en tarde, una mutación resulta beneficiosa para un ser vivo. Una flor de colores más atractivos para las abejas tiene más posibilidades de ser polinizada y producir semillas. Una gacela más veloz (tal vez porque sus músculos y huesos son un poco distintos, o porque sus pulmones y su corazón tienen más capacidad...) puede escapar de las leonas. Una jirafa con el cuello más largo puede seguir comiendo hojas de la parte superior del árbol cuando sus compañeras no tienen nada que comer en las ramas bajas. Estos animales o plantas tienen más hijos y nietos que sus competidores, más «éxito reproductivo», y sus genes se irán extendiendo.

No solo la forma del cuerpo, sino también la conducta, en la medida en que sea innata (es decir, se herede de los padres sin necesidad de aprendizaje), está sometida a la selección natural. La tórtola que no empolla sus huevos o no protege su nido, la cierva que no lame continuamente a su cría para mantenerla limpia de olores que pudieran atraer a los lobos, tienen menos posibilidades de tener hijos, o de que sus hijos sobrevivan y les den nietos. A lo largo de millones de años, cada animal ha desarrollado la conducta más adecuada para aumentar su éxito reproductivo.

La conducta más adecuada, se entiende, dentro de unas condiciones determinadas. Condiciones que dependen, en primer lugar, del azar: los ratones podrían escapar más fácilmente de los gatos si tuvieran alas, como los murciélagos; pero parece que no se produjo la larga serie de mutaciones necesarias para que aparezcan unas alas. En segundo lugar, de las características propias del animal. Una mayor agresividad puede ser útil para un tigre, pero a un conejo le conviene más esconderse y huir. Un conejo que plantase cara a los lobos no dejaría mucha descendencia. Incluso hay diferencias por sexos: en muchas gallináceas, el macho, que compite para atraer la atención de las hembras, tiene un plumaje vistoso, mientras la hembra, que permanece en el nido incubando, tiene colores apagados, de camuflaje. La misma mutación, un mayor colorido, sería beneficiosa para el macho, pero perjudicial para la hembra. En tercer lugar, de las circunstancias ambientales. Tener una gruesa capa de pelo resulta muy útil en clima frío, pero no en clima cálido.

Todas estas condiciones constituyen el ambiente evolutivo de una especie. Y ese ambiente puede cambiar. Una especie perfectamente adaptada puede encontrarse de pronto con que su cuerpo o su conducta resultan inútiles ante un cambio en el clima o en la vegetación, o ante la aparición de predadores con nuevas técnicas de caza. Si el cambio es lento y poco intenso, tal vez aparezcan algunas mutaciones que permitan a la especie cambiar para dar origen a una raza o incluso a una especie nueva. En cualquier caso, la vieja especie, tal como la conocíamos, se habrá extinguido.

La selección natural es lo que nos permite afirmar que cada animal cuida a sus hijos de la mejor manera posible. A lo largo de millones de años, los que mejor criaban a sus hijos han tenido más hijos vivos, y esa conducta se ha visto favorecida por la selección natural.

En el ser humano, y en menor grado en otros primates, la conducta no depende solo de los genes, sino también del aprendizaje. Las conductas aprendidas se pueden transmitir no a través de los genes, sino por el ejemplo y la educación; no solo a los descendientes, sino también a otros miembros de la especie. Esto nos ha permitido adaptarnos a todos los ambientes, desde las selvas hasta los desiertos, desde los verdes prados hasta los hielos perpetuos. Y nos permite también adaptarnos con gran rapidez a todos los cambios, pues la solución que una persona encuentra para un problema determinado no se transmite a un puñado de descendientes a lo largo de miles de años, sino que puede alcanzar a millones de personas en pocos años, incluso en pocos días.

Al hablar de la selección natural entre los animales, es costumbre usar un lenguaje figurado, atribuyendo libertad, voluntad y finalidad a lo que no es sino un proceso casual. Así, suele decirse que «el macho del pavo real ha desarrollado grandes y vistosas plumas para atraer la atención de las hembras», como si el pavo hubiera diseñado y fabricado su plumaje (cuando en realidad se trató de una larga serie de mutaciones al azar) y como si la hembra fuera ajena al proceso (de nada sirve pavonearse si a la pava no le gusta. Las pavas muestran un interés instintivo por las plumas de su galán, interés que también se transmite por los genes).

Por supuesto, nadie cree que el pavo haya diseñado conscientemente una pluma, y todo el mundo entiende que se trata solo de una licencia poética (pues también los científicos tienen su corazoncito). Pero al hablar de la conducta humana, en que la selección natural ha cedido el paso a la selección cultural, esta forma de hablar se presta a múltiples confusiones. Así, cuando se compara la conducta del varón joven con la del pavo: una moto o una cazadora de cuero sirven para «pavonearse», y la evolución favorecería esta conducta porque aumenta el éxito reproductor... Pero la situación es muy distinta. Primero, porque el ser humano sí que diseña o escoge su ropa con un propósito definido y no al azar. Segundo, porque ese propósito puede ser muy distinto del éxito reproductor. Es incluso probable que ese joven que se pavonea no tenga el menor interés en reproducirse (aunque sí en algunos de los pasos previos). Tercero, porque sea cual sea el objetivo, nadie nos garantiza que la conducta en cuestión alcanzará, en efecto, ese objetivo. Uno puede elegir con cuidado su ropa, su peinado y su «pose», su forma de hablar y comportarse, con el objetivo de resultar irresistible para el sexo opuesto..., y encontrarse con que le consideran un pijo, un creído o un perfecto idiota. Y, a pesar de su fracaso, puede que otros le imiten y sigan su moda, al menos durante un tiempo.

Por culpa de la selección cultural ya no podemos afirmar que los seres humanos criamos a nuestros hijos de la mejor manera posible. Una innovación ya no necesita contribuir a nuestra supervivencia o a la de nuestros hijos para extenderse. A largo plazo, la verdad probablemente acaba por imponerse; pero a medio plazo (unos cuantos siglos), es posible que una sociedad entera haga con sus hijos cosas que les perjudican sin darse cuenta de ello y convencidos de que están haciéndolo todo a la perfección. La reciente historia europea nos proporciona abundantes ejemplos de errores ampliamente extendidos entre médicos y educadores: hubo una época en que se fajaba a los niños como momias, con apretadas vendas de la cabeza a los pies, o en que se castigaba a los que intentaban escribir con la mano izquierda. ¿Somos tan arrogantes como para pensar que ahora, precisamente ahora, lo estamos haciendo todo bien? ¿No estaremos creyendo algo, haciendo algo, dando importancia a algo que, dentro de cien años, provoque el asombro, el estupor o la risa de nuestros bisnietos?

En los otros animales, casi cada conducta tiene un carácter adaptativo (es decir, útil para la supervivencia). Cuando vemos a una madre animal hacer algo con su hijo, es razonable pensar: «Para algo debe de servir, porque si no sirviera, no lo haría». La primera gacela que se pasó el día lamiendo a su cría no lo hizo por capricho, porque se le ocurrió en aquel momento y no tenía nada mejor que hacer; ni tampoco de forma deliberada, pensando: «Así los leopardos no olerán a mi cría». Lo hizo porque una mutación cambió su conducta; no podía hacer otra cosa (estoy simplificando, claro; probablemente fueron varias mutaciones complejas a lo largo de millones de años). Y si las gacelas actuales lo siguen haciendo es porque, en efecto, esa conducta resultó útil. En cambio, la primera persona que pegó una bofetada a un niño, o que le dejó llorar sin tomarle en brazos, o que le dio el pecho siguiendo un horario, o que le puso un amuleto, sí que lo hizo porque se le ocurrió. Son conductas voluntarias, que no obedecen a los genes. Puedes hacerlo o dejarlo de hacer. Puede que esa primera persona que pegó a su hijo lo hiciera por casualidad, porque estaba enfadado y era incapaz de controlar su ira, o puede que lo hiciera con un propósito determinado. Y ese propósito pudo ser el bien del niño, o el bien de los padres, o la voluntad de los dioses, o cualquier extraña teoría filosófica. Muchas veces, distintas familias hacen lo mismo pero por distinto motivo. Unos pegan a su hijo para castigarle por haberse peleado, creyendo que así le enseñan que los golpes duelen y que hay que ser pacífico; otros pegan a su hijo para curtirle, para que se convierta en un guerrero agresivo y no se deje dominar. Unos cuelgan de su cuello un amuleto para protegerle del mal de ojo, otros lo hacen para demostrar su pertenencia a un grupo determinado; otros, simplemente, porque el amuleto es decorativo. Estos dejan llorar al niño porque creen que eso es bueno para los pulmones; aquellos, para fortalecer su carácter; los de más allá, para que no aprenda a salirse con la suya (es decir, para que no tenga un carácter tan fuerte).

Y todos estos inventos pueden extenderse, tanto si funcionan como si no. Lo importante es la capacidad de sus inventores para convencer a los demás padres. Antiguamente, una costumbre se extendía más rápidamente si la respaldaban los hechiceros o los médicos; hoy en día, puede ser más útil vender muchos libros o salir por la tele. Es posible incluso que aparezcan y triunfen conductas que dificultan nuestra supervivencia o disminuyen nuestro éxito reproductor. Si el consumo de alcohol y otras drogas se transmitiera por un gen y no por imitación, difícilmente se hubiera extendido tanto (es cierto que algunas personas pueden ser genéticamente más susceptibles a sufrir una adicción; pero los millones de fumadores actuales no son descendientes directos del primer fumador, y no son los genes, sino la presión social, la educación sanitaria, la moda o la publicidad, los que determinan si en una sociedad se fuma mucho o poco).

Incluso cuando resultan beneficiosos, los cambios culturales pueden chocar con características físicas o de conducta que son fruto de la herencia genética, y que no se pueden cambiar de la noche a la mañana. Nuestra alimentación nos permite vivir más años que nuestros antepasados de las cavernas, pero con más caries. Nuestra organización del trabajo nos garantiza bienestar y prosperidad, pero los lunes por la mañana preferiríamos quedarnos en la cama...

Por tanto, ante conductas que ya no dependen de los genes, sino de la cultura, ya no es lícito el razonamiento de que «si lo hace todo el mundo, para algo servirá». No es lícito para nuestra cultura ni para ninguna otra. Las cosas no se pueden justificar «porque siempre se ha hecho así», ni tampoco «porque los aborígenes de Nueva Guinea lo hacen así».

Cómo crían a sus hijos los animales

Espabilados o desvalidos

> *Es evidente, para todo el que entiende algo de niños, que llegamos a este mundo desvalidos.*
>
> DANIEL DEFOE, *Moll Flanders*

Los insectos, peces, reptiles y anfibios tienen en general muchos hijos y los dejan solos. Entre tantos, alguno sobrevivirá. Las aves y los mamíferos, en cambio, tienen pocos hijos y los cuidan, protegen y alimentan durante su periodo de crecimiento.

El grado de autonomía del recién nacido varía enormemente entre los mamíferos. Muchos carnívoros, como los gatos o los lobos, tienen crías desvalidas, que apenas caminan y a las que hay que mantener calientes y escondidas en un nido o madriguera. Los pequeños herbívoros, como el conejo, también mantienen a sus crías en una madriguera, pues la madre puede permanecer unas semanas en la misma zona, saliendo a comer y volviendo de vez en cuando para dar el pecho.

Los grandes herbívoros, sobre todo si viven en manadas, acaban rápidamente con la hierba del lugar donde viven y tienen que desplazarse cada día en busca de nuevos pastos. La cría debe acompañarlos en sus desplazamientos desde el primer día. Por ello, suelen tener crías capaces de caminar y correr a los pocos minutos de nacer.

En su excelente libro,[7] del que he extraído la mayor parte de la información sobre la crianza en los animales, Susan Allport afirma que «los predadores, animales capaces de protegerse a sí mismos y a sus crías, pueden permitirse tener crías desvalidas». Pero me da la impresión de que un búfalo herbívoro puede defender a sus crías bastante mejor que un gato carnívoro; y, en todo caso, ¿qué daño le haría a un tigre el que sus crías pudieran caminar desde el nacimiento? Aunque «pudiera permitirse» tener crías desvalidas, ¿no sería aún mejor tener crías más autónomas? Supongo que la respuesta está en el aprendizaje. El ciervo no puede aprender a huir de los lobos. Tiene que huir bien a la primera o no tendrá más oportunidades para huir. Por tanto, nace con la capacidad de huir, que pondrá en práctica, siempre de la misma manera, ante cualquier peligro. Los cazadores, en cambio, persiguen a sus presas cientos de veces a lo largo de su vida, y eso les da la oportunidad de aprender de sus errores, perfeccionar su técnica, idear nuevas estrategias adaptadas a cada terreno o a cada tipo de presa. Durante su infancia, el gato persigue moscas, ovillos de lana o su propia cola; más adelante acompaña a su madre para aprender de ella el arte de la caza; con frecuencia «juega al gato y al ratón» con sus presas, soltándolas y volviéndolas a atrapar para practicar. Posiblemente, el gato no podría aprender si ya «naciera enseñado»; la desvalidez de sus primeras semanas es el precio a pagar por una conducta que no depende solo de los genes, sino también en parte del aprendizaje, y por tanto es más adaptable a los cambios ambientales.

Los primates también nacen desvalidos, probablemente como consecuencia de su adaptación a la vida en los árboles. *Bambi* (como todos los cervatillos en la vida real) se cae de culo varias veces antes de ponerse a caminar; eso no tiene importancia cuando ya estás en el suelo, pero puede resultar fatal si te caes de una rama. Los monitos nacen desvalidos, y se desplazan colgados de su madre durante un tiempo. Solo se aventuran solos cuando son capaces de hacerlo a la perfección, sin caerse ni una sola vez.

Los monos recién nacidos se agarran por sí mismos a su madre, con una excepción: los chimpancés y gorilas. Se nos parecen tanto que, durante las primeras semanas, es la madre la que tiene que sujetar a su cría.

Nos parecemos tanto a nuestros primos, los grandes simios, que nos reconocemos en su conducta y ellos en la nuestra. Pueden aprender de nosotros y también pueden enseñarnos, como nos explica Eva, una madre de Barcelona, que tuvo el privilegio de vivir un momento mágico y de saber reconocerlo como tal:

> *Estábamos en el zoológico y nos acercamos al recinto de los chimpancés. Estábamos observándolos a través de una enorme pared de vidrio cuando Xavi, nuestro hijo pequeño, de tres meses, se puso a llorar. Un par de chimpancés se acercaron al vidrio, directo hacia él, y pegaron sus manos al cristal, intentando tocarlo. Uno de los chimpancés era una hembra viejecita que, al ver que Xavi continuaba disgustado, levantó el brazo y ofreció su pezón a mi bebé. Xavi paró de protestar y la hembra se despegó del cristal, aunque se quedó junto a él, intentando acariciarlo con los nudillos. Y cuando lo vio protestar de nuevo, volvió a ofrecerle teta. Además de sentir que habíamos vivido algo muy especial, pensé en lo triste que resultaba la experiencia. Hace dos días, una vieja chimpancé obligada a vivir en un parque zoológico no duda en ofrecer su pecho a una cría de otra especie que llora; hace un mes y medio, mi bebé protestaba en una reunión y la mayoría de los presentes insistía en que no volviese a darle teta, que lo malacostumbraba, y que lo dejase en el cochecito (hubo quien dijo que el niño estaba nervioso porque echaría de menos la cuna... Sin comentarios).*

Esconder, llevar, seguir

Otra diferencia fundamental se establece entre los mamíferos que esconden a sus crías en nidos y madrigueras, como los conejos, y aquellos que llevan a sus crías a todas partes, colgados como los primates o andando como las ovejas.

La madre conejo pasa el mayor tiempo posible a unos metros de distancia de su madriguera para no atraer a los lobos con su olor (el olor de las crías es mucho más débil que el de la madre). ¿Ve lo que le decía? Ya he vuelto a usar ese lenguaje poético, como si la coneja hiciese las cosas a propósito. Ella no sabe lo del olor, ni lo de los lobos. Ella lo hace porque sus genes la obligan a hacerlo, y a lo largo de millones de años, las conejas cuyos genes las impulsan a mantenerse apartadas de la madriguera han tenido más hijos vivos que las que tenían el gen que las hacía quedarse dentro de la madriguera. El triunfo de esa conducta es la prueba de que resultaba útil en el ambiente evolutivo de la especie, es decir, cuando había lobos. Ahora que en muchos países no quedan lobos ni apenas otros depredadores, esa conducta de la coneja puede ser inútil, pero la coneja no lo sabe y se sigue comportando igual.

La madre conejo deja a sus crías escondidas en la madriguera y solo les da el pecho una o dos veces al día.[8] Para pasar tantas horas sin comer, los gazapos necesitan una leche muy concentrada: 13 por ciento de proteínas y 9 por ciento de grasas.[9] La cría de la cabra va con su madre a todas partes y mama de forma casi continua, por lo que su leche solo tiene un 2,9 por ciento de proteínas y un 4,5 por ciento de grasas.[10] (La leche materna, por cierto, tiene un 0,9 por ciento de proteínas y un 4,2 por ciento de grasas. ¿Cuánto rato piensa que puede aguantar un niño sin mamar con eso?) Como en una delicada coreografía, la conducta de las crías ha ido evolucionando en consonancia con la de sus madres y con la composición de la leche: los gazapos que salían de la madriguera intentando seguir a su madre murieron jóvenes, al igual que los corderos que se sentaban a esperar a su madre en vez de seguirla. Cuando se quedan solos en su madriguera, los conejitos están absolutamente quietos y callados, pues si llorasen llamando a su madre, podrían atraer a los lobos. En cambio, las cabritas que pierden de vista un momento a su madre enseguida empiezan a llamarla con desesperación.

De modo que la conducta de la madre y de las crías es distinta y característica de cada especie, y está adaptada a su forma de vida y a sus necesidades. Sería ridículo intentar explicar a una coneja que tiene que ser «buena madre» y pasar más tiempo con sus hijos, del mismo modo que sería absurdo decirle a una cabra que no ande siempre con su cría «pegada a las faldas», porque la cría necesita «hacerse independiente» y la madre «también necesita momentos de intimidad para vivir en pareja».

Los primates en general necesitan un contacto continuo con la madre. John Bowlby, un psiquiatra infantil inglés, describe con detalle en *El vínculo afectivo*[11] la conducta de apego en distintos primates a partir de las observaciones de numerosos científicos. Explica, por ejemplo, las peripecias de otro investigador, Bolwig, que decidió criar en su casa una cría huérfana de mono patas y hacerle de madre substituta para estudiar sus reacciones. Curiosamente, recibía, lo mismo que las madres normales, consejos de todo el mundo sobre la mejor manera de criar a un mono:

> Bolwig describe la intensidad del apego manifestado por su monito patas cada vez que convencían a su cuidador (a despecho de sus razonamientos) de la necesidad de castigarlo, cerrándole las puertas de la casa, por ejemplo, o encerrándolo en una jaula. «Cada vez que lo intenté..., se producía un retardo en el desarrollo del mono. Aumentaba su apego hacia mí y se volvía más travieso y más difícil de manejar.»

El castigo y la separación dan tan mal resultado en el mono como en el niño. Vean lo que ocurrió un día en que Bolwig metió a su mono en una jaula:

> Se aferró a mí y no permitió que me alejara de su campo visual durante el resto del día. Por la noche, mientras dormía, de tanto en tanto se despertaba, emitiendo breves chillidos y aferrándose a mí, y cuando trataba de soltarme experimentaba un profundo terror (Bolwig, citado por Bowlby).

Si los científicos encontrasen un nuevo animal, hasta ahora desconocido, y quisieran averiguar rápidamente (sin necesidad de estar observándolo durante semanas) cuál es su manera normal de cuidar a las crías, podrían hacer un experimento muy sencillo: llevarse a la madre y dejar a las crías solas. Si se quedan quietas y calladas, es que lo normal en esa especie es que las crías se queden solas. Si se ponen a gritar como si las matasen, es que lo normal en esa especie es que las crías no se separen de la madre ni un momento. Y su hijo, ¿cómo reacciona cuando usted se va? ¿Qué le parece que es lo normal en nuestra especie?

Por la conducta de nuestros hijos, por la observación de nuestros parientes (animales) más cercanos y por la composición de nuestra leche, podemos deducir que el ser humano pertenece de lleno al grupo de los animales que maman de forma continua. Las madres bosquimanas (Kung) llevan a sus hijos constantemente encima, y los bebés se sirven solos: maman cuatro veces por hora o más durante varios años. Blurton Jones, un etólogo (especialista en la conducta de los animales) británico que estudió el comportamiento de los niños, sugirió que los «cólicos del lactante» podrían ser la respuesta de los bebés cuando se les intenta alimentar a intervalos en vez de continuamente[7]. De hecho, se ha observado que los macacos criados en cautividad con biberón, a los que dan de comer cada dos horas, sufren frecuentes vómitos y eructos, a diferencia de los que son amamantados continuamente por sus madres.

Susan Allport[7] sugiere que el paso de amamantar continuamente a hacerlo a intervalos es muy antiguo, tal vez desde el comienzo de la agricultura:

> Las mujeres deben haber dado saltos de alegría ante la posibilidad de dejar a sus hijos en algún lugar seguro (una casa, una cama, el cuidado de un hermano mayor) e ir a hacer sus cosas sin estorbo.

Me parece una interpretación demasiado centrada en la cultura norteamericana del siglo XX. Aunque la frecuencia de la lactancia en las bosquimanas parece un récord del mundo, lo cierto es que en muchas sociedades agrícolas las mujeres trabajaban con su hijo a la espalda, y las tomas a intervalos regulares son un invento muy moderno. Las abuelas (o bisabuelas) de muchas lectoras todavía fueron con su hijo encima a todas partes. La idea de dar el pecho con un horario fijo es reciente, y al principio no eran tres, ni mucho menos cuatro horas. Todavía en 1927 se recomendaba amamantar cada dos horas y media durante el primer trimestre.[12] Se puede engañar a parte de la gente durante algún tiempo; pero la mayor parte de la humanidad durante la mayor parte de la historia ha amamantado a demanda.

Por otra parte, no creo que la mayoría de las madres, desde hace milenios, haya considerado a sus hijos como «estorbos», ni hayan «dado saltos de alegría» ante la posibilidad de separarse de ellos. Conozco a muchas madres que consideran a sus hijos como su mayor tesoro, y que se sienten tristes (muchas usan la palabra «culpables») cuando se ven obligadas a dejarlos para irse a trabajar.

Hace millones de años, antes de que comenzase nuestra evolución cultural, las madres prehumanas cuidaban ya a sus hijos. Tanto los hijos como las madres mostraban una conducta innata, instintiva, determinada por los genes. Aquella conducta estaba plenamente adaptada al ambiente en que evolucionó nuestra especie, probablemente en pequeñas bandas de recolectores y carroñeros, en una sabana poblada por peligrosos predadores.

Desde entonces, diversos grupos humanos han ideado y vuelto a olvidar docenas de métodos de crianza.

En las culturas tradicionales, los padres aprendían por observación la forma «normal» de criar a sus hijos, y los cambios eran lentos y escasos. En nuestra sociedad de la información y el desarraigo, la madre puede rechazar como inadecuada o anticuada la forma en que su propia madre la crió, y substituirla por los consejos de sus amigas o por lo que ha leído en libros o visto en películas.

De este modo conviven métodos de crianza muy distintos. Unos padres duermen con su hijo, otros lo instalan en una habitación separada. Unos lo toman en brazos casi todo el rato, otros lo dejan en una cuna, aunque llore. Unos toleran pacientemente las rabietas y exigencias de los niños pequeños, otros intentan corregirlos con severos castigos. Y cientos de conductas intermedias, por supuesto. Cada uno de ellos está convencido de que hace lo mejor para sus hijos, ¡si no, no lo haría! Pero, sea lo que sea lo que hemos aprendido, leído, visto, escuchado, creído o rechazado a lo largo de toda nuestra vida, nuestros hijos nacen iguales. Nacen sin haber visto, oído, leído, creído o rechazado nada. En el momento de nacer, sus expectativas no vienen marcadas por la evolución cultural, sino por la evolución natural, por sus genes.

En el momento de nacer, nuestros hijos son básicamente iguales a los que nacieron hace cien mil años. En los últimos milenios, y no digamos en las últimas décadas, ha habido enormes cambios culturales; pero no ha habido cambios genéticos dignos de mención en la conducta de los bebés. La forma en que los bebés se comportan espontáneamente, la forma en que esperan ser tratados, la forma en que reaccionan a los diferentes tratos que reciben, no ha cambiado en decenas de miles de años. A medida que el bebé crece, va conociendo y tal vez aceptando las normas y costumbres de su cultura, en un proceso gradual que lleva meses y años. No podemos pretender que se amolde a nuestros deseos de forma instantánea. Si queremos entender por qué los niños son como son, hemos de remontarnos muchos milenios atrás y observar cómo nos adaptamos a nuestro ambiente evolutivo.

El primer beso.

En el regazo de la humanidad

¡Oh, Señor! ¡Navegar con esta tripulación de paganos, que han recibido tan pocas caricias de una madre humana! Los parió la mar, plagada de tiburones.

HERMAN MELVILLE, *Moby Dick*

Deliberadamente he evitado el título frecuentemente utilizado, «la cuna de la humanidad», pues es bien sabido que, en el principio, no había cunas.

Se dice que nuestros primitivos antepasados prehumanos empezaron a evolucionar hacia lo que ahora somos cuando bajaron de los árboles para vivir en la sabana. Teóricamente, la vida en tierra firme podría haber favorecido de nuevo a aquellas crías más precoces y autónomas. Pero antes de eso nuestros antepasados sufrieron una mutación mucho más importante y totalmente incompatible con la precocidad de las crías: la inteligencia.

Por una parte, la inteligencia requiere aprendizaje (es decir, una conducta sofisticada, adaptable a las circunstancias variables, por oposición a la rigidez de las conductas innatas); y cuanta mayor inteligencia, mayor el tiempo de aprendizaje. Por otra parte, la inteligencia exige un cerebro grande, pero para caminar erguidos hace falta una pelvis estrecha (si tuviéramos la pelvis tan ancha como la de un cuadrúpedo, nos herniaríamos; las tripas se nos saldrían por el agujero, por efecto de la gravedad). ¿Cómo hacer pasar una cabeza cada vez más grande por una pelvis cada vez más pequeña? El parto se hizo difícil. Los antiguos hebreos parece que ya habían captado la esencia del problema: «Parirás a tus hijos con dolor» es la consecuencia de haber probado la fruta del árbol de la ciencia.

La cabeza del recién nacido ya no puede ser más grande, así que la evolución favoreció una mutación absolutamente original y única entre todos los mamíferos. Nacemos con el cerebro a medio construir; antes de que se acabe de formar la vaina de mielina, una funda que rodea a las neuronas y les permite funcionar. Por eso, la cabeza es la parte del cuerpo que más crece después del parto, y por eso nuestras crías tardan mucho más en aprender a andar que las de cualquier otro mamífero.

Ningún otro animal necesita que le alimenten y protejan durante tantos años. Un chico de diecinueve años que viva solo, en su propia casa, de su propio trabajo, nos parecerá un chico muy espabilado. Pero un chico de catorce años que viva solo nos parecerá un niño abandonado, y despertará nuestra compasión. ¿A qué edad cree usted que sus hijos podrán valerse por sí mismos?

Es difícil que una sola persona pueda hacerse cargo de cuidar, alimentar y proteger a los niños durante tanto tiempo. Las madres han necesitado la ayuda de su familia (el padre, la abuela, los tíos y hermanos mayores) y de la sociedad en su conjunto, de toda la tribu. En casi todas las culturas humanas, el padre permanece junto a la madre durante años y la ayuda a proteger y alimentar a sus hijos.

Esta cooperación en la crianza de los hijos no siempre ha consistido en llevarlos en brazos o cambiarles los pañales. En muchas culturas y en muchas épocas, el cuidado físico de los niños pequeños corresponde casi exclusivamente a la madre y a otras mujeres. Pero el padre ha seguido cooperando, cazando, protegiendo o trabajando en la oficina.[7] Incluso en las sociedades más machistas, el varón que no se ocupa de mantener a su familia es objeto del desprecio de sus compañeros.

Por qué no quieren quedarse solos

> *No obstante, nadie logró mitigar la angustia y el dolor de aquel niño infeliz, cuya madre no respondía a su llamamiento.*
>
> FERNÁN CABALLERO, *La noche de Navidad*

¿Qué le ocurriría a un niño pequeño, solo y desnudo en la selva? En apenas un par de horas, el bebé podría quemarse al sol, o enfriarse a la sombra, o ser devorado por hienas o por simples ratas. Aquellas madres que dejaban solos a sus hijos por más de unos minutos pronto se quedaban sin hijos. Sus genes eran eliminados por la selección natural. En cambio, los genes que impulsaban a las madres a estar junto a sus hijos se transmitieron a numerosos descendientes.

Usted es uno de esos descendientes. Las mujeres actuales tienen una inclinación genética, espontánea, a permanecer junto a sus hijos. Lo observa muy bien Langis,[2] aunque en su ignorancia lo considera entre «las trece condiciones de la esclavitud de los padres de hoy en día» (como si antes de «hoy en día» hubiera sido de otro modo, o como si hacer lo que deseas hacer fuera una esclavitud):

> No nos decidimos a dejar al niño en manos ajenas...

Por supuesto, esa inclinación puede ser fácilmente contrarrestada por creencias, opiniones o costumbres más recientes, nacidas de la evolución cultural. Las madres dejan a sus hijos para ir a trabajar, o para ir a comprar, o para sentarse a ver la tele. Los dejan durante minutos o durante horas. Los dejan con otros miembros de la familia, o con canguros, o en guarderías... Pero los genes siguen estando ahí, y la mayor parte de las madres nota su efecto.

La ansiedad que sufre la madre al separarse de su hijo ha sido explotada hasta la saciedad en las telecomedias: la madre que se despierta en medio de la noche y entra en la habitación del bebé para comprobar si este aún respira, o que va a salir con su marido dejando una larga lista de instrucciones y teléfonos de urgencia a la canguro y luego llama infinidad de veces desde el restaurante.

Acabo de ver una comedia norteamericana sobre una madre soltera, agobiada y estresada por el trabajo. Su amiga y psiquiatra la convence de que le conviene dejar a su hijo, que no parece tener ni un año, con la canguro y pasar ella sola un fin de semana de vacaciones. Todos se ríen de su ansiedad, de su temor a dejar al niño solo, de cómo vuelve antes de tiempo porque el bebé ha tenido unas décimas de fiebre. Nadie en la película comprende que el tener que separarse cada día de su hijo para trabajar es precisamente uno de los factores que aumenta su estrés; nadie imagina siquiera que una madre pueda pasar unas relajantes vacaciones con su hijo. De forma insidiosa, pero implacable, se nos van ofreciendo modelos culturales, se nos va explicando qué está bien y qué está mal. En nuestra sociedad, unas vacaciones sin hijos son aceptables, mientras que unas vacaciones sin el marido o sin la esposa son casi impensables. Cuando tienes un hijo, mucha gente insiste en que tienes que seguir manteniendo, al menos a ratos, la «vida de pareja»; pero cuando te casas, nadie te sugiere que mantengas tu «vida de soltero».

Muchas madres se sienten mal cuando dejan a su hijo en una guardería, y los primeros días puede haber tantos llantos fuera como dentro. «Se me parte el corazón al dejarlo», explican. Muchas madres se sienten mal cuando vuelven al trabajo. Nuestra sociedad interpreta ese malestar como «sentirse culpable»; pero eso no está en los genes, es solo la interpretación cultural de un fenómeno subyacente. A algunos les conviene esta culpa. Una madre que interpretase este malestar no como culpa, sino como rabia o indignación ante la inhumanidad de nuestro sistema laboral o la insuficiencia de nuestro permiso de maternidad (las suecas tienen más de un año de licencia por maternidad; las bielorrusas[13] tienen tres años), resultaría molestamente subversiva.

Por qué lloran en cuanto dejas la habitación

[...] le causa un súbito terror, como el que uno imagina que golpea el corazón de un niño perdido.

CHARLES DICKENS, *Historia de dos ciudades*

La inmediatez es una de las características del llanto infantil que asombra y molesta a algunas personas. «Es que es dejarlo en la cuna y se pone a llorar como si le matasen.»

Para algunos expertos en educación, esta es una desagradable faceta del carácter infantil, y el objetivo ha de ser vencer su «egoísmo» y su «obstinación», enseñarles a retrasar la satisfacción de sus deseos. ¿Por qué no puede tener un poco más de paciencia, por qué no puede esperar un poco más? Podríamos comprender que, un cuarto de hora después de irse su madre, empezasen a ponerse un poco intranquilos; que a la media hora lloriqueasen, que a las dos horas llorasen con todas sus fuerzas. Eso parecería lógico y razonable. Eso es lo que hacemos los adultos, lo que hacen los niños mayores cuando les hemos «enseñado» a ser pacientes, ¿verdad? Pero, en vez de eso, nuestros hijos pequeños se ponen a llorar con todas sus fuerzas en cuanto se separan de su madre; lloran aún más fuerte (¡lo que parecía imposible!) a los cinco minutos, y solo dejan de llorar por agotamiento. ¡No parece lógico!

Pero sí que lo es. Ponerse a llorar de manera inmediata es la conducta «lógica», la conducta adaptativa, la conducta que la selección natural ha favorecido durante millones de años, porque facilita la supervivencia del individuo. En aquella tribu de hace 100 000 años, si un bebé separado de su madre lloraba de forma inmediata y a pleno pulmón, su madre probablemente volvía enseguida a cogerlo. Porque esa madre no tenía cultura, ni religión, ni conocía los conceptos de «bien», «caridad», «deber» o «justicia»; no cuidaba a su hijo porque pensaba que esa era su obligación, ni porque temía la cárcel o el infierno. Simplemente, el llanto del niño desencadenaba en ella un impulso fuerte, irresistible, de acudir y acallarlo. Pero si un bebé se quedaba callado durante quince minutos y luego lloriqueaba débilmente, y solo gritaba a pleno pulmón al cabo de dos horas, para entonces su madre podía estar ya demasiado lejos y no oírlo. Ese grito tardío ya no tenía ninguna utilidad para su supervivencia, sino que más bien contribuía a acelerar su fin. Porque, entonces como ahora, el grito de angustia de una cría abandonada era música para los oídos de las hienas.

Y, si reflexionamos un poco, veremos que esa conducta que nos parece «lógica» y «racional» ante la separación de la persona amada, esperar un tiempo y enfadarnos «poco a poco», solo la mostramos los adultos cuando esperamos confiadamente el regreso del ausente. Imagine que su hija de quince años está en el instituto. Durante el horario escolar, usted no se preocupa lo más mínimo por esa separación porque sabe perfectamente dónde está y cuándo volverá (¿sabe su hijo de dos años dónde está y cuándo volverá usted? ¡Aunque se lo expliquen, no puede comprenderlo!). Si pasan treinta minutos de la hora en que suele volver a casa, le será fácil descartar sus primeros temores («se retrasa el autobús..., estará hablando con los amigos..., habrá ido a comprar un bolígrafo...»). Si tarda más de una hora, empieza usted a enfadarse («estos chicos, parece mentira, son unos irresponsables, al menos podría haber llamado, para eso le compré el móvil»). Si tarda dos o tres horas, empezará usted a llamar a sus amigas para ver si está en casa de alguien. Si a las cinco horas no hay noticias, estará usted llorando y llamando a los hospitales, por si la han atropellado. Antes de doce horas llorará usted todavía más y acudirá a la policía, donde le explicarán que muchos adolescentes escapan por cualquier tontería, pero que casi todos vuelven antes de tres días. Durante tres días se aferrará usted a esa esperanza. Pero cada vez llorará más, y al cabo de una semana será la viva imagen de la desesperación.

Pero imagine ahora que tiene una fuerte discusión con su hija de quince años en la que salen a relucir amargos reproches y graves insultos, y finalmente ella mete unas ropas en una mochila y le grita: «Te odio, os odio, estoy harta de esta familia, me voy para siempre, no quiero volverte a ver en la vida», y se va dando un portazo. ¿Cuántas horas esperará usted, alegre y despreocupada, antes de empezar a llorar? ¿No empezará a llorar antes incluso de que ella salga de casa, no la seguirá por la escalera, no correrá tras ella por la calle, no intentará agarrarla sin temor a dar un espectáculo delante de todos los vecinos, no se arrodillará ante ella y le suplicará, no se detendrá solo cuando el agotamiento le impida seguir corriendo? ¿Le parece que comportarse así sería «infantil» o «egoísta» por su parte? ¿Cree que oiría a los vecinos comentar: «Fíjate qué madre más maleducada, no hace ni cinco minutos que se ha ido su hija y ya está llorando como una histérica. Seguro que lo hace para llamar la atención»?

Sí, es fácil ser paciente cuando está convencido de que la persona amada volverá. Pero no se mostrará tan paciente cuando tenga dudas al respecto. Y cuando tenga la absoluta certeza de que la persona amada no piensa volver, desde luego no será nada paciente.

No necesita esperar quince años para vivir una escena así. Su hija ya se comporta así ahora, cada vez que usted se va. Porque todavía es demasiado pequeña para saber si usted va a volver o no, o cuándo va a volver, o si va a estar cerca o lejos mientras tanto. Y, por si acaso, su conducta automática, instintiva, la que ha heredado de sus antepasados a lo largo de miles de años, será ponerse siempre en lo peor. Cada vez que se separe de usted, su hija llorará como si se hubiera ido para siempre (¿y qué decir de las madres que intentan «tranquilizar» a sus hijos con frases del tipo «si eres malo, mamá se va»; «si te portas mal, no te querré»?).

Dentro de tres, cuatro, cinco años, a medida que vaya comprendiendo que su madre volverá, su hija podrá esperar cada vez más tranquila y cada vez más tiempo. Pero no será porque es «menos egoísta» ni «más comprensiva», ni mucho menos porque usted, siguiendo los consejos de algún libro, la ha «enseñado a posponer la satisfacción de sus caprichos».

Los recién nacidos necesitan contacto físico; se ha comprobado experimentalmente que, durante la primera hora después del parto, los que están en una cuna lloran diez veces más que los que están en brazos de su madre.[14]

Al cabo de unos meses, es probable que se conformen con el contacto visual. Su hijo estará contento, al menos durante un rato, si puede verla y si usted le sonríe y le dice cositas de vez en cuando. Hace 100 000 años, los niños de meses probablemente no se separaban nunca de su madre, pues eso significaba quedarse tirados en el suelo, desnudos. Ahora están bien abrigaditos en un lugar blandito, y aunque su instinto les sigue diciendo que estarían mejor en brazos, son tan comprensivos y tienen tantas ganas de hacernos felices que la mayoría se resigna a pasar un par de minutos en una sillita. Pero, tan pronto como usted desaparezca de su campo visual, su hijo se pondrá a llorar «como si le matasen». ¡Cuántas veces he oído a una madre esta frase! Porque, efectivamente, la muerte fue, durante miles de años, el destino de los bebés cuyo llanto no obtenía respuesta.

Por supuesto, el ambiente en que se crían nuestros hijos es muy distinto de aquel en que evolucionó nuestra especie. Cuando deja usted a su hijo en su cuna, usted sabe que no va a pasar frío ni calor, que el techo le protege de la lluvia y las paredes del viento, que no lo devorarán los lobos ni las ratas, ni le picarán las hormigas; sabe que usted estará a solo unos metros, en la habitación contigua, y que acudirá rápidamente al menor problema. Pero su hijo no lo sabe. No puede saberlo. Reaccionará exactamente como hubiera reaccionado en la misma situación un bebé del paleolítico. No es que tenga miedo a los lobos; ni siquiera sabe que los lobos existen (y que están dejando de existir). Lo que tiene es pánico a quedarse solo. Su llanto no responde a un peligro real, sino a una situación, la separación, que durante milenios ha significado invariablemente peligro. Los bebés lloran cuando se quedan solos, tanto si hay lobos como si no.

Entonces, dentro de miles de años, por evolución, ¿los niños nacerán distintos, ya no necesitarán compañía constante, se quedarán solos y felices? Probablemente no. Para que la evolución actúe hace falta tiempo; pero el tiempo no es la causa de la evolución. Hacen falta mutaciones, y hace falta una ventaja selectiva. Sin mutación y sin ventaja, pueden pasar millones de años sin ningún cambio. Es seguro que existen gradaciones en la conducta de los bebés, que algunos lloran desesperados a la más mínima separación, y que otros se quejan poco o casi nada. En el recién nacido, las diferencias se deben a los genes; unas semanas después, el entorno y las experiencias vividas han ido interaccionando con la base genética y cambiando la conducta del bebé (los bebés occidentales, que pasan mucho rato en la cuna, lloran mucho más que los de otras culturas que pasan la mayor parte del tiempo en brazos). Supongamos que hay un 1 por ciento de niños que no lloran nunca. Si no hay una ventaja evolutiva, si los niños que lloran y los que no lloran tienen los mismos descendientes, dentro de diez mil años seguirá habiendo un 1 por ciento de niños que no lloran. Para que la proporción aumentase, para que los niños que no lloran llegasen a ser el 5, el 15, el 80 por ciento de la humanidad, haría falta una ventaja selectiva: que los niños que lloran tuvieran una mayor mortalidad, o que los padres cuyos hijos no lloran decidieran tener más hijos. Y esa diferencia tendría que ser importante y mantenerse durante miles de años.

A medida que crezca, su hijo irá aprendiendo a distinguir en qué casos la separación conlleva un peligro real y en qué casos no tiene importancia. Podrá quedarse tranquilamente en casa mientras usted va a comprar, pero romperá a llorar si se encuentra perdido en el supermercado y cree que usted ha vuelto a casa sin él...

El llanto de nada serviría si la madre no estuviera también genéticamente preparada para responder a él. El llanto de un niño es uno de los sonidos que provocan una reacción más intensa en un adulto humano. La madre, el padre e incluso los extraños se sienten conmovidos, preocupados, angustiados; sienten el inmediato deseo de hacer algo para que el llanto pare. Darle el pecho, pasearlo, cambiarle el pañal, cogerlo en brazos, ponerle ropa, quitarle ropa; lo que sea, pero que calle. Si el llanto es especialmente intenso y continuo, acudirán a urgencias (y muchas veces con buenos motivos).

Cuando nos es imposible acallar un llanto, nuestra propia impotencia puede convertirse en irritación. Es lo que ocurre cuando se oye un llanto en un piso vecino: las convenciones sociales nos impiden intervenir, y por eso nos resulta particularmente molesto («pero ¿en qué están pensando esos padres? ¿Es que no van a hacer nada?» «¡Ese niño es un malcriado, los nuestros nunca han llorado así!»). Muchos vecinos critican a sus espaldas, o incluso increpan directamente, a las madres cuyos hijos lloran «demasiado», y algunos llegan a llamar a la puerta para protestar. Más de una vez me ha dicho alguna madre: «Me dijo el doctor que le dejase llorar porque me está tomando el pelo; pero no puedo dejarle llorar porque los vecinos se quejan». A igual intensidad sonora, un niño que llora en el edificio nos resulta más molesto que un obrero dando martillazos o un adolescente escuchando *rock* duro.

Cuando las absurdas normas de algunos expertos impiden a los padres responder al llanto de la forma más eficaz (tomando al bebé en brazos, meciéndolo, cantándole, dándole el pecho...), ¿qué salida queda? Puedes dejarle llorar e intentar ver la tele, hacer la comida, leer un libro o conversar con tu pareja, mientras oyes el llanto agudo, continuo, desgarrador, de tu propio hijo, un llanto que traspasa los tabiques «de papel» de las casas modernas y que puede prolongarse durante cinco, diez, treinta, noventa minutos. ¿Y cuando empieza a hacer ruidos angustiosos, como si estuviera vomitando o ahogándose? ¿Y cuando deja de llorar tan súbitamente que, lejos de ser un alivio, te lo imaginas sin respirar, poniéndose blanco y luego azul? ¿Están los padres autorizados a correr entonces a su lado, o eso sería «recompensarle por su berrinche» y también se lo han prohibido?

La otra opción es intentar calmarlo, pero sin cogerlo, cantarle, mecerlo ni darle el pecho. ¿Por qué no también con una mano atada a la espalda, para hacerlo más difícil? ¿O poner la radio, rezar, ofrecerle dinero?

Un experto, el Dr. Estivill, propone decirle (desde una distancia superior a un metro, para que no pueda tocarte) lo siguiente:

> Amor mío, mamá y papá te quieren mucho y te están enseñando a dormir. Tú duermes aquí con Pepito, el póster, los chupetes... Así que hasta mañana.[15]

Palabras de consuelo y amor verdadero que sin duda infundirán calma y sosiego en el alma de cualquier niño, sea cual sea la causa de su llanto, ¡a partir de los seis meses! (Pepito, por supuesto, es un muñeco; no piensen ni por un momento que un ser humano le hace compañía). Aunque tal vez ni el mismo autor confíe mucho en la eficacia calmante de esas palabras, pues advierte a los padres que, una vez pronunciadas, se vuelvan a marchar, aunque el niño siga llorando o gritando (¡el muy desagradecido!).

En nuestro país, como en muchos otros, los malos tratos son un problema cada vez mayor. Decenas de niños mueren cada año a manos de sus propios padres, y muchos más sufren hematomas, fracturas, quemaduras... La pobreza, el alcohol y otras drogas, el paro y la marginación se cuentan sin duda entre las causas profundas de los malos tratos. Pero también hace falta un desencadenante. ¿Por qué a este niño le han pegado hoy y no le pegaron ayer? El llanto es un desencadenante frecuente. «Lloraba y lloraba, hasta que no lo pude soportar más.» ¿Qué pueden hacer los padres cuando todo lo que sirve para calmar el llanto del niño (pecho, brazos, canciones, mimos) está prohibido?

La respuesta a la separación

> *El niño pequeño nada sabe de amor paternal; solo conoce un rostro y un regazo hacia los que tiende sus brazos en busca de refugio y atención.*
>
> GEORGE ELIOT, *Silas Marner*

En 1950, las Naciones Unidas encargaron a John Bowlby un informe sobre las necesidades de los niños huérfanos. Resultado de su trabajo es un libro[16] que analiza el efecto de la separación en los niños, sobre todo a partir de la observación de niños ingresados en los hospitales, y de los niños de Londres que durante la guerra fueron separados de sus padres y evacuados al campo para huir de los bombardeos.

Entre los efectos a corto plazo de la separación, era frecuente que el niño mostrase alguna de las siguientes reacciones:

— Cuando vuelve la madre, el niño se enfada con ella, o le niega el saludo y hace como si no la viera.
— El niño se muestra muy exigente con su madre o con las personas que le cuidan; pide atención todo el rato, quiere que todo se haga a su manera, tiene ataques de celos y tremendas rabietas.
— Se relaciona con cualquier adulto que tenga a mano, de una forma superficial pero aparentemente alegre.
— Apatía, pérdida de interés por las cosas, movimientos rítmicos (como si se meciera él solo), a veces dándose golpes con la cabeza.

En algunos casos, esos movimientos rítmicos y golpes en la cabeza pueden ser normales. Así lo explica el Dr. Ferber (un gran partidario de enseñar a dormir a los niños dejándoles llorar un minuto, luego tres, luego cinco... En el resto del mundo suelen llamar «método Ferber» a lo que en España ha sido adaptado como «método Estivill»):

> Muchos niños se dedican a algún tipo de conducta rítmica y repetitiva a la hora de acostarse, al despertarse a media noche o por la mañana. Se mecen a cuatro patas, giran la cabeza a un lado y a otro, se golpean la cabeza contra la cabecera de sus camas o la dejan caer repetidamente sobre la almohada o el colchón. Por la noche, esto puede continuar hasta que caen dormidos, y por la mañana puede persistir hasta que están plenamente despiertos. [...] Cuando las conductas rítmicas comienzan antes de los dieciocho meses y desaparecen en su mayor parte antes de los tres o cuatro años, no suelen ser síntoma de problemas emocionales. En la mayor parte de los casos, los niños con tales hábitos están muy felices y sanos, y en sus familias no se advierte ningún problema ni tensión.[17]

Llama la atención la doble vara de medir a la hora de decidir qué es o no una conducta normal. «Mi hija se despierta a media noche...» «Claro, llora y llama a sus padres. Lo que tiene su hija es insomnio infantil por malos hábitos aprendidos; es una alteración del sueño que, si no se cura a tiempo, puede provocar graves secuelas psicológicas.» «No, no me ha entendido usted bien, doctor. Mi hija se despierta, pero no llora ni llama a nadie; solo se da golpes con la cabeza en la pared.» «¡Ah, bueno! Haber empezado por ahí. Si solo se da golpes en la cabeza, es totalmente normal, y no hay por qué preocuparse.»

Volviendo a Bowlby, nos recuerda que algunas de las más graves alteraciones observadas en los niños separados de sus madres, en orfanatos y hospitales, dan una falsa sensación de que todo va bien:

> Hay que hacer una advertencia especial sobre los niños que responden con apatía o con una conducta alegre e indiscriminadamente amistosa, puesto que las personas ignorantes de los principios de la salud mental suelen llevarse a engaño. Estos niños suelen ser tranquilos, obedientes, fáciles de manejar, bien educados y ordenados, y están físicamente sanos; muchos de ellos incluso parecen felices. Mientras permanezcan en la institución, no hay motivo aparente de preocupación; pero cuando la dejan se hacen pedazos, y es evidente que su adaptación era superficial y no estaba basada en un verdadero crecimiento de la personalidad.

Pocos niños, por suerte, permanecen en una institución (hospital u orfanato). Pero muchos se ven separados de sus madres repetidamente unas horas cada día. El efecto no es tan terrible, desde luego, pero existen similitudes. Hay niños que parecen «tranquilos, obedientes..., incluso felices» en la guardería, pero rompen a llorar desesperados en cuanto salen. O que parecen adaptarse muy bien a dormir solos cada noche, pero «se hacen pedazos» en cuanto se abre una brecha en su aislamiento:

> Bastará con que *una sola vez* hagáis lo que el niño os pida —agua, una canción, darle la mano «un momento», brazos...— para que perdáis la partida: todo lo que hayáis logrado [«enseñando» al niño a dormir solo] se habrá esfumado.[15]

Las consecuencias más graves se producen tras separaciones largas, de varios días. Pero también las separaciones breves tienen un efecto; de hecho, el método usado por los psicólogos para comprobar si la relación madre-hijo es normal es el «test de la situación extraña», en que se observa cómo reacciona un niño de un año cuando su madre se ausenta de la habitación y vuelve a los tres minutos.

Los efectos de la separación son cada vez menos graves a medida que la edad del niño aumenta, como nos recuerda Bowlby:

> Mientras que hay razones para creer que todos los niños menores de tres años, y muchos de los que tienen entre tres y cinco, sufren con la deprivación, en el caso de aquellos entre cinco y ocho es probablemente solo una minoría, y surge la pregunta: ¿por qué unos y no otros?

Pues bien, ese factor que hace que unos niños soporten la separación mejor que otros es, según Bowlby, la relación previa con su madre. Una relación que tiene efectos aparentemente contrarios según la edad.

En los menores de tres años, cuanto mejor era la relación con la madre, más se altera la conducta del niño tras la separación. Los niños que ya eran maltratados o ignorados en su casa, apenas lloran cuando los llevan a un orfanato o a un hospital. Pero eso no significa que toleren mejor la pérdida, sino que ya no tenían casi nada que perder. No muestran la respuesta normal de un niño sano de su edad.

En cambio, entre los niños de cinco a ocho años, aquellos que han tenido una más sólida relación con la madre, los que recibían más mimos y pasaban más tiempo en brazos, son los que mejor soportan la separación. El estrecho contacto de los primeros años les ha dado la fuerza necesaria para soportar las adversidades, lo que hoy conocen los psicólogos como resiliencia.[18] Charles Dickens lo explicó ya muy bien hace siglo y medio:

> Vio a los que habían sido cuidados con delicadeza y criados con ternura mantenerse alegres ante las privaciones y superar sufrimientos que hubieran aplastado a muchos de una madera más basta, porque llevaban en su seno los fundamentos de la felicidad, la satisfacción y la paz.
>
> *Papeles póstumos del club Pickwick*

Afirma Bowlby que la relación, el vínculo afectivo que se establece entre madre e hijo, es el modelo para todas las relaciones afectivas que el individuo establecerá durante el resto de su vida. La relación con la madre se extiende luego al padre, los hermanos y otros familiares; a los amigos, compañeros y profesores; a la propia pareja y a los hijos. Llegó a esta conclusión partiendo no, como otros muchos psiquiatras, del estudio del adulto y sus borrosos recuerdos de la infancia, sino de la observación de los niños y de las crías de otras especies.

A lo largo de este libro vamos a aprovechar este paralelismo entre la relación madre-hijo y otros vínculos afectivos para explicar por analogía algunos aspectos del comportamiento infantil, recorriendo en sentido contrario el camino que recorrió Bowlby. Muchas conductas que en los niños se atribuyen alegremente a «capricho», «teatro» o «malcriamiento» se aceptan como legítimas cuando las realiza un adulto. Debemos dejar claro, sin embargo, que estas analogías son puramente didácticas: lo que sabemos sobre la conducta de los niños no se ha averiguado observando a los adultos y haciendo deducciones, sino observando a los niños directamente.

Imagine que un domingo su marido y usted están en casa. Trajinando cada uno en sus cosas, se cruzan una docena de veces por el pasillo. ¿Se paran uno frente a otro, se saludan, se abrazan? Claro que no. La mayor parte de las veces se cruzan sin mirarse, sin decirse una palabra.

Ahora su marido sale a comprar el postre. ¿No dice «adiós» cuando se va y «¡ya estoy aquí!» cuando vuelve? Como apenas ha estado quince minutos fuera, es posible que usted ni siquiera se dirija a la puerta para recibirle, sino que siga haciendo sus cosas y le grite un «hola» desde lejos.

Al día siguiente, su marido vuelve del trabajo. Ha estado nueve horas fuera de casa. ¿No intenta usted ir a la puerta a saludarle? ¿No le ofrece un beso (y espera correspondencia)? ¿No es un poco más elaborado el ritual de salutación? Algo así como:

—Hola, cariño.

—Hola.

—¿Cómo te ha ido?

—Bien.

En este momento, el marido medio escapa y se dirige a la televisión. Durante los primeros meses de casados, usted esperaba una explicación un poco más larga. Pero a estas alturas ha comprendido que los hombres son así y hay que aceptarlos.

Imagine ahora que su marido se va una semana a Nueva York en viaje de negocios. A la vuelta, se desarrolla una escena habitual:

—Hola, cariño.

—Hola.

—¿Cómo te ha ido?

—Bien.

Y se va a ver la tele... ¿Cómo se queda usted? ¿Se lo va a permitir?

—¿Cómo que bien? ¡Pero cuéntame algo! ¿Qué has hecho? ¿Qué has visto? ¿Qué os daban de comer? ¿Subiste al Empire State? ¿Qué me has comprado? ¡Será posible, pasar una semana en Nueva York y no contar nada! ¡Dame un beso...! ¿Es que ya no me quieres?

La separación de dos personas unidas por un vínculo afectivo produce intranquilidad en ambas. Para volver a tranquilizarse necesitan un contacto físico y verbal especial (y a veces otras muestras de cariño y atención, como un regalo), contacto que será más largo y complejo cuanto más larga haya sido la separación. Si una de las personas niega ese contacto tranquilizador, la otra suele responder con más intranquilidad, y a veces con hostilidad. Al final, harán falta más palabras y más contacto para tranquilizarla (es decir, habrá que disculparse).

El primer ejemplo, encontrarse por el pasillo cuando los dos están en casa, no requiere un contacto especial, porque ni siquiera ha habido una separación. Los dos estaban en casa y, por tanto, estaban «juntos».

Sin embargo, entre un bebé y sus padres, la cosa cambia. Irse a otra habitación es para el niño una separación, porque no sabe adónde se ha ido su madre. Tardará varios años en comprender que mamá está en la habitación de al lado y que por tanto «no se ha ido». Y la escala es diferente: unos minutos son para su hijo como varias horas, unas horas le parecen días o meses, y unos metros le parecen kilómetros.

¿Comprende ahora por qué su hijo se pone a llorar en cuanto usted sale de la habitación, por qué cuando usted va a trabajar o cuando él ha estado en el hospital pide más brazos y más atención, por qué al salir de la guardería insiste en contarle con lengua de trapo lo que ha hecho, y le pide que le compre chuches?

A veces, el niño pide un caramelo, un helado o un juguete porque lo desea. No decimos, por supuesto, que le tenga que comprar todo lo que pide; eso dependerá de su economía, de su dieta (es decir, de cuántos helados y caramelos pida su hijo cada semana), de la cantidad de juguetes que tenga en casa y del caso que les haga... Lo que decimos en este libro es que si decide no darle lo que pide, sea por un motivo racional (porque ya tiene muchos juguetes, porque es muy caro, porque los caramelos son malos para los dientes...), pero no simplemente para «educarlo», para que «aprenda a no salirse con la suya»; no le diga «no» a su hijo solo para fastidiar.

Otras veces, en cambio, los niños piden golosinas o juguetes simplemente para «llamar la atención». Si a la salida del colegio sus padres no muestran suficiente interés por sus explicaciones, se impacientan ante su lengua de trapo, le corrigen continuamente en vez de escucharle con paciencia, le dan pocos besos y abrazos, se niegan a llevarle en brazos, o incluso le saludan con hostilidad («¡qué manos llevas! ¿Es que no te lavas las manos antes de salir? ¡Pero mira cómo te has puesto los pantalones nuevos! ¡Y los botones de la bata! ¿Es que te crees que estoy yo aquí para coser botones todo el santo día?»), el niño probablemente pedirá todo lo que haya en el primer escaparate. Está pidiendo una prueba de amor. Una prueba de amor equivocada, pues el verdadero amor se demuestra con respeto, contacto y comprensión, no con regalos y golosinas.

Para los padres, este falso cariño consistente en la acumulación de bienes materiales puede resultar muy atractivo. El tiempo es oro, pero solo hay veinticuatro horas en un día. Si tienes suficiente oro del otro, puede resultarte más «barato» comprarle a tu hija una muñeca que habla y camina que jugar con ella una hora al día con una muñeca normal. Y así, poco a poco, vamos «malcriando» al niño; es decir, enseñándole a dar más importancia a las cosas materiales que a los seres humanos. No es la simple acumulación de riquezas lo que produce el malcriamiento; los niños ricos tienen siempre más cosas que los pobres, y sin embargo hay pobres malcriados y ricos que no lo están. «Malcriar» significa «criar mal»; es decir, con poco cariño, pocos brazos, poco respeto, pocos mimos. Es imposible malcriar a un niño por hacerle mucho caso, cogerlo mucho en brazos, consolarle mucho cuando llora o jugar mucho con él.

Decíamos que el domingo, al cruzarse por el pasillo, no hace falta saludarse porque no ha habido separación. Pero si un matrimonio pasa un domingo entero sin cruzarse una palabra o una mirada, sin darse un beso o un abrazo, ¿no pensaría usted que están al borde del divorcio? Incluso en compañía constante, dos personas unidas por un vínculo afectivo necesitan hacer algo juntos de vez en cuando. Si usted lo olvida, su hijo se lo recordará.

No quiere ir a la guardería

En muchas separaciones cotidianas se observan efectos similares a los descritos por Bowlby, y tanto madres como profesionales continúan interpretando mal los hechos. Susana nos describe cómo reacciona su hijo ante la separación:

Ramón empezó la semana pasada la guardería. Tiene casi dos años y nunca había ido; bueno, dos meses el año pasado, nada más... El tema es que desde que ha empezado a ir, concretamente desde el segundo día, me está sometiendo a un chantaje emocional descarado. Y eso me está dejando «agotada». Se despierta alegre, como siempre, desayuna, ve los dibujos de por la mañana y entonces..., hala..., a decir sin parar: «Mami, cole no; mami, cole no...»; así puede estar hasta media hora. Y con cara de pena, claro. De camino a la guarde, bien, hasta que la ve. Ahí sí empieza la función teatral: «Mami, un paseso (paseo); mami guapa; mami, cole no; mami, besos; mami, mimos; mami, vamos a casa a dormir...», acompañado, eso sí, de lágrimas de cocodrilo y cara de pena... Al cogerle su «seño» es como si le estuvieran matando; pobrecillo, cómo llora..., y yo, pues con las lágrimas a punto de asomar. Me voy a casa hecha un «asquito». Me siento mal, me replanteo la situación, pienso si hice bien, pienso que sí, que necesito tiempo para buscar trabajo, que le vendrá bien... (eso todos los días desde el lunes pasado). Bueno, a la una menos cuarto estoy allí ya, pobre, para que no llore más..., y ¿qué veo? Está jugando, tan alegre, con los niños. Y sin ojeras, o sea, que no ha llorado apenas. Pero..., cuando me ve..., hala..., «mami, aúpa; mami, a casa; mami, cole no...». Otra vez lo mismo, ya sin lágrimas. Entonces la directora me cuenta, muerta de risa, que no ha llorado en toda la mañana, que según me fui se le pasó, que como mucho pregunta: «¿Dónde está mami?». Es lo mismo cada día. Por las tardes en casa es horrible. Solo quiere estar conmigo, no puedo ir ni al baño sin oírle llamarme y lloriquear. Por la noche, si se despierta y va su padre, dice que mami. Si voy a comprar, tiene que ser con él...

Ramón muestra varias reacciones típicas ante la separación: pegarse como una lapa a su madre y exigir atención continua, mostrarse aparentemente tranquilo y colaborador cuando está en la guardería, desmoronarse en cuanto sale de ella... Parece que es precisamente el hecho de que no llore en la guardería lo que convence a la madre de que todo es «cuento». ¿Qué necesitaría esta madre para comprender que su hijo sufre de verdad? ¿Que llore sin parar todas las horas que está en la guardería? Nadie llora tanto. Ante las mayores desgracias y calamidades, el ser humano llora un rato y luego sigue adelante. La gente no llora todo el rato ni en los funerales, ni en los hospitales, ni en la cárcel, ni en el campo de concentración. El que dejen de llorar, incluso el que «saquen pecho» e intenten soportar con entereza su situación, no significa que hayan dejado de sufrir.

Vimos más atrás como, entre los menores de tres años, son precisamente los que mejor relación tienen con su madre los que muestran más sufrimiento al separarse. La espectacular reacción de Ramón nos demuestra, precisamente, que quiere mucho a su madre y que ella le había tratado siempre muy bien. ¡Lástima que Susana no lo sepa!

Lo trágico del caso es que esta incomprensión puede aumentar el sufrimiento. Lo ideal, no nos engañemos, sería que Ramón no fuera a la guardería hasta dentro de unos meses. Pero eso no siempre es posible; Susana necesita buscar trabajo, y no puede dejar de llevar a su hijo a la guardería. No, no es el fin del mundo. Es una separación relativamente corta que se puede compensar. Ramón le está explicando a su madre cómo compensar la separación, cómo sanar la herida: le pide que pase con él toda la tarde, que acuda por la noche cuando él la llama (sospechamos que preferiría directamente dormir con ella), que le lleve cuando vaya a comprar, que le dé muchos brazos y muchos mimos. Susana podría darle todo esto y sentirse mejor al hacerlo, y sanar también la herida que ella misma sufre con la separación. Pero la maestra (teóricamente una experta en educación infantil) tampoco sabe reconocer los efectos de la separación en un niño de esta edad, y se ha reído del sufrimiento del niño. Susana ha tomado, trágicamente, el camino opuesto: en vez de admitir que su hijo sufre de verdad, en vez de apretarlo contra su corazón y sentir rabia contra el sistema económico que la obliga a buscar trabajo con un niño tan pequeño, está intentando convencerse a sí misma de que el sufrimiento de su hijo es teatro y sus lágrimas son de cocodrilo. Susana siente ahora rabia contra su propio hijo, le acusa de practicar el chantaje emocional. ¿Cómo podrán ahora recuperar o compensar lo perdido?

Por qué siempre quieren brazos

Muchas mujeres daban el pecho a una criatura que sostenían con un brazo, y con la mano libre revolvían los fogones.

Franz Kafka, *El proceso*

Hace 100 000 años, en algún lugar de África. Un grupo de seres humanos se desplaza lentamente por la pradera. Tal vez adoptan una formación casi militar, como hacen los babuinos: las mujeres y los niños van en el centro; los varones las rodean, algunos armados con palos. Algunas de las mujeres están embarazadas, otras llevan en brazos a sus bebés; la tribu entera reduce su marcha para adaptarla a la de sus miembros más lentos. Se detienen aquí y allá para alcanzar unas frutas, escarbar unas raíces o degustar unas nutritivas hormigas. Con suerte, su inteligencia, su coordinación y su habilidad para lanzar piedras les permitirán cazar algún pequeño animal o disputar la carroña a las hienas.

¿Dónde están los bebés? ¿Los dejaron en su casa, en una cuna, al cuidado de una canguro, mientras iban a trabajar? Seguro que no. No había casas, no había cunas, la tribu se desplazaba unida.

Los monitos recién nacidos se agarran al pelo de su madre con pies y manos, y al pezón con la boca, y así viajan de árbol en árbol, seguros con sus sólidos cinco puntos de anclaje. Los chimpancés y los gorilas se nos parecen tanto que el recién nacido no es capaz de agarrarse a la madre; ella tiene que sujetarle con un brazo para que no se caiga. Pero solo durante las primeras dos o tres semanas; después, es la cría la que se agarra sola. ¿A qué edad se atrevería usted a llevar a su hijo colgado, sin pañoletas ni mochilas, sin sujetarlo con una mano, y saltando de árbol en árbol? No hay ningún otro animal sobre la faz de la tierra que necesite más de un año simplemente para agarrarse a su madre.

Cuando no existían telas ni cuerdas, ni mucho menos cochecitos, las madres llevaban a sus hijos en brazos todo el día, la mayoría de las veces sujetándolos con el izquierdo mientras el derecho quedaba libre para comer (o al revés, si la madre era zurda). Probablemente mamaban en chupadas cortas y muy frecuentes, como los bosquimanos actuales, varias veces por hora (la succión tan intensa inhibe la ovulación, y la mayoría de las madres solo tenía un hijo cada tres o cuatro años..., a menos que el bebé muriera antes). En los momentos de descanso, la madre se sentaba con el bebé en su regazo, o se echaba en el suelo con el bebé encima. A medida que iba creciendo, la cría necesitaba menos a su madre y también pesaba más; probablemente la abuela, el padre o los hermanos mayores ayudaban a la madre en el transporte. Es casi seguro que los bebés estaban cada minuto de las 24 horas del día en contacto físico con otra persona, casi siempre con su madre, hasta que empezaban a gatear. Y hasta varios años después estaban en contacto físico, si no las 24 horas, sí al menos una buena parte del tiempo. Incluso niños de tres o cuatro años, que pueden andar durante un buen rato, tendrían que ir en brazos si la tribu se desplazaba varios kilómetros.

Así pues, durante millones de años la evolución natural ha favorecido a aquellos niños que disfrutan yendo en brazos, pero se enfadan si se les deja solos. Era una cuestión de supervivencia.

Por qué no quieren dormir solos

[...] esa especie de terror que atenaza a los niños cuando se despiertan en la noche o en la soledad.

ALEXANDRE DUMAS, *Veinte años después*

¿Dónde dormían los bebés hace 100 000 años? No había casas, no había cunas, no había ropa. Sin duda dormían junto a su madre o sobre ella, en un improvisado lecho de hojarasca. El padre no debía de dormir muy lejos, y la tribu entera estaba apenas a unos metros de distancia. Solo así podían sobrevivir durante el sueño, el momento más vulnerable de su jornada. Recuerdo de aquellos tiempos es la costumbre de que los esposos duerman juntos, y la desazón (a veces franco insomnio) que los adultos solemos sentir cuando un viaje nos obliga a dormir separados de nuestra pareja habitual. Muchas madres, si su marido duerme fuera, «dejan» venir a sus hijos a su cama, y no siempre es fácil decir cuál de los dos halla más consuelo en la compañía.

¿Se imagina a un bebé solo, desnudo, durmiendo en el suelo y al aire libre a cinco o diez metros de su madre durante seis u ocho horas seguidas? No hubiera sobrevivido. Tenía que existir un mecanismo para que también de noche el bebé estuviera en contacto continuo con su madre, y de nuevo el mecanismo es doble: la madre desea estar con su hijo (sí, a pesar de todos los tabúes en contra, todavía muchas madres lo desean), y el niño se resiste violentamente a dormir solo.

¡Dormir solo! El gran objetivo de la puericultura del siglo XX. Como hemos comentado, un niño al que su madre pudiera dejar solo, despierto, en el suelo, y no protestase de forma inmediata, sino que ¡se durmiese!, difícilmente habría sobrevivido más que unas horas. Si alguna vez hubo niños así, se extinguieron hace miles de años (bueno, no todos. Se habla de niños que duermen toda la noche, espontánea y voluntariamente. Si el suyo es uno de esos raros niños, no se asuste; seguro que también es normal). Nuestros hijos están genéticamente preparados para dormir en compañía.

Para un animal, el sueño es un momento de peligro. Nuestros genes nos impulsan a mantenernos despiertos cuando nos sentimos amenazados, y a dejarnos llevar por el sueño solo cuando nos sentimos seguros. Nos sentimos amenazados en un lugar desconocido, y a mucha gente le cuesta dormirse en los hoteles porque «extraña la cama». Nos cuesta dormirnos en ausencia de nuestra pareja o en presencia de desconocidos.

Tenía usted que hacer un cambio de trenes en una ciudad distante y ha perdido la última conexión. Son las dos de la madrugada, todo está cerrado y tiene que esperar en la estación al tren de las seis. Imagine ahora varias posibles situaciones: a) usted está absolutamente sola en la sala de espera; b) usted viaja sola, pero en la sala hay una docena de personas, dos familias completas, algunas señoras mayores, un grupito de boy-scouts; c) en la sala solo están usted y cinco cabezas rapadas medio borrachos; d) viaja usted en compañía de su marido y otros dos matrimonios amigos. ¿Cree que se quedaría dormida con la misma facilidad en todas las circunstancias?

Extraños en la noche

Allí donde ella estuvo, estuvo el paraíso.

MARK TWAIN, *Diario de Eva*

Javier, de dieciocho meses, «es de mal dormir». Una y otra vez llama a su madre, María: que si un cuento, que si agua, que si pupa... Cada noche se convierte en una tortura para toda la familia. «Te toma el pelo —dicen todos—, tendrías que dejarle llorar, no le pasa nada.» Hoy, María y Javier han ido a visitar a los abuelos en su pueblecito perdido. Papá trabaja y no puede venir. Tienen que cambiar de autobús en una pequeña ciudad, más bien un pueblo grande. Pero el autobús que viene de la gran capital se ha retrasado varias horas, y María y su hijo son los únicos pasajeros que descienden en la solitaria estación de autobuses a la una y media de la madrugada. El coche de línea que lleva a la aldea de los abuelos no sale hasta mañana a las siete y media. Madre e hijo se encuentran solos en la sala de espera mal iluminada. La estación de autobuses está en las afueras del pueblo, separada de las primeras calles habitadas por algunos huertos y por una zona de fábricas y almacenes. María no se atreve a llegar al pueblo andando. Junto a la estación hay una gasolinera, pedirá al encargado que le llame a un taxi, debe de haber algún hotel en este pueblo... ¿Lleva dinero suficiente? Descubre con horror que apenas tiene suficiente para el autobús y que ha olvidado coger la tarjeta de crédito. Bueno, total solo son cinco horas, será mejor esperar aquí. La luz encendida en la gasolinera le da una cierta confianza. Casi preferiría esperar en la gasolinera, pero hace frío fuera.

De tarde en tarde pasa un coche veloz, o desde las fábricas llega el ladrido de un perro. Hacia las tres han aparecido cinco motoristas con chaquetas de cuero, han parado entre la estación de autobuses y la gasolinera, y se han puesto a beber cervezas, gritando y peleándose. De vez en cuando, uno de ellos se acerca ostensiblemente hacia la estación de autobuses y se pone a orinar en un árbol, mientras los otros ríen y jalean («serás bruto, Paco, ¿no ves que hay una señora?» «¡No mire, señora, que no vale la pena! ¡Si la tiene muy pequeña!»). Esto ha durado más de hora y media.

María, por supuesto, ha pasado las lentas horas en vela, en el asiento más cercano a la puerta, aferrada a su hijo y al bolso. Javier, en cambio, ha dormido en sus brazos de un tirón. ¿Quién tiene ahora «mal dormir»? En brazos de su madre, en un pueblo remoto, rodeado de desconocidos hostiles, Javier se ha sentido más seguro que en su propia casa, en su propia habitación, en su propia cuna. Para un niño de esta edad, mamá es Supermam, la Protectora Invencible. Ese regazo es su hogar, su patria, su paraíso. ¿No es maravilloso, mamá, sentirse así?

En la noche de los tiempos

> *Y si tienes crías, cuando aúllan, ¿no se te remueve nada en las entrañas?*
>
> VÍCTOR HUGO, *Nuestra Señora de París*

En aquella tribu, hace 100 000 años, dos madres se fueron a dormir con sus hijos. No sabemos exactamente cómo lo hacían, pero sabemos lo que hacen actualmente los chimpancés: al caer la noche, cada adulto prepara un lecho blandito con hojas y ramas y se echa a dormir. Los chimpancés no tienen camas de matrimonio, el macho y la hembra duermen separados (aunque no muy lejos, por supuesto; toda la tribu duerme cerca unos de otros). Sí que duermen juntos la madre y su hijo, hasta que este tiene unos cinco años.

A media noche, aquellas dos primitivas mujeres se despertaron; y, por motivos que desconocemos, empezaron a caminar, dejando a sus hijos en el suelo. Uno de los niños era de los que se despertaban cada hora y media; el otro era de los que dormían toda la noche de un tirón. ¿Cuál de ellos cree que no se despertó nunca más? O bien los dos se despertaron al mismo tiempo, pero uno se puso a llorar inmediatamente, mientras que el otro no empezó a llorar hasta al cabo de unas tres horas, cuando sintió hambre. ¿Cuál se murió de hambre?

Uno se puso a llorar inmediatamente y otro estuvo callado hasta que la aparición de una hiena le asustó. ¿A cuál se lo comió la hiena? Uno, cuando empezaba a llorar, no paraba hasta que volvía su madre y le tranquilizaba: podía llorar media hora, una hora, todo el tiempo necesario, hasta el agotamiento. El otro, en cambio, lloraba un par de minutos, y si no venía nadie, en vista del éxito, se volvía a dormir. ¿Cuál de los dos se durmió para no despertar nunca más?

Lo ha adivinado: nuestros hijos están genéticamente programados para despertarse periódicamente. Nuestros hijos han heredado los genes de los supervivientes, de los vencedores en la dura lucha por la vida.

No duermen de un tirón, sino que tienen, lo mismo que los adultos, varios ciclos de sueño a lo largo de la noche. La longitud de cada ciclo es variable, entre apenas veinte minutos y algo más de dos horas; la duración media viene a ser de hora y media en el adulto, pero de apenas una hora en el bebé. Entre ciclo y ciclo pasamos por una fase de «despertar parcial», que fácilmente se convierte en un despertar completo.

Incluso los expertos en «enseñar a dormir a los niños» reconocen este hecho;[15] el objetivo de sus métodos no es conseguir que el niño no se despierte, eso es imposible. Lo que quieren es que, cuando se despierte, en vez de llamar a sus padres se quede callado hasta volverse a dormir.

Los niños «están de guardia» para asegurarse de que su madre no se ha ido. Si el bebé puede oler a su madre, tocarla, oír su respiración, tal vez mamar, vuelve a dormirse enseguida. En muchas de las tomas, ni la madre ni el niño se despiertan del todo. Pero si la madre no está, el niño se despierta por completo y se pone a llorar. Cuanto más tiempo haya llorado antes de que su madre acuda, más nervioso estará, y más difícil será de consolar.

Un planeta, dos mundos

> *Pero —explota indignado— ¿es que aquí en Milán estos niños tan pequeños no duermen con sus padres? ¿Quién les cuida, entonces?*
>
> José Luis Sampedro, *La sonrisa etrusca*

En otras culturas, la práctica del colecho es prácticamente universal (y los problemas de sueño en la infancia, en consecuencia, prácticamente desconocidos). La psicóloga Gilda Morelli y sus colaboradores[19] estudiaron en detalle la conducta y las opiniones de un grupo de 14 madres guatemaltecas de etnia maya y las compararon con las de 18 madres norteamericanas blancas de clase media.

Todos los niños mayas (entre dos y veintidós meses) dormían en la cama con su madre, y ocho también con su padre. Otros tres padres dormían en la misma habitación en otra cama (dos de ellos con otro hijo mayor), y en tres casos el padre estaba ausente. En diez casos había otro hermano durmiendo en la misma habitación, cuatro de ellos en la misma cama; los otros cuatro niños no dormían con más hermanos porque eran hijos únicos.

Los niños mayas permanecían con la madre y mamaban a demanda hasta los dos o tres años, poco antes del nacimiento de un hermanito. Las madres normalmente no se enteraban de si el niño mamaba por la noche porque no se despertaban, y les parecía que el tema no tenía importancia (en cambio, 17 de las 18 madres norteamericanas tuvieron que despertarse para alimentar a su hijo, la mayoría durante unos seis meses, y las 17 dijeron que las tomas nocturnas eran una molestia).

Entre los mayas no existía una rutina para hacer dormir a los niños. Siete se dormían al mismo tiempo que sus padres, y el resto se quedaban dormidos en brazos de alguien. Los diez que aún tomaban el pecho se dormían con el pecho. No se contaban cuentos para dormir, ni se les bañaba antes de acostarse. Solo uno de los niños tenía una muñeca con la que se quedaba dormido; era el único que no había dormido con su madre desde el nacimiento, sino que había pasado unos meses durmiendo en una cuna en la misma habitación para volver luego a la cama materna.

Las madres mayas no concebían que los niños pudieran dormir de otra manera. Cuando se les explicaba que los niños norteamericanos duermen en una habitación separada, mostraron asombro, desaprobación y compasión. Una exclamó: «Pero se queda alguien con ellos, ¿verdad?». El colecho no es una consecuencia de la pobreza o la falta de habitaciones, sino que se considera fundamental para la correcta educación del niño. Las madres explicaban, por ejemplo, que para decirle a un niño de 13 meses que no había que tocar ciertas cosas, bastaba con decirle: «No lo toques, no es bueno, puede hacerte pupa», y el niño obedecía. Al explicarles que los niños norteamericanos de esa edad no entienden las prohibiciones o incluso hacen todo lo contrario, una madre maya sugirió que esa conducta era la consecuencia de tenerlos separados de sus padres por la noche.

Es apasionante comparar cómo se cría a los niños en distintas culturas. La antropóloga americana Meredith Small ha escrito un libro imprescindible sobre este tema, titulado *Nuestros hijos y nosotros*.[20]

Por qué se despierta más que antes

Siempre hay algún alma cándida que explica a los nuevos padres: «No te preocupes, esto solo es al principio; a medida que crezca dormirá cada vez más».

¿Cómo va a dormir cada vez más? Los recién nacidos duermen más de dieciséis horas al día; si llegan a dormir más, caen en coma. Los adultos dormimos unas ocho horas al día o menos, así que en algún momento de nuestro crecimiento tenemos que ir dejando de dormir. «Claro —dicen algunos—, duermen menos horas en total, pero por la noche duermen más horas seguidas.»

Tal vez ocurra así en algunos casos; pero en otros ocurre justo lo contrario. Veamos cómo lo explica Samanta:

... pero, primero, vete a hacer pis.

Tengo una niña de casi seis meses, a la que doy el pecho (a demanda). Hasta ahora todo ha ido bien, durante la noche se despertaba varias veces, tomaba y volvía a dormir (cada tres o cuatro horas). Pero últimamente lo hace cada hora, hora y media; llora sin llegar a despertarse, tengo que tomarla, le ofrezco el pecho y continúa otra vez durmiendo, y así hasta la siguiente hora. Si no lo hago, se despierta del todo y entonces le cuesta mucho coger el sueño.

La mamá de Laura (seis meses, también lactancia materna) explica algo muy similar:

Antes, de más pequeña, dormía de cuatro a cinco horas seguidas de noche; claro que de día apenas dormía debido a los gases, que lo pasó muy mal los tres meses primeros. Ahora duerme más de día, máximo dos horas seguidas, y de noche cada dos horas se despierta.

Y lo mismo Rosa, que da solo pecho a su hija:

Todo ha ido bastante bien, la niña ha ido ganando peso y se cría hermosa y sana. Pero desde que cumplió los cuatro meses hemos ido observando que por las noches aguanta muy pocas horas. Con tres meses ya podía pasarse hasta siete horas, desde las nueve de la noche hasta aproximadamente las cuatro de la madrugada. Ahora apenas aguanta tres o cuatro, como máximo.

Estas niñas se despiertan más veces cada noche que cuando eran pequeñas. Todas tienen seis meses y todas toman el pecho. ¿Es casualidad o tienen algo que ver la edad y el tipo de lactancia?

Es probable que sí. Unos investigadores norteamericanos[21] estudiaron los patrones de sueño en un grupo de niños, pasando periódicamente a sus madres unos cuestionarios. Todos los niños en su estudio habían tomado el pecho al menos cuatro meses, pero a los dos años solo seguían mamando la mitad.

Observaron que el despertarse o no durante la noche dependía de que el niño siguiera mamando o hubiera sido completamente destetado. Los niños destetados sí que dormían cada vez más: nueve horas seguidas a los siete meses, y luego entre nueve y media y diez horas seguidas hasta los veinticuatro meses. Los niños que tomaban el pecho parecía que iban a seguir por el mismo camino; a los dos meses ya dormían seis horas seguidas y a los cuatro meses, siete horas, pero después de los cuatro meses espabilaban, y entre los siete y los dieciséis meses solo dormían cuatro horas seguidas. A los veinte meses dormían siete horas (¡parece que por fin empieza a dormir!); pero era una falsa alarma, y a los veinticuatro meses solo dormían cinco horas seguidas.

También era distinto el tiempo total de sueño; los niños destetados dormían a lo largo del día una o dos horas más que los que seguían mamando.

Muchos de los niños amamantados dormían con la madre, pero pasaban a dormir solos poco después del destete. Estos niños que dormían con la madre se despertaban aún más veces cada noche: a los veinticuatro meses, los niños que mamaban y dormían con la madre dormían casi cinco horas seguidas; los que mamaban pero dormían solos, casi siete horas; los que no mamaban y dormían solos, nueve horas y media. Es difícil saber si se despiertan antes porque están con la madre, o si les dejan dormir con la madre precisamente porque se despiertan antes, o si se despiertan igual pero, cuando están en otra habitación, la madre no se entera. Probablemente, un poco de todo.

La duración normal de la lactancia en el ser humano, según diversos datos antropológicos y de biología comparada,[22] parece estar entre los dos años y medio y los siete. En una muestra de madres norteamericanas que asistían a grupos de apoyo a la lactancia y habían dado el pecho más de seis meses, la edad media del destete estaba entre los dos años y medio y los tres, y algunos niños habían mamado siete años.[23] Aquellos niños, por tanto, destetados a los cuatro o a los siete meses y que empiezan a dormir más horas seguidas han mamado menos de lo normal y están durmiendo más de lo normal. Lo normal es lo que hacen los niños de pecho: despertarse más a menudo después de los cuatro meses. Eso ayudó a la supervivencia de nuestros antepasados, al permitir que los niños mantuvieran el contacto continuo con su madre. No sabemos por qué los niños que toman lactancia artificial muestran un patrón anómalo de sueño. Los fabricantes de leche artificial siguen intentando que su producto sea «el más parecido a la leche materna»; puede que algún día solucionen también este pequeño problema del exceso de sueño en los niños.

Algunos de nuestros lectores estarán pensando: «¡Cinco horas! ¡Ojalá nuestro hijo durmiera al menos cinco horas!». Bueno, tenga en cuenta que eso no es más que la media. Unos dormían más y otros menos (por alguna extraña ley de la naturaleza, siempre es el hijo de la vecina el que duerme más). Además, aquellos investigadores no observaban a los niños durante el sueño, sino que preguntaban a la madre. La madre no siempre se entera de que su hijo se ha despertado. Un amigo, el Dr. Jairo Osorno, comprobó, mediante electroencefalograma continuo y filmación con rayos infrarrojos, que cuando un niño duerme con su madre puede mamar varias veces cada noche sin que ni el niño ni la madre estén despiertos. Normalmente, la madre no recuerda por la mañana cuántas veces mamó su hijo.

A medida que los niños van creciendo, se van haciendo más independientes, más responsables de su propio destino. Al principio son tan desvalidos que es la madre la que se tiene que ocupar de mantener el contacto continuo, sin el cual los niños de la prehistoria, durmiendo desnudos bajo las estrellas, hubieran muerto en pocas horas. ¿Quién no ha ido alguna vez «a ver si el niño respira»? Claro que está respirando, y usted lo sabe, y tal vez su marido se ha reído («déjala en paz, ahora que duerme»); pero de todos modos, usted ha sentido la necesidad de ir a ver a su hija porque un fuerte instinto le impedía pasar tantas horas seguidas separada de su recién nacida.

¿Por qué «si respira»? ¿Están las madres preocupadas por la muerte súbita? No; solo en los últimos años han hablado del tema los medios de comunicación. Mucho antes de eso, muchísimas madres que no habían oído hablar de la muerte súbita del lactante entraban sigilosas en la habitación del bebé, se acercaban a la cuna, miraban a su hijo durante un rato, sonreían. No lo hacían por un motivo racional, su acción no era el resultado de una reflexión. Luego, cuando al salir alguien les preguntaba: «¿Qué pasa, por qué has entrado?», buscaban una respuesta culturalmente aceptable: «Nada, miraba a ver si respira». Porque las verdaderas respuestas («no sé», «necesitaba entrar», «le echaba de menos») parece que suenan un poco tontas. Seguro que otras madres, en otras épocas, en otros lugares, han dado otras explicaciones: «Entré a ver que no le estuviera ahogando una culebra», «abrí un poco la puerta para que se renueve el aire» o «tenía miedo de que alguien le hiciera mal de ojo». Muchas más madres, en muchos más lugares y en muchas más épocas, no han tenido que inventar tan ingeniosas explicaciones, porque su cultura no les pedía que se separasen de sus hijos en ningún momento.

Pasados unos meses, la madre ya no siente aquel deseo imperioso de ir a ver a su bebé cada dos horas. Es el bebé el que monta guardia día y noche.

Su hijo se está haciendo independiente. Es capaz de vigilar, de tomar iniciativas, de asumir responsabilidades. Ahora puede usted irse a dormir tranquila, con la confianza de que su hijo la avisará cuando la necesite.

El colecho en la práctica

Se han escrito excelentes libros sobre el colecho.[24, 25, 26] Por desgracia, ninguno ha sido traducido al español. Permítame que a cambio le recomiende una novela, *La sonrisa etrusca*, de José Luis Sampedro,[27] y un cuento, *De verdad que no podía*, de Gabriela Keselman y Noemí Villamuza.[28]

Algunas familias optan por poner al bebé, desde el principio, en la cama de los padres. Por supuesto, resulta más cómodo con una cama más grande; pero se puede hacer con una simple cama de 1,35 metros.

Otras prefieren atar una cuna con la barandilla bajada a la cama de matrimonio. Solo se puede hacer si la altura de los colchones coincide exactamente, y si no queda ningún hueco entre ellos (el bebé podría quedar atrapado y asfixiarse).

También puede juntar una cama individual a la cama de matrimonio. Así no tiene que comprar más muebles: algún día, esa cama pasará a otra habitación con su hijo dentro. Para evitar que el bebé pueda escurrirse entre una cama y otra, papá puede reservarse la individual. Si la altura de las dos camas no es la misma, puede desenroscar las patas y dejar somieres y colchones directamente sobre el suelo; así tampoco tendrá que preocuparse por las caídas.

Una solución es poner al bebé en su cunita y pasarlo a la cama grande para darle el pecho cuando se despierte. Si el bebé se duerme primero, la madre puede volver a dejarlo en su cunita. Si se duerme primero la madre, el bebé se queda. Normalmente, la madre se duerme primero, a no ser que esté haciendo esfuerzos deliberados para mantenerse despierta. En ese caso se desvela, y, paradójicamente, aquellas madres que deciden devolver al niño a la cuna para dormir mejor pueden ser precisamente las que peor duermen.

Hay que tomar ciertas medidas de seguridad. Si la cabecera de la cama tiene barrotes en los que pueda quedar atrapada la cabecita del bebé, puede forrarla temporalmente con tela. Un bebé no debe dormir junto a un adulto que está bajo los efectos del alcohol o que ha tomado somníferos, ni tampoco con un adulto extremadamente obeso (fuera de estos casos, no existe el menor peligro de aplastamiento). No hay que usar colchones de agua, ni pieles con pelo (naturales ni sintéticas). Tampoco mantas y edredones pesados, al menos durante los primeros seis meses (en invierno, mejor poner la calefacción y una colcha ligera). Es importante que el bebé no tenga la cabecita tapada por las sábanas. Y no fume: el tabaco aumenta mucho el riesgo de muerte súbita del lactante.

Nunca hay que dormir con un bebé en un sofá. Hay demasiados rincones donde el bebé puede quedar atrapado.[29]

Una solución radical para los problemas de espacio es dormir a la japonesa: colchones o colchonetas directamente en el suelo.

Cuando el bebé duerme con la madre, a veces se despierta y se vuelve a dormir sin decir ni pío, tranquilizado al notar su presencia, y otras veces mama. La madre no suele llegar a despertarse del todo y no lo recuerda al día siguiente.

Pero algunas familias están desesperadas porque su hijo no solo se despierta y mama, sino que llora y grita, y exige que sus padres le saquen de la cama, le paseen o le canten cinco o diez veces cada noche. Esto es normal unos días si el bebé está enfermo, si le duele algo o tiene la nariz tapada, pero no parece lógico que lo haga cada noche un niño sano. En aquella tribu de la prehistoria, los niños debían estar bastante callados la mayor parte de la noche, no llorando para atraer a los leones. ¿Por qué algunos niños se comportan así?

A veces se trata de niños a los que se ha intentado hacer dormir solos durante una temporada. Si usted ha dejado llorar a su hijo por la noche y ahora, leyendo este libro, cambia de idea y lo trae a la cama grande, no espere que todo vaya como una seda desde el primer día. La respuesta normal a la separación, como vimos más atrás, es que su hijo se muestre desconfiado, exigente y lloroso durante unos días, incluso semanas. Hay que tener paciencia y darle muchos mimos hasta que recupere la confianza.

Pero también he oído de algún niño que, incluso durmiendo con sus padres desde que nació, se pasa las noches llorando y en danza. La mayoría de los padres preferiría no tener que salir de la cama en toda la noche, así que antes de hacerlo conviene preguntarse si de verdad el niño lo ha pedido. A veces, los niños hacen ruiditos medio dormidos, y lo mejor es no hacer nada para que no se despierten del todo. Otras veces, inician tímidas protestas, y basta con tocarles y decir «eoeoeo» para que se vuelvan a calmar. Cuando el niño no duerme, pero tampoco llora, no es necesario hacer nada para dormirlo. Duérmase usted, y él hará lo que le parezca. No encienda la luz, no hable, no salga de la cama a menos que hayan fallado otros medios más suaves.

Cuando un niño ha tomado la costumbre de llorar hasta que le llevan a dar una vuelta por el pasillo, puede ser útil que mamá se quede en la cama y le pasee papá. La mayoría de los niños prefiere a mamá en la cama que a papá paseando (esto es duro para nuestro ego masculino, pero la vida es así).

¿A qué edad dormirá solo?

Esta es una pregunta difícil. La actitud de nuestra sociedad ante el colecho es tan negativa que no hay estudios serios sobre su duración normal.

Si no se hiciera el más mínimo esfuerzo por sacar a los niños de la cama de sus padres, ellos mismos se irían tarde o temprano. No sé a qué edad, porque no conozco a nadie que haya hecho la prueba; sin duda la edad será distinta en cada familia, y dependerá del temperamento y de los deseos del niño y de sus padres. Pero estoy razonablemente seguro de que ninguno de mis lectores siente, en estos momentos, el menor deseo de volver a dormir cada noche entre su padre y su madre. Los japoneses suelen dormir con sus padres hasta los cinco años, pero eso es una cuestión cultural, no tiene por qué ser «lo normal». Los chimpancés también duermen con su madre hasta los cinco, pero tienen la pubertad a los siete, por lo que sus cinco años vienen a ser como diez de los nuestros.

Cuando no existían casas ni ropa, se hace difícil imaginar a un niño de menos de diez años durmiendo solo. Pero ahora dormir solo ya no es tan peligroso, y muchas madres y padres preferirían que los niños se fueran de su cama antes de los diez años. A otros padres, el colecho les es indiferente o les parece muy agradable. Puesto que no perjudican a nadie, están en su perfecto derecho a seguir durmiendo juntos todo el tiempo que quieran.

Cuando los niños comprenden racionalmente que no hay peligro, que sus padres están en la habitación de al lado y que si los necesitan vendrán, son capaces de dormir solos sin llorar, y de no llamarlos si no surge ningún problema. Pero el instinto les sigue diciendo otra cosa.

Imagine que le dice a su marido: «Cariño, como ya no vamos a tener más niños, lo mejor será que no tengamos relaciones sexuales nunca más». Racionalmente, seguro que puede entenderlo; pero ¿podrá llevarlo a cabo?

Por mi experiencia y la de otras familias que practican el colecho, diría que hacia los tres o cuatro años, si se les vende la idea con habilidad («como eres un niño mayor, vas a tener tu propia camita, y un armario para guardar tus juguetes...»), los niños suelen aceptar dormir solos. Pero piden que les cuenten cuentos y les hagan compañía hasta que se duermen, y lo siguen pidiendo cada noche hasta los siete u ocho años. Y no que les haga compañía cualquiera, sino habitualmente su madre. Es típico que papá cuente un cuento, y otro, y otro más, y cuando por fin diga: «Bueno, ya está bien de cuentos, ahora a dormir», el niño conteste: «Pues que venga mamá». ¿Y qué madre no ha oído alguna vez una vocecita: «Ven, mamá, que papá ya se ha dormido»?

El cambio a su propia habitación es más fácil si existe un hermano mayor con el que compartirla. Aunque a partir de cierta edad, es posible que el hermano mayor también prefiera estar solo.

Durante los años de conflicto, entre los tres y los diez, cuando la razón (y sus padres) les dice que pueden dormir solos, pero su instinto les llama junto a su madre, los niños pueden hacer cosas curiosas. Pueden llamar a su madre, y agradecerán enormemente que ella vaya, pero también se conformarán sin llorar con un simple «venga, duérmete, que es tarde».

Pilar, de diez años, pasó una temporada levantándose a los cinco minutos de meterse en la cama y yendo a la habitación de sus padres:

—No puedo dormiiir.

—¿Has probado a estarte quieta y callada?

—No.

—Pues prueba.

Y se iba. Al cabo de unos días, ya se sabía el truco:

—No puedo dormiiir.

—¿Has probado a estarte quieta y callada?

—Sí.

—¿Mucho rato?

—No, poco.

—Pues prueba más rato.

Unos días más tarde, no hacía falta dar con detalles:

—No puedo dormiiir.

—¿Sabes qué te voy a decir?

Y se iba a dormir. Algunas noches, si no estaba muy cansada, mamá iba a hacerle compañía unos minutos. Unas semanas más tarde, Pilar se iba a dormir sin decir ni pío; y su madre, por supuesto, echaba de menos aquellos momentos.

Por qué llaman nuestra atención

—¡Madre! ¡Ya vienen! ¡Protégeme!
—Sí, mi amor, yo te protejo.

VÍCTOR HUGO, *Nuestra Señora de París*

Hay quien va a los parques para observar a los pájaros o a las ardillas. Sin embargo, suele resultar mucho más interesante observar a los niños. Ir a ver niños a un parque debería ser un ejercicio obligatorio para las parejas de embarazados. Si ustedes ya son padres, todavía están a tiempo de observar a sus propios hijos y a los ajenos.

Observemos las complejas interacciones de los niños pequeños. Una madre pasea a su hijo en el cochecito y se encuentra con alguna conocida. Acérquese discretamente y no pierda detalle. La conocida (los varones suelen mostrarse más tímidos con los bebés) empezará a hablar con el niño casi antes de saludar a la madre. Primero se agacha hasta ponerse a su altura, le mira a los ojos a un palmo de distancia, inclina si es preciso la cara para alinearla con la del bebé, sonríe abiertamente y pronuncia con una cantinela característica y en tono agudo alguna frase apropiada («de dónde ha salido esta cosita tan linda» y «cómo está el reyecito de la casa» están entre las más usadas; pero las palabras son lo de menos, y el clásico «¡cuuuuchi, cuchi, cuchi, cuchi, cuchi, cú!» aún tiene algunos partidarios).

Ahora el niño contesta (si es que está de humor). Abre los ojos, mira a la intrusa, hace una mueca más o menos parecida a una sonrisa, mueve la cabeza y pronuncia «ajo» o alguna palabra adecuada. A partir de ese momento, probablemente será el niño el que lleve el peso de la conversación, y la amable desconocida se limitará a imitar la sonrisa, el «ajo» o la sacudida de la cabeza del bebé, el cual, a su vez, imitará la imitación en una especie de *ping-pong*.

Atención a lo que viene ahora. La amable señora se cansa del jueguecito, se endereza y se pone a hablar con la madre. Se miran una a otra, se hablan una a otra y ninguna de las dos se ocupa del bebé. Pero usted, observadora discreta y casual, no le quite al niño el ojo de encima. Podrá ver un episodio frecuente pero poco conocido de la vida privada de los bebés, algo que ni la madre ni su amiga pueden ver en ese momento, porque no están mirando. Verá cómo el niño intenta, una, dos veces, repetir la sacudida de la cabeza, el «ajo», la sonrisa. Verá cómo la sonrisa se va convirtiendo en una expresión bien distinta, primero de extrañeza, luego de preocupación, pronto de profunda ansiedad. Si su edad y habilidad se lo permiten, es posible que el niño intente repetir su «ajo» en un tono más fuerte, girar la cabeza y todo el cuerpo en busca de la persona que acaba de desaparecer de su campo de visión, mover el cochecito o tirar algún juguete intentando atraer su atención. Si la madre o su amiga vuelven a dirigirle alguna palabra amable, se calmará al instante (durante unos segundos); si le ignoran, puede que empiece a sollozar y enseguida a gritar o a llorar a moco tendido.

¿Por qué hace eso? La mayoría de las interpretaciones habituales, tanto en los libros como en la «sabiduría popular», son bastante negativas hacia el niño. Se le acusa de estar malcriado (pero si es usted un observador perseverante, verá que todos los niños lo hacen, independientemente de cómo les hayan criado). Se afirma que tiene celos, lo que es una forma de interpretarlo, aunque quizá no la más adecuada. ¿Tiene celos de que la otra señora hable con su madre, o de que su madre hable con la otra señora? Imagine que está usted con su marido sentada en un café y que se acerca una persona desconocida, la saluda a usted y le dice cuatro tonterías sobre el tiempo, y a continuación se sienta a la mesa y se pone a hablar con su marido. Durante dos horas, esa persona y su marido se miran a los ojos y hablan de sus cosas, sin dedicarle a usted ni una palabra, ni una mirada. ¿Cómo se sentiría usted? Si la persona en cuestión es una rubia despampanante y muy escotada, tal vez piense usted que se siente «celosa». Pero aunque se trate de un anciano de barba blanca, tampoco se iba usted a sentir mucho mejor. Sería más correcto decir que usted se siente «excluida» o «ignorada»..., y eso duele a cualquier edad. («Pero en ese ejemplo mi marido no me ha hecho caso en dos horas, mientras que el bebé empieza a protestar en pocos segundos.» Es cierto, pero el tiempo es relativo. Unos segundos es mucho tiempo para un bebé. Y reconozca que usted empezaría a «mosquearse» bastante antes de las dos horas. En algunos casos, bastan cinco o diez minutos de olímpico desprecio para sacar a un adulto de sus casillas.)

También se dice de los sufridos bebés que quieren «ser siempre el centro de todas las miradas», lo que es una enorme exageración. Al bebé le cuesta interaccionar con más de una persona a la vez; mientras uno le haga caso, los demás pueden hacer lo que les dé la gana. Se conforma con ser el centro de una mirada.

O se les califica de «egoístas». Es egoísta el que quiere un bien para sí y se lo niega a los demás. Pero el bebé no niega nada; está dispuesto a devolver sonrisa por sonrisa, y «ajo» por «ajo». Incluso pierde en el intercambio, pues al menor descuido nos llena de babas, y es muy difícil que un adulto babee sobre un niño en justa correspondencia. La intención del bebé, lejos de ser egoísta, es pura y desinteresada; una relación humana en que ambas partes salen ganando.

Se dice que «hacen comedia solo para llamar la atención», que son «lágrimas de cocodrilo», como si el niño no sintiera el dolor que manifiesta y fingiese llorar solo para «manipularnos». Tal vez es comprensible que lo crean así la madre y su amiga, que ven al niño sonriendo y diciendo «ajo», apartan la vista un minuto y lo siguiente que ven es un bebé llorando que parte el alma. Parece un cambio demasiado brusco, y es fácil sospechar que sea un cambio «artificial». Pero usted, observadora de niños, ha visto reflejada en el rostro de la criatura una angustia profunda y genuina; una expresión de angustia que no ha sido «teatro» porque el bebé la ha mostrado precisamente en esos segundos en que no tenía público. Hace un tiempo tuve ocasión de ver esa expresión en una película científica rodada por unos psicólogos. Se le dieron instrucciones a la madre para colocarse frente a su hijo, y sonreírle y hablarle en la forma habitual durante un par de minutos. De pronto, la madre se quedaba quieta como una estatua, delante de su hijo pero sin sonreírle ni hablarle ni hacer el menor gesto durante otros dos minutos. Una cámara enfocaba a la madre y otra al hijo, y en la película habían montado las dos imágenes una junto a otra. La angustia del bebé ante la falta de respuesta era palpable, y también era evidente que ninguna madre hubiera sido capaz de soportar el experimento más de unos minutos. (Algunas madres que sufren una depresión profunda sí que permanecen impasibles ante sus recién nacidos. Estos niños pueden presentar problemas psicológicos.)[30]

¿Por qué, pues, se comporta el bebé de esta manera, si no es por celos, por egoísmo, por llamar la atención o por pura maldad? El hombre es un animal social. Vive en grupos. Para el bebé, la relación con su propia madre es fundamental; pero la relación con cualquier otro ser humano también es importante. Viene al mundo preparado para «caer simpático» a los demás miembros de la tribu y así evitar agresiones. Viene al mundo preparado para «llamar la atención» de los demás miembros de la tribu y así conseguir su protección en caso de peligro. Por eso, mucho antes de saber caminar o hablar, es capaz de «conversar» amablemente con otras personas. Por eso, el que otras personas le ignoren y «pasen de él» le parece peligroso y preocupante.

¿Quiere eso decir que nos hemos de pasar el día diciendo «cuchi, cuchi» a nuestros hijos y a los de los vecinos? Por supuesto que no. En primer lugar, es imposible: tenemos otros hijos, otras obligaciones, otras necesidades, y jamás podremos prestar a un solo niño una atención completa y constante. En segundo lugar, el bebé no va a quedar «traumatizado para toda la vida» porque de vez en cuando dejemos de hacerle caso y se enfade (aunque probablemente sí que habrá consecuencias a largo plazo si no le hacen caso nunca o casi nunca). Lo que pretendo decir es que

1. Debemos hacer a nuestros hijos todo el caso que nos sea posible. Nunca será demasiado. No se puede provocar ningún «trauma psicológico» por sonreírle demasiado a un niño, o por decirle demasiado «cuchi, cuchi».
2. Cuando nuestro hijo llora o «se porta mal» reclamando nuestra atención, no debemos pensar que lo hace por maldad o capricho, sino por necesidad y por amor.
3. Una sonrisa de vez en cuando, una caricia ocasional, una palabra aunque sea desde lejos, pueden ayudarle a tranquilizarse en los momentos en que no podemos prestarle nuestra plena atención. Siempre será mejor que seguir el tan manoseado consejo de «no permitas que te tome el pelo; déjalo que llore hasta que se canse».

A medida que el niño va creciendo, le es cada vez más fácil tolerar la separación de la madre o la indiferencia de los adultos. Tiene también recursos más eficaces para obtener la atención. Cuando una desconocida se para a hablar con su madre, una niña de dos, cinco o siete años tiene muchas opciones:

- Tirar de la ropa de su madre o de la amiga.
- Enseñarle a cualquiera de las dos algún tesoro recién encontrado, como una colilla chupada o un caracol.
- Intervenir en la conversación con algún comentario que venga más o menos al caso.
- Preguntar el porqué de algo.
- Tocar lombrices, patear piedras, levantar polvo, salpicar charcos o hacer cualquier otra cosa que suela provocar una respuesta inmediata de su madre.

¿Qué tienen en común todas estas acciones? ¡Lo ha descubierto! Todas están prohibidas. Todas se consideran de mala educación. Todas corren el riesgo de provocar, en vez de atención, enfado e irritación en la madre. Y eso hará que el niño se ponga todavía «más pesado». En este sentido, parecen respuestas inadaptadas. Pero solo porque la situación ambiental ha cambiado. Solo en épocas recientes (recientes en términos evolutivos; digamos desde hace algunos siglos) han surgido expectativas sociales sobre la «buena educación». Probablemente, hace diez mil años nadie decía «no hay que interrumpir las conversaciones de los adultos» o «a un niño bueno se le ve, pero no se le oye». Hace diez mil años apenas había conversaciones que interrumpir, y a nadie le importaba si unas manitas sucias estiraban o ensuciaban la ropa. Tampoco había jarrones ni cristales para romper, ni deberes para no hacer, ni mesas para no recoger, ni lavabos en donde no lavarse las manos, ni era posible molestar a papá mientras veía el partido. Cuando un niño cogía del suelo un caracol o una cucaracha, probablemente no le reñían por tocar porquerías, sino que le felicitaban por haber encontrado comida. La mayoría de las causas por las que solemos gritar a nuestros hijos no existían todavía. Lo mismo que ocurre hoy con otros primates, probablemente nuestros antepasados gritaban a sus hijos principalmente cuando había un peligro, como un lobo en las proximidades. Cuando su padre o su madre le gritaban, la cría tenía que correr hacia ellos y subirse encima;[11] apartarse de la madre «enfadada» era la peor opción, porque llevaba hacia el peligro.

Nuestros hijos han heredado esa conducta y se ven atrapados con frecuencia en un círculo vicioso. Si les reñimos porque piden brazos, piden más brazos; si nos enfadamos porque interrumpen, interrumpen más. No lo hacen para desafiarnos o provocarnos, sino sencillamente porque no pueden evitarlo. Realmente, los pobres niños lo tienen muy crudo.

El que los niños intenten «llamar la atención» de los adultos es algo universal; pero las interpretaciones que se hacen de los hechos son muy variadas. Langis cita una anécdota de un experto, director del Centro de la Educación y la Familia.[1] En un curso, presumiblemente de educación para familias, en que varios adultos estaban sentados en el suelo, «una chiquilla de unos dos años de edad se divertía levantándose cada dos por tres y paseándose entre nosotros». La niña mostraba una conducta muy poco respetuosa:

> [...] a algunos les echaba las manos a la cara y a otros se les subía literalmente encima de los hombros. Los allí presentes, en su mayoría buenos padres, la dejaban hacer [...] hasta que, al pasar junto a un miembro del grupo, este la cogió suavemente por el brazo, la miró fijamente a los ojos y le dijo con voz serena: «Puedes moverte cuanto quieras, puedes pasearte entre nosotros si te apetece, pero procura no pisarme y ten más cuidado cuando pases junto a mí

[...]». Media hora más tarde, adivinen ustedes en las rodillas de quién había ido a sentarse tranquilamente la pequeña: en las de aquel señor. El único que tuvo derecho a ese privilegio durante todo el resto del día.

Para Langis, esta historia demuestra que el adulto se ganó el respeto de la niña al decirle «no». A los niños les encanta que les digan «no», lo necesitan, y los padres deben comprarse el libro del señor Langis para aprender a decirlo correctamente.

Mi interpretación es muy distinta (se dirá que yo no vi la escena y no puedo interpretarla; pero he visto muchos niños en escenas similares, y el lector decidirá quién se acerca más a la realidad). Creo que los adultos en esta historia no estaban «permitiendo» que la niña «se portase mal», es decir, no estaban siendo «permisivos». Más bien parece que «pasaban» de ella, sin mirarla ni hablarle; que jugaban al «déjala, que ya se cansará» pese a los continuos esfuerzos de la niña por obtener una respuesta. Creo que la niña no se «divertía» levantándose cada dos por tres, sino que lo hacía precisamente porque estaba soberanamente aburrida. Por fin, uno de los adultos toca a la niña, la mira a los ojos y le habla amablemente. En ese momento queda establecida la relación y queda otorgado el privilegio de tener a la niña en las rodillas. Es el contacto amistoso, la mirada respetuosa y la voz amable, el hacerle caso, lo que ha obrado el milagro. Las palabras poco importan; si en vez de decirle «procura no pisarme y ten más cuidado...», aquel señor le hubiera dicho a la niña: «¿Cómo te llamas? ¿Sabes dibujar? Ven, hazme un dibujo en este papel...», ¿no cree que también se hubiera ganado su afecto?

Dickens, un gran observador de niños (y de seres humanos en general), pone en boca de una de sus protagonistas una historia muy similar:

> De vuelta a casa, me gané de tal modo el afecto de Peepy, comprándole un molino de viento y dos saquitos de harina, que no permitió que nadie más le quitase el sombrero y los guantes, y no quiso sentarse a cenar más que a mi lado.
>
> *Bleak House (Casa desolada)*

Peepy es un niño pequeño al que sus padres no hacen ningún caso. La protagonista de la novela, una mujer bondadosa y muy modesta, atribuye su éxito al juguete; pero el lector sabe que en realidad se ha ganado su afecto con la atención que le ha prestado, ahora y en capítulos anteriores.

¿Y ahora por qué no camina?

Polly se negó en redondo a explorar nuevos mundos hasta que estuvo segura de que podía volver al viejo.

C. S. Lewis, *El sobrino del mago*

Pero sigamos observando niños en el parque. Esta vez, nuestro sujeto es una niña de unos dos años. Su madre está sentada en un banco, y ella juega en la arena. La niña se sienta, se levanta, recoge algo del suelo, va hacia los columpios, vuelve, va hacia las flores, vuelve...

Hay algo común en todos esos desplazamientos: la madre siempre es el origen y el final. La niña se aleja lentamente, por etapas, deteniéndose aquí y allá para investigar algo interesante. Llegada a cierta distancia, decide emprender el camino de vuelta, que suele ser más rápido. Esta distancia de seguridad, en la cual el niño se detiene y da media vuelta, aumenta con la edad y varía con distintos factores (si está en un lugar conocido o desconocido, si hay en las cercanías otras personas o animales, si el terreno es despejado o hay obstáculos que ocultan a su madre). Depende también, por supuesto, del carácter más o menos atrevido del niño. Cuando está cerca de su madre, al principio las etapas suelen ser más largas y las pausas cortas, pero a medida que se aleja suele hacer etapas más cortas y pausas más frecuentes y prolongadas. Cuando decide volver, por el contrario, suele empezar a buen ritmo, y solo cuando ya está cerca de su madre comienza a remolonear. La excursión termina a veces en brazos de la madre o tocándola, a veces a cierta distancia. Al cabo de un rato, la niña emprende una nueva exploración.

Según Bowlby, la madre es la «base segura»[31] para la conducta de exploración del niño, que compara con el avance de una patrulla de reconocimiento en territorio enemigo. Mientras se mantengan en contacto con su base y crean posible retirarse en caso de peligro, podrán avanzar con seguridad. Pero si el contacto se pierde, la base es destruida o la retirada está bloqueada, la patrulla se desmoraliza, y dejan de ser valientes exploradores para convertirse en temerosos extraviados.

Existe un doble sistema de seguridad; tanto la madre como la niña se encargan de mantener el contacto, mirándose con frecuencia y a veces diciendo algo. Es un espectáculo fascinante, preciso como una sinfonía aunque no esté ensayado. La niña puede intentar atraer la atención de la madre con diversos métodos, «mira qué hago», «mira qué he encontrado»; se volverá más insistente si la madre no la mira o está ocupada en otra cosa. Del mismo modo, si la niña parece especialmente «despistada», la madre intentará atraer su atención, a ser posible sin asustarla («adiós, Sonia, adiós», «mira, un guau guau»...). Cuando la niña llega a una cierta distancia, espontáneamente emprende el regreso. Si a la madre le parece que se aleja demasiado, tal vez le diga que vuelva (lo que no suele hacer mucho efecto), o, más astutamente, intentará atraer de nuevo su atención («ven a ver qué mariposa tan bonita»). En otros momentos, o si falla lo anterior, la madre se levantará para acercarse a su hija. Si no existe un peligro real, probablemente no llegará hasta ella, sino que se limitará a mantenerse a una distancia «de seguridad». Esto, naturalmente, permite a la niña alejarse un poco más, puesto que está más cerca de su base. En algunos casos, cuando el margen de seguridad del niño es mayor que el de la madre (por ejemplo, si el niño se siente confiado hasta los treinta metros, pero la madre se empieza a angustiar a los veinte metros), puede producirse una persecución un poco cómica. Algunas madres piensan: «Es tremendo, se va por ahí sin mirar atrás; si no llego a ir detrás, se habría perdido»; pero, en la mayoría de las ocasiones, el niño no se hubiera alejado tanto si la madre no hubiera ido detrás. Por supuesto, no hay en esta extraña persecución ninguna mala voluntad por parte del niño. Cuando se aleja más porque nos hemos acercado, no nos está «tomando el pelo», sino demostrándonos su confianza.

El regreso de la niña se activa automáticamente a cierta distancia o pasado cierto tiempo; pero también hay factores que lo desencadenan. Uno es una amenaza potencial, como la aparición de un perro o de un desconocido. Otro es la sensación de que la madre ya no la vigila; la llegada de una amiga que se pone a hablar con la madre suele hacer que la niña vuelva y reclame atención. Una vez más, no sería correcto hablar de «celos»; simplemente, la prudencia más elemental recomienda no alejarse mientras mamá está distraída hablando.

Tarde o temprano llega la hora de volver a casa. Mamá llama a su hija, que habitualmente no viene. Mamá se pone en pie y la vuelve a llamar; es probable que entonces la niña sí que acuda al ver que su madre está por irse. Ahora mamá espera que su hija la siga, poco a poco, caminando. Pero no es así. Tal vez la niña se siente en el suelo y se ponga a llorar. Tal vez corra hasta colocarse delante de su madre, alzando los brazos y pidiendo «¡upa!» entre sollozos. Es incluso probable que intente abrazarse a sus rodillas para inmovilizarla.

Comienza una escena que todos hemos visto o vivido docenas de veces. La madre que suplica, grita, ordena, amenaza, arrastra. «¡Que camines, te he dicho!» «Tienes dos patitas muy hermosas para caminar.» «No, señora, en brazos no, que ya eres muy grande.» «Parece mentira, una nena tan grande.» «De verdad que me tienes harta...» Cuando son dos los adultos que bregan con la criatura, es fácil que se inicie una tímida discusión: «Pobrecita, es pequeña, debe de estar cansada...». «¡Qué cansada ni qué niño muerto! Si ha estado todo el rato corriendo y saltando tan tranquila. Lo que pasa es que nos toma el pelo, te lo digo yo.»

En algunos casos, el niño intenta seguir a la madre, pero se detiene una y otra vez, se queda rezagado o se desvía; y la madre, cada vez más enfadada, tiene que volver atrás a recogerlo.

Al final, algunas madres cogen en brazos a su hijo y se lo llevan (algunas lo hacen pronto y con calma, otras tras una larga pelea, muy enfadadas y estrujando muy fuerte a la criatura); otras cogen al niño por una mano y se lo llevan literalmente a rastras. De las primeras se dice que están malcriando a su hijo, consintiendo sus caprichos, dejándose manipular; de las segundas, que están educando a su hijo, que han «aprendido a decir no» o a «establecer límites», que «le están demostrando quién manda aquí».

Los niños del primer grupo se callan al instante o tras unos breves sollozos, antes de un minuto los verá felices en brazos, como si nada hubiera pasado; los otros son arrastrados en medio de gritos y protestas, y puede que sus madres les acusen a gritos de «dar otra vez el espectáculo en medio de la calle» (como si el espectáculo lo diera solo el niño).

Si nos fuera posible volver a ver a unos y otros niños (los que fueron «malcriados» y los que fueron «enseñados») a los cinco o seis años de edad, observaríamos que todos ellos caminan sin rechistar detrás o al lado de su madre, y ninguno pide ir en brazos. Si el niño fue arrastrado a la fuerza en repetidas ocasiones, se concluirá que el método fue eficaz para «enseñarle a caminar solito», y se alabará el esfuerzo y la determinación de los padres que, sin dejarse manipular por su hijo, han sabido vencer aquellas primeras muestras de rebeldía. Si los padres le llevaron en brazos una y otra vez, ¿les pedirá alguien disculpas? («Tenías razón, no se malcrió por llevarla en brazos, sino que camina la mar de bien.») ¡Claro que no! Los que amenazaban con que «irá a la mili y todavía le tendrás que llevar en brazos» no solo no han cambiado de opinión, sino que seguirán ofreciendo sus sabios consejos a otros padres más novatos. Jamás reconocerán su error, sino que mantendrán como mucho un digno silencio, o incluso puede que se descuelguen con un sorprendente: «Menos mal que al final ha espabilado ella solita, que si fuera por ti todavía iría en brazos».

Para mucha gente, todas las pruebas son acusatorias: la intensidad del llanto, lo bien que caminaba el niño un minuto antes, lo rápido que se le pasa todo al cogerlo en brazos..., no cabe duda de que era «puro teatro». Los expertos, sin embargo, lo interpretan de forma muy distinta. Bowlby[11] pasa revista a los estudios de Anderson en Inglaterra, y de Rheingold y Keene en Estados Unidos. El primero mostró que la conducta antes descrita era prácticamente universal en un grupo de niños de entre quince meses y dos años y medio. Sus observaciones le convencieron de que los niños de esta edad son, simplemente, incapaces de seguir a su madre. Bowlby fundamenta su defensa precisamente en las mismas pruebas de la acusación:

> [...] hasta esa edad [tres años] es preferible que sean transportados por la madre. Sus sospechas [las de Anderson] se confirman por la alegría con que los niños de esa edad aceptan la propuesta de ser transportados, el modo satisfecho y eficaz con que se ponen en posición adecuada para ello, y la manera decidida y con frecuencia abrupta con que suelen exigirlo.

Al relatar cómo un niño se colocaba delante de su madre tan bruscamente que esta casi lo tira al suelo, comenta:

> El hecho de que el pequeño no se sienta desalentado por esta consecuencia impensada sugiere que su maniobra es instintiva e impulsada por el hecho de ver a la madre en movimiento.

En cuanto a Rheingold y Keene, observaron sistemáticamente a más de quinientos niños en calles y parques, y descubrieron que, de aquellos niños que iban en brazos o en cochecito, el 89 por ciento tenía menos de tres años (repartidos por partes iguales entre menores de un año, de un año a dos y de dos años a tres). Sin embargo, solo el 8 por ciento de los niños que no caminaban tenía de tres a cuatro años, y solo el 2 por ciento tenía entre cuatro y cinco. Al contrario, la mayoría de los niños de tres a cinco años iba de la mano o agarrado a la ropa de sus padres o a un cochecito, y solo los mayores de siete años solían caminar sueltos. La conclusión: se trata de un proceso de maduración ligado a la edad. Los niños menores de tres años no pueden caminar con la madre, ni siquiera de la mano, a no ser durante breves periodos y muy despacio. Los mayores de tres años, en cambio, sí que pueden.

Aunque estas investigaciones que cita Bowlby tienen más de cuarenta años de antigüedad, parece que muchos expertos no se han enterado o no han comprendido sus implicaciones. El «negarse a caminar» se sigue citando como una de las más grandes muestras de indisciplina y negativismo. Langis[2] lo menciona como primer ejemplo de la primera de las «trece condiciones para la esclavitud de los padres de hoy en día»:

> El niño llora siempre para que lo llevemos en brazos, aunque es perfectamente capaz de andar él solo sin cansarse durante un buen rato. Se trata de un capricho.

Más adelante, el mismo autor lo considera un ejemplo típico de una curiosa actividad exclusiva de la infancia, «probar los límites» y atacar por cualquier resquicio que ofrezca la debilidad de los padres:

> Una pequeña se cuelga de las faldas de su madre y le pide una y otra vez que la coja en brazos. Su madre, harta de su insistencia, le grita que camine a su lado. La niña sigue colgada de sus faldas, y su madre vuelve a repetirle lo mismo. Luego, de repente, decide cogerla en brazos. A la chiquilla le han bastado apenas quince segundos para salirse con la suya.

Para Ferrerós,[32] se trata de uno de los casos en que no hay que coger jamás en brazos a un niño menor de dos años:

> Si no quiere andar y nos encontramos ante la típica pataleta. [...] A la larga, funciona mejor mostrarnos indiferentes ante su mal comportamiento y, sin hacer comentarios, cogerlo con fuerza de la mano e instarle a andar, aunque se resista momentáneamente.

Claro, ya lo entiendo, ¿cómo vamos a ser tan tontos de tomar en brazos a un niño que no quiere andar? Es más lógico hacer andar al que quiere brazos y llevar en brazos al que sí quiere andar; así fastidiaremos tanto a uno como a otro, y daremos excelentes espectáculos en la vía pública. ¿Por qué no va a esperar a su hijo adolescente a la salida del instituto y le coge en brazos delante de sus amigos? Verá qué contento se pone. (Se recomienda ir primero al gimnasio durante una temporada, si no quiere oír un ¡crac! en la espalda).

El error de estos autores (y de muchos médicos, psicólogos y padres) proviene de creer que «caminar» es una única actividad: el niño «ya sabe caminar», y por tanto puede y tiene que caminar en cualquier circunstancia.

Pero no es así. Caminar es una amplia gama de actividades; y del mismo modo que es muy distinto correr los cien metros o el maratón, y no hay ningún atleta que se atreva a participar en las dos pruebas, tampoco tiene nada que ver caminar alrededor de mamá, que está quieta en un sitio, con acompañar a mamá mientras ella se desplaza. Para esto último no basta con saber mover las piernas alternativamente sin perder el equilibrio, sino que además hay que decidir dónde estoy yo y dónde está mamá, y cuál es el mejor camino para ir de un punto a otro, ¡mientras los dos puntos se mueven sin parar!

Hubo un tiempo en que se creía que había que enseñar a caminar a los niños; y que, si no les enseñamos, no andarán nunca. El Dr. Stirnimann explicaba a las madres cómo y a qué edad se deben empezar las clases,[33] y describe masajes y ejercicios gimnásticos especiales. ¿Entiende ahora, amable lectora, por qué algunas abuelas se horrorizan al ver que «no enseñamos al niño a andar»? En su época, se consideraba imprescindible; pero hoy en día casi todas las madres y casi todos los pediatras saben que el caminar no es un aprendizaje, sino un proceso de maduración: si recibe cariño y atención, y no se le impide caminar con ataduras y vendajes, el niño empezará a andar cuando le llegue la edad adecuada, poco después del año (a veces un poco antes). No hace falta enseñarle. Pues bien, el ir de la manita sin llorar, o el caminar solo, también dependen de la madurez. Su hijo lo hará cuando esté listo, hacia los tres años de la manita, hacia los siete años solo.

Pretender que un niño camine por la calle porque se le ha visto caminar un rato en el parque es como dejarle conducir por la autopista porque lo hace muy bien en los autos de choque.

Por supuesto, no es un cambio brusco. Hay una larga temporada en que el niño es capaz de caminar, pero solo un cierto tiempo, o cuando le hace una especial ilusión, o cuando está de buen humor... El otro día vi pasar por delante de mi casa a una madre con su hijo de unos dos años. Por la hora, debía de venir de recogerlo en la guardería. Le iba animando a caminar con gran entusiasmo: «¡Mira, ahora vamos a dar un paso de gatito, así, muuuuy bien!» (y daba un paso pequeño). «Ahora un paso de elefante» (paso extralargo). «Ahora un paso de canguro» (saltito). El niño le seguía el juego, divertido, pero no pude dejar de pensar: «¡Como vivan a cuatro calles, se les va a hacer de noche por el camino!».

Es notable que muchos niños muestren en esta época una especial delicadeza de sentimientos: el mismo niño que exige con llantos desesperados que sus padres le lleven en brazos será capaz de caminar junto a sus abuelos, porque percibe que estos no tienen ya la fuerza y la agilidad para llevarle. Algunos también saben conformarse cuando ven que sus padres van cargados con paquetes. Con no poca frecuencia, la abuela advierte entonces a la madre: «¿Ves? A ti te toma el pelo, pero yo le he enseñado a andar». Se atribuye así un mérito que solo corresponde al niño: es él quien ha hecho un gran esfuerzo para caminar cuando todavía le es muy difícil. Y no lo ha hecho para obtener ventajas y alabanzas, pues lo que obtiene son más bien críticas y sarcasmos («ahora sí que caminas, ¿verdad?, y a mamá le montas un espectáculo...»), sino por pura bondad, porque tiene una conciencia moral y desea hacer el bien siempre que le es posible.

Por qué tienen celos

Los adultos sienten celos de sus rivales sexuales, y los niños sienten celos de sus hermanos. ¿Qué tienen en común estas dos situaciones para que generen reacciones tan similares que les damos el mismo nombre?

Los celos no son exclusivos del ser humano. En aquellas especies, como el león, en que el macho permanece junto a la hembra y protege a las crías, suele también ahuyentar a los posibles rivales. El macho que cuida a sus hijos transmite más fácilmente sus genes, siempre y cuando sus hijos sean realmente suyos y tengan sus mismos genes. Cuidar a los hijos de otro no sale muy a cuenta desde el punto de vista evolutivo. La tendencia instintiva de cuidar a los hijos se transmite mejor si va acompañada de la tendencia instintiva a mostrar celos.

La hembra no suele tener estos problemas. Sus crías son suyas, de eso no hay duda, y lo que haga el macho en sus ratos libres le trae sin cuidado. Pero en el ser humano, la larguísima infancia de nuestros hijos hace recomendable contar con la compañía del padre. Si tu hombre empieza a tontear con otras, un día de estos puedes encontrarte sola y sin ayuda para cuidar a tus hijos. En nuestra especie, tanto el varón como la mujer son celosos, y no les gusta que la persona a la que aman se fije en otros.

¿Y por qué los novios tienen celos, cuando aún no tienen hijos? No es un razonamiento consciente. No tienes celos porque piensas «si mi marido se marcha, tendré dificultades para llegar a fin de mes», lo mismo que no tienes hambre porque piensas «necesito mil ochocientas calorías para mantener en marcha mi metabolismo». Son sensaciones que surgen espontáneamente de nuestro interior y que nos obligan a hacer cosas.

Los celos entre hermanos obedecen a motivos similares: los niños necesitan la atención y los cuidados de sus padres para sobrevivir. Si los padres solo atienden a uno y olvidan al otro, este último lo va a pasar muy mal. Por tanto, cuando nace un hermanito, la reacción lógica y normal es hacer lo necesario para recordar a los padres: «¡Eh, que estoy aquí!». Es decir, llamar la atención. La motivación no es consciente; el niño de tres años no piensa: «Tengo que volver a hacerme pipí encima, tener rabietas y tartamudear, para que así mis padres me hagan más caso». No, lo que ocurre es que, a lo largo de miles de años, los niños que hacían esas cosas u otras parecidas han tenido más posibilidades de sobrevivir, y sus genes se han extendido por el planeta.

Los niños con celos muestran una curiosa mezcla de conductas. Se comportan como un bebé más pequeño para inspirar compasión, pero también les gusta comportarse como un niño más grande para demostrar que son mejores que el pequeño. Tratan a sus padres con una mezcla de cariño casi «pegajoso» y hostilidad. Muestran hacia el hermanito un cariño exagerado que bordea la agresión, como cuando le abrazan tan fuerte que casi le ahogan. Intentan a veces golpearle, o con más frecuencia ridiculizarle («no sabe hablar, se hace caca encima»). También pueden tener rabietas y accesos de ira, insultando y golpeando a los mismos padres cuyo afecto intentaban conseguir. Pueden parecernos conductas muy extrañas, pero en el fondo es lo mismo que hace un hombre cuando sospecha que su esposa se está interesando por otro: a ratos llorar y suplicar, a ratos intentar ser un esposo modelo, lavar los platos y colmarla de regalos; a ratos mostrarse atento y cariñoso, a ratos hacer reproches y montar escenas; intentar dejar en ridículo al rival, a veces agredir al rival e incluso a su esposa...

¿Por qué nos sorprende en los niños la misma conducta que veríamos como normal en un adulto?

Se compara a veces al hermano mayor con un «príncipe destronado», suponiendo que la causa de los celos es la pérdida de los privilegios del hijo único. Llevada a sus últimas consecuencias, esta manera de pensar podría conducir a no hacer mucho caso a los niños, para que así no noten la diferencia cuando nazca el hermanito. Parece una barbaridad, pero Skinner[34] propone algo parecido en *Walden Dos*: los padres no han de ofrecer a su propio hijo más cariño que a cualquier otro niño:

> Nuestra meta es que cada miembro adulto de Walden Dos mire a todos nuestros niños como suyos, y que cada niño mire a todos los adultos como sus padres.

La gran ventaja de tener tan poco trato con los padres es que, si estos mueren, el huérfano no los echa de menos:

> ¡Piense en lo que esto significa para el niño que no tiene padre ni madre! No tiene ocasión de envidiar a sus compañeros que sí tienen, porque, prácticamente, no existe diferencia entre ellos.

Pero la causa de los celos no es el recuerdo de los privilegios perdidos. Los hermanos pequeños, que jamás han sido hijos únicos y que no han podido por tanto acostumbrarse a ser «los reyes de la casa», también tienen celos de sus hermanos mayores. El haber sido cubierto de mimos en los primeros años probablemente no aumenta los celos, sino que los disminuye, o más bien da al mayor la confianza suficiente para soportarlos.

Los celos suelen ser mayores cuanto menor es la diferencia de edad, porque el mayor todavía necesita lo mismo (brazos, mimos, compañía constante) que el pequeño, y por tanto la competencia es mayor. Los celos entre hermanos son totalmente normales, y es absurdo (y muchas veces contraproducente) pretender negarlos, reprimirlos o erradicarlos.

El primer recuerdo de muchos hermanos menores.

Podemos ayudar al niño celoso demostrándole nuestro cariño incondicional. Debe saber que no necesita mostrarse celoso para obtener nuestra atención, pero también debe saber que le seguimos queriendo aunque se muestre celoso. Podemos intentar encauzar sus celos hacia manifestaciones más positivas, ayudarle a demostrar lo grande y listo que es («cuéntale a mamá cómo me ayudaste a bañar a Pilar. ¡Qué suerte tener a Juanito en casa; me ayuda muchísimo!»). Pero no podemos pretender o esperar que un niño no tenga celos. Eso sería antinatural.

Imagine que su marido se presenta en casa una tarde con una mujer más joven: «Querida, te presento a Laura, mi segunda esposa. Espero que seáis amigas. Como es nueva y se siente extraña, le tendré que dedicar mucho tiempo, espero que tú, que eres mayor, sabrás portarte bien y ayudar más en casa. Ella dormirá en mi habitación, para que me sea más fácil cuidarla, y tú tendrás una habitación para ti solita, porque ya eres grande. ¿A que estás contenta de tener tu propia habitación? Ah, y compartirás con ella tus joyas, claro». ¿No estaría usted un poquito celosa?

El complejo del padre de Edipo

Era, a decir verdad, uno de esos padres que ven a sus hijos como una desgraciada consecuencia de sus placeres juveniles [...] veía a sus hijos como rivales.

Henry Fielding, *Joseph Andrews*

Un oráculo anunció a Layo, rey de Tebas, que los dioses le castigarían por sus pecados. Si algún día tenía un hijo, este mataría a su padre y se casaría con su madre. Layo intentó durante un tiempo no tener hijos, pero el único método anticonceptivo disponible en aquella época exigía una férrea disciplina..., y no se pudo aguantar. En una borrachera, dejó embarazada a su esposa Yocasta. Ni corto ni perezoso, entregó a su pequeño Edipo a un pastor para que lo abandonara en el bosque. El pastor se apiadó, lo entregó a unos padres adoptivos y Edipo se hizo hombre. Ignorante de su origen, mató a su padre en una pelea (empezó el padre, que era muy mala persona; recuerde que de entrada los dioses querían castigarle) y se casó con su madre.

Esta historia sirvió a Freud para dar nombre a su teoría: el complejo de Edipo es el deseo que supuestamente tienen todos los niños pequeños de matar a su padre y de casarse con su madre.

Pero no es eso lo que nos dice la vieja tragedia griega. Edipo no tuvo ningún deseo de matar a su padre ni de casarse con su madre. Lo hizo por error, porque no sabía que eran sus padres. Cuando finalmente se enteró de la terrible verdad, quedó tan horrorizado que se arrancó los ojos, mientras su madre y esposa se suicidaba.

El mito de Edipo nos habla más bien de todo lo contrario: del temor irracional que tienen algunos padres a verse suplantados por su hijo en el amor de la madre. Temor que llevó a Layo a despreciar y abandonar a su propio hijo. Sembró desprecio, y recogió odio, cuando podría haber sembrado afecto y haber recogido respeto. Para los antiguos griegos, probablemente la moraleja de la historia era algo así como «no puedes escapar al castigo de los dioses, hagas lo que hagas, te encontrarás con tu destino». Para el lector moderno, que no cree en aquellos dioses, la moraleja de la historia no es «abandona a tu hijo antes de que te mate», sino todo lo contrario, «no seas tan estúpido de abandonar a tu hijo, o convertirás en enemigo al que podría haber sido tu amigo si lo hubieras tratado con cariño».

¿Tenemos todos los padres este «complejo de Layo»? No sé si los celos paternos son frecuentes; pero haberlos, haylos. El padre puede sentirse excluido de una relación tan estrecha («un marido —he oído de varias mujeres— lo encuentras en la calle; pero a un hijo lo has llevado dentro»).

Los celos del padre pueden dirigirse en los dos sentidos: le gustaría ser la madre del niño, y le gustaría ser el bebé de la madre. Como si intentase abrirse paso a codazos entre madre e hijo.

Algunos sugieren que la madre que da de mamar deje que su marido le dé al niño un biberón de vez en cuando, para que él también se sienta importante. Bonita manera de fastidiar al niño y de poner en peligro la lactancia. Para los padres que quieren implicarse en el cuidado de sus hijos, oportunidades no faltan: hay que bañar, vestir, cambiar y pasear al bebé; hay que comprar, cocinar, fregar, lavar y planchar.

De vez en cuando, una madre agotada me explica que apenas puede dormir, porque su hijo la reclama varias veces cada noche:

—A veces lo meto en la cama con nosotros y que mame cuando quiera; es la única manera en que puedo dormir. Pero, claro, su padre dice que no puede ser, que al final se va a tener que ir él de la cama.

—¿Y qué edad tiene su marido?

—Treinta y dos, ¿por qué?

—Porque ya es lo bastante mayorcito para dormir solo. Si con treinta años necesita dormir acompañado, ¿qué espera que haga un niño de tres años?

Naturalmente, cuando digo estas cosas estoy bromeando. No hace falta que el padre se vaya, se pueden quedar los tres juntos. Solo pretendo que la gente se dé cuenta de que las necesidades afectivas de un niño son, como mínimo, tan importantes como las de un adulto. Los niños son generosos y comprensivos: si pueden dormir con mamá, no suelen oponerse a que papá también se quede. Por eso me sorprendió enterarme de que Skinner[34] ha propuesto seriamente que el padre se vaya a otra habitación. Y no precisamente para dejar sitio al hijo. No, se tienen que ir los dos:

Bueno, por ejemplo, la conveniencia de cuartos separados para marido y mujer. No es obligatorio, pero cuando se practica, a la larga se conservan relaciones conyugales más satisfactorias que si se utiliza una sola habitación común.

Así es como están las cosas. Se empieza sacando al niño de la habitación y se acaba sacando también al padre. Recapacite, amigo lector, y decida en qué bando le conviene más estar. Cuando le propongan poner al niño a dormir solo, pregúntese quién será el siguiente.

Hablando del bueno de Edipo, varias veces he oído sostener una teoría todavía más curiosa: algunos médicos, e incluso algunos psicólogos, dicen a las madres que si duermen con su hijo «le provocarán un complejo de Edipo». Esto ya es una perla de la psicología-ficción. Para aquellas escuelas psicológicas que creen en la existencia del complejo de Edipo (y no todas creen, ni mucho menos), dicho complejo es una fase normal del desarrollo. Ni lo provoca la madre con sus acciones, pues aparece espontáneamente, ni es malo que aparezca, porque es normal.

¿Cuándo se hará independiente?

La independencia es uno de los grandes temas de la puericultura moderna. ¡Todos queremos hijos independientes! Que se levanten y se acuesten cuando les dé la gana, que solo hagan los deberes si les apetece, que decidan por sí mismos si quieren ir a la escuela, que se pongan la ropa que más les guste y que coman lo que quieran...

¡Ah, no! No ese tipo de independencia. Queremos que nuestros hijos sean independientes, pero que hagan exactamente lo que les digamos. O mejor, que adivinen nuestros pensamientos y hagan lo que queramos sin necesidad de decirles nada; así todos verán que somos muy buenos padres y les damos mucha libertad, que ni siquiera les damos órdenes. Muchos padres se rebelaron en su día (o se quedaron con las ganas) contra la educación demasiado rígida que recibieron. Se prometieron que darían más libertad a sus hijos. Y ahora se encuentran con la gran sorpresa de que sus hijos, al tener libertad, ¡hacen lo que quieren! Pues claro, ¿qué pensaban que harían?

En realidad, lo que mucha gente piensa cuando dice «quiero que mi hijo sea independiente», es «quiero que duerma solo y sin llamarme, que coma solo y mucho, que juegue solo y sin hacer ruido, que no me moleste, que cuando me voy y lo dejo con otra persona se quede igual de contento».

Pero ese no es un objetivo razonable, ni para un niño ni para un adulto. El ser humano es un animal social, y por tanto nuestra independencia no consiste en vivir solos en una isla desierta, sino en vivir en un grupo humano. Necesitamos a los demás, y los demás nos necesitan. Un ser humano adulto debe ser capaz de pedir y obtener la ayuda de los demás para alcanzar sus fines, y de prestar ayuda a los demás cuando se la pidan. Más que independientes, somos interdependientes.

Un mendigo que pide limosna es dependiente, depende de la buena voluntad de los que pasen. Un empleado que cobra a fin de mes podríamos decir que es dependiente, porque no podría trabajar sin una empresa, sin unos compañeros, sin unos jefes o sin unos subordinados; pero lo consideramos independiente porque tiene un contrato y un salario. Cuando va a cobrar, sabe cuánto le darán, y tiene derecho a exigirlo.

Si un niño grita ¡papá!, y papá viene, es independiente. Si papá no viene porque no le da la gana, el niño depende de que le dé la gana o no. Cuando usted hace caso a su hijo, le está enseñando a ser independiente. Tras una separación (una enfermedad, el trabajo de la madre, el comienzo de la guardería), el niño se hace más dependiente, necesita más mimos, más contacto, no quiere separarse ni un momento. Si le da ese contacto que necesita, acabará superando su inseguridad; si se lo niega, cada vez el problema será mayor.

No es lo mismo un niño que deja de llamar a su madre porque ya no la necesita que otro que deja de llamarla porque sabe que, por mucho que la llame, nunca le hará caso.

Su hijo es buena persona

> *[...] de hecho, no sé para qué iba a servir tener hijos, si la gente no pudiera confiar en ellos.*
>
> CHARLES DICKENS, *Nicholas Nickleby*

Muchos expertos, probablemente bienintencionados, nos hablan de los problemas de conducta de los niños. Hay problemas de alimentación, problemas de sueño, celos, violencia, egoísmo... Todo el mundo nos habla de los problemas de nuestros hijos, de cómo detectarlos, cómo prevenirlos o cómo solucionarnos, de cómo nos «manipulan» o de por qué hay que ponerles límites. Nadie nos recuerda que nuestros hijos son buenas personas.

Y lo son. Tienen, forzosamente, que serlo. Ninguna especie animal podría sobrevivir si sus individuos no nacieran con la capacidad de adquirir el comportamiento normal de los adultos y la tendencia a hacerlo. No hace falta mucho esfuerzo para enseñar a un león a comer carne o a una golondrina a volar hasta África. Lo difícil, lo que requeriría unos métodos educativos absolutamente aberrantes, sería conseguir un león vegetariano o una golondrina que no emigrase. La inmensa mayoría de los recién nacidos, si se les cría adecuadamente (es decir, con cariño, respeto y contacto físico), serán niños normales y más tarde adultos normales. El ser humano es un animal social, y por tanto la capacidad para amar y ser amados, respetar y ser respetados, ayudar a los demás y obtener ayuda de otros miembros del grupo, comprender y respetar normas sociales (en definitiva, ser una buena persona), son aspectos normales de nuestra personalidad. La educación esmerada, la religión o la ley nos pueden dar otras cosas; pero no son imprescindibles para llegar a ser buena persona. Nuestros antepasados, sin duda, ya eran buenas personas cuando vivían en cuevas, del mismo modo que las gallinas son «buenas gallinas» sin necesidad de escuelas o policía.

Vamos, pues, a pasar revista a algunas de las buenas cualidades de nuestros hijos.

Su hijo es desinteresado

Laura, de tres meses, llora desconsolada. Ha mamado, tiene el pañal limpio, no tiene frío, no tiene calor, no se ha clavado ningún imperdible. Su mamá la toma en brazos, le canturrea unas palabras cariñosas y al momento Laura está calmada. La vuelve a dejar en la cuna y al instante rompe a llorar.

—No tiene hambre, no tiene sed, no le pasa nada —dicen las malas lenguas—. ¿Qué diablos querrá ahora?

Quiere a su madre. La quiere a usted. No la quiere por la comida, ni por la ropa, ni por el calor, ni por los juguetes que le comprará más adelante, ni por el colegio de pago al que la llevará, ni por el dinero que le dejará en herencia. El amor de un niño es puro, absoluto, desinteresado.

Freud creía que los niños quieren a su madre porque de ella obtienen el alimento. Es la llamada teoría del impulso secundario (la madre es secundaria, lo primario es la leche). Bowlby, con su teoría del apego, mantiene todo lo contrario: que la necesidad de madre es independiente de la necesidad de alimento, y probablemente mayor.

¿Por qué no disfruta usted, como madre, de esta maravillosa sensación de recibir un amor absoluto? ¿Se sentiría usted mejor si su hija solo la llamase cuando tuviera hambre, sed o frío, y pasase olímpicamente de usted cuando estuviera satisfecha? Nadie negaría la comida a un niño que llora de hambre; nadie dejaría de abrigar a un niño que llora de frío. ¿Dejará usted de tomar en brazos a un niño que llora porque necesita cariño?

Su hijo es generoso

No hace mucho una madre, preocupada, me preguntaba cuándo dejaría su hija de año y medio de ser tan egoísta; cuándo aprendería a compartir.

¿Por qué el aprender a compartir obsesiona tanto a algunos padres y educadores? ¿De qué les va a servir a los niños aprender una cosa así? Los adultos no compartimos casi nada.

Un ejemplo. Isabel, no llega a dos añitos, juega en el parque con su cubo, su palita y su pelota, bajo la atenta y cariñosa mirada de mamá. Claro, como le faltan manos, en ese momento solo la pala está bajo su posesión directa, y el cubo y la pelota yacen a cierta distancia. Se acerca un niño desconocido, más o menos del mismo tamaño, se sienta al lado de Isabel y sin mediar palabra agarra la pelota. Isabel llevaba diez minutos sin hacer ningún caso de la pelota, y en un principio sigue tan tranquila dando golpes en el suelo con su pala. ¿Tan tranquila? Un observador atento habrá notado que los golpes son un poco más fuertes, y que Isabel vigila la pelota por el rabillo del ojo. El recién llegado, por su parte, parece plenamente consciente de que pisa terreno resbaladizo; aparta la pelota, observa el efecto, la vuelve a acercar... Para que no haya lugar a malentendidos, Isabel advierte: «¡É mía!»; y al poco se cree obligada a especificar: «¡Pelota é mía!». El intruso, que aparentemente todavía no domina las frases de tres palabras (o tal vez, simplemente, prefiere no comprometerse), se limita a repetir: «¡Pelota, pelooooota, pota!». Temerosa sin duda de que estas palabras equivalgan a una reclamación de propiedad, Isabel decide recuperar la plena posesión de su pelotita verde. El intruso no ofrece demasiada resistencia, pero en un descuido logra hacerse con el cubo. Isabel juega unos minutos, satisfecha con la pelota recién recuperada, pero de pronto parece inquieta. ¿Y el cubo? ¡Pero adónde vamos a llegar!

Y así podemos pasar media tarde. Unas veces, Isabel cederá de buen grado, durante unos minutos, el disfrute de alguna de sus posesiones. Otras veces lo tolerará de mal grado. Otras no lo tolerará en absoluto. En ocasiones, ella misma ofrecerá al otro niño su propia pala a cambio de su propio cubo. Puede haber algunos llantos y gritos por ambas partes; pero, en todo caso, es probable que su nuevo «amigo» consiga bastantes minutos de juego relativamente pacífico.

Es muy posible también que ambas madres intervengan. Y aquí se produce un hecho que nunca deja de sorprenderme: en vez de defender como una leona a su cría, cada madre se pone de parte del otro niño. «Venga, Isabel, déjale la pala a este niño.» «Vamos, Pedrito, devuélvele a esta niña su pala.» En el mejor de los casos, la cosa quedará en suaves exhortaciones; pero no pocas veces las madres compiten en una loca carrera de generosidad (¡qué fácil es ser generoso con la pala de otro!): «¡Ya está bien, Isabel, si te vas a portar así, mamá se enfada!». «¡Pedrito, pide perdón ahora mismo, o nos vamos!» «¡Déjelo, señora, que juegue, que juegue con la pala! Es que esta niña es una egoísta...» «¡Huy, pues el mío es tremendo! Tengo que estar todo el día detrás, porque siempre está chinchando a otros niños y quitándoles las cosas...» Y así acaban los dos castigados, como pequeños países en conflicto que podrían haber llegado fácilmente a un acuerdo amistoso si no hubieran intervenido las dos superpotencias.

Escenas como esta, mil veces repetidas, hacen que a veces consideremos egoístas a nuestros hijos. Nosotros compartiríamos sin dudarlo una pala de plástico y una pelota de goma. Pero ¿realmente somos más generosos que ellos, o es que los juguetes nos traen sin cuidado?

Es preciso poner las cosas en perspectiva. Imagine que es usted la que está sentada en un banco del parque escuchando música. A su lado, sobre el banco, su bolso sobre un periódico doblado. En esto se acerca un desconocido, se sienta a su lado y sin mediar palabra se pone a leer su periódico. Poco después deja el periódico (¡abierto y tirado por el suelo!), coge su bolso, lo abre, examina su interior... ¿Sabría usted compartir? ¿Cuánto tardaría en decirle cuatro frescas al desconocido, o en agarrar el bolso y salir corriendo? Si ve pasar a lo lejos a un policía, ¿no le llamaría? Imagine ahora que el policía se acerca y le dice:

—Ya está bien, déjale el bolso a este señor, o me enfado. Usted perdone, caballero, es que esta mujer todavía no sabe compartir... ¿Le gusta el teléfono móvil? Llame, llame a donde quiera... ¡Tú calla, mujer, como sigas protestando, te vas a enterar!

Nuestra disposición a compartir depende de tres factores: qué prestamos, a quién y durante cuánto tiempo. A un compañero de trabajo le podemos prestar un libro durante semanas, pero nos molesta que un desconocido nos toque el periódico sin pedir permiso. Solo a un amigo del alma o a un pariente le prestaríamos nuestro coche para ir a dar una vuelta. Un niño pequeño tiene pocas posesiones, y un cubo, una pala o una pelota son tan importantes para él como para nosotros un bolso, un ordenador o una moto. El tiempo se le hace largo, y prestar un juguete durante unos minutos le resulta tan difícil como a su padre prestar el coche durante unos días. Y también distingue entre amigos y desconocidos, aunque no nos demos cuenta. Por ejemplo, ¿cuál de estas dos frases usaría la mamá de Isabel para resumir las historias arriba explicadas?:

a) Mientras Isabel estaba jugando en la arena con un amiguito, un desconocido me cogió el periódico y casi me quita el bolso, ¡qué susto!
b) Mientras yo jugaba con un amigo a pasarnos el bolso, un desconocido intentó quitarle la pelota a Isabel, ¡qué susto!

Claro, desde el punto de vista de un adulto, cualquier niño de dos años, indefenso y desvalido, es un «amiguito». Pero cuando mides menos de un metro, un niño de dos años es un desconocido, y puede que incluso un «individuo con sospechosas intenciones».

Un ejemplo final: Enrique, de veinticinco años, no sabiendo cómo calmar el llanto de su hijo Quique, de ocho meses, usa las llaves del coche como sonajero. Quique agarra las llaves, las menea, las mira, las vuelve a menear. Una niña de unos seis años se acerca y le hace monerías: «Huy, qué guapo. ¿Cómo se llama? ¿Cuántos meses tiene? (es una de esas niñas precoces). Mi primo Antonio también tiene ocho meses, hoy no ha venido porque está con otitis». «¡Hooola, Quiiique! ¡Qué llaves más chulas! ¿Me las das? Toma, te las cambio por la pelota.» Enrique padre está encantado con la nueva amiguita de su hijo, hasta que la niña sale corriendo con las llaves, dejando la pelota como justo pago. ¿Cuántas décimas de segundo cree que tardará Enrique en salir detrás para recuperar las llaves? Quique ha compartido, pero su padre no está dispuesto a hacerlo.

En comparación, nuestros hijos son mucho más generosos que nosotros.

Su hijo es ecuánime

Si no llorase ahora, llorar eternamente mereciera.

TORQUATO TASSO, *Jerusalén liberada*

Es decir, tiende a mantener un estado de ánimo estable. En palabras más sencillas, su hijo no es nada llorón.

¿Cómo que no, si se pasa el día llorando? Los niños pequeños, es cierto, lloran más a menudo que los adultos y por eso solemos decir que los niños son llorones.

¿Y si resulta que, simplemente, tienen más motivos para llorar?

«Es que lloran sin motivo», me dirá usted. «Lloran por cualquier tontería.» Lloran, según la edad, porque se les cae una torre de piezas de construcción, porque no les compramos un helado, porque les llevamos al médico, porque nos vamos cinco minutos, porque no encuentran la teta a la primera, porque les cambiamos el pañal, porque les secamos el pelo... Ningún adulto lloraría por esas cosas, desde luego.

¿Y por qué lloraría usted? Haga un experimento: siente en su regazo a su hijo de uno o dos años y dígale las cosas más tristes que se le ocurran: «Te van a hacer una inspección de hacienda». «Te han despedido del trabajo.» «Te están saliendo unas patas de gallo espantosas.» «Tu equipo de fútbol baja a segunda...» No llorará. Las cosas que nos hacen llorar a los niños y a los adultos son totalmente distintas.

Entre las cosas que con más frecuencia hacen llorar a un niño pequeño están:

— Separarse dos minutos de su madre.
— Intentar hacer algo que no le sale.
— Notar algo raro y no saber qué es.
— Necesitar algo y no saber cómo conseguirlo.

Todas ellas son cosas, para su desgracia, que pueden ocurrir (y ocurren) varias veces al día. En cambio, las cosas que nos hacen llorar a los mayores ocurren solo de tarde en tarde. Por eso parece que somos menos llorones, pero no es cierto. Si nuestro equipo bajase a segunda varias veces al día, si nos despidiesen del trabajo cada mañana, si se muriesen cada día varios de nuestros mejores amigos, nos pasaríamos también el día llorando.

Su hijo sabe perdonar

Emilia y su hijo Óscar, de seis años, han tenido una fuerte diferencia de opiniones. Para no perdernos con los detalles, digamos tan solo que Emilia era partidaria de que Óscar se duchase, mientras que este último se sentía muy limpio. Ha habido gritos, llantos, insultos y amenazas. Un testigo imparcial reconocería que la mayor parte de los llantos ha venido de una de las partes en conflicto, y la mayor parte de los insultos y de las amenazas, de la otra.

De eso hace una hora. ¿Cuál de estas personas cree usted que está ahora contenta y feliz, y continúa con sus ocupaciones como si nada hubiera ocurrido, mostrándose incluso inusualmente alegre y zalamera; y cuál, por el contrario, es más probable que esté todavía enfadada, haciendo reproches, rezongando? «Mira, mamá, mira qué hago.» «No, mamá no ríe.» «¿Iremos al zoo el domingo?» «A ver, ¿tú crees que te lo mereces? ¿Te parece que te has portado bien?»

Arturo, el padre, vuelve ahora del trabajo. ¿Cuál de las siguientes frases le parece que oirá?:

a) «Mamá se ha puesto tremenda esta tarde, no sabes la escenita que me ha hecho. Tienes que decirle algo.»
b) «Este niño ha estado toda la tarde muy impertinente, no me hace ni caso. Tienes que decirle algo.»

Nuestros hijos nos perdonan, cada día, docenas de veces. Perdonan sin doblez, sin reservas, sin reproches, hasta olvidar completamente el agravio. Se les pasa el enfado mucho antes que a nosotros.

Su hijo es valiente

Imagine que está usted haciendo cola en su banco cuando entran unos individuos armados con la cara tapada. Si le dicen que se tire al suelo, ¿no se tira? Si le dicen que se calle, ¿no se calla? Si le dicen que se esté quieta,

¿no se queda de piedra? ¿Cree que un niño de dos años hubiera obedecido? Imposible. Ninguna fuerza, ninguna amenaza, ni siquiera una pistola apuntándole puede hacer que un niño de dos años se esté quieto media hora, deje de pedir pipí o deje de llorar en plena rabieta. Admire su valor, en vez de quejarse de su «obstinación».

Su hijo es diplomático

Pedro y Antonio, dos amigos de cinco años, juegan en el parque mientras sus padres charlan en un banco. En esto llega Luis, otro niño de la clase, con su mamá. ¡No está poco contento Luis con el triciclo que le acaban de comprar para su cumpleaños!

Tres niños, un solo triciclo. ¿A quién puede extrañarle que surja un conflicto, cuando hemos visto morir a miles de personas por cosas mucho más feas, como un pozo de petróleo o una mina de diamantes?

Pedro y Antonio, como todos los desposeídos, son de izquierdas y consideran que la riqueza debe repartirse entre los camaradas. Luis, como todos los nuevos ricos, se ha hecho de derechas y opina que lo que es de cada uno es de cada uno. Hay un malentendido, un forcejeo. Pedro (que es un poco mayor) agarra con violencia el triciclo, y Luis cae de culo al suelo llorando desconsolado.

¡Ya está armada! La madre de Luis le reprocha que no preste sus juguetes y que lloriquee tanto. Se lo reprocha, hay que decirlo, un poco por «el qué dirán», pues en el fondo piensa que ha empezado el otro y que vaya amigos más gamberros que tiene su hijo. El padre de Pedro está muy enfadado; es consciente de que su hijo ha iniciado la «agresión» y probablemente se ve obligado por el mismo «qué dirán» a exagerar la nota. Increpa a su hijo, le grita, le atosiga con preguntas retóricas, «¡pero qué te has creído!», de esas que dejan al niño totalmente inerme (pues sabe que si no dice nada, se lo volverán a preguntar: «Venga, dime, ¿te parece a ti bonito empujar a la gente?»; pero si dice algo será peor: «¡A mí no me repliques!»). La filípica adquiere tales proporciones que ya Luis ha dejado de llorar y observa, más asustado que satisfecho, mientras Pedro empieza a llorar por su parte y Antonio contempla la escena estupefacto.

Por fin Antonio parece tener una idea. Llama la atención de Luis y le hace reír con su mejor imitación de cierto personaje de la tele. Una vez roto el hielo, le propone echar una carrera. «Hasta la fuente», acepta Luis. «¡Vamos, Pedro, tonto el último!» Y salen los tres de estampida.

¡Qué fina maniobra! Antonio ha ideado una elaborada estrategia para desatascar la situación, y Luis, pese a ser la parte ofendida, lo ha entendido enseguida y le ha secundado para librar a su amigo del furor paterno. Ya los tres juegan en perfecta armonía, olvidado el incidente y abandonado el triciclo, junto a los padres todavía enfadados. Hasta es posible que la madre de Luis exclame: «¿Y para esto me hace bajar a la calle con el triciclo? ¡Ya ves, ahora a jugar a otra cosa y el triciclo aquí muerto de risa!». El padre de Antonio calla, pero está muy orgulloso de su hijo.

Su hijo es sincero

¡Y cómo nos molesta su sinceridad! Hemos inventado palabras ofensivas y denigrantes para calificarle cada vez que dice lo que piensa: «¿Por qué ese señor es negro?». (¡No seas impertinente!) «¡Quiero chocolate!» (¡No seas pesado!) «¡Mira qué mujer más gorda!» (¡No seas grosero!) «¡No me gustan los guisantes!» (¡No seas caprichoso!) «¿Para qué tengo que lavarme? No estoy sucio» (¡No seas contestón!) ¿Cuándo aprenderán esas útiles virtudes del adulto: el disimulo, la astucia, el engaño...? Las aprenderán cuando se den cuenta de que se ahorran muchas regañinas si dicen mentiras o si callan verdades.

El maestro tiene que ausentarse un momento y ordena a Carlos, de siete años, que en su calidad de primero de la clase se quede vigilando. La noble tarea del vigilante consiste en pasear entre los pupitres con los brazos cruzados, riñendo a los niños que hablan. Uno de los niños se levanta sin motivo. Carlos, en ejercicio de sus funciones, le dice que se siente; el otro no quiere. Carlos avanza con los brazos cruzados hacia el infractor, con una vaga idea de devolverlo a su pupitre por la fuerza. Se empujan mutuamente con los brazos cruzados, se les escapa la risa, toda la clase ríe.

En lo mejor de la diversión regresa el maestro, muy enfadado. Carlos intenta justificarse, pero el maestro no quiere explicaciones. Solo hace una pregunta en tono conminatorio:

—¿Tú crees que se puede reír mientras se vigila?

—Sí —responde Carlos, y recibe una sonora bofetada.

El maestro vuelve a preguntar gritando:

—¿Tú crees que se puede reír mientras se vigila?

Esta vez Carlos se toma unos instantes para contestar. Está asustado, paralizado por el terror. Intenta comprender el motivo, qué ha hecho mal para merecer este trato. Porque no le han pegado por jugar en clase, sino por responder a una pregunta. Y él ha respondido correctamente: ha dicho la verdad. Evidentemente, el maestro quiere que conteste «no». ¿Puede contestar «no» y salvarse? Carlos intenta justificarse a sí mismo ese «no», busca desesperadamente un motivo para cambiar su respuesta. No lo encuentra. Si la pregunta hubiera sido «¿está permitido reír mientras se vigila?», podría contestar «no» de inmediato (él no sabía que no estaba permitido, pero ahora lo sabe: el enfado del maestro muestra bien a las claras que no está permitido). Pero la pregunta ha sido: «¿Tú crees que se puede...?». «Sí —piensa Carlos—, yo creo que sí que se puede. Eso es lo que yo creo, esa es la verdad, no puedo contestar otra cosa.» No quiere ser un héroe, no quiere desafiar al maestro, solo quiere decir la verdad y, entre sollozos e hipidos, vuelve a decir: «¡Sí!».

El maestro le propina una bofetada todavía más fuerte y, con los ojos fulgurantes, el rostro congestionado y un tono terriblemente amenazador, repite la fatídica pregunta:

—¿Tú crees que se puede reír mientras se vigila?

¿Cuántas bofetadas puede soportar un niño de siete años? Carlos vacila, piensa en decir que sí, tiene miedo. Haciendo un esfuerzo inspira profundamente, contiene sus sollozos, pronuncia un «no» lastimero y rompe a llorar amargamente.

Esta escena tuvo lugar hace más de cuarenta años; y Carlos, lo habrán adivinado, era yo. No recuerdo el dolor de los golpes, no recuerdo la humillación. Recuerdo solo el asombro, el estupor, el desconcierto y..., sobre todo, la rabia y la impotencia al haber sido obligado a decir una mentira.

Su hijo es sociable

Observe con qué facilidad se pone su hijo a jugar con cualquier otro niño. No le importa la clase social, la raza ni la forma de vestir. Nunca oirá a su hijo pequeño hacer manifestaciones racistas («estoy harto de estos moros, vienen en pateras y nos quitan el tobogán»).

Aunque los padres se nieguen el saludo por viejas rencillas, los niños se hablan sin prejuicios. No hace mucho era costumbre intentar limitar esta sociabilidad de los niños («no me gusta que juegues con Fulanito, es malo / no es como nosotros / no te conviene / es una mala compañía»).

Su hijo es comprensivo

Acabo de hacer un pequeño experimento. He buscado en Internet la frase «los niños son crueles» y he encontrado 40 páginas que la contienen. La frase «los niños son cariñosos» solo aparece en una de los millones de páginas de Internet. «Los niños son comprensivos», en ninguna. (Actualización: escribí lo anterior a finales de 2002. Internet habla cada vez más de niños, pero no en mejores términos. En abril de 2006, la frase «los niños son crueles» aparece ya en 330 páginas de Internet; «los niños son cariñosos» en 24, «los niños son comprensivos» en 5. La frase más obvia, «los niños son buenos», aparece 262 veces, pero no sirve para mi estadística porque a menudo ese «buenos» califica a algo que viene después. De los 10 primeros resultados en Google, en dos la frase completa es: «Los niños son buenos soldados porque son obedientes, no cuestionan las órdenes y son más fáciles de manipular que los soldados adultos». Da escalofríos.) Se acusa a los niños de abusar de los más débiles, poner motes y burlarse de los que tienen algún defecto. Pero esas conductas constituyen la excepción y no la regla. Es cierto que, por su falta de experiencia social, los niños pueden hacer preguntas embarazosas o mirar insistentemente a una persona con algún defecto físico. Pero también son capaces de tratar con la mayor naturalidad a cualquier compañero y aceptarlo tal como es, sin preocuparse por su aspecto.

Conozco una familia con varios hijos, el mayor de los cuales sufre un retraso mental profundo. No camina ni habla. Durante un tiempo, cogió la mala costumbre de tirar con fuerza del pelo a todo aquel, niño o adulto, que se le pusiese a mano. Sus hermanos pequeños comprendían perfectamente que no era responsable de sus actos y mostraban una exquisita tolerancia. Si en sus correrías pasaban demasiado cerca del hermano y quedaban atrapados, se limitaban a quedarse muy quietos, con una evidente expresión de dolor, y a llamar suavemente a algún adulto para que viniera a liberarlos. Por supuesto, si les estiraba del pelo cualquier otro, respondían con la adecuada contundencia.

Numerosos investigadores han comprobado que los niños menores de tres años suelen mostrar empatía, es decir, preocupación por el sufrimiento ajeno. Cuando un compañero llora, es frecuente que intenten consolarle.

Bowlby[31] cita un estudio en el que se observó cuidadosamente el comportamiento de veinte niños de uno a tres años en una guardería. Diez de ellos habían sufrido abusos, los otros diez provenían de familias con problemas, pero no habían sufrido abusos. Los niños que habían sido maltratados se peleaban el doble que los otros y mostraban además tres conductas que no se observaron en ninguno de los niños no maltratados: agredir a un adulto, agredir a otro niño sin ningún motivo ni provocación, aparentemente solo para molestar, y gritar o pegar a otros niños que lloraban, en vez de intentar consolarlos.

Los niños criados con cariño y respeto son cariñosos y respetuosos. No todo el rato, por supuesto, pero sí la mayor parte del tiempo. Esa es su tendencia natural, pues en el ser humano la cooperación con otros miembros del grupo es tan natural como el andar o el hablar. Para conseguir que los niños se vuelvan agresivos, tenemos que empujarles de alguna manera, apartarles del camino normal. Los niños «educados» a gritos gritan. Los niños «educados» a golpes pegan.

capítulo

tres — Teorías que no comparto

En la primera parte de este libro he intentado explicar las necesidades de los niños pequeños y los motivos de su comportamiento. Pero temo aún que, como explicaba al comienzo, algunos padres lean mi libro, lean luego otros que dicen todo lo contrario e intenten aplicar una mezcla de todo, pensando que en el fondo decimos lo mismo.

De modo que, a continuación, pasaré revista a unas cuantas teorías con las que no estoy de acuerdo.

La puericultura fascista

Alice Miller revisa en *Por tu propio bien*[35] las recomendaciones de los pedagogos alemanes de los siglos XVIII y XIX, una corriente que se ha dado en llamar «pedagogía negra». Miller señala que el objetivo final, no declarado, de tales métodos era formar súbditos obedientes y que aquel sistema de «educación» permite explicar el éxito del nazismo en Alemania entre una ciudadanía dispuesta a obedecer ciegamente a cualquier figura de autoridad, aunque sus órdenes fueran crueles, absurdas o inmorales. El libro de Miller (como todos los de su autora) constituye una lectura muy recomendable. Citaremos a continuación algunos pasajes de aquellos expertos del pasado, y el lector podrá compararlos con los actuales y ver cuánto hemos avanzado.

> No se puede tratar de razonar con niños pequeños; de aquí que la testarudez deba ser eliminada de manera mecánica [...]. Pero si los padres tienen la suerte de neutralizar la testarudez desde el primer momento mediante serias reprimendas y repartiendo golpes con la vara, obtendrán niños obedientes, dóciles

y buenos a los que luego podrán ofrecer una buena educación. (J. Sulzer, 1748, citado por Miller.)

Es perfectamente natural que el alma infantil quiera salirse con la suya y, si las cosas no se han hecho debidamente en los dos primeros años, más tarde será difícil conseguir el objetivo. Estos dos primeros años presentan, entre otras, la ventaja de que podemos emplear la violencia y la coacción. Con el tiempo, los niños olvidan todo cuanto les ocurrió en la primera infancia. Si en aquella etapa podemos despojarlos de su voluntad, nunca más volverán a recordar que tuvieron una y, precisamente por eso, la severidad que sea necesario aplicar no tendrá ninguna consecuencia grave. (J. Sulzer, 1748, citado por Miller.)

Otra norma muy importante por sus consecuencias es la de que incluso los deseos permisibles del niño solo deberán ser satisfechos si él mismo se encuentra en un estado anímico de amable inocuidad o, al menos, tranquilo, pero nunca si chilla o se muestra indócil e intratable. [...] al niño no debe dársele la más ligera sospecha de que puede conseguir algo de su entorno chillando y portándose incorrectamente. [...] El aprendizaje arriba descrito dará al niño una notable ventaja en el arte de esperar y lo preparará para otro, más importante aún, en el futuro: el arte de renunciar. (D. G. M. Schreber, 1858, citado por Miller.)

Entre los engendros propios de una filantropía mal entendida está también la idea de que, para obedecer con gusto, se han de comprender a fondo los motivos de la orden y de que toda obediencia ciega atenta contra la dignidad humana. (L. Kellner, 1852, citado por Miller.)

Una pedagogía realmente cristiana, que acepte a la persona no como debiera ser, sino como es, no podrá, en principio, renunciar a ningún tipo de castigo corporal, ya que este es precisamente el castigo más apropiado para ciertos delitos: humilla y trastorna, da fe de la necesidad de doblegarse ante un orden superior y revela a la vez toda la energía del amor paternal. (K. A. Schmid, 1887, citado por Miller.)

Nacidas bajo regímenes políticos absolutistas y despóticos, estas teorías trasladan al interior de la familia el modelo represor del Estado, y convierten al padre en policía, juez y verdugo (y a la madre en un simple suboficial). Cuando la teoría es admitida como «verdad científica», se reviste de una falsa respetabilidad. La ciencia, se supone, no tiene ideología, es neutral y objetiva. Personas que jamás aceptarían un Estado represor aceptan ahora una pedagogía represora. En 1945, los doctores Koller, director del Hospital de Mujeres de Basilea, y Willi, jefe del Asilo de Infancia de Zúrich, se expresaban en términos muy parecidos. Su libro[36] alcanzó al menos seis ediciones en Suiza en 1945:

> La psique del niño pequeño es tan sencilla, tan inocente, tan fácil de dirigir que apenas se tropieza con dificultades. Como un reloj, reacciona a las tetadas prescritas, se anuncia puntualmente, se demuestra contento con la cantidad de alimentos, está tranquilo entre las tetadas y duerme durante toda la noche. La madre se siente orgullosa y feliz de su hijo tan juicioso. [...] Algunos lactantes no se conforman con las horas de las tetadas, o quieren mamar más de lo prescrito, o torturan a la madre cada noche con gritos durante horas enteras. [...] Si esta [la madre], ya durante las primeras semanas, corresponde a cualquier manifestación de malestar o de mal humor, pronto se hará esclava del niño y sufrirá mucho. A tiempo tenemos que quitarle sus faltas, más tarde resultará mucho más difícil. Significa un error sacar al lactante de la cama porque llora durante la noche o entre las tetadas; es igualmente equivocado tomarlo en brazos o darle más alimento. Si todo está normal [tras visitar al médico], se deja gritar al lactante; a veces, se conforma ya después de pocos días con el orden prescrito, pero también pueden pasar semanas. Sin preocupación, se le coloca solo en una habitación donde se oigan los gritos lo menos posible. Los lactantes mayores a menudo tratan de cautivar a la madre con el llanto. Gritan furiosamente cuando sale de la habitación o se niegan a gritos a recibir el alimento de otra persona que no sea de ella. Ya desde el principio tenemos que guardarnos de tomar en serio estos gritos.

Curiosamente, es un autor español el que de forma más explícita propugna la puericultura como método de adoctrinamiento político. Se trata de Rafael Ramos, catedrático de pediatría en Barcelona después de la Guerra Civil y del triunfo franquista. En su obra[37] de 1941, no esconde sus simpatías políticas:

> Y el Estado verdadero es el que busca la felicidad de sus súbditos, aunque para ello tenga a veces que imponerse por la fuerza, ser duro, riguroso.

Claro que es mejor que el súbdito se críe obediente desde el principio y así el Estado no tendrá que usar la fuerza:

> El niño en todo momento, y desde el primer día de su vida, debe saber que hay alguien superior a él que va a cuidarle, no solamente prodigándole alimentos, calor, etc., sino que va a frenar sus instintos: la madre [...].

a) Desde que el niño nace, debe colocárselo en su cuna y solamente ir a la cama de la madre cuando va a tomar el pecho. Si llora, no le cogerán en brazos ni le mecerán, sino que le limpiarán caso de estar sucio, le pondrán al pecho si ha llegado su hora, si tiene frío le darán calor [...] o si llora porque tiene necesidad de llorar simplemente, pero sin que precise ningún remedio, se le dejará con toda tranquilidad que siga llorando [...]. La experiencia, recogida de tantas madres, asegura, si la razón científica no fuera suficiente, que un niño recién nacido llora durante diez, doce, quince días, pero que si con él se observó esta rigurosa actitud de no cogerlo, ni acallarlo, ni ponerle chupete, pasado este intervalo, convencido de la ineficacia de sus protestas, el niño va disminuyendo la intensidad de estas [...].

b) No le pondrá al pecho cada vez que llore, sino cuando le corresponda y de una manera sistemática [...]. También suele la madre quejarse de la puntualidad que exige la alimentación de su hijo, mas ¡qué insignificante resulta esto si se tiene en cuenta el tiempo y la esclavitud prolongada que habría de costarle si por desidia suya contrajera el pequeño cualquier trastorno o enfermedad!

c) Sin acceder a sus caprichos, cuando el niño empieza a comprender —que, aunque no lo manifieste, es más pronto de lo que suele creerse—, deberá hacérsele saber que esta severa actitud es por su bien.

Y así, poco a poco, se deposita en la conciencia del niño un germen de valor incalculable que la madre va haciendo crecer. El hijo sabe que hay alguien a quien está supeditado, que le cuida, le dirige y de quien recibe los castigos, si bien no persigue otro fin que su felicidad. A este niño, más tarde hombre, ¡qué fácil le resultará la obediencia a cualquier otra autoridad-superioridad! Pero si a ese hombre no le educaron así desde su cuna, se rebelará a la menor contrariedad, enfrentándose con su maestro, con su jefe, con el guardia de la circulación, con el Estado que le gobierna...

Observamos aquí los principales fundamentos filosóficos que se oponen a las conductas de afecto entre madre e hijo:

- La maldad intrínseca del recién nacido: un ser caprichoso que abusa de quienes le cuidan y exige cosas que no necesita solo por fastidiar. Solo a través de una educación fuertemente represiva llegará a adquirir los valores morales del adulto. Esto choca frontalmente con la antigua idea cristiana del niño inocente, sin uso de razón, que no necesita confesarse antes de los siete años porque es incapaz de pecar.

- El niño que «necesita llorar». El llanto no es reconocido como síntoma de sufrimiento, sino que se considera una actividad normal e inocua, cuando no decididamente malévola, del niño.
- La exigencia de abnegación materna. Aunque a veces se ha invocado el derecho de la madre a descansar para justificar estas rígidas normas de crianza, aquí se da una versión opuesta y más acorde con la realidad: la madre tiene una tendencia a coger a su hijo y responder a sus llantos, por lo que fácilmente lo malcría por simple «desidia». Seguir las normas y horarios, en cambio, es difícil y la madre se queja de ello, pero debe sacrificarse para no acarrear enfermedades a su hijo.
- Es por su bien. El trato más rígido se justifica no por el bienestar de la madre, sino por el del propio hijo.

Al mismo tiempo, se muestran algunos de los métodos tradicionalmente empleados para imponer estas teorías entre las madres:

- La autoridad científica (cuando, en realidad, no existe base científica de ningún tipo y se trata de opiniones personales).
- La amenaza y la culpa: el niño enfermará si no se siguen las normas.

Este escrito muestra también claramente las implicaciones políticas de la puericultura: la sumisión absoluta del niño es solo una preparación para la sumisión del adulto.

Lamentablemente, estas teorías pedagógicas no han desaparecido con la dictadura que las justificaba. Autores que sin duda ya no comparten las ideas políticas del Dr. Ramos siguen compartiendo sus ideas pedagógicas. Cincuenta años después, volvemos a encontrar el mito del niño manipulador y astuto:

> Si corregida esta [la causa] sigue llorando, armarse de paciencia y dejarle llorar. Cuando el niño se convenza de que nadie le presta atención, se callará. De no hacerlo así, hasta el más pequeñito pronto se dará cuenta de su poder y repetirá la escena teniendo lugar fatalmente el comienzo de una mala educación. *El niño de pecho es más listo de lo que cree la gente.* (Ramos, 1941.)
>
> [...] Juanito es un ser inteligente, muy inteligente, y no va a doblegarse a nuestra voluntad a la primera de cambio. Aparte de pedir agua, decir pupa..., trucos de los que ya os hemos hablado, puede que vomite. No os asustéis, no

le pasa nada: los niños saben provocarse el vómito con suma facilidad. (Estivill, 1995.)[15]

Y el mito de la madre abnegada y la imposición de las normas a los padres mediante amenazas y culpa:

Claro es que criar y educar bien a un niño supone sacrificio, roba muchas horas a su madre, pero la salud y alegría del mismo bien pronto la recompensa sobradamente. No hacerlo, dejándose ablandar por el dichoso llanto, es querer muy mal al pequeño y hacerle un desgraciado. (Ramos, 1941.)

Mi hijo se va a dormir pasadas las once de la noche, porque mi marido suele llegar a esa hora y quiere ver al pequeño. ¿Hacemos mal?

[*Respuesta.*] Disfrutar del niño sin tener en cuenta sus necesidades biológicas es una actitud algo egoísta [...]. Pensar [*sic*] que, sobre todo entre los cinco y los siete meses, estáis ayudando a vuestro hijo a adquirir unos hábitos correctos de sueño y que, de no ser así, repercutirá en su salud física y mental. (Estivill, 1995.)

El orden

Mucho recreo, mucha expansión al aire libre..., pero todo con método, con orden, con medida.

LEOPOLDO ALAS, CLARÍN, *Don Urbano*

La idea de que los niños necesitan una vida ordenada, unas rutinas fijas, es ya antigua:

La comida y la bebida, la vestimenta, el dormir y, en general, el pequeño mundo familiar de los niños deberán regirse por un orden y no ser nunca alterados en función de la testarudez o las extravagancias infantiles, a fin de que ellos mismos aprendan a someterse a las normas del orden ya en su primera infancia. [...] si los niños se acostumbran desde muy temprano a un orden determinado, más tarde supondrán que este es algo perfectamente natural, pues no se darán cuenta de que les ha sido impuesto de forma artificial. (Sulzer, 1748, citado por Miller.)[35]

Dos siglos más tarde, otros expertos siguen defendiendo las mismas ideas, aunque con distintos argumentos:

> La educación del lactante empieza ya desde el primer día; tenemos que acostumbrarle inmediatamente a la idea de que existe alguien que le dirige. Hay que observar un orden riguroso en las horas de sueño y de comida ya desde el principio, y no debemos tolerar que se nos imponga con sus lloros. Si cedemos aunque solo sea una vez, ello se grabará en la memoria del lactante, el cual en seguida tratará de imponernos su voluntad. (Stirnimann, 1947.)[33]
>
> Durante el primer año de vida, el niño evoluciona de manera considerable; para ayudarle en su andadura, los padres y educadores han de dirigir sus esfuerzos hacia el objetivo de instaurar unos buenos hábitos. [...] En su primer periodo evolutivo, el niño necesita organizar su existencia en torno a unos indicadores externos que le marquen el ritmo y el orden, de acuerdo con los ritmos biológicos. (Ferrerós, 1999.)[32]

En doscientos cincuenta años solo ha cambiado la forma de vender el producto. Antes se explicaban los verdaderos motivos: el orden es algo artificial que los padres imponen por su propia conveniencia, engañando a sus hijos y doblegando su voluntad. El objetivo principal es conseguir que el niño se acostumbre a la obediencia y llegue a creer que las órdenes recibidas son en realidad sus propias necesidades. Doscientos años después, Stirnimann seguía expresándose en los mismos términos. Ahora somos políticamente correctos (que es la manera políticamente correcta de decir que somos hipócritas), y el mismo orden se pretende hacer pasar como una necesidad del niño, algo que surge de sus ritmos biológicos. El objetivo principal sería ayudar al niño.

¿No es maravilloso que los educadores de la antigüedad, sin el menor respeto hacia el niño, decidieran «imponer de forma artificial» un orden que, casualmente, resultó ser justo lo que los niños «necesitaban»? Y si los ritmos son biológicos (es decir, son internos y surgen del mismo niño), ¿por qué hay que «marcarlos con indicadores externos»?

Sin duda, investigadores y estudios serios han contribuido a dar importancia a las rutinas. Por ejemplo, Bowlby[38] cita el estudio de Peck y Havighurst en una pequeña ciudad norteamericana en los años cuarenta y cincuenta. Observaron cuidadosamente a un grupo de niños durante años para valorar cómo se desarrollaba su carácter y cómo influía en ello su familia. Aquellos niños mejor valorados por los investigadores y también por sus propios compañeros de colegio, «bien integrados, emocionalmente maduros, en posesión de principios morales firmes e internalizados», tenían padres que aprobaban decididamente a sus hijos, confiaban en ellos y compartían sus actividades. Eran más indulgentes que severos. Las relaciones entre los padres eran buenas. Y, aquí viene nuestro tema, «el hogar se rige por pautas y horarios regulares, aunque no demasiado rígidos».

Pero, ojo, en aquel estudio solo cuatro niños habían sido clasificados como maduros y bien integrados, y uno de ellos tenía una familia distinta: un «hogar de clase baja muy descuidado en el cual el entrevistador advirtió pocas pautas de regularidad o coherencia». ¿Qué ocurre aquí? No era la regularidad lo que producía adolescentes tan simpáticos y equilibrados. Era lo demás: el cariño, la confianza, el contacto. La regularidad aparecía en tres de las cuatro familias por casualidad, porque era una cualidad apreciada por las familias de clase media de aquella época. También podrían haber dicho: «Los padres de los niños bien integrados llevan corbata».

Pero una familia de clase baja, viviendo en el desorden, también puede tener un hijo plenamente maduro y equilibrado si le ofrece cariño y respeto.

Dentro de la vida ordenada, merece una especial atención el mito de las rutinas nocturnas. Una madre nos explicaba así su desconcierto:

> El pediatra nos dijo que hay que empezar a generarle una rutina, pero no lo tenemos que dormir en brazos, lo que es muy difícil.

El niño prefiere los brazos a la rutina y para sus padres es también más fácil. ¿Por qué complicar las cosas? Según el mito, hay que poner al niño a dormir siempre de la misma forma, porque si no, «nunca aprenderá». Pero la vida no es siempre igual. ¿Cómo empieza su hijo a tomar una alimentación variada? Unas veces come un puré con cuchara (que le dan los padres o que intenta agarrar él solo). Otras veces la comida está en trocitos, que coge con los dedos (y al cabo de unos meses con un tenedor). Puede que usted sujete un plátano o un gajo de mandarina mientras él lo chupa, y otras veces será él el que sujetará la comida. Unos días comerá sentado en su trona, otros en el regazo de papá, alguna vez masticará una galleta o un trozo de pan mientras pasea por la calle en su cochecito. Suele comer en casa, pero algunos días lo hace en casa de unos abuelos o de los otros abuelos, y en cada casa será distinta la trona o no habrá trona, y será distinto el plato, y la comida estará cocinada de otro modo, y le pondrán otro babero o ningún babero, y una abuela intentará «distraerle para que coma», mientras que otra le dejará a su aire. Hasta es posible que coma algunos días en la guardería. Pese a esta absoluta falta de rutinas predecibles, todos los niños acaban comiendo.

No hace falta comer igual cada día y tampoco hace falta una rutina para irse a dormir. Pero, si hiciera falta, ¿por qué no elegir la rutina con que su hijo y usted sean más felices? Dormirse en brazos, con el pecho, con una canción de cuna o en la cama de sus padres también pueden ser rutinas; solo tendría que hacerlo cada día igual.

La educación conductista

> *Por tales razones, y otras similares, son de la opinión de que los padres son los últimos a los que se puede confiar la educación de sus propios hijos.*
>
> JONATHAN SWIFT, *Los viajes de Gulliver*

El conductismo es una de las numerosas teorías psicológicas del siglo pasado. Como teoría tiene, sin duda, sus puntos fuertes y sus aplicaciones, y resulta útil para tratar a algunos pacientes. No es el conductismo entero lo que quiero ahora criticar, sino solo una cierta forma de aplicar la teoría a la crianza y educación de los niños.

Uno de los padres del conductismo fue Skinner, un psicólogo norteamericano que metía ratas de laboratorio en unas jaulas especiales («jaulas de Skinner», por supuesto). La jaula tenía una palanca y un agujerito, cada vez que la rata apretaba la palanca salía comida por el agujerito. Las ratas pronto aprendían a apretar la palanca para obtener comida y la apretaban cada vez más. La comida es un «refuerzo» y el método de aprendizaje se llama «condicionamiento operante». Si desconectas la palanca y deja de salir comida cada vez que aprieta, la rata primero aprieta la palanca frenéticamente, pero se cansa y con los días deja de apretarla por completo. Esto se llama «extinción» de una conducta por falta de refuerzo. Si quieres que la conducta desaparezca más rápidamente, puedes usar un refuerzo negativo: cada vez que aprieta la palanca, descarga eléctrica.

Hay formas más o menos cómodas de llevar a un niño.

Con su jaula, su rata y mucha paciencia, Skinner llegó a saber muchísimo sobre el comportamiento de las ratas enjauladas. Jamás estudió a las ratas en libertad. Pero, de todos modos, con el destello del genio, llegó a la conclusión de que sus descubrimientos podían aplicarse al ser humano y de que cualquier conducta podía ser «modelada» con los refuerzos adecuados. En 1948 escribió una novela de ciencia ficción, *Walden Dos*. Este es el nombre de una especie de comuna utópica, cuyos habitantes se han aislado voluntariamente del mundo para vivir de acuerdo con las enseñanzas del conductismo y en que las técnicas de refuerzo y aprendizaje constituyen la base de la sociedad. La novela está escrita en un tono didáctico y en ella Castle, un catedrático de filosofía un poco tonto, hace continuas preguntas para que Frazier, el fundador de la comunidad, pueda lucirse con las respuestas.

En *Walden Dos*, los niños se crían sin apenas contacto humano durante el primer año, en pequeñas cabinas individuales con un ventanal de cristal, colocadas todas ellas en un cuarto en el que ni siquiera hay un cuidador (al menos en el momento en que los protagonistas del libro lo visitan):

> A través del cristal pudimos ver a niños de diversas edades. Ninguno tenía puesto más que un pañal, y no tenían ropa de cama. En una de las cabinas, un pequeño recién nacido de buenos colores dormía boca abajo. Otros bebés de más edad estaban despiertos y jugando con juguetes. Cerca de la puerta, un niño a gatas apretaba la nariz contra el cristal mientras nos sonreía.

En la novela, la cuidadora de estos bebés entra en el cuarto, al que medio en broma llaman «acuario», solo para enseñárselo a los visitantes. Desde luego, los niños no toman el pecho, pues la madre es una fuente de infección:

> —¿Y los padres? —dijo Castle inmediatamente—. ¿No pueden ver a sus hijos?
>
> —¡Oh, sí!, siempre y cuando gocen de buena salud. Algunos padres trabajan en la guardería. Otros pasan por aquí todos los días, más o menos, aunque solo sea durante unos minutos. Sacan al niño al sol o juegan con él en un salón de juego.

Estos bebés que duermen, juegan, sonríen y que ven a sus padres unos minutos, casi todos los días, no lloran nunca porque no tienen de qué quejarse: la humedad y la temperatura de sus cabinas están perfectamente controladas, lo que les permite ir desnudos y evitar la incomodidad de la ropa. Frazier no duda en afirmar:

> Cuando un bebé sale de nuestra Primera Guardería, desconoce totalmente la frustración, la ansiedad y el temor. Nunca llora, excepto cuando está enfermo.

Cualquiera con dos dedos de frente se indignaría ante esta frase. Decir que unos niños que han pasado casi toda su vida solos en un cubículo de cristal no han conocido la frustración ni la ansiedad parece una broma de mal gusto. Lo más parecido que existe en la vida real al acuario de Skinner es la sala de prematuros de un hospital, con sus hileras de incubadoras. Y allí los niños sí que lloran. Uno de los grandes avances en el cuidado de los prematuros es el método canguro: sacarlos el mayor tiempo posible de la incubadora y ponerlos en brazos de sus madres; se ha visto que así los bebés engordan más, enferman menos y su ritmo cardiaco y respiratorio se mantiene más estable (lo que indica que sufren menos).[39]

Pero en la novela, el tontorrón de Castle acepta, cómo no, que estos pobres niños abandonados son absolutamente felices e incluso se queja de que se les mima demasiado:

> —¿Pero les preparan para la vida? —dijo Castle—. Ciertamente no se puede seguir así, evitándoles toda frustración o las situaciones de temor.
>
> —Por supuesto que no. Pero puede preparárseles para ellas. Se puede crear una tolerancia a la frustración introduciendo obstáculos gradualmente conforme el niño crece y se hace lo suficientemente fuerte para resistirla.

Unas páginas más adelante, Frazier nos explica cuáles son esos métodos educativos con los que enseñan a los niños de uno a seis años a tolerar la frustración:

> —¿Cómo se puede producir la tolerancia ante una situación molesta? —dije.
>
> —Bueno, por ejemplo, haciendo que los niños aprendan a «aguantar» calambres cada vez más dolorosos...

Esta sorprendente declaración, admitiendo que se ha sometido a los niños a torturas sistemáticas, no provoca en la novela el menor comentario del resto de los personajes, ni siquiera de los que se supone que no creen en las teorías de Frazier. Más adelante explica otra técnica «educativa» un poco menos extrema:

> Tomemos un ejemplo: unos chiquillos llegan a casa después de un largo paseo, cansados y hambrientos. Esperan que se les dé la cena. Pero, en vez de ella, se encuentran con que es la hora de la lección de autocontrol. Tienen que quedarse de pie, durante cinco minutos, ante la taza de sopa caliente.

Nunca he oído a ningún educador, médico o psicólogo recomendar lo de las corrientes eléctricas. Pero sí que he oído docenas de sugerencias similares a la segunda: hacer esperar deliberadamente al bebé que llora o al niño que pide cualquier cosa; enseñarle a «retrasar la satisfacción de sus deseos», a «tolerar la frustración», a «ir alargando las tomas». Quizá algunos me consideren extremista cuando afirmo que estas maniobras me parecen crueles e indignas. «Qué exagerado —pensarán—, no es lo mismo torturar a un niño con corrientes eléctricas que hacerle esperar cinco minutos para cenar.» Pues bien, para Skinner sí que es lo mismo, son dos ejemplos perfectamente intercambiables de un mismo método.

Claro que a un niño no le hace ningún daño esperar cinco minutos para cenar. Le pasará docenas, cientos de veces a lo largo de su infancia, de manera natural. Pedirá la cena y la cena no estará lista. O se sentará a la mesa y le harán levantarse para lavarse las manos. Querrá ver un programa por la tele y se tendrá que esperar a que comience. Tendrá que esperar al día de Reyes para recibir sus regalos, aunque los paquetes ya estén escondidos en el armario de sus padres. El bebé despertará llorando desesperado, y su madre tardará cinco minutos en venir porque está dormida, en la ducha o friendo croquetas con el aceite a punto de quemarse. Nada de eso hace ningún daño a un niño. Como tampoco le hace ningún daño (permanente) recibir por accidente una leve descarga eléctrica, caerse jugando y hacerse un moretón o despellejarse una rodilla.

Lo verdaderamente dañino en todas estas técnicas «educativas» no es el hecho en sí, sino su motivación. No es lo mismo tocar accidentalmente un cable eléctrico que pasarle corrientes eléctricas a propósito a un niño para que aprenda a tolerar la frustración. Cualquier niño prefiere golpearse jugando a que su propio padre le pegue una bofetada, aunque a veces se hace más daño jugando. No es lo mismo pensar «tengo que esperar porque la cena no está preparada» o «no podemos cenar hasta que venga tía Isabel» que pensar «podríamos cenar ya, pero mis padres no me dejan por el simple placer de hacerme esperar». No quisiera que mis hijos guardasen de mí ese recuerdo.

Si el niño tiene edad suficiente para comprender lo que le están haciendo, sin duda sentirá la misma rabia y la misma humillación que sentiríamos cualquiera de nosotros en semejantes circunstancias. O tal vez tenga razón Skinner y, si se le ha sometido a tales abusos desde la más tierna infancia, acabe por someterse, por aceptar que no tiene ningún derecho y que está a merced de la voluntad y del capricho de otros.

Un bebé, en cambio, no puede conocer el motivo del retraso; nunca sabrá si su madre tardó cinco minutos porque estaba muy ocupada o porque le dio la gana. Para el bebé no existe, es cierto, ninguna diferencia. Pero para la madre sí. No se puede justificar una agresión porque la víctima no se da cuenta. Es el acto en sí de provocar una frustración deliberada a un ser humano lo que es inmoral. Si esta tarde se corta la luz en su barrio durante diez minutos, usted nunca sabrá si de verdad hubo una avería o si la compañía eléctrica ha decidido practicar cortes de diez minutos, al azar, para que los ciudadanos aprendan a tolerar la frustración y a arreglárselas sin electricidad. Usted no puede saberlo, pero da por sentado que la segunda opción es imposible. ¿Cómo iba nadie a hacerle una cosa así a un adulto, fastidiarle a propósito para «educarle»? No, eso solo se le puede hacer a los niños.

Walden Dos es solo una novela, pero pretende ser algo más. La solapa del ejemplar que tengo en mis manos afirma:

> *Walden Dos* no es una digresión, no es un divertimento del autor, Skinner cree en su ficción; *Walden Dos* es aconsejado, como lectura complementaria, a los estudiantes de Ciencias Sociales de muchas universidades norteamericanas.

¡Cree en su ficción! Él mismo lo reafirma en el prólogo que añadió en 1976, donde propugna con entusiasmo que su idea se lleve a la realidad. Skinner jamás intentó criar a ningún niño con su método (se dijo que lo había aplicado con su hija pequeña, pero su hija mayor desmiente con energía este mito en la página web de la Fundación Skinner).[40] Lo más cercano que ha existido a la aplicación práctica de sus métodos son los kibutz de Israel, en los que los bebés y niños dormían todos juntos y separados de sus padres. El experimento fracasó, resultaba igualmente molesto para los padres y para los hijos, y hoy en día los niños duermen con sus padres hasta la adolescencia en todos los kibutz.[41]

Si Skinner hubiera publicado un falso artículo científico, inventando un falso experimento sobre unos sujetos inexistentes, tarde o temprano se hubiera descubierto el fraude. Su prestigio se habría esfumado, le habrían echado de su universidad y sus libros habrían caído en el olvido. En vez de ello, inventó un falso experimento sobre sujetos inexistentes, pero no lo hizo pasar por real, sino que lo publicó como novela de ciencia ficción. Paradójicamente, mucha gente lo aceptó entonces como si fuese real o al menos como si se basase en datos científicos, y muchos miles de psicólogos y educadores han leído la obra y han dejado que esas fantasías impregnen sus creencias y orienten su vida.

El concepto de negar sistemáticamente atención y cuidados a los niños para así aumentar su tolerancia a la frustración está ahora muy extendido, al igual que otras ingeniosas aplicaciones de las teorías conductistas. Pero, en realidad, ya eran ideas viejas cuando Skinner intentó darles un nuevo prestigio científico:

> Veamos ahora cómo pueden contribuir los ejercicios a la represión total de los sentimientos. [...] Una de estas [pruebas] consiste en abstenerse de ciertas cosas que a uno le gustan. [...] Dadles buena fruta y, cuando quieran lanzarse sobre ella, ponedles a prueba. ¿Podrías controlarte y guardar esta fruta hasta mañana? ¿Serías capaz de regalarla? (Schreber, 1858, citado por Miller.)[35]

A diferencia de Skinner, Schreber sí que educó a sus hijos siguiendo sus normas. Uno de sus hijos, Daniel Paul Schreber, es considerado «el paciente más famoso de la psicología y el psicoanálisis» (fue paciente de Freud, que escribió un libro sobre su caso clínico), y los expertos aún discuten si el tratamiento recibido en su infancia influyó en su posterior enfermedad mental.[42, 43] Otro hijo, Daniel Gustav, se pegó un tiro a los 38 años.

En su hermoso libro *¿Por qué lloras?*,[44] Cubells y Ricart nos ofrecen una teoría completamente distinta sobre la tolerancia a la frustración:

> Es una equivocación frecuente el pensar que la mejor manera de aprender a tolerar y superar la frustración es hacer que el niño se enfrente a ella cuanto antes mejor.

Para ellos, no son los niños, sino los padres quienes tienen que aprender a tolerar la frustración. Es decir, tenemos que comprender que ciertas cosas provocan frustración en nuestros hijos, y que esa frustración se manifestará con llantos, gritos, rabietas e incluso golpes e insultos. Hemos de ser capaces de tolerar estas manifestaciones de ira, que son respuestas normales a la frustración, sin negarles nuestro cariño, sin reñirles ni castigarles, sin caer en absurdas venganzas.

Algunos mitos en torno al sueño

> *Algunas de las costumbres de nuestro tiempo parecerán sin duda bárbaras a las generaciones venideras; tal vez la insistencia en que los niños pequeños e incluso los bebés duerman solos en vez de con sus padres.*
>
> CARL SAGAN, *El mundo y sus demonios*

La caída de la noche siempre ha sido un momento propicio para contar historias, cuentos para dormir y cuentos para no dormir. También se cuentan muchas historias sobre el sueño en sí, y por desgracia algunas de ellas se pretenden hacer pasar como ciertas.

Dormir de un tirón

En la versión clásica del mito, los niños duermen ocho o diez horas seguidas; modernamente se han publicado versiones aún más desaforadas:

> Cumplido el primero medio año de vida, a lo sumo siete meses, un pequeño ha de ser capaz de dormirse solo, en su propio cuarto y a oscuras, y hacerlo de un tirón (unas once o doce horas seguidas).[15]

Con un método similar, Hollyer y Smith[45] aseguran que cualquier niño puede y debe dormir doce horas seguidas a partir de los tres meses.

No nos dicen estos expertos de dónde han sacado su información. Queremos creer que no se lo habrán inventado, que de algún sitio habrán sacado la idea de que los niños normales duermen once o doce horas (y no ocho ni trece) y que lo hacen a partir de los seis meses o de los tres meses (y no de los dos meses o de los diez).

Buscando, buscando, hemos encontrado un estudio científico que a lo mejor dio pie a esta creencia. Es un trabajo serio, bien hecho, publicado en una prestigiosa revista médica en 1979. Anders[46] filmó durante toda la noche a dos grupos de niños, de dos y de nueve meses de edad, y observó que el 44 por ciento dormían toda la noche a los dos meses, y el 78 por ciento lo hacían a los nueve meses. No nos dice si tomaban el pecho, pero por la época y el lugar (Estados Unidos) es probable que casi todos los de dos meses y todos los de nueve meses tomasen el biberón. Todos los niños dormían solos en su cunita.

Es fácil imaginar que alguien que leyó hace tiempo este estudio y no lo ha vuelto a repasar, o que solo lo ha oído de segunda o tercera mano, pueda acabar afirmando que todos los niños duermen de un tirón a los seis meses. Total, seis meses es «casi» lo mismo que nueve (igual lo leyeron al revés), y 78 por ciento es «casi» lo mismo que 100 por cien...

Pues no señor, no es lo mismo. Sigue habiendo un 22 por ciento de niños normales de nueve meses que no duermen toda la noche, y eso con lactancia artificial y durmiendo solos.

Pero leamos el estudio con más detalle: resulta que el Dr. Anders usa una definición de «dormir toda la noche» que es habitual en la literatura en lengua inglesa: «El niño permanece en la cuna entre las doce de la noche y las cinco de la madrugada». El barco hace aguas por dos sitios:

— Si el niño se despierta pero no llora, e incluso si llora pero no sale de la cuna (es decir, si sus padres no lo sacan, porque él solo no puede salir), se considera que «durmió toda la noche». En realidad, según atestiguan las filmaciones, solo el 15 por ciento de los niños de dos meses y el 33 por ciento de los de nueve meses durmieron de forma continua, sin despertarse, desde las doce hasta las cinco de la madrugada.

— Si se despierta a las doce menos cuarto o a las cinco y cuarto, también ha «dormido toda la noche», aunque sus padres lo saquen y lo tengan que pasear de cinco y cuarto a seis y media. Personalmente, si tengo que levantarme a las siete para ir a trabajar y mi hijo se ha de despertar una vez cada noche, no veo mucha diferencia entre que se despierte a las cuatro o a las seis. Y usted, ¿ve la diferencia? Lo que de verdad me gustaría (sé que no es frecuente y que no tengo derecho a exigirlo ni esperarlo, pero sería bonito) es que no me despierten en toda la noche.

¿Cuántos niños dormían de verdad, desde que los acostaban por la noche hasta que los sacaban de la cuna por la mañana, las famosas once o doce horas del Dr. Estivill? Pues no lo sabemos, porque los padres del estudio no dejaban tanto tiempo a sus hijos en la cuna, sino una hora menos: la media era de diez horas y treinta minutos. Solo el 6 por ciento de los bebés de dos meses y el 16 por ciento de los de nueve meses dormían esas diez a once horas seguidas. El 84 por ciento de estos niños, que duermen solos en su propia habitación y no toman el pecho, no duerme lo que el Dr. Estivill considera «normal». Como vimos en capítulos anteriores, es probable que, con lactancia materna y durmiendo con su madre, el porcentaje de niños con «sueño anormal» fuese todavía mayor.

¿Quién define qué es lo normal? Primero se establece una definición de «sueño normal» que es arbitraria, absurda, contraria a los conocimientos científicos y tan estricta que solo la cumple el 15 por ciento de los niños normales. Luego se afirma que todos los niños que no cumplen con esa definición tienen un «problema de sueño», y que si no se pone remedio, habrá «consecuencias muy negativas»:

> En lactantes y niños pequeños, llanto fácil, irritabilidad, mal humor, falta de atención, dependencia de quien lo cuida, posibles problemas de crecimiento. En niños de edad escolar, fracaso escolar, inseguridad, timidez, mal carácter.[15]

No se nos dice tampoco qué estudios científicos sustentan esas amenazas. Pero las amenazas son parte fundamental del método, porque si le dijéramos a los padres la pura verdad, por ejemplo: «Si su hijo se despierta por la noche varias veces, es normal y a él no le perjudica para nada. Pero a usted le fastidia, ¿verdad? Así que vamos a explicarle un método sencillo para que su hijo no dé la lata»; si dijéramos eso a los padres, muy pocos estarían dispuestos a aplicar el «tratamiento». No, hay que convencerles de que es necesario para el bien de su hijo.

Por último, se convence a ese 85 por ciento de los padres de que su hijo «anormal» no se «curará» a menos que lean el libro:

[...] ceñíos a lo que hayáis leído, no hagáis nada que no se os haya explicado.[15]

Con estas premisas, el éxito editorial está asegurado.

Los peligros del colecho

Y ahora le aconsejo que vaya a su habitación, se comporte con tranquilidad y espere.

FRANZ KAFKA, *El proceso*

Muchas familias optan por meter al niño en la cama grande. Unas, porque es lo más agradable y otras, porque es lo más práctico. Pero la presión es muy grande, y consiguen hacer que se sientan culpables, como explica Rosa:

Tengo un bebé de un año, y desde hace un mes a esta parte es imposible hacerle dormir en su cama toda la noche; se despierta a media noche llorando y la única manera de calmarla es pasándola a nuestra cama. Como trabajamos los dos, llega un momento en el que preferimos dejarla con nosotros y así poder descansar, aunque sabemos que está mal.

Pues no, no están haciendo nada mal. Están haciendo lo mejor para su hija (lo único que la calma) y también lo mejor para ellos (lo único que les permite descansar). ¿A quién molesta, entonces, que hayan tomado libremente esta decisión?

Se hace creer a los padres que dormir con su hijo (el colecho) es malo para el niño. Lo aplastarán, le causarán insomnio para toda la vida o le producirán algún grave y misterioso trauma psicológico. ¿Qué hay de cierto en todo ello?

No existe ningún estudio aleatorio y controlado (es decir, en que se haya recomendado el colecho a un grupo de embarazadas y el dormir separados a otro grupo, y se hayan estudiado los efectos a largo plazo). Todos los datos provienen, por tanto, de estudios de menor calidad.

El colecho no produce insomnio

Cuando duerme una madre junto al niño, duerme el niño dos veces.

MIGUEL DE UNAMUNO

Entre los estudios de observación, muchos encuentran una asociación entre dormir con los padres y diversos problemas de sueño. Por ejemplo, Curell y colaboradores[47] observan que en el grupo que practica el colecho hay más padres (17 por ciento frente a 5 por ciento) y más niños (44 por ciento frente a 17 por ciento) que perciben el momento de ir a dormir como desagradable; los niños duermen menos (10,4 frente a 10,8 horas), se despiertan en mayor proporción (89 por ciento frente a 51 por ciento), tardan más en dormirse (veinticinco frente a diecisiete minutos), son más viejos (veinte frente a dieciséis meses) y tienen más probabilidades de pertenecer a un nivel socioeconómico bajo (51 por ciento frente a 29 por ciento). Los autores concluyen que «el colecho produce un efecto negativo sobre el sueño de los niños», pero olvidan comentar que el colecho produce vejez en los niños y pobreza en sus familias... No, claro, es broma; el colecho no es la causa de la pobreza, se trata solo de una asociación estadística; incluso podría haber una causalidad inversa, tal vez determinados grupos sociales practican el colecho por tradición...

Pues bien, del mismo modo, la explicación más razonable de la asociación entre problemas del sueño y el colecho no es que el colecho produce problemas de sueño, sino la contraria: en una sociedad en la que el colecho está generalmente mal visto, los padres recurren a él solo cuando han fallado otros métodos para hacer dormir al niño, es decir, cuando el niño es propenso a llorar o a despertarse, o tarda mucho en dormir.

Cómo explicar, por ejemplo, que el 44 por ciento de los niños que duermen con los padres encuentren desagradable el momento de irse a dormir, frente a solo el 17 por ciento de los que duermen solos. ¿Debemos creer que los niños prefieren dormir solos a dormir con los padres? ¿Estos niños querían dormir solos en su habitación, pero les obligaron a dormir en la cama de sus padres? ¿No será más bien que los padres intentan primero que el niño se duerma solo, este llora y se resiste, y al final le dejan meterse con ellos en la cama, pero a regañadientes y con mal humor?

Dormid, que yo vigilo.

(«Mira que eres pesada, me vas a matar a disgustos. ¡Venga, vente a la cama si es eso lo que quieres!») Algo así debe pasar para que un niño llegue a encontrar desagradable el irse a la cama con sus padres.

Los estudios transculturales arrojan luz sobre este punto. En Estados Unidos, el colecho suele estar mal considerado entre los blancos, pero es habitual y se considera aceptable entre los negros. La doctora Lozoff y sus colaboradores[48] estudiaron a cuatro grupos de niños norteamericanos de seis a cuarenta y ocho meses de edad: blancos de clase social baja, blancos de clase alta, negros de clase baja y negros de clase alta. Entre los blancos, dormían más con los padres los niños pobres (23 por ciento) que los ricos (13 por ciento), pero entre los negros no había diferencias (dormían con sus padres el 56 por ciento de los pobres y el 57 por ciento de los ricos). El colecho se asociaba con problemas leves de sueño entre los blancos pobres y entre los negros ricos, pero no en los otros grupos. Solo entre los blancos pobres se asociaba estadísticamente el colecho con la percepción por parte de los padres de que su hijo tuviera un problema importante de sueño; en los otros grupos la diferencia no era significativa, y entre los negros pobres tal diferencia era, de hecho, favorable al colecho (tenían más problemas los niños que dormían solos).

¿Cómo explicar todas estas diferencias? Tal vez, los blancos pobres duermen con el niño a regañadientes porque existe un problema previo de sueño o porque no tienen suficientes habitaciones en la casa, mientras que los poquísimos blancos ricos que duermen con el niño lo hacen convencidos de que es lo mejor porque han leído libros y se han informado. Tal vez, los negros pobres duermen con sus hijos por tradición, porque consideran que eso es lo normal y por tanto ni causan ni encuentran un problema; mientras que los negros ricos, aunque siguen manteniendo la costumbre, han leído libros o han oído a pediatras que critican el colecho, empiezan a sentirse culpables de lo que hacen y acaban teniendo problemas con el sueño.

Aún más espectacular resulta comparar Estados Unidos con Japón. Esta última es una sociedad altamente industrializada en la que el colecho se considera normal y deseable. Tradicionalmente, los niños duermen con sus padres hasta los cinco años y luego suelen pasar a dormir con algún abuelo (si vive en casa) hasta la adolescencia. Es una señal de respeto hacia los abuelos: sería de mala educación dejarlos solos. En una muestra de familias japonesas de clase media, Latz, Wolf y Lozoff[49] encontraron que el 59 por ciento de los niños de seis a cuarenta y ocho meses dormía con la madre o con ambos padres, y lo hacía desde el nacimiento, cada noche y durante toda la noche; mientras que solamente dormía con sus padres el 15 por ciento de los norteamericanos blancos y casi todos de forma parcial (es decir, solo algunas noches o parte de la noche).

Preguntaban a los padres de ambos países si sus hijos protestaban porque no querían irse a dormir, si se despertaban con frecuencia (tres o más veces por semana) y si creían que su hijo tenía problemas con el sueño. (Se trata, pues, de problemas percibidos. Eso depende no solo de lo que hagan los niños, sino de lo que esperen sus padres. Ante dos niños que duermen exactamente igual, unos padres pueden pensar que existe un problema y otros, que todo es normal.) El dormir con los padres se asociaba con protestas para ir a dormir, despertares frecuentes y con problemas del sueño entre los norteamericanos. En cambio, los niños japoneses que dormían con sus padres no tenían más «problemas» ni protestaban a la hora de dormir, pero sí que se despertaban más (puesto que eran los padres los que facilitaban este dato, esta asociación podría indicar, simplemente, que los padres que duermen separados de sus hijos no siempre se enteran cuando el niño se despierta).

Parecería que no hay mucha diferencia, que tanto en un país como en el otro los niños que duermen solos duermen «mejor» que los que duermen con sus padres. Pero ahora viene lo realmente apasionante. Los niños japoneses que dormían con sus padres se despertaban a media noche casi tan poco (30 por ciento) como los americanos que dormían solos. Los americanos que dormían acompañados se despertaban muchísimo más (67 por ciento), mientras que los japoneses que dormían solos se despertaban poquísimo (4 por ciento). Duerman donde duerman, los niños japoneses tienen muchos menos problemas, protestan menos y se despiertan menos que los americanos.

Los autores del estudio concluyen que

> Resistirse al intenso deseo de los niños pequeños de estar muy cerca de sus cuidadores durante la noche puede sentar las bases de las protestas a la hora de dormir y del despertar nocturno persistente en Estados Unidos. Otros factores que pueden aumentar las protestas a la hora de dormir y el despertar nocturno entre los niños norteamericanos que duermen con sus padres incluyen el colecho intermitente o parcial, el que los padres recurran al colecho como reacción a alteraciones del sueño, las recomendaciones de los profesionales en contra de esta práctica y la ambivalencia de los padres respecto al colecho.

Así que las graves amenazas son totalmente falsas: no solo el colecho no produce insomnio, sino que es el intentar que los niños duerman solos lo que aparentemente causa problemas de sueño en Occidente. Tal vez, nuestros expertos del sueño se dedican a intentar solucionar los problemas que ellos mismos han creado.

¿Y por qué, de todas maneras, los niños que duermen solos duermen más en ambos países? Probablemente ha ocurrido una selección espontánea, aunque en distinto sentido. En Estados Unidos, donde el colecho está mal visto, solo dejan ir a la cama de los padres a los niños que no duermen de ninguna otra manera; es un grupo seleccionado de niños que duermen poco. Al revés, en Japón, donde el colecho es totalmente normal, solo aquellos padres cuyos hijos duermen como troncos se atreven a imitar lo que ven en las películas y ponen al niño en otra habitación; es un grupo seleccionado de niños muy dormilones.

Nuestra cultura parece que no es tan obsesiva con los «problemas de sueño» como la norteamericana, aunque la presión ha aumentado en los últimos años. Así, García y colaboradores,[50] en una zona rural de Cataluña, encontraron que la mitad de los niños de uno a tres años se despertaban por las noches, la mayoría más de dos veces por noche. Muchos pedían compañía, agua o comida; la mayor parte de los padres satisfacía estas demandas. Pero solo la mitad de las familias cuyos hijos se despertaban por la noche consideraban que el niño «dormía mal», y solo una de cada cinco había consultado al médico por tal motivo. Contrasta esta tolerancia y despreocupación de la mayoría de los padres con el alarmismo de algunos expertos: Estivill[51] afirma, refiriéndose al «insomnio infantil por hábitos incorrectos», que

> No hay mayor desestabilizador de la armonía conyugal..., la sensación de frustración se incrementa..., las reacciones de auto-culpa son frecuentes...

En las últimas décadas el colecho parece estar aumentando en los países occidentales, aunque es difícil saber si de verdad aumenta o simplemente sale del armario. En Estados Unidos, el 45 por ciento de los menores de 7 meses habían dormido en la cama de sus padres al menos una vez en las dos semanas anteriores a la encuesta, y el porcentaje de los que dormían habitualmente con sus padres había aumentado del 5,5% al 12,8% entre 1993 y 2000.[86]

El colecho no causa problemas psicológicos

> *Como una joven madre, solícita por el sueño de su primer hijo.*
>
> JÚLIO DINIS, *Una familia inglesa*

¿En qué se basan quienes afirman que el niño que duerme con los padres va a acabar en el manicomio? Como explicamos anteriormente, el estudio científico definitivo consistiría en decirle a cien embarazadas que duerman con sus hijos y a otras cien que no, y esperar veinte años para ver cuáles tienen más problemas psicológicos. Nadie ha hecho un estudio así.

Los estudios de cohorte son menos fiables. Habría que buscar niños que duermen con sus padres y niños que duermen solos, y ver qué pasa dentro de unos años. Como son los padres los que han decidido si duermen con el niño o no, puede producirse un sesgo de selección. Por ejemplo, hemos visto que en Estados Unidos los negros pobres duermen más con sus hijos que los blancos ricos; también duermen más con sus hijos los padres con menos estudios y los que tienen problemas económicos o tensiones conyugales. Y los niños enfermos o que han sufrido un accidente tienen más posibilidades de ser admitidos en la cama de sus padres.[52] Si, más adelante, estos niños se comportan de forma diferente, ¿será debido al colecho o a las desigualdades sociales, a la pobreza y a la enfermedad? Además, en una sociedad en la que el colecho está mal visto, puede ser que quienes lo practiquen se sientan culpables por ello y traten a sus hijos con ambivalencia y hostilidad. Por todo ello, no nos habría de sorprender que algún estudio de cohorte encontrase problemas psicológicos en niños que han dormido con sus padres.

Y, sin embargo, el único estudio de cohorte realizado sobre el tema encontró que, a los dieciocho años, los que habían dormido con sus padres no mostraban ningún efecto pernicioso: no tenían peores relaciones con sus padres ni con otras personas, no consumían más tabaco, alcohol ni otras drogas, no eran más activos sexualmente.[53]

Por último, existe también un estudio de casos y controles; es decir, que compara niños con problemas psicológicos con niños sin problemas, para ver cuáles duermen más con los padres. Lo emprendieron, nada menos, los psiquiatras infantiles del hospital de la Marina de Estados Unidos en Honolulu.[54]

Primera sorpresa, resulta que el 30 por ciento de los hijos de militares (entre dos y trece años de edad, media cinco años) dormía con sus padres. Y la cifra aumentaba al 50 por ciento cuando el padre estaba embarcado. Los niños menores de ocho años, cuando su padre no estaba, dormían con la madre dos o más noches por semana de media; después de los ocho años, la media bajaba a 0,6 noches por semana. No había relación entre la frecuencia del colecho y la graduación militar del padre.

Segunda sorpresa, los cuarenta y siete niños que acudían al psiquiatra por distintos problemas psicológicos dormían menos con sus padres que los treinta y seis niños sanos que servían de control. La diferencia era especialmente notable entre los varones de más de tres años de edad: cinco de los seis niños sanos dormían con su madre en ausencia del padre, frente a solo ocho de los veintidós niños con problemas psicológicos.

El colecho no causa la muerte súbita

Hace dos siglos, cuando todos los niños dormían con sus padres, algunos amanecían muertos. Se decía que sus madres les habían aplastado sin querer; se sospechaba que algunos eran niños no deseados deliberadamente asesinados. Para evitar los supuestos accidentes o para evitar que los infanticidas pudieran recurrir a tan fácil justificación, los médicos y a veces las leyes prohibieron que los niños durmieran en la cama de sus padres.

Para sorpresa general, algunos niños seguían muriendo durante el sueño, aunque durmiesen en su cuna y nadie les pudiera asfixiar. Hoy llamamos a este problema «síndrome de la muerte súbita del lactante»; pero, hace apenas unas décadas, el término habitualmente usado tanto por los padres como por los médicos era «muerte en la cuna». El 90 por ciento de estas muertes ocurre durante los primeros seis meses; el resto, entre los seis meses y el año.

No se sabe cuál es la causa exacta de la muerte súbita, pero sí se conocen varios factores que pueden aumentar o disminuir el riesgo. Por desgracia, el riesgo no se puede reducir a cero, y algunos niños morirán hagan lo que hagan sus padres. Pero podemos evitar muchas muertes si tomamos varias precauciones sencillas. Las más importantes: poner siempre a los bebés a dormir boca arriba (boca abajo es lo peor, pero de lado también hay un cierto riesgo), no fumar durante el embarazo ni en los primeros meses (ya puestos, sería buena idea dejar de fumar para siempre; eso beneficia tanto al niño como a los padres), y no dejar al niño durmiendo solo en su habitación (es mejor que la cuna esté en la habitación de los padres, al menos los primeros seis meses). También es importante que el colchón sea duro (es decir, de consistencia normal; que no sea un colchón de agua o inflable) y evitar en la cama o en la cuna los objetos blandos que pueden asfixiar al bebé, como edredones pesados, almohadas, pieles mullidas (naturales o sintéticas) o peluches. No se ha de mantener al bebé demasiado abrigado (el bebé suele necesitar un poco más de ropa que sus padres, pero no puede ponerle la camiseta térmica, dos jerséis, un pijama de franela y encima taparlo con manta y colcha en una habitación en que hay calefacción). Parece que la lactancia materna también disminuye un poco el riesgo de muerte súbita.

¿Y dormir en la cama de los padres? ¿Aumenta el riesgo, lo disminuye o no tiene nada que ver?

Algunos datos parecen indicar que, al menos en ciertas circunstancias, el colecho puede disminuir el riesgo. La muerte súbita es muy rara en Japón, donde dormir con los padres es lo más común, y también es más rara entre los emigrantes asiáticos en Inglaterra (que suelen practicar el colecho) que entre los ingleses nativos.[55] Además, en los estudios de laboratorio, los bebés que duermen con su madre tienen un sueño menos profundo, lo que se piensa que podría ser beneficioso.[56]

Diversos estudios de casos y controles en Nueva Zelanda[57, 58] y en Inglaterra[59] encontraron que cuando la madre no fuma, el riesgo de muerte súbita es exactamente el mismo si el niño duerme en la cama de los padres o en su cunita al lado. Si el bebé duerme solo en otra habitación, el riesgo se multiplica por cinco o por diez.[59, 60]

El tabaco aumenta mucho el riesgo de muerte súbita del lactante. Fumar durante el embarazo ya aumenta el riesgo, aunque luego se deje de fumar (pero si se sigue fumando, es todavía peor).[61] En casa de un bebé no deberían fumar tampoco otras personas.

Por motivos todavía no bien conocidos, el riesgo del tabaco se potencia con el colecho. En el estudio británico,[59] probablemente el mejor diseñado para analizar este problema, fumar y dormir separados multiplica el riesgo por cinco, pero fumar y dormir juntos multiplica el riesgo por doce.

Por tanto, la mejor solución es no fumar. La madre que no fuma ni ha fumado durante el embarazo puede dormir con su hijo todo lo que quiera, sin ningún peligro. Además de prevenir la muerte súbita del lactante, no fumar tiene muchas otras ventajas para la salud de la madre y de su hijo.

Si la madre fuma o ha fumado durante el embarazo, sería prudente no dormir con el bebé durante las primeras catorce semanas (después de esta edad, el colecho ya no aumenta el riesgo, ni siquiera fumando). Puede dar el pecho en la cama y ponerlo en su propia cunita, junto a la cama de los padres, cuando se duerma.

Como ya hemos comentado, dormir con un bebé en un sofá sí que es muy peligroso.

En otros estudios los resultados han sido ligeramente distintos. Un estudio en varios países europeos[87] encontró una vez más que la incidencia de muerte súbita aumenta mucho cuando la madre fuma y duerme con su hijo (*odds ratio* de 14, lo que se puede expresar, simplificando bastante, como «riesgo 14 veces mayor»). Pero incluso cuando la madre no fumaba, el colecho se asociaba con un ligero aumento del riesgo de muerte (1,6 veces mayor), aunque solo durante las primeras 8 semanas. Creo que ese pequeño aumento no es motivo de preocupación: primero, como ya hemos explicado, otros estudios serios y bien hechos no encuentran ningún riesgo; segundo, hay que ponerlo en perspectiva con otros posibles factores. En el mismo estudio europeo, si otro habitante de la casa (distinto de la madre) fuma de medio a un paquete, el riesgo es 2,8 veces mayor (8,8 veces si fuma paquete y medio o más). Si la madre tiene entre 21 y 25 años, el riesgo es 2,44 veces mayor que si tiene más de 30 años. El tercer hijo tiene un riesgo 2,29 veces mayor que el primogénito. Si el padre está en paro, el riesgo es 3,79 veces mayor. Si es una pareja de hecho, el riesgo es 1,79 veces mayor... Decididamente, un riesgo de 1,6, incluso si estuviera comprobado y recomprobado y fuera causal (y no una simple asociación estadística), sigue siendo muy pequeño.

Aunque el colecho parece estar aumentando, la incidencia de muerte súbita del lactante ha disminuido espectacularmente en las últimas décadas en Inglaterra,[88] en Estados Unidos[89] y en otros países desarrollados, principalmente gracias a la recomendación de poner a los bebés a dormir boca arriba. La Academia Americana de Pediatría ha recomendado[89] en 2005 que los bebés duerman en la habitación de los padres, pero en su propia cuna. Si la madre no fuma, me parece que es una precaución excesiva, y en todo caso solo sería necesario durante los primeros dos meses. Muchas veces la madre se queda dormida mientras da el pecho, y mantenerse despierta para poder devolver al bebé a la cuna puede resultar agotador.

Es curioso cómo se aceptan o rechazan los nuevos descubrimientos según si coinciden o no con las creencias previas. Muchos recuerdan a la madre con entusiasmo el supuesto peligro del colecho, sin explicarle que, cuando la madre no fuma, la mayoría de los estudios no encuentran peligro ninguno. Pero muy pocos se acuerdan de que dormir en otra habitación durante los primeros meses es muchísimo más peligroso. Y mucha gente insiste (unos a partir de los seis meses, otros al año, otros a los dos años, según la tolerancia de cada cual) en que «el niño ya es demasiado mayor para dormir con los padres», cuando precisamente después de los tres meses no se ha encontrado ni el más mínimo riesgo asociado al colecho, ni siquiera cuando la madre fuma.

Mamar por la noche

> *No nos dejaremos influir por los gritos del lactante para darle el pecho antes de la hora adecuada. Si empezamos a alimentar al niño durante la noche, este se acostumbra y acaba por exigirlo.*
>
> DR. FRITZ STIRNIMANN, 1947[10]

Solemos oír que «a partir de los seis meses no necesitan mamar por la noche». Esta frase está tan vacía de contenido que resulta difícil de rebatir por su misma vacuidad. ¿Qué significa «no necesitan»? ¿Que no se morirán de hambre si no maman por la noche? ¿Que existen niños que no han mamado por la noche? ¿Que es posible impedir que un niño determinado mame por la noche? Pues del mismo modo podríamos afirmar que los niños «no necesitan ir a la escuela», «no necesitan manzanas», «no necesitan juguetes» o «no necesitan calcetines». Ningún niño ha muerto (ni siquiera ha enfermado gravemente) por no ir a la escuela, por no comer manzanas, por no tener juguetes o por no usar calcetines. Existen millones de niños que jamás han tenido tales cosas. Cualquier padre puede privar a su hijo de escuela, manzanas, juguetes y calcetines si se lo propone. Pero ¿quién ha dicho que lo innecesario esté prohibido? Antiguamente, los presos en las mazmorras estaban a pan y agua, pero al menos nadie controlaba si se comían su pan y se bebían su agua durante el día o durante la noche.

Tampoco hay una diferencia substancial entre las frases «los niños no necesitan comer de noche» y «los niños no necesitan comer de día». Otro experto podría escribir otro libro explicando a los atribulados padres que los niños que comen de día lo hacen por «malos hábitos aprendidos» (claro, han aprendido a asociar la luz solar con el alimento), y proponer un régimen de cuatro comidas generosas por la noche, con once horas de ayuno durante el día. ¿Peligroso? No más de día que de noche. Eso sí, si unos padres leyeran ambos libros e intentaran aplicarlos a la vez, su hijo iba a pasar mucha, pero que mucha hambre.

Dejemos de lado, por banal, el asunto de si los niños necesitan mamar por la noche o no, y centrémonos en lo realmente importante: ¿es perjudicial para el niño y la madre, o por el contrario es beneficioso y hay que recomendarlo, o tal vez no es ni bueno ni malo y lo más prudente es callarse y que cada cual haga lo que quiera?

Nadie, que sepamos, ni siquiera los más fervientes partidarios de que los niños ayunen toda la noche, ha pretendido seriamente que el comer de noche sea perjudicial para el niño: no produce cáncer, ni calvicie, ni almorranas, ni mucho menos «empacho» o «mala digestión». De hecho, se suele admitir que durante los primeros meses sí que pueden comer de noche. Si comer de noche fuera peligroso para un niño de diez meses, ¿no lo sería mucho más para uno de solo dos meses? El terrible peligro de mamar de noche parece ser de tipo psíquico: el niño que ha probado la leche nocturna, como el tigre que ha probado la sangre humana, se convertirá en un devorador de madres.

No conocemos ninguna prueba de semejante teoría. Probablemente quienes la defienden vieron hace años la película *Gremlins*, aquellas simpáticas y adorables criaturas que se convertían en monstruos asesinos si se les daba de comer después de las doce de la noche.

McKenna, un antropólogo norteamericano, ha estudiado[62] la interrelación entre dormir con la madre (colecho) y la frecuencia de las tomas nocturnas en un grupo de 35 niños y sus madres, norteamericanos de origen hispano (grupo étnico que considera el colecho como algo positivo). Veinte de los niños solían dormir con su madre cada día, mientras que quince solían dormir separados; todos recibían lactancia materna exclusiva. Cuando los niños tenían tres o cuatro meses de edad, cada madre pasó dos noches con su hijo en un laboratorio. Se les filmaba con una cámara de infrarrojos, mientras se registraban sus constantes vitales para distinguir las distintas fases del sueño. Independientemente de cuál fuera su costumbre en casa, en el laboratorio cada niño durmió una noche junto a su madre y otra separado.

Se observó que los niños mamaban más veces y durante más tiempo cuando dormían con su madre que cuando dormían separados. Es decir, que el dormir separados parece disminuir el número de tomas y por tanto dificulta la lactancia materna. Además, los bebés que solían dormir solos en su casa mamaban siempre menos (de media, 3,8 tomas la noche que durmieron juntos y 2,3 cuando durmieron separados) que aquellos que solían dormir con su madre antes del experimento (4,7 y 3,3 tomas, respectivamente). Es decir, el dormir habitualmente separados parecía afectar de forma persistente al comportamiento de los niños, de manera que ni siquiera cuando se les daba la oportunidad de dormir con la madre lograban recuperarse por completo.

Durante las dos semanas previas al estudio, las madres habían anotado en casa el número de tomas nocturnas. Curiosamente, mamaban menos que en el laboratorio: 2,4 tomas por noche los que dormían juntos (4,7 en el laboratorio), y 1,6 tomas los que dormían separados (2,3 en el laboratorio). La diferencia podría atribuirse a que los niños estaban más nerviosos en un ambiente extraño, pero obsérvese que el aumento es mucho mayor entre los que duermen acompañados (que, en teoría, estarían menos nerviosos). Tal vez lo que ocurría es que, en casa, la madre no se enteraba de todas las tomas porque a veces estaba dormida; mientras que en el laboratorio, la implacable cámara registraba cada toma sin error.

¿Qué es el insomnio infantil?

Cuando un niño pequeño tarda en dormirse o se despierta varias veces por la noche y llama a su madre, se nos dice que tiene «insomnio infantil por hábitos incorrectos». En el Manual Diagnóstico y Estadístico de los Trastornos Mentales (DSM-IV), una clasificación internacional generalmente aceptada, no aparece ninguna enfermedad con ese nombre. Sí que aparece el «insomnio primario», cuyos criterios diagnósticos principales son la «dificultad para iniciar o mantener el sueño» y el provocar «malestar clínicamente significativo o deterioro social, laboral o de otras áreas importantes de la actividad del individuo».

Si a mi vecino le gusta irse a la cama a las diez, pero yo prefiero quedarme leyendo hasta las doce, ¿tengo insomnio? Claro que no; tendría insomnio si me fuese a dormir a las diez, pero no consiguiera dormir hasta las doce. En cambio, si un niño no quiere dormir, sino jugar, dicen que tiene insomnio.

Si me quitan el colchón y me obligan a dormir en el suelo, me costará mucho dormirme. ¿Significa eso que tengo insomnio? Claro que no; devuélvame el colchón y verá qué bien duermo. Si a un niño lo separan de su madre y le cuesta dormir, ¿tiene insomnio? ¡Verá qué bien duerme si le devuelven a su madre!

El verdadero insomnio, el que sufren algunos adultos, es algo totalmente distinto de ese «insomnio infantil» que se han sacado de la manga. Algún niño habrá, supongo, que de verdad tenga insomnio, pero en general estamos hablando de niños que, o bien no quieren dormir, o bien quieren dormir pero no les dejan porque les privan del contacto humano que necesitan para dormir bien. El «malestar clínicamente significativo» no se lo produce la falta de sueño, sino la falta de contacto humano. El único malestar se lo producimos nosotros, cuando, engañados por ciertas teorías, negamos a nuestros hijos la satisfacción de sus más básicas necesidades.

Enseñar a los niños a dormir

Hay adultos que no saben leer o que no saben geografía porque nadie les enseñó. Pero no hay nadie que no sepa dormir. Dormir, como comer, respirar o caminar, no es una conducta aprendida. Todos nacemos sabiendo dormir, comer y respirar, y comenzamos a caminar cuando nos llega la edad adecuada, sin que nadie nos enseñe. Sí que podemos aprender a modificar de una forma específica estas conductas innatas. Todos saben comer, pero para comer con palillos chinos o con tenedor y cuchara hay que aprender. Todos saben caminar, pero para bailar hay que aprender. Todos saben respirar, pero para tocar la flauta hay que aprender. Todos saben dormir, pero para hacerlo de una determinada forma culturalmente aceptada (ponerse el pijama, meterse en la cama...) hay que aprender. Es seguro que nuestros antepasados prehumanos ya dormían y no necesitaban aprender nada.

Cuanto más se separe la forma en que queremos que duerman nuestros hijos de la forma en que es natural para ellos dormir, más tendremos que enseñarles. Es mucho más fácil enseñarles a dormir con pijama o en una cama que enseñarles a dormir sin su madre. Si están con su madre, se dejan poner pañal, pijama y lo que haga falta. No hay niños que armen una escandalera para arrancarse el pijama o que exijan dormir en el campo, sobre un lecho de ramas y hojas, como sin duda dormían nuestros antepasados. Nadie ha tenido que escribir un libro con un método para poner el pijama a los niños que no se dejan. No, los niños no son caprichosos; en aquellas cosas que no les parecen importantes están siempre dispuestos a seguirnos la corriente y a hacer lo que les pidamos. Pero al pretender que duerman solos, estamos exigiéndoles algo totalmente contrario a sus más profundos instintos, y la lucha es tenaz.

Una persona que no es capaz de caminar o de respirar está enferma. Pero una persona que no ha aprendido a bailar o a tocar la flauta no tiene ninguna enfermedad ni va a enfermar por no haber aprendido tales cosas. Del mismo modo, si de verdad un niño no pudiera dormir, estaría enfermo (y muy gravemente, por cierto; la privación absoluta de sueño produce la muerte en pocos días). Pero un niño que no ha aprendido a dormir solo, a dormir con su muñequito, a dormir en su cunita o a dormir en el momento en que a nosotros nos conviene, no tiene ninguna enfermedad, ni va a enfermar por ese motivo.

Decirle a una madre que si su hijo no duerme solo y de un tirón, va a tener de mayor problemas de sueño es tan cruel, tan absurdo y tan falso como decirle que si su hijo no aprende a tocar la flauta, va a tener insuficiencia respiratoria cuando sea mayor.

Claro que los partidarios de que los niños duerman solos mantienen, en este asunto del aprendizaje, doctrinas contradictorias. Por un lado parece que haya que enseñar a los niños a dormir, cosa que ya hemos refutado. En otros casos, se admite que el niño ya sabe dormir, pero hay que enseñarle a dormir de forma adecuada, es decir, como quieran sus padres (siempre y cuando sus padres quieran «solo, en su habitación, de un tirón»; si los padres quieren otra cosa, entonces ya no tienen derecho a elegir).

Por último, a veces se explica la historia al revés: lo normal, aquello para lo que todos los niños vienen preparados al mundo, es dormirse solos, dormir toda la noche de un tirón y no comer por la noche. Si llegan a exigir la presencia de sus padres para dormirse, a llamarlos a media noche o a pedir alimento, es porque han aprendido un mal hábito. Dicho aprendizaje se produciría por condicionamiento operante: la presencia de los padres o el alimento actuarían como refuerzos positivos, aumentando la frecuencia de la conducta reforzada (despertarse, llorar). Lo que hay que hacer es «reeducar» a los niños, que olviden lo mal aprendido y vuelvan a lo «normal».

Pero esta teoría presenta varios puntos débiles:

a. ¿Por qué hay tan pocos niños que hagan «lo normal» y tantos que «aprenden» a hacer algo anómalo? En muchas sociedades humanas, dormir con los padres o mamar por la noche se consideran normales y son universales. Pero incluso en nuestra sociedad, en que tales hechos se consideran anormales y son fuertemente criticados, la mayoría de los padres «enseñan» ¡involuntariamente! malos hábitos a sus hijos. En el estudio mencionado de Curell,[47] el 6 por ciento de los niños dormía con los padres; pero, de los que dormían solos, el 21 por ciento se quedaba dormido en un sitio «no recomendable»; el 11 por ciento pasaba la noche en un lugar «no recomendable»; el 64 por ciento de los niños y el 73 por ciento de los padres seguían rituales de conciliación del sueño «no recomendables»; el 13 por ciento tomaba bebidas «no normales» por la noche; el 46 por ciento presenta un comportamiento «alterado»; y el 51 por ciento se despertaba por la noche. Sumándolo todo, el 279 por ciento hacía algo mal. Es decir, tocaba a casi tres cosas mal por niño, y cabe preguntarse si había un solo niño que lo hiciera todo bien. Si de verdad eso del insomnio infantil es una enfermedad, es la más terrible plaga de la historia, ¡no hay nadie sano! Por supuesto, entre los que dormían con sus padres el porcentaje de pecadores era aún mayor para todos los mandamientos.

b. ¿Por qué lo «normal» (dormir solo) resulta tan fácil de olvidar y lo «anormal» (llamar a la madre) tan fácil de aprender? Enseñar a los niños «malos hábitos» sería, según esta teoría, algo que la mayor parte de los padres consigue en poco tiempo, sin conocimientos de pedagogía y sin ni siquiera proponérselo; enseñarles un sueño «normal», en cambio, requiere seguir al pie de la letra («no hagáis nada que no se os haya explicado»)[15] unas recomendaciones muy detalladas, con objetivos y métodos claramente especificados y complejas tablas de días y minutos de espera. Así pues, los padres normales deben de ser excelentes pedagogos que, en dos días y como quien no quiere la cosa, enseñan a sus hijos una forma muy rara y difícil de dormir. ¿Por qué no sigue usando los mismos métodos para enseñar a su hijo danza clásica, física atómica o filología eslava? ¡Tendrá usted un genio! ¿No sería más lógico que ocurriera justo lo contrario? ¿No debería hacer falta un gran esfuerzo para desviar a un niño de su comportamiento instintivo y no volvería a él a la más mínima oportunidad? Exactamente, eso es lo que ocurre. Hace falta esfuerzo, método y consistencia para que un niño duerma solo, porque eso va contra su tendencia innata. Pero vuelve a llamar a sus padres a la más mínima porque eso es lo normal.

c. El ejemplo clásico del condicionamiento operante es la rata que recibe alimento (refuerzo positivo) cada vez que aprieta una palanca. Según los que creen en los «hábitos incorrectos aprendidos», despertarse y llamar a los padres es como apretar la palanca, y la consiguiente aparición de los padres es el refuerzo. Pero la primera vez que la rata aprieta la palanca lo hace por casualidad, pues no sabe para qué sirve. ¿Le parece a usted que el niño se despierta y llora por casualidad, lo mismo que la rata, dando vueltas por la

jaula, pisa sin querer una palanca? ¿O más bien muestran los niños desde su nacimiento una fuerte tendencia a llamar a su madre? No, llamar a la madre no es una conducta aprendida, sino innata.
Por otra parte, la rata solo aprieta la palanca si se le ofrece comida y si tiene hambre. Si al apretar la palanca, en vez de comida, salen pepitas de oro, la rata no se toma la molestia. Solo sirve como refuerzo aquello que satisface una necesidad de la rata. Las personas trabajamos por dinero porque sabemos que con el dinero se compra comida; la rata no entiende algo tan difícil y solo trabaja por comida. Implícitamente, los que creen que la presencia de la madre actúa como refuerzo positivo están admitiendo que esa presencia es tan necesaria para el niño como el alimento para la rata.
Así que la brillante idea «no acuda cuando el niño llora y así dejará de llorar» es equivalente a «no le dé comida a la rata cuando apriete la palanca y así la dejará de apretar». El problema es que la rata, si no le dan comida, se muere de hambre. Y a los niños, ¿qué les pasa si no les hacen caso?

Algunos padres no quieren dejar llorar a su hijo, pero tampoco quieren dormir todos juntos, o les gustaría sacarlo ya de su cama. Si este es su caso, le interesará saber que se han propuesto métodos para «enseñar a dormir» a los niños sin dejarlos llorar.[63] Por supuesto, no son métodos mágicos, sino que requieren tiempo y paciencia. Pero recuerde que no le está enseñando a su hijo algo que él necesita saber, sino algo que a usted le conviene que sepa. No le está haciendo un favor, sino que se lo está pidiendo. Si su hijo le concede ese favor, debe estarle agradecido. Y si no, pues se aguanta; el niño no tiene ninguna obligación.

Un hábito muy difícil de romper

A todo se habitúa el hombre.

ALMEIDA GARRET, *Viajes por mi tierra*

En el estudio[47] antes citado, el colecho parece aumentar con la edad: el 3 por ciento de los niños de menos de quince meses duerme con sus padres, frente al 9 por ciento de los de quince a treinta y seis meses. Los autores concluyen:

> [...] que el dormir con los padres es un hábito y que la modificación o el abandono de un hábito es difícil a largo plazo.

Así debería ser, en efecto, si se tratase de un hábito o de un aprendizaje: cuantas más veces se ha reforzado la conducta, más frecuente se vuelve y más difícil es que desaparezca. Eso es lo que ocurre con otros hábitos y otros aprendizajes. Es más fácil que se olvide de lavarse los dientes una niña de cuatro años que una señora de cuarenta. Es más fácil dejar de fumar o de beber cuando solo se ha probado unos meses que cuando se llevan años. Los ancianos suelen ser especialmente puntillosos con sus costumbres y cualquier cambio les molesta o les desorienta. De la escuela recordamos perfectamente las sumas y multiplicaciones, porque las hemos tenido que practicar con frecuencia; pero muchos adultos tendrían serias dificultades para sacar una raíz cuadrada, porque es algo que no hemos vuelto a hacer desde los quince años.

Si durmiendo una sola vez en la cama de sus padres, el bebé ya adquiere esa perniciosa costumbre, cuando lleve tres meses en la cama de sus padres será un criminal recalcitrante, y cuando lleve tres años, un pecador irredimible.

Pero en medicina no se demuestran las cosas con razonamientos, sino con estudios. Para afirmar que «el abandono de un hábito es difícil a largo plazo» tenemos que ver a esos niños a largo plazo y comprobar si han abandonado el hábito o no. El estudio de Curell y colaboradores solo llega hasta los tres años, no sabe lo que pasa después. Otros investigadores,[64] que tampoco dudan en calificar el colecho como un «mal hábito», han encontrado resultados bien diferentes en una zona rural de Cataluña: dormía con sus padres el 51 por ciento de los niños de cinco a doce meses; el 28 por ciento de los de trece meses a tres años, y al parecer el 0 por ciento (al menos, no lo mencionan) de los de tres a siete años. En Norteamérica, Rosenfeld y colaboradores[65] también encontraron que la frecuencia de colecho disminuía hasta los diez años.

Es decir, el «hábito» no solo no es difícil de romper, sino que se rompe él solito. A pesar de que los padres siguen reforzando su conducta (es decir, dejándole dormir en su cama o acudiendo cuando llora), el «aprendizaje», lejos de reforzarse, se debilita hasta olvidarse y los niños cada vez lloran menos por la noche y están más dispuestos a dormir solos. Llegará una edad en que su hijo no querrá dormir con usted por nada del mundo. Llegará una edad en que ni siquiera querrá compartir la habitación con sus hermanos (y cuando no hay más habitaciones, el conflicto está servido). Estos hechos son incompatibles con la teoría del aprendizaje y demuestran que el despertarse por la noche llorando y el buscar la compañía de los padres no son conductas aprendidas por refuerzo, sino conductas innatas propias de una determinada edad, que desaparecen por sí mismas en el momento adecuado.

Por cierto, si de verdad los hábitos fueran tan «difíciles de romper», ¿por qué los mismos que quieren impedir el hábito de dormir con la madre no dudan en recomendar otros hábitos alternativos? Por ejemplo:

> Uno de los dos [padres] escoge un muñeco de los que ya tiene vuestro hijo y le pone un nombre, digamos Pepito. Se lo presenta al crío y le comunica que «a partir de hoy, tu amigo Pepito siempre dormirá contigo».[15]

¿Le parece normal que el amigo de un niño no sea un ser humano, sino un muñeco? Pues no solo ha de ser su amigo, sino su mejor amigo, pues los otros amigos (sus padres) le abandonan y Pepito no. Pero a lo que íbamos: ¿no le preocupa a nadie que el pobre niño se acostumbre a dormir con Pepito? Lo dice bien claro: «Siempre dormirá contigo». ¿No empezarán a criticar los parientes y vecinos? «Irá a la mili y tendrá que llevarse el muñeco.» «Se casará y, en la noche de bodas, tendrá que poner al muñeco en medio de la cama.» No, por supuesto, nadie dice esas tonterías. Todos estamos de acuerdo en que el niño dormirá con su muñeco durante un tiempo, mientras lo necesite, y que luego lo dejará. Más o menos el mismo tiempo que necesita dormir con la madre, de la que el muñeco no es más que un triste y frío substituto. Y sin embargo, si ha tenido usted el valor de desafiar los prejuicios sociales y admitir a su hijo en la cama grande, seguro que sí que habrá oído docenas de comentarios estúpidos.

Dejarlo solo cuando aún está despierto

Al parecer, está prohibido dormir al niño en brazos, meciéndolo en la cuna, cantándole una canción de cuna, o haciéndole compañía hasta que se duerme. Los fanáticos de este mito llegan a exigir que, si algún día por casualidad el niño se duerme fuera de la cuna (¿a quién no se le ha dormido un niño en el coche, volviendo de una excursión?), hay que despertarlo para ponerlo en la cuna despierto.

Este mito se justifica en la creencia de que, en el momento de dormirse, el niño experimenta una especie de milagrosa fijación con todo lo que le rodea. Si, al despertarse por la noche, no ve exactamente lo mismo que vio en el momento de dormirse, le entrará el pánico y se pondrá a llorar:

> El niño ha de asociar el sueño con una serie de elementos externos que permanezcan a su lado durante toda la noche: cuna, osito, etc.[15]

Es decir, se considera que el llamar a la madre por la noche es algo aprendido de forma puramente mecánica y que el niño la llama tan solo porque la vio en el momento de dormir. Un osito tiene exactamente el mismo efecto, con la ventaja de que el osito puede estar presente toda la noche para tranquilizar al niño y la madre no. (¿Por qué no? Porque a la madre le molesta tener que aguantar al niño toda la noche, mientras que al osito le es indiferente. ¿Y si a una madre no le molesta, sino que le gusta estar con su hijo? Es igual, que obedezca al experto y punto.)

Curiosamente, entre esos «elementos externos» se mencionan a menudo un móvil colgado del techo y un póster en la pared. El pequeño detalle de que, cuando el niño se despierta a media noche en la más completa oscuridad, no puede ver tales objetos (y por tanto, según la teoría, tendría que ponerse a llorar hasta que alguien enciende la luz) no parece disminuir en lo más mínimo la fe de los creyentes. ¿Qué decir del bebé que se va a dormir, una tarde de verano, cuando aún hay luz y despierta en medio de la noche? ¿O del que se va a dormir arrullado por el ruido de conversaciones y televisiones, en su casa o en la de los vecinos, y despierta en completo silencio? ¿Por qué hay elementos externos cuya desaparición no parece importunar al niño lo más mínimo? ¿No será que hay categorías, que unos elementos le importan más que otros?

Hagamos un experimento. Esta noche, querida mamá, métase en la cama con su hijo de un año y con un muñeco. Deje instrucciones a su marido para que, a la una de la madrugada, entre con gran precaución, se lleve el muñeco y se vaya a dormir a otra cama. Mañana por la noche, lo hacen al revés: a la una, su marido la despierta y se van los dos de la habitación, dejando a su hijo con el muñeco. ¿Cree que el niño reaccionará igual en las dos ocasiones? Claro que no. Cuando se lleven el muñeco, el niño ni se inmutará. (A menos que ese muñeco sea precisamente «el muñeco», ese que algunos niños arrastran todo el día a todas partes, lo que los psicólogos llaman un objeto transicional. Eso no es más que un substituto de la madre; los niños que van en brazos y duermen con la madre no suelen tener un objeto transicional porque no lo necesitan.)

Lo que el niño reclama por la noche no es «lo último que vio» porque no es un «lo», sino una persona. Y no cualquier persona. Si su hijo se queda dormido en brazos de un desconocido, cuando se despierte a media noche, ¿a quién llamará, al desconocido o a su madre?

¿Existe alguna prueba de que los niños se despertarán más frecuentemente si sus padres estaban presentes en el momento en que se durmieron? Los únicos estudios científicos realizados para comprobar la veracidad de esta afirmación son los de Adair y colaboradores, en Norteamérica. En el primer estudio[66] observaron que uno de cada tres niños de nueve meses solía quedarse dormido en presencia de uno de sus padres. Durante la semana previa a la encuesta, los que caían dormidos solos se habían despertado tres veces, y los que necesitaban compañía para dormirse se habían despertado seis veces. Los autores sugieren una relación causal (fue el caer dormidos en compañía lo que les hizo despertar), pero es fácil imaginar otras explicaciones. Por ejemplo, puesto que pediatras y libros para padres llevan muchos años recomendando que se deje al niño despierto en la cuna, sobre todo en los países anglosajones, los padres que no siguen tal consejo podrían también estar criando a sus hijos de distinta forma en otros aspectos. O tal vez, los padres se ven obligados a hacerles compañía precisamente porque esos niños duermen poco. O tal vez se trata de padres que responden más a las necesidades de sus hijos y por tanto también se levantan más frecuentemente cuando les oyen llorar. (En este estudio «despertar nocturno» significaba que los padres tuvieron que levantarse para ir a calmar al bebé. No se contaron las veces que el niño se despertó pero nadie le hizo caso.)

En un segundo estudio,[67] los mismos autores dieron a varios padres de niños de cuatro meses una hoja de instrucciones en que se indicaba que hay que dejar siempre al niño despierto en la cuna, hasta el punto de despertarlo si se ha dormido accidentalmente. A los nueve meses se les volvía a pasar el mismo cuestionario del estudio anterior. Los niños del primer estudio servían como grupo control. El porcentaje de padres que estaban presentes mientras se dormía el niño había disminuido del 33 al 21 por ciento. La media de despertares nocturnos por semana bajó de 3,9 a 2,5, y el porcentaje de niños que despertaban siete o más veces por semana bajó de 27 a 14 por ciento. Dentro del grupo experimental, los niños que se dormían solos despertaban 1,6 veces por semana, frente a seis veces los que se dormían acompañados. Los autores concluyen que su método es altamente eficaz, pero no explican cómo una intervención que solo modificó la conducta de un 12 por ciento de los padres pudo ser «tan» eficaz como para hacer dormir a un 13 por ciento más de niños (es como decir «este antibiótico es tan bueno que se lo tomaron 12 y se curaron 13»).

También sorprende que los niños que se quedan dormidos solos en el primer grupo se despiertan tres veces, y en el segundo grupo, 1,6 veces, casi la mitad. ¿Por qué este cambio tan grande si se supone que están haciendo lo mismo? O bien el número de veces que se despierta un niño es tan variable que la diferencia es casual y no tiene importancia (y en tal caso, ¿qué valor tiene el resto del estudio?), o bien esos padres están haciendo algo que no hacían antes. Curioso, escribí a los autores y les pedí la hoja de instrucciones que se entregó a los padres en el grupo experimental. Resulta que, además de recomendar que se pusiera al niño en la cuna despierto, indicaba que, si se despertaba por la noche, los padres habían de «esperar unos minutos» antes de acudir, por si se volvía a dormir solo (Robin H. Adair, comunicación personal, 1992). Es de suponer que unos padres siguieron los dos consejos a la vez y otros no siguieron ninguno de los dos. Los padres que hacen compañía al bebé cuando se duerme acuden enseguida cuando se despierta. Los padres que dejan al bebé dormirse solo se hacen los remolones y no acuden cuando llora. Puesto que solo se contabilizan como despertares aquellos episodios en que los padres acuden, este consejo falsea los resultados, creando una falsa asociación entre el dejar al niño despierto en la cuna y el no hacerle caso.

Los niños, la cama y el sexo

Dicen que un bebé en la habitación interfiere con la vida sexual de la pareja. Pero no es así. Los bebés, cuando duermen, lo hacen profundamente; e incluso cuando el bebé duerme en la cama de los padres es posible, una vez dormido, sacarlo y dejarlo un rato en su cunita. Cierto que se puede despertar de pronto, pero eso también puede ocurrir si duerme en otra habitación y, si no va alguien corriendo, en dos minutos puede estar llorando a grito pelado. Además, el día tiene muchas horas y la casa tiene muchas habitaciones. Si no encuentra usted la manera de mantener relaciones sexuales, no le eche la culpa al niño.

Una versión extrema de este mito pretende que la madre mete al bebé en la cama como barrera contra su marido:

> Si existen tensiones entre los padres, meter al niño en la cama puede servirles para evitar la confrontación y la intimidad sexual [...], en lugar de ayudar a su hijo, lo está utilizando para no tener que afrontar y solventar sus propios problemas.[17]

Este tipo de comentario me parece insultante. Por supuesto que habrá matrimonios con problemas, pero ¿por qué es lo primero que se les ocurre a algunos malpensados cuando ven a un niño en la cama de sus padres? ¿Por qué nadie hace el comentario opuesto? («Si existen tensiones entre madre e hijo, meter al marido en la cama puede servirle para evitar la confrontación y el estrecho contacto de la lactancia [...], en lugar de ayudar a su marido, lo está utilizando para no tener que afrontar y solventar sus propios problemas.»)

Es un comentario insultante para la madre (se la acusa de no querer a su marido solo porque sí que quiere a su hijo) y para el padre. Para «evitar la intimidad sexual», si su marido es normal, basta con el típico «me duele la cabeza». Si un marido es tan bruto como para no respetar esa negativa, ¿se detendría acaso por la presencia de un simple bebé? Y si la presencia del bebé es lo único que impide que una esposa sea violada por su propio marido, ¿qué derecho tenemos a privarla de esa última y desesperada defensa?

El llanto terapéutico

> *Miró a su digna consorte con expresión de gran satisfacción y le pidió, zalamero, que llorase lo más posible, pues los médicos lo consideran un ejercicio muy saludable.*
> *«Llorar abre los pulmones, lava el rostro, ejercita los ojos y ablanda el carácter», dijo Mr. Bumble. «Así que llora.»*
>
> CHARLES DICKENS, *Oliver Twist*

> *Gritar es un ejercicio muy saludable que provoca una excelente ventilación de los pulmones.*
>
> STIRNIMANN[33]

¡Y los neumólogos todavía no se han enterado! ¡Si va a resultar que el llanto es el mejor tratamiento de la bronquitis crónica y del asma!

Pero no quería hablar ahora del llanto y los pulmones, un tema tan gastado que ya Dickens se burlaba del asunto cien años antes de que Stirnimann lo volviera a decir en serio; sino de una nueva teoría más insidiosa.

La doctora Aletha Solter recomienda tratar a los niños con cariño y respeto, cogerlos mucho en brazos, dormir con ellos, darles el pecho. Muchas madres que están en esta línea disfrutan con sus libros. Pero al llegar al asunto del llanto hace algunas afirmaciones más que discutibles. Primero, atribuye a las lágrimas una curiosa función excretora, como si complementasen a los riñones:[68]

> Las investigaciones han demostrado que gentes de todas las edades se benefician de un «buen llanto» y que las lágrimas ayudan a restaurar el equilibrio químico del cuerpo afectado por el estrés.

Y, claro, si el llanto es bueno, hay que dejar llorar al niño:

> Pero si el bebé sigue estando molesto o «quisquilloso» después de que hayamos satisfecho sus necesidades primarias, deberíamos sostenerle en brazos cariñosamente y permitir que continúe llorando.

Podría estar de acuerdo con esta frase si de verdad se hubieran satisfecho las necesidades del niño (y no solo las primarias). Es cierto que a veces no sabemos qué le pasa a un niño, que lo hemos probado todo y no conseguimos consolarle y que en tales casos lo mejor que nos queda es sostenerle en brazos y darle nuestro cariño y nuestra compañía. El problema es que Solter parece estar en contra de consolar a los niños que lloran:

> Es muy probable que nuestros padres hayan intentado constantemente parar nuestro llanto cuando éramos bebés. Quizá nos daban el chupete o dulces, o nos meneaban cada vez que llorábamos, pensando que eso era lo que necesitábamos.

Considera que mecer a los niños, arrullarles, darles el pecho a demanda, distraerles o hacerles cosquillas son maniobras represivas que les impiden llorar y por lo tanto les hacen daño. Algunas madres, seducidas por esta teoría, dejan de intentar consolar a su hijo. Y cuando este, lógicamente, llora más que nunca, Solter pretende hacerles creer que eso es buena señal: está por fin llorando el llanto reprimido, el que no le había dejado expresar por su exceso de mimos.

No, no creo en esta teoría. No es más que el mismo perro, pero con distinto collar. Es dejar llorar al niño, pero con otra base teórica tan absurda como la de la expansión de los pulmones. Solter niega al niño cualquier capacidad de decisión: si la madre cree que el niño tiene hambre, le da el pecho porque lo necesita. Pero si cree que no tiene hambre, entonces ella decide que lo que el bebé necesita es llorar. ¿Y quién es ella para decidir si el niño tiene hambre o no, si necesita pecho o necesita llorar? Previendo que la madre no va a tener ningún motivo objetivo para decidirlo, Solter propone recuperar los horarios rígidos: si el niño llora fuera de hora, evidentemente, «no puede» ser hambre. ¡El reloj conoce las necesidades del bebé mejor que el propio interesado! Lo que nos propone es decirle a nuestros hijos: «Sé que si te acuno, te acaricio, te doy el pecho o el chupete, dejarás de llorar, pero no pienso hacerlo porque quiero que llores. Siempre te ofreceré estar quieto en brazos, aunque me estés pidiendo otra cosa distinta». Me parece absurdamente cruel.

Creo que los niños, como los adultos, lloran para comunicarse, para pedir auxilio. Normalmente, cuando estamos solos, lloramos en silencio o sonreímos en silencio. Lloramos a gritos o reímos a carcajadas cuando estamos acompañados, cuando alguien nos puede oír. Los niños lloran para que hagamos algo, no para que los miremos impasibles. Y si nos sentimos mejor después de llorar no es porque hayamos eliminado substancias tóxicas, sino porque el llanto ha provocado una reacción en los demás, porque nos han consolado y cuidado.[5]

Familia, sociedad limitada

> *Porque es instinto de la humana gente*
> *que lo que más prohíben más desea.*
>
> TORQUATO TASSO, *Jerusalén liberada*

Poner límites a los niños es otra de las modas en puericultura. Se escriben libros enteros dedicados a esta nueva ciencia.[69] Desde luego, los límites se imponen por el bien del niño:

> Los límites son medios de ayuda, pilares importantes para limitar el terreno de juego, para que el niño pueda moverse en él de una forma segura y protegida.

Claro, es importante poner límites a los niños porque si no, no tendrían límites. ¿Se imagina qué terrible situación?

Un niño sin límites les sacaría los ojos a todos sus amigos, se comería 200 caramelos en cinco minutos, se tiraría por el balcón. Un niño sin límites sería una cosa tan terrible, escalofriante, repugnante que..., que... ¿Cómo es que nunca hemos visto a uno? ¿Cómo sería un niño sin límites?

Una niña sin límites

Marta está muy a gusto en la cama, pero mamá la ha llamado y hay que levantarse. ¿Por qué no podría quedarse media hora más?

¿O mejor, no ir al cole? Tendría que ser siempre vacaciones, ir todos los días a la playa o en bicicleta. O mejor montar a caballo. Si tuviera un caballo, le daría azúcar y zanahorias y cabalgaría ella sola y descubriría nuevos países. Bueno, sola no, iría con Isabel, que es guay...

Un grito de su madre la saca de su ensoñamiento. Sí, ya me levanto... Qué lata, tener que lavarse, con lo fría que está el agua. Y este jabón huele fatal. En casa de Isabel tienen un jabón que huele muy bien. Este vestido no me gusta nada. Y las bambas Cosme®, qué vergüenza, todas las niñas de la clase llevan bambas Acme®, pero papá se empeña en que no me compra otras bambas hasta que se rompan estas...

Hace tiempo que Marta ha renunciado a pedir más cacao en la leche, no hay manera de hacer entender a mamá que tiene que quedar todo negro. ¡Galletas redondas! Las buenas son las cuadradas. ¿Lavarse los dientes después de desayunar? Pero, mamá, mis amigas solo se lavan los dientes antes de acostarse. Bueno, ya va... La pasta de dientes pica, ¿es que no hay nunca pasta de fresa?

Hay que llevar la mochila con los libros. Hay que caminar hasta el cole. Mamá no quiere ir en coche porque dice que para doscientos metros no saca el coche. Marta se para a ver el escaparate de la juguetería, pide el tren eléctrico, «pues se lo pides a los Reyes», tirón del brazo. Se para a hacer equilibrios en el bordillo de la acera, tirón del brazo. Le pega una patada a una piedra, tirón del brazo. Se para a ver a un perro que hace pis en la pared; tirón del brazo. Mete el pie en un charco; tirón y gritos.

El cole es un rollo. No puedes levantarte cuando quieres, no puedes sentarte al lado de Isabel, no puedes hablar, no puedes reírte, tienes que mirar a la profesora, tienes que escuchar a la profesora. Entrega los deberes, abre el libro, saca un papel, dictado, no te sientes con la espalda tor-

¡Mamá, mamá, no te vas a creer dónde he estado!

cida, ¿no ves que tienes que afilar el lápiz?, haced los ejercicios de la página 30, dibujad una vaca, para mañana las restas de la página 42. A ver, Marta, dime la tabla del 3... ¿desde cuándo 3 por 6 son 19? A ver, ¿alguien puede decirle a Marta cuántos son 3 por 6? Dice Isabel que ya no es amiga tuya porque te ha visto jugando con Sonia. Pues dile a Isabel que es tonta, que yo juego con quien quiero. A ver estas niñas, ¿qué tienen que decir tan importante que no puede esperar al final de la clase? ¿Por qué no lo dicen en alto para que nos enteremos todos?

¡Otra vez guisantes para comer! Y la tonta de Isabel, que no se quiere sentar conmigo. Mira cómo habla con Ana, solo para hacerme rabiar. ¡Puag, pescado!

La vuelta a casa no puede ser más animada. Hay tirones de brazo frente a la panadería (¡no hay cruasán de chocolate!), frente a la juguetería (¡no hay tren eléctrico!), frente a la tienda de ordenadores (¡no hay juego nuevo!), frente al quiosco de la prensa (¡no hay chicle!). ¡Marta, ya está bien, de verdad que hoy me pones de los nervios! (sí, hoy y ayer y cada día).

Hay que cambiarse de zapatos antes de jugar. Hay que hacer los deberes antes de ver la tele. Hay que dejar la tele ahora mismo, con lo interesante que está, para ir a cenar. Hay que ayudar a poner la mesa antes de cenar. Hay que lavarse las manos antes de poner la mesa. Te he dicho veinte veces que te laves las manos. ¡Mira qué manos llevas! ¡Oh, no! ¡Guisantes otra vez! Ni que se pusieran de acuerdo. Mamá, ¿hay huevo frito? ¿Quéee? ¿Merluza?

¿Hay natillas de chocolate? Primero tienes que comerte la fruta. No quiero fruta. La fruta es muy sana. No quiero. Tienes que comerte una pera. No, pera no, ¿no hay plátano? No, o pera o manzana. No quiero, quiero natillas. Niña, no le respondas a tu madre. ¡Buaaaah!

—¡Está bien, tómate la natilla y calla!

Paren la imagen. Avisen a la policía. ¿Ven lo que acaba de pasar? Marta se ha salido con la suya. Le ha bastado con lloriquear un poco para hacer pasar a su madre por el aro. Es la típica niña que SIEMPRE se sale con la suya. Totalmente malcriada. Y todo porque sus padres no han sabido ponerle límites. ¡Le dan TODO lo que pide! Esta niña tendrá graves problemas de conducta:

> Los niños que ven satisfechos todos sus deseos suelen sentirse profundamente tristes, ya que al final nunca tienen suficiente. Los padres que miman sin límite a sus hijos hacen que cada vez sus exigencias se mantengan más altas.[69]

No, no se espante. A Marta no le pasará nada malo por «haberse salido con la suya». Al contrario, probablemente el salirse con la suya de vez en cuando, ver que en algunas ocasiones no son un mero juguete del destino, sino que pueden hacer algo, desear algo, conseguir algo, influir en los demás, es una experiencia necesaria para el desarrollo de la personalidad. Porque Marta, como todos los niños, está cediendo y obedeciendo docenas, centenares de veces al día.

Al exigir su natilla, Marta está aprendiendo a exponer con claridad su punto de vista y a exigir respeto; dentro de unos años lo sabrá hacer sin llorar ni gritar, y cuando sea adulta veremos que estas cualidades son positivas. Su mamá le está demostrando que la quiere de verdad, es decir, que la valora como ser humano y que tiene en cuenta sus opiniones y sus palabras. Con su ejemplo, mamá está enseñando a Marta a ceder. Para acabar de hacerlo bien, podría haberle enseñado a ceder con elegancia, y en vez de gritar: «¡Está bien, tómate las natillas y calla!», podría haber dicho, sin levantar la voz: «Bueno, si prefieres natillas, pues natillas».

¿Debemos entonces dar a nuestros hijos todo lo que pidan? Por supuesto que no. Pero no porque eso les malcriaría, sino simplemente porque es imposible.

No existen los niños sin límites. Factores físicos que ni el niño ni sus padres pueden modificar ya imponen unos límites considerables. Su hijo no puede volar, ni gana siempre cuando juega con sus amigos, ni puede evitar que la lluvia les estropee un día de playa.

Otras veces, usted le obliga a hacer unas cosas o le prohíbe hacer otras por motivos más que justificados (o al menos que a usted le parecen justificados, aunque en otras familias pueden ser de diferente opinión). Hay que ir al colegio, hay que hacer los deberes, hay que venir a cenar, hay que lavarse las manos. No se pueden comer tantos caramelos, ya está bien de helados, no tenemos dinero para ir a París de vacaciones, la videoconsola es muy cara, no me gusta que estés tantas horas viendo la tele, no se puede ir por la ciudad en bicicleta porque hay muchos coches, guarda el mecano, que vamos a ver a los abuelos, tienes que ducharte, recoge la ropa sucia, no toques la llave del gas, no podemos tener un perro en un piso...

Si de verdad los límites fueran necesarios para la felicidad de los niños y para la formación de su personalidad y su carácter, no cabe duda de que todos los niños, ricos y pobres, educados rígidamente y «mimados», tienen cada día cientos de oportunidades para disfrutar de tales límites.

A propósito, ¿por qué suponemos que precisamente los niños necesitan límites para ser felices, disfrutan con ellos, y son desgraciados si no los tienen? ¿Tan diferentes son nuestros hijos, tan marcianos, que sufren o disfrutan justo con lo opuesto que nosotros? A los adultos nos suele ocurrir lo contrario: los límites nos hacen desgraciados (el amor no correspondido, las vacaciones que no nos podemos tomar, el coche que no podemos pagar, la dieta sin colesterol, la casa demasiado pequeña, el partido que pierde nuestro equipo...), mientras que las cosas que conseguimos y los objetivos que alcanzamos contribuyen a nuestra felicidad.

¿Qué puede haber de cierto en la idea de que la falta de límites hace a los niños infelices?

Imaginemos que un jueves Luisito recorta con más o menos arte las fotos de una revista vieja. Papá le dice que lo está haciendo muy bien, y cuando llega mamá del trabajo, papá le explica con orgullo delante del niño: «Mira qué bien recortado, cómo resigue los contornos. Parece mentira, con solo dos años, lo listo que es este niño». Envalentonado, el sábado intenta Luisito repetir su hazaña; mas, ¡oh, sorpresa!, mamá le grita: «¡Pero qué haces, desgraciado, estropeando las revistas! ¡Este niño es que me tiene harta!», y papá se une a la regañina: «Has sido un niño malo, esta tarde castigado sin tele».

Supongo que es a esto a lo que se refieren quienes afirman que los niños no son felices si no tienen límites claros y consistentes, si no viven en un entorno predecible. Si lo que ayer producía elogios (o indiferencia) desencadena hoy gritos y castigos, el niño no puede ser muy feliz, desde luego.

Pero ¿es la inconsistencia o son los gritos lo que hace infeliz al niño? Porque estos padres podrían ser más consistentes de dos maneras bien distintas:

— A partir de ahora, alabarle cada vez que recorte revistas.

— A partir de ahora, gritarle y castigarle cada vez que recorte revistas.

En ambos casos, la norma es clara y los resultados son predecibles. Según ciertos teóricos, Luisito habría de ser igual de feliz con ambas posturas. Pero sospechamos que no, que Luisito preferiría mil veces la primera opción.

Si, en cambio, eliminamos los gritos y los castigos, las inconsistencias no parecen tan terribles. A veces, Luisito recorta y a sus padres se les cae la baba. Otras veces, Luisito recorta y sus padres no dicen ni pío. De tarde en tarde, Luisito recorta y sus padres le dicen, amablemente y sin gritar: «Vamos, deja de recortar, que ya está bien», «no cojas las tijeras, que te vas a hacer daño» o «deja la revista, no la estropees». Aquí la reacción de los padres es impredecible, variando desde la muy positiva hasta la moderadamente negativa. ¿Cree usted que Luisito va a ser desgraciado por ello? Me parece a mí que no, que ni son tan frágiles nuestros hijos ni somos tan consistentes sus padres. La mayoría de nosotros respondemos de distinta manera en diferentes ocasiones, según nuestro humor previo, nuestras preocupaciones del momento o simplemente al azar; y no solo somos inconsistentes en el trato de nuestros hijos, sino en muchos otros aspectos de nuestra vida. La capacidad para adaptar los límites a las situaciones se llama flexibilidad y es una virtud que también conviene enseñar (con el ejemplo) a nuestros hijos. La incapacidad para mantener fijos los límites que nosotros mismos establecimos ayer se llama debilidad humana, y el comprenderla es una virtud que nuestros hijos también aprenderán.

Por otra parte, aunque los límites sean fijos, inmutables, claros, consistentes y predecibles, es posible que nuestro hijo no se dé cuenta. Es posible que su edad o su ignorancia le impidan apreciar todos los matices de la situación, y que nuestras respuestas lógicas, razonadas y racionales le parezcan caóticas y absurdas. Si estaba usted pensando que los padres de Luisito están un poco chiflados para cambiar tanto de opinión de un día para otro, sepa que no, que son unos padres muy normales. Pero unas veces Luisito recorta una revista que era para tirar y otras, unos fascículos que su madre colecciona. Unas veces usa unas tijeritas infantiles sin punta ni filo y otras, agarra en un descuido las afiladas tijeras de coser que podrían ser el arma del crimen en cualquier película. Unas veces recorta revistas a la hora de jugar y otras, se empeña en hacerlo a la hora de bañarse o de cenar. Unas veces lo hace en el pasillo y otras, en el salón, llenándolo todo de trocitos de confeti y pegándole de paso un par de tijeretazos a la alfombra persa. ¿A que tenían razón los padres en responder de distinta forma? ¿Qué diferencia hay para el niño entre unos límites mudables a capricho y otros consistentes, si no es capaz de comprenderlos?

No, no estoy defendiendo que no pongamos límites a nuestros hijos, por la sencilla razón de que eso es imposible. Lo que pido es que no les pongamos límites artificiales y artificiosos. Si nuestro hijo nos pide algo que no perjudica su salud, que no destruye el medio ambiente, que sí que le podemos pagar, que sí que tenemos tiempo para darle..., no se lo prohibamos solamente «para marcarle límites» o «para que se acostumbre a obedecer».

Si le hemos negado algo y vemos que su reacción es «desproporcionada», ¿no será que habíamos valorado mal las circunstancias, que lo que le acabamos de negar es mucho más importante para él de lo que pensábamos? Reevaluemos nuestra decisión a la luz de este nuevo conocimiento: ¿de verdad va a coger la lepra si se baña mañana y no hoy?, ¿se hunde el mundo si en vez de salir a pasear ahora esperamos a que acaben sus dibujos favoritos?, ¿morirá de frío si no se pone el abrigo?

Si, por último, a pesar de todo decidimos no ceder; si hay que ir al cole, hay que acabar los deberes, hay que apagar la tele ahora mismo, ¿seremos capaces de usar nuestra autoridad sin prepotencia, de no añadir gritos y afrentas a nuestras órdenes, de tolerar la frustración de nuestro hijo y aceptar que obedezca refunfuñando y no con una sonrisa en los labios como los niños buenos de las películas? Es fama que los granaderos de Napoleón «refunfuñaban y le seguían siempre»;[70] ni siquiera él consiguió que le obedecieran sin rechistar.

Ligado al tema de los límites está la extendida creencia de que los niños pequeños se dedican a una curiosa y exclusiva actividad conocida como «probar los límites». Exclusiva porque ningún adulto la practica, que se sepa.

Por ejemplo, imagine que una amiga suya viene una tarde a casa de visita. «¡Oh, qué jarrón tan precioso!» Lo coge, lo admira, se le escurre..., y ya está el jarrón (porcelana china antigua, recuerdo de su abuela) hecho añicos. ¿Por qué lo ha hecho su amiga? Está probando los límites. Si usted no la castiga ahora mismo, a partir de ahora se dedicará a romper todos los jarrones que vea y probablemente también a pintar en las paredes y a abrir la llave del gas porque le habrá perdido el respeto.

¡Qué tontería! Lo ha roto sin querer, está muy apesadumbrada, pedirá mil disculpas aunque usted le asegure que no pasa nada, y no se atreverá a acercarse a ningún otro jarrón en varios años.

¿Y si el jarrón lo rompe su hija? ¿Qué le hace pensar que sus motivos son distintos?

Lo que es distinto, en todo caso, es el conocimiento y la experiencia. Una niña de dos años no sabe todavía que la porcelana se rompe y el plástico no, y además es físicamente incapaz de estarse quieta y es más torpe con las manos. Por supuesto, usted le tiene que ir enseñando con paciencia qué cosas son para jugar y cuáles no y cómo tratar con cuidado los objetos frágiles. Pero su hija no ha pensado en ningún momento: «A ver hasta dónde puedo llegar. Voy a romper un jarrón, y si cuela, cuela». Es usted la que ha cometido una imprudencia al dejar al alcance de una niña de dos años un jarrón de gran valor. Cuando se tienen niños, todos los objetos valiosos se guardan en alto o bajo llave y no se vuelven a sacar hasta que el más pequeño está civilizado. Buena ocasión para dejar a mano todos los horribles regalos que le han ido haciendo y de los que no sabe cómo deshacerse.

¿Qué puede hacer si su hija acaba de romper un jarrón de gran valor? Elija una de las siguientes opciones:

a. Un golpe en la manita.
b. ¡Pero mira lo que has hecho! ¡Te he dicho veinte veces que tengas cuidado! ¡Me tienes harta!
c. Castigada sin ir al parque.
d. Me gustaba mucho este jarrón, valía mucho dinero y era el único recuerdo que tenía de mi abuela. Ahora voy a sufrir mucho por tu culpa, espero que estés contenta.
e. Tendrás que pagar al menos una parte del jarrón, así que recibirás solo media paga de aquí a Navidad.
f. ¡Oh, qué pena, se ha roto el jarrón! Hay que tener mucho cuidado, los jarrones no son para jugar. Ven, ahora tenemos que recoger los trozos con la escoba.
g. No importa; total, solo era un jarrón viejo.

Obsérvese que si el jarrón lo ha roto su amiga, su vecina o su cuñada, no cabe ni la más mínima duda: usted elegiría siempre la opción g. Insistiría en ella, la repetiría una y otra vez, mientras la otra persona se desharía en excusas. Pues bien, creo que también es la opción más adecuada para su hija de ocho años. Ella ya sabe perfectamente que el jarrón sí que es importante, que hay que tener cuidado, que usted está apenada y que está disimulando por educación. Ella está triste, avergonzada y daría cualquier cosa por no haber roto el jarrón. No necesita reproches ni discursos.

La opción e está muy extendida para niños mayores, pero me parece un poco mezquina. Usted nunca le pediría dinero a su amiga, ni lo aceptaría si se lo ofrece, aunque ella tenga un buen sueldo. ¿Cómo va a pedirle dinero a su hija, que es menor de edad y no gana ni para helados?

Si es su hija de dos años la que rompe el jarrón, la opción g puede ser inadecuada. Podría creérsela, pensar que de verdad no hay diferencia entre romper un jarrón chino y reventar un globito. A esta edad, una respuesta parecida a la f resulta respetuosa, comprensible e informativa. Y guarde los demás adornos en lugar seguro, porque un niño tan pequeño no siempre entiende las cosas a la primera.

La permisividad: miedo a la libertad

No me considero permisivo.

DR. SPOCK

Benjamin Spock es el autor de *Baby and Child Care*, traducido al español como *Tu hijo*, el libro sobre puericultura más vendido (decenas de millones de ejemplares) e influyente desde su primera edición, en 1945. El Dr. Spock fue también una persona comprometida políticamente, que se manifestó contra la intervención norteamericana en Vietnam y a favor del desarme nuclear. A menudo se le ha acusado de ser permisivo; tanto que, en el prólogo a la edición de 1985,[71] se vio obligado a defenderse:

> La acusación surgió por primera vez en 1968..., veintidós años después de la aparición del libro, y provenía de varias personas destacadas, que objetaban con energía mi oposición a la guerra en Vietnam. Dijeron que mis consejos a los padres, de ofrecer «una gratificación inmediata» a sus bebés e hijos, era lo que hacía que tantos jóvenes que se oponían a la guerra fueran «irresponsables, indisciplinados y antipatrióticos». En este libro no se habla de gratificación inmediata.

Ciertamente, no habla de tal cosa. Antes bien, veamos algunas de sus advertencias:

> A partir de los tres meses de edad [...] el niño debe acostumbrarse a dormir solo en su cuna, sin necesidad de compañía. Si el niño duerme con sus padres, es aconsejable separarle cuando tenga seis meses.

Además, si el niño está enfermo o tan ansioso que desea pasar toda la noche en la cama de los padres, aparte de consultar al médico (semejante deseo debe de ser patológico, claro), se recomienda a los padres acudir a la habitación del niño a tranquilizarlo: «Permanezca sentada con él hasta que se duerma».

También se permite a los padres aceptar a los niños en la cama de matrimonio por la mañana, para ser mimados, «siempre que esto no haga que cualquiera de los dos padres se sienta inquieto, porque esto le agita sensaciones sexuales». Sensaciones que dos líneas después se atribuyen a «avances sexuales» del niño. ¿No les parece increíblemente retorcido? Lo primero que se le viene a la mente, cuando un niño pequeño entra en la cama de sus padres para besarles o saltar en el colchón, es que pueda haber una inquietante sensación sexual iniciada además por el niño. Sin embargo, en muchas otras situaciones de la vida cotidiana, objetivamente bastante más comprometidas, nadie advierte cosas similares. En ningún libro encontrará advertencias como «puede ir a la playa, siempre que la observación de los cuerpos semidesnudos no le agite sensaciones sexuales» o «desde luego ir en metro es más ecológico que usar su propio coche, pero pregúntese antes de subir al metro o al autobús si no estará en realidad buscando un roce concupiscente».

Tampoco es muy partidario el Dr. Spock de coger a los niños en brazos o de hacerles mucho caso:

> No es necesario que coja al niño en brazos tan pronto como se despierte. Se mima a un niño de pocos meses de edad ocupándose de él en exceso.

Todo esto no es muy distinto de lo que han dicho otros muchos expertos antiguos y modernos. Si dedico al Dr. Spock un apartado en esta sección de «teorías que no comparto», no es porque sea peor que otros autores, que no lo es, sino por esa falsa fama de permisivo que le rodea. Algunos padres pueden creerlo. Y si hacer dormir solo al niño y cogerlo poco en brazos es ser permisivo, entonces, ¿qué habrá que hacer para ser «firme»?

Protegella y no *enmendalla*

> *Procure siempre acertalla*
> *el honrado y principal;*
> *pero, si la acierta mal,*
> *protegella y no enmendalla.*
>
> GUILLÉN DE CASTRO, *Las mocedades del Cid*

Suelen recibir los padres el consejo de no echarse nunca atrás, una vez tomada una decisión. Si cedes una vez, tendrás que ceder siempre. Te perderá el respeto. Bajo ningún concepto debes escuchar sus protestas o rebajarte a discutir con el niño tu autoridad.

Un padre que cede ante la rabieta de un niño sería, según los partidarios de este mito, un mal padre, un ser débil y patético que se hace daño a sí mismo, pero le hace más daño aún a su hijo, al que enseña a salirse con la suya a base de gritos y protestas. Un padre que cede ante una rabieta es..., ¿cómo lo explicaría?, como un empresario que cede ante una huelga o un gobierno que negocia con los manifestantes.

Ah, no, claro que no. Los empresarios tienen que atender las justas reivindicaciones de los obreros, los gobiernos tienen que escuchar la voluntad popular, expresada en el sagrado derecho de manifestación. Un gobierno que tuviera como norma no ceder jamás, no echarse nunca atrás en sus decisiones, no negociar, ignorar a los manifestantes, sería un gobierno dictatorial, antidemocrático, ineficaz. En todo el planeta, son aquellos gobiernos que más negocian, que más escuchan y que más ceden los que cuentan con el más decidido amor y respeto de sus ciudadanos; mientras que los otros, los inflexibles, los que parecen tener la sartén por el mango, están siempre expuestos a caer en una revolución.

¿Por qué habría de ser distinto con los niños? ¿Por qué en los padres se considera virtud lo que en cualquier otra figura con autoridad se consideraría tiranía y prepotencia?

Nicolaÿ[72] explica con pluma ágil los peligros de ceder ante un hijo:

> —Mamá, dame un albaricoque.
>
> —¡Qué dices, chiquilla! ¡Estás loca! Acabas de estar enferma; el médico te ha prohibido en absoluto las frutas: ¡que se te quite esa idea de la cabeza!
>
> La niña refunfuña.
>
> —¡No, es inútil...! Te he dicho que no y no. ¿Lo has oído?
>
> Aumentan los gritos y la nota cambia; es decir, la mamá comienza a ablandarse.
>
> —Pero, hija mía, ¿quieres estar enferma? ¡Te aseguro que no hay nada tan dañino como la fruta en verano!

La escena prosigue con chantajes afectivos, gritos por ambas partes, la madre que ofrece medio albaricoque, la hija que insiste, la madre que concede el albaricoque entero:

> —¡Toma!, aquí tienes el maldito albaricoque; ¡toma!, ¿quieres dos, tres...? ¡Cómetelos!, ¡si revientas, mejor! ¡Te estará bien empleado...! ¡Me alegraré!

¿Nota el lector moderno algo curioso? A mí me llaman la atención varios puntos: ¿qué enfermedad será esa en la que están prohibidos los albaricoques? ¿Qué tiene de malo la fruta en verano? ¿Se pasaban todo el verano sin comer fruta?

Nicolaÿ pretendía mostrar los «terribles» efectos de la falta de disciplina: la madre incapaz de imponer su criterio, la niña que «se sale con la suya». Hoy en día, muchos estarían de acuerdo con la idea de fondo, pero probablemente el ejemplo iría al revés: «Vamos, cómete la fruta, ya sabes que el doctor ha dicho que es muy sana y lleva muchas vitaminas». «¡No quiero!» «¡Bueno, está bien, no comas fruta si no te da la gana! ¡Si se te caen los dientes y te quedas ciega, te estará bien empleado!»

Puesto que se contradicen totalmente, al menos una de las dos madres debe de estar equivocada. Incluso es probable que se equivoquen los dos. ¿En nombre de qué principio moral o pedagógico debe imponerse el criterio de los padres, aunque estén equivocados, y debe someterse el niño, aunque tenga razón? Puede que la obediencia ciega a la autoridad pareciera lógica a los súbditos del siglo XIX, pero los ciudadanos del XXI deberían aspirar a algo más.

Sí que comete algunos errores la madre de la historia, pero su error no es ceder. El primer error (que no es suyo, por cierto, sino del médico que la aconsejó) es el creer que un niño puede enfermar por comer fruta. (La madre moderna suele sufrir el error contrario, igualmente difundido por algunos médicos: que un niño puede enfermar por no comer fruta.) El segundo error es no haber cedido antes. Obraba, se dirá, bajo la fuerte presión de su médico, que la había advertido de los graves peligros del albaricoque. Pero, en tal caso, no debía haber cedido jamás. Si está usted plenamente seguro de que algo es gravemente perjudicial para su hijo, no puede ceder ante una rabieta ni ante mil. ¿O acaso va a dejar que su hijo beba lejía o se tire por el balcón para que no llore? Si esta madre cedió no es «para que su hija reviente», como dijo en su enfado, sino precisamente porque sabía que no iba a reventar. En el fondo de su corazón, esa madre sabía que lo que afirmaba su médico sobre los graves peligros de la fruta en verano es una exageración y que el peligro (si lo hay) es bastante leve. Pues bien, si no era una cuestión de vida o muerte, si en el fondo sabía que no tenía importancia, ¿para qué tanto escándalo? Si piensa que puede ceder, ceda pronto y evitará discusiones.

El tercer error es no haber sabido ceder con elegancia. En vez de salvajes imprecaciones como «¡ojalá revientes!», o en vez de manipulaciones más sutiles y acaso más dañinas como «toma, aquí tienes el albaricoque.

Pero ya sabes que mamá está muy enfadada y sobre todo muy decepcionada. Te has portado muy mal», ¿qué costaría mostrarse un poco amables, y salir del paso salvando la cara y la dignidad?: «Bueno, toma el albaricoque. No sabía que te gustaban tanto...».

Fernand Nicolaÿ fue un jurista y pensador francés, autor de una obra, *Los niños mal educados*,[72] que alcanzó un gran éxito editorial: el ejemplar que ha caído en mis manos corresponde a la décima edición española, traducción de la vigésima edición francesa. El libro no tiene fecha de edición y, aunque la encuadernación podría ser de los años cuarenta, el texto parece más antiguo, pues no menciona los coches, ni la radio, ni los aviones... Conseguí más información en Internet. El catálogo de la Biblioteca Nacional de Francia contiene quince obras de Nicolaÿ, publicadas entre 1875 y 1922, incluyendo tres ejemplares de *Los niños mal educados* de 1890, 1891 y 1907. Solo en el de 1891 consta el número de edición, y es la undécima.

Afirma Nicolaÿ que sus propuestas no son simples opiniones, sino ciencia experimental, pues ha anotado en un papel una lista de los niños bien educados que conoce, y otra lista de los maleducados, «resultando esta lista larguísima, interminable», y a continuación ha analizado los métodos de unos y otros padres. Describe con gran detalle y en varios capítulos la carrera de esos niños maleducados, que afirma son la mayoría de los franceses de su época.

A los tres años, una «insubordinación permanente», «es el niño quien indica el camino», solo come lo que quiere... A los diez años, «es más insolente», «grita más alto», sus padres no se atreven a decirle que no, se cree todo un personaje... A los quince, «una bobería presuntuosa ha reemplazado a su primitivo candor», se burla de la ignorancia de sus padres, es insolente... A los veinte, «la casa se transforma a capricho del *señorito*», es un inútil desagradecido que vive de gorra. Cuando es mayor de edad (después de los veinticinco años), es «inepto y derrochador, holgazán y ambicioso, libertino y sin corazón».

Hemos resumido en un párrafo más de 80 páginas, que realmente no tienen desperdicio. La descripción del niño maleducado de tres años coincide notablemente con la de diversos autores modernos:

> De unos años a esta parte, se viene observando en los niños una tendencia cada vez más acusada a hacer todo cuanto se les antoja [...]. A menudo oímos decir: «Los niños de hoy en día ya no "respetan" nada». (Langis, 1996.)[1]

Y aquí viene el meollo del asunto, el motivo por el que me tomé tantas molestias para establecer la fecha de la obra. ¿De unos años a esta parte? No, los niños de los que habla Nicolaÿ no son, amigo lector, sus hijos, sino sus bisabuelos. Los bisabuelos de usted, sí, a los que sus tatarabuelos malcriaron espantosamente. Su bisabuelo malcrió luego a su abuelo, y este a su padre, y su padre, que habiendo sido malcriado de pequeño se convirtió en un ser «inepto y derrochador, holgazán y ambicioso, libertino y sin corazón», le malcrió a usted. ¿Dónde quedan ahora todos aquellos mitos de que «antes se respetaba más a los padres», «antes sí que había disciplina», «a nosotros no nos dejaban pasar ni una»...? La gran mayoría de los niños ya estaban malcriados, según Nicolaÿ, hace más de un siglo.

No, cuando cedemos, cuando negociamos, cuando reconocemos nuestros errores, no perdemos el respeto de nuestros hijos. Antes bien, es entonces cuando más lo ganamos.

> Cuando cedemos, le estamos enseñando a ceder.[44]

Hace mucho tiempo, tendría yo trece o catorce años, mi padre me riñó sin motivo. Al menos no recuerdo el motivo, hace mucho tiempo que lo olvidé. Recuerdo claramente, sin embargo, mi profunda indignación ante tamaña injusticia. Me fui a dormir dolido y lloroso; y entonces, ¡oh, milagro!, mi padre vino a darme las buenas noches y me pidió perdón. ¡Pedir perdón a un hijo! ¿No es esa la forma más segura de perder la autoridad y el respeto? Al contrario. En aquel mismo momento todos sus pecados, pasados, presentes y futuros, le fueron perdonados.

Una bofetada a tiempo

Los niños nunca son demasiado pequeños para azotarlos: como los bistecs duros, cuanto más les golpeas, más se ablandan.

EDGAR ALLAN POE, *Fifty Suggestions*

Un cachete a tiempo puede descargar la atmósfera tanto para los padres como para el niño.

DR. SPOCK

Muchos psicólogos y educadores han cantado las excelencias de las bofetadas.

En España, el número de menores maltratados por sus padres y familiares aumentó de 2600 en el año 2001 a 6400 en el año 2005 (probablemente no porque el problema aumenta, sino porque se denuncia más). En el mismo periodo, cada año murieron entre 8 y 16 niños a manos de sus padres. Son datos de la Policía Nacional y la Guardia Civil, recogidos por el Centro Reina Sofía para el estudio de la violencia.[92] Solo incluye por tanto los maltratos lo bastante graves para llegar a la policía, y excluye los tramitados por las policías autonómicas catalana y vasca. En Estados Unidos se contabilizaron 1185 muertes en 1995, lo que representó un 34 por ciento más que diez años antes.[73] Sin embargo, algunos asesinatos esporádicos cometidos por adolescentes desencadenan una ola de histeria («¿estamos criando monstruos?»), como si fueran los hijos los que habitualmente maltratan a los padres. Llegué a oír a un sesudo experto afirmar en una tertulia radiofónica que esto era consecuencia de la intromisión del Estado en la esfera familiar, pues años atrás se había prohibido por ley pegar a los niños. ¡Una bofetada a tiempo hubiera evitado estos crímenes! El niño que a los ocho años recibe una buena bofetada de sus padres aprende que los conflictos se resuelven a golpes y que los fuertes pueden imponer sus puntos de vista sobre los débiles. Ignoro cómo esta temprana enseñanza y este vivo ejemplo ayudan a impedir que se convierta en un adolescente asesino.

Veamos un caso concreto. Jaime se considera un buen esposo y un padre tolerante, pero hay cosas que le hacen perder los estribos. Sonia tiene un carácter difícil, nunca obedece y encima es respondona. Se «olvida» de hacerse la cama, aunque se lo recuerdes veinte veces. Es caprichosa con la comida; las cosas que no le gustan, ni las prueba. Cuando le apagas la tele, la vuelve a encender sin siquiera mirarte. Te coge dinero del monedero, ni siquiera se molesta en pedirlo por favor. Interrumpe constantemente las conversaciones. Cuando se enfada (lo que ocurre con frecuencia), se pone a llorar y se va corriendo a su habitación dando un portazo. A veces se encierra en el cuarto de baño; en esos momentos, ningún razonamiento consigue tranquilizarla. De hecho, una vez hubo que abrir la puerta del baño a patadas. Pero lo que realmente saca a Jaime de quicio es que le falte al respeto. Anoche, por ejemplo, Sonia cogió unos papeles del escritorio para dibujar algo. «Te he dicho que no cojas los papeles del escritorio sin pedir permiso», le dijo Jaime. «¿Pero qué te has creído? ¡Yo cojo los papeles que me da la gana!», respondió Sonia. Jaime le pegó un bofetón, gritando: «¡No me hables así. Pide perdón ahora mismo!»; pero Sonia, lejos de reconocer su falta, le plantó cara con todo desparpajo: «¡Pide perdón tú!». Jaime le volvió a dar un bofetón, y entonces ella le gritó: «¡Capullo!», y salió corriendo. Jaime tuvo que hacer un verdadero esfuerzo para contenerse y no seguirla. En estos casos es mejor calmarse y contar lentamente hasta diez. Por supuesto, Sonia estará castigada en casa todo el fin de semana.

Hasta aquí la historia. Supongamos ahora que Sonia tiene siete años y Jaime es su padre. Y usted, ¿qué opina? ¿No es este uno de esos casos en que a cualquiera «se le iría la mano»? ¿No sirvió esta bofetada para descargar la atmósfera, como tan bien decía el Dr. Spock? ¿Qué pueden hacer en un caso así esos fanáticos que prohibieron por ley las bofetadas? ¿Van a denunciar a este padre ante los tribunales por pegar un bofetón a una niña que, por cierto, se lo tenía bien merecido? ¿No es mejor dejar que estos problemas se resuelvan en el ámbito familiar sin intervenciones externas? Tal vez incluso esté usted pensando que una niña nunca habría llegado a ser tan desobediente y respondona si le hubieran dado una buena bofetada hace tiempo. Esta situación parece típica de niños malcriados por padres permisivos que no saben establecer límites claros, que no imponen la necesaria disciplina: lo que hoy está permitido mañana provoca una respuesta desmesurada, con el resultado de que el niño está confuso y es desgraciado.

¿Y si yo le dijera, amable lector, que Sonia tiene en realidad diecisiete años y que Jaime es su padre? ¿Cambia eso algo? Repase la historia a la luz de este nuevo dato. ¿Le parece tal vez que es demasiado grande para pegarle, para apagarle la tele o para hacerle pedir permiso antes de coger una simple hoja de papel? ¿Le parece adecuado que un padre abra a patadas la puerta del baño donde está su hija de diecisiete años? ¿Empieza tal vez a sospechar que se trata de un padre obsesivo, tiránico y violento, y que la respuesta de su hija es lógica y comprensible?

Y si es así, ¿por qué esta diferencia? Reflexione unos momentos sobre los criterios que ha usado para juzgar a este padre y a esta hija. ¿Están los niños pequeños más obligados que los adolescentes a respetar las cosas de los mayores, a recordar y cumplir las órdenes, a obedecer sonrientes y sin rechistar, a hablar con amabilidad y respeto aunque por dentro estén enfadados, a mantener la calma y no llorar ni dar escenas? ¿Son más perjudiciales los gritos y los golpes para el adolescente que para el niño pequeño? No son esos los criterios que sigue la Justicia con los menores de edad. Antes bien, cuanto más pequeño es el niño, menos responsable le consideran los jueces y menor es el castigo (si es que existe algún castigo). ¿Quién tiene razón: el Estado «intervencionista», que no considera al niño responsable de sus actos, o el padre «justo y sabio», que corrige a su retoño cuando aún está tierno? Quizá, en vez de asistentes sociales, educadores, tribunales de menores y reformatorios, sería mejor abrir cárceles de máxima seguridad y restablecer la tortura para los delincuentes juveniles.

Pero todavía queda una posibilidad aún más inquietante. ¿Y si yo le digo ahora que Sonia tiene veintisiete años y que Jaime es su marido? (No, no estoy haciendo trampa. Vuelva a leer la historia: en ningún momento había escrito que Sonia fuera la hija.) ¿Le parece normal que un marido le apague la tele a su esposa «porque ya ha visto suficiente», que le ordene hacerse la cama, que la obligue a comérselo todo, que le prohíba coger un papel o que le pegue un bofetón? ¿Sigue pensando que Jaime es un buen marido, pero que el carácter difícil de Sonia le hace perder a veces los estribos? ¿Acaso no es un derecho y un deber de cualquier marido corregir a su esposa y moldear su carácter, recurriendo si es preciso al castigo («quien bien te quiere te hará llorar»)? ¿Acaso no juró ella, ante Dios y ante los hombres, respetar y obedecer a su marido? ¿Ha de intervenir el Estado en un asunto estrictamente privado?

¿Por qué al leer por vez primera la historia de Jaime y Sonia pensó usted que Sonia era una niña? Pues precisamente porque Jaime le gritaba y le pegaba. Inconscientemente, usted ha pensado: «Si la trata así, debe de ser su hija». No se nos ocurre que se pueda tratar así a un adulto, lo mismo que al leer las palabras «ataque racista» en un titular, no se nos ocurre pensar que las víctimas puedan ser suecas.

La violencia nos parece más aceptable cuando la víctima es un niño; cuanto más pequeño, mejor.

Veamos otro ejemplo. Pedro, de seis años, pide un chicle en la panadería. Maite finge no haberle oído. Pedro insiste. «Un chicle, por favor.» «No.» «¡Quiero un chicle!» «¡Te he dicho que no!» «¡Quiero un chicle!» «Mira, es que me pones de los nervios. Te he dicho veinte veces que no te doy ningún chicle», exclama Maite mientras agarra fuertemente al niño por un codo y lo arrastra fuera de la panadería.

¿Quién no ha visto, quién no ha vivido una escena así? Es fácil comprender que una madre acabe por perder la paciencia...

¿Y si resulta que Maite no es la madre? La madre, amable lectora, es usted. Ha enviado usted a su hijo Pedro, con una monedita en la mano, a comprar un chicle (no hay ni que cruzar la calle), y Maite, la panadera, lo ha tratado de ese modo. ¿No iría usted a protestar? ¡A que no vuelve a comprar en esa tienda!

La violencia contra un niño nos parece más aceptable cuando el agresor es un padre o maestro que cuando es un desconocido. De hecho, jamás permitiríamos que un desconocido se acercase a nuestro hijo en la calle y le pegase.

Y para el niño, ¿qué es más aceptable? La agresión de un desconocido te puede causar dolor físico y miedo. Pero ¡tu propio padre! Al dolor y al miedo se unen el asombro, la confusión, la traición, la culpa (sí, la culpa; aunque parezca increíble, los niños tienden a pensar que, si les pegan, es porque se lo habrán merecido. Incluso los que sufren las palizas de un padre alcohólico se sienten culpables). Un desconocido solo golpea tu cuerpo; tus padres, además, pueden golpearte el alma.

Imagine ahora que su hijo, de diez años, ha tenido una disputa en el colegio. Un empujón, una zancadilla, unos cuantos insultos, un revolcón por el suelo... Resultado final: un niño lloroso, la ropa sucia y un arañazo en la rodilla. ¿Iría usted a protestar al colegio o a hablar con los padres de los agresores o con los agresores mismos? Probablemente no, salvo que las agresiones fueran continuas o se produjeran lesiones graves. Al fin y al cabo, «son cosas de niños». Es más, muchos padres y no pocas madres le dirían a su hijo que lo que tiene que hacer es dejar de lloriquear y plantar cara a los matones...

Perdón, ¿he dicho su hijo de diez años? Quería decir su marido de treinta. Un compañero de oficina, tras una discusión, le ha pegado un puñetazo y le ha tirado al suelo mientras los demás colegas se reían y gritaban: «¡Dale, dale fuerte!». ¿Hay alguna diferencia?

Claro que la hay. Un comportamiento así nos parece inaceptable. No hace falta esperar a que se repita cada día, ni a que haya un hueso roto. He visto poner una denuncia ante los tribunales por mucho menos. El adulto que denuncia una agresión no es un quejica ni un chivato, sino que está defendiendo sus derechos. Los niños, en cambio, están sometidos a una ley del silencio tan dura como la de la mafia, y cualquier queja puede ser recibida con el desprecio de los compañeros e incluso de los profesores.[74]

Podemos inventar mil excusas para maquillar la realidad, pero lo cierto es que nuestra sociedad condena la violencia, excepto cuando la víctima es un niño. Si la víctima es un niño y si el agresor es otro niño, un maestro o sobre todo un padre, se toleran y a veces aplauden dosis increíbles de violencia. David Finkelhor, un sociólogo norteamericano que ha investigado en profundidad la violencia familiar y los malos tratos, señala tres motivos principales por los que los niños son agredidos con tanta frecuencia:[75]

1. Los niños son débiles y dependen de los adultos.
2. La justicia no se ocupa de protegerlos, y la sociedad no condena las agresiones.
3. Los niños no pueden escoger con quién se relacionan: no pueden cambiar de padres, de escuela o de barrio cuando quieren.

¿Estoy diciendo entonces que no podemos jamás, por ningún motivo, pegar a un niño? Exactamente. ¿Y cómo podemos entonces imponer disciplina? Imagínese que su hijo hace exactamente lo mismo dentro de quince años. No le podrá pegar porque será más fuerte que usted (ese es, no nos engañemos, el principal motivo por el que no pegamos a los chicos mayores). ¿Cómo resolverá entonces la situación? Pues vaya practicando.

Estoy de acuerdo con Spock[71] cuando afirma que algunos padres, en vez de pegar a sus hijos, recurren a formas todavía más dañinas de violencia, como la humillación, los gritos constantes, las burlas o el desprecio. Como en todo, hay gradaciones; y las burlas e insultos cotidianos pueden ser peores que una bofetada flojita de tarde en tarde. Pero eso no me sirve como justificación para las bofetadas.

¿Debe detener la policía a los padres que pegan a sus hijos? O, en un sentido más amplio, ¿somos malos padres porque alguna vez hemos pegado a nuestros hijos? ¿O porque les hemos pegado muchas veces? ¿Sufrirá mi hijo un «trauma» por aquella vez, hace doce años, que perdí los nervios y le pegué?

Por supuesto, la policía y la justicia han de intervenir en los casos graves de violencia y crueldad; y otros casos un poco menos graves caerán en el terreno de la psiquiatría y del trabajo social. Pero no es menos cierto que sería difícil encontrar a un padre que nunca ha levantado la mano o la voz contra un hijo.

También hay matrimonios, parientes, amigos o compañeros de trabajo que alguna vez (o muchas veces) han discutido agriamente, se han insultado o ridiculizado, incluso se han golpeado, y sin embargo han conseguido la reconciliación y el equilibrio. Sin duda, en muchos casos leves de violencia, tanto en la familia como fuera de ella, la intervención de la policía y de los jueces no haría más que empeorar la situación y dificultar un arreglo amistoso.

Lo que diferencia, a mi modo de ver, la violencia contra los hijos de otros tipos de violencia en nuestra sociedad, lo que la convierte en una intolerable ignominia, es la justificación. No solo una parte importante de la opinión pública, sino también un gran número de profesionales e intelectuales, por lo demás cultos, amables y respetuosos, insisten en afirmar que la «bofetada a tiempo» no solo es admisible, sino recomendable, que constituye un procedimiento «educativo» útil y valioso que ayuda a la víctima a ser mejor. Se le dice a la víctima que «es por tu propio bien» e incluso, en el colmo del cinismo, que «a mí me dolió más que a ti». Nadie, al menos en un país democrático y a principios del siglo XXI, se atrevería a justificar de ese modo la violencia si la víctima fuera un adulto.

No hace falta llegar a los casos extremos que salen en los periódicos, a las quemaduras de cigarrillo o a los huesos rotos. Cada día hay niños entre nosotros que reciben bofetadas por «contestar» a un adulto, que escuchan gritos, burlas e improperios por actividades perfectamente inocentes, que son castigados por accidentes o errores involuntarios, que son recluidos durante horas en cuartos convertidos en celdas de castigo, que son obligados a volverse a tragar lo que acaban de vomitar o castigados sin ejercicio al aire libre o sin actividades de ocio. Y todo ello de acuerdo con leyes y reglamentos que no están escritos, normas que a menudo se inventan después de producirse los hechos, mediante juicios en que una misma persona es policía, testigo, juez y verdugo, sin ningún documento escrito, sin defensor, sin posibilidad de recurso (la protesta suele generar un aumento del castigo). Si todo eso no ocurriera en un hogar, sino en una prisión, y las víctimas no fueran niños, sino criminales y terroristas, se producirían interpelaciones en el Parlamento.

Propongo que pongamos fin a esta justificación. Que dejemos de pensar como vivimos, e intentemos vivir como pensamos.

Y si alguna vez «se nos va la mano» con nuestro hijo, hagamos exactamente lo mismo que si se nos fuera la mano con un compañero de trabajo o un familiar adulto:

— Procurar por todos los medios que eso no ocurra.
— Reconocer que hemos hecho mal y sentirnos avergonzados.
— Pedir perdón a la víctima.

Un experto en pegar a los niños

No podría acabar este capítulo sin pasar revista a los argumentos de algunos partidarios de las bofetadas. Hay partidarios clásicos, como los que cita Miller:[35]

> Esta paliza no deberá ser un simple juego, sino que habrá de convencerlo de que vosotros sois sus amos [...]. Sin embargo, tendréis que guardaros muy bien de que, al castigarlos, la ira se apodere de vosotros, pues el niño será lo suficientemente perspicaz para advertir vuestra debilidad y considerar como un efecto de la ira el castigo que, a sus ojos, hubiera debido ser la aplicación de la justicia. (J. G. Krüger, 1752.)

Entre los autores modernos, no he encontrado a ninguno tan convencido como el Dr. Christopher Green, norirlandés afincado en Australia y autor de un libro de título revelador: *Cómo domar a los niños.* (El título original usa la palabra *toddler*, un término intraducible que designa a los niños de aproximadamente uno a cuatro años.)[76]

Comienza Green afirmando que «en modo alguno justifica las palizas, los castigos excesivos, la violencia o el abuso de los niños». A continuación, acusa a «ciertos activistas anticastigo corporal» de

> [...] usar su posición y desinformación para causar preocupación innecesaria en la mayoría de los buenos padres que no están en contra de una bofetada ocasional.

No queda claro si los «buenos padres» son buenos a pesar o precisamente a causa de la bofetada. Es admirable la inversión de la culpa: la víctima no es el niño al que su propio padre ha pegado una bofetada, sino el pobre padre que ha sufrido una «preocupación innecesaria» por culpa de los activistas desinformados. ¿No podría ocurrir que una «preocupación innecesaria a tiempo» sea beneficiosa para la educación de los padres?

Describe luego Green algunos casos en que se usan mal las bofetadas: la falta de consecuencia (el padre se arrepiente de haber pegado a su hijo y cede), la gota que colma el vaso (el padre soporta «una larga serie de molestias» y al final salta ante un hecho de poca importancia), el peligro de que el niño responda y pegue al padre, la indiferencia del niño:

Algunos niños pequeños están excepcionalmente dotados para el teatro. Cuando se les golpea, aguantan estoicamente como Rambo cuando le interrogan, te miran a los ojos y con la más absoluta insolencia dicen: «¡No me ha dolido!». Por supuesto que ha dolido, pero saben que esta reacción enfurecerá y castigará al que les golpea por haber levantado un dedo contra alguien tan importante.

Estamos hablando de niños de menos de cuatro años. A esa edad (y también más tarde), un niño al que se le da una bofetada ocasional reacciona con incredulidad y asombro, frustración y llanto incontrolable. Un niño ha de estar «curtido» por docenas de bofetones para ser capaz de aguantar el llanto y contestar «no me ha dolido». Una vez más, se culpabiliza a la víctima: es el niño golpeado el «insolente», el que «hace teatro», el que «se cree muy importante», el que «castiga». ¿Debemos entender que el padre que golpea repetidamente a un niño de tres años no es insolente, comediante ni engreído, sino todo lo contrario, amable, sincero y humilde?

Si no lloras cuando te pegan, eres insolente; pero, ojo, si lloras, eres manipulador, como advierte el Dr. Green en otro pasaje:

> «Cada vez que alzo la voz para imponer disciplina, se deshace en llanto.» Esta es una situación frecuente en que la disciplina correcta y apropiada nos sale por la culata y deja a los padres castigados, confusos y con sentimiento de culpa [...]. Saben que tienen malas cartas, pero usan las lágrimas como un triunfo ante sus padres.

La traducción no hace justicia a las generosas opiniones del Dr. Green sobre los niños, pues *to trump* significa al mismo tiempo «jugar una carta de triunfo» e «inventar una falsa historia para engañar a alguien». Así pues, amable lector, si tu padre te pega, no llores mucho (pues harás sentir culpable a tu padre), pero tampoco te abstengas de llorar (lo que tendría el mismo fatal resultado). Los buenos hijos, siempre preocupados por no causar un trauma psicológico a sus padres, responden a las bofetadas con un llanto breve y bien modulado que exprese profundo agradecimiento por los paternales desvelos y decidido propósito de enmienda.

A continuación explica el Dr. Green la forma correcta de abofetear a los niños. (Sí, amigo lector, se han publicado en nuestro país y en otros países civilizados manuales prácticos para enseñar la técnica de golpear a los niños; y tales libros no han sido retirados del mercado, ni sus autores denunciados. ¿Se imagina el escándalo si existiera un manual para policías titulado *Domar sospechosos*, explicando la forma correcta de golpear a un detenido?) Afirma Green que es mejor abofetear a los niños más pequeños, de dos años, porque con ellos es más efectivo el método, y que una bofetada tiene un rápido efecto, establece claramente los límites, impide la escalada del conflicto, resuelve una situación de empate y es muy valiosa para evitar que el niño vuelva a cometer actos peligrosos.

Como ejemplo de esto último, un niño trepa sobre la barandilla del balcón. ¿Qué mejor, dice Green, que una «bofetada fuerte» para evitar que lo vuelva a hacer? Pues bien, hay muchas cosas mejores. En primer lugar, un niño de dos o tres años no puede trepar sobre la barandilla de un balcón si no se ha producido un grave fallo de seguridad: no debe haber macetas por las que trepar, las barandillas con barrotes horizontales deberían estar prohibidas por la ley y un niño de esa edad jamás debería quedarse solo en un balcón. Si nos despistamos un minuto, lo siguiente que veamos puede ser a nuestro hijo encima de la barandilla. No le pegamos para «educarle», sino para descargar sobre él la culpa que en realidad sabemos nuestra por habernos despistado. Puesto que somos humanos, y por tanto imperfectos, tarde o temprano nuestro hijo se pondrá en peligro durante un descuido: en el balcón, cruzando la calle, acercándose a la cocina o metiendo los dedos en un enchufe. Por supuesto, no sería adecuado en un caso así limitarse a sonreír y decirle: «¡Ay, pillín, no vuelvas a abrir la llave del gas!». Pero la respuesta lógica y espontánea de cualquier padre: ponerse muy serio, gritarle que eso no se hace, que la cocina es «pupa» y sacarlo inmediatamente de la cocina cerrando la puerta es más que suficiente para que rompa a llorar cualquier niño que no esté acostumbrado a las bofetadas. Si el niño tiene la edad y madurez suficientes (digamos unos cuatro años), bastará eso para que no vuelva a tocar el gas en su vida. Si el niño tiene año y medio, más vale mantener la vigilancia porque probablemente es incapaz de entender, con o sin bofetada, qué peligro puede haber en la llave del gas.

Otro experto en bofetadas, esta vez español, es el Dr. Castells, psiquiatra infantil.[77] Propone, entre otros, un uso realmente original de la bofetada:

> Cuando su hijo se ponga a llorar por las buenas, desconsolado y gratuitamente, es preferible darle un motivo concreto; por ejemplo, una buena bofetada.

¿Lloran los niños sin motivo? ¿Alguna vez, amigo lector, ha llorado usted sin motivo? El niño llora por hambre o por frío, por dolor o por cansancio, por frustración o por rabia, pero en cualquier caso llora por algo. Lo más próximo a «llorar sin motivo» de que es capaz un ser humano se produce en la depresión; y, hasta donde yo sé, las bofetadas no son un método habitual para tratar la depresión en el adulto. Por si acaso, si alguna vez me siento deprimido, me guardaré mucho de pisar la consulta de cierto psiquiatra...

Lo que se está diciendo a los padres es que desoigan y desprecien el llanto de su hijo, que no intenten calmarle, consolarle, acariciarle, escucharle, averiguar qué le pasa u ofrecerle al menos contacto y compañía. ¿Por qué preocuparse por el sufrimiento de su hijo, por qué intentar compartir su sufrimiento (*con-padecer*), si es mucho más fácil arrearle una bofetada y todos contentos?

> Si vuestro hijo no quiere aprender porque vosotros así lo queréis, si llora con la intención de desafiaros, si causa daños para ofenderos, en una palabra, si quiere salirse con la suya: ¡adelante con los golpes y a darle hasta que grite: «Basta, papá, basta»! (Krüger, 1752, citado por Miller.)[35]

Los que prefieran el camino difícil, usar la palabra en vez de la violencia, disfrutarán con el libro, tan distinto, de Cubells y Ricart (un pediatra y una psicóloga infantil). Ellos parten de una premisa fundamental:[44]

> También hay que olvidar el tópico de que el niño llora porque quiere. Para llorar es necesario estar sintiendo alguna cosa.

Sorprendentemente, los partidarios de la bofetada con frecuencia se sienten en la necesidad de lavar su imagen:

> Ante todo, permítanme afirmar inequívocamente que no soy un entusiasta de las bofetadas. (Green.)
>
> Con lo dicho, no vaya a creer el lector que somos unos sádicos y acérrimos abofeteadores de infantes. (Castells.)

¡No, por Dios! Ni por un momento lo habíamos creído...

Uno de los aspectos más terribles de la violencia hacia los niños es la facilidad con que se transmite de generación en generación. Castells lo expresa con claridad (pues es un dato bien conocido por la ciencia, y como psiquiatra no puede ignorarlo):

> Asimismo, somos conscientes de que hay progenitores fervientes partidarios de los castigos físicos, porque, a su vez, fueron pegados insistentemente cuando eran pequeños.

Sí, los niños maltratados se convierten con frecuencia en padres maltratadores. Varios motivos contribuyen a mantener esta nefasta cadena. Por una parte, el niño crece sin conocer otro modelo, otra manera de hacer las cosas, otra forma de educar. Crece, también, con problemas psicológicos fruto del maltrato recibido, problemas como la agresividad o la incapacidad para empatizar con el sufrimiento ajeno. Pero, también, y tal vez sobre todo, el niño crece con la necesidad de justificar a sus padres. Los hijos quieren a sus padres con locura y sienten la obligación de justificarlos.[35] Todo lo que hicieron mis padres, bien hecho estuvo. Si yo no pego a mis hijos, es como si les pasase por la cara a mis padres que hicieron mal en pegarme a mí. Con absoluta devoción filial, Castells cae, solo una página después, en el mismo defecto que antes ha atribuido a otros:

> Todos —o la gran mayoría— hemos recibido algún que otro sonoro cachete de nuestros padres que, curiosamente, recordamos de mayores con cariño y, también, añoranza de que ya no están para volver a propinárnoslo.

Mucho antes, Théophile Gautier lo había expresado con palabras más hermosas al describir la desolación del joven barón de Sigognac (*El capitán Fracasse*):

> La solicitud de su padre, que pese a todo echaba de menos, apenas se había traducido en algunas patadas en el trasero o en ordenar que le dieran de latigazos. En estos momentos sentía tanta añoranza que hubiera sido feliz de recibir una de estas amonestaciones paternas cuyo recuerdo le hacía venir lágrimas a los ojos, pues una patada de padre a hijo no deja de ser una relación humana...

Una relación humana, en efecto. Los niños necesitan tan desesperadamente el contacto y la atención de sus padres que son capaces incluso de aceptar los malos tratos como prueba de cariño, a falta de algo mejor.

Algunos niños que no logran recibir suficiente atención «sana» por las vías normales llegan a buscar una atención patológica por vías anómalas. Son niños «malos», desafiantes, que «parece que la estén buscando». Algunos padres explican la bofetada diciendo: «La estaba pidiendo a gritos». ¿Cree que su hijo pediría una bofetada si pudiera o si supiera cómo pedir alguna otra cosa, si se sintiera capaz de obtener otra cosa, si fuera capaz (en los casos más graves) de concebir la existencia de otra cosa?

Yo también espero que, algún día, mis hijos me echen de menos con lágrimas en los ojos o me recuerden con cariño. Pero espero que no sea por una patada, ni por una bofetada. Y a usted, ¿qué recuerdo indeleble le gustaría dejar?

Premios y castigos

Así que Eppie fue criada sin castigos.

GEORGE ELIOT, *Silas Marner*

Muchos que están en contra de las bofetadas defienden, en cambio, otras formas de castigo: la retirada de privilegios (sin postre o sin televisión), las consecuencias naturales («como no cuidas los juguetes, los guardaré»)... La sociedad norteamericana parece especialmente obsesionada por el castigo, o al menos en sus telecomedias se asombra uno de ver a adolescentes que son casi hombretones diciendo espontáneamente: «Sé que he hecho mal, no podré salir en doce semanas».

No creo que los niños necesiten castigos para aprender, lo mismo que no los necesitamos los adultos. Los niños desean hacer felices a sus padres y lo intentan con todo su entusiasmo (aunque no siempre saben cómo). El que sabe que ha hecho mal intentará no volverlo a hacer y no necesita ningún castigo. Al que no lo sabe, basta con decírselo. Si no está de acuerdo, si él cree honradamente que ha hecho bien, no cambiará de opinión por un castigo. Antes bien, sentirá rabia y humillación y volverá a hacer lo mismo en cuanto pueda. Lo más que te pueden enseñar los castigos es a hacer ciertas cosas con disimulo, para que no te pillen. Eso no es una conciencia moral, sino pura hipocresía.

El primer amor.

Es perfectamente posible educar a un niño sin castigos y sin la amenaza del castigo.

Tampoco me acaban de gustar los premios. Por supuesto, es un nivel completamente distinto. Seguro que cualquier niño prefiere mil premios a un solo castigo.

El caso es que una madre me preguntó cierto día: «¿Cómo puedo ofrecerle un premio sin que parezca un chantaje?». Eso me hizo reflexionar. Realmente, un premio se parece sospechosamente a un chantaje. «Si sacas buenas notas, te compro la consola» viene a ser lo mismo que «si sacas malas notas, te quedas sin consola».

En realidad, para un niño no hay mayor premio que la aprobación de sus padres (ni mayor castigo que su desaprobación), y en ese sentido el premio es natural e inevitable. No podemos dejar de felicitarlo por sus buenas notas, admirar sus bonitos dibujos o darle las gracias por ayudar a poner la mesa. Y si arranca páginas de la enciclopedia o pega a un niño más pequeño, no podemos evitar estar disgustados; aunque nos esforcemos por no gritarle, nuestro hijo sabrá que ha hecho algo que nos molesta, algo que no debía hacer.

No estoy sugiriendo que usemos la aprobación como un «arma» para manipularlos. Cuando le digo a mi hija que ha escrito una historia muy bonita, no estoy pensando «mi aprobación actuará como refuerzo positivo de una conducta deseable» ni «ahora voy a estimular sus inclinaciones artísticas». Simplemente, estoy pensando «qué historia tan bonita ha escrito mi hija».

Y también conviene distinguir la aprobación del cariño. Podemos estar más o menos contentos con lo que hacen, pero no por eso les queremos más ni menos. Evidentemente, jamás deberíamos decir (ni pensar): «No te quiero porque te has portado mal» (y lo triste es que muchas veces, aunque no lo pensemos, lo decimos). Pero es igual de peligroso decir: «Te quiero mucho porque te has portado bien», porque probablemente es mentira. Si usted quiere a sus hijos de forma incondicional, si les va a seguir queriendo hagan lo que hagan, ¿por qué ocultarlo, por qué hacerles creer que su amor tiene condiciones?

Pero más allá de la aprobación, el uso consciente y deliberado de premios y promesas para encauzar la conducta de nuestros hijos tiene, a mi modo de ver, dos grandes desventajas:

— La naturaleza del premio. «Si sacas buenas notas, este verano iremos a la playa.» ¿Y si suspende, toda la familia a fastidiarse en casa todo el verano? «Si recoges la habitación, te doy una bolsa de caramelos.» Pero ¿los caramelos no dan caries? ¿Cómo podemos darle un premio que sabemos que no le conviene? Dentro de quince años, ¿cuál será el premio, tabaco o alcohol? «Si me ayudas a limpiar el polvo, te compro un libro.» Pero ¿no es bueno que lean? ¿Cómo vamos a dejar de comprarle un libro? Y así con cualquier posible premio. Todas las cosas que puede y debe darle se las dará por amor, sin condiciones. Y tampoco es cosa de entrar en un consumismo loco y ofrecer premios inútiles o superfluos.

— La corrupción. La calidad misma del acto moral se desvirtúa y se degrada cuando hay un premio de por medio. Llevo a mis hijos al parque porque sé que disfrutan corriendo y saltando, porque yo disfruto viéndolos, porque paso muchas horas en el trabajo y ellos, muchas horas en la escuela y quiero estar con ellos el fin de semana... ¿y voy a estropearlo todo diciendo «como os habéis portado bien, os llevaré al parque»? ¿Por qué esconder mi cariño, por qué fingir que lo hago por interés, como un empresario que ofrece incentivos para aumentar la producción? Mi hija ha sido amable con un primito más pequeño, lo ha cuidado y entretenido y le ha prestado juguetes. Lo ha hecho por cariño, porque quiere a su primito y le gusta verlo feliz; se siente orgullosa de haber hecho lo correcto... Pero si ayer le hice una promesa, «si cuidas a tu primito, te compro un juego para la consola», ¿puede seguir sintiéndose orgullosa? ¿Ha cuidado a su primito por cariño, o lo ha soportado por dinero? Ella misma duda ahora de sus motivos, porque yo he sido el primero en dudar de ella.

El premio no es un avance en la senda de la educación, sino un retroceso frente a la verdadera bondad, que es desinteresada e incondicional.

Por eso me gusta cuidar el lenguaje. «Si acabas los deberes, iremos al cine» suena a condición, a chantaje; prefiero decir: «Esta tarde iremos al cine, así que date prisa y haz los deberes».

Buscando problemas

> *Papá habla tanto de mis defectos, y me trata con tanto desprecio, que es normal que dude de mí mismo. Muchas veces pienso si seré en realidad tan inútil como él dice, y entonces me siento tan desgraciado y amargado que odio a todo el mundo. Soy un inútil, de mal carácter y pobre de espíritu.*
>
> EMILY BRONTË, *Cumbres borrascosas*

El inventario de Eyberg (Eyberg Behavioral Child Inventory, ECBI) es un cuestionario para detectar problemas de conducta en los niños,[78] en que los padres tienen que puntuar a sus hijos en 36 aspectos del tipo: «Tiene malos modales en la mesa», «lloriquea o gimotea», «se niega a obedecer hasta que se le amenaza con castigos»...

El padre o la madre han de valorar la frecuencia con que su hijo realiza tales atrocidades (nunca o casi nunca, algunas veces, siempre o casi siempre), y también deben decir si consideran que tal conducta es un problema en su hijo. Cuando los padres identifican trece o más problemas, es que el niño tiene una «alteración de la conducta». De este modo se determinó que el 17 por ciento de los niños de Cantabria de entre dos y trece años tenía problemas de conducta y que es muy útil usar el cuestionario en la consulta del pediatra. Teóricamente, la «alteración de la conducta» es un trastorno psiquiátrico que precisa de atención especializada, pero es dudoso que haya suficientes profesionales para atender tan gran número de «enfermos mentales».

El lector avispado habrá apreciado ya muchos de los problemas que presenta esta forma de «diagnosticar».

En primer lugar, el médico no observa directamente la conducta del niño, ni habla con un observador neutral, sino con los padres. En caso de conflicto, los padres son parte interesada y no se pueden considerar imparciales. Lo que el cuestionario mide no es, en realidad, la conducta del niño, sino la opinión que los padres tienen sobre dicha conducta. No es lo mismo decir «señor, su hijo tiene una grave alteración de la conducta» que «señor, tiene usted una pésima opinión de su hijo».

En segundo lugar, el sistema atribuye todos los problemas al niño. Es el niño el que grita demasiado, el que no obedece o el que llora mucho. ¿Acaso no hay padres que gritan demasiado a sus hijos, que les hacen llorar continuamente con insultos y golpes, que les abruman con exigencias excesivas y órdenes imposibles de obedecer? Alguno debe de haber, pero con este cuestionario no encontraron a ninguno. ¡Qué raro!

Por ejemplo, a la frase «se niega a obedecer hasta que se le amenaza con castigos», la respuesta normal de unos padres normales debería ser: «No lo sé, nunca hemos amenazado a nuestro hijo». En el Código Penal existe un delito de amenazas. Si un marido dijera: «Mi esposa se niega a obedecer hasta que la amenazo con un castigo», todos estaríamos de acuerdo en que es él quien tiene un problema de conducta. Pero si un padre o una madre dicen eso de su hijo, entonces pensamos que el «problemático» es el niño.

En tercer lugar, muchos (la mayoría, diría yo) de los puntos del cuestionario son más que discutibles como indicios de alteración de la conducta:

— Tarda mucho en vestirse.

¿Cuánto es mucho? Un cuestionario serio hubiera especificado, por ejemplo: «Tarda más de doce minutos en ponerse ropa interior, camisa y pantalones». Tal como está, la calificación queda al criterio arbitrario de los padres. En todo caso, muchos adultos presentan esta «alteración de la conducta».

— Lloriquea o gimotea.

Eso es poco frecuente a los trece años; pero a los dos o a los cinco, ¿no lloran todos los niños?

— Se niega a comer la comida que se le ofrece.

Mucha gente se deja comida en el plato en los restaurantes y nadie parece preocuparse. Cuando un niño se niega a comer lo que se le ofrece, puede ser por tres motivos: le han puesto demasiada comida en el plato (es decir, no tiene hambre), no le gusta la comida (yo tampoco me como lo que no me gusta, ¿y usted?) o está enfermo y no tiene apetito.

— Reclama constantemente la atención.

Los niños pequeños necesitan atención constante y por tanto es normal y sano que la reclamen.

— Se enfada cuando no se sale con la suya.

¡Toma, igual que yo! A ver si es que estoy mal de la azotea y no lo sabía. Y usted, ¿no se enfada cuando no consigue lo que quiere? «¡Qué contento estoy! Hoy he suspendido un examen, mi novia me dio calabazas, he perdido a los bolos y me han puesto una multa por aparcar en doble fila. Hacía tiempo que no me divertía tanto.» Si enfadarse cuando no nos salimos con la nuestra es una enfermedad mental, igual necesitamos ir todos a una clínica de reposo.

— Le cuesta estar quieto un momento.

Cualquiera que tenga niños sabe que eso es normal. Si su hijo se queda quieto, más vale que lo lleve al médico.

— Discute con los padres sobre las normas de la casa.

Pero bueno, ¿estamos o no estamos en una democracia? Discutir las normas es un derecho, se llama «participación». Para ser buenos ciudadanos el día de mañana y poder discutir las normas con los gobernantes es preciso que los niños practiquen en el seno de la familia.

— Interrumpe a los adultos.

Interrumpir a la gente cuando habla no es de buena educación, pero resulta imprescindible para triunfar como tertuliano en radio o televisión. ¿Cuántas veces los padres interrumpimos a nuestros hijos, cuántas veces nos impacientamos con su lengua de trapo, cuántas veces les cortamos con un «no digas tonterías», «¿no ves que estamos hablando?», «he dicho que no y es que no», «ni "porfa" ni nada»...? A los niños se les enseña con el ejemplo.

— Se hace pis en la cama.

La enuresis nocturna no es una alteración de la conducta, sino una variación normal del ritmo de maduración de los niños. Ya hace tiempo que se demostró que no se asocia con ningún tipo de problema psicológico.

— Insulta y discute con sus hermanos o con niños del entorno.

La rivalidad entre los hermanos es totalmente normal y, muchas veces, lo mejor que pueden hacer los padres es mantenerse al margen.[79]

— Tiene malos modales en la mesa.

¿Puede alguien pensar seriamente que poner los codos en la mesa o hacer ruido al tomar la sopa es motivo para ir al psicólogo?

— Tiene dificultad para acabar lo que empieza.

¡Vaya cosa! La mayoría de las catedrales góticas están aún sin acabar.

Sorprende y preocupa la severidad del juicio paterno a la hora de considerar que un determinado niño tiene «un problema de conducta». Así, el 6 por ciento de los padres afirma que su hijo «se niega a hacer las tareas que se le solicita» siempre o casi siempre, y otro 52 por ciento dice que eso ocurre «algunas veces»; pero un 29 por ciento ve un problema en este punto. Es decir, buena parte de los padres considera que negarse a hacer las tareas «solo algunas veces» ya constituye un problema. Del mismo modo, solo el 5 por ciento «chincha a otros niños» siempre o casi siempre, pero el 13 por ciento de los padres ve un problema; solo el 5 por ciento «tiene dificultades para acabar lo que empieza» siempre o casi siempre, pero el 16 por ciento de los padres ve un problema; solo el 6 por ciento «tiene rabietas» siempre o casi siempre, pero el 21 por ciento de los padres ve un problema... Solo en dos apartados, «le cuesta estar quieto un momento» y «se hace pis en la cama», ocurre lo contrario: algunos padres afirman que su hijo lo hace siempre o casi siempre y sin embargo no ven en ello ningún problema (con lo que muestran mejor criterio que el autor del cuestionario).

¿No será que la constante repetición de comentarios negativos sobre los niños acaba deteriorando la percepción que tenemos de nuestros propios hijos?

Insulta, que algo queda

> *[...] vista la depravada corrupción de la juventud del tiempo presente [...]*
>
> MARGARITA DE VALOIS (1492-1549), *El heptamerón*

Muchos adultos, al hablar sobre niños, recurren al estereotipo, al insulto y a la descalificación sistemática. Ello se hace muchas veces en tono jocoso, casi «cariñoso» («el monstruito», «los pequeños tiranos», «son unos trastos»), pero el daño está hecho: se transmite a los padres la idea de que sus hijos están en su contra y no merecen respeto como personas. Veamos algunos ejemplos concretos:

> Nada más rozar las sábanas, el granujilla empieza a gimotear.[15]

El «granujilla» tiene diez meses, pero su conducta se considera no solo meditada y consciente, sino moralmente reprobable. La elección de las palabras no es casual: el bebé no empieza a gemir («quejarse con voz lastimera», según el diccionario), ni mucho menos a llorar («derramar lágrimas por algún dolor físico o moral»), sino a gimotear («gemir, quejarse o llorar sin causa justificada»). ¿Quién ha dicho que no tiene motivo?

Veamos otros insultos:

> Los niños pequeños son negativos, muestran poco sentido común y una completa falta de respeto por los derechos de los demás.[76]

¿Cree que exagero? ¿No le parece que esta frase sea tan insultante? Substituya «niños pequeños» por «negros» o por «mujeres» y dígame qué le parece ahora.

> El 10 por ciento de los niños estudiados eran pequeños terroristas.[76]

Esta es una acusación muy grave. Substituya «niños» por «sindicalistas», «catalanes», «clientes», «funcionarios» o cualquier otro término referido a personas adultas y podría recibir una demanda por difamación.

> Hacen que sus madres se sientan inferiores. Los niños pequeños tienen una capacidad increíble para desmoralizar a sus madres. Muchos actúan como completos ángeles cuando están al cuidado de otros, reservando su lado demoníaco exclusivamente para sus padres.[76]

¡Vaya descubrimiento! Sin necesidad de insultos y exageraciones como «demoníaco», lo cierto es que todos nos comportamos mejor con desconocidos que con familiares. Usted soporta de sus compañeros de trabajo, y no digamos de sus jefes, desaires que provocarían una discusión con su cónyuge.

Nos quejamos menos de la comida en un restaurante que en casa (y, cuando comemos en casa de un amigo, jamás nos quejamos de la comida). Usted, padre lector, ¿dónde se hacía mejor la cama, dónde barría y fregaba sin rechistar, dónde obedecía al instante y sonriendo: en casa o en la mili? ¿Significa eso que quería o respetaba más a su sargento que a su madre? Claro que no, simplemente le tenía más miedo. En España ha habido muchas más huelgas y manifestaciones bajo el gobierno socialista que en tiempos de Franco. ¿Significa eso que los obreros estaban más contentos con Franco? Es un hecho que no protestamos más cuando somos más desgraciados, sino cuando tenemos más esperanzas de que nuestras protestas sirvan de algo. Protestamos más cuando nos sentimos aceptados y queridos. Como afirma Bowlby:[80]

> Debido a los vínculos emocionales que unen al hijo con sus padres y a estos con el hijo, los niños se comportan siempre de un modo más pueril con sus padres que con otras personas [...]. Esto es incluso cierto en el mundo de las aves. Los pinzones jóvenes, que son ya suficientemente capaces de alimentarse por sí solos, a veces comienzan a solicitar alimento de un modo infantil cuando ven a sus padres.

El mismo Freud no se quedaba corto con sus descalificaciones:

> Un exceso de ternura materna quizá sea perjudicial para el niño por acelerar su madurez sexual, acostumbrarle mal y hacerle incapaz, en posteriores épocas de su vida, de renunciar temporalmente al amor o contentarse con una pequeña parte de él. Los niños que demuestran ser insaciables en su demanda de ternura materna presentan con ello uno de los más claros síntomas de futura nerviosidad. Por otra parte, los padres neurópatas son, en general, los más inclinados a una ternura sin medida, despertando así en sus hijos, antes que nadie y por sus caricias, la disposición a posteriores enfermedades neuróticas.[81]

Y es que de insultar a los niños a insultar a los padres solo va un paso, y si usted trata a sus hijos con ternura, es un neurópata.

«No —dirá el lector—, Freud solo llama neurópatas a los que muestran una ternura sin medida, no a los que muestran una ternura normal.» De acuerdo, pero ¿qué es una ternura sin medida? Para muchos, en nuestra sociedad, tomar en brazos a un niño que llora ya es excesiva ternura.

No es Freud el único, ni mucho menos, que ridiculiza a los padres que tratan con «excesiva ternura» a sus hijos:

> Sacarle de la cama cuando debe dormir no es mostrar ternura, sino estúpida ignorancia.[33]

Veamos cómo describe el Dr. Green su método de dejar llorar a los niños para enseñarles a dormir:

> Déjenlo llorar cinco minutos si son ustedes normales, diez minutos si son duros, dos minutos si son delicados y un minuto si son muy frágiles. La duración del llanto depende de la tolerancia de los padres y de cuán genuinamente agitado se ponga el niño.[76]

Es decir, que los padres que no quieren dejar llorar a su hijo son delicados, frágiles e incluso faltos de tolerancia (¡intolerantes!); pues en una increíble corrupción del lenguaje, «tolerancia» significa ahora la capacidad para oír llorar a tu propio hijo sin hacerle ni puñetero caso. Incluso admitiendo que dejar llorar a los niños fuera moralmente aceptable (¡cosa que no admito en absoluto!), ¿no parecería más lógico adaptar la duración del llanto a la resistencia del niño y no a la de los padres? (Deje llorar cinco minutos al niño normal, dos al delicado, uno al frágil...) Pero, claro, al Dr. Green no le preocupa lo que pueda sufrir un niño de meses, sino lo que pueda sufrir un adulto de veinte o treinta años.

El control de esfínteres

Un derecho humano que no suele venir en los libros, pero que sin embargo es ampliamente respetado, es el de defecar cuando nos viene en gana. Por supuesto que a veces nos pilla el apretón en un acto social o lejos de un inodoro, y nos vemos obligados a aguantarnos (y todos sabemos lo que eso cuesta). También sabemos lo que cuesta defecar cuando no se tienen ganas (el típico «ve al lavabo antes de salir, que luego no podremos»). ¿Se imagina usted que el director de una fábrica, para evitar pérdidas inútiles de tiempo, obligase a los empleados a ir al lavabo de once a once y cuarto, todos a la vez? ¿Verdad que parece, más que humillante, grotesco, que daría lugar a protestas, que saldría en la prensa?

Si obligar a un adulto a ir al lavabo a las 11.45 o prohibírselo a las 13.28 nos parece una ridiculez, mucho más ridículo nos parecería intentarlo con un bebé. Si nuestra hija de nueve (o diecinueve) meses se hace caca encima, no es para fastidiar, ni por maldad, ni por enfermedad, sino porque es lo normal, porque a esa edad los bebés no tienen todavía control de esfínteres. Y si a los cinco meses (o a los quince) sentamos a nuestro hijo en un orinal y no hace nada, no pensamos que nos esté tomando el pelo o desafiándonos, ni que haya que llevarla al psiquiatra, sino simplemente que es normal, que todavía no sabe usar el orinal. A decir verdad, a los cinco meses ni siquiera nos sorprendería que se cayera del orinal.

Pero hubo un tiempo, lo crea o no, en que se obligaba (o se intentaba obligar) a los niños de nueve meses y a los de cinco a usar el orinal. En 1941, el Dr. Ramos, refiriéndose al segundo trimestre (es decir, entre los tres y los seis meses), afirma:

> Que el reglamentar los actos naturales de la defecación y la micción es también un poderoso medio educativo. A partir de los tres meses la madre pondrá al niño en el orinalito a las horas en que suele hacer la deposición [...] y si no lo hiciere, está permitido durante unos días solamente introducirle un supositorio de manteca de cacao o glicerina con objeto de que asocie la idea de «orinalito» y «hacer pon».[37]

¿Se han fijado en un detalle? El control de esfínteres no es un fin, sino un medio. No se educa al niño para que haga caca en el orinal, sino al revés: se reglamenta la defecación para educar al niño. El fin no es conseguir que el niño no se ensucie, eso es solo secundario. El verdadero fin es que el niño se eduque, es decir, aprenda a obedecer, a cumplir la voluntad de sus padres. El que ha sido capaz de obedecer una orden tan ridícula como «haz caca ahora mismo» obedecerá luego, sin protestas ni preguntas, cualquier otra orden. Ya en 1905 lo había expresado Freud con total claridad:

> Uno de los mejores signos de futura anormalidad o nerviosismo es, en el niño de pecho, la negativa a verificar el acto de la excreción cuando se le sienta sobre el orinal; esto es, cuando le parece oportuno a la persona que está a su cuidado, reservándose el niño tal función para cuando a él le parece oportuno verificarla.[81]

Es decir, un niño de pecho (suponemos que se refiere a un niño menor de doce meses) que no hace caca cuando le dicen sus padres, sino cuando le vienen ganas, se está «negando» a obedecer, se está «reservando» ese dudoso placer, está desafiando la autoridad paterna y dando claros síntomas de futura anormalidad, de neurosis. Todos los niños que siguen usando pañal después del año serán (o ya son) neuróticos, según Freud. ¡Con razón se dice que «hay más fuera que dentro»!

¿Por qué Freud, Ramos y muchos otros estaban tan convencidos de lo que decían? Algún niño habrían visto usar con éxito el orinal antes del año para afirmar que eso es lo normal. Algún neurótico conocerían que tuvo problemas con el orinal, para concluir que existe una relación entre ambas cosas.

En efecto, el método funcionaba con muchos niños. Algunos hacen caca cada día a la misma hora, y si los pones en el orinal justo a esa hora, ¡prueba conseguida! Con la repetición, el niño asociaba el orinal con hacer caca y se acababa creando un reflejo condicionado. El ejemplo típico de reflejo condicionado es el famoso perro de Pavlov, al que se hacía escuchar una campanilla cada vez que comía. Al final, solo con oír la campanilla, ya empezaba a secretar saliva («se le hacía la boca agua»). El reflejo condicionado es inconsciente, no requiere inteligencia (el perro no la tenía), ni libre albedrío (el perro no puede secretar saliva a voluntad, sino solo cuando oye la campanilla).

Si la asociación entre sentarse en el orinal y hacer caca no se conseguía por casualidad, se provocaba con un supositorio de glicerina o una lavativa, que suelen producir una deposición al cabo de pocos minutos. Además, es sabido que el frío hace orinar a los niños pequeños, con lo que solo por bajarles los pantalones ya es fácil que hicieran algo.

Pero había, por supuesto, muchos niños en los que no se conseguía condicionar el reflejo, muchos niños que no hacían caca cuando les ordenaban. Hoy día, la abuela, la vecina, la enfermera, el pediatra y el libro dicen a los padres inexpertos: «Claro, ¿qué esperabais? A esta edad todavía no controlan esfínteres». Los padres dicen «¡ah, bueno!» y guardan el orinal hasta el año próximo, y aquí paz y después gloria. A esos niños no les pasa nada y evidentemente no se vuelven neuróticos.

Pero hace ochenta años, cuando el niño de seis meses no hacía caca en orinal, la vecina, la abuela, el pediatra, el libro y el psiquiatra le decían a los padres: «No puede ser, os toma el pelo», «a ver si está enfermo», «un primo mío empezó así y acabó en el manicomio», «tenéis que insistir», «mano dura es lo que necesita este niño»... Los atribulados padres insistían, ponían al niño en el orinal durante horas («hasta que no hagas caca no te mueves de aquí»), le gritaban, amenazaban y castigaban, se burlaban de él («¡tan mayor y todavía con pañales!»), le llevaban al médico, le daban laxantes, le ponían lavativas, le sumergían el culo en agua caliente como castigo (los libros describen aún las típicas quemaduras por agua hirviendo)... No es de extrañar que algunos de aquellos pobres niños acabasen neuróticos. La profecía se cumplía, los vecinos y pediatras exclamaban: «Ya advertí que este niño acabaría mal si no se le enseñaba a usar el orinal antes del año», y Freud (como casi todo el mundo en su época) confundió el efecto con la causa. Ni siquiera podían sospechar que eran, precisamente, los esfuerzos por «educar» al niño los que habían causado la neurosis. Por suerte, cada vez más médicos se fueron dando cuenta de cuál era el verdadero problema, y en los años setenta el doctor Blancafort expresó a la perfección lo que la ciencia pensaba entonces (y sigue pensando):

> Antes del año resultan inútiles e incluso a veces contraproducentes los intentos de «enseñar» al niño a controlar correctamente sus necesidades fisiológicas. [...] Al niño se le tiene que educar, pero no «domesticar», como si de un animalito se tratase. Precisamente esto es lo único que, como máximo, conseguirían las madres tenaces y obsesivas: domesticarlo, pero a costa de mantener al niño largas horas sentado en el orinalito, lo que acabaría constituyendo una auténtica tortura en el pequeño y determinando en no pocas ocasiones una actitud de negación y rechazo, cuando no de verdadero terror. [...] Es fácil que el niño se encuentre en condiciones de ejercer un control perfecto sobre estas necesidades hacia los dos años de edad.[82]

Totalmente de acuerdo. Solo un reproche le haría al doctor Blancafort: en vez de reconocer que la medicina y la psiquiatría habían metido la pata en este tema, le echa la culpa a las «madres tenaces y obsesivas». Pobres madres, no hacían más que seguir las recomendaciones de los pediatras y psiquiatras de treinta años atrás.

Por suerte, la puericultura actual es científica y ya no se hacen barbaridades como la de enseñar a los niños a usar el orinal a los tres meses, ¿verdad? Pues sí, se hace una barbaridad semejante para «enseñar» al niño a dormir. Algún día, cuando se reconozca que dejar llorar a los niños por la noche y obligarlos a dormir separados de sus madres durante los primeros años «es inútil e incluso contraproducente» y que esos métodos «domestican, pero no educan», también le echarán la culpa a las «madres tenaces y obsesivas». Como si la idea hubiese sido de ellas.

Cuándo y cómo quitar los pañales

Muchas veces se habla de «aprendizaje del control de esfínteres» y eso deja a los padres vagamente intranquilos. Porque, aparentemente, un aprendizaje requiere una enseñanza. ¿Quién y cómo ha de enseñar al niño a controlar sus esfínteres, sea eso lo que sea?

Pues no, aprender a no hacerse pipí encima, lo mismo que aprender a caminar, a sentarse o a hablar, son cosas que no requieren estudio ni enseñanza. Existen niños de diez años y también adultos que no saben leer o que no tocan el piano porque nadie les enseñó.

Los padres tienen que hacer algo (enseñar a su hijo o buscarle un profesor o una escuela) si quieren que aprenda esa y muchas otras cosas. Pero no hay niños de diez años que no sepan caminar, sentarse o hablar, o que se hagan pipí encima (despiertos). Todos los niños sanos (y buena parte de los enfermos) controlan perfectamente el pipí (de día) y la caca a los cuatro años o bastante antes.

Por lo tanto, la pregunta no es «¿qué tengo que hacer para que mi hijo aprenda a usar el retrete?», pues haga usted lo que haga, tanto si lo hace todo «bien» como si lo hace todo «mal», o incluso aunque no haga nada de nada, su hijo aprenderá. La pregunta es «¿qué puedo hacer para que mi hijo no sufra mientras aprende a usar el retrete?». Y la respuesta es «más vale que no haga nada». O que haga lo menos posible.

Cuando los padres hacen algo, cuando sientan al niño a ciertas horas en el orinal, cuando le obligan a estar sentado hasta que hace algo, cuando le riñen si se lo hace encima, a la larga el niño aprenderá también a ir al retrete, pero será desgraciado en el proceso (y sus padres también). En casos extremos, es probable que ciertas «enseñanzas» desafortunadas puedan retrasar el aprendizaje o producir en el niño un rechazo a defecar que se convertirá en estreñimiento.

Pero si no le quitamos nunca el pañal, ¿cómo aprenderá? ¿No seguirá llevando pañal toda la vida? Lo dudo. No conozco a nadie que haya hecho la prueba; pero sospecho que, incluso si los padres no tomasen nunca la iniciativa, todos los niños acabarían por arrancarse el pañal ellos mismos. Nadie va con pañal por la calle a los quince años. Pero el caso es que los pañales cuestan dinero y cambiarlos cuesta un esfuerzo, y casi todos los padres intentan, antes o después, quitar el pañal a sus hijos.

En principio, eso no debería traer ningún problema. El pañal es algo totalmente artificial, un invento relativamente reciente que no busca la comodidad del niño, sino la de sus padres. Los niños no necesitan pañal. Muchos padres le quitan a su hijo el pañal en verano y que sea lo que Dios quiera. Incluso antes del año, cuando saben que es imposible que el bebé controle el pipí y la caca de forma voluntaria. Para hacerlo, por supuesto, es conveniente no tener alfombras ni moquetas en casa, y es necesario estar dispuesto a fregar cualquier rincón en cualquier momento, sin el menor reproche. Así se ahorra el niño algunas escoceduras por el calor y los padres, mucho dinero en pañales. Al final del verano, si (como era de esperar) el niño se lo sigue haciendo todo encima, se le vuelve a poner el pañal y tan contentos.

En el primer verano después de los dos años, cuando de verdad hay alguna esperanza de cambio, los padres pueden explicarle al niño lo que se espera de él: «Cuando tengas ganas de hacer pipí o caca, avisa». Pero, por supuesto, no se harán pesados preguntando cada media hora (basta con que lo expliquen una vez en junio o, como mucho, cada quince días), ni lo sentarán en el orinal cuando no lo ha pedido, ni le reñirán o criticarán ni se burlarán de él por los escapes o por las falsas alarmas, ni mostrarán impaciencia. Puede ser útil preguntarle si prefiere usar el retrete, como papá y mamá, o un orinal (y que elija el que más le gusta) o un adaptador para el retrete. Mientras no haya un mínimo control, es prudente ponerle el pañal para salir a la calle.

Algunos niños logran el control en este verano, otros en el siguiente. Algunos, por supuesto, alcanzan la madurez entre medias y piden que se les quite el pañal en invierno («¿Estás seguro?» «Sí.» «Bueno, vamos a hacer la prueba.»).

Quitar el pañal, decíamos, no habría de traer ningún problema, pero a veces lo trae. Incluso sin obligarles, sin reñirles, sin ponerse pesado y sin hacer comentarios ofensivos, algunos niños se niegan a que les quiten el pañal. Están tan acostumbrados a llevarlo que no se imaginan la vida sin él. Explíquele a su hijo que no importa que se haga pipí o caca en cualquier sitio, que no se va a enfadar. Pero si a pesar de todo le pide un pañal, póngaselo sin rechistar. Al fin y al cabo, la idea no fue suya; fueron sus padres los que decidieron ponerle pañal cuando nació y no es culpa del pobre chico si se ha acostumbrado. Es posible que un niño que al año y medio se dejó quitar el pañal se niegue a los dos años y medio. No insista, no atosigue, simplemente dígale: «Bueno, cuando quieras que te lo quite, avisa», y ya está.

Algunos niños están contentos de ir sin pañal, pero se sienten incapaces de usar el orinal. Notan que van a hacer algo, avisan, pero no quieren sentarse en ningún sitio. Quieren el pañal. A veces, durante una temporada, hay que ponerles un pañal cada vez que han de hacer pipí o caca. A algunos, que juegan desnudos en la playa, hay que ponerles un pañal para que hagan pipí. No se asombre, no se queje, no se ría. Póngale el pañal sin discutir, que ya falta bien poco. Algunos niños, más tímidos, no se atreven a pedir el pañal, pero tampoco a usar el orinal, e intentan retenerse lo más posible. Algunos llegan a sufrir estreñimiento. Si observa que su hijo deja de hacer caca cuando le quitan el pañal, ofrézcase a ponérselo otra vez (incluso si no lo ha pedido).

No es malo volver a usar el pañal después de unos días o meses sin él. No es un paso atrás ni un retroceso, ni le hace ningún daño al niño. A no ser, claro, que él se niegue.

Nos vamos ahora al otro extremo, al del niño que no es capaz de controlarse, pero insiste en que le quiten el pañal o en que no se lo vuelvan a poner si se lo habían quitado en verano. Como siempre, es importante hablar con el niño y ser respetuoso. Si solo hay fallos ocasionales, es mejor hacerle caso. Si el control es nulo, tal vez pueda convencerle de que se lo deje poner. Pero si se niega en redondo, si llora para que no le pongan el pañal, si lo vive como un fracaso o una humillación, es mejor también hacerle caso, tal vez intentar llegar a una solución de compromiso («puedes ir sin pañal por casa, pero si salimos a pasear te lo has de poner»). A veces hay que renunciar a salir de casa durante unas semanas para no tener un drama, lo que no deja de ser una lata. Por eso es importante no ponerse pesados con el asunto, no lanzar indirectas y pullas, que nadie le vaya diciendo al pobre niño «qué vergüenza, tan mayor y con pañales», «a ver si aprendes a ir al retrete de una vez», «si te lo vuelves a hacer encima, te tendré que poner pañales como a una niña pequeña» y otras lindezas. Nunca hay que hablar así a un niño, ni en este tema ni en otros.

En los últimos años, algunos padres han decidido no poner pañal a sus hijos desde el principio, y así evitarse los problemas al suprimirlos (y el coste económico y ecológico de tanto pañal). La idea no es descabellada; evidentemente, la humanidad ha vivido muchos miles de años sin pañales, y todavía hoy la mayor parte de los niños del mundo no los usan. Desde luego, no se trata de enseñar al niño, de mantenerle sentado en el orinal hasta que cumpla con su deber, de gritarle o castigarle si se le escapa; sino de estar muy atentos para aprender (nosotros) a descubrir cuándo está a punto de hacer pipí o caca, y de aceptar sin quejarnos que a veces se nos escapará un pipí o una caca. Como mis hijos estaban ya criados cuando me enteré de estas cosas, no he tenido oportunidad de probarlo y no puedo hablar de primera mano. Existen libros sobre el tema, pero que yo sepa, ninguno se ha publicado en España. Puede obtener información en Internet, en español[90] y sobre todo en inglés.[91]

Todos los niños normales logran controlarse de día, sin necesidad de enseñarles nada. Si su hijo se sigue haciendo caca o pipí encima después de los cuatro años (salvo algún accidente muy de tarde en tarde con el pipí), consulte al pediatra.

Cuando hay problemas, con frecuencia son de origen psicológico (a veces debido precisamente a intentos de «enseñarles» a usar el orinal por las malas y otras veces, manifestación de otros conflictos o de celos). En algunos casos, la defecación involuntaria (encopresis) es consecuencia del estreñimiento: se forma una bola que irrita la mucosa rectal y produce una falsa diarrea. El niño no lo hace a propósito, y las burlas y castigos no harán más que empeorar el problema.

Pero las noches son muy distintas. Aunque muchos niños pueden dormir secos a los tres años, otros muchos se hacen pipí en la cama (enuresis nocturna) hasta la adolescencia o incluso toda la vida. Durante la Primera Guerra Mundial, el 1 por ciento de los reclutas norteamericanos fue declarado no apto para el servicio por enuresis. La enuresis nocturna casi nunca tiene causa orgánica o psicológica, sino que depende de la maduración neurológica y de las características genéticas (va por familias).

Algunos niños consiguen no hacerse pipí en un día especial (por ejemplo, en casa de un amigo), a costa de pasar la noche prácticamente en vela. Por supuesto, no pueden hacerlo muchos días seguidos. Por desgracia, algunos padres no comprenden el enorme esfuerzo que han hecho y se lo echan en cara («en casa de Pablo bien que espabilaste, pero aquí no te preocupas, claro, como estoy yo para lavar sábanas»). Este tipo de comentarios, además de cruel, es falso. Hace poco, una madre comentaba en un foro de Internet que su hija de siete años se hacía pis en la cama. Otra madre le contestaba así:

> *Yo estuve haciéndome pis hasta los dieciséis años, y peor que me sentía y más acomplejada que nadie... Me tiraba las noches en vela para no mojar la cama, y en cinco minutos que el sueño me rendía, me hacía pis; estaba desde el mediodía sin beber nada, era horrible, y seguía haciéndome pis; me levantaba por la noche a lavar mis sábanas para que no se enteraran... No la regañes, no la responsabilices, es una enfermedad, de pronto un día dejé de hacérmelo. Mi hijo mayor se hizo pis hasta los trece años...*

Quisiera explicar aquí una anécdota, en homenaje a un gran pediatra japonés, el Dr. Itsuro Yamanouchi, de Okayama. Visité su hospital en

1988, y me fascinó aquel sabio humilde que seguía atendiendo consultas externas de pediatría a pesar de ser director de un gran hospital. Le acompañé una tarde en su consulta, y él me explicaba en inglés lo que ocurría:

—Este niño tiene seis años, y se hace pipí en la cama. Le he explicado a la madre que eso es normal, que no hay que hacer nada, y que yo me hice pipí hasta los siete años.

—¡Qué casualidad! —respondí en mi inglés vacilante—. Yo también me hice pipí hasta los siete años.

El Dr. Yamanouchi se apresuró (para mi sorpresa) a traducir mis palabras, y la madre me miró con más sorpresa aún y se deshizo en reverencias y agradecimientos.

Un rato después, otra madre, mientras escuchaba las palabras del médico, me miró también con asombro y me hizo otra reverencia.

—Este niño de diez años también se hace pipí en la cama. Le he explicado a la madre que yo me hice pipí hasta los once años, y tú hasta los siete.

—Pero... ¿no me dijo usted que también se había hecho hasta los siete?

—Bueno —sonrió el Dr. Yamanouchi—, yo siempre les digo un año más.

Se mira, pero no se toca

El suplemento dominical del diario *El Periódico* tiene una sección fija dedicada a burlarse de los famosos. En el número del 17 de octubre de 1999, página 4, bajo el título de «Niños adosados», se burlaban de aquellos que han sido sorprendidos por el fotógrafo con su hijo en brazos:

> Muchos famosos han decidido aparcar el mítico cochecito Jané y cargar con su retoño directamente a peso. Quizá este retorno al método neolítico tenga sus propiedades pedagógicas, pero no debe de resultar sano ni cómodo.

El ingenioso periodista parece creer que el cochecito se inventó a finales del neolítico, y que desde entonces nadie ha llevado a un niño en brazos. ¿Cuántos cochecitos de niño de la edad de bronce, griegos, romanos, asirios, medievales, renacentistas o barrocos ha visto el lector en los museos? No; el cochecito es un invento bastante más moderno, y los niños han ido en brazos hasta hace bien poco.

Por muy liviano que sea el pequeño de la familia, soportar su peso acaba pasando factura en forma de columna desviada o hernia discal.

Esto es una solemne tontería. Llevar a un niño en brazos no provoca desviaciones de la columna ni hernias discales.

Además, es discutible que la criatura vaya mejor colgada cual apéndice que tumbada en un mullido carricoche.

Puede discutirlo si quiere. Pero el niño que llora a lágrima viva en el cochecito, y se calma al instante al tomarlo en brazos, parece tener bien claro dónde va mejor.

Cabalgar a ritmo de los pasos de papá o mamá puede resultar estimulante, pero cansa.

Estaría dispuesto a admitir que el padre se cansa de llevar en brazos a su hijo, sobre todo si está gordito. Pero ¿cómo puede pensar que el que se cansa es el hijo? Es muy típico que, cuando haces caso a tu hijo y le das lo que pide (el pecho, llevarlo en brazos, dejarlo dormir en tu cama), te acusen, encima, de hacerle daño.

Sea como sea, pasear al niño como si fuera un fardo, como hace Cindy Crawford, no parece lo más aconsejable, más que nada porque los bebés necesitan respirar.

¿Como un fardo? En la foto, la modelo sujeta cariñosamente a un bebé de pocos meses en una cómoda bandolera. Sí que es un método muy aconsejable, pues es seguro, reparte bien el peso y permite mover los brazos con relativa libertad. Y, por supuesto, el bebé respira perfectamente. ¿No será al celoso comentarista a quien se le cortaría la respiración si pudiese estar tan cerca de Cindy?

Por contra, Antonio David Flores lleva a su hija demasiado suelta. Ella se apoya en su hombro con desdén, como quien lo hace sobre la barra de un bar.

En la imagen que ha despertado tan agria reacción, una niña de tres o cuatro añitos parece la mar de feliz en brazos de papá. No logro ver el menor desdén en su forma de apoyar un bracito. A veces, el desdén está en los ojos del que mira...

El artículo no es más que un ejemplo del fuerte prejuicio que existe en nuestra sociedad contra llevar a los niños en brazos. Sí, claro, es un artículo intrascendente, una simple broma..., pero ¿cuántos padres no han tenido que escuchar comentarios similares de familiares, amigos e incluso de desconocidos?

Hace ya tiempo un título llamó mi atención en una librería: *Abrázame, mamá*.[32] Parecía prometedor. ¡Un libro claramente a favor del contacto entre madre e hijo! Pero no, solo es la vieja «libertad dentro de un orden». La autora se deshace en elogios del contacto físico, es cierto, y le atribuye propiedades que ni siquiera se me habían ocurrido: «Se estimula el cerebro», «es una forma de comunicación», «se transmite afectividad», «siente los latidos del corazón y eso le tranquiliza»:

> Los beneficios psicológicos del contacto físico a esta edad son indiscutibles. Se ha comprobado que si durante el primer año de vida se priva a un niño del contacto físico o del balanceo que supone llevarlo encima en una mochila mientras andamos, le costará establecer contacto social con otros niños y de adulto tendrá un comportamiento agresivo.

Casi hasta me cuesta creer que llevar a los niños en brazos sea tan importante. Si todo eso que dice es cierto, ahora mismo tenemos que salir corriendo a tomar en brazos a nuestros hijos, ¿verdad? Pero, ¡ojo!, hay algunas excepciones. No es aconsejable cogerlo:

- Si se está nervioso, porque seguramente le contagiarás tu estado de nerviosismo.
- Para que se calle.
- Para que se duerma.
- Cuando... ¡ya no puedes más!
- Si no quiere andar.

En definitiva: tome a su hijo en brazos en cualquier momento, excepto cuando él lo necesite o cuando lo necesite usted. Si es usted la madre del anuncio, corriendo a cámara lenta, descalza y vestida de blanco impecable, por un prado muy verde, con la rubia melena ondeando al viento (y sin pincharse con ninguna ortiga), y a su lado juegan dos niños rubios y obedientes (¡que no se pelean!) y un perro de aguas cuyas lanas también ondean al viento, entonces puede coger en brazos a su bebé regordete y sonriente, que no tiene pipí, ni caca, ni mocos, ni cólicos, y transmitirle su afecto, estimular su cerebro y hacerle sentir la frescura de su ropa.

Pero si es usted una madre primeriza y confusa (o si comparte el cuidado de su bebé con las atenciones de un hermanito celoso, o de dos hermanitos gritones), si desde el parto hay días en que se pone a llorar como una tonta y no sabe por qué, si le ha echado en cara a su marido lo poco que ayuda y él se ha enfadado y se ha ido dando un portazo, si su madre y su suegra han venido «a ayudar» y critican todo lo que hace, si no ha venido nadie a ayudar y se le acumulan los platos sucios y la ropa para planchar y no ha podido pegar ojo en toda la noche, entonces no sea tan egoísta de tomar a su hijo en brazos, cubrirlo de besos, sentarse con él y olvidarse del mundo. ¡No! ¡Está usted nerviosa, y se lo podría pasar! En vez de eso, haga una quiniela, acierte el pleno al quince, contrate a dos criadas y a una niñera, y vuelva cuando esté más calmada. Si se da prisa, podrá abrazar a su hijo antes de que acabe la Primaria.

¿Conoce usted algún método más rápido para que un bebé deje de llorar o se duerma que cogerlo en brazos y cantarle? Dicen que el gas es más rápido, pero nunca lo he probado, y desde luego no lo recomiendo. Y si su hijo de año y medio no quiere andar y es hora de volver a casa, ¿qué puede hacer, sino llevarlo en brazos? ¿Esperar a que tenga ganas de andar, aunque tenga que dormir en el banco, junto al hoyo de arena? ¿Arrastrarlo de los pelos por la calle?

Parecen ganas de fastidiar. Es como decir «el agua es muy sana, pero nunca bebas para calmar la sed», o «se descansa muy bien en la cama, pero nunca te acuestes para dormir».

¡Tiempo fuera!

El tiempo fuera, o tiempo de exclusión, es una de las técnicas de «educación» derivadas del conductismo. Uno de sus adalides ha sido el Dr. Christophersen, profesor de pediatría y de ciencias de la conducta en la Universidad de Kansas. Publicó una amplia explicación de sus métodos en una prestigiosa revista pediátrica.[83] Comienza, es cierto, con bastante sentido común, rechazando con firmeza el castigo físico y explicando que los niños menores de cuatro o cinco años no tienen capacidad de pensamiento abstracto, por lo que no pueden cumplir muchas de nuestras órdenes. También advierte que los niños aprenden por repetición, y que al hacer muchas veces una cosa «mal» no nos están desobedeciendo o desafiando, sino solo practicando. Sostiene que el método del tiempo de exclusión «funciona mucho mejor que azotar, gritar y amenazar a los niños», lo que probablemente también es cierto...

Pero al llegar a la descripción detallada del método, uno se pregunta dónde ha quedado el sentido común. Estamos hablando de niños de ocho meses a doce años, que han hecho cosas tales como «berrinches, golpear u otros actos agresivos, no seguir las indicaciones que se les dan [...], brincar en los muebles e interrumpir». El procedimiento es el siguiente:

> Paso 1.— Enseguida de la conducta inadecuada, decir al niño: «No, no debes...». Debe decirse esto en forma calmada, sin levantar la voz, hablar con ira o regañar. Llevarlo al corralito sin decir ninguna otra palabra, y con una expresión facial tal que no se confunda esto con afecto.
>
> Paso 2.— Después de que la criatura se encuentre en el sitio que se le ha asignado, no decirle una palabra, no mirarle y no hablarle. Cuando ha dejado de llorar y se ha relajado, volver al sitio, recogerlo sin decirle una palabra y ponerlo en el piso cerca de sus juguetes. No darle reprimendas ni mencionarle lo que hizo mal. No se necesita darle todo un sermón y debe tratarse de no parecer iracundo. Si el niño comienza a llorar cuando el padre camina hacia él o lo levanta, volver a ponerlo en el corral y reiniciar la maniobra.
>
> Paso 3.— Después de cada exclusión, el niño debe iniciar un periodo de reconstrucción. No habrá explicaciones ni regaños, amenazas o reprimendas. En la primera oportunidad, buscar y premiar los comportamientos positivos.

El niño puede ser castigado en cualquier momento, sin previo aviso, durante un tiempo ilimitado, por un ser todopoderoso que no explica nada y finge no estar enfadado. El acusado no puede decir nada en su descargo, pues la decisión es irrevocable.

Para poner término al castigo, lo único que puede hacer el niño es dejar de llorar. No sirve de nada prometer que no lo hará más si lo promete llorando. No basta con cumplir un tiempo determinado: un asesino condenado a dieciocho años saldrá de la cárcel a los dieciocho años, tanto si llora como si no, tanto si se arrepiente como si no, tanto si pide perdón como si no; pero un niño puesto en exclusión puede permanecer indefinidamente si sigue llorando (por fortuna, los padres suelen tener más sentido común que los «expertos», y si el niño no calla en un tiempo prudencial, acaban sacándolo). Lo que se exige del niño es que reprima sus sentimientos y que deje de llorar precisamente cuando más deseos (y más motivos) tiene para hacerlo. Que finja, que mienta (y se mienta a sí mismo), que renuncie a su propia personalidad para convertirse en un autómata al servicio de los deseos de los adultos. Es difícil concebir un método más inhumano.

¿Por qué no se le habla con ira ni se le regaña? Para demostrar superioridad. Se trata de no rebajarse al nivel del niño, de mostrarse ante él con la seguridad y el aplomo de un dios encarnado.

¿Por qué esa insistencia en no hablarle ni mirarle? Hablando se entiende la gente, y para el conductista es fundamental que padre e hijo no se entiendan. Si hablan, es posible la argumentación, la defensa, la súplica, la impugnación, y se corre el riesgo de que el proceso se vea contaminado por algo de racionalidad. La capacidad de hablar distingue al hombre del animal; y Skinner, no lo olvidemos, investigaba con ratas. Si el padre mira al niño, puede ver su sufrimiento, puede sentir compasión, puede establecerse un contacto visual. Todo esto es peligroso para el éxito del método, que por principio ha de ser distante, impersonal, irracional e inmisericorde.

¿Por qué una expresión facial que no pueda confundirse con afecto? Porque coger al niño en brazos para llevarle al corralito es el punto débil del método: en ambientes en que coger en brazos está firmemente prohibido porque los niños «se malcrían», el pobre infeliz podría tener la impresión de que le estamos tratando con cariño. Podría llegar a «portarse mal» a propósito, para que así le toquen y le hablen.

Dentro de ciertos límites, a los niños les duele más la indiferencia de sus padres que los gritos y los golpes. Lo que aparentemente es un progreso, una «humanización», usar la indiferencia en vez de los gritos y sermones no es más que un retroceso hacia una forma más refinada de tortura. La indiferencia, como las descargas eléctricas, es una tortura ideal: duele más que los golpes, pero no deja marcas físicas.

¿Por qué durante el tiempo de exclusión no se le ha de mencionar al niño lo que ha hecho mal? ¿No sería más efectivo el método con un refuerzo verbal? («No vuelvas a tocar el gas, no pegues a tu hermanito.») ¡Claro que no! Dar explicaciones solo lleva a debilitar el efecto. El acusado podría negar los hechos, o incluso (¡supremo desafío!) negar la validez de la norma. Un régimen de terror no puede admitir el debate.

¿Por qué el método solo se aplica a menores de doce años? ¿No se podría modificar así la conducta del universitario sarcástico, del empleado holgazán, del cliente insolente, del novio descortés o de la esposa desobediente? No, y por tres motivos. El primero, un niño mayor de doce años pesa demasiado para cogerlo en brazos y meterlo en un corralito. El segundo, no va a quedarse en silencio cuando le tratan con tan manifiesta indignidad. El tercero, y quizá principal, es la vergüenza ajena: la sola idea de someter a estas vejaciones a un adolescente o a un adulto produciría incredulidad, risa o consternación. Pero parece tan «normal» tratar así a un niño...

(Por cierto, amable lectora, ¿le ha molestado en el párrafo anterior la expresión «esposa desobediente»? Escuece, ¿verdad? Eso se llama ahora «lenguaje sexista», que es el peor tipo de lenguaje políticamente incorrecto. ¿Por qué, entonces, sí que está permitido decir «hijo desobediente»?)

Algunos de los lectores habrán tenido una sensación de *déjà vu* al leer las explicaciones del tiempo de exclusión. ¿Dónde habían leído antes algo parecido? Tal vez aquí:

> —No puede irse, usted está detenido.
>
> —Así parece —dijo K—. ¿Y por qué? —preguntó a continuación.
>
> —No estamos autorizados a decírselo. Regrese a su habitación y espere allí. [...]
>
> —Usted está detenido.
>
> —Pero ¿cómo puedo estar detenido, y de esta manera?
>
> —Ya empieza usted de nuevo —dijo el vigilante, e introdujo un trozo de pan en el tarro de la miel—. No respondemos a ese tipo de preguntas.
>
> —Pues deberán responderlas. Aquí están mis documentos, muéstreme ahora los suyos, y ante todo la orden de detención.
>
> —¡Cielo santo! —dijo el vigilante—. Que no se pueda adaptar a su situación, y que parezca querer dedicarse a irritarnos inútilmente.

Son párrafos de *El proceso*, de Kafka. Sí, el método del tiempo de exclusión es kafkiano, en el más estricto sentido de la palabra.

¿Es también efectivo? Casi todos los métodos que criticamos en este libro lo son. Efectivos para lograr su propósito: un niño sumiso, obediente, que no moleste. El problema es si compartimos o no ese objetivo; si la obediencia ciega y el silencio respetuoso son las cualidades que más ansiamos desarrollar en nuestros hijos.

Pero no efectivo al cien por cien, ciertamente; y el mismo Christophersen lo confiesa inadvertida e ingenuamente al explicarnos las normas escritas que se entregan a los padres de los niños (menores de dieciocho meses) en las guarderías del área metropolitana de Kansas. Hay varios puntos muy positivos en estas normas: el personal tiene prohibido abofetear o gritar a los niños. (¡Qué de vueltas da el mundo! Aquí tenemos al adalid del tiempo de exclusión convertido en uno de los que el Dr. Green llamaría «activistas anticastigo corporal».) Pero la verdadera disciplina empieza ahora:

> Si el niño tiene una conducta inaceptable, la persona más cercana del personal hará un breve enunciado verbal: «No», lo levantará y con firmeza, pero sin violencia, lo llevará al corralito y con delicadeza lo colocará en este. Tan pronto como la criatura se haya relajado y se encuentre tranquila, cualquier persona del equipo lo sacará de ahí y lo llevará a un área apropiada de nuevo.

Si la conducta inadecuada «pone en riesgo a otros niños» y no desaparece con la exclusión,

> [...] tendrá que salir del centro y se solicitará a los padres que lo coloquen en otro sitio.

El resultado no puede ser más brillante:

> [...] la atmósfera de la guardería mejora impresionantemente después de que uno o dos de los niños problema han mejorado su conducta o se han salido.

Al hablar de conductas que «ponen en riesgo a otros niños», uno piensa en adolescentes que toman prestado el fusil de asalto de papá y se ponen a disparar en el patio del instituto. Pero si reflexionamos sobre la capacidad de agresión de un niño menor de dieciocho meses, en un recinto cerrado y bajo supervisión de adultos, hemos de concluir que el «riesgo» que sufren los otros niños es el de que les quiten el chupete o les empujen y les hagan caer de culo (sobre un acolchado pañal). Fracasados todos los intentos para tratar tan graves problemas, los sabios conductistas de Kansas se han visto obligados a expulsar a bebés forajidos de las guarderías. ¿Ingresarán en guarderías-reformatorio, o se unirán a peligrosas pandillas callejeras de bebés delincuentes? ¿Se imaginan qué carrera criminal puede esperar a un niño expulsado por mala conducta a los catorce meses? No es broma, por desgracia. ¿Qué concepto guardarán de su propio hijo unos padres a los que anuncian su expulsión por «conducta inadecuada intratable»? («Mire, señora, no nos queda más remedio que expulsar a su hijo de catorce meses. Presenta una conducta agresiva que pone en peligro a los otros niños, y los mejores tratamientos de la moderna psicología han sido inútiles en su caso. No podemos hacer nada más para ayudarla. Cómprese un revólver y que Dios la proteja.») ¿Qué les dirán en la próxima guardería o escuela a la que lleven a su hijo? («dice aquí que fue expulsado de la guardería Pulgarcito. ¿Cuál fue el motivo?»). Si esto es lo mejor que puede hacer el sistema para ayudar a los bebés con «problemas», ¿qué medidas disciplinarias adoptarán con niños de cinco, siete o trece años?

Expulsar de la guardería a un niño de catorce meses porque se es incapaz de soportar o controlar su conducta es una trágica confesión de incompetencia. Otros, sin tantos títulos universitarios, han dedicado más tiempo a mirar a los niños y a hablar con ellos. Recuerdo, por ejemplo, que en la guardería de nuestro primer hijo había un niño que mordía a los otros. «Hay que tener mucha paciencia —decían Estela y Gloria, dos excelentes puericultoras—, tiene problemas en casa. Pero con cariño y paciencia dejará de morder.» Y dejó de morder, por supuesto.

Para acabar de demostrar las excelencias de su método, Christophersen no puede resistirse a dar una «nota humana»:

> [...] muchos niños que han sido criados con este método colocan a sus muñecas y a sus amigos en la misma situación cuando se portan mal. También se ha observado que los niños que reciben palmadas de sus padres hacen lo mismo con sus muñecas y amigos, y los que están constantemente recibiendo reprimendas verbales hacen lo mismo con sus muñecas y amigos.

No, no tengamos miedo en continuar la frase: *y los que son tratados constantemente con cariño y respeto hacen lo mismo con sus muñecas y amigos.*

Es triste que alguien pueda pasar tan cerca de la verdad sin verla. En efecto, los niños pequeños no pegan a otros porque «no les han educado», sino porque les han «educado» con bofetadas. Y la solución no es el método de exclusión, pues con ella se consigue que el niño deje de pegar, pero no que trate a sus amigos con cariño, sino solo que los excluya.

La estimulación precoz

Hay excelentes profesionales dedicados a la atención de niños con deficiencias, y no dudo de que la estimulación precoz puede ser muy útil en esos casos.

Lo que incluyo aquí como mito es la estimulación precoz de niños sanos con el propósito de convertirlos en genios.[84]

Puede ser un mito bastante inocente si conduce simplemente a que los padres dediquen más tiempo a su hijo, jueguen con él, le enseñen canciones y le cuenten cuentos. Desde luego que todo eso es bueno para los niños.

Pero el fin (aumentar la inteligencia) podría hacer injustos los medios. Admitamos, por ejemplo, que los niños aprenden antes a hablar si sus padres juegan con ellos y les cuentan cuentos. ¿Constará eso en su currículum? («¿A qué edad empezó usted a hablar?» «Dije "papá" a los once meses, y a los dieciocho meses dominaba 85 palabras.» «Magnífico, el empleo es suyo.») Es obvio que no basta con mostrar una ligera diferencia a los dos años, sino que esa diferencia debe mantenerse a los veinticinco para decir que realmente hubo un efecto.

Y si hubiera tal efecto a largo plazo, ¿cuál fue exactamente la clave del éxito? ¿Fueron los juegos, los cuentos o las canciones? ¿Estimulan más los «cinco lobitos» o el escondite? ¿O será que esos padres también llevaron a sus hijos a mejores colegios, o les ayudaron más con sus estudios cuando tenían doce años? ¿No será que los padres que dedican más atención a sus hijos el primer año se la dedican también el resto de su vida?

«Jueguen con su hijo para disfrutar de esta época» me parece un buen consejo para los nuevos padres. No parece prudente cambiarlo por «estimulen a su hijo para que sea más inteligente». Los juegos de los bebés no son competitivos, nadie gana al cucú ni pierde a hacer cosquillas. Pero en la estimulación sí que es posible perder, porque había un objetivo (la inteligencia). Los padres juegan para reírse y para disfrutar viendo cómo se ríen sus hijos, pero la estimulación puede convertirse en una obligación para unos y otros, y los padres pueden creerse con derecho a recibir algo a cambio de sus «esfuerzos». («¡Que te estés callada te digo, no interrumpas cuando te cuento un cuento!» «¿Cómo que qué es un palacio? Ya te expliqué ayer lo que es un palacio. A ver si te fijas un poco más.») Lo que los padres dan a su hijo cuando juegan no son conocimientos ni técnicas de estudio, sino la maravillosa sensación de sentirse amado, respetado, importante.

Uno de los mayores peligros de este mito es la extendida creencia de que los padres no saben estimular adecuadamente a los niños, y que este papel corresponde a profesionales de la pedagogía. Se hace creer a los padres que su hijo necesita ir a la guardería para aprender a hablar, para socializarse (es decir, relacionarse con otros niños), para «espabilar» en general, para no estar tan mimado, para separarse de su madre... (para esto sí que sirve la guardería, para separarse de su madre, por desgracia).

No es cierto. Ir a la guardería no es mejor que estar en casa con la familia. En 1991, Susan Dilks revisó en profundidad los estudios científicos que comparaban a los niños que iban a la guardería con los que se quedaban con sus padres.[85] La asistencia a la guardería se asociaba con un vínculo afectivo menos seguro con los padres. En cuanto a la socialización, los datos eran conflictivos: más sociables en algunos estudios, pero también más agresivos en otros; los resultados eran mejores en guarderías de alta calidad. En el aprendizaje o la inteligencia, no había diferencias entre niños que iban a la guardería o que se quedaban en casa, excepto para los niños de comunidades desfavorecidas, que mejoraban algo si asistían a guarderías de alta calidad dependientes de departamentos universitarios de pedagogía. La ventaja en el aprendizaje desaparecía a menos que se mantuviese una ayuda especial durante toda la escolarización. No se comenta nada sobre niños de familias maravillosas (como la familia de usted, querido lector) que acuden a guarderías de baja calidad.

En 2007, Bradley y Vandell encontraban un panorama similar:[93] los niños que asistían a la guardería tenían un mejor desarrollo del lenguaje, sobre todo los niños de hogares desfavorecidos que asistían a guarderías de alta calidad; pero también tenían problemas de conducta, agresividad y estrés, sobre todo los niños que habían comenzado más pronto la guardería y que habían asistido más horas al día.

En conclusión, si el niño recibe un trato adecuado en su casa, acudir a una guardería no le ofrece ninguna ventaja.

Desde luego, miles de familias necesitan, por motivos económicos, llevar a sus hijos a una guardería. Mientras seguimos luchando por prolongar la licencia de maternidad y equipararla a la de países socialmente más avanzados, es bueno saber que un niño puede desarrollarse más o menos igual de bien en una guardería de alta calidad.

¿Y cómo se distinguen esas guarderías de alta calidad de las que tanto hablamos? Dilks ofrece una serie de criterios generales, por ejemplo en cuanto al número de niños por cuidador. Máximo cuatro niños de menos de dieciocho meses, o cinco niños de entre dieciocho y treinta y seis meses, u ocho niños de entre tres y cinco años de edad. La Academia Americana de Pediatría recomienda unas cifras aún más estrictas:[94] Máximo tres niños de menos de un año, o cuatro de 13 a 30 meses, o cinco de 31 a 35 meses, o siete de tres años, u ocho de cuatro o cinco años. ¿Cuántos niños por señorita hay en la guardería de su hijo?

La legislación española permite ocho niños de menos de un año por cuidador. ¿Cree usted que es posible cuidar a ocho bebés a la vez? Si tuviera usted octillizos, o simplemente cuatrillizos, ¿se sentiría capaz de cuidarlos durante todo el día sin ayuda de nadie? Solo en cambiar pañales y dar comidas se te va todo el tiempo; es imposible hacer nada más con los niños. ¿Dónde queda la famosa estimulación precoz? ¿Dónde queda, simplemente, el cariño? ¿Quién cree usted que toma a su hijo en brazos cuando llora, o que juega con él? ¿Cómo puede extrañarle que luego, por la tarde, pida brazos y mimos a todas horas?

El problema es que el cuidado de los niños se ha diseñado con criterios puramente económicos. El proceso no ha sido: «Los niños necesitan esto y lo otro, eso cuesta tanto dinero, vamos a ver de dónde lo sacamos», sino justo al revés:

Papá es el más fuerte del mundo mundial.

«Tenemos tanto dinero, vamos a ver qué podemos conseguir con eso». Y la cantidad de dinero es, por definición, muy pequeña, pues la madre no puede gastar en el cuidado de su hijo más que una parte de lo que gana con su trabajo, y en general las mujeres tienen empleos peor pagados que los varones.

Así, todo nuestro sistema educativo está cabeza abajo. Cuanto menor es la edad del alumno, menos calificaciones y experiencia se exigen al maestro, y menos se le paga. Tendría que ser justo al revés: las cuidadoras de una guardería deberían estar mejor cualificadas y mejor pagadas que los profesores de universidad, porque un bebé puede sufrir mucho con una mala cuidadora, pero un joven de veinte años puede pasar olímpicamente de una mala profesora de física.

Habitualmente, la hora de cuidar niños en casa («canguro») se paga menos que la hora de fregar pisos. ¿Qué es más importante, que su hijo esté bien atendido o que su suelo quede brillante?

Al estar tan mal pagado, el cuidado de los niños ha quedado desprestigiado. Cuando una madre hace el enorme esfuerzo económico de dejar de trabajar durante unos meses para cuidar a su bebé, encima le dicen «qué suerte, tú que puedes» o «qué bien, ahora todo el día sin hacer nada». O incluso: «Te vas a quedar estancada, no puedes renunciar a tu carrera...». Hace tiempo leí el comentario de una madre que, harta de escuchar críticas, había decidido substituir el «ahora no trabajo» por «estoy en un proyecto piloto de psicología aplicada; estamos estudiando el efecto de la atención continua personalizada sobre el desarrollo psicoafectivo del lactante».

Parece tan complicado que nadie se atrevía a pedir más detalles, y así no se enteraban de que la investigadora era ella, el sujeto de estudio era su hijo, el centro de investigación era su casa..., y no le pagaban por el trabajo.

El tiempo de calidad

Se tolera que sus padres los visiten solo una vez al año; la visita no ha de durar más de una hora.

JONATHAN SWIFT, *Los viajes de Gulliver*

Muchas familias sienten claramente que la guardería no es una solución óptima, que recurren a ella forzados por la necesidad. En vez de ir a la raíz del problema y crear las condiciones sociales y económicas para que cada familia pueda escoger libremente, muchos han optado por huir hacia adelante: cantar las excelencias de la guardería y asegurar a las madres que no existe ningún problema.

Se asegura a las madres que, aunque estén separadas de sus hijos ocho horas al día (que fácilmente se convierten en diez, con el transporte), podrán cuidarle exactamente igual, porque lo importante no es la cantidad, sino la calidad. Y en dos horas de «tiempo de calidad» podrán hacer lo mismo que otras madres en diez o doce horas.

Confieso que la idea me parecía más o menos aceptable hasta que tuve que vivirlo en propia carne, cuando pedí excedencia como pediatra para poder dedicar más tiempo al cuidado de mis hijos. Renuncias a un trabajo, a un sueldo, a las expectativas de promoción y ascenso, al reconocimiento social de una profesión. Como las guarderías están ampliamente subvencionadas, tu familia, con un solo sueldo, tiene que ayudar con sus impuestos a pagar la guardería de las familias con dos sueldos. Y encima tienes que oír frases del tipo: «Pues no sé de qué te sirve quedarte en casa. Yo paso menos tiempo con mi hijo, pero es tiempo de calidad, que es lo que importa».

¿Y quién dice que mi tiempo no es de calidad? A igualdad de calidad, mis hijos y yo tenemos más tiempo.

Tendríamos que convencer de esto a nuestros jefes: «A partir de ahora, vendré solo dos horas al día a trabajar, pero como será tiempo de calidad, haré lo mismo que otros en ocho horas y cobraré lo mismo». ¿A que no cuela? En cualquier trabajo o en cualquier actividad, desde poner ladrillos hasta tocar el piano, solo se puede conseguir el éxito a base de «echarle horas». ¿Por qué pretenden hacernos creer que cuidar a nuestros hijos es, precisamente, la única actividad humana en que el tiempo se hace elástico?

EPÍLOGO
EL DÍA MÁS FELIZ

Mi corazón se conmueve ahora ante muchos recuerdos largo tiempo dormidos de mi madre, joven y hermosa (¡y yo tan viejo!).

CHARLES DICKENS, *Historia de dos ciudades*

Cuando éramos niños, casi todos hemos escrito una redacción escolar titulada «El día más feliz de mi vida». En los colegios religiosos, el éxito estaba asegurado si relatabas tu primera comunión. Otros preferían recordar el regalo más grande y más costoso que les habían puesto los Reyes, el viaje a un país lejano, la visita al parque de atracciones...

El pasar de los años cambia nuestra perspectiva, los objetos se desdibujan y las personas alcanzan enton÷ces una estatura insospechada. La sonrisa de nuestra madre, el abrazo de nuestro padre, la mano de un amigo, una palabra de aliento, gratitud o perdón... Haga memoria, amigo lector. ¿Cuáles fueron los días más felices de su infancia?

Manuel explica así uno de esos recuerdos imborrables:

Debía de tener seis o siete años cuando, corriendo a oscuras por la casa, choqué con una puerta de cristal que siempre había estado abierta. Quedó hecha añicos a mis pies. Me pegué un susto de muerte y me hice un pequeño corte en la frente. Pero no notaba ningún dolor; el miedo al castigo me paralizaba. Mi padre vino corriendo, me sacó de entre los vidrios rotos, me curó la herida, me miró de arriba abajo. Pero no me riñó. Al principio temblaba, esperando a cada momento escuchar unos gritos tremendos. Luego pensé que se había olvidado de reñirme e intenté pasar desapercibido. Pero al final el asombro y la curiosidad pudieron más y le pregunté aún lloroso: «¿No estás enfadado porque he roto la puerta?». «No —contestó—, la puerta no importa, lo único que me importa es que no te hayas hecho daño.» Ahora comprendo que todos los padres damos más valor a nuestros hijos que a nada en el mundo. Pero raramente se lo decimos a nuestros hijos. Estoy muy agradecido a mi padre por habérmelo dicho.

Esta es la historia de Encarna:

Uno de los días más felices que puedo recordar tuvo, en realidad, un mal comienzo. Tuve una pesadilla espantosa. Nada de monstruos ni hombres del saco; soñé con una ostra. Una ostra enorme que sacaba a una perla, también enorme, de su concha y no la dejaba volver a entrar. La pobre perla expulsada me dio una pena enorme. Me desperté chillando, auténticamente aterrorizada. Yo debía de tener unos cinco años y dormía en una camita en la habitación de mis padres, que se despertaron, naturalmente asustados con mis gritos. Mi madre me invitó a dormir en su cama. Todos mis temores desaparecieron como por arte de magia, me sentía enormemente feliz y segura. Nunca volví a tener un mal sueño. Supe que siempre tendría un refugio, que siempre me protegería alguien.

Yo, por mi parte, recuerdo una tarde, creo que era domingo, cuando tenía unos doce años. Vagaba aburrido por la casa. Mi madre me atrapó y me dijo: «Ven, siéntate aquí, en mis rodillas, como cuando eras pequeño». Imagino que debí de morirme de vergüenza, pero no logro recordar esa vergüenza. Recuerdo, en cambio, que empezó a cantar muy suavemente:

Arrorró, mi niño chico,
que viene el coco y se lleva...

Apoyé mi cabeza en su seno y me invadió una paz infinita. Casi me quedo dormido. Era como volver a tener dos años.

La mayoría de la gente no recuerda nada de su primera infancia. Yo sé lo que siente un bebé en brazos de su madre porque tuve el enorme privilegio de volver a ser un bebé durante media hora, a los doce años.

Todas estas historias tienen algo en común. Los días más felices de nuestra infancia son aquellos en que nuestros padres (o nuestros abuelos, hermanos o amigos) nos hicieron felices. Incluso cuando nos parece que nos hizo feliz un tren eléctrico, si miramos mejor siempre hay personas detrás: los padres que nos lo entregaron con una sonrisa o con un elogio, el hermano con el que compartimos (no siempre de buen grado) el tren...

Éramos hijos y ahora somos padres. Han pasado tantos años, pero tan poco tiempo, que a veces nos sorprendemos con los papeles cambiados. De pronto vemos nuestra propia infancia y a nuestros propios padres con una nueva luz. Miramos a nuestros hijos y nos preguntamos qué día, qué frase, qué aventura quedarán grabadas en su memoria para siempre; qué dolores quedarán clavados en su alma y qué alegrías guardará como un tesoro.

Los días más felices de su hijo están por venir. Dependen de usted.

BIBLIOGRAFÍA

1. García, P. A., *Compendio de pedagogía teórico-práctica*. Librería de Perlado, Páez y compañía, Madrid, 1909.
2. Langis, R., *Aprende a decir "NO" a tus hijos*. Editorial Sirio, Málaga, 1999.
3. Gray, C., *Pediatricians taking new look at corporal-punishment issue*. CMAJ 2002, 19; 166:793. http://www.cmaj.ca/cgi/content/full/166/6/793?
4. Miranda Bello, J., *Vida y color* 2. Álbumes españoles, Barcelona, 1968.
5. Taylor, S. E., *Lazos vitales*. Taurus, Madrid, 2002.
6. Nelson, E. A. S., Schiefenhoevel, S. y Haimerl, F., *Child care practices in nonindustrialized societies*. Pediatrics, 2000, 105. http://www.pediatrics.org /cgi/content/full/105/6/e75.pdf
7. Allport, S., *A Natural history of parenting*. Harmony Books, Nueva York, 1997.
8. Koi, S., *Family and Orphan Rabbit Care*. En Kind Planet, http://www.kindplanet.org/rabbitbabies.html
9. Lebas, F., Coudert, P., Rouvier, R. y Rochambeau, H. de, *The rabbit husbandry, health and production*. FAO, Roma, 1986. http://www.fao.org/docrep/x5082e/X5082E07.htm
10. Lawrence, R. A. y Lawrence, R. M., *Breastfeeding, a guide for the medical profession*. 5.ª ed. Mosby, St. Louis, 1999.
11. Bowlby, J., *El vínculo afectivo*. Paidós, Barcelona, 1997.
12. Puig y Roig, P., *Puericultura*. Librería Subirana, Barcelona, 1927.
13. Kramer, M. S., Chalmers, B., Hodnett, E. D., Sevkovskaya, Z., Dzikovich, I., Shapiro, S., et ál., *Promotion of breastfeeding intervention trial (PROBIT). A randomized trial in the republic of Belarus*. JAMA, 2001, 285:413-420.

14. CHRISTENSSON, K., SILES, C., MORENO, L., BELAUSTEQUI, A., FUENTE, P. DE LA, LAGERCRANTZ, H., PUYOL, P. y WINBERG, J., *Temperature, metabolic adaptation and crying in healthy fullterm newborns cared for skin-to-skin or in a cot.* Acta Paediatr., 1992, 81:488-493.
15. ESTIVILL, E. y BÉJAR, S. DE, *Duérmete, niño.* 2.ª ed. Plaza & Janés, Barcelona, 1996.
16. BOWLBY, J., *Child Care and the Growth of Love.* 2.ª ed. Penguin Books, Londres, 1990.
17. FERBER, R., *Solve your child's sleep problems.* Dorling Kindersley, Londres, 1986.
18. CYRULNIK, B., *Los patitos feos.* Gedisa, Barcelona, 2002.
19. MORELLI, G. A., ROGOFF, B., OPPENHEIM, D. y GOLDSMITH, D., *Cultural variation in infants sleping arrangements: questions of independence.* Dev. Psychol., 1992, 28:604-613.
20. SMALL, M. F., *Our babies, ourselves.* Anchor Books, Nueva York, 1999. Traducido como *Nuestros hijos y nosotros*, Javier Vergara editor, Barcelona, 2000.
21. ELIAS, M. F., NICOLSON, N. A., BORA, C. y JOHNSTON, J., *Sleep-/wake patterns of breast-fed infants in the first 2 years of life.* Pediatrics, 1986, 77:322-329.
22. STUART-MACADAM, P. y DETTWYLER, K. A., *Breastfeeding, biocultural perspectives.* Aldine de Gruyter, Nueva York, 1995.
23. SUGARMAN, M. y KENDALL-TACKETT, K., *Weaning ages in a sample of American women who practice extended breastfeeding.* Clinical Pediatrics, 1995; 34:642-647.
24. JACKSON, D., *Three in a bed, the benefits of sleeping with your baby.* Bloomsbury Publishing, Londres, 1999.
25. THEVENIN ,T., *The family bed. Avery Publishing Group.* Wayne, Nueva Jersey, 1987.
26. SEARS,W., *Nighttime parenting. How to get your baby and child to sleep.* La Leche League International, Schaumburg, Illinois, 1999.
27. SAMPEDRO, J. L., *La sonrisa etrusca.* Alfaguara, Madrid, 1992.
28. KESELMAN, G. y VILLAMUZA, N., *De verdad que no podía.* Ed. Kókinos, Madrid, 2002.
http://www.editorialkokinos.com/cuentos/deverdad.html
29. BLAIR, P. S., FLEMING, P. J., SMITH, I. J., PLATT, M. W., YOUNG, J., NADIN, P., BERRY, P. J., GOLDING, J., the CESDI SUDI research group,

Babies sleeping with parents: case-control study of factors influencing the risk of the sudden infant death syndrome. Br. Med. J., 1999, 319:1457-1462.

30. MURRAY, L., FIORI-COWLEY, A., HOOPER, R. y COOPER, P., *The impact of postnatal depression and associated adversity on early mother-infant interactions and later infant outcome.* Child. Dev., 1996 Oct.; 67(5):2512-2526.
31. BOWLBY, J., *A secure base.* Basic Books, Nueva York, 1988.
32. FERRERÓS TOR, M. L., *Abrázame, mamá.* Tibidabo ediciones, Barcelona, 1999.
33. STIRNIMANN, F., *El niño.* Seix Barral, Barcelona, 1947.
34. SKINNER, B. F., *Walden Dos.* Martínez Roca, Barcelona, 1984.
35. MILLER, A., *Por tu propio bien. Raíces de la violencia en la educación del niño.* Tusquets, Barcelona, 1998.
36. KOLLER, T. y WILLI, H., *La madre y el niño.* 2.ª ed. Delfos, Barcelona, 1946.
37. RAMOS, R., *Puericultura.* Barcelona, autoedición, 1941.
38. BOWLBY, J., *La separación afectiva.* Paidós, Barcelona, 1993.
39. CLOSA MONASTEROLO, R., MORALEJO BENÉITEZ, J., RAVÉS OLIVÉ, M. M., MARTÍNEZ MARTÍNEZ, M. J. y GÓMEZ PAPÍ, A., *Método canguro en recién nacidos prematuros ingresados en una Unidad de Cuidados Intensivos Neonatal.* An. Esp. Pediatr., 1998, 49:495-498
40. VARGAS, JULIE S., *Brief biography of B.F. Skinner.* http://www.bfskinner. org/BFSkinner/AboutSkinner.html
41. CHILDREN. Kibbutz Ketura. http://www.ketura.org.il/child.html
42. LOTHANE, Z., *Daniel Paul Schreber, The most famous patient in psychiatry and psychoanalysis.* http://www.mssm.edu/faculty/lothane/schreber/histo.html
43. MORTON SCHATZMAN, *Another soul murder.* The New York Review of Books. November 8, 1990. http://www.nybooks.com/articles/3458
44. CUBELLS, J. M. y RICART, S., *¿Por qué lloras?* Martínez Roca, Barcelona, 1999.
45. HOLLYER, B. y SMITH, L., *Sleep, The secret of problem-free nights.* Ward Lock, Londres, 1996.
46. ANDERS, T. F., *Night-waking in infants during the first year of life.* Pediatrics, 1979, 63:860-864.
47. CURELL, N., VIÑALLONGA, X., CUBELLS, J. M., MOLINA, V., ESTIVILL, E., RIOS, J. y LANGUE, J., *Dormir amb els pares: prevalença i factors*

associats en una població de 6 a 36 mesos d'e-dat. Pediatr, Catalana, 1999, 59:73-78.

48. LOZOFF, B., ASKEW, G. L. y WOLF, A. W., *Cosleeping and early childhood sleep problems: Effects of ethnicity and socioeconomic status.* J. Dev. Behav. Pediatr., 1996, 17:9-15.
49. LATZ, S., WOLF, A. W. y LOZOFF, B., *Cosleeping in context. Sleep practices and problems in young children in Japan and the United States.* Arch. Pediatr. Adolesc. Med., 1999, 153:339-346.
50. GARCIA, A., MALO, J., ISERN, R., JUNCOSA, S., PÉREZ, J. M., RIEROLA, M. y JUVENTENY, D., *Es desperten els nens a la nit?* But. Soc. Cat. Pediatr., 1995, 55:59.
51. ESTIVILL SANCHO, E., *Insomnio infantil.* Act. Ped. Esp., 1994, 52:398-401.
52. LOZOFF, B., WOLF, A. W., DAVIS, N. S., *Cosleeping in urban families with young children in the United States.* Pediatrics, 1984, 74:171-182.
53. OKAMI, P., WEISNER ,T. y OLMSTEAD, R., *Outcome correlates of parentchild bedsharing: an eighteen-year longitudinal study.* J. Dev. Behav. Pediatr., 2002, 23:244-253.
54. FORBES, J. F., WEISS, D. S. y FOLEN, R. A., *The cosleeping habits of military children.* Mil. Med., 1992, 157:196-200.
55. FAROOQI, S., *Ethnic differences in infant care practices and in the incidence of sudden infant death syndrome in Birmingham.* Early Hum Develop., 1994, 38:209-213.
56. MOSKO, S., RICHARD, C. y MCKENNA, J., *Infant arousals during motherinfant bed sharing: implications for infant sleep and sudden infant death syndrome research.* Pediatrics, 1997, 100:841-849.
57. SCRAGG, R., MITCHELL, E. A., TAYLOR, B. J., STEWART, A., FORD, R. P. K., THOMPSON, J. M. D., ALLEN, E. M. y BECROFT, D. M. O., *Bed sharing, smoking, and alcohol in the sudden infant death syndrome.* Br. Med. J., 1993, 307:1312-1318.
58. MITCHELL, E. A., TUOHY, P. G., BRUNT, J. M., THOMPSON, J. M. D., CLEMENTS, M. S., STEWART, A. W., FORD, R. P. K. y TAYLOR, B. J., *Risk factors for sudden infant death syndrome following the prevention campaign in New Zealand: a prospective study.* Pediatrics, 1997, 100:835-840.
59. BLAIR, P. S., FLEMING, P. J., SMITH, I. J., PLATT, M. W., YOUNG, J., NADIN, P., BERRY, P. J., GOLDING, J. y the CESDI SUDI research group, *Babies sleeping with parents: case-control study of factors influencing the risk of the sudden infant death syndrome.* Br. Med. J., 1999, 319:1457-1462.

60. SCRAGG, R. K. R., MITCHELL, E. A., STEWART, A. W., FORD, R. P. K., TAYLOR, B. J., HASSALL, I. B., WILLIAMS, S. M. y THOMPSON, J. M. D., for the New Zealand Cot Death Study Group, *Infant room-sharing and prone sleep position in sudden infant death syndrome.* Lancet, 1996, 347:7-12.
61. WISBORG, K., KESMODEL, U., HENRIKSEN, T. B., OLSEN, S. F., y SECHER, N. J. A., *Prospective study of smoking during pregnancy and SIDS.* Arch. Dis. Child., 2000, 83:203-206.
62. MCKENNA, J. J., MOSKO, S. S. y RICHARD, C. A., *Bedsharing promotes breastfeeding.* Pediatrics, 1997, 100:214-219.
63. PANTLEY, E., *The no-cry sleep solution.* Contemporary Books, Chicago, 2002.
64. MALO, J., ISERN, R., GARCÍA GALLEGO, A., JUNCOSA, S., ARMENGOL, P., CABRAL, M., RAMÓN, M. A. y HERNÁNDEZ, V., *Hàbits a l'hora de dormir.* But. Soc. Cat. Pediatr., 1995, 55:45.
65. ROSENFELD, A. A., WENEGRAT, A. O. R., HAAVIK, D. K., WENEGRAT, B. G. y SMITH, C. R., *Sleeping patterns in upper-middle-class families when the child awakens ill or frightened.* Arch. Gen. Psychiatry, 1982, 39:943-947.
66. ADAIR, R., BAUCHNER, H., PHILIPP, B., LEVENSON, S., y ZUC KERMAN, B., *Night waking during infancy: role of parental presence ad bedtime.* Pediatrics, 1991, 87:500-504.
67. ADAIR, R., ZUCKERMAN, B., BAUCHNER, H., PHILIPP, B. y LEVENSON, S., *Reducing night waking in infancy: a primary care intervention.* Pediatrics, 1992, 89:585-588.
68. ALETHA SOLTER, *¿Qué hacer cuando un bebé llora?* Aware Parenting Institute. http://www.awareparenting.com/llora.htm
69. NITSCH, C. y SCHELLING, C. von, *Límites a los niños. Cuándo y cómo.* Ed. Médici, Barcelona, 1999.
70. BULINGE, P., *La légende picturale napoléonienne dans L'Aiglon d'Edmond Rostand.*
71. SPOCK, B. y ROTHENBERG, M. B., *Baby and Child Care.* Pocket Books, Nueva York, 1985. Traducido como *Tu hijo*, Grupo Zeta, Barcelona, 2000.
72. NICOLAŸ, F., *Los niños mal educados.* Gustavo Gili, Barcelona.
73. SANMARTÍN, J., *Conceptos, tipos e incidencia.* En Sanmartín, J. (ed.): *Violencia contra niños.* Centro Reina Sofía para el Estudio de la Violencia. Ariel, Barcelona, 1999.

74. LESHAN, E., *When your child drives you crazy.* St. Martin's Press, Nueva York, 1985.
75. FINKELHOR, D., *Victimología infantil.* En Sanmartín, J. (ed.): *Violencia contra niños.* Centro Reina Sofía para el Estudio de la Violencia. Ariel, Barcelona, 1999.
76. GREEN, C., *Toddler taming. A parents' guide to the first four years.* Vermilion, Londres, 1992. Traducido como *Domar niños. Guía para padres con hijos de uno a cuatro años.* Médici, Barcelona, 2000.
77. CASTELLS, P., *Nuestros hijos y sus problemas.* Folio, Barcelona, 1995.
78. CAPA GARCÍA, L., BERCEDO SANZ, A., REDONDO FIGUERO, C., y GONZÁLEZ-ALCITURRI CASANUEVA, M. A., *Valoración de la conducta de los niños de Cantabria mediante el cuestionario de Eyberg.* An. Esp. Pediatr., 2000, 53:234-240.
79. SAMALIN, N., *Entre el amor y la ira.* Barcelona, Plural, 1993.
80. BOWLBY, J., *Vínculos afectivos. Formación, desarrollo y pérdida.* Ediciones Morata, Madrid, 1986.
81. FREUD, S., *Tres ensayos para una teoría sexual.* En Freud, S., *Los textos fundamentales del psicoanálisis.* Altaya, Barcelona, 1993.
82. BLANCAFORT, M., *Puericultura actual.* Bruguera, Barcelona, 1979.
83. CHRISTOPHERSEN, E. R., *Orientación previsora acerca de la disciplina.* Clínicas Pediátricas de Norteamérica, 1986, 4:831-841.
84. BRUER, J. T., *El mito de los tres primeros años.* Paidós, Barcelona, 2000.
85. DILKS, S. A., *Developmental aspects of child care.* Pediatr. Clin. N. Amer., 1991, 38:1529-1543.
86. WILLINGER M., KO C. W., HOFFMAN H. J., KESSLER R. C., CORWIN M. J., *Trends in Infant Bed Sharing in the United States,* 1993-2000. The National Infant Sleep Position Study. Arch Pediatr Adolesc Med 2003;157:43-49.
87. CARPENTER, R. G., IRGENS, L. M., BLAIR, P. S., ENGLAND, P. D., FLEMING, P., HUBER, H., JORCH, G., SCHREUDER, P., *Sudden unexplained infant death in 20 regions in Europe: case control study.* Lancet 2004;363:185-191.
88. BLAIR, P. S., SIDEBOTHAM, P., BERRY, P. J., EVANS, M., FLEMING, P. J., *Major epidemiological changes in sudden infant death syndrome: a 20-year population-based study in the UK.* Lancet 2006; 367: 314-319

89. *American Academy of Pediatrics Task Force on Sudden Infant Death Syndrome. The changing concept of sudden infant death syndrome: diagnostic coding shifts, controversies regarding the sleeping environment, and new variables to consider in reducing risk.* Pediatrics, 2005; 116: 1245-1255.
90. BOUCKE, L., *El control temprano de los esfínteres.* www.crianzanatural.com/art/art47.html
91. BAUER, I., *Diaper free! The gentle wisdom of natural infant hygiene.* www.natural-wisdom.com
92. Centro Reina Sofía. *Menores víctimas de violencia en el ámbito familiar.* http://www.centroreinasofia.es/paneldecontrol/est/pdf/EST009-3270.pdf
93. BRADLEY R. H., VANDELL D. L., *Child care and the well-being of children.* Arch. Pediatr. Adolesc. Med. 2007;161:669-676.
94. American Academy of Pediatrics Committee on Early Childhood, Adoption, and Dependent Care. *Quality early education and child care from birth to kindergarten.* Pediatrics, 2005;115:187-191.

UN REGALO PARA TODA LA VIDA

GUÍA DE LA LACTANCIA MATERNA

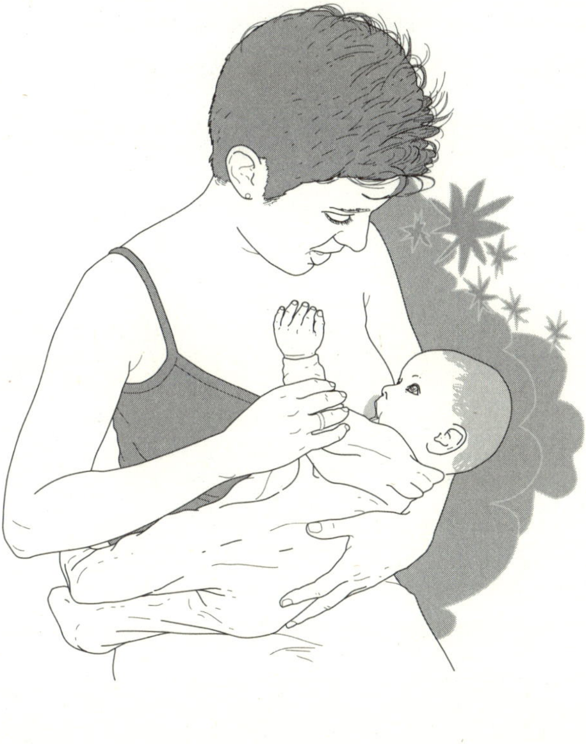

«Esta doña María Victoria es tan buena y simpática que no parece Reina, sino una señora cualquiera. Yo me quito el sombrero al verla pasar, y le perdono el ser italiana. Ya sabes que cría a sus hijos. Me consta que este verano, paseando por las inmediaciones de El Escorial, encontró un niño abandonado que chillaba pidiendo teta. Pues lo recogió y le dio de mamar, no con biberón, Tito, sino a sus propios pechos.»

BENITO PÉREZ GALDÓS,
Amadeo I

INTRODUCCIÓN

Comencé a interesarme por esto de la lactancia al empezar la carrera de medicina, gracias a un profesor de prácticas de anatomía que se llamaba, si mal no recuerdo, Joaquín. En una facultad abarrotada por miles de estudiantes a los que nadie hacía mucho caso, él estaba deseando enseñar algo. En cuanto reunía a un grupillo de alumnos les soltaba una arenga, y la lactancia era uno de sus temas favoritos.

Durante años vi la lactancia con ojos de médico. Es la mejor nutrición, protege contra muchas enfermedades, salva miles de vidas, su promoción es una cuestión de salud pública... Una buena madre debe esforzarse por dar el pecho a su hijo, porque es lo mejor para él.

Luego tuve tres hijos, y algo cambió. Vi a mis hijos mamar y a mi esposa dar el pecho, y sentí... ¿orgullo, admiración, asombro, embeleso, envidia? Mucho he leído desde entonces sobre lo que siente un padre en tales circunstancias, pero aún no soy capaz de dar una descripción adecuada. La vida tiene profundidades que las palabras no alcanzan a sondar.

Comprendí que la lactancia no es una herramienta para conseguir la salud, sino una parte de la salud misma. No es un medio, sino un fin. «Evitar la lactancia artificial porque produce diarrea» me parece ahora tan absurdo como «evitar la ceguera, porque los ciegos corren un mayor riesgo de ser atropellados». La lactancia no es una forma de evitar infecciones, como la vista no es una forma de evitar accidentes. Son partes normales de una vida plena. Ahora sé que la lactancia no es un esfuerzo, y mucho menos un sacrificio, que la mujer hace por el bien de su hijo, sino una parte de su propia vida, de su ciclo sexual y reproductivo. Un derecho que nadie le puede arrebatar.

Ya sé que hay mujeres que no quieren dar el pecho. Pues muy bien. Derecho no es lo mismo que obligación. También hay mucha gente que no acude a manifestaciones o que no vota, pero sigue teniendo ese derecho.

Este libro no intenta convencer a las madres de que den el pecho, sino ayudar a las que desean hacerlo para que lo consigan. El título es bien explícito, y quien prefiera dar el biberón puede comprar otros libros.

A alguien puede sorprender que sea precisamente un varón el que escriba un libro sobre lactancia. No intentaré ocultar, ni por un minuto, que nunca he dado el pecho. El que sabe hacer una cosa la hace, y el que no, escribe libros.

capítulo
uno Cómo funciona el pecho

Al gusto del consumidor

Hace medio siglo era creencia tan extendida como errónea que la cantidad de leche que produce cada mujer es fija: unas tienen mucha leche y otras, poca leche. A algunas la leche les duraba una semana, a otras dos meses, y luego se les retiraba: se vació el depósito. También se podía, por supuesto, tener buena leche o mala leche. Eran cosas que se tenían o no se tenían. Si tienes mucha y buena leche, has tenido suerte, y podrás dar el pecho, y tu hijo se criará grande y hermoso. Si tienes poca leche, o es aguada, no hay remedio, ¡suerte que se inventaron los biberones! Nada que la madre haga o deje de hacer va a influir en el resultado; si conocías a alguna madre que hubiera dado el pecho más de tres meses (lo que en aquellos tiempos era una heroicidad), o más de seis (lo que ya era directamente una excentricidad), no se te ocurría preguntarle: «Explícame cómo lo has hecho, me gustaría poder darle también el pecho a mi hijo», sino comentar con cierta envidia: «¡Qué suerte tú, que tienes leche! ¡Ojalá yo también hubiera tenido para darle el pecho a mi hijo!» (Bueno, a decir verdad, el comentario más frecuente era: «Pues no sé para qué te sacrificas dando el pecho, yo al mío lo he criado con el biberón y está muy majo»).

¿Y no es mucha casualidad que casi nadie en Europa tenga leche, y en cambio en África casi todas las madres tengan? Claro, es por las razas; las negras tienen más leche, como las gitanas; en cambio, las blancas no tenemos (algunos añadían que, claro, las negras y las gitanas eran *razas primitivas*). ¿Y por qué entonces nuestras abuelas (las abuelas de hace medio siglo, las bisabuelas o tatarabuelas del lector) sí que tenían leche si eran de nuestra misma raza? Aquí las explicaciones estaban divididas. Para unos, eran las preocupaciones de la vida moderna las que habían acabado con la lactancia (hablaremos más de esto en la página 252), para otros, era la evolución natural en acción: el órgano que no se usa se atrofia y pronto nacerán niñas sin tetas (ah, pero ¿antes nacían con tetas?).

Como en los dibujos animados, donde los bichos mutan en cinco minutos. Pero no es así como funciona la evolución. En realidad, los caracteres adquiridos no se heredan (es decir, aunque hubiera cien generaciones seguidas de madres que no dan el pecho, la ciento uno tendría los mismos genes y los mismos pechos, y podría usarlos si quisiera y supiera cómo). Y aunque por una mutación apareciera una mujer sin leche (lo que bien puede ocurrir y de hecho ha ocurrido, véase página 375), tendría una o dos hijas, dos o tres nietas... Para que una parte importante de la población llegase a tener ese gen mutante de no tener leche, harían falta miles de años, y sobre todo una ventaja reproductiva: que las mujeres sin leche tuvieran muchos más hijos, o que sus hijos sobrevivieran con más facilidad. Sin ventaja evolutiva, una mutación no tiene ningún motivo para extenderse; al cabo de miles de años podría haber solo un puñado de descendientes. En las clases medias de los países industrializados del último tercio del siglo XX, el supuesto gen de *no tener leche* no tiene ninguna ventaja reproductiva. Por el contrario, a lo largo de millones de años y todavía hoy en la mayor parte del mundo, si la madre tiene poca o mala leche, es muy probable que sus hijos mueran (salvo que otra mujer les dé el pecho). Cualquier posible gen mutante, lejos de extenderse, habría sido rigurosamente eliminado. Por eso hay tan pocas mujeres sin leche.

No, no hemos evolucionado; tenemos los mismos genes que nuestros tatarabuelos. Tenemos los mismos genes que los habitantes de la cueva de Altamira. Y una producción de leche fija o limitada en el tiempo no sería compatible con los hechos comúnmente observados.

El error se debe tal vez a que nos intentamos comparar con las vacas. Sí que existen razas de vacas que producen más leche que otras; los habitantes del campo lo saben desde hace siglos. ¿Por qué no habría de haber también mujeres de *raza lechera*? Pero, ojo, las vacas lecheras no son mamíferos normales. Son mutantes, cuidadosamente seleccionadas a lo largo de miles de años para producir mucha más leche de la que sus terneros necesitan. Una cierva que produjese tanta leche como una vaca sería una cierva enferma.

Es evidente que los niños, a medida que crecen, necesitan cada vez más leche (hasta que empiezan con otros alimentos, y entonces el consumo de leche se estabiliza y más tarde disminuye). No hay ninguna duda; cuando se cría a un niño con el biberón, hay que darle cada vez más cantidad.

Supongamos que un recién nacido toma 500 mililitros de leche, y que un bebé de cuatro meses toma 700 mililitros (cifras inventadas y redondeadas, solo a título de ejemplo. No se asuste, para dar el pecho no hay ninguna necesidad de saber cuánta leche necesita o cuánta leche toma un bebé). Si la cantidad de leche es fija, y una mujer solo produce 500 mililitros al día, a partir del mes su hijo empezará a quedarse con hambre, y habrá que darle un suplemento. «¡Exacto! —pensará más de una—. Eso es lo que le ocurrió a una amiga mía.» «Y algunas ni siquiera producen 500, sino apenas 300 mililitros, y sus hijos necesitan suplementos desde el primer día.» Pero también conocemos a algunas mujeres que siguen dando el pecho varios meses, a las que no *se les acaba la leche*. Incluso en los peores tiempos de los *diez minutos cada cuatro horas* había algunas; ahora hay cada vez más. Y sabemos que en tiempos de nuestras bisabuelas, todos los niños tomaban el pecho durante meses o años, igual que ocurre ahora en gran parte del mundo. ¿Cómo funcionan los pechos de esas mujeres? Las afortunadas que dan el pecho sin suplementos durante cuatro meses, que las hay y cada vez más, ¿será porque fabrican 700 mililitros desde el primer día? Pero entonces, ¿qué pasó durante los primeros meses con esos 700 mililitros de leche? ¿Se los tomó el bebé? Imposible. El que solo necesita 500 solo toma 500. Muchas madres que dan el biberón han intentado darle a su hijo un poquito más (aquí entre nosotros, que levante la mano la que no lo ha intentado). Solo un poquito más, para que esté bien alimentado, para que se me ponga hermoso. Pero los bebés no se lo toman. Si se lo tomasen, casi todos los bebés de un año pesarían más de 20 kilos y algunos, más de 30.

Así que el bebé solo toma 500, pero su madre fabrica 700. ¿Adónde van a parar, entonces, los 200 mililitros que sobran? ¿Gotean, se escapan del pecho? 200 mililitros vienen a ser un vaso lleno, esa madre no necesitaría empapadores, sino palanganas dentro del sujetador. ¿Se quedan dentro, se van acumulando? Al cabo de una semana hay 1400 mililitros; al cabo de un mes, seis litros de leche acumulada, tres litros en cada pecho. Todas las mujeres tendrían que sacarse leche y tirarla, 200 mililitros al día, durante semanas; y la que no lo hiciera reventaría.

Así pues, la cantidad de leche no es, no puede ser fija, sino que va aumentando a medida que las necesidades del niño crecen. La misma madre que al principio fabricaba 500, al cabo de un tiempo fabricará 700.

¿Es el tiempo el que la hace aumentar? Es decir, ¿se trata de un proceso programado, como la lavadora, todas las madres producen 500 al mes, 700 a los cuatro meses, un poco más a los seis, y a partir de ahí cada vez menos? ¿Será por eso por lo que damos papillas a partir de los seis meses, porque a esa edad empieza a disminuir la producción de leche? Y, lo que es peor, ¿hay mujeres con un programa *algodón* y otras con un programa *prendas delicadas,* mujeres que llegarán a los 800 mililitros y tendrán leche durante dos años, y otras que nunca pasarán de 600 mililitros y se quedarán sin leche a los tres meses?

Imposible. El ser humano no puede estar tan mal diseñado, no es así como funciona nuestro organismo. Si las variaciones en la producción de leche estuvieran prefijadas, ¿qué ocurriría, por ejemplo, cuando el bebé muere? Durante milenios, y todavía hoy en gran parte del mundo, la muerte de un bebé no era una rareza, sino algo cotidiano, una experiencia por la que casi todas las mujeres pasaban en un momento u otro. Si el bebé moría en el parto, o de meningitis a los dos meses, ¿cree usted que la madre seguía teniendo cada vez más leche hasta los seis meses, y a partir de ahí cada vez menos hasta los dos o tres años? ¡Qué sufrimiento y qué desperdicio!

¿Y las nodrizas? Durante siglos, en gran parte de Europa, las mujeres ricas no han dado el pecho a sus hijos. ¿Cree que las nodrizas se quedaban sin leche a los dos años y se jubilaban? ¡Una vida profesional más corta que la de un futbolista! No, las nodrizas, cuando acababan con un niño, empezaban con otro, y así seguían durante décadas.

¿Y los cambios en la alimentación complementaria? A comienzos del siglo XX, los pediatras recomendaban dar el pecho y solo el pecho hasta los doce meses; luego hasta los diez, los ocho, los seis, los tres, antes del mes... y de repente otra vez a los tres meses, a los cuatro, a los seis. Si la cantidad de leche disminuye a partir de los seis meses, ¿de qué vivían nuestros abuelos entre los seis meses y los doce? ¿Será que el programador de la secreción de leche se pone automáticamente de acuerdo con las recomendaciones de la Asociación de Pediatría, como el reloj del ordenador, que se pone en hora cuando se conecta a Internet? No, el proceso es a la inversa: no empezamos con las papillas a los seis meses porque a esa edad disminuye la producción de leche; sino que la producción de leche disminuye a los seis meses porque a esa edad hemos empezado con las papillas.

Es una cuestión de diseño. Necesitamos un sistema que se adapte en cada momento a las necesidades del bebé, fabricando más leche si el bebé quiere más y menos leche si el bebé quiere menos. Un sistema que siga fabricando leche mientras el bebé la necesite, y deje de fabricarla cuando deje de mamar. Que fabrique leche para uno si hay un solo niño, y leche para tres si nacen trillizos.

La solución es genialmente sencilla: la cantidad de leche no dependerá de la raza de la mujer, ni del tiempo transcurrido desde el parto, sino de cuánto mama el bebé. Si mama mucho, saldrá mucha leche; si deja de mamar, dejará de salir leche. Es un mecanismo que ya inventaron los primeros mamíferos hace más de 200 millones de años; la naturaleza tiende a conservar las soluciones que funcionan bien.

Todavía podemos afinar un poco más. En la naturaleza, si el niño no mama, la leche deja de producirse, y punto. Pero muchas madres de niños enfermos o prematuros, que no pueden mamar, o muchas madres que van a trabajar se sacan leche para dársela a su hijo por otro medio. Lo que hace que el pecho fabrique leche no es, en realidad, el niño al mamar, sino el hecho de sacar leche. Sacarla por cualquier método: dando de mamar, o sacándosela a mano, o con un sacaleches.

El pecho, qué es y para qué sirve

Lo único que necesita saber la mayoría de los usuarios sobre el funcionamiento del televisor es cómo se aprieta el botón de encendido y cómo se cambia de canal. Si nos piden más detalles, tendremos que defendernos con un genérico: «Funciona con electricidad». No hace falta conocer las piezas del televisor y su función para ver la tele.

Del mismo modo, para dar el pecho lo único que hace falta es saber meter el pecho en la boca del niño. Si nos piden más detalles, ahora podemos decir muy ufanos que «cuanta más leche se saca, más leche se fabrica»; los animales ni siquiera saben eso, y dan el pecho la mar de bien. Otra cosa es saber qué contiene el pecho, cómo funciona, por qué al sacar más leche se fabrica más. Aunque no hace falta saberlo para dar el pecho, explicaremos a continuación algunos detalles: porque es divertido (bueno, va a gustos), porque da un toque de seriedad, y porque algo hay que poner para que el libro no sea tan delgado.

Pero antes hemos de hacer una importante distinción. Algunas personas en este mundo han diseñado y construido su televisor. Saben exactamente qué piezas tiene (¡las que ellos han puesto!) y para qué sirve cada una. No podemos decir lo mismo del pecho, ni de ninguna otra parte de nuestro cuerpo. Aunque cada vez se saben más cosas, todavía podemos llevarnos muchas sorpresas. Lo que se sabe sobre el pecho no es más que una pequeña parte de la realidad, y probablemente algunas de las cosas que creemos saber están equivocadas. Lo que yo, personalmente, sé sobre el pecho no es más que una pequeña parte de lo que saben unos cuantos cientos de científicos en todo el mundo. Y lo que voy a explicar a continuación no es más que un resumen esquemático.

El pecho por fuera

Tradicionalmente, las mujeres tienen dos pechos. No siempre ha sido así; otros mamíferos tienen varios pares, fíjese en su gata o en su perra. Como recuerdo de esos lejanos parientes, algunas personas tienen más de dos pechos. Normalmente no es más que un pezón supernumerario, que suele aparecer en cualquier punto de una línea imaginaria entre la axila y la ingle. A veces es un pezón tan rudimentario que su portador, hombre o mujer, cree que se trata de un lunar o verruga. Otras veces hay también tejido glandular, más o menos desarrollado, que al comienzo de la lactancia puede hincharse y gotear. No se preocupe, es pasajero; siga dando el pecho normalmente, póngase hielo si eso la alivia, y en dos o tres días desaparecerán las molestias.

Hacia el centro del pecho está el pezón, una estructura a veces abultada y a veces hundida, por donde sale la leche. Alrededor del pezón hay una zona oscura más o menos grande, la areola. Tanta gente, incluyendo médicos y enfermeras, se empeña en decir *aureola* que la Academia ha acabado admitiéndolos como sinónimos; pero los puristas irreductibles recordamos que son dos cosas muy distintas: *areola* es un área pequeña, mientras que *aureola*, de *áureo*, es el halo dorado que llevan los santos en la coronilla. Diga *areola*, por favor.

En la areola hay unos granitos que crecen durante el embarazo y la lactancia. Se llaman tubérculos de Montgomery, y contienen una glándula sebácea enorme y una glándula mamaria en miniatura (cosa de un milímetro entre las dos). Las glándulas sebáceas están distribuidas por toda nuestra piel y producen substancias protectoras; aquí en la areola son más gordas, y por tanto protegen más. La minúscula glándula mamaria produce leche, claro está, con sus anticuerpos, su factor de crecimiento epidérmico, sus numerosos factores antiinflamatorios... una auténtica pomada epitelizante.

En el borde de la areola crecen también varios pelos bastante grandecitos. Cada mujer imagina que es ella la única que tiene y se los quita con gran cuidado; pero son totalmente normales. Algunas madres preguntan si el bebé no tendrá problemas para mamar debido a esos pelos. ¿Qué problemas va a tener, si descendemos del mono?

Bajo el pezón y la areola hay una serie de fibras musculares involuntarias, hábilmente entrecruzadas de modo que su contracción produce la erección del pezón (es decir, hace que la areola se contraiga y el pezón sobresalga). El roce, el frío o el estímulo sexual pueden producir la erección del pezón.

La parte que no se ve

Pocas cosas más aburridas que el exterior del pecho. Visto uno, vistos todos.

Por dentro, en cambio, hay mucha más variación. Hay glándulas, conductos, tejido conjuntivo, ligamentos, arterias, venas, nervios, linfáticos...

La glándula en sí está formada por varios lóbulos, artísticamente entremezclados con tejido graso. Es la cantidad variable de tejido graso lo que hace que existan pechos de todos los tamaños; la glándula es siempre más o menos igual, y el tamaño del pecho no tiene nada que ver con su capacidad para producir leche. La mujer es única entre los mamíferos por su capacidad para acumular grasa en el pecho. Si ha visto a una perra o a una gata con sus cachorros, recordará que la madre está casi plana.

Curiosamente, el número de lóbulos de la mama es controvertido. Unos dicen que hay unos veinte lóbulos, aunque a veces sus conductos confluyen antes de llegar al pezón; otros, que hay unos diez conductos, pero que se ramifican muy cerca del pezón; en el fondo me parece que dicen lo mismo. En cualquier caso, en el pezón desembocan unos cuantos conductos, llamados galactóforos (es decir, que llevan la leche), y al apretar el pecho, la leche sale por varios agujeritos a la vez, como si fuera una regadera.

La zona de los conductos galactóforos cercana al pezón tiene la capacidad de distenderse y llenarse de leche, formando los llamados senos galactóforos. Es un poco confuso, ¿verdad?, porque el pecho también puede llamarse teta, mama o seno; pero cada seno contiene una decena de senos galactóforos. Muchas veces, cuando el bebé está mamando, es posible palpar los senos galactóforos llenos, por debajo de la areola, a un par de centímetros del pezón.

A partir del pezón, los conductos se van ramificando y ramificando una y otra vez, hasta que un conductillo microscópico llega a una bolsita microscópica de células, el acino mamario. Cada acino está formado por una capa de células secretoras, y rodeado por células mioepiteliales, contráctiles.

Sobre cada una de estas células actúa una hormona. La prolactina hace que la célula secretora fabrique leche; la oxitocina hace que la célula contráctil se contraiga y que la leche salga disparada.

Las hormonas de la lactancia

La hipófisis, una glándula en la base del cerebro, fabrica la oxitocina y la prolactina en respuesta a un reflejo neuroendocrino. Los reflejos más populares, como el de estirar la pierna cuando te dan un golpecito debajo de la rodilla, son puramente neurológicos: hay un receptor sensitivo en el tendón rotuliano, un nervio que lleva la señal hasta la médula espinal, un centro de computación que decide lo que hay que hacer, y un nervio motor que lleva la respuesta hasta el músculo, ordenándole que se contraiga. En el pezón y la areola también hay receptores sensitivos, y nervios que llevan la información hacia el hipotálamo; pero el centro de computación no responde a través de un nervio, sino con una hormona que alcanza su destino por la sangre. Por eso el reflejo es *neuroendocrino*.

La prolactina

Los niveles de prolactina son muy bajos antes del embarazo. Aumentan progresivamente a partir del primer trimestre de gestación, pero no se produce leche porque la progesterona y los estrógenos producidos por la placenta inhiben la acción de la prolactina.

Después del parto, los niveles de prolactina se mantienen altos durante meses; pero si la madre no da el pecho, vuelven a bajar en un par de semanas. Tras la expulsión de la placenta, los niveles de progesterona y estrógenos bajan espectacularmente en un par de días, lo que permite a la prolactina actuar. Es la expulsión de la placenta lo que pone en marcha la producción de leche.

El nivel de prolactina es alto, decíamos, durante meses. Pero sube mucho más, multiplicándose por 10 o 20, cada vez que el niño mama. Estos picos de prolactina solo se producen en respuesta a la estimulación del pecho. Si el niño mama mucho, habrá mucha prolactina, y mucha leche. Si el niño mama poco, habrá poca leche. Si el niño no mama, se deja de fabricar leche.

Algunos creen, erróneamente, que hay que dejar unas horas entre toma y toma para que el pecho tenga tiempo de volverse a llenar. No es cierto. El pecho no funciona como la cisterna del inodoro, que hay que esperar a que se llene para poder volver a tirar de la cadena. Funciona más bien como el grifo del lavabo: si quieres que salga más agua, tienes que volver a abrir el grifo.

Después de la toma, el nivel de prolactina baja lentamente en dos o tres horas hasta llegar al nivel basal (que, recordemos, ya es de por sí alto después del parto). Imaginemos que un bebé mama diez minutos cada cuatro horas (¿diez minutos cada cuatro horas? ¡Exacto, estamos hablando de un niño totalmente imaginario!). Por el motivo que sea (tal vez porque está creciendo), nuestro héroe quiere más leche. ¿Qué hará? ¿Se pondrá a mamar quince minutos cada cuatro horas? No es probable, sería un método poco eficaz. Alargando las tomas se produciría más o menos la misma cantidad de prolactina, y por tanto de leche. Si, en cambio, decide mamar diez minutos cada dos horas, habrá el doble de picos de prolactina a lo largo del día. Es más, como el nivel de prolactina aún no ha caído del todo, el nuevo pico es todavía más alto (digamos que, en vez de subir de 50 a 500, sube de 100 a 550). Al mamar más a menudo se produce un espectacular aumento de la secreción de prolactina, y por tanto de la cantidad de leche.

Así pues, no hay mejor manera de cargarse la lactancia que disminuir el número de tomas. Cada vez que le decimos a la madre que aguante las cuatro horas, o que aguante las tres horas, o que nunca antes de dos y media, o que es imposible que vuelva a tener hambre, o que si le da ahora el pecho está vacío y no va a servir de nada, o que el estómago tiene que descansar, o que hay que hacer un descanso nocturno, estamos poniendo serios obstáculos a la lactancia.

Durante la noche, tanto el nivel basal como los picos de prolactina son más altos. Es decir, que el bebé obtiene más leche con menos esfuerzo cuando mama de noche. Por eso (entre otros motivos) la recomendación de no darles el pecho de noche es una mayúscula tontería.

La oxitocina

Varios aspectos de la vida sexual de la mujer están regidos por la oxitocina. Es la hormona que se libera durante el orgasmo, durante el parto y cada vez que el niño mama. Su principal efecto es la contracción de varias fibras musculares: las del útero, las de la vagina, las que rodean a los acinos mamarios, y las que hay bajo el pezón y la areola. Por lo tanto, todos esos episodios de la vida sexual tienen varios síntomas comunes. Durante el orgasmo hay contracciones del útero y de la vagina, y el pezón está en erección. Durante el parto hay contracciones del útero y de la vagina, y supongo que el pezón también está en erección, aunque normalmente nadie se fija. Durante la toma el pezón está en erección, y hay contracciones del útero y de la vagina, los famosos entuertos.

Los entuertos son contracciones más o menos dolorosas del útero que se producen cada vez que el niño mama, durante los primeros días después del parto. Es una lata, pero piense que es *por su bien*: las contracciones ayudan a que el útero vuelva a su tamaño normal, lo que probablemente disminuye el riesgo de sufrir hemorragias o infecciones. Se dice que con cada hijo los entuertos duelen más (como normalmente el parto duele menos, todo sea lo uno por lo otro).

Aunque la respuesta del cuerpo a la oxitocina pueda ser muy similar, las sensaciones que ello despierta en la mujer suelen ser muy diferentes, pues no dependen solo de las hormonas, sino del estado de ánimo. La mayoría de las mujeres no sienten excitación sexual ni durante el parto ni durante la lactancia.

Pero algunas sí. Algunas madres notan sensaciones sexuales, que pueden llegar al orgasmo, mientras su hijo mama. Aunque es algo bastante raro, lo mencionamos aquí para que, si nos lee alguna de esas madres, sepa que es algo totalmente normal. No, no es usted una pervertida, no son *malos pensamientos*, no está abusando de su hijo, no son tendencias incestuosas, no hay ningún motivo para que deje de dar el pecho. Si tiene la suerte de que dar el pecho le resulta especialmente agradable, disfrútelo en buena hora, que no es cuestión de quejarse por una de las pocas alegrías que a veces nos da la vida.

Además de producir la contracción de varias fibras musculares, la oxitocina afecta a la conducta. Cuando se introduce una cría de rata en la jaula de una rata virgen, esta se la come. Pero si primero le han administrado una inyección de oxitocina, intentará cuidarla como si fuera su madre e incluso le ofrecerá el pecho (aunque, por supuesto, no saldrá nada).

Al comienzo de la lactancia, la mayor parte de las madres notan la acción de la oxitocina: una especie de contracción u hormigueo en el pecho, la sensación de que la leche *ya viene*, la aparición de unas gotas o incluso de un chorrito de leche... Es el reflejo de eyección, que ha recibido varios nombres populares, según las zonas: el apoyo, la apoyadura, el golpe de leche, la crecida de la leche, la bajada de la leche... En España, suele llamarse *subida de la leche* a la sensación de tener los pechos llenos hacia el tercer día después del parto, y en cambio *bajada de la leche* a la sensación de que la leche empieza a salir en cada toma. Pero, ¡ojo!, en la mayoría de los países americanos se dice al revés: la leche baja al tercer día, y luego, en cada toma, vuelve a subir.

Hemos dicho *al comienzo de la lactancia* y *la mayor parte de las mujeres*. Hay mujeres que nunca en su vida han notado la bajada de la leche o como lo quieran llamar, pero eso no significa que no tengan leche o que la leche no baje. Y la mayoría de las madres, al cabo de dos o tres meses, dejan de notar la bajada, y ya no notan nada, aunque la leche siga saliendo perfectamente. No se asuste, no se ha quedado sin leche.

Aquellas lectoras que sí que notan el efecto de la oxitocina habrán observado que la bajada de la leche se produce muchas veces antes de que el niño empiece a mamar. Basta con tener la intención de dar el pecho, oír llorar a tu hijo, o incluso pensar en él cuando no lo estás viendo, para que tus pechos se contraigan y empiecen a gotear. ¿Cómo puede ser que el reflejo se desencadene sin necesidad de estímulo?

Pues porque se trata de un reflejo condicionado. ¿Se acuerda del famoso perro de Pavlov, que se le caía la baba cuando oía sonar una campanilla? El reflejo de salivación se desencadena por el estímulo de la comida dentro de la boca. Al hacer sonar una campanilla cada vez que daba de comer a su perro, Pavlov consiguió que el animal asociara los dos estímulos, y bastaba con el sonido de la campanilla para hacerle producir saliva. En realidad, todos los perros tienen el reflejo de salivación condicionado: enséñeles un jugoso bistec, y empezarán a babear antes de que la comida entre en su boca. También a nosotros se nos hace la boca agua cuando vemos una comida apetitosa, o simplemente cuando pensamos en ella. La originalidad de Pavlov estriba en haber usado una campanilla en lugar de un bistec; si ante la Academia de Ciencias de Moscú hubiera dicho: «Vean, vean lo que hace mi perro cuando le enseño un bistec», los sabios profesores habrían contestado con desdén: «¡Vaya cosa! A mi perro le pasa lo mismo». Pero lo de la campanilla les dejó a todos intrigados.

Del mismo modo que el reflejo de salivación se condiciona espontáneamente en todos los perros (y personas), el reflejo de eyección se condiciona espontáneamente en todas las madres. Los efectos pueden notarse incluso años después de la lactancia; algunas mujeres notan una sensación de hormigueo en los pechos cuando oyen llorar a un bebé, o cuando ven en televisión imágenes de niños hambrientos o desvalidos. Se le ha llamado *reflejo de eyección fantasma*, por analogía con el *miembro fantasma* que siguen notando algunas personas tras haber perdido un brazo o una pierna.

Puede que el reflejo condicionado sirva para agilizar los trámites: así, el bebé no tiene que estar un rato mamando para conseguir que empiece a salir algo de leche, sino que es ponerse al pecho y ya está la leche goteando. Pero Michael Woolridge, un fisiólogo inglés, cree que la utilidad principal del condicionamiento no es desencadenar el reflejo, sino inhibirlo, como mecanismo de protección de las hembras de los mamíferos. Al ser un reflejo condicionado, ya no depende del estímulo físico de la boca en el pecho, sino de que la madre oiga al bebé, vea al bebé, piense en el bebé... En definitiva, depende de la corteza cerebral. Los pensamientos de la madre pueden desencadenar el reflejo, y pueden también inhibirlo. Es la típica historia: «Tuvo un disgusto y se le cortó la leche».

Imagine a una cierva dando el pecho tan tranquila. De pronto, huele a un lobo. Sale corriendo después de esconder a su cría entre unos matorrales, porque su cría no puede correr. Como la cría no huele a nada (para eso se ha pasado su madre todo el día limpiándola con la lengua) y se está muy quieta, mientras que la madre sí que huele y hace ruido al moverse, el lobo probablemente seguirá a la madre y no encontrará a la cría. Si el lobo alcanza a la madre, mala suerte, la cría morirá también dentro de unas horas. Pero si la madre consigue escapar, dentro de un rato volverá con su cría y seguirá dándole de mamar.

Pero si la cierva fuera goteando leche, ningún lobo que se precie podría perder el rastro. Como el reflejo de eyección está condicionado, la secreción de oxitocina se interrumpe cuando la cierva se asusta. A diferencia de la prolactina, que tarda varias horas en bajar, la oxitocina es rápidamente destruida y solo permanece un par de minutos en la sangre; si la hipófisis deja de producirla, pronto no queda nada (por eso cuando se usa la oxitocina para acelerar el parto se ha de administrar continuamente, en gota a gota; no serviría de nada poner una inyección de oxitocina cada tres horas). Para mayor seguridad, la adrenalina, que producen los animales asustados, inhibe directamente los efectos de la oxitocina. Probablemente, el mismo mecanismo puede inhibir el parto cuando la madre está asustada. Una *hipopótama* adulta, una *rinoceronta*, una jirafa, no tienen nada que temer de las hienas; pero la cría recién nacida sería una víctima fácil. La presencia de un peligro puede inhibir la producción de oxitocina y retrasar el parto durante unas horas, hasta que el peligro ha pasado. Tal vez por eso algunos partos son tan difíciles en el medio extraño del hospital, rodeada de desconocidos, y la mayor parte de las mujeres se sienten mejor si su marido u otro familiar las acompaña, mientras que otras prefieren dar a luz en su casa, ayudadas por una comadrona a la que conocen bien.

Perdón, ya me iba por las ramas (¿tal vez porque desciendo del mono?). Dejamos a nuestra amiga cierva regresando junto a su cervatillo. Como ya no está asustada, la adrenalina desaparece de su sangre, el reflejo condicionado se vuelve a desencadenar, la leche vuelve a salir y la cría mama tan contenta. Pero, si en vez de una cierva es una mujer, la cosa puede que no sea tan fácil. Además de la madre y su bebé, por allí están la abuela, el marido, la suegra, la cuñada, la vecina, el médico y la enfermera, y algunos de ellos, si no todos a la vez, van a prorrumpir en amenazas: «¿Se te ha cortado la leche por un disgusto? A una prima mía le pasó lo mismo, y el niño casi se le muere de hambre; su marido tuvo que salir corriendo a buscar una farmacia de guardia para comprar leche, porque era sábado por la noche...».

Ya no es el miedo al lobo, sino el miedo a no tener leche lo que aumenta el nivel de adrenalina y disminuye el de oxitocina. El niño intenta mamar, pero casi no sale leche; el niño se enfada y protesta, la suegra aprovecha para marcarse un tanto: «¿Ves? Le estás pasando los nervios con la leche. Ya te dije que en tu estado más vale que te dejes de tonterías y le des un biberón». La madre empieza a llorar y se asusta todavía más...

Una de las mejores maneras de fastidiar la lactancia es asustar a la madre, convencerla de que no va a poder, de que dar el pecho es muy difícil... Es una estrategia habitual de los fabricantes de leche artificial. Pero,

¡ojo!, no estoy diciendo que las mujeres asustadas, nerviosas o estresadas no puedan dar el pecho. ¡Claro que pueden! La lactancia materna no es una delicada flor de invernadero, sino una de las funciones más robustas de nuestro organismo. Una función vital (no para la madre, pero sí para su cría). Todos nuestros órganos pueden fallar (de algo hay que morir), pero quedarse sin leche es tan raro como tener un paro cardiaco o una insuficiencia renal. Quienes hablan del estrés de la vida moderna olvidan que somos la primera generación de españoles que se han ido a la cama cada día con la seguridad de que al día siguiente también comerían. Las mujeres han dado el pecho durante milenios, en situaciones mucho peores. Han dado el pecho cuando vivir 35 años se consideraba «llegar a viejo», cuando la sequía anunciaba el hambre, cuando la guerra asolaba sus hogares, cuando trabajaban como esclavas, cuando las epidemias diezmaban pueblos y ciudades. El efecto del estrés sobre la lactancia es temporal: la leche no sale enseguida, el bebé se enfada y llora un poco... sigue mamando, porque tiene hambre, y la leche acaba saliendo, por estresada que esté la madre. Lo que ocurre en la actualidad y no había ocurrido nunca antes es que, cuando el bebé llora y se enfada, la madre le da un biberón. No son los nervios y preocupaciones los que hacen que *se vaya la leche*, sino los biberones.

El FIL

Durante mucho tiempo se creyó que la oxitocina y la prolactina bastaban para explicar, al menos por encima, cómo funciona la lactancia. Por encima porque hay otras varias hormonas implicadas que ni siquiera hemos mencionado.

¿Por qué cuando el niño mama más sale más leche? Porque la succión produce más prolactina. ¿Por qué un pecho gotea mientras el niño mama del otro? Porque la oxitocina va por la sangre y llega a los dos pechos a la vez. ¿Por qué las mujeres que intentaban seguir lo de *los diez minutos cada cuatro horas* solían quedarse sin leche? Porque había poco estímulo y por tanto poca prolactina. ¿Por qué las madres de gemelos tienen leche para los dos, y las madres de trillizos tienen leche para los tres? Porque, si hay el triple de niños, hay el triple de prolactina.

Pero quedaba un curioso fenómeno que no se podía explicar solo con estas dos hormonas. En Hong-Kong había una tribu en que las mujeres tenían la costumbre de dar siempre el mismo pecho. Los niños mamaban siempre del pecho derecho, jamás del izquierdo (y, por cierto, tienen más cáncer del pecho izquierdo). Sin ir tan lejos, de vez en cuando vemos niños que, por lo que sea, dejan de mamar de uno de los pechos. A veces es algo transitorio, y al cabo de dos o tres días la madre consigue que su hijo vuelva a mamar de los dos lados. Pero, de tarde en tarde, algún niño se niega en redondo y no hay nada que hacer. A veces te encuentras una madre que lleva dos semanas, o dos meses, dando un solo pecho.

Como la oxitocina y la prolactina llegan por la sangre, a los dos pechos por igual, ambos deberían responder del mismo modo y producir más o menos la misma cantidad de leche. Imagínese ese pecho que produce cada día medio litro de leche o más, y el bebé que no quiere mamar. En solo un día, el dolor sería insoportable; en tres días, tendrían que hospitalizar a la madre; en dos semanas reventaría literalmente, con siete litros de leche acumulados.

Pero eso no ocurre jamás. Cuando un niño se niega a mamar de un lado, ese pecho se hincha y molesta, y a veces la madre tiene que sacarse un poco de leche para aliviar la tensión; pero en dos o tres días las molestias desaparecen, la leche se seca, y el pecho queda blando y vacío. El pecho izquierdo produce el doble de la leche normal (sí, el doble; si el niño no muere de hambre, quiere decir que está sacando de un solo pecho lo que otros sacan entre los dos), mientras que el pecho derecho no produce ni una gota, y así durante semanas y meses. ¿Cómo se explica eso? Tiene que existir un mecanismo de control local, algo que pueda actuar sobre cada pecho independientemente.

Se creyó al principio que ese mecanismo era puramente físico. El pecho está tan lleno que la presión de la leche comprime los vasos sanguíneos, de forma que la sangre no puede entrar. Por tanto, no entra la oxitocina, no entra la prolactina, y no entran los nutrientes que la glándula necesita para seguir fabricando leche. El pecho queda colapsado, como un aeropuerto en una huelga de controladores.

Seguro que este mecanismo físico tiene su importancia; pero hace unos años se descubrió que existe también una hormona que actúa localmente para controlar la secreción de leche. Esta hormona es un péptido (es decir, una proteína pequeña) que se ha encontrado en la leche de cabra, en la de mujer y en la de otros mamíferos (que yo sepa, se ha encontrado siempre que se ha buscado). Esta hormona se denomina FIL, en inglés Feedback Inhibitor of Lactation, inhibidor retroactivo de la lactancia. Para aprovechar las mismas siglas, podemos llamarle Factor Inhibidor de la Lactancia, que también queda bien.

El FIL constituye un hermoso ejemplo de control por producto final. La leche contiene un inhibidor de la producción de leche, de modo que si el niño mama mucho, se lleva el inhibidor y se produce más leche, mientras que si el niño mama poco, el inhibidor se queda dentro y se fabrica poca leche.

Esto lo han comprobado unos científicos australianos, midiendo de forma seriada el volumen de los pechos. Una cámara hace varias fotos del pecho desde diversos ángulos, y un ordenador calcula el volumen a partir de esa información (algo similar al método que usan durante el embarazo para decirle cuánto pesa su hijo a partir de la ecografía). Como no hace daño y es bastante cómodo, el método se puede repetir todas las veces que se quiera, varias veces en una hora. (El método antiguo para medir el volumen del pecho consistía en inclinarse sobre un barreño lleno de agua, meter el pecho y medir el agua que se derramaba; resultaba impreciso y bastante molesto.) Así que los australianos pudieron comprobar cómo el volumen del pecho va aumentando poco a poco entre toma y toma, a medida que la leche se acumula. Luego el niño mama, el volumen disminuye bruscamente, y vuelta a empezar. Si en alguna de las tomas el niño, por lo que sea, mama menos, en las siguientes horas la leche se fabrica más lentamente. Si en otra toma el niño mama más (por ejemplo, porque en la anterior mamó menos y ahora tiene hambre), la leche se fabrica rápidamente. Si mama solo de un lado, ese pecho producirá mucha leche, mientras que el otro, que ha quedado lleno, no producirá casi nada. De este modo, la producción de leche se ajusta de forma inmediata, de una toma a la otra e independientemente para cada pecho, a las necesidades del bebé. Siempre y cuando, por supuesto, le permitan mamar lo que quiere y cuando quiere. Si un día no puede mamar, por ejemplo porque su mamá ha salido, y tiene que esperarse una o dos horas, tampoco pasa nada: cuando la madre vuelva, mamará más para compensar, y todo se arreglará. Pero si de forma sistemática le niegan el pecho cuando lo pide, mañana, tarde y noche, un día tras otro; si han engañado a la madre con los típicos consejos *diez minutos cada cuatro horas* o *alárgale un poco entre toma y toma*, el niño no tendrá manera de dar instrucciones al pecho, y este no podrá saber cuánta leche hay que fabricar. Cuando la madre espera varias horas a que el pecho esté lleno antes de darle («¿para qué le vas a dar ahora, si está vacío?»), lo que consigue es tener cada vez menos leche, porque el factor inhibidor se va acumulando a medida que el pecho se llena.

Aunque no conocíamos la existencia del FIL, habíamos observado sus efectos durante siglos. Cualquier médico o enfermera lo ha visto cientos de veces.

¿Cómo termina normalmente la lactancia? En España, no suele acabar cuando la madre o el niño quieren. En una encuesta, la mayoría de las madres entrevistadas dijeron que les gustaría haber dado el pecho más tiempo. Se quedaron sin leche a su pesar. ¿Cómo es posible?

Una madre está dando el pecho tan tranquila. De pronto, por el motivo que sea, se le mete (le meten) en la cabeza que su hijo se queda con hambre. Porque no aguanta tres horas. Porque llora. Porque se despierta. Porque se chupa los puñitos. Porque no hace caca. Porque mama mucho. Porque mama poco. El motivo es indiferente, el caso es que llega el día fatídico en que le dan al niño el primer biberón. Muchos, sobre todo si tienen más de dos o tres meses, no se lo querrán tomar, porque no tienen hambre. Pero los más pequeños, pobrecitos, a veces se dejan engañar. Y a veces, la madre insiste una y otra vez, o incluso le recomiendan no dar el pecho para que así el niño tenga hambre y se tome el biberón.

Si el niño se toma el biberón, que en realidad no necesitaba para nada, habrá quedado lleno de leche hasta la bandera. Cada día tomaba 500 mililitros de leche, y hoy se ha tomado 50 o 100 más. No estamos hablando de tomar un poquito más de lo habitual, sino de un 10 o 20 por ciento más. ¿Le quedan a usted muchas ganas de moverse, después de la comida de Navidad? Si el niño se despertaba, no se volverá a despertar en varias horas; si lloraba, no llorará; si se chupaba los puñitos, no se los chupará. «¿Ves como tenía hambre? Ha sido darle un biberón, y por fin ha podido descansar, pobrecito.» ¡Sí, descansar! Lo que está el pobre niño es empachado.

Las Navidades en España son un desafío para nuestra digestión. Hay como mínimo dos grandes atracones familiares seguidos (en algunas zonas, Nochebuena y Navidad; en otras, Navidad y San Esteban). ¿Qué hace al día siguiente? Comer fruta. Nadie puede hacer tres comidas de Navidad seguidas. Lo mismo le pasa a nuestro bebé: si un día se ha dejado engañar y se ha empachado, no lo volverá a repetir. Al día siguiente piensa: «Si me van a dar 100 mililitros de biberón, más vale que solo tome 400 de pecho, o voy a reventar». Puede que la madre lo note, o puede que no; pero, aunque haya mamado el mismo número de veces y durante el mismo rato, habrá tomado menos leche, porque tiene que dejar sitio para el biberón. Así que el biberón, que el primer día fue *mano de santo*, al tercer día ya no hace efecto: si lloraba, vuelve a llorar; si se despertaba, se vuelve a despertar; si se chupaba el puñito, se lo vuelve a chupar. La madre piensa: «Se me está yendo la leche, le tendré que dar otro biberón»; y en parte acierta, porque la leche se le está yendo, pero lo que ella no sabe es que la causa es precisamente el biberón, y que la solución no es añadir otro, sino suprimir el primero. Así que ahí va el segundo biberón, y luego el tercero, y luego el cuarto... Lo hemos visto cientos de veces: cuando se empieza con biberones, el pecho suele irse a hacer puñetas en un par de semanas. El biberón, decía no sé qué médico famoso hace cosa de un siglo, es la tumba del pecho.

Así que el niño que mamaba 500, luego mama 400, 300, 200... Si la madre siguiera fabricando 500, ¿dónde iría a parar la leche sobrante? En dos semanas, la madre acudiría desesperada a urgencias, con pechos inflamados de varios kilos de peso, maldiciendo su destino: «Empecé hace quince días a darle biberones, y claro, como no me vacía, mire cómo me he puesto». Pero eso no ocurre jamás; todo lo contrario: «Empecé a darle biberones, y ahora ya no quiere el pecho y me he quedado sin leche».

Cuando un niño mama cada vez menos, sale cada vez menos leche. El FIL no falla. No vemos jamás mujeres con los pechos a punto de explotar, cargados con uno, tres o cinco litros de leche sobrante. Pues bien, el FIL es como un ascensor: o funciona, o no funciona. Si puede bajar, es que también funciona para subir. Si le da a su hijo cada vez menos biberón, mamará cada vez más y usted tendrá cada vez más leche. En unos pocos días podrá tirar todos los biberones a la basura.

Algunos meses después del parto, la prolactina pierde importancia. El nivel basal es más bajo, y el pico que se produce en cada toma también es más bajo. Pero el volumen de leche no disminuye, sino que sigue aumentando. Parece que, no sabemos cómo ni por qué, el control local, el FIL, es cada vez más importante para regular la lactancia.

Ing R, Petrakis NL, Ho JH. Unilateral breast-feeding and breast cancer. Lancet 1977 Jul;2:124-7

El control del volumen de leche

En algunos aspectos se puede comparar el funcionamiento del pecho con el de los pulmones. Normalmente, sin darnos cuenta, vamos respirando, un poco de aire dentro, otro poco fuera. Pero ni entra todo el aire que podría entrar, ni sale todo el que podría salir. Podemos hacer una inspiración forzada e introducir en nuestros pulmones más aire de lo habitual, por ejemplo antes de bucear. Podemos hacer una espiración forzada y expulsar todo el aire posible, por ejemplo cuando soplamos para apagar las velas de un pastel. Del mismo modo, el pecho puede fabricar, si hace falta, más leche de la habitual, y el bebé puede mamar, si tiene hambre, más de lo que mama normalmente.

El volumen corriente, la cantidad de aire que entra y sale normalmente, está muy lejos, en cualquier individuo sano, del volumen máximo. Siempre hay una amplia reserva, que nos permite respirar más profundamente y más deprisa cuando hay que hacer un esfuerzo especial. Cuando esa reserva disminuye, el individuo enferma, tiene insuficiencia respiratoria. Primero se ahoga si corre, luego se ahoga si sube escaleras, en los casos más graves se ahoga si se levanta del sillón; eso significa que ha llegado al punto en que el volumen corriente coincide con el volumen máximo.

Todos nuestros órganos y sistemas funcionan con el mismo principio. A no ser que una persona esté gravemente enferma, existe siempre un amplio margen para forzar la máquina. En caso de necesidad, nuestro corazón puede ir más deprisa, nuestro estómago puede digerir más comida, nuestros riñones pueden eliminar más líquido y más toxinas, nuestro hígado puede metabolizar más substancias. Es así como funcionan los seres vivos.

Lo mismo ocurre con el pecho. Cualquier mujer puede producir leche para tres niños, probablemente también para cuatro o cinco. Además del residuo de leche que es físicamente imposible extraer, al que llamaremos reserva anatómica, hay siempre una cantidad de leche que el niño podría sacar si quisiera, pero que no saca casi nunca. Le llamaremos la reserva funcional.

Nadie ha medido el volumen exacto de estas reservas; inventaremos unas cifras solo como ejemplo. Imaginemos que dentro del pecho hay 100 mililitros. De ellos, 10 son la reserva anatómica, y otros 20 son la reserva funcional; el niño, en condiciones normales, toma 70, y el pecho vuelve a fabricar otros 70. Un día, el niño tiene más hambre, y toma 80. Al disminuir la cantidad de FIL, la leche se produce más deprisa, y el pecho fabrica 90 para la próxima toma. Si el cambio es permanente, si a partir de ahora el bebé piensa tomar 80 en cada toma, se alcanza un nuevo nivel de equilibrio: ahora, en el pecho siempre hay 110, de los que 10 son la reserva anatómica, 20 la reserva funcional y 80 lo que toma el niño cada vez, y lo que cada vez vuelve a fabricar el pecho. Si, por el contrario, lo de tomar 80 fue solo *un extra*, y en la siguiente toma vuelve a mamar solo 70, el pecho se encuentra de pronto con un residuo mayor del habitual. La cantidad de FIL en la mama es mayor, la producción se frena, y en la próxima toma volverá a haber 100 mililitros esperando al bebé.

¿Parece complicado? Pues era solo un ejemplo educativo, la vida real es mucho más compleja. Porque, por supuesto, ningún niño mama exactamente la misma cantidad en cada toma, ni la misma cantidad de cada pecho. La vida real es tan compleja que nadie puede someterla a normas ni predecirla. Ni el libro, ni el médico, ni la abuela ni el sursuncorda, nadie puede decirle en qué momento exacto tiene que mamar su hijo, ni cuántos minutos ha de estar en el pecho. Su hijo es el único que lo sabe.

El control de la composición de la leche

No solo la cantidad de leche producida, sino también su composición, dependen de la forma en que mama el bebé. El niño controla el pecho para obtener el tipo de leche que necesita en cada momento.

La cantidad de grasa en la leche aumenta a lo largo de la toma. No es un aumento pequeño; se ha comprobado que la concentración de grasa al final de la toma puede ser cinco veces mayor que al principio. A veces se habla de *leche del principio* y *leche del final*; pero no es que haya dos tipos de leche, ¡flop!, se acabó la leche desnatada y ahora sale la leche con grasa. La cantidad de grasa (y, por tanto, de calorías) va aumentando gradualmente, como se muestra en el esquema de la figura 1. Al principio el niño toma pocas calorías en mucho volumen; al final, muchas calorías en poco volumen. Verá que en esa gráfica no aparece el tiempo. El tiempo depende de lo rápido que vaya el niño en esa toma; puede que tome todo lo que quiere tomar en dos o tres minutos, o puede que necesite más de veinte.

Así, cuanta más leche tome un niño de un pecho en una toma determinada, mayor será la concentración de grasa que se alcance (habrá un límite máximo, por supuesto, pero ese límite nunca se alcanza, porque, como ya dijimos, el niño nunca vacía el pecho del todo). Cuando suelta el pecho, esas últimas gotas que aún caen tienen una concentración de grasa muy alta. Cuando vuelva a mamar, al cabo de unas horas, las primeras gotas de leche tendrán muy poca grasa. Aquella última leche concentrada se ha ido diluyendo en esas horas con la nueva leche, más aguada, que se ha ido fabricando en ese tiempo. Se cree que también aquí existe un autocontrol, y que si el bebé deja dentro del pecho mucha cantidad de grasa, esta inhibe la producción de más lípidos, y la siguiente leche que se produce es más aguada de lo habitual. Como si el niño dijese: «Mamá, no me puedo terminar estos macarrones, están muy grasientos», y ella respondiese: «No te preocupes, la próxima vez pondré menos aceite».

Supongamos que el bebé mama y suelta el pecho, pero a los cinco minutos cambia de opinión y vuelve a mamar. ¿Saldrá leche con pocos lípidos? Claro que no, no ha habido tiempo para que la nueva leche recién fabricada haya diluido la que quedó en el pecho al final de la toma. Saldrá, desde el principio, la misma leche *del final* que estaba saliendo hace un momento. La cantidad de lípidos al comienzo de la toma depende del nivel al que se llegó en la toma anterior, y del tiempo transcurrido desde entonces.

Todo el rato estamos hablando de un solo pecho. Pero, claro, también está el segundo. No es lo mismo tomar 100 mililitros de un solo pecho que tomar 50 de cada uno; en el segundo caso el bebé ha tomado mucha menos grasa, y por tanto muchas menos calorías. Y tampoco es lo mismo tomar 70 y 30, u 85 y 15...

Y si no es lo mismo, ¿qué es lo mejor? ¿Cuándo sacarle el primer pecho para darle el segundo? Ni idea. No sabemos qué cantidad de lípidos necesita un bebé (los libros de nutrición pueden decir cosas como: «Los lactantes de entre seis y nueve meses necesitan entre x e y miligramos/kilo/día

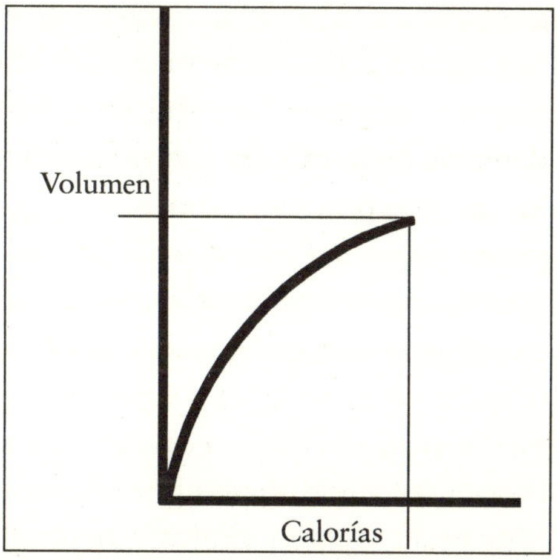

Figura 1. Al principio, el bebé toma pocas calorías en mucho volumen; al final, muchas calorías en poco volumen.

de lípidos»; pero no pueden decirnos cuántos lípidos necesita tomar Laura Pérez, de ocho meses, esta tarde a las 16.28), no sabemos qué cantidad de lípidos tenía la leche al principio de la toma, no sabemos cuántos mililitros de leche lleva tomados, no sabemos a qué velocidad está aumentando la cantidad de grasa en la leche en esta toma concreta, no sabemos qué cantidad de grasa tendrá la leche del segundo pecho, no sabemos qué cantidad de leche del segundo le cabrá en el estómago. ¿Y cómo hay gente capaz de decir cosas como: «A los diez minutos sáquelo del primer pecho para darle el segundo»? Pues vaya usted a saber. La ignorancia da alas a la audacia.

Cada bebé dispone, pues, de tres mecanismos para modificar la composición de la leche que toma en cada momento: puede decidir cuánta leche toma, cuánto tarda en volver a mamar, y si toma un solo pecho o los dos. Se ha comprobado experimentalmente, analizando la leche en cada caso, que los tres factores influyen en su composición. La cantidad de leche ingerida debería depender del tiempo que está un niño al pecho; pero la relación es tan variable (unos niños maman deprisa, otros despacio) que estadísticamente no hay relación: no podemos decir: «Si ha estado cinco minutos ha tomado ochenta mililitros, y si ha estado diez minutos ha tomado 130 mililitros». La concentración de lípidos no depende del tiempo que mama el niño, sino de la cantidad de leche que ha tomado en ese tiempo. Ahora bien, para un niño determinado, y en una toma determinada, es obvio que si le sacamos el pecho antes, habrá tomado menos. Y, por otra parte, es fácil medir cuánto tiempo mama, pero es muy difícil saber cuánta leche ha tomado. Así que, a efectos puramente didácticos, podríamos decir que los tres mecanismos de control son: la duración de la toma, la frecuencia de las tomas, y el tomar un pecho o los dos. Cada niño, en cada momento del día o de la noche, modifica a voluntad estos tres factores para conseguir el alimento que necesita.

Cuando se saca al niño del primer pecho antes de que acabe (tal vez porque alguien con buena voluntad ha advertido: «Sobre todo, dale el segundo pecho antes de que se duerma»), en vez de la última leche del primer pecho tomará la primera leche del segundo pecho. Eso significa, como indica la figura 2, que necesitará tomar más volumen para obtener las mismas calorías. Si la diferencia es pequeña, probablemente no pasa nada. Toma un poco más de leche, y santas pascuas. Pero si le cambian de pecho cuando aún tenía que mamar mucho del primero (por ejemplo, cuando sacamos el pecho a los diez minutos a un niño que necesita quince o veinte minutos), la cantidad de leche que tendría que tomar es tan grande que, sencillamente, no le cabe en el estómago. En los adultos, el estómago tiene una capacidad muy superior a la que normalmente se utiliza; podríamos tomarnos un litro de agua después de comer y no notaríamos apenas molestias. Pero el estómago de un bebé es muy pequeño, casi no tiene capacidad de reserva. El niño se ve obligado a soltar el segundo pecho, porque ya no le cabe nada, pero por otra parte todavía tiene hambre; la situación es muy similar a la que se produce por la mala posición al pecho, véase página 275.

En 1988, Michael Woolridge y Chloe Fisher publicaron en la prestigiosa revista médica *Lancet* cinco casos de bebés que presentaban de forma continuada llanto frecuente, cólicos, diarrea y otras molestias. Bastó con decir a las madres que no sacaran al niño del primer pecho, sino que esperaran a que él solo lo soltase cuando acabase, para que las molestias desaparecieran. Poco después, Woolridge y otros investigadores intentaron reproducir experimentalmente la situación en un grupo de bebés sanos que no tenían ningún problema con la lactancia. Dijeron a la mitad de las madres que sacasen al niño del primer pecho a los diez minutos, y a la otra mitad que esperasen el tiempo que hiciera falta a que el bebé soltase el pecho voluntariamente. Esperaban que los niños del primer grupo tomarían demasiado líquido, demasiada lactosa y poca grasa, y por tanto tendrían cólicos, vómitos y gases. Y, en efecto, de entrada tomaban menos grasas. Pero ellos mismos modificaban los otros dos factores, el tiempo entre toma y toma y el tomar un pecho o dos, de forma que a lo largo del día conseguían tomar la misma cantidad de grasa que el otro grupo, y no tenían ninguna molestia.

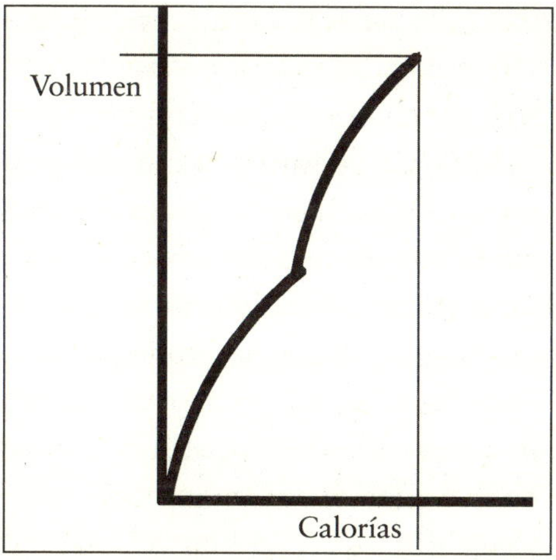

Figura 2. Si se le saca del primer pecho antes de acabar, toma la leche menos concentrada de los dos pechos, y necesita mucho más volumen para conseguir las mismas calorías.

Como el niño tiene tres herramientas (recuerde: frecuencia de las tomas, duración de las tomas, un pecho o dos) para controlar la composición de la leche, es posible que la mayoría de ellos se las arreglen para controlar con dos de ellas, aunque hayamos fijado la tercera arbitrariamente. Tal vez, aquellos cinco niños que sí tuvieron problemas al limitar el tiempo de succión son excepciones, son niños (o madres) con menos capacidad fisiológica de adaptación. Del mismo modo, todos caminamos, pero a la hora de correr unos van más despacio y se cansan antes que otros.

La capacidad de la adaptación de los seres vivos puede ser muy grande, pero no podemos pedirle milagros. A lo largo del siglo pasado, muchos médicos se empeñaron en controlar simultáneamente los tres factores: el niño tiene que mamar exactamente diez minutos de cada lado cada cuatro horas. La exactitud llegaba a ser obsesiva; todavía algunas madres preguntan si las cuatro horas se empiezan a contar desde que el niño empieza a mamar o desde que acaba (porque, claro, con diez minutos por pecho y uno entre medias para hacer el eructo, serían cuatro horas y veintiún minutos). Muchos libros y muchos expertos ni siquiera decían «cada cuatro horas», sino que daban las horas concretas: a las ocho, a las doce, a las cuatro, a las ocho y a las doce. ¡Ni se te ocurra darle a las nueve, a la una y a las cinco! Entre doce de la noche y ocho de la mañana había un *descanso nocturno* de ocho horas (a pasar media noche en vela oyendo cómo llora tu hijo y sin poder darle el pecho le llamaban *descanso nocturno*). Lo de las cuatro horas era la recomendación de la escuela alemana. También había una escuela francesa que recomendaba dar el pecho cada tres horas, con descanso nocturno de seis. Cabe preguntarse si el haber mamado cinco o siete veces al día influía en el *carácter nacional* de los respectivos países. También había partidarios de dar en cada toma un pecho o ambos (estos últimos más numerosos), con lo que en total había cuatro teorías: uno cada tres, dos cada tres, uno cada cuatro o dos cada cuatro. Pero, habitualmente, cada médico tenía una sola teoría, y la defendía con entusiasmo. Así que los niños se encontraban totalmente desarmados: no podían elegir ni la frecuencia, ni la duración, ni el número de pechos en cada toma. Ya no podían controlar ni la cantidad ni la composición de la leche, tenían que conformarse con la que les tocaba en suerte. En la mayoría de los casos, la cantidad era insuficiente y la composición, inadecuada; los niños lloraban, se quejaban, vomitaban, no aumentaban de peso... Hace unos años, en España, dar el pecho *todavía* a los tres meses era raro, y darlo sin *ayudas* de biberón era casi heroico.

Claro, también hay casos en que, por la más rocambolesca de las coincidencias, el niño obtiene la cantidad de leche que necesita y con una composición adecuada mamando diez minutos cada cuatro horas. Esas raras excepciones no hacían más que confirmar la fe de los médicos en los horarios rígidos: «Todo esto de la lactancia a demanda son tonterías. Yo conocí a una madre que seguía al pie de la letra lo de los diez minutos y las cuatro horas, y le iba de maravilla; dio el pecho nueve meses, y el niño dormía como un bendito y engordaba perfectamente. Lo que pasa es que ahora las mujeres no quieren esforzarse, prefieren la comodidad del biberón».

Woolridge MW, Fisher C. Colic, «overfeeding», and symptoms of lactose malabsorption in the breast-fed baby: a possible artifact of feed management? Lancet 1988;2:382-4

Woolridge MW. Baby-controlled breastfeeding: biocultural implications. En Stuart-Macadam P, Dettwyler KA, eds.: Breastfeeding. Biocultural perspectives. New York: Aldine de Gruyter, 1995

Woolridge MW, Ingram JC, Baum JD. Do changes in pattern of breast usage alter the baby's nutrient intake? Lancet 1990;336:395-397

capítulo dos — Cómo dar el pecho

Mi mujer me decía a veces: «No sé cómo habláis tanto de la lactancia materna. Niño, teta, y no hay más que hablar».

Pues es verdad. En la inmensa mayoría de los casos, solo hay que saber dos cosas para dar el pecho: olvidarse del reloj y dar el pecho en posición correcta. Y, en condiciones normales, ni siquiera eso haría falta explicarle a la madre. No haría falta hablar de la lactancia a demanda si a algunos no se les hubiera ocurrido recomendar antes los horarios rígidos. Y no haría falta enseñar la posición correcta si las niñas aprendiesen, como han aprendido siempre, viendo a otras mujeres dar el pecho, y si no hubiéramos interferido en algunos procesos, como luego comentaremos. Durante un millón de años, las mujeres han dado el pecho sin cursos y sin libros, y así lo siguen haciendo en la mayor parte del mundo. Y ningún otro mamífero (y somos varios miles de especies) necesita que nadie le explique cómo se da el pecho.

Con una excepción: algunos primates en cautividad. En la mayoría de los mamíferos, la lactancia y la crianza de los hijos en general son actividades totalmente instintivas. Una gacela o una leona nacidas en cautividad pueden criar a sus hijos perfectamente. Pero con los primates, sobre todo los más cercanos a nosotros, la cosa es distinta. En los zoológicos tienen a veces grandes dificultades; las hembras nacidas en cautividad y criadas por el hombre (no por su madre) no atienden a sus crías, las ignoran o las tratan de forma inadecuada. Recuerdo la foto de una gorila que, en vez de tomar a su hijo en su regazo, se lo ponía por sombrero. Una orangutana, en vez de ponerse a su cría al pecho, la besaba en la boca; parecía muy sorprendida de que el método no funcionase. Muchas veces no queda más remedio que separar a la cría de la madre y criarla artificialmente. Estos hechos admiten dos posibles explicaciones: una, que las hembras que no han tenido la oportunidad de ver a otras madres criando no han podido aprender por observación; otra, que las hembras que no han tenido una relación afectiva normal con su madre tienen trastornos afectivos, y no son capaces de mantener una relación normal con sus hijos. Posiblemente haya un poco de todo. En algunos zoológicos han recurrido a pasar vídeos educativos a las monas embarazadas, o a pedir a madres humanas que vayan a dar el pecho a sus hijos delante de la jaula.

La higiene

No es necesario lavarse el pecho ni antes ni después de las tomas, a no ser que se haya arrastrado desnuda por el suelo o algo parecido. No es necesario lavarlo con agua y jabón, ni con agua sola. Ya se limpia suficiente cuando usted se ducha (y tampoco conviene frotar mucho el pezón con la esponja). Después de la toma, basta con secarlo un poco si está lleno de babas.

El exceso de jabón puede eliminar las substancias protectoras naturales, y probablemente favorece las grietas.

La frecuencia y duración de las tomas

Probablemente ya ha oído usted decir, en alguna ocasión, que el pecho se da a demanda. Pero es fácil que se lo hayan explicado mal.

Resulta muy difícil erradicar de nuestra cultura esa obsesión colectiva con los horarios de las tomas. Parece que sea algo *de toda la vida*. Algunos, al oír hablar de lactancia a demanda, piensan que es un nuevo invento de los *hippies*, y que con semejante desmadre vamos a criar a una generación de salvajes indisciplinados. Pero es justo al revés; la lactancia a demanda es *la de toda la vida*, y los horarios son el invento moderno. Es cierto que algún médico romano ya había hablado de horarios, pero fue un caso aislado y en aquel tiempo las madres no le preguntaban al médico cómo había que dar el pecho. Prácticamente todos los médicos hasta el siglo XVIII recomendaban la lactancia a demanda (o no recomendaban nada, porque, como la lactancia no es una enfermedad, los médicos tampoco se ocupaban mucho del tema). Solo a principios del siglo XX empezaron casi todos los médicos a recomendar un horario; y aún entonces pocas madres lo seguían, porque no había seguridad social y los pobres no iban al médico si no estaban muy enfermos. Solo cuando las visitas al pediatra empezaron a convertirse en una ceremonia regular, a mediados del siglo pasado, empezaron las madres a intentar seguir un horario, con pésimos resultados.

Pensemos un poco. Hasta hace unos ochenta años, solo los ricos tenían reloj de pulsera. Hasta hace dos siglos, muy poca gente tenía reloj en casa, había que orientarse por las campanadas de la iglesia. Hace seis siglos, los relojes eran de sol, y la mayor parte de la gente no había visto uno o no sabía interpretarlo. ¿Le parece que se pueden contar diez minutos cada cuatro horas con un reloj de sol? Los soldados romanos, los vikingos, los marineros de Colón, todos habían tomado el pecho a demanda; ¿le parece que estaban enmadrados y consentidos?

Mucha gente (madres, familiares, médicos o enfermeras) lee u oye lo de *a demanda* y piensa: «Sí, claro, no hay que ser rígidos con las tres horas; si llora un cuarto de hora antes, se le puede dar, o si está dormido no hace falta despertarlo enseguida». O bien: «Sí, claro, a demanda, lo que yo siempre he dicho, nunca antes de dos horas y media ni más tarde de cuatro». Todo eso no es *a demanda*; son solo horarios flexibles, que desde luego no son tan malos como los horarios rígidos, pero que siguen causando problemas. A demanda significa en cualquier momento, sin mirar el reloj, sin pensar en el tiempo, tanto si el bebé ha mamado hace cinco horas como si ha mamado hace cinco minutos.

Pero ¿cómo puede volver a tener hambre a los cinco minutos? Imagine que está criando a su hijo con biberón. Suele tomarse 150 mililitros; y, de pronto, una tarde, el niño solo toma 70. Si a los cinco minutos parece que tiene hambre, ¿le dará los 80 que quedan, o le dirá: «No puedes tener hambre, solo hace cinco minutos que tomaste el biberón»? Estoy seguro de que todas las madres le darían el resto del biberón sin dudarlo ni un momento; de hecho, muchas pasarían más de una hora intentando enchufarle el biberón cada cinco minutos. Pues bien, si un niño suelta el pecho y al cabo de cinco minutos parece que tiene hambre, puede que solo haya tomado la mitad. A lo mejor había tragado aire y se sentía incómodo, y ahora ha eructado y ya puede seguir mamando. A lo mejor se distrajo viendo volar una mosca, y ahora la mosca se ha ido y se da cuenta de que aún tiene hambre. A lo mejor se equivocó, pensó que ya había comido suficiente y ahora ha cambiado de opinión. En cualquier caso, solo ese niño, en ese momento, puede decidir si necesita mamar o no. Un experto que escribió un libro en su casa el año pasado o hace un siglo, o la pediatra que visitó al niño el jueves pasado y le recomendó un horario, no podían saber si su hijo hoy, a las 14.25 de la tarde, iba a tener hambre. Eso sería atribuirles poderes sobrenaturales. Si conoce a alguien capaz de predecir a qué hora tendrá hambre su hijo, no pierda el tiempo preguntándole una cosa tan inútil; mejor pregúntele qué número saldrá premiado en la lotería.

¿No le sentará mal comer tan seguido? ¿No hay que esperar a que se vacíe el estómago, no tiene el sistema digestivo que descansar? Pues claro que no.

Lo del descanso digestivo lo he oído recomendar con auténtico entusiasmo. Oyendo a algunos, cualquiera diría que el estómago se va a recalentar y explotar. ¿Y el corazón, cuándo descansa? ¿Y los pulmones, el hígado, los riñones? No hay ni un solo órgano en nuestro cuerpo que necesite descansar, antes bien, más nos vale que no descansen nunca. No descansa ni el cerebro (de noche soñamos, y en todo caso el cerebro sigue controlando todo el organismo), ni los músculos (nos movemos en sueños). ¿Por qué iba a tener que descansar precisamente el estómago?

Y lo de vaciar el estómago también es otra creencia absurda, por desgracia muy extendida entre los pediatras. Los pediatras no estudian en los centros de salud, sino en los hospitales. Pasan cuatro años estudiando la especialidad, pero en general no salen del hospital. Eso significa que han visto muchas meningitis y muchas tuberculosis, pero pocos niños resfriados y casi ningún niño sano. Su formación sobre alimentación infantil es puramente teórica; cuando un bebé ingresa en el hospital, solo hay que apuntar en las órdenes «dieta normal para su edad» y en la cocina ya saben lo que tienen que hacer. La única vez que al pediatra del hospital se le exige ocuparse personalmente de la alimentación de un niño es la temporada que pasa con los prematuros. Comprenderá que darle de comer a un prematuro, especialmente a un *gran prematuro* (es decir, a uno muy pequeño, de menos de un kilo), no es cosa fácil. Hay que calcular exactamente cuántos mililitros de leche hay que darle cada cuántas horas, y no se le puede dar ni uno más. Los más pequeños no pueden succionar, hay que ponerles una sonda nasogástrica. Y a veces su tubo digestivo todavía no funciona (al fin y al cabo, tendría que estar todavía dentro de la barriga de mamá, y allí no hace falta comer). Al principio, antes de darle la leche hay que aspirar por la sonda para comprobar si hay todavía leche retenida en el estómago de la toma anterior. La retención excesiva es mala señal, y seguir metiendo leche cuando el estómago no se vacía normalmente puede ser peligrosísimo. Por desgracia, algunos pediatras olvidan que esto es un problema específico de los grandes prematuros, y salen con la idea de que no se puede comer hasta que el estómago está vacío.

Pero, en el mejor de los casos, el estómago solo está vacío al tomar el primer sorbo. Después de un minuto, el bebé ya no tiene el estómago vacío. Cuando comemos el segundo plato, el estómago no está vacío. Lo tenemos lleno de sopa, o de ensalada, o de macarrones, ¿cómo nos atrevemos a echarle un bistec? Cuando un niño toma un pecho, hace el eructo (o no lo hace) y se pone a mamar del segundo pecho, solo hace un minuto que acabó de mamar. Si se puede mamar al cabo de un minuto sin ningún peligro, ¿por qué no se va a poder mamar al cabo de cinco o quince minutos, de media hora o de hora y media?

Y si en realidad no tenía hambre, si lloraba por otra cosa, ¿no le sentará mal volver a mamar? Claro que no. Primero, el pecho no solo se toma por hambre, sino por otros motivos. Segundo, si no quiere mamar, no mamará. La manera más sencilla de saber si un bebé quiere mamar o no, es ofrecerle el pecho a ver qué pasa.

¿Y el tiempo máximo? ¿Hay que despertarle? ¿Cuántas horas puede estar sin mamar? En principio, las que quiera. A un niño sano, que engorda normalmente, no hace falta despertarle. Ya mamará cuando tenga hambre. El estar unas horas sin mamar no le va a producir una hipoglucemia. De hecho, hace unas décadas era *obligatorio* que estuvieran ocho horas sin mamar cada noche; curiosamente, ahora a algunas madres les dicen que es *obligatorio* despertarles cada cuatro horas.

Es distinto el caso de un bebé que está enfermo o no aumenta normalmente de peso. Un niño puede estar tan débil que no tiene fuerza para pedir el pecho. En esos casos, hay que ofrecer el pecho más a menudo. Eso también puede aplicarse a los recién nacidos, véase página 311.

Cuando el bebé duerme demasiado, muchas veces no hace falta despertarlo, sino estar atentos a sus señales de hambre. *A demanda* no significa *darle el pecho cada vez que llore*. Por una parte, los niños pueden llorar por muchos motivos; si está claro que llora por otra cosa, no hace falta darle el pecho (pero en caso de duda, decíamos, lo más fácil es darle por si acaso. Y muchas veces, aunque lloren por miedo, dolor o lo que sea, el pecho es la mejor manera de calmarlos). Por otra parte, el llanto es un signo tardío de hambre. Si un adulto estuviera tres o cuatro días sin comer, probablemente también lloraría de hambre. Pero comemos mucho antes de llegar a ese punto, ¿verdad? Desde que un niño mayor tiene hambre hasta que llora pueden pasar varias horas. Desde que un bebé tiene hambre hasta que llora pueden pasar unos minutos, o incluso algo más, dependiendo del carácter del niño. Pero es raro que, nada más sentir hambre, ya se ponga a llorar. Antes de eso habrá mostrado signos precoces de hambre: un cambio en el nivel de actividad (despertarse, moverse), movimientos con la boca, movimientos de búsqueda con la cabeza, ruiditos, llevarse las manitas a la boca... es entonces cuando hay que ponerlos al pecho, no esperar a que lloren. Si un niño que está débil porque ha perdido peso está solo en su habitación, fuera de la vista de sus padres, es probable que dé estas señales, nadie se entere y se vuelva a dormir por agotamiento. Más vale tenerlo todo el rato al lado, o mejor en brazos, para poder darle el pecho enseguida.

Un comentario como de pasada. ¿Por qué los niños, cuando quieren mamar, abren la boquita y mueven la cabeza para los lados? ¿Es un gesto, una manera de comunicarse? Creo que no. Durante millones de años, los bebés han estado todo el rato en brazos de su madre. Aunque muchas culturas llevan a los niños a la espalda, eso no fue posible hasta que nuestros antepasados aprendieron a tejer telas o cuerdas. Antes de eso, había que sujetarlos con un brazo, y por tanto no estaban a la espalda, sino por delante. Y la madre iba desnuda. Dormidos o despiertos, el pezón estaba siempre a unos centímetros de su boquita. Cuando buscaban el pecho, normalmente lo encontraban. No es un gesto, no están *haciendo como si buscasen*, están realmente buscando.

Dar el pecho a demanda no significa que mame lo que mame el niño, siempre sea *normal*. También el azúcar en la sangre o la presión arterial son *a demanda*; es decir, cada persona tiene la que tiene. Pero no todas las cifras son normales; si la presión es demasiado alta, estamos ante una enfermedad. Un médico no puede decirle al paciente: «¿Qué hace usted con la presión tan alta? ¿No le dije que la tenía que tener más baja? A partir de ahora, no pase nunca de 14/9». El paciente no ha elegido tener la presión alta, no depende de su voluntad. Lo que tiene que hacer el médico es recomendarle un tratamiento adecuado, y entonces la presión bajará.

Pues bien, también existen unos valores normales para la duración y la frecuencia de las tomas. Para saber cuáles son los valores normales para una especie de mamífero, bastaría con observar a un número suficiente de hembras con sus crías. (Sorprendente, ¿verdad? Los zoólogos y los veterinarios dejan que las madres y sus crías hagan lo que quieran, y deciden que eso es *lo normal.* Nunca se les ocurrió escribir en un libro: «Las jirafas tienen que mamar doce minutos cada cinco horas» y luego ir a convencer a las mamás jirafa para que obedezcan. Eso solo ha ocurrido en la especie humana.) Por supuesto, ninguna especie da el pecho siguiendo el reloj, pero hay una pauta; si sabemos que las crías de gamusina maman de tres a cinco veces al día, una que mame seis veces puede ser simplemente *rarilla*; pero una que mama 14 veces no es normal.

El problema es que no sabemos cuáles son los valores normales en el ser humano. Porque el ser humano ya no existe en estado salvaje, todos vivimos en sociedades, en civilizaciones, con nuestras creencias y nuestras normas. Las españolas, hace treinta años, daban el pecho diez minutos cada cuatro horas. No hacían lo que querían, *lo normal*, sino lo que les habían indicado el médico o el libro. Si en el Alto Orinoco hay una tribu que da el pecho cinco minutos cada hora y media, ¿es eso lo natural, o es lo que recomienda el hechicero de esa tribu? Así que en el ser humano no basta, como en los animales, con la observación para establecer los valores normales de la lactancia. Hay que usar también un criterio de eficacia: si a las madres que lo hacen *así* les funciona, habrá que admitir que, si no es lo normal, como mínimo es compatible con nuestras necesidades.

En Occidente, los niños que maman a demanda suelen hacerlo, al principio, unas diez veces en veinticuatro horas (la mayoría entre ocho y doce, algunos unas pocas más o unas pocas menos), irregularmente repartidas. Suelen hacer salvas: maman dos o tres veces bastante juntas, luego duermen un rato más largo... Los recién nacidos, como todavía no saben mamar, a veces están quince o veinte minutos o más en un pecho; pero a medida que le cogen el tranquillo van cada vez más deprisa, y hacia los tres meses muchos maman en cinco o siete minutos, o incluso en dos. Las diez tomas al día, más o menos, se mantienen durante todo el primer año y parte del segundo. Llega un momento en que el niño va mamando cada vez menos, una o dos veces al día; pero hacia los dos o tres años suele haber una especie de frenesí, los niños maman a todas horas, incluso cada quince minutos (no las 24 horas, por supuesto. Maman muy seguido durante un rato, y luego están varias horas sin mamar). Parece como si jugasen a mamar. Familiares y amigos, siempre tan amables, suelen aprovechar para minar tu moral con el típico: «Ya te digo yo que este niño lo que tiene es vicio; se casará y tendrás que ir a la iglesia a darle la teta». (Uno de los factores que hace que los niños de esa edad se pongan a mamar todo el rato puede ser el estar con personas extrañas..., así que los familiares y amigos tienen sobradas oportunidades de observar el fenómeno.) Tranquila, es la traca final; tras unas semanas (o meses) de vorágine, algunos niños se destetan casi de golpe, y otros mantienen una lactancia casi testimonial (una o dos tomas al día) durante unos años más.

En otras culturas, los niños maman mucho más a menudo. El récord del mundo parecen tenerlo los Kung o bosquimanos del Kalahari, que maman unas seis veces por hora durante el día, pero cada toma solo dura como media unos noventa segundos. Para que se haga una idea, los antropólogos se dedicaban a observar durante periodos de quince minutos a los niños menores de dos años con sus madres, para anotar lo que hacían. Solo en un 25 por ciento de las observaciones el niño estuvo los quince minutos sin mamar. Los menores de tres años siempre mamaban por la noche. Sin llegar a esas cifras, los pueblos tradicionales de África, Asia o América suelen dar el pecho más a menudo que las madres occidentales.

De modo que podríamos decir que hay dos patrones de lactancia que funcionan en el ser humano: pocas tomas (es decir, solo unas diez al día) pero relativamente largas, o muchas tomas pero más cortas. Con todas las variedades intermedias. Lo que no es normal, ni aquí ni en el Kalahari, es que haya muchas tomas y muy largas, que el niño esté *colgado* del pecho. Eso, habitualmente, indica que la posición no es correcta, como veremos más adelante.

Incluso dentro de Europa hay diferencias. En un estudio multinacional sobre crecimiento de los niños, observaron con sorpresa que el número medio de tomas al día a los dos meses iba desde 5,7 en Rostock (Alemania) hasta 8,5 en Oporto, pasando por 6,5 en Madrid o 7,2 en Barcelona. Mujeres de cultura muy similar, que supuestamente están dando el pecho a demanda. ¿Cómo es posible que los niños demanden más teta en un país que en otro?

La respuesta es sencilla, pero inquietante. Resulta que la lactancia a demanda, el concepto en torno al cual gira este libro y cualquier libro moderno sobre el tema, en realidad no existe. No existe porque los bebés no saben hablar.

Si los bebés hablasen, un observador imparcial podría certificar: «En efecto, esta madre está dando el pecho a demanda»; o bien «esta madre no da el pecho a demanda, porque a las 11:23 la niña dijo: "Mamá, teta", y a las 11:41 volvió a pedir, pero no le dio el pecho hasta que lo pidió por tercera vez, a las 11:57». Como los niños no hablan, queda a discreción de la madre el decidir cuándo está demandando y cuándo no. Dos niños lloran, una madre le da teta enseguida y la otra mira el reloj y dice: «Hambre no será, porque no hace ni hora y media que mamó, deben de ser los dientes», y le da un aro de goma para morder. Dos niños mueven la cabeza y la boquita, buscando; una madre se lo pone al pecho enseguida y la otra ni se entera porque el niño estaba en la cuna y la madre no miraba. Dos niños dicen «ajo»; una madre piensa: «Huy, ya se ha despertado», y se lo pone al pecho, y la otra se lo mira embelesada y exclama: «¡Qué mono, ya dice "ajo"!».

Muchas madres occidentales han oído decir que «a medida que crezca aguantará cada vez más entre toma y toma». Y la profecía se cumple; las madres que están convencidas de que «aguantará cada vez más» tienen cada vez más tendencia a desoír la demanda de su hijo o a interpretarla como otra cosa (frío, calor, dolor, cólicos, dientes, aburrimiento... lo que sea menos ganas de pecho). Sus hijos, efectivamente, maman cada vez menos, y antes del año están destetados. Pero está comprobado que, cuando la madre descarta ese mito y de verdad intenta dar el pecho a demanda, el niño sigue demandando lo mismo. Sí, desde luego, llega un momento en que el número de tomas disminuye; pero eso no suele ocurrir a los tres meses, sino más bien al año y medio.

En nuestra sociedad, los diez minutos y las tres horas han calado tan hondo que probablemente casi todas las madres, incluso las más entusiastas de la lactancia, han intentado alguna vez que el niño *aguante* un poco más entre toma y toma, o que siga mamando un poco más cuando lo suelta a los dos minutos. Tal vez, si les dejasen, los niños no mamarían diez veces, sino 15, o 20, o más. Tal vez ese periodo que he descrito como *traca final* en que los niños maman a todas horas dura solo unas semanas porque todas las madres intentan que no dure, porque el niño advierte la preocupación y desasosiego de su madre y se rinde; tal vez si la madre lo aceptase encantada, el niño seguiría así durante meses y años.

Tal vez no hay tantas diferencias entre los bosquimanos y nosotros. Como los Kung suelen dar el pecho unos cuatro años, cuando los antropólogos se dedicaron a contar el número de tomas, igual no vieron muchos recién nacidos, sino sobre todo niños de dos o tres años. A lo mejor, los recién nacidos Kung no maman seis veces por hora, sino bastante menos. A lo mejor, sus madres están tan acostumbradas a dar el pecho muy a menudo a un niño de dos, tres o cuatro años que cuando tienen otro bebé se extrañan de que mame *tan poco*, y hacen todo lo posible para darle el pecho más veces, justo al revés que las madres de aquí. Igual influye el calor del desierto, y los bebés bosquimanos necesitan ir tomando sorbitos de leche a cada rato.

Por último, recordar que *a demanda* no solo significa *cuando el bebé quiere*, sino también *cuando la madre quiere*. Por supuesto, las necesidades de un recién nacido son absolutamente prioritarias. Pero, a medida que el niño crece, cada vez tiene su madre más posibilidades de meter baza y decidir cuándo da el pecho y cuándo no. Desde luego, un horario rígido es inadecuado a cualquier edad, y siempre conviene que el niño decida la mayoría de las tomas. Pero tampoco pasa nada por adelantar o retrasar un poco alguna de las tomas.

Por ejemplo, si su hijo de tres meses le pide pecho en plena calle, puede dárselo al momento; pero también puede distraerlo un rato y darle el pecho al volver a casa. A los cinco meses, la madre que sigue un horario no puede ir al cine a las siete porque a su hijo *le toca* a las ocho. La madre que da el pecho a demanda, en cambio, puede darle el pecho a las seis, intentar darle un poco más a las seis y media, dejar al niño con la abuela y ver la película tranquilamente. Y si a las ocho menos cuarto el niño protesta, la abuela lo entretiene como buenamente puede, que mamá volverá en media hora y le dará tetita.

Así que, contrariamente a lo que mucha gente piensa, la lactancia a demanda no es una esclavitud, sino una liberación para la madre. La mayoría de las veces puede hacer lo que quiere su hijo, con lo que el niño está contento y no llora, y por tanto la madre también está contenta y tampoco llora. Y de vez en cuando puede hacer lo que ella quiere, que tampoco está mal. La esclavitud es el reloj. Tener que dar vueltas arriba y abajo, llorando con un niño que llora durante quince minutos, o durante dos horas, porque «aún no le toca». Tener que intentar despertar a un niño que duerme como un tronco, porque «ya le toca». Tener que explicarle a la peluquera: «A las 5:30 me va muy mal. ¿No me puede dar hora para las 6:30? Es que a las seis le toca una toma...».

Konner M. Nursing frequency and birth spacing in !Kung hunter-gatherers. IPPF Med Bull 1978;15:1-3

Manz F, van't Hof MA, Haschke F. The mother-infant relationship: Who controls breastfeeding frequency? Lancet 1999;353:1152

La posición, clave del éxito

El niño no chupa el pecho succionando, haciendo el vacío, como se chupa un refresco con una pajita; sino que lo ordeña o exprime, apretando con la lengua los senos galactóforos en los que se ha acumulado la leche por efecto de la oxitocina.

Para poder mamar, por tanto, hace falta que los senos galactóforos estén dentro de la boca, y que la lengua esté debajo.

Se han hecho ecografías de la boca de un niño mientras mama. La figura 3 muestra que la areola se alarga y ocupa, junto con el pezón, toda la cavidad bucal. La punta de la lengua está sobre las encías, a veces incluso sobre el labio inferior, por debajo de la areola. La lengua se mueve hacia arriba y luego hacia atrás, exprimiendo así la leche acumulada en los conductos. En realidad, la lengua no se desplaza físicamente, sino que una onda de presión la recorre desde la punta hasta la base. No hay, por tanto, rozamiento entre la lengua y el pecho. A medida que la onda de presión se desplaza hacia el pezón, los conductos quedan vacíos, y por tanto la presión en su interior es muy baja. Como la presión en los acinos mamarios es alta (por efecto de la oxitocina), la leche vuelve a llenar los senos galactóforos, para que la lengua los pueda volver a exprimir. Tras uno o varios movimientos de la lengua, se acumula en la garganta suficiente cantidad de leche para desencadenar el reflejo de deglución, y el bebé traga.

Cuando mama, el bebé tiene la boca muy abierta, el pecho metido hasta el fondo, los labios evertidos (es decir, el labio superior doblado hacia arriba y el inferior doblado hacia abajo). La nariz está cerca del pecho. El mentón suele tocar el pecho. A veces, la mejilla también toca el pecho, de forma que ni siquiera se ven los labios. Las mejillas no se hunden, sino que abomban rítmicamente (mamar, insisto, no es como chupar por una pajita, sino como masticar). Al comenzar a mamar, el bebé suele mover rápidamente los labios, probablemente para estimular el pezón y que se produzca más oxitocina. Pero pronto cambia el ritmo de succión, y los movimientos rápidos alrededor de la boca dejan paso a otros movimientos más lentos y más amplios de la mandíbula. Se puede ver cómo se mueve el ángulo de la mandíbula y la oreja, y cómo se contraen los músculos temporales, a los lados del cráneo.

Consecuencias de una mala posición

Cuando el bebé está mal colocado, y en vez de abarcar un buen pedazo de pecho chupa solo el pezón, se produce una cascada de síntomas:

1. *Mejillas hundidas*
Como no puede apretar el pecho con la lengua, se ve obligado a succionar haciendo el vacío.

2. *Dolor y grietas*
El bebé ejerce una fuerza mayor sobre una superficie menor (solo el pezón), y por tanto una presión mayor. La madre nota dolor durante la toma, y en pocos días puede sufrir grietas.

3. *Tomas muy largas, no suelta el pecho*
Hacer el vacío es una forma poco eficaz de mamar y el bebé necesita mucho más tiempo. Típicamente, la madre exclama: «Media hora o tres cuartos en cada pecho, y porque yo lo saco, que si no seguiría».

Cuando mama bien, el bebé suelta el pecho espontáneamente al acabar, sea a los dos minutos o a los veinte (según su edad). Incluso cuando la madre dice: «Se duerme al pecho», normalmente lo que quiere decir es que suelta el pecho y se duerme. Si un niño, de forma ocasional, se queda dormido con el pecho en la boca y hay que sacárselo, pues bueno, cosas que pasan. Pero si eso lo hace en casi cada toma, casi siempre es porque mama en posición inadecuada (o porque por otro motivo, como debilidad general o problemas con la lengua, no puede mamar bien).

4. *Se queda con hambre*
A pesar de estar más de media hora, se le nota intranquilo, quejoso, insatisfecho.

5. *Mama muy a menudo*
Y, como se ha quedado con hambre, al cabo de poco rato vuelve a pedir. La madre se queja de que lo tiene «todo el día enganchado». Es normal que un bebé pase unas horas del día (habitualmente las tardes) o unos días esporádicos pidiendo pecho más a menudo de lo habitual; y también es normal que haga muchas tomas pero muy cortas, de uno o dos minutos. Pero muchas tomas y muy largas; mamar media hora o tres

cuartos y al cabo de unos minutos volver a empezar, y así todo el día, suelen indicar una mala posición.

6. Pechos llenos, ingurgitación, mastitis

En los casos extremos, si un niño no mama prácticamente nada, la producción de leche se va inhibiendo y el pecho se queda vacío. Pero cuando el niño mama mal pero va mamando, es más probable que el pecho quede demasiado lleno. Aparentemente, el pecho es capaz de diferenciar cuándo un niño mama bien, pero poco (cuando ya es mayor y está comiendo otras cosas) y cuándo mama poco porque mama mal. En el primer caso, el pecho produce menos leche. Pero en el segundo se pone en marcha un mecanismo de seguridad. Porque a la naturaleza no le gusta que los niños se mueran de hambre; no es cosa de que un bebé se quede en los huesos solo porque tiene el labio un centímetro más acá o más allá. Cuando el pecho *nota* que el bebé no está mamando de forma eficaz, empieza a fabricar más leche *del principio*, al tiempo que la hipófisis fabrica más oxitocina para que esa leche salga disparada. Podríamos decir, simplificando mucho, que la leche del principio, *aguada*, es la que gotea sola, y la leche del final, rica en grasas, es la que el bebé saca cuando mama correctamente. Como el bebé no puede sacar bien la leche, el pecho se la sirve en bandeja. Este mecanismo de seguridad permite que el bebé vaya tirando, pero con dificultades. Entre el pecho que fabrica demasiada leche y el bebé que no mama bien, el resultado son los pechos siempre llenos, tal vez dolorosamente llenos, y a veces incluso una mastitis.

7. Reflejo de eyección exagerado

Decíamos que las madres suelen notar el golpe de leche al comienzo de la toma, sobre todo en los primeros meses (pág. 249). Pues bien, cuando el niño mama en mala posición, la madre suele notar esa bajada de la leche muy fuerte y varias veces en cada toma. La leche puede salir literalmente a chorro. El bebé, más que mamar, está esperando a que la leche, que sale sola por efecto de la oxitocina, le caiga en la boca. Por eso tarda tanto tiempo. En algunos libros, sobre todo americanos, se menciona un supuesto exceso de oxitocina como si fuera una enfermedad específica. Supuestamente, cuando la hipófisis de la madre produce un exceso de oxitocina, la leche sale a chorro, el niño se atraganta, y al cabo de un tiempo, frustrado por tan molesta experiencia, acaba rechazando el pecho. Como tratamiento recomiendan sacarse a mano un poco de leche antes de la toma, para que el primer chorro más fuerte no caiga en la boca del niño, o dar el pecho estirada en la cama boca arriba, para que la leche vaya contra la gravedad. Tal vez exista alguna mujer con exceso de oxitocina, lo mismo que hay mujeres con hipertiroidismo; pero muchos estamos convencidos de que eso es muy raro, y que muchos de los problemas atribuidos a un exceso de entusiasmo de la hipófisis se deben en realidad a la mala posición. Colocando al niño en posición correcta, puede mamar eficazmente, y la madre ya no se ve obligada a producir un exceso de oxitocina.

8. Vómitos y regurgitaciones

Todos los niños vomitan, y unos más que otros. Es algo normal, y se les va pasando hacia el año. Pero el que mama en mala postura está tomando más volumen de leche diluida, en vez de tomar la leche del final, más concentrada. Puede ser que simplemente no le quepa en el estómago. Regurgita y vomita en abundancia.

9. Diarrea

Al tomar más leche del principio, consume menos grasa pero más lactosa de lo habitual. Esto puede producir una sobrecarga relativa de lactosa. No es que el niño tenga intolerancia a la lactosa; el niño está bien y podría tolerar una cantidad normal de lactosa. Pero hay tanta que no puede digerirla toda. La lactosa no digerida llega al intestino grueso, donde las bacterias se la comen, produciendo gases y ácido láctico. Las cacas son más líquidas (más aún, porque en un niño de pecho siempre son líquidas) y más ácidas, y eso le escuece el culito si no le cambian rápido el pañal.

10. Llanto y cólico

A nuestro héroe no le falta motivo para llorar. Tiene hambre. Está cansado. Su madre le pone mala cara, porque le duelen los pezones. Puede tragar aire al mamar, porque los labios mal colocados no cierran herméticamente. Las bacterias producen gas a partir de la lactosa no digerida, y se nota pesado. Le escuece el culito.

11. ¿Y el peso?

Pues depende. Si la madre intenta darle diez minutos cada cuatro horas, evidentemente no va a engordar casi nada. Con eso no tiene ni para empezar. Pero si la madre le da el pecho a demanda, mañana, tarde y noche, si lo tiene todo el día enganchado, es posible que el niño engorde lo suficiente. O incluso, en raros casos, puede que engorde demasiado. Al tomar poca grasa, no tiene sensación de saciedad; incluso cuando ya ha tomado suficientes calorías, puede seguir sintiendo hambre. Algunos niños engordan como fieras, a pesar de estar mamando en mala posición.

Este detalle es importante. No basta con el peso para valorar la lactancia, no podemos decir: «El niño engorda, así que todo va bien». Si, para que el niño engorde, la madre ha de estar día y noche dando el pecho, aguantándose el dolor de las grietas y de la ingurgitación, y el niño ha de pasar el tiempo mamando, llorando y vomitando, es que la lactancia no va bien. La lactancia va bien cuando, además de engordar, el niño está feliz y su madre también.

La posición en el pecho no es una cuestión de todo o nada. Hay toda una gama de posibilidades, desde el que está perfectamente agarrado hasta el que está fatal. Por tanto, no todos los niños presentan todos los síntomas anteriores, o los presentan en la misma intensidad. Casi siempre se observan al menos las tomas muy largas y el dolor en los pezones. Puede que haya habido grietas, pero ahora solo quede el dolor; a medida que el niño crece, crece también su boca y le cabe mejor el pecho, y entre eso y la experiencia parece que los síntomas de la mala posición tienden a mejorar.

Una amplia gama de posibilidades implica que la frontera entre lo normal y lo anormal es borrosa. Chloe Fisher es una comadrona de Oxford, tal vez la persona que más sabe sobre la posición para mamar. Le preguntaron cuál era el límite, hasta cuándo se puede considerar normal que dure una toma (¡cómo nos gustaría tenerlo todo bien organizado, poder decir: «Diecisiete minutos es normal, dieciocho minutos es demasiado!»). Contestó: «Lo normal es lo que la madre acepte». Si la madre está disfrutando con la lactancia y el niño también, si dar el pecho es el mejor momento del día, un momento de calma y reposo, ¿qué importa que mame dieciocho minutos? Para otra madre, en cambio, la situación puede ser molesta. Tal vez le duelan los pezones, o el niño llore todo el rato, o simplemente puede que tenga otros hijos u otras actividades, o que dedicar tanto tiempo a dar el pecho la haga sentirse *atada* y agobiada. En esos casos, bueno es saber que un pequeño cambio en la posición del bebé puede ayudarla.

Cómo conseguir una posición adecuada

Hemos visto que, para mamar eficazmente, el bebé tiene que tener un buen pedazo de pecho dentro de la boca, y la lengua debajo. Hace años decíamos a las madres: «Que el niño no agarre solo el pezón, sino toda la areola». Pero había un problema. La madre solo ve el pecho por encima, no sabe lo que ocurre en la parte de abajo. Al intentar meterle la parte superior de la areola en la boca, a veces se le salía por debajo. El pezón quedaba demasiado cerca del labio inferior, y no había espacio para colocar la lengua y mamar. No se trata, pues, de abarcar toda la areola, sino de abarcar un buen pedazo de pecho, y que el pezón esté en la parte superior de la boca. Entre el pezón y el labio inferior ha de haber espacio suficiente para poner la lengua (fig. 3).

Para ello, conviene acercar al niño al pecho con el pezón a la altura de la nariz. Si se le pone el pezón a la altura de la boca, es posible, desde luego, que mame correctamente. Pero también es fácil que el pezón quede en el centro o incluso en la parte baja de la boca, y no pueda colocar la lengua.

En cambio, si el pezón está a la altura de la nariz, cuando el niño abra la boca seguro que habrá espacio suficiente para la lengua (fig. 4).

La posición del resto del cuerpo es importante, pero secundaria. Al cabo de unos meses, los niños suelen tener tal habilidad que son capaces de mamar en casi cualquier posición. Mientras la boca esté en su sitio, tanto da dónde esté el resto del cuerpo. Pero, claro, existen posiciones en que es más fácil o más difícil colocar la boca en su sitio. Los recién nacidos, sobre todo, tienen serias dificultades para mamar si la posición del cuerpo no es adecuada.

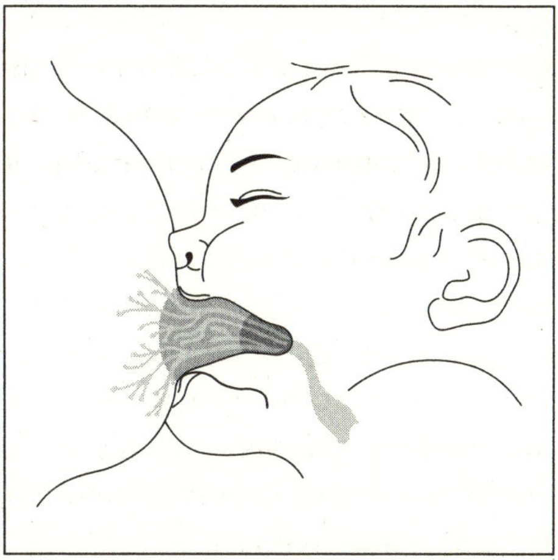

Figura 3. El bebé abarca gran parte de la areola (en color gris claro) y la exprime con la lengua.

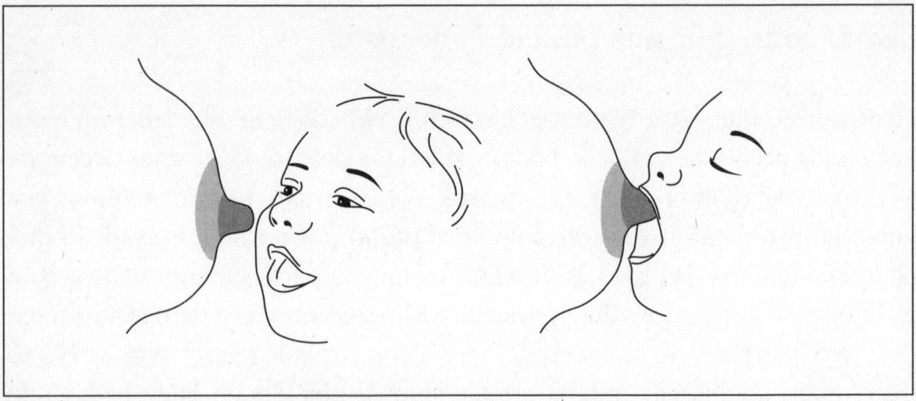

Figura 4. Coloque al bebé con la nariz a la altura del pezón; así el pezón quedará en la parte superior de la boca.

En la situación ideal, el cuello está recto en prolongación del tronco, o más bien, ligeramente inclinado hacia atrás. En otras posiciones es difícil mamar, y en el caso extremo casi no se puede ni tragar. Si no lo cree, haga la prueba con un vaso de agua, e intente beber con el cuello doblado (mentón tocando el esternón), extendido (mirando las estrellas), girado (mentón tocando el hombro) o ladeado (oreja tocando el hombro).

En la mayoría de los casos, no es necesario ni conveniente sujetar el pecho mientras el niño mama; en vez de mover el pecho para llevarlo a donde está el niño, es mejor mover al niño para llevarlo a donde está el pecho. Sujetar el pecho puede causar varios problemas: la misma mano puede estorbar, impidiendo que el bebé se acerque lo bastante al pecho; la presión de los dedos puede comprimir alguno de los conductos impidiendo que salga la leche, y a la madre no le queda ninguna mano libre.

En algunos casos en que el pecho es muy caído puede que sea más cómodo sujetarlo con la palma de la mano; no hay necesidad de apretar con el pulgar por encima. La posición en tijera es muy usada, y numerosos cuadros antiguos atestiguan que las madres la han usado desde siempre. Sin embargo, ha sido denostada por muchos expertos porque, si se hace mal, con los dedos demasiado cerca del pezón, el niño no tiene sitio para poner la boca. Si los dedos están lo bastante alejados del pezón, la tijera no causará problemas, aunque tampoco parece que sirva para nada útil (fig. 5).

A veces es conveniente comprimir un pecho muy voluminoso para que el bebé lo pueda agarrar con más facilidad (fig. 6), sobre todo en las pri-

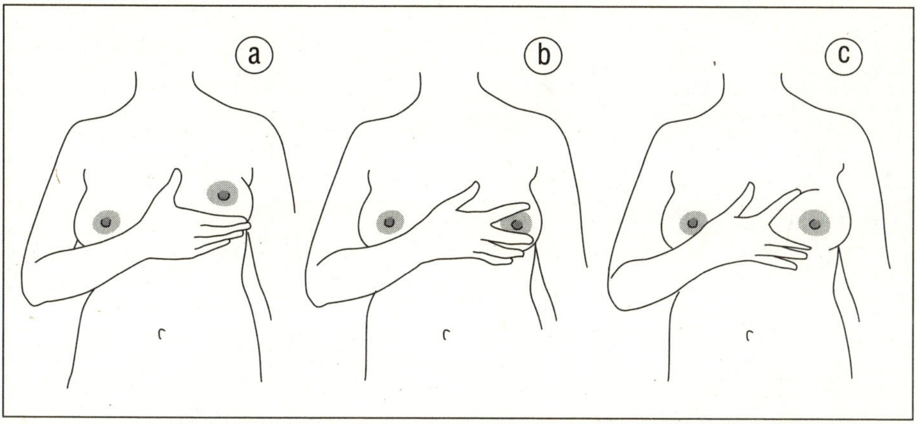

Figura 5. Si fuera preciso sujetar el pecho durante la toma, es mejor hacerlo con la palma de la mano (a). Los dedos en tijera muchas veces tapan la areola e impiden que el bebé se agarre (b), hay que mantenerlos bien apartados (c).

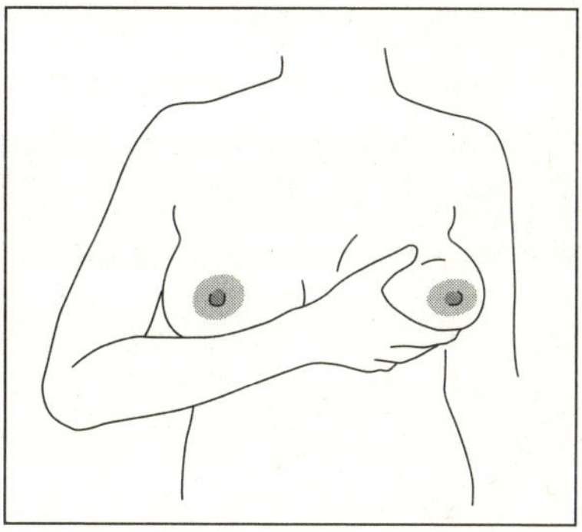

Figura 6. Un pecho grande y voluminoso se puede comprimir para que al bebé le sea más fácil agarrarlo.

meras semanas (cuando tiene la boca más pequeña). Una vez el bebé se ha prendido, puede soltar el pecho. No olvide comprimir el pecho en la misma dirección que la boca del niño, Wiessinger lo ha explicado perfectamente con la analogía del sándwich (fig. 7).

La cabecita debe estar orientada de tal manera que el eje de la cavidad bucal y el eje del pecho estén alineados (fig. 8). Según la forma del pecho, el cuerpo del bebé deberá estar totalmente de lado, mirando a la madre, o bien algo inclinado en diagonal. Pero si el cuerpecito está mirando hacia arriba, el bebé no podrá mamar cómodamente. Todo el cuerpo del bebé debe estar en contacto con el de la madre, rodeándolo como un cinturón; la niña de la figura 9-C está muy separada de su madre; lo que la obliga a extender demasiado el cuello hacia atrás. A veces se usa la frase: «Ombli-

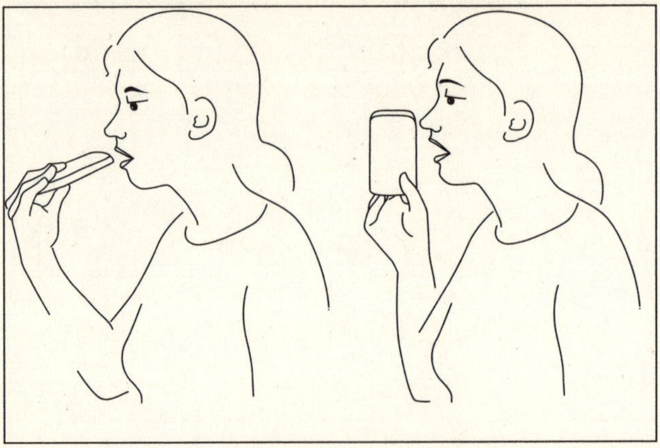

Figura 7. La boca y el sándwich deben estar en el mismo plano.

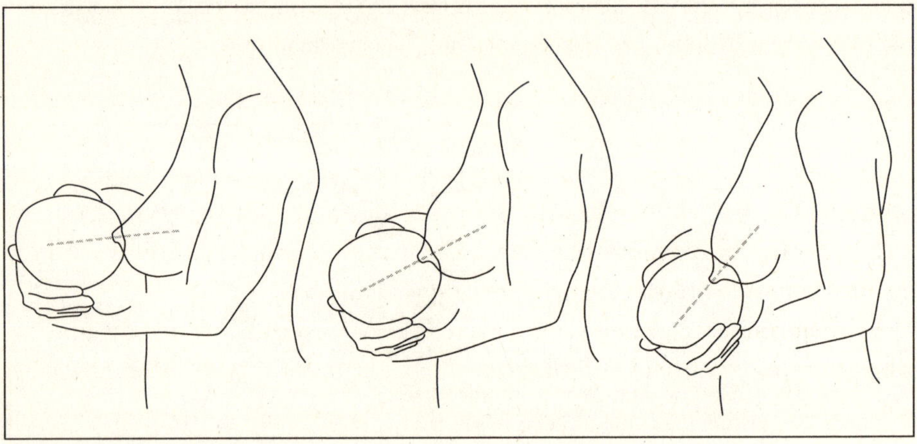

Figura 8. La cabeza del bebé apunta en la dirección del pecho.

go con ombligo», lo que es una exageración (he visto a algunas madres tomárselo al pie de la letra e intentar hacer coincidir su ombligo con el del bebé). Basta con ponerlo *barriga con barriga.*

En muchos libros, sobre todo americanos, se recomienda sujetar al bebé con una mano en el culito, de modo que su cabecita repose en el ángulo del codo de la madre. Pero el codo está a un lado del cuerpo, mientras que el pecho no está a un lado, sino delante. Sin duda, muchas madres dan el pecho sin problemas con la cabecita en el codo, habitualmente gracias a que el pecho es grande y blando, y lo pueden orientar hacia el codo, o a que la madre mueve el brazo hasta poner la cabecita delante del pecho (posición un poco incómoda que puede acabar con un dolor de hombro). Pero si tanto el pecho como el codo están en su lugar

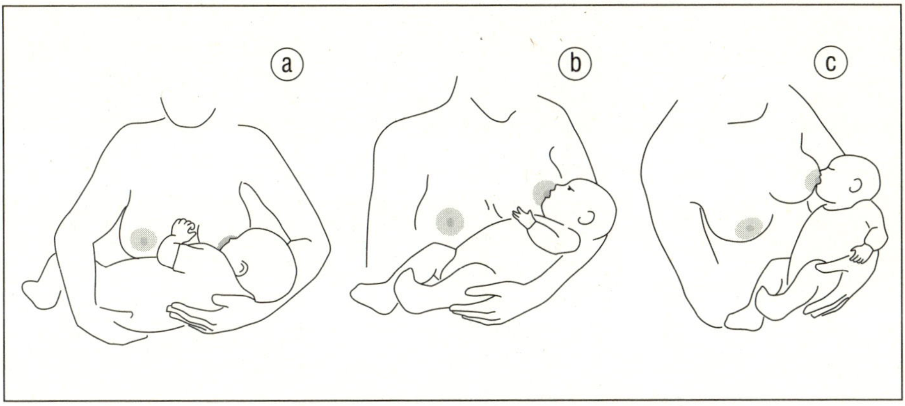

Figura 9. Para mamar cómodamente, el bebé ha de estar pegado a la madre y encarado hacia ella (a). Las posiciones b y c son incorrectas; en b, el bebé se ve obligado a girar el cuello; en c, está demasiado separado y se le escapa el pecho.

habitual (fig. 10), el bebé se verá obligado a doblar el cuello para llegar al pecho. Estará incómodo, solo podrá agarrar el pezón, y tendrá que hacer grandes esfuerzos para que no se le salga de la boca.

Es mejor sujetar al bebé con la mano en su espalda, de modo que su cabecita repose sobre el antebrazo de la madre. Otra posibilidad es sostener su cabecita con la otra mano (fig. 11).

Al colocarlo frente al pecho, rozando su bigote con el pezón, el bebé empezará a buscar, moviendo la cabeza y lameteando. Más de una madre novata, al ver a su hijo moviendo la cabeza de un lado a otro, ha exclamado: «¡Está diciendo que no! ¡No quiere el pecho!». Si lee usted esto durante el embarazo, o cuando ya lleva semanas o meses dando el pecho, pensará que exagero...

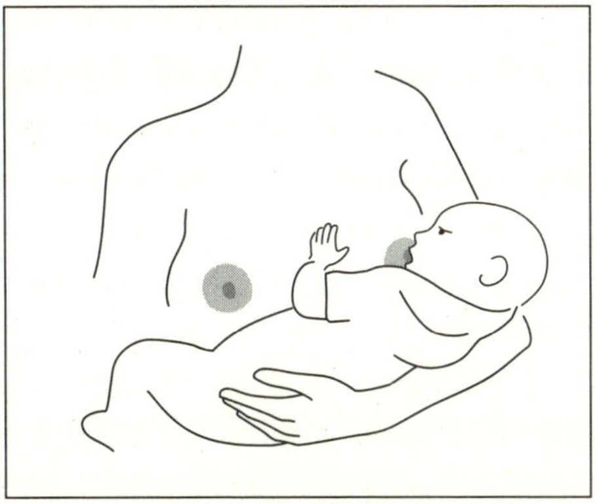

Figura 10. Un bebé mal colocado. Tiene la cabecita en el codo de la madre, y se ve obligado a doblar el cuello para alcanzar el pecho.

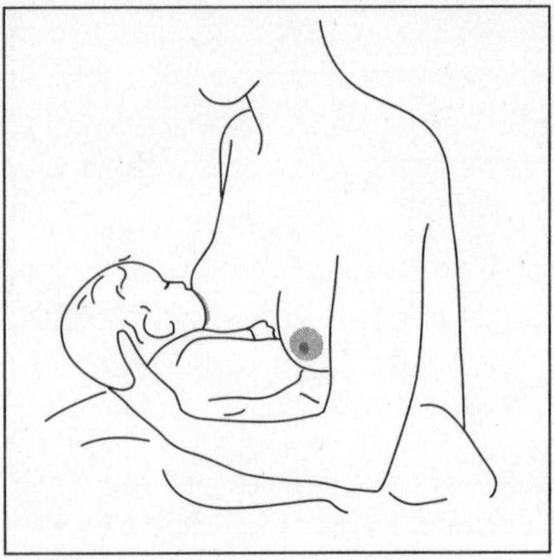

Figura 11. También puede sujetar al bebé con el otro brazo.

pero agotada tras un largo parto, insegura y con las hormonas revueltas, créame, no es tan difícil hundirse por algo así. Recuerde, su hijo no está diciendo que no; el movimiento de la cabeza de un lado a otro es instintivo, y sirve para encontrar el pezón. Nuestras primas las monas no llevan a su cría al pecho; simplemente lo toman en brazos, y la cría se encarga de los detalles.

Antes de mamar, el bebé tiene que asegurarse de que aquello, en efecto, es el pezón. No es cosa de ponerse a mamar del brazo o de la barriga de mamá; además de no sacar nada de leche, le dejaría un buen moretón. Para decidirse pone en funcionamiento casi todos los sentidos: ve la areola, toca el pezón con la piel de la cara y luego con los labios, lo huele y lo lame. Cuando por fin se decide, abre la boca y se lanza a fondo. En ese momento, empújelo hacia usted con la mano que tiene en su espalda, para que el pecho le quede bien metido en la boca. No le empuje por la nuca; eso provocaría un reflejo y el bebé echaría la cabeza hacia atrás.

Muchos niños maman mejor si la madre está inclinada hacia atrás, como en una tumbona, y el bebé sobre ella boca abajo. En esta posición, el peso del bebé no cae sobre el brazo de la madre, sino sobre el cuerpo de la madre: puede retirar el brazo y el bebé no se cae. Eso les mantiene muy juntos (como debe ser) y con el pecho bien metido en la boca.

Otras posiciones

Conviene conocer otras posturas para dar el pecho (fig. 12).

— Con los pies hacia atrás (en balón de rugby). Especialmente útil

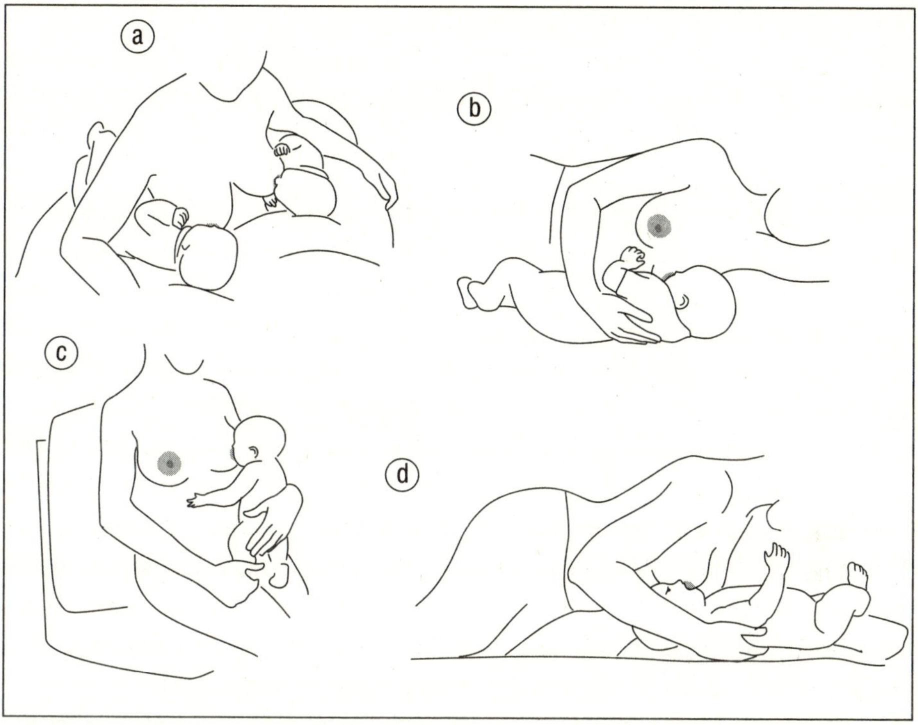

Figura 12. Otras posiciones (véase texto).

para dar de mamar a la vez a dos gemelos, o si los pies del bebé le molestan en la cicatriz de la cesárea.

— Estirada en la cama. Imprescindible de noche, y muy cómoda durante el día. Lo más cómodo suele ser ponerse la madre boca arriba, y el bebé encima, boca abajo. Poner su cabecita entre los pechos y esperar a que busque. También pueden ponerse madre e hijo de lado, frente a frente. Para darle el segundo pecho puede inclinarse un poco más y dárselo desde arriba, o abrazar a su hijo, girar con él y ponerse del otro lado. Si los pechos están muy llenos, puede resultar más cómodo darle primero el de arriba y luego el de abajo.

— A horcajadas. Muy útil para bebés que han de mamar en posición muy vertical, por ejemplo por una fisura en el paladar.

— La loba romana y otras posturas *de fantasía*. Lo crea o no, a veces van bien. Por ejemplo, en caso de obstrucción o mastitis en el pecho, hay que buscar la posición en que la lengua del bebé queda justo debajo de la zona inflamada. No olvide hacerse una foto de recuerdo.

Por qué maman en mala posición

Una vez olvidados los dichosos horarios e implantada la lactancia a demanda, la mayor parte de los problemas con la lactancia son debidos a la mala posición.

¿Cómo es posible que haya tantos niños mal colocados al pecho? Tras leer la larga y tediosa explicación precedente, uno se ve tentado de decir: «Pues porque es tan difícil que nadie se aclara». Pero no es tan difícil. Todos los mamíferos maman sin que nadie les explique la posición correcta, y así lo han hecho nuestras antepasadas durante millones de años.

Este tema me traía preocupado. Tardé años en comprender realmente cuál es la posición correcta, años de leer libros, ver vídeos y escuchar a expertos. ¿Cómo lo conseguían, entonces, en la cueva de Altamira?

Interferencias tras el parto

Encontré la respuesta en un estudio científico realizado en Suecia en 1990 por Righard y Alade. Comparaban dos grupos de recién nacidos, unos en contacto piel con piel con su madre desde el nacimiento, y otros separados temporalmente. A su vez, dentro de cada grupo había madres que habían recibido petidina (un potente analgésico) durante el parto, y otras que no. Prácticamente todos los bebés que estaban en contacto con la madre y no estaban bajo los efectos de la petidina se dirigían ellos solitos hacia el pecho, y se agarraban en posición perfecta. Los movimientos reptantes empezaban hacia los veinte minutos del parto; y entre los cuarenta y noventa minutos casi todos se ponían a mamar. De los niños en contacto con la madre, pero bajo los efectos de la analgesia, solo la mitad mamaron en buena posición, y lo mismo ocurrió con los que no habían recibido analgesia, pero fueron separados de su madre. Es decir, los niños nacen con el instinto y la capacidad para buscar el pecho, encontrarlo y mamar correctamente, pero cuando interferimos, ya sea con la petidina, ya sea separando al niño de la madre, muchos no lo consiguen. Y cuando se juntaban los dos factores, el resultado era devastador; ni uno solo consiguió mamar en buena posición, y la inmensa mayoría no mamaron, ni bien ni mal. A las dos horas de nacer no habían tomado el pecho todavía.

Lo más curioso (visto desde España) es cómo definen los suecos *en contacto con la madre* y *separado de la madre*. Los niños del primer grupo, segundos después de nacer, antes de lavarlos o de ponerles gotas en los ojos o de cualquier otra cosa, se colocaban desnudos sobre el cuerpo desnudo de su madre, y allí se quedaban durante dos horas. Los del grupo *separado*, segundos después de nacer, antes de lavarlos o pesarlos o ponerles gotas se colocaban desnudos sobre el cuerpo desnudo de su madre. Pero a los veinte minutos de nacer los separaban de la madre, los lavaban y pesaban y a los cuarenta minutos de nacer los volvían a poner desnudos sobre el cuerpo desnudo de su madre, y allí se quedaban hasta las dos horas. Esa separación de solo veinte minutos y que ni siquiera eran los primeros veinte, ya interfería con la capacidad del niño para mamar. ¿Y qué decir entonces de los recién nacidos que no tocan y a veces no ven a su madre hasta las tres, seis, doce o incluso más horas? Ojalá todos los niños que nacen en España tuvieran tanto contacto con su madre como los recién nacidos *separados* en Suecia.

Por cierto, no piense que el detalle del contacto piel con piel es una especie de ceremonia *new age* o de terapia naturista. No se trata de transmitir buenas vibraciones ni energías telúricas. Se transmite calor, en el más estricto sentido de la palabra. Varios estudios (entre ellos los realizados en España, en el hospital Doce de Octubre de Madrid y en el Joan XXIII de Tarragona, centros pioneros en estos temas) demuestran que el niño en contacto piel con piel con su madre mantiene la temperatura normal, o la recupera si se había enfriado.

Los mamíferos somos animales de sangre caliente, necesitamos mantener una temperatura corporal constante. Para luchar contra el frío tenemos que quemar más azúcar, movilizando nuestras reservas, y empleando más oxígeno, lo que obliga a nuestros pulmones, corazón e hígado a trabajar más deprisa. Para un recién nacido es mucho más difícil que para un adulto, por lo que están expuestos a sufrir una peligrosa hipotermia.

Los adultos nos abrigamos para no enfriarnos. Pero la ropa no calienta, solo aísla. Nuestro organismo produce calor fácilmente, y la ropa impide que ese calor se escape. El mismo abrigo que hace que usted no se enfríe puede hacer que un bloque de hielo no se derrita. Pero el problema del recién nacido es, precisamente, que le cuesta producir suficiente calor. Necesita una fuente de calor externa. Dentro del útero, está evidentemente a la misma temperatura que la madre, unos 37 °C. Si se coloca desnudo sobre el cuerpo desnudo de su madre, seguirán estando a la misma temperatura, es una ley de la física. La madre es la mejor fuente de calor, eficaz, segura, siempre a la misma temperatura, sigue calentando aunque corten la luz y el gas, y el niño jamás se quemará en sus brazos. Pero si ponemos entre madre e hijo una o varias capas de aislante en forma de ropa, el bebé ya no recibirá el calor que necesita.

Christensson K, Siles C, Moreno L, Belaustequi A, De La Fuente P, Lagercrantz H et al. Temperature, metabolic adaptation and crying in healthy full-term newborns cared for skin-to-skin or in a cot. Acta Pædiatr 1992;81:488.493

Gómez Papí A, Baiges Nogues MT, Batiste Fernández MT, Marca Gutiérrez MM, Nieto Jurado A, Closa Monasterolo R. Método canguro en sala de partos en recién nacidos a término. An Esp Pediatr 1998;48:631-3

Figueras Aloy J, García Alix A, Alomar Ribes A, Blanco Bravo D, Esqué Ruiz MT, Fernández Lorenzo JR. Recomendaciones de mínimos para la asistencia al recién nacido sano. Anal Pediatr 2001;55:141-5

Confusión entre pezón y tetina

Todo el mundo sabe que cuando los niños se acostumbran al biberón pueden acabar dejando el pecho. Muchas madres dicen: «Me aborreció el pecho». La explicación más popular es que «como el biberón es más fácil, se vuelven comodones y no se quieren esforzar con el pecho».

Pero eso no es cierto. El biberón no es más fácil. Varios estudios, tanto en niños prematuros como en bebés con graves malformaciones cardiacas, demuestran que la frecuencia cardiaca y respiratoria y el nivel de oxígeno en la sangre se mantienen más estables cuando maman del pecho que cuando toman un biberón. Los niños nacen para mamar, sus músculos y sus reflejos están especialmente diseñados para ello, mientras que tomar un biberón requiere un aprendizaje específico.

El problema no es que sea más fácil o más difícil, sino que es distinto. La leche hay que sacarla del pecho, excepto las pocas gotas que salen solas, y para ello la lengua tiene que empujar rítmicamente hacia atrás. Además de sacar la leche, este movimiento tiende a introducir el pecho cada vez más en la boca, lo que a su vez permite al bebé mamar mejor. Del biberón, en cambio, la leche sale sola; el bebé ha de lograr que deje de salir un momento para poder tragar la que ya tiene en la boca. Con el biberón, la lengua se mueve rítmicamente hacia delante. Este movimiento tiende a sacar el biberón fuera de la boca. Para impedirlo, todas las tetinas y chupetes del mundo se ensanchan por la punta, formando una especie de bola que hace de tope. Detrás del tope, la tetina tiene un estrechamiento, para que el bebé pueda tomar el biberón con la boca casi cerrada; si abriese tanto la boca como para tomar el pecho, de nada le serviría el tope, y el biberón se le escaparía sin remedio.

Algunos bebés mayorcitos alternan sin ningún problema pecho y biberón (o chupete), haciendo cada vez los movimientos precisos con la lengua y los labios. Pero en las primeras semanas son muchos los que se hacen un lío; si toman bien uno, no se aclaran con el otro. Durante los primeros días, muchas madres dicen: «Todo el rato está pidiendo el pecho, pero no hay manera de que coja el chupete» (*todo el rato* significa aquí *antes de tres horas*), y muchas otras exclaman: «No quiere mamar, y no entiendo qué le pasa, porque todo el rato está chupando el chupete» (y claro, la típica explicación: «No quiere el pecho porque no sale nada» no es válida; nunca ha salido nada de un chupete, y bien que lo chupan).

La primera vez que le dan un biberón a un recién nacido (por ejemplo, cuando en medio de la noche alguien decide darle un biberón para no despertar a la madre), muchas veces no lo quiere. Aparte de que la leche sabe rara y la tetina también, y está dura y tiene una forma extraña, cuando intenta mamar como si fuera un pecho, la leche sale a tal velocidad que se atraganta. El bebé expulsa la tetina, escupiendo y llorando. Pero la enfermera sigue insistiendo. La enfermera cariñosa dice: «No es nada, ea ea ea, esta niña tan lista se va a tomar su lechita»; la enfermera malhumorada dice: «Ya está bien de hacer marranadas, pues qué se habrá creído la niña esta»; pero las dos insisten. Tras unos segundos de angustia la niña descubre que haciendo así y *asao* con la lengua ya no se atraganta. «Muy bien, ¿ves qué fácil?», dice una enfermera; «¿ves como era cuento?», dice la otra.

Horas más tarde, cuando llevan al recién nacido con su madre, *piensa* lo que más tarde dirá cientos de veces: «¡Mira, mamá, mira qué sé hacer!». Intenta hacer con el pecho lo que acaba de aprender con el biberón, empujando con la lengua. Sorpresa y consternación, el pecho se le sale de la boca. Porque los pechos no tienen tope; todos los pechos del mundo acaban *en punta*.

«Me rechaza, el pecho, llorando», dice la atribulada madre. Agotada tras el parto, en pleno huracán hormonal, presa de la tristeza posparto (más leve pero mucho más frecuente que la depresión), la madre en realidad está diciendo: «Me rechaza, el pecho, llorando». Se siente rechazada por su propio hijo; ¿es posible caer más bajo? «No te preocupes, ya se cogerá», dice la enfermera cariñosa. «Claro, porque no tienes leche», dice la enfermera malhumorada. Se llevan al bebé y le dan otro biberón. Es el principio del fin.

Porque, claro, todas las enfermeras (y todas las madres, abuelas, padres o vecinas) saben que es posible darle el biberón a un niño. Siempre. Si no lo quiere, es solo cuestión de paciencia. Nadie dice: «Déjalo ya; lo has intentado, pero hay veces que el biberón simplemente no funciona»; «a mi cuñada le pasó lo mismo, el niño no se cogía al biberón y casi se le muere de hambre, hubo que acabar dándole el pecho»; «no hay que ser fanáticos del biberón, hoy en día con el pecho también se crían la mar de bien»; «yo soy el primer defensor del biberón, pero hay que reconocer que algunas mujeres no pueden»; «es mejor darle el pecho con cariño que el biberón con resentimiento»; «no le haces ningún bien a tu hijo; dándole el biberón de esta manera lo que estás haciendo es pasarle tus nervios»; «no tienes por qué sentirte culpable, no es obligatorio dar el biberón para ser buena madre»...

Si todas las madres tuvieran la misma absoluta seguridad de que siempre, siempre es posible darle el pecho a un niño, seguirían insistiendo, y casi todos los niños dejarían de *rechazar* el pecho en unos minutos. Y para los casos más difíciles, les ayudaría la enfermera, igualmente segura y con más experiencia. Si todas las madres, enfermeras, abuelas, padres y vecinas tuvieran tanta confianza en el pecho como en el biberón, yo no habría tenido que escribir este libro.

Este *rechazo* del pecho cuando el niño se ha acostumbrado al biberón se conoce como *confusión del pezón* o *confusión entre el pezón y la tetina*. Para evitarla, se recomienda no dar biberones ni chupetes a los bebés, al menos durante el primer mes. Después del mes, muchos niños rechazan con energía el biberón o el chupete, ya no se dejan engañar tan fácilmente como un recién nacido. Y otros toman biberón, o usan chupete, pero ya no se confunden, y en cada caso mueven la lengua de la forma más adecuada. Pero también hay niños que, tengan la edad que tengan (incluso más de seis meses), cuando empiezan a usar chupetes o biberones empiezan a *rechazar* el pecho, o a mamar de forma dolorosa para la madre.

Algunos médicos insisten en que la confusión del pezón no existe, y en que darle uno o varios biberones a los recién nacidos no perjudica para nada la lactancia materna. Lo cierto es que no existen pruebas experimentales, porque para eso habría que darles biberones a propósito a un grupo de niños, escogidos al azar, para ver qué pasa. Los que creen que eso no es malo no se molestan en hacer el estudio, los que creemos que sí que es malo pensamos que no sería ético hacer un estudio así. «¿Qué más da que exista o no exista?», pensará el lector; ante la duda, mejor no darle biberones, y ya está. Pues resulta que algunos de los que no creen en la confusión recomiendan darles a todos los niños de pecho un biberón cada semana, como mínimo, para que se acostumbren. Porque si no, cuando la madre vuelva a trabajar, o por cualquier motivo tenga que salir de casa, el bebé rechazará el biberón. Vamos, que reconocen que la confusión funciona al menos en un sentido, y que el niño que *se acostumbra* al pecho luego rechaza el biberón.

Falta de modelos culturales

La lactancia en los primates superiores no es puramente instintiva (pág. 264). Hace falta un aprendizaje por observación; aprendizaje que en la naturaleza se da de forma espontánea. Pero muchas madres dan a luz sin haber visto nunca dar de mamar a otra mujer. Algunas ni siquiera han tenido a otro bebé en brazos. Muchas adolescentes no han pasado por la experiencia de ver a una madre cuidando a su hijo, sino por la de trabajar como canguro, cuidando a un niño (y dándole el biberón) mientras su madre está ausente.

En cambio, sí que es relativamente fácil ver niños tomando el biberón. En los parques, en las películas, en las fotos de las revistas. Eso contribuye a que, en muchos países europeos, las inmigrantes den menos el pecho que las autóctonas. Las turcas que viven en Suecia, por ejemplo, no solo dan menos pecho que las turcas que se quedaron en Turquía; también dan menos pecho que las suecas. Suecia es uno de los países de Europa donde más se da el pecho, pero las inmigrantes no se enteran. No entienden los libros, no tienen amigas con las que hablar, solo pueden ver las fotos de las revistas, y llegan a la conclusión de que «el biberón debe de ser mejor, porque aquí es lo que toman todos los niños».

Como dar el biberón sí que lo han visto muchas veces, en foto o al natural, muchas madres intentan dar el pecho sujetando al niño como si le fueran a dar un biberón, con la cabeza en el codo y mirando hacia arriba. Así colocado, el bebé tiene que torcer y doblar el cuello y casi no llega al pecho.

También el arte puede ofrecer modelos inadecuados. En muchos cuadros el niño Jesús mama sentado y con el cuello torcido. Pero fíjese en el niño, suele tener varios meses, y a veces uno o dos años. Los recién nacidos la verdad es que no son muy fotogénicos; el cuadro queda mejor con un niño mayorcito. Los niños mayores, como ya hemos dicho, consiguen mamar bien en casi cualquier posición. Y en algunos cuadros el niño ni siquiera está mamando; está mirando al pintor (lo más interesante que ha visto en su vida, por supuesto) mientras le pega al pezón un tirón de miedo.

La abnegación

El mito de la madre abnegada también contribuye a que muchos niños mamen en mala posición.

¿Por qué el pezón duele tanto? Un pellizco en el pezón es mucho más doloroso que en cualquier otro punto de la piel. ¿Tal vez tiene que ser muy sensible, para poder reaccionar a los estímulos y desencadenar los reflejos de la oxitocina y de la prolactina? No necesariamente. Lo que conocemos como *tacto* son en realidad varios sentidos distintos, con distintos receptores y distintos nervios. El pezón podría ser muy sensible a la presión o al contacto, pero poco sensible al dolor.

Pienso que la exquisita sensibilidad al dolor sirve para garantizar que el niño agarra bien el pecho. ¿Por qué daban el pecho las mujeres de las cavernas, por qué dan el pecho los animales? ¿Porque se lo recomienda el veterinario, porque han oído que es muy nutritivo y protege contra las infecciones? Está claro que no. El primer motivo por el que las madres animales y humanas dan el pecho es, simplemente, para que el niño calle. El llanto es un sonido muy desagradable, que impulsa a la madre a hacer algo para calmarlo. Pecho, brazos, caricias, canciones, lo que sea, pero que calle.

¿Qué pasaba en la cueva de Altamira cuando un niño mamaba en mala posición? «El niño llora, le doy pecho. Me duele, le quito el pecho. Vuelve a llorar, le doy pecho. Me vuelve a doler, se lo quito...» Y así hasta que acertaban con la posición correcta: «¡Anda, esta vez no me duele! Pues que mame todo lo que quiera...». El dolor es un aviso de nuestro cuerpo para que la madre cambie de posición. Así puede corregir el problema antes de que aparezcan las grietas, las mastitis, los vómitos, los cólicos...

Pero en tiempos mucho más recientes, la lactancia se tiñó de connotaciones morales. Una *buena madre* sigue dando el pecho, aunque le duela. Una *buena madre* se sacrifica y cumple con su deber:

> ¡Ved la cara de sufrimiento de aquella madre que está dando el pecho a costa de violentos y horribles dolores! ¡Cómo se le saltan las lágrimas que, en un esfuerzo supremo, quiere contener, y cómo, escapándosele un fuerte grito, retira bruscamente al niño de su pecho!
>
> DR. JOSÉ J. MUÑOZ,
> *¡¡Madre... cría a tu hijo!!*, 1941

Una *buena madre* desoye los mensajes de su cuerpo, y sigue dando el pecho en mala posición, hasta que le salgan grietas. Y cuando ya no pueda soportar más el dolor, la ansiedad y el agotamiento, cuando se rinda y se pase al biberón, los mismos que por delante le dicen: «No te preocupes, con las leches modernas se crían igual de bien», a sus espaldas comentarán: «Lo que pasa es que las madres de ahora no aguantan nada».

En conclusión, durante millones de años no debía de haber casi problemas de posición. Tras un parto natural, cuando el niño estaba en brazos de la madre desde el primer segundo y no se movía de allí en meses (¿dónde iba a estar, en la cueva-nursery?), sin chupetes ni biberones y con abundantes oportunidades para observar a otras madres con sus hijos, casi todos los bebés mamaban bien. Y en caso de problema, el dolor avisaba a la madre para que lo corrigiese de inmediato. La naturaleza no podía prever que nuestra sociedad llegaría a hacerlo todo al revés.

¿Y por qué no ideó la naturaleza un sistema más sencillo? Si la oxitocina fuese un poco más efectiva, y toda la leche saliese a chorro sin esfuerzo para el bebé, este podría mamar aunque estuviera mal colocado, y como no tendría que hacer fuerza, tampoco habría dolor ni grietas. La idea es tentadora, pero no puede funcionar. Si la leche saliera sola, el bebé no tendría ningún control. Para que la cantidad y composición de la leche se adapten a las necesidades del lactante, es necesario que este mame de forma activa. Por eso, la leche no sale sola en ningún mamífero, siempre hay que hacer un esfuerzo. Por eso, a las vacas, cabras y ovejas hay que ordeñarlas, no basta con poner un balde debajo y esperar.

Por cierto, ya que estábamos hablando de abnegación materna, me permito hacer un alegato contra el sacrificio. La palabra *sacrificio* tiene varias acepciones, y alguna de ellas no está mal: «Acto de abnegación o altruismo inspirado por la vehemencia del cariño». Pero también puede ser: «Acción a que uno se sujeta con gran repugnancia», de modo que se presta a confusiones.

¿Se sacrifica un montañero para alcanzar la cima? ¿Se sacrifica el que estudia oposiciones para notario, o practica horas y horas al piano? No están haciendo algo que les repugna; están haciendo lo que desean hacer. Yo no quiero subir a una montaña ni ser notario, y por eso no lo hago.

Si quiere usted llevar a su hijo en brazos, o darle el pecho, hágalo. Si quiere dejar de trabajar durante meses o años para cuidarlo, o rechazar una magnífica oportunidad de trabajo en el extranjero para estar con su familia, hágalo. Pero solo si quiere. Si no quiere, pues no lo haga. Decir: «He sacrificado mi carrera profesional para estar con mi hijo» es tan absurdo como: «He sacrificado la relación con mi hijo por mi carrera». No son sacrificios, son elecciones. Vivir es elegir, los días solo tienen veinticuatro horas, y el que hace una cosa no puede hacer otra al mismo tiempo. Elija lo que en cada momento le parezca mejor, y ya está. Quien hace lo que quiere no está renunciando, sino logrando; no se sacrifica, sino que triunfa.

El matiz es importante, porque quien hace (o cree hacer, o quiere creer que hace) un sacrificio lo hace, por definición, con gran repugnancia. No se considera pagado, cree que le deben algo. Tarde o temprano tendrá usted conflictos con sus hijos. En esos momentos, quienes creen haberse sacrificado piensan (o lo que es peor, dicen): «Parece mentira, después de todo lo que he hecho por ti» o «por tu culpa, yo no pude llegar a...». Las palabras, una vez pronunciadas, no pueden recogerse. En cambio, los que son conscientes de haber hecho lo que deseaban más bien piensan: «Qué lástima que después de todos los años de felicidad que me has dado, ahora tengamos un conflicto» o «gracias a ti he disfrutado del privilegio de ser padre». O, lo que es mejor, lo dicen.

capítulo tres

El embarazo

Hace unas décadas, cuando se empezó a recuperar el interés por la lactancia materna, se idearon diversas maneras de preparar los pezones durante el embarazo. Frotarlos, estirarlos, retorcerlos, untarlos con diversas cremas, pomadas y potingues... Las recomendaciones eran a veces contradictorias: unos querían *suavizar* los pezones con cremas, mientras que otros querían *endurecerlos* o *curtirlos* con alcohol.

El fracaso de la lactancia estaba tan extendido en Occidente, daban el pecho tan pocas mujeres y durante tan poco tiempo, que se buscaban soluciones desesperadas por todas partes. Muchos creyeron que el problema principal estaba antes del parto; hoy sabemos que el problema está después. La solución no era que las madres hicieran más cosas (preparar los pezones, tomar una dieta especial, tomar ciertas hierbas...); sino que los profesionales hiciéramos menos cosas (dejar de separar al niño de la madre, dejar de repartir muestras gratuitas, dejar de recomendar un horario para las tomas...).

Preparar el pezón para la lactancia es como preparar los pies para andar o la nariz para respirar. Son para eso: la nariz es para respirar y los pechos para amamantar, ya vienen preparados de fábrica. Una versión suave habla de exponer los pezones al aire y al sol, y de ir sin sujetador para permitir el roce de la ropa, argumentando que esa es la preparación natural que recibirían los pechos si no estuvieran siempre tan tapados. La idea parece razonable, especialmente cuando hace unas décadas comparábamos el fracaso de la lactancia en Europa y su éxito en África. Pero las europeas, tanto o más tapadas que ahora, dieron el pecho sin problemas hasta principios del siglo XX. Y las madres esquimales también dan el pecho. Si le gusta ir sin sujetador o tomar el sol en los pechos (con precaución, que se queman), ningún problema; pero desde luego no es obligatorio para poder darle de mamar a su hijo.

Pues esa supuesta obligatoriedad es el mayor peligro. En general, la preparación de los pezones es físicamente inocua. Teóricamente, la estimulación excesiva del pezón podría desencadenar contracciones, e incluso un parto prematuro; pero lógicamente cualquier madre que notase tales contracciones dejaría de frotarse los pezones al instante. Teóricamente, los conductos del pezón podrían dañarse por estirarlos y retorcerlos de forma exagerada; pero eso, si es que alguna vez ha ocurrido, debe de ser muy muy raro.

Sí que es frecuente, en cambio, que algunas mujeres se vean obligadas a hacer durante el embarazo cosas que les molestan, les duelen o les incomodan porque les han dicho que *si no se preparan, no podrán dar el pecho*. En los casos extremos, algunas mujeres deciden no dar el pecho para no tener que pasar por la *preparación*. Y otras, cuando después del parto tienen grietas o dolor en los pezones, en vez de buscar ayuda para solucionarlo, se quedan en casa llenas de culpa: «Ahora me tengo que aguantar; si me hubiera preparado los pezones como me dijeron...».

Y entonces, ¿no hay que hacer ninguna preparación durante el embarazo? Así, obligatoria, no hay ninguna. Aunque no haya hecho nada de nada, incluso si tenía pensado dar el biberón y el día del parto, vaya a saber por qué, cambia de opinión, podrá usted dar el pecho. Pero si tiene tiempo y ganas, sí que hay un tipo de preparación que puede resultar beneficiosa: aprender.

Busque a otra mujer que le pueda enseñar. Su propia madre (o suegra), o alguna abuela, puede que hayan dado el pecho. Pero tenga en cuenta que hace unas décadas las mujeres fueron sometidas a un importante lavado de cerebro; se les convenció de que todo lo que hacían estaba mal hecho. Algunas madres o abuelas dieron el pecho dos años, y sin embargo se pasan el día diciendo: «No le des antes de las tres horas»; «este niño se queda con hambre»; «tu leche no alimenta»... Probablemente no hace sino repetir lo que le dijeron a ella. Pregúntele: «Pero, abuela, ¿de verdad tú dabas el pecho cada tres horas? ¿Los dos años que le diste a mamá estuviste mirando el reloj?». «Bueno, no, en aquellos tiempos no había tantos conocimientos, lo hacíamos todo de cualquier manera. ¡Si hasta me la metía en la cama para darle el pecho! Pero cuando tu madre te tuvo a ti, el doctor le explicó muy bien los horarios. Lástima que tu madre, a las dos semanas, se quedó sin leche, con lo bien que lo estaba haciendo...»

Pues eso, si tiene la suerte de tener a alguien en la familia que dio el pecho y le funcionó, pregúntele. Y si conoce a alguna amiga o cuñada que está dando el pecho ahora, vaya a verla y observe (¡sin criticar, por favor! Pronto verá la rabia que da que la critiquen...).

Grupos de apoyo a la lactancia

En los últimos años han surgido por toda España docenas de grupos de madres lactantes. Organizan reuniones periódicas, atienden consultas por teléfono, publican folletos. En ellos encontrará información, apoyo, amistad, y la posibilidad de ver a otras madres dando el pecho.

Intente contactar con un grupo de madres y asista a sus reuniones. Es muy útil acudir durante el embarazo, pues aunque la idea es seguir yendo después del parto, a veces con el bebé no es tan fácil desplazarse.

Encontrará las direcciones y teléfonos en

www.fedalma.org

capítulo
cuatro

El parto

Anestesia

Se discute mucho si la anestesia durante el parto influye sobre el éxito de la lactancia.

Hoy en día se usa raramente la anestesia general durante el parto. En un estudio, las madres que habían tenido cesárea con anestesia epidural dieron el pecho el mismo tiempo (como media) que las que habían tenido un parto normal; en cambio, la cesárea con anestesia general conducía frecuentemente al destete precoz. Claro, la anestesia no afecta de por sí a la producción de leche, pero puede iniciar una bola de nieve de pequeños problemas que se van sumando: la primera toma se retrasa, el bebé está adormilado y no mama bien, la madre tiene grietas, el bebé pierde mucho peso y recibe suplementos... En un estudio en que todas las madres recibían la ayuda de una enfermera especializada en lactancia, las que habían dado a luz con anestesia o analgésicos dieron el pecho igual que las otras; pero, por desgracia, no todas las madres cuentan con tanta ayuda, y es probable que un mal comienzo lleve al destete.

El efecto de la anestesia epidural es controvertido. Algunos estudios encuentran que el comportamiento de los bebés está alterado durante varios días (alteraciones muy leves, que se detectan con pruebas neurológicas pero no se notan a simple vista), y que al mes de edad las madres que habían dado a luz sin epidural consideraban a sus bebés más fáciles de cuidar y les daban el pecho más a menudo (a priori, los que no tienen hijos podrían pensar que es precisamente el que pide menos pecho el más *fácil de cuidar*, pero las madres lo veían al revés. Tal vez los niños estaban más despiertos y pedían más pecho, o tal vez pedían lo mismo pero sus madres respondían más porque los veían *más adorables*. La relación madre-hijo es una delicada coreografía, en que resulta muy difícil separar lo cultural de lo biológico). En cambio, otros estudios no encontraron tales efectos cuando se usaban dosis bajas de anestésicos epidurales (la tendencia moderna es a usar dosis bajas, pero tal vez algunos anestesistas todavía estén usando dosis más altas).

En cualquier caso, lo que es seguro es que la anestesia, ya sea general o epidural, no perjudica al bebé a través de la leche. Si el recién nacido está algo adormilado, no es por la ridícula cantidad del fármaco que pueda pasar a la leche, sino por la gran cantidad que recibió a través de la placenta. Es absurdo retrasar la primera toma *para dar tiempo a que la madre elimine la medicación*, todo lo contrario, hay que dar el pecho lo antes posible y con frecuencia para que la lactancia funcione bien, a pesar de la anestesia.

En cuanto al dolor después del parto, en general se administran simples analgésicos que no interfieren para nada con la lactancia. Incluso, en algún estudio, las madres que reciben analgésicos dan más el pecho, tal vez porque es más fácil atender a tu hijo cuando no te duele nada. Algunos medicamentos (raramente usados) sí que podrían afectar a la lactancia, pero eso lo deberían saber los médicos del hospital donde dé a luz. Así que si le dicen: «No puede dar el pecho porque le hemos recetado un medicamento muy fuerte para el dolor», usted conteste: «Pues deme otro medicamento para el dolor que sí que pueda tomar, porque voy a seguir dando el pecho». Y ya está.

No usar yodo

El yodo de los antisépticos (tipo Betadine® o Topionic®) se absorbe por la piel y por las mucosas (por ejemplo, la vagina) y pasa a la placenta. En un niño mayor o en un adulto, eso no hace ningún daño. Antes bien, la aplicación esporádica de yodo en las heridas probablemente ha evitado muchos déficits de yodo cuando no se consumía sal yodada. Pero la cantidad de yodo que se absorbe con el desinfectante es enorme, cientos de veces superior a la que una persona necesita cada día.

Los fetos y los recién nacidos son muy sensibles a esta sobrecarga de yodo, que puede bloquear su tiroides y provocar un hipotiroidismo transitorio. Algunos de los *sustos* que produce el diagnóstico precoz de metabolopatías (*la prueba del talón*) son debidos al yodo: llega un aviso urgente, los resultados están alterados y hay que comprobarlos, y el segundo análisis sale bien. Bastantes problemas causa ya una falsa alarma; pero lo gordo es que no es falsa, sino verdadera. No es que el yodo haya alterado los resultados, sino que ha producido un verdadero hipotiroidismo, afortunadamente transitorio. No es una buena cosa que el bebé haya sufrido hipotiroidismo, aunque solo sea durante unos días.

Por todo ello, jamás se debe aplicar yodo a una embarazada ni a un recién nacido durante los dos primeros meses. Ni en una herida sin importancia de la embarazada, ni en la barriga antes de hacerle la cesárea, ni en el brazo antes de ponerle un suero, ni en la vagina antes de hacer la episiotomía, ni en el ombligo del bebé... En el hospital ya sabrán qué desinfectante hay que usar, en casa use agua y jabón. (Tampoco es muy recomendable la mercromina, que lleva mercurio.)

En cambio, la embarazada y la madre que lacta sí que tendrían que tomar suplementos de yodo (pág. 390). La cantidad de yodo en la pastilla es cientos de veces menor que en el desinfectante, y no hace ningún daño.

Arena Ansotegui J, Emparanza Knörr JI. Los antisépticos yodados no son inocuos. An Esp Pediatr 2000;53:25-9
http://db.doyma.es/cgibin/wdbcgi.exe/doyma/mrevista.fulltext?pident=11048

El pinzamiento del cordón umbilical

Desde hace muchas décadas, es costumbre cerrar el cordón umbilical con una pinza en cuanto sale el niño, cuestión de segundos. Eso se hace por temor a que la sangre de la placenta pase al bebé. En efecto, el exceso de sangre en el bebé (poliglobulia) puede producir graves problemas, como trombosis o dificultad respiratoria. Imagino que este temor tiene un fundamento real; tal vez hace un siglo a alguien se le ocurrió mantener la placenta en alto, como un gota a gota, o incluso exprimirla bien para dejar al bebé bien llenito de sangre, con resultados desastrosos, y los médicos de entonces decidieron pinzar el cordón urgentemente.

Pero estudios modernos demuestran que el pinzamiento demasiado precoz del cordón también da problemas. Cuando se coloca al bebé sobre el cuerpo de su madre (que es donde hay que ponerlo al nacer) y se espera unos tres minutos para pinzar el cordón, el bebé recibe un 30 por ciento más de sangre; se ha demostrado: a) que ese aumento moderado no es perjudicial para el bebé, no produce trombosis ni afecta a la circulación de la sangre, y b) que las reservas de hierro aumentan, y eso disminuye el riesgo de anemia al cabo de unos meses. Y todo eso se ha comprobado tanto en niños nacidos a término como en prematuros.

Así que ya ve, muchas anemias en bebés de un año, que dicen que son culpa de la leche materna por tener poco hierro y de la madre por empeñarse en dar el pecho, en realidad son *culpa* del que cortó el cordón con tantas prisas. La cantidad de hierro en la leche es adecuada, pero la naturaleza no había previsto que alguien inventaría las pinzas y las tijeras. Evidentemente, en la naturaleza ningún mamífero pone una pinza en el cordón umbilical; esperan a que se cierre solo (en unos minutos) y lo cortan con los dientes.

Coméntelo durante el embarazo con su comadrona y su ginecólogo. Puede imprimir los siguientes artículos y llevárselos (es fácil encontrar un resumen en Medline, buscando el nombre de los autores, véase página 458).

Pisacane A. Neonatal prevention of iron deficiency. Br Med J 1996;312:136-7 http://bmj.com/cgi/content/full/312/7024/136

Nelle M, Zilow EP, Kraus M, Bastert G, Linderkamp O. The effect of Leboyer delivery on blood viscosity and other hemorheologic parameters in term neonates. Am J Obstet Gynecol. 1993;169:189-93.

McDonnell M, Henderson-Smart DJ. Delayed umbilical cord clamping in preterm infants: a feasibility study. J Paediatr Child Health. 1997;33:308-10.

Ibrahim HM, Krouskop RW, Lewis DF, Dhanireddy R. Placental transfusion: umbilical cord clamping and preterm infants. J Perinatol 2000;20:351-4.

Rabe H, Wacker A, Hulskamp G, Hornig-Franz I, Schulze-Everding A, Harms E et al. A randomised controlled trial of delayed cord clamping in very low birth weight preterm infants. Eur J Pediatr. 2000;159:775-7.

Mercer JS. Current best evidence: a review of the literature on umbilical cord clamping. J Midwifery Womens Health. 2001;46:402-14.

Grajeda R, Perez-Escamilla R, Dewey KG. Delayed clamping of the umbilical cord improves hematologic status of Guatemalan infants at 2 mo of age. Am J Clin Nutr. 1997;65:425-31.

Gupta R, Ramji S. Effect of delayed cord clamping on iron stores in infants born to anemic mothers: a randomized controlled trial. Indian Pediatr 2002;39:130-5 www.indianpediatrics.net/feb2002/feb-130-135.htm

capítulo

cinco

Inicio de la lactancia

Hospitales amigos de los niños

En 1989, la OMS y el UNICEF publicaron un documento conjunto titulado «Protección, promoción y apoyo de la lactancia materna, la función especial de los servicios de maternidad», en el que por primera vez se presentaban los diez pasos para una feliz lactancia materna:

Todos los servicios de maternidad y atención a los recién nacidos deberán cumplir los siguientes diez pasos hacia una feliz lactancia natural:

1. Disponer de una política por escrito relativa a la lactancia natural que sistemáticamente se ponga en conocimiento de todo el personal de atención de salud.
2. Capacitar a todo el personal de salud de forma que esté en condiciones de poner en práctica esa política.
3. Informar a todas las embarazadas de los beneficios que ofrece la lactancia natural y la forma de ponerla en práctica.
4. Ayudar a las madres a iniciar la lactancia durante la media hora siguiente al parto.
5. Mostrar a las madres cómo se debe dar de mamar al niño y cómo mantener la lactación incluso si han de separarse de sus hijos.
6. No dar a los recién nacidos más que la leche materna, sin ningún otro alimento o bebida, a no ser que esté médicamente indicado.
7. Facilitar la cohabitación de las madres y los niños durante las veinticuatro horas del día.
8. Fomentar la lactancia materna a demanda.
9. No dar a los niños alimentados al pecho tetinas o chupetes artificiales.

10. Fomentar el establecimiento de grupos de apoyo a la lactancia natural y procurar que las madres se pongan en contacto con ellos a su salida del hospital o clínica.

He modificado ligeramente la traducción oficial, que en el paso ocho dice: «Fomentar la lactancia materna siempre que se solicite», lo que parece que quiera decir: «Si alguien solicita que fomentes la lactancia, la fomentas; y si no, pues no».

Más tarde, en 1991, la OMS y el UNICEF lanzaron la Iniciativa Hospital Amigo de los Niños (IHAN), con el objetivo de que todos los hospitales del mundo cumplan esos diez pasos. En cada país se establece un comité que administra la iniciativa. El comité español está formado por representantes de UNICEF, el Ministerio de Salud, organizaciones profesionales de comadronas, enfermeras pediátricas, ginecólogos, gestores de hospital y pediatras, grupos de madres y asociaciones de apoyo a la lactancia.

Los hospitales que voluntariamente lo solicitan son evaluados (muy duramente). Si cumplen con los diez pasos, se les concede el título de *Hospital Amigo de los Niños*. En España hay actualmente (2009) catorce de tales hospitales, puede consultar la lista en www.ihan.es.

Si en su localidad existe un hospital amigo de los niños, vale la pena dar a luz en él. Si no lo hay, no desespere. Cumplir plenamente los diez pasos y obtener el galardón es muy difícil, pero por fortuna hay muchos otros hospitales que, aunque no lleguen a la perfección, se acercan bastante.

Pregunte a su ginecólogo y a su comadrona, pregunte a amigas y conocidas que hayan dado a luz recientemente, y no dude tampoco en visitar personalmente los hospitales y preguntar.

Le interesará saber cómo es la atención al parto, si podrá andar durante la dilatación y ponerse en cuclillas o en la posición que desee durante el parto en sí, si podrá estar presente su marido o la persona que usted elija, si tienen la costumbre de rasurar, de poner enemas o hacer episiotomías... Hablar en detalle de cómo debería ser un parto normal se aparta del propósito de este libro; encontrará documentos de la OMS sobre la atención al parto normal en

www.sarda.org.ar/Revista%20Sard%C3%A1/99b/78-80.pdf
www.who.int/reproductivehealth/publications/en/

La Federación de Asociaciones de Matronas de España promueve la Iniciativa Parto Normal:

http://www.federacion-matronas.org/ipn

Aún más: el Ministerio de Sanidad español, de acuerdo con todas las consejerías autonómicas de salud, tiene una estrategia para la atención al parto normal, que intenta cambiar las prácticas en todos los hospitales del país. Puede consultar un resumen y un amplio documento de más de 80 páginas:

http://www.msc.es/gabinetePrensa/notaPrensa/desarrolloNotaPrensa.jsp?id=990
http://www.msc.es/novedades/docs/estrategiaAtencionPartoNormal.PDF

También resulta muy interesante la descripción que en su libro *Maternidad y lactancia* hace la Dra. Nylander sobre la asistencia al parto en Noruega.

Es también importante saber cuál es la tasa de cesáreas en su hospital. Por supuesto, en algunos casos, la cesárea es imprescindible, y permite salvar la vida de la madre, del niño o de ambos. Pero también se hacen muchas cesáreas innecesarias. En España, la media nacional es de poco más del 20 por ciento. Lógicamente, las clínicas pequeñas y hospitales comarcales, que no atienden embarazos de alto riesgo, deberían tener menos cesáreas; y los hospitales de primer nivel, adonde acuden precisamente esas embarazadas de alto riesgo, deberían tener más cesáreas. Y sin embargo, hay hospitales de primer nivel en nuestro país con menos de un 15% de cesáreas, y pequeñas clínicas con más del 35%. No tema preguntar cuál fue el porcentaje de cesáreas de su hospital el año pasado; es un dato que le deberían facilitar sin ningún problema.

http://www.elpartoesnuestro.es

Pero vamos a lo nuestro: la lactancia. Averigüe cuáles de los diez pasos anteriores cumplen los hospitales de su zona. Es especialmente importante saber si le ponen al niño al pecho en la sala de partos, y si lo puede tener en la habitación día y noche. Compruebe, preguntando a otras madres, si de verdad cumplen lo que le han dicho o si son solo bonitas teorías. Averigüe también si el personal es amable, si apoya la lactancia, si han sabido solucionar los pequeños problemas de las madres.

Si no le queda más remedio que dar a luz en un hospital donde la madre no puede tener a su hijo hasta al cabo de no sé cuántas horas, o en que se llevan al bebé por la noche (puede que incluso quede algún hospital en que se llevan al bebé también de día, y solo lo traen cada 3 horas para mamar), o en que les den suero glucosado a todos, todavía está a tiempo de intentar cambiar las cosas. Le quedan varios meses de embarazo; luche por su salud y por la de su hijo.

Cuenta con dos armas importantes, la razón y las recomendaciones de la Asociación Española de Pediatría, que cualquiera puede consultar en su página web www.aeped.es/lactanciamaterna/lactmat.htm. Si es preciso, puede imprimirlas y llevárselas a quien haga falta. Los médicos no están obligados a seguirlas (no es una ley, solo una recomendación científica), pero al menos no pueden decir: «Esto son tonterías de los fanáticos de la lactancia». Tendrán que escucharla, tal vez hacerle caso, y como mínimo intentar argumentar su negativa.

Si el problema es que la madre o el niño han de estar dos horas (o las que sean) en observación después del parto, pues muy bien, pida que les observen a los dos juntos. Para el hospital debería ser hasta más cómodo, no hace falta que haya una enfermera observando al bebé mientras una comadrona observa a la madre, sino que la misma persona los puede observar a los dos. Si el problema es que «aquí siempre lo hemos hecho así» o «son las normas», ¿quién tiene autoridad para permitir una excepción? En estos momentos no está usted pidiendo que cambien las normas; no les está pidiendo que pongan a todos los niños con sus madres. Solo quiere que pongan a su hijo con usted. ¿No tiene el jefe de pediatría suficiente autoridad para permitirlo? ¿O el director médico? Llegue hasta donde tenga que llegar. Si ha encontrado mucha resistencia, pero al final ceden, es conveniente pedir que lo anoten en su historia clínica (no diga que no se fía, ¡claro que se fía usted!... pero ¿y si doy a luz un domingo, y los médicos de guardia no saben que el jefe lo ha autorizado?). Si para tener a su hijo con usted toda la noche ha tenido que rogar y suplicar, intente que alguien (su marido o su madre, por ejemplo) la acompañe por las noches para ayudarla con el bebé. Porque, si después de haber *dado la lata* se le ocurre *molestar* a media noche para cualquier cosa, imagínese los comentarios.

Hace más de diez años supe de una clínica en que decían que solo dejarían al bebé en la habitación de la madre si esta firmaba un documento conforme el hospital no se hacía responsable si el bebé moría por la noche. ¡Como si los recién nacidos no hicieran otra cosa que morirse! No era más que un golpe bajo para someter a las madres mediante el terror. Naturalmente, un documento así no tendría ningún valor legal; el hospital sigue estando obligado a atender a su hijo si hay cualquier problema. Y las salas nido no son unidades de vigilancia intensiva, los niños suelen pasar la noche solos sin que nadie los vigile más que de tanto en tanto y desde lejos. También supe de una clínica privada donde el problema, en último término, era económico. El servicio de *nursery* se cobraba aparte; si la madre aceptaba pagarlo de todos modos, podía quedarse con el niño en su habitación. Quiero creer que estos abusos ya no se producen en nuestro país.

La subida de la leche

Hacia el tercer día, la madre suele notar los pechos algo más llenos, lo que se conoce como subida de la leche (en muchos países americanos lo llaman *bajada*).

Hace décadas, cuando no ponían al pecho al niño hasta las veinticuatro o cuarenta y ocho horas del parto (o más), e incluso entonces con estrictas limitaciones, las subidas de la leche eran espectaculares. A nuestras madres o abuelas se les ponían los pechos *como piedras*, e incluso tenían fiebre (la *fiebre de leche*, que no se debe a una infección, sino a una inflamación, a la rotura de los conductos por la presión de la leche acumulada, que se extravasa y actúa como cuerpo extraño). Algunas abuelas cuentan estas historias con el mismo entusiasmo con que los abuelos cuentan sus batallitas, y el resultado es que algunas madres se sienten decepcionadas y preocupadas. Porque hoy en día, incluso en los hospitales en que no se hace todo perfecto, las cosas han cambiado. Se inicia la lactancia en las primeras horas, el niño está con la madre al menos durante el día y el horario como mínimo es flexible, si no completamente a demanda. Como el bebé va vaciando el pecho, no se llega a acumular tal cantidad de leche. Aquellos pechos como piedras se consideran hoy una enfermedad, ingurgitación mamaria (pág. 361), y la mayoría de las madres solo notan un aumento leve o moderado del tamaño de los pechos. Algunas no notan nada. Más de una madre me ha dicho, a los quince o veinte días, que todavía no le ha subido la leche. Si el niño estuviera perdiendo peso, me lo podría creer; pero cuando el niño está engordando y más contento que unas pascuas, y no toma biberones, pues de algún sitio lo estará sacando.

En ocasiones se producen dos subidas de la leche. Por ejemplo, si un recién nacido está mal agarrado al pecho, o no succiona bien, y no aumenta de peso, y con una o dos semanas empieza a mamar bien (o empieza la madre a sacarse intensivamente con un sacaleches), es posible que dos o tres días después del cambio se note la madre los pechos de repente muy llenos. Es importante saberlo, porque alguna madre, asustada, se ha ido a urgencias. Si únicamente le dicen con una sonrisa: «No se preocupe, señora, que es la subida de la leche», solo habrá perdido el tiempo. Pero es que al menos en un caso le diagnosticaron mastitis (primer error, porque no lo era), le dieron amoxicilina (segundo error, este antibiótico casi nunca funciona en las mastitis) y le dijeron que tenía que destetar al niño (tercer error, porque en la mastitis no hay que destetar).

También ha habido madres que han notado una nueva subida de la leche cuando su hijo, de varios meses o años, ha aumentado súbitamente la frecuencia de las tomas. Por ejemplo, una niña de dos años que estaba de vacaciones, y que no encontraba de su agrado ninguno de los platos del buffet libre del hotel.

La pérdida de peso

Los recién nacidos pierden peso, y al cabo de unos días lo vuelven a recuperar. Todo eso es normal.

Habitualmente pierden de un 4 a un 6 por ciento del peso al nacer, y lo recuperan antes de una semana. Algunos pierden un poco más, o tardan más días en recuperarlo, pero se sigue considerando normal. ¿Hasta cuándo (y hasta cuánto) se puede aceptar como normal? No conozco ningún dato científico que permita fijar un límite. Casi todos los pediatras admiten que se puede perder un 10 o incluso un 12 por ciento. Algunos niños que nacen con un peso muy alto (como cuatro kilos o más) pueden perder un poco más, un 14 o 15 por ciento. El peso tan alto al nacer se debe a veces a retención de líquidos, y se va todo por la orina; esos niños pierden más y tardan más en recuperarlo. Cuando se ha administrado mucho suero endovenoso a la madre durante el parto, a veces el bebé nace *hinchado*, y en pocas horas pierde mucho peso, que era solo exceso de líquido. ¿Cómo se sabe si ha perdido *chicha* o solo agua? Porque la grasa no se puede perder de un día para otro, el peso va bajando poco a poco en varios días.

En cuanto a la fecha límite para recuperar el peso del nacimiento, todavía hay menos datos. Algunos autores dicen máximo dos semanas, otros, máximo tres, la mayoría simplemente no dicen nada. Evidentemente, son cifras arbitrarias y redondeadas. Personalmente, he visto dos niñas que tardaron veintidós días en recuperar el peso del nacimiento.

Lo que no se puede hacer es quedarse de brazos cruzados esperando a que el bebé engorde por sí mismo. Seguro que muchos de esos niños que pierden un 8 o 10 por ciento de peso se recuperarán espontáneamente en unos días, haga lo que haga la madre. Pero también hay algunos que pierden, y pierden, y pierden, hasta sufrir graves problemas. Llega un momento en que se entra en un círculo vicioso: el bebé está tan débil que no llora, solo duerme, parece tranquilo; y si a pesar de no llorar lo ponen al pecho, casi no mama porque no tiene fuerza para succionar. Ha habido niños ingresados en una uci tras perder alrededor del 30 por ciento de peso. Han muerto niños. Todo esto no lo digo para asustar a las embarazadas; esos problemas son raros y, sobre todo, son previsibles. Un niño no pierde el 30 por ciento de peso, ¡flop!, de un día para otro. Primero ha perdido un 10, un 15, un 20 por ciento. Necesita varios días. En esos días, una persona con experiencia puede notar que el niño no está mamando bien, que su comportamiento no es normal, que está demasiado adormilado. Y, a falta de experiencia, una simple báscula nos avisa con suficiente antelación de que hay que tomar medidas.

Hay que hacer algo mucho antes de que pierda un 10 por ciento. Hay que hacer algo si no recupera el peso en unos días. Hay que comprobar que está mamando en buena posición y con suficiente frecuencia, al menos ocho o diez veces al día (y mejor si son 12 o más). No le distraiga para que «aguante un poco entre toma y toma»; todo lo contrario. No le haga perder el tiempo con un chupete, ¡el chupete no engorda! No espere a que llore de hambre para darle de mamar. Hay que estar atenta a los signos precoces de hambre: se despierta, se mueve, mueve la cabeza buscando, emite sonidos, mueve los labios y la lengua, se lleva las manitas a la boca...

Si a pesar de todo lo anterior pierde como un 8 por ciento, conviene practicar la compresión mamaria (véase más adelante), y si eso no le acaba de funcionar (o si le queda tiempo), sacarse leche para luego dársela con un vasito o cuentagotas.

Cuando un bebé está mamando mal, por el motivo que sea, sacarse leche tiene varias ventajas: se estimula la producción, se ve la leche (con lo que puede hacer callar a todos los que están diciendo: «No tienes leche»), puede dársela con otro método y conseguir que engorde. Si se saca leche y se la intenta dar al bebé pero él no la quiere y no se la toma, si tiene que tirar la leche porque no sabe qué hacer con ella, entonces puede estar segura de que el problema no es la falta de leche, y de que no se solucionaría con biberones. Si el bebé no engorda, pero tampoco quiere más leche, probablemente es que algo le pasa. Su pediatra tendrá que mirarlo bien.

Muy importante: sacarse leche no es fácil, y al principio no sale nada. Eso no significa que no tenga leche, solo que no se sabe sacar. Necesitará varios días para aprender.

Compresión del pecho

La compresión mamaria es una técnica muy útil cuando un bebé no mama bien. Tal vez porque está muy dormido, o porque ha perdido peso y está débil, o porque no consigue colocarlo en buena posición, o porque no coordina bien la lengua, o porque está enfermo o es prematuro y se cansa al mamar... También es útil para acortar las tomas cuando la madre tiene grietas o dolor de pezones.

Normalmente, el bebé mama bien (o al menos pasablemente) unos minutos, y luego se queda con el pecho en la boca sin hacer nada. No suelta el pecho, pero tampoco mama. Puede que esté media hora o tres cuartos en cada pecho, pero la mayor parte del tiempo no está mamando. No sirve de nada tener el pecho en la boca sin mamar; es mejor comprimir el pecho; y si eso no le funciona bien, sacarse leche.

Esos primeros minutos en que el bebé mama activamente, déjelo a su aire. Cuando se quede quieto, con cuidado y sin sacarle el pecho de la boca, comprima el pecho por la base (tocando las costillas) entre el pulgar y el índice. Un buen apretón, pero sin hacerse daño. No se trata de bombear, apretando y soltando. Apriete, y mantenga apretado. Al apretar suele salir un chorro de leche, y el bebé, que estaba sin hacer nada, se lleva una agradable sorpresa y se pone a mamar otra vez. Mientras vea que mama, mantenga apretado, sin soltar. Cuando se vuelva a quedar quieto (o casi), suelte el pecho (a veces, al soltar, sale un poco más de leche y mama un poco más). Cuando se vuelva a quedar quieto, vuelva a apretar. Cuando se vuelva a quedar quieto, vuelva a soltar. Puede ir alternando la posición: arriba y abajo, a lado y lado, arriba y abajo... Repita la maniobra hasta que deje de funcionar, hasta que, apretando el pecho, su hijo siga sin hacer nada porque no sale nada. Es el momento de sacarlo de ese pecho y volver a empezar con el otro. Esta es una excepción al principio de la lactancia a demanda, dejarles mamar hasta que lo sueltan. Pero tampoco es exactamente una excepción: una cosa es *dejarles mamar* y otra cosa es *dejarles estar con el pecho en la boca sin mamar*. Es mejor hacer una toma corta, y al cabo de una hora volverle a dar, que estar toda la hora con el niño enchufado sin hacer nada. Si hace tomas frecuentes, pero no tan largas, tendrá usted tiempo de descansar, e incluso, si es necesario y tiene tiempo y ganas, de sacarse leche.

Suplementos

En algunos casos, cuando la pérdida de peso es excesiva, o tarda mucho en recuperarse, y todo lo anterior ha fallado, hay que darle al bebé un suplemento de leche artificial. Por supuesto, es mejor darle un suplemento de leche materna; pero a veces la madre no consigue sacarse suficiente leche, y llega un momento en que no se puede esperar más.

No se puede dar una norma fija. No se puede decir: «Necesita un suplemento si pierde un 12 por ciento». Algunos lo necesitarán antes, otros no. El médico tendrá que decidir en cada caso. Depende de su estado general, de la evolución. Por ejemplo, un niño que ayer perdió 100 gramos y hoy ha perdido 20 se puede decir que «sigue perdiendo». Pero no es lo mismo que uno que ayer perdió 20 y hoy 100. Tal vez en el primer caso se puede esperar a ver si sigue mejorando, y en el segundo hay que dar un suplemento ya.

Tanto la Academia Americana de Pediatría como la ESPGHAN (Sociedad Europea de Gastroenterología, Hepatología y Nutrición Pediátricas) recomiendan que, en niños con antecedentes familiares de alergia, el suplemento sea de leche hidrolizada (no una de esas leches *hipoalergénicas* que no sirven para nada, sino un *hidrolizado de alto grado*, las leches que se dan a los niños con alergia a la leche). Porque, cuando un niño toma siempre biberón, se suele producir un fenómeno de tolerancia inmunológica. Pero cuando un niño toma el pecho, y solo durante unos días toma un poco de leche artificial, no se produce la tolerancia y es fácil que se desencadene una alergia a la leche de vaca. Muchos pediatras desconocen estas recomendaciones; pueden pasarles el artículo científico que menciono más abajo. Es probable que el alergólogo del hospital les apoye y convenza al pediatra.

En principio, es mejor dar el suplemento con un vasito o con un cuentagotas, o con un suplementador de lactancia. Venden suplementadores ya hechos (fig. 13), y también puede hacerse casero, con una jeringa y con una palomita a la que se ha cortado la aguja. Ahora bien, si el bebé ha perdido mucho peso, y no hay manera de darle la leche con estos métodos, no dude en usar un biberón. Tampoco es el fin del mundo, ya volverá a quitar los biberones más adelante.

Cuando se llega a la necesidad de administrar un suplemento, es importante ser generosos. Cuando de verdad está justificado dar un suplemento, es porque la situación es seria, y no se va a solucionar con 30 mililitros al día. Un bebé que solo necesita 30 mililitros probablemente no necesita nada. No queremos prolongar la situación, que el bebé pase dos o tres semanas engordando 30 o 40 gramos por semana. Queremos que engorde rápidamente, que se ponga sano y fuerte. Entonces mamará mejor, saldrá más leche y podremos retirar los suplementos. Por tanto, ofrézcale de entrada 30 o 60 mililitros cada tres horas, más o menos, siempre justo después de tomar el pecho. Y si se lo toma todo y parece que quiere más, pues 30 más.

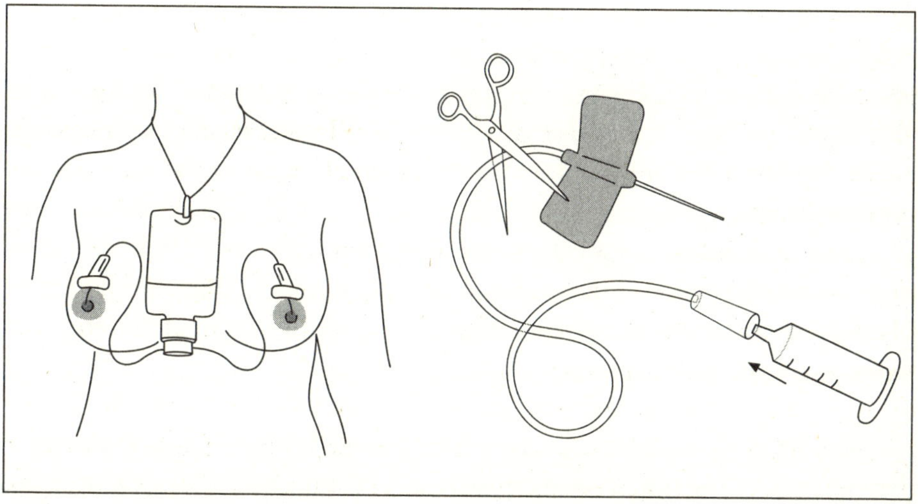

Figura 13. Un suplementador de lactancia, y la forma de fabricar uno casero.

Una advertencia importante. Como siempre estamos diciendo que la leche materna es maravillosa, algunos parece que han entendido que la leche artificial es mala. He visto algunos padres que parecen decididos a darle a su hijo cualquier cosa menos leche artificial (leche de biberón). Prefieren usar leche de soja, leche de almendras, leche de arroz, leche de cabra...

Es un grave error. Existe leche de soja adaptada, especial para bebés, pero muchos expertos recomiendan no usarla si no es por indicación médica. La soja lleva fitoestrógenos naturales de los que no conviene abusar. Y eso es la soja para bebés, que venden en la farmacia y en la etiqueta dice «preparado para lactantes». La leche de soja normal, para adultos, que venden en muchas tiendas de dietética, no se parece en nada a la leche para bebés, y no se debe administrar jamás antes del año. Peor aún, la leche de almendras, la leche de arroz o la leche de avena. Esos productos no se parecen en nada a la leche materna, y un recién nacido que solo tomase eso se moriría. Suelen tener pocas proteínas, casi nada de grasas, un montón de azúcar... y de vitaminas, minerales y otros nutrientes más vale no hablar. Se les llama *leche* porque son líquidos de color blanco, pero no tienen nada que ver. Sería más correcto decir *horchata de almendra, horchata de arroz*... En cuanto a la leche de cabra, es muy parecida a la de vaca, y no se parece nada a la leche materna. En Alemania venden una marca de leche de cabra adaptada para bebés. Es decir, que le quitan un montón de cosas y le añaden otro montón de cosas, igual que se hace con la de vaca, para convertirla en algo que los bebés puedan tomar. En ocasiones se encuentra esa leche en tiendas de dietética o se compra por Internet. No tiene ninguna ventaja sobre la leche adaptada basada en leche de vaca. En todo caso, antes de darle a su hijo leche de cabra, asegúrese de que en la etiqueta pone bien claro que está adaptada para bebés.

Por favor, no ponga en peligro la salud de su hijo con inventos exóticos. La industria lleva un siglo investigando y mejorando la leche artificial, y una legislación internacional muy estricta regula su composición. Cuando un bebé no puede tomar leche materna, lo siguiente mejor es la leche adaptada para lactantes.

Zeiger RS. Food Allergen Avoidance in the Prevention of Food Allergy in Infants and Children. Pediatrics 2003;111:1662-71
http://pediatrics.aappublications.org/cgi/reprint/111/6/S2/1662

American Academy of Pediatrics Committee on Nutrition. Soy protein-based formulas: recommendations for use in infant feeding. Pediatrics 1998;101:148-153

http://aappolicy.aappublications.org/cgi/content/full/pediatrics;101/1/148

New Zealand Ministry of health. Soy-based infant formula. Wellington 1998 www.soyonlineservice.co.nz/downloads/mohsoy.pdf

capítulo seis — Algunas curiosidades de los niños de pecho

El pecho del niño

Los niños, tanto varones como mujeres, suelen tener los pechos hinchados al nacer, por efecto de las hormonas femeninas que han recibido a través de la placenta. En algunos casos incluso producen unas gotas de leche, la llamada leche de brujas. Es totalmente normal, incluso en varones. No hay que hacer nada. No hay que apretar o intentar sacar la leche, porque el exceso de toqueteo podría producir una mastitis. No tiene nada que ver con que el niño tome pecho o biberón, y por supuesto que puede seguir tomando el pecho.

En niñas de menos de dos años se produce a veces el crecimiento de uno o ambos pechos, lo que se conoce como telarquia prematura. El tamaño es variable en todos los sentidos de la palabra (es decir, no solo es distinto en cada caso, sino que puede aumentar y disminuir en la misma niña). No hay otros signos de pubertad (no hay vello pubiano, ni axilar...). No se debe confundir con la pubertad precoz. En caso de duda, es posible que su pediatra le haga pruebas. En la pubertad precoz, la edad ósea está adelantada y los niveles de LH (hormona luteinizante) aumentados, mientras que en la telarquia prematura ambos son normales. Hacia los tres o cinco años de edad los pechos suelen volver a deshincharse; pero en algunas niñas se mantienen crecidos hasta empalmar con la pubertad. Es totalmente normal, no es debido a la lactancia materna, y puede seguir dándole el pecho.

El ombligo y el baño

El cordón umbilical se seca y se cae en una media de diez días o menos, pero es frecuente que tarde dos o tres semanas, y a veces tarda casi un mes y medio en caer. La aplicación de alcohol y otros desinfectantes retrasa la caída. No conviene aplicar yodo (pág. 300) ni mercromina (que lleva mercurio).

El ombligo del recién nacido puede ser la puerta de entrada de peligrosas infecciones, y por eso se instauró la costumbre de aplicar desinfectantes (antisépticos). Pero varios estudios científicos con diversos productos han demostrado que ninguno tiene ventajas sobre la simple higiene: mantener el ombligo limpio y seco.

Hace unos años se solía bañar a los bebés a los pocos minutos de nacer, pero luego se prohibía volverlos a bañar hasta que se les cayera el ombligo. Curiosamente, se ha demostrado que las dos recomendaciones eran erróneas. Es mejor no bañar a los niños durante las primeras veinticuatro horas (o más), principalmente por el peligro de hipotermia (enfriamiento), incluso con agua caliente. En los minutos que pasan desde que el niño se moja hasta que se seca, el agua se evapora de su piel, enfriándolo rápidamente. Hoy en día los recién nacidos se secan rápidamente con una toalla calentita, se colocan en contacto piel con piel sobre su madre y se cubren ambos con una manta.

En los días sucesivos normalmente no hay necesidad de bañar al niño, porque se ensucian muy poco. Puede limpiarlo con una esponja húmeda. Pero si hace una caca muy líquida y abundante, no dude en bañarlo rápidamente con agua calentita y secarlo enseguida. (Bañarlo rápidamente porque, claro, no va a estar diez minutos en remojo en agua llena de caca...)

Por cierto, ya que hablamos de baño, es curiosa la obsesión por bañar a los bebés que hay en nuestra sociedad. Cuando no gatean, los bebés casi no se ensucian (salvo por la caca). Se dice que el baño es un momento muy agradable y relajante para los bebés, y que debe hacerse antes de dormir. Pero lo cierto es que a unos les resulta agradable y otros protestan enérgicamente; que a algunos les relaja y a otros más bien les excita tanto chapoteo, y que puede bañar a su hijo a la hora del día en que le resulte más cómodo.

Si a su bebé no le gusta el baño, con un par de veces por semana es suficiente. También puede limpiarlo con una esponja, si es de los que no soportan estar en remojo.

No hace falta limpiarles los ojos con una gasa ni con ninguna otra cosa (salvo para retirar suavemente las legañas). No hay que limpiarles los oídos con un palito. Los bastoncillos para los oídos son peligrosos, es fácil dañar el tímpano, y en todo caso el bastoncillo empuja y compacta la cera hacia adentro, provocando tapones. Si dejamos la oreja en paz, la cera irá saliendo sola. Limpie si hace falta el exterior de la oreja, pero nunca el orificio.

No hay que retraer el prepucio (la piel del pene) de los varoncitos para limpiarlo. Casi todos los recién nacidos tienen el prepucio cerrado, es decir, que no se puede retirar hacia atrás. El prepucio se abre solo a lo largo de los años (*años*, no *meses*), y a veces no se abre nunca. Es normal y no da ningún problema. Los intentos intempestivos de retirar el prepucio pueden provocar lesiones que, al cicatrizar, producen un mayor estrechamiento y una auténtica fimosis. Insisto: no toque el prepucio de su hijo, ni aunque se lo diga el pediatra, y no permita que el pediatra lo retire a la fuerza (se ven muchos prepucios sangrantes por absurdas maniobras sin sentido).

La caca

La primera caca que hace un recién nacido es bastante líquida, negra y pegajosa como pintura, y se llama meconio. Luego, durante unos días, hace las llamadas deposiciones de transición, muy líquidas y de color grisáceo verdoso. Por fin aparecen las cacas típicas del niño de pecho, semilíquidas, de consistencia grumosa (con grumos o hebras de mucosidad), de olor agradable (para lo que puede ser una caca, se entiende) y de color amarillo dorado (aunque también se fabrica en versiones *amarronadas* y verdosas).

Estos cambios reflejan los cambios en la alimentación del bebé. En el útero, el bebe no come nada (aunque traga mucho líquido amniótico), y el meconio es el resultado de digerir las células de la mucosa intestinal que se han ido descamando durante meses (una dieta exclusiva de carne humana). Durante los primeros días después del parto, el bebé come poco (no por falta de leche, sino porque tiene que comer poco), y por eso sus deposiciones son poco más que agua. Las cacas típicas del niño de pecho indican que está tomando una cantidad apreciable de leche materna, y son diferentes de las del niño que toma el biberón (normalmente más espesas, más oscuras y más malolientes; a veces duras, como bolas que no manchan el pañal).

Si a los cinco días de nacer el bebé todavía no hace las cacas típicas, amarillas, grumosas y con la consistencia de un puré, cabe sospechar que el niño no está mamando lo suficiente. Las sospechas se han de comprobar pesando al niño; si está engordando bien, pues será que no, que esas cacas en realidad son normales y no tienen ninguna importancia. Cuando, por cualquier motivo, el niño (o el adulto) no come lo suficiente, puede volver a hacer esas cacas muy líquidas, grisáceo-verdosas, llamadas deposiciones de hambre. Esto explica por qué muchos niños tienen otitis y diarrea, moquitos y diarrea, anginas y diarrea... no es verdadera diarrea, sino solo cacas líquidas porque, al estar enfermos, han perdido el apetito. También explica por qué se ha abandonado la antigua costumbre de poner a dieta a los niños (o adultos) con diarrea. Al no comer, o comer muy poco, la diarrea se alarga; comiendo de todo la diarrea se cura antes.

Durante las primeras semanas, las deposiciones suelen ser muy frecuentes. Los bebés hacen caca cada vez que maman (parece como si no les cupieran las dos cosas en un cuerpecito tan pequeño, para meter algo hay que sacar algo). Pero algunos no hacen tantas, sino *solo* cuatro o cinco al día. Y otros hacen aún más caca entre toma y toma, incluso más de veinte veces al día. Todo esto es completamente normal, no es diarrea, y por tanto no hay que hacer nada: ni dejar de darle pecho, ni darle agua, ni otros líquidos, ni medicamentos, ni nada. Es difícil que un niño que solo toma pecho tenga de verdad diarrea; aunque, por supuesto, puede ocurrir. La diarrea se detecta por un cambio repentino en las deposiciones, mucho más líquidas y abundantes que el día anterior, o por la presencia de otros síntomas, como sangre en la caca o fiebre. Sin duda, muchas diarreas leves en niños de pecho pasan completamente desapercibidas; ¿qué más da que haga seis cacas o que haga ocho?

Poco después, en algún momento entre el mes y medio y los seis meses (algunos algo antes o algo después, aunque lo más frecuente es hacia los tres o cinco meses) los niños que toman lactancia materna exclusiva suelen pasar una temporada en que casi no hacen caca. Solo los que toman lactancia exclusiva; basta con un poco de biberón para cambiar las deposiciones. Hace unas décadas eran muy pocos los niños españoles que llegaban a los tres meses con el pecho, y no digamos exclusivo, de modo que muchas madres y abuelas, y muchos pediatras y enfermeras, no saben que esto es normal. Pero ahora, cuando cada vez son más los niños que toman solo pecho y nada más que pecho hasta los seis meses, vemos que de hecho lo raro es que un bebé haga caca todos los días. La mayoría hace cada dos o tres días, muchos cada cinco o siete. Si acude a un grupo de madres lactantes, no le será difícil conocer a algún niño que estuvo diez o doce días sin hacer caca. Personalmente he visto a un niño que estuvo veintitrés días; y el doctor Newman (un especialista en lactancia materna que ve los casos más raros de Toronto) ha visto dos niños que estuvieron más de treinta días.

Eso sí, cuando al final hacen caca, es completamente normal, semilíquida o pastosa, como solían hacerla antes. Y se ponen hasta la bandera. No se le ocurra pesar al niño antes y después de hacer caca, porque se llevaría un susto de muerte. Todo eso es totalmente normal, no es estreñimiento. Repito, no es estreñimiento, porque no hacen bolas duras y secas. El estreñimiento es una enfermedad que consiste en hacer bolas duras y secas. Si hace usted cacas como bolas de billar, pida al cielo que sea solo una por semana, porque si hace tres bolas de billar al día, está igual de estreñida, y encima va a sufrir mucho más. En cambio, el que hace la caca blanda no está estreñido, aunque solo haga una al mes. Todavía encontrará algunos pediatras que no saben que esto es normal, y querrán tratar a su hijo como si tuviera estreñimiento. Y algunas abuelas y cuñadas pueden ponerse muy pesadas. Manténgase firme. No hay que darle ni agua, ni zumo de naranja, ni otros zumos, ni manzanilla u otras malas hierbas, ni remedios naturales, homeopáticos o tradicionales chinos, ni laxantes u otros medicamentos, ni agua de remojar ciruelas pasas. No hay que ponerle lavativas, ni supositorios de glicerina, ni de ningún otro tipo, ni meterle por el culito el termómetro, ni la ramita de perejil con aceite de oliva, ni el rabito de la hoja de geranio, ni una cerilla... Nada de nada.

Algunas madres aseguran que su hijo está incómodo y lloroso cuando lleva unos días sin hacer caca, y que cuando hace, se le pasan todos los males. La mayoría, sin embargo, dice que su hijo está la mar de bien. Es un poco arriesgado poner en duda lo que dicen las madres, porque casi siempre tienen razón; pero se me hace muy difícil creer que esa caca blanda, a veces líquida, pueda causar dolor o molestias serias al bebé. En el verdadero estreñimiento, sin duda hay molestias: sacar esa bola dura ha de doler, y es posible que también duela antes, a medida que va recorriendo el intestino. Pero ¿una caca blanda? Me parece que al no hacer caca le ha ocurrido como a los dientes, que les echan la culpa de cosas que son pura coincidencia. Cuando un niño de dos a seis meses llora, protesta o no duerme, no es difícil que lleve un par de días sin hacer caca, y cuando un niño de seis a dieciocho meses llora o protesta, es muy probable que le esté saliendo, le acabe de salir o esté a punto de salirle un diente. Cuando el que llora tiene dos años, como ya no le salen dientes, se dice que son *los terribles dos años*; y a partir de los tres cualquier problema se atribuye a la preadolescencia.

Si su hijo no pasa por esta fase, si sigue haciendo varias cacas al día durante toda la lactancia, no pasa nada, también es normal.

Si, en cambio, durante el primer mes o mes y medio no hace varias cacas al día, también puede ser normal, pero compruebe el peso. A esa edad, algunos niños hacen poca caca porque no maman lo suficiente. Si el peso ha aumentado lo suficiente, pues nada.

Si desde el mismísimo día del nacimiento su hijo hace caca una vez cada varios días, si no ha pasado ninguna temporada, ni corta ni larga, de hacer varias veces al día, consulte a su pediatra. Podría ser normal, pero también podría tener un problema digestivo. Fíjese en si, al menos, se tira peditos; es buena señal.

El pipí

Los bebés pequeños suelen hacer pipí al menos de seis a ocho veces al día. Excepto los primeros dos días, cuando están perdiendo peso, en que hacen menos veces.

Pero eso no significa que mojen seis u ocho pañales. Los pañales desechables son muy absorbentes, y a veces se puede pasar un día con cuatro o cinco pañales (si no hay que cambiarlo porque ha hecho caca). Tampoco es fácil, cuando se cambia a un bebé porque ha hecho caca, saber si también ha hecho pipí (con un bebé mayor se nota, pero uno pequeño hace poca cantidad cada vez, y la madre es más novata).

El que un niño haga poco pipí puede sugerir que ha mamado poco. Pero eso se ha de comprobar con el peso. Lo mismo ocurre cuando hacen poca caca (en el primer mes) o cuando esa caca es muy líquida y grisácea verdosa. Son solo datos orientativos que nos indican que hay que comprobar el peso. Si está engordando normalmente, y si está contento y feliz, no importa cuánto pipí y cuánta caca haya hecho.

Importaría, desde luego, si pudiéramos medir la cantidad exacta. El que de verdad orina poco es porque no ha tomado suficientes líquidos, y por tanto suficiente leche. Pero en la práctica solo contamos pañales mojados. Un niño que hace diez veces, y cada vez hace 30 mililitros, ha orinado menos que el que ha hecho cinco veces, y cada vez 80 mililitros.

Además, el hecho de que un niño orine mucho no garantiza que esté tomando suficientes líquidos. Los niños que toman pecho no necesitan beber agua; con la leche ya tienen agua de sobra. Les sobra agua. Si toman un poco menos de la leche que necesitan, seguirán haciendo mucho pipí. Tienen que estar mamando muy poco de verdad para que la cantidad de orina disminuya.

Por todo ello, observar y contar pañales mojados es muy poco útil para saber qué tal mama un niño. Pero la idea ha salido en algunos libros, en el apartado *Cómo saber si mi hijo toma suficiente leche*, se ha extendido por el boca a boca y ha alcanzado una calidad de dogma que, sin duda, los autores de esos libros no esperaban. Algunas madres pasan meses contando obsesivamente los pañales, cuando basta con ver la cara de felicidad del niño para saber que está mamando todo lo que necesita (y si hubiera dudas, tendríamos el peso). Otras veces, cuando todos los síntomas indican que hay un problema, se busca en los pañales una falsa (y peligrosa) seguridad («Mi hijo solo ha engordado 250 gramos entre el mes y los dos meses.» «Pero ¿moja bien los pañales?» «Sí, orina bastante.» «Pues no te preocupes.») El otro día vi el caso opuesto: un niño de cinco meses, mamando perfectamente, sano y rollizo, con un perfecto aumento de peso, y la madre preocupada a pesar de todo («Sé que tengo poca leche, porque desde que nació está orinando poco; pero no hay manera de que se tome los biberones»). Un niño que de verdad orina poco desde que nació... a los cinco meses, en el mejor de los casos, está hospitalizado.

Olvídese de la orina, por favor. Si su hijo está activo, contento, se le ve sano y mama lo que quiere, es que todo va bien. Si está engordando normalmente, es que todo va bien. Si todo va bien pero moja pocos pañales, simplemente quiere decir que su hijo aguanta la orina más tiempo y hace más cantidad cada vez. Si un niño de tres meses de pronto se queda con hambre, no serán los pañales los que nos avisen: será el mismo niño, que pedirá el pecho más a menudo (y, si se lo da, se le quitará el hambre y asunto resuelto).

Lo de la orina podría tener cierto interés durante las primeras semanas, cuando los niños están muy dormidos y no se les nota tanto la salud en la cara. Si parece que mama mal (porque está mucho rato y le duelen los pezones, o porque no se agarra), o que se queda con hambre (porque está todo el día llorando), o que está débil (porque está todo el día durmiendo), puede ser buena idea fijarse en la orina mientras lo lleva a pesar. Pero de todas maneras, tanto si el pañal está seco como si está mojado, tendrá que pesarlo.

El sueño

¿Debo despertarlo para mamar?

En general, no.

Los niños suelen mamar muy bien nada más nacer, pero luego suelen pasar ocho, diez o doce horas muy adormilados, y casi no se cogen al pecho. Eso es normal, y si bien hay que darles toda clase de oportunidades para mamar (permaneciendo cerca de la madre, y a ser posible en contacto piel con piel, y ofreciéndoles el pecho a la más mínima oportunidad, en cuanto parecen un poco despiertos, sin esperar a que lloren), tampoco hace falta insistir en despertarlos. Ya mamarán.

Pero, claro, tampoco pueden estar toda la vida sin mamar. A las diez o doce horas se empieza a insistir un poco más, y si pasan aún más horas y no mama, conviene por un lado que el pediatra mire al niño para asegurarse de que no le pasa nada, y por otro que la madre se saque leche y se la intente dar con un cuentagotas o una jeringuilla. Si pasase muchísimo tiempo sin mamar y no hiciéramos nada para darle leche, entraría en un círculo vicioso, seguiría durmiendo de pura debilidad y perdería cada vez más peso.

Releo el párrafo anterior y ya me temo: «Esto va a asustar a las embarazadas». Pues no, no se asuste, por favor, la inmensa mayoría de los recién nacidos maman con energía y elegancia y no tenemos que preocuparnos para nada. Pero comprenda que justo en las excepciones es donde está el peligro, y que en un libro como este tenemos que advertirlo. No es cosa que aparezca una madre con su niño de cinco días y diga: «Le doy el pecho a demanda, y como todavía no ha demandado, todavía no le he dado».

Una vez que la lactancia está encarrilada, cuando el niño ha mamado durante varios días sin problemas, y se le ve contento, y engorda normalmente, no hay ninguna necesidad de despertarle. Si un día duerme ocho horas, disfrútelo y descanse, que probablemente a los cuatro meses no dormirá tanto (una vez más, usemos el sentido común: si de pronto un bebé duerme mucho más de lo que solía dormir, obsérvelo, vea si respira normalmente, tóquelo a ver si tiene fiebre...).

Pero si está perdiendo peso, o ganando muy poco, y encima duerme mucho, sí que conviene intentar despertarlo. En la mayoría de los casos, más que despertarlo (no es fácil despertar a un niño profundamente dormido), basta con estar atentos y aprovechar la menor oportunidad, cuando se empieza a mover o parece *casi* despierto, para ponerlo al pecho. Lo que significa tenerlo todo el rato al lado. Un niño poco llorón por carácter, o por debilidad debida a enfermedad o a la pérdida de peso, puede saltarse muchas tomas si duerme lejos de su madre. Se *medio despierta*, mueve la cabeza de un lado a otro, se queja débilmente, nadie se entera y se vuelve a dormir. «Ha dormido seis horas de un tirón», dicen luego.

Durante los primeros días, todos los niños pierden peso, y por tanto siempre hay que estar atentos para intentar darles el pecho con frecuencia. No se puede poner un límite, ni *máximo cuatro horas* ni ningún otro. Hay que usar el sentido común. No es lo mismo un niño que por la mañana ha mamado varias veces y ha mamado bien, movía la mandíbula y se le oía tragar, y por la tarde duerme cinco horas, que otro niño que duerme cinco horas, y luego otras cinco, y luego cinco más, y entre siesta y siesta apenas se agarra, pelea con el pecho y no mama ni dos minutos, o bien se está media hora con el pecho en la boca pero sin mamar.

¿Cuándo dormirá toda la noche?

Últimamente se han puesto muy de moda diversos métodos para *enseñar a dormir a los niños*. Eso es una tontería; todos los niños saben dormir. Los fetos ya duermen antes de nacer, y los recién nacidos suelen pasar más (algunos, mucho más) de quince horas al día durmiendo. Un niño que no durmiera moriría en pocos días, lo mismo que un adulto.

En realidad, lo que los niños *aprenden* con el tiempo no es a dormir, sino a estar despiertos. Tienen que pasar de dormir las quince o veinte horas del recién nacido a las siete u ocho del adulto, es evidente que han de dormir cada vez menos. Pero no es un verdadero aprendizaje (es decir, algo que te tienen que enseñar), sino un proceso de maduración, lo mismo que el sentarse o el caminar: todos los niños lo harán cuando les llegue el momento, sin que los padres hagan nada especial (solo lo de siempre: quererlos y cuidarlos), y ninguna estimulación intensiva o precoz puede conseguir que lo hagan antes o lo hagan mejor.

Uno de los hitos en este proceso de maduración tiene lugar hacia los cuatro meses, cuando los niños empiezan a despertarse con frecuencia por la noche. Muchas madres se extrañan, se preocupan o incluso se asustan, pues les han dicho que el niño dormiría cada vez más (¿más todavía? ¡Entraría en coma!). Pero usted ya está avisada: a los dos o tres meses su hijo puede que duerma seis horas seguidas, tal vez incluso ocho; pero hacia los cuatro o cinco meses probablemente empezará a despertarse varias veces cada noche, más o menos cada hora y media o dos horas. Recuerde, es un proceso normal de maduración. No hace falta que le enseñe, que intente despertar a su hijo cada dos horas, ya lo hará él. (Parece que algunos niños no se despiertan, sino que duermen siempre de un tirón. Si por casualidad su hijo es de esos, no se preocupe, también es normal.)

A partir de ahí entramos en territorio desconocido; tenemos muy pocos datos sobre la evolución natural del sueño normal de los niños. Seguro que es muy variable, y cada niño es distinto. Parece que hacia los dos años los niños se despiertan bastante menos, y hacia los tres años suelen dormir de un tirón (al menos, la mayoría de aquellos niños que no han sufrido experiencias traumáticas porque nadie ha intentado dejarlos solos por la noche contra su voluntad). Hacia los tres años, muchos niños que dormían con sus padres aceptan dormir en otra habitación, siempre y cuando les hagan compañía hasta que se duermen. Hacia los siete años muchos niños pueden quedarse dormidos solos (es decir, les das un besito, les dices adiós, y se quedan en su cama sin llorar, sin protestar, sin llamar...)

Los gases

Tanto los niños como los adultos podemos tener gas en el estómago o en el intestino (sobre todo en el intestino grueso). Pero son dos cuestiones completamente diferentes.

El gas en el estómago es aire, aire normal y corriente que el individuo ha tragado (lo que los médicos llamamos aerofagia, comer aire). Los bebés pueden tragar aire al comer, o al llorar, puede que también al chupar un chupete o el dedo.

El gas que hay en el intestino es distinto, no hay más que olerlo para darse cuenta. Contiene nitrógeno del aire deglutido (el oxígeno ha sido absorbido a través del tubo digestivo) y gases que se producen en el mismo intestino por la digestión de ciertos alimentos y que le dan su olor característico.

Cuando el niño traga demasiado aire, sería posible que se tirase demasiados peditos, pero es más fácil que el exceso de gas salga por arriba, con los eructos. Un exceso de gas en el intestino es más probable que provenga de la digestión que del aire deglutido. Cuando el bebé no mama correctamente, porque está mal colocado o tiene alguna otra dificultad, es posible que tome demasiada lactosa y poca grasa, y la sobrecarga relativa de lactosa puede producir un exceso de gas (véase pág. 385). Además, al estar mal colocado es más probable que trague gas mientras mama. Pero ni la mala posición es la principal causa de gases, ni los gases son el principal síntoma de la mala posición.

El exceso de gas en el intestino solo puede expulsarse en forma de pedos. Por fortuna, no puede hacer el camino inverso y salir por la boca.

Es más fácil expulsar el aire del estómago (es decir, hacer el eructo, con *c*, no confundir con las erupciones volcánicas) en posición vertical que en posición horizontal. Como nuestros antepasados estaban siempre en brazos de su madre, en posición más o menos vertical, no debían tener mucho problema. En el siglo pasado se generalizaron los biberones y las cunas. Con el biberón, el niño puede tragar mucho aire, y en la cuna le cuesta echarlo; por eso parecía importante poner al niño a hacer el eructo antes de dejarlo en la cuna.

Sin embargo, no parece que los gases molesten a los bebés, salvo tal vez en casos extremos. Mucha gente piensa que la principal causa de llanto en los niños pequeños son los gases; y muchos de los medicamentos que a lo largo de la historia se han recomendado para el cólico del lactante se suponía que ayudaban a expulsarlos (ese es el significado de la palabra *carminativo*), o a evitar la formación de burbujas (nunca he entendido por qué, pero sí, ciertas gotas para el cólico son antiespumantes).

No todo el mundo está de acuerdo en cuál es la causa del cólico (más adelante le explicaré mi teoría favorita), pero parece que ya no quedan defensores serios de la teoría de los gases. Hace muchos años, cuando no se sabía que el exceso de rayos X era malo y se hacían radiografías por cualquier tontería, a alguien se le ocurrió hacer radiografías de los niños que lloraban (el gas se ve perfectamente como una gran mancha negra en la radiografía). Comprobó que los niños tienen poco gas cuando empiezan a llorar, pero mucho gas cuando llevan un rato llorando. Lo que ocurre es que tragan aire al llorar, y como no pueden llorar y eructar al mismo tiempo, se les va acumulando todo hasta que dejan de llorar. La madre suele explicarlo así: «Pobrecito, lloraba mucho porque tenía gases. Lo cogí y le di unas palmaditas, y por fin pudo hacer el eructo y se le pasó todo». En realidad, la interpretación correcta probablemente sería: «Pobrecito, lloraba porque me echaba de menos. Cuando le cogí en brazos y le acaricié la espalda, se tranquilizó y entonces echó un eructo enorme con todo el aire que había tragado mientras lloraba».

Creo que eso explica la importancia del eructo en el siglo pasado. Cuando la madre intentaba poner al niño en la cuna nada más acabar de comer, el bebé lloraba desesperado. En cambio, si lo tenía en brazos y lo mecía y acariciaba un rato antes de dejarlo en la cuna, era más fácil que el bebé se tranquilizase y se durmiese. Durante ese rato que estaba en brazos, claro, el bebé eructaba. Y como nadie quería reconocer que los brazos de la madre eran buenos para el bebé (¿cómo van a ser buenos?, ¡los brazos de la madre son malos, malcrían, el bebé no tiene que estar en brazos, o se volverá un llorón!), prefirieron pensar que era el eructo, y no la presencia de la madre, lo que había obrado el milagro.

El caso es que muchas madres modernas tienen la idea de que el eructo es importantísimo, fundamental para la salud y el bienestar de su hijo. Tiene que eructar cueste lo que cueste. Pero los niños de pecho, si han mamado correctamente, no tragan casi nada de aire (los labios se cierran herméticamente sobre el pecho, por lo que el aire no puede entrar; y dentro del pecho no hay aire, a diferencia del biberón). Muchas veces, los niños de pecho no eructan después de mamar. En cambio, cuando están mal colocados al pecho, es posible que traguen aire, haciendo un ruido como de besuqueo, porque queda una rendija entre los labios y el pecho.

Alguna vez me ha explicado una madre que a su hijo *le cuesta mucho hacer el eructo*, que hay que tenerlo una hora dándole golpes en la espalda, que llora y todo de lo mal que se encuentra, hasta que por fin puede echar los gases. Pobre criatura, lo que pasa es que no tiene ningún gas que echar; llora de tantos golpecitos y meneos que le dan, y al final echa el aire que ha tragado mientras lloraba.

No se obsesione con el eructo. Después de mamar, es buena idea tener al bebé un buen rato en brazos. Eso les gusta. Si en ese tiempo echa los gases, pues muy bien. Y si no, pues será que no tenía gases. No le golpee la espalda, no le dé manzanilla, ni anís, ni agua, ni ningún *remedio* para los gases (ni natural ni artificial, ni de la farmacia ni de la herboristería, ni comprado ni hecho en casa).

El cólico

Los bebés occidentales suelen llorar bastante durante los primeros meses, lo que se conoce como cólico del lactante o cólico del primer trimestre. *Cólico* es la contracción espasmódica y dolorosa de una víscera hueca; hay cólicos del riñón, de la vesícula y del intestino. Como el lactante no es una víscera hueca, y el primer trimestre todavía menos, el nombre ya de entrada no es muy afortunado. Se le llamaba cólico porque se creía que les dolía la barriga; pero eso es imposible saberlo. El dolor no se ve, lo tiene que explicar el paciente. Cuando se les pregunta «¿por qué lloras?», los bebés se obstinan en no contestar; cuando se les vuelve a preguntar años después, siempre dicen que no se acuerdan. Así que nadie sabe si les duele la barriga, o la cabeza, o la espalda, o si les pica la planta del pie, o si les molesta el ruido, o si simplemente están preocupados por alguna noticia que oyeron por la radio. Por eso, los libros modernos suelen evitar la palabra *cólico*, y prefieren llamarlo *llanto excesivo en la infancia*. Es lógico pensar que no todos los bebés lloran por lo mismo; a alguno tal vez le duela la barriga, pero otro tendrá hambre, o frío, o calor, y otros (probablemente los más) simplemente necesitan estar en brazos.

Típicamente, el llanto se produce sobre todo por las tardes, de seis a diez, *la hora tonta*. A veces es de ocho a doce, a veces de doce a cuatro, y algunos parece que estén de guardia las veinticuatro horas. Suele empezar después de las dos o tres semanas, y suele mejorar hacia los tres meses (aunque no siempre).

Cuando la madre da el pecho y el bebé llora por las tardes, siempre hay algún alma caritativa que le dice: «¡Claro, se nota que por las tardes se te acaba la leche!». Pero entonces, ¿por qué tienen cólico los niños que toman el biberón? (la incidencia de cólico parece ser la misma con pecho o con biberón). ¿Acaso hay alguna madre que por la mañana prepare los biberones de 150, y por la tarde solo de 90, para fastidiar y para que el niño llore? ¡Claro que no! Los biberones son exactamente iguales, pero el bebé que por la mañana dormía más o menos tranquilo por la tarde llora y llora. No es por hambre.

«Entonces, ¿por qué mi hija se pasa toda la tarde enganchada a la teta, y por qué me noto los pechos vacíos?» Cuando un bebé llora, la madre que da el biberón puede hacer varias cosas: puede tomarle en brazos, mecerle, cantarle, acariciarle, ponerle el chupete, darle un biberón, dejarle llorar (no estoy diciendo que sea conveniente o recomendable dejarle llorar, solo digo que es una de las cosas que la madre podría hacer). La madre que da el pecho puede hacer todas esas cosas (incluyendo darle un biberón y dejarle llorar), pero además puede hacer una exclusiva: darle el pecho. La mayoría de las madres descubren que dar el pecho es la manera más fácil y rápida de que el niño se calme (en casa, al pecho le llamábamos *la anestesia*), así que dan el pecho una y otra vez a lo largo de la tarde. Claro que el pecho se queda blando, pero no es porque no haya leche, sino porque toda la leche está dentro de la barriga del niño. El bebé no tiene nada de hambre, al contrario, está de leche hasta la bandera.

Si la madre está contenta dando el pecho todo el rato, y no le duele el pezón (si el niño pide todo el rato y el pezón duele, es probable que esté en mala posición), y si el bebé se calma así, no hay inconveniente. Puede darle todas las veces y todo el tiempo que quiera. Puede meterse en la cama y descansar mientras su hijo mama. Ahora bien, si la madre está cansada, desesperada, harta de tanto dar el pecho, y si el niño está engordando bien, tampoco hay inconveniente en que le diga al padre, a la abuela o al primer voluntario que pille: «Toma a este niño, llévatelo a pasear a otra habitación, o a la calle y no vuelvas en dos horas». Porque si un niño que mama bien y engorda normalmente mama cinco veces en dos horas y sigue llorando, de una cosa podemos estar razonablemente seguros: no llora por hambre (otra cosa sería un niño que engorda muy poco, o que estaba engordando poco o nada hasta hace dos días y ahora empieza a recuperarse: a lo mejor ese niño necesita mamar muchísimas veces seguidas). Eso sí, si recurre a que alguien se lleve al niño a paseo, aproveche para descansar, y si es posible para dormir. Nada de lavar los platos y ponerse al día con la plancha, entonces no adelantamos nada.

Ocurre a veces que la madre está desesperada, lleva dos horas pecho, brazos, pecho, brazos, y vuelta a empezar. Recibe a su marido como si fuera el séptimo de caballería: «Por favor, haz algo con esta niña, porque estoy a punto de volverme loca». Papá la toma en brazos (no sin cierta aprensión, dadas las circunstancias), la niña apoya la cabecita sobre su hombro y ¡cloc!, cae dormida. Hay varias explicaciones posibles para este fenómeno. Dicen que los varones tenemos el hombro más ancho, y que se duerme mejor. Como llevaba dos horas danzando, es lógico que la niña esté bastante cansada. A lo mejor lo que necesitaba era un cambio de aires, es decir, de brazos (y muchas veces ocurre al revés: el padre ya no sabe qué hacer, y la madre consigue tranquilizar al bebé en segundos).

Tengo la impresión (pero es solo una teoría mía, no tengo ninguna prueba) de que, en algunos casos, lo que ocurre es que el bebé también está harto de mamar. No tiene hambre, pero no es capaz de reposar la cabeza sobre el hombro de su madre y dormir tranquilo. Como si no conociera otra forma de relacionarse con su madre que mamando. Tal vez se siente como nosotros cuando nos ofrecen nuestro postre favorito después de una opípara comida. No podemos negarnos, y luego andamos toda la tarde con indigestión. En brazos de mamá es un continuo quiero y no puedo; en cambio, con papá, no hay duda posible: no hay teta, así que a dormir.

Mi teoría tiene muchos puntos flojos, desde luego. Para empezar, la mayor parte de los niños del mundo están todo el día en brazos (o colgados a la espalda) de su madre, y en general descansan tranquilos y apenas lloran. Pero tal vez esos niños sí que conocen otra manera de relacionarse con su madre, sin necesidad de mamar. En nuestra cultura nos empeñamos en dejar al bebé en su cuna varias horas al día; tal vez así les transmitimos la idea de que solo pueden estar con su madre si maman.

Porque lo cierto es que el cólico del lactante parece casi exclusivo de nuestra cultura. Algunos lo consideran una enfermedad de nuestra civilización, la consecuencia de dar a los niños menos contacto físico del que necesitan. En otras sociedades, el concepto mismo de *cólico* es desconocido. En Corea, el doctor Lee no encontró ningún caso de cólico entre 160 lactantes. Al mes de edad, los niños coreanos solo pasaban dos horas al día solos, frente a las dieciséis horas de los norteamericanos. Los niños coreanos pasaban el doble de tiempo en brazos que los norteamericanos, y sus madres respondían prácticamente siempre a su llanto. Las madres norteamericanas ignoran deliberadamente el llanto de sus hijos casi la mitad de las veces.

En Canadá, Hunziker y Barr demostraron que se podía prevenir el cólico del lactante recomendando a las madres que llevasen a su hijo en brazos varias horas al día. Es muy buena idea llevar al bebé colgado, como hacen la mayor parte de las madres del mundo. Hoy en día es posible comprar varios modelos de bandoleras y portabebés en los que puede llevarlo cómodamente por casa y por la calle. No corra a dejar al bebé en la cuna cuando se duerma; les gusta estar con su mamá, aunque estén durmiendo. No espere a que el bebé empiece a llorar, con dos o tres semanas, para tomarlo en brazos; entonces puede que esté *pasado de rosca* y ni con los brazos se calme. Los bebés necesitan mucho contacto físico, muchos brazos, desde que nacen. No les conviene estar separados de su madre, y mucho menos solos en otra habitación. Durante el día, si lo deja un rato durmiendo en su cunita, es mejor que tenga la cunita en el salón; así se sentirán los dos (madre e hijo) más seguros, y descansarán mejor.

A nuestra sociedad le cuesta mucho reconocer que los niños necesitan brazos, contacto, afecto; que necesitan a su madre. Es preferible cualquier otra explicación: que si inmadurez del intestino, que si el sistema nervioso... Se prefiere pensar que el niño está enfermo, que necesita un medicamento. Hace unas décadas, las farmacias españolas vendían medicamentos para el cólico que contenían barbitúricos (mano de santo, desde luego, el niño se quedaba frito). Otros prefieren las hierbas e infusiones, los remedios homeopáticos, los masajes. Todos los tratamientos de que tengo noticia tienen algo en común: hay que tocar al niño para dárselo. El niño está en la cuna, llorando; la madre lo toma en brazos, le da manzanilla, el niño se calla. Se hubiera callado igual sin manzanilla, con el pecho, o solo con los brazos. Si, por el contrario, inventasen un aparato electrónico para administrar manzanilla, activado por el sonido del llanto del niño, una microcámara que explorara la cuna, un ordenador que identificara la boca abierta y controlara una jeringa que lanza un chorro de manzanilla directo a la boca... ¿cree que el niño se calmaría así? ¡No es la manzanilla, no es el medicamento, no es el remedio homeopático! Son los brazos de la madre los que *curan* el cólico.

Taubman, un pediatra estadounidense, demostró que unas sencillas instrucciones para la madre (tabla 1) hacían desaparecer el cólico en menos de dos semanas. Los niños a los que su madre hacía caso pasaron de llorar una media de 2,6 horas al día a hacerlo solo 0,8 horas. Mientras, los del grupo control, a los que se dejaba llorar, lloraban cada vez más: de 3,1 horas pasaron a 3,8 horas. Es decir, que los niños no lloran por gusto, sino porque les pasa algo. Si se les deja llorar, lloran más, si se les intenta consolar, lloran menos (¡una cosa tan lógica!, ¿por qué tanta gente se esfuerza en hacernos creer justo lo contrario?).

Tabla 1. INSTRUCCIONES PARA TRATAR EL CÓLICO, SEGÚN TAUBMAN. *PEDIATRICS,* 1984;74:998
1. Intente no dejar nunca llorar a su bebé. 2. Para descubrir por qué llora su hijo, tenga en cuenta las siguientes posibilidades: a. El bebé tiene hambre y quiere comer. b. El bebé quiere chupar, aunque no tenga hambre. c. El bebé quiere que le tomen en brazos. d. El bebé está aburrido y quiere estimulación. e. El bebé está cansado y quiere dormir. 3. Si sigue llorando durante más de cinco minutos con una respuesta, pruebe con otra. 4. Decida usted misma en qué orden probar las anteriores opciones. 5. No tenga miedo de sobrealimentar a su hijo. Eso no va a ocurrir. 6. No tenga miedo de malcriar a su hijo. Eso tampoco va a ocurrir.

En el grupo control, las instrucciones eran: cuando el niño llore y no sepa qué le pasa, déjelo en la cuna y váyase de la habitación. Si a los veinte minutos sigue llorando, vuelva a entrar, compruebe (un minuto) que no le pasa nada, y vuelva a salir de la habitación. Si a los veinte minutos sigue llorando, etc. Si a las tres horas sigue llorando, le vuelve a dar de comer, y vuelta a empezar.

Las dos últimas *instrucciones* del doctor Taubman me parecen especialmente importantes: es imposible sobrealimentar a un niño por ofrecerle demasiada comida (que se lo digan a todas las madres que intentan enchufarle la papilla a un niño que no quiere comer); y es imposible malcriar a un niño por hacerle demasiado caso. *Malcriar* significa *criar mal.* Malcriar a un niño es pegarle, insultarle, ridiculizarle, ignorar su llanto. Por el contrario, hacerle caso, cogerlo en brazos, acariciarlo, consolarlo, hablarle, besarlo, sonreírle, son y siempre han sido *biencriar*.

No existe ninguna enfermedad mental causada por un *exceso* de brazos, de cariño, de caricias... No hay nadie en la cárcel, o en el manicomio, porque sus padres le cogieron *demasiado* en brazos, o le cantaron *demasiadas* canciones, o le dejaron dormir con ellos. En cambio, sí que hay gente en la cárcel, o en el manicomio, porque no tuvo padres, o porque sus padres le maltrataron, le abandonaron o le despreciaron. Y sin embargo, la prevención de esa supuesta enfermedad mental totalmente imaginaria, el *malcriamiento infantil crónico*, parece ser la mayor preocupación de nuestra sociedad. Y si no, amiga lectora, haga memoria y compare: ¿cuántas personas, desde que se quedó embarazada, le han advertido de la importancia de poner enchufes de seguridad, de guardar en lugar seguro los productos tóxicos, de usar una sillita de seguridad para el automóvil o de vacunar a su hijo contra el tétanos? ¿Cuántas personas, en cambio, le han advertido de que no coja al niño en brazos, que no se lo meta en la cama, que no lo *malacostumbre*?

Lee K. The crying pattern of Korean infants and related factors. Dev Med Child Neurol. 1994;36:601-7

Hunziker UA, Barr RG. Increased carrying reduces infant crying: a randomized controlled trial. Pediatrics 1986;77:641-8

Taubman B. Clinical trial of the treatment of colic by modification of parent-infant interaction. Pediatrics 1984;74:998-1003

Aclaraciones

Seguro que ahora alguien dirá que por culpa del doctor González (y del doctor Taubman, ¡tal para cual!), las pobres madres van a estar esclavizadas, todo el día pendientes de sus hijos. Mentira. Yo no le digo al niño que llore, llora él solito. Si su hijo llora, habrá quien le diga que solo puede hacer una cosa: salir de la habitación y dejar que llore. Tiene que hacerlo tanto si le funciona como si no, una vez y otra, un día y otro. Y durante ese tiempo, ¿qué hace la madre?, ¿cree que se pone a leer un libro, o a dormir la siesta, o a planchar? Todo el que ha oído llorar a un niño, llorar de verdad, ¡y además su propio hijo!, sabe que esa madre no puede hacer nada. El llanto de un niño es uno de los sonidos más desagradables de la naturaleza (en eso consiste, el llanto de un niño está especialmente diseñado para provocar una reacción en los adultos, para no dejar a nadie indiferente). Esa pobre madre no puede hacer otra cosa que apretar las mandíbulas, mirar las manecillas del reloj y esperar los veinte minutos. En cambio, la madre a la que han recomendado hacer caso a su hijo tiene cinco opciones para elegir (y si se le ocurre la sexta, pues magnífico), puede decidir por cuál de ellas comienza, y si un truco no funciona y el niño sigue llorando, puede probar con otra cosa. De hecho, una de las posibilidades, *el niño tiene sueño y quiere dormir,* podría interpretarse como *dejarlo en la cuna e irse*; solamente que, si no funciona, la madre no está obligada a esperar veinte minutos para sacarlo.

La madre esclavizada es aquella a la que obligan a dejar llorar a su hijo, mientras que la madre liberada es aquella que tiene derecho a hacer lo que le parezca conveniente para calmarlo. Y, además, así conseguirá que su hijo llore cada vez menos.

Entonces, si dejo llorar a mi hijo, ¿sufrirá un trauma para toda la vida? No, no he dicho eso. No estoy hablando de traumas para toda la vida, sino del cólico del lactante. Si deja llorar a su hijo, simplemente llorará más.

Los niños lloran. Es normal. Es inevitable. Los niños coreanos, los niños africanos, todos lloran. Aunque estén en brazos las veinticuatro horas, lloran. Lo que pasa es que lloran menos. No estoy diciendo que, en cuanto el niño llora, vaya siempre corriendo a calmarlo. Por supuesto que a veces estará usted en la ducha, o en la cocina con el aceite a punto de quemarse, o haciendo cualquier otra cosa. Intente al menos decirle algo, mirarlo, sonreírle. Si un niño tiene que esperar, de vez en cuando, unos minutos para que alguien acuda a su llamada, no es el fin del mundo. El problema es dejar llorar a un niño a propósito y frecuentemente. El problema es hacerlo engañada, porque alguien que afirma saber mucho (un pariente, una vecina, el médico, el autor de un libro...) le ha dicho que llorar es lo mejor para su hijo, que si lo toma en brazos o lo consuela le va a *malcriar*.

Los adultos también lloramos, cuando tenemos motivo. Como los niños. No lloran *porque sí*; simplemente, sus motivos son distintos, y muchas veces no los conocemos. Imagine que es usted la que llora; una persona muy querida ha sufrido un grave accidente, y está sola en casa llorando. ¿A que es triste estar sufriendo y que no haya nadie para apoyarla y darle consuelo? Ahora imagine que usted no está sola en casa. Allí está su marido, leyendo. Usted está llorando, y él ni siquiera levanta la vista del libro. O le grita: «Calla de una vez, estoy intentando leer». ¿A que es aún peor que llorar sola? Además de la pena que ya sufría, ahora se siente despreciada, humillada. Siente que su marido ya no la quiere. Cuando una persona amada llora, le hacemos caso.

Naturalmente, un bebé de dos meses no puede saber si su madre tardó diez minutos en venir porque estaba muy ocupada, o si lo hizo a propósito («que se espere un rato, tiene que aprender que no puede salirse con la suya»). Él no lo sabe, pero usted sí. Hacemos lo que creemos correcto, aunque nadie se entere.

La dentición

Hace tiempo, una madre me dijo que a su hija de mes y medio le estaba saliendo un diente. Es raro, pero no imposible, que un diente salga tan pronto, así que le miré la boquita intrigado. «Pues yo no le veo nada.» «No, si aún no se ve.» «Y entonces, ¿cómo sabe que le está saliendo un diente?» «Pues porque está nerviosa, llora, se chupa los puñitos...» «¡Ah, bueno! Pero eso es normal, los niños lloran, se chupan los puñitos, eso no quiere decir que le esté saliendo un diente.» La escena se repitió mes tras mes, siempre *estaba saliendo* el dichoso diente, ya no me molestaba en desmentirlo. Por fin, a los seis meses, le salió un diente, como a todo el mundo. «¿Lo ve, doctor? ¡Ya sabía yo que le estaba saliendo un diente!»

En un estudio detallado, la dentición solo se asociaba, durante unos pocos días y en solo algunos niños, con síntomas leves: babear, morder, granitos en la cara (probablemente por la humedad de las babas), irritabilidad, un aumento de temperatura de unas décimas el día de la erupción (que se detectó solo porque en el estudio tomaban la temperatura dos veces al día a todos los niños). La mayoría de los niños no mostraban ningún cambio, ninguno de los síntomas aumentaba más de un 20 por ciento durante la fase de dentición, y ningún síntoma ni combinación de síntomas permitía predecir la aparición inmediata de un diente. La dentición no producía fiebre, ni diarrea, ni mocos, ni vómitos, ni escoceduras en el culito, ni despertares nocturnos.

Pero no hacía falta un estudio para comprender que la dentición no puede producir ningún problema serio. No solo a los bebés les salen dientes. A partir de los seis años empiezan a salir los dientes definitivos. Y no todos substituyen a un diente de leche (se podría argumentar que *el agujero ya estaba hecho*), porque en la dentición de leche no hay molares. Nunca se ha visto a un niño de ocho o diez años chupándose los puños, llorando o mordiendo aros de goma porque le salen los dientes. Nadie les pone cremas en las encías. Haga memoria de su propia infancia: recordamos el día en que se nos caía un diente (gracias al ratoncito Pérez), pero no recordamos el día en que nos salía uno nuevo. Normalmente, ni te enteras. Un día te miras en el espejo, y ¡sorpresa!, hay un diente más. (El caso de las muelas del juicio es distinto; algunas personas no tienen suficiente sitio en la mandíbula, y sufren considerables molestias.)

Y sin embargo, mucha gente está convencida de que la dentición provoca serios problemas a los bebés. Tantos que necesitan tratamiento. Se usan medicamentos de la farmacia (¡venden cremas con anestesia local!), medicamentos *naturales* y homeopáticos, hierbas y remedios de la abuela, mordedores de plástico, goma y otros materiales (hace décadas se usaban los huesos de sepia). Últimamente parece que están de moda los collares de ámbar (al parecer no son para morderlos, sino ¡para ponérselos al cuello!). Algunas madres se muestran entusiastas: «Le puse xxx para los dientes, y le fue muy bien». Siempre me he preguntado cómo puede *ir mal* una dentición. ¿Querrán decir que, si no fuera por el xxx, su hijo no tendría dientes, o que habría muerto en el proceso?

Como a todos los niños les salen 20 dientes en unos pocos meses, siempre hay alguno *a punto de salir* o *que acaba de salir* para echarle la culpa de cualquier problema. En parte, creo que es otra manifestación de ese temor de nuestra sociedad a la relación madre-hijo. Lo mismo que con el cólico. Si el bebé llora, no puede ser porque necesita a su madre. Es mejor pensar que está enfermo, que tiene miedo, que tiene cólico, que le duelen los dientes...

A propósito de supuestas causas de llanto, durante un tiempo estuve (levemente) preocupado porque mis hijos no lloraban cuando tenían el pañal sucio. Dice todo el mundo que tendrían que llorar. Incluso en las películas, cuando un niño llora siempre le miran el pañal. Pero mis hijos podían estar hasta la bandera, y no protestaban. Los descubría por el olor, no por el llanto. Me sentí reivindicado al leer, no recuerdo dónde, que hace décadas un investigador hizo un experimento al respecto. A la mitad de los niños les ponía un pañal limpio; a la otra mitad les volvía a poner el mismo pañal sucio que les acababa de quitar. ¡Se calmaban igual! El bebé no lloraba por la caca; era pura coincidencia. Se calmaba porque, en una época en que los bebés pasaban horas y horas solos en su cuna, su madre le cogía en brazos para llevarlo al cambiador, le tocaba, le acariciaba (con la esponja), le miraba a los ojos, probablemente le decía palabras bonitas...

Sospecho que el famoso efecto relajante del baño antes de ir a la cama pertenece a la misma categoría de mitos. Lo que su hijo necesita para relajarse y dormir es compañía, atención, brazos. En cuanto al baño, puede hacerlo a la hora que le sea más cómoda.

Macknin ML, Piedmonte M, Jacobs J, Skibinski C. Symptoms associated with infant teething: a prospective study. Pediatrics 2000;105:747-52

El hambre

¡La gran preocupación! ¿Se estará quedando con hambre? (pregunta que encierra otra, no siempre pronunciada: «¿Es mala mi leche, le tendré que dar biberones?»). Si el niño tiene sueño, pues que duerma; pero si tiene hambre, muchas madres palidecen, como pilladas en falta.

El problema es que usamos la palabra «hambre» para dos cosas muy distintas. Por una parte, hambre es la falta de alimento, la desnutrición. Hay hambre en el mundo, niños que mueren de hambre. Durante la guerra, nuestros padres o abuelos pasaron hambre. Suerte que nosotros no hemos conocido el hambre. Por otra parte, el hambre es una sensación desagradable que nos impulsa a comer. Yo sí que conozco el hambre, tengo hambre varias veces al día, por eso como. Si no tuviese hambre, no comería nunca. Qué gran paradoja: un niño (o un adulto) que no tuviera nunca hambre moriría de hambre.

«Mi hijo no aguanta las tres horas, a la hora y media ya pide el pecho; ¿será que tiene hambre? ¿Se estará quedando con hambre?» ¡Claro que tiene hambre! Por eso pide el pecho. Pero, si usted le da el pecho cuando lo pide, dejará de tener hambre. Solo se *quedará con hambre* si usted no le da hasta las tres horas. No haga pasar hambre a su hijo; dele de mamar cuando tenga hambre.

Brotes de crecimiento

En muchos libros sobre lactancia se dice que los bebés pasan por periodos (*brotes de crecimiento* o *días de frecuencia*) en que necesitan mamar más. Típicamente, el niño que estaba más o menos contento con un patrón de lactancia estable de pronto empieza a pedir el pecho a todas horas, mucho más que el día anterior. Si la madre se asusta («¡se me ha retirado la leche!») y le da biberones, el bebé cada vez toma más biberones y pronto deja el pecho. Si la madre no le da biberones, sino el pecho a demanda, la producción de leche aumenta y en dos o tres días la frecuencia de las tomas vuelve a disminuir. Se supone que se trata de periodos en que el bebé crece más rápidamente y por tanto necesita más leche, y a veces se dice que estos periodos se producen en fechas típicas, a las dos semanas, al mes y medio y a los tres meses.

La hipótesis es verosímil, pues algunos autores han encontrado que los niños pueden estar varias semanas sin crecer absolutamente nada, y luego crecer uno o dos centímetros en pocos días. Sin embargo, nadie ha comprobado (que yo sepa) que esos días de frecuencia coincidan efectivamente con periodos de crecimiento rápido, y tampoco nadie ha comprobado que sucedan a las dos y seis semanas y no a las tres o cinco semanas. Dejémoslo en que puede ocurrir en cualquier momento, y que no conocemos la causa. Pero conocemos la solución: lactancia a demanda, y nada de biberones.

La crisis de los tres meses

La crisis de los tres meses (el nombre me lo he inventado yo, no lo encontrará en otros libros) no es una crisis del niño, sino de la madre. El niño está perfectamente y no le pasa nada. Pero la madre se asusta y cree que no tiene leche. Suele ocurrir entre los dos y los cuatro meses, pero no tiene fecha fija.

Varios factores se suman para producir la crisis. Los pechos, que al principio de la lactancia se hinchaban y deshinchaban ostensiblemente con cada toma, ahora parece que siempre estén igual (¡y siempre deshinchados!). La leche que goteaba del otro pecho, que incluso iba goteando todo el día, ya no gotea. El bebé, que antes necesitaba quince o veinte minutos o más en cada pecho, ahora mama en cinco minutos, a veces en dos o menos. Y para colmo, ¡no hace caca! (pág. 317).

Todos estos cambios son normales. La hinchazón y el goteo de los pechos no indican que haya mucha leche; son más bien pequeños problemas del inicio de la lactancia, que desaparecen cuando el pecho funciona a pleno rendimiento. ¡Solo faltaría tener que usar empapadores en el sujetador durante dos años! El bebé tiene cada vez más fuerza y más experiencia, y mama cada vez más rápido. El peso nos demuestra que no hay ningún problema... bueno, nos lo demuestra si sabemos que los bebés engordan cada mes menos que el anterior (algunos parece que no lo saben, y asustan a la madre con el dichoso peso). Si una madre espera que engorde siempre lo mismo, ya tiene otro motivo de preocupación: este mes ha engordado menos.

Como es la madre la que está en crisis, en sus manos está la solución: deje de preocuparse, y ya no hay crisis. Pecho a demanda (y eso incluye dejar que suelte el pecho cuando lo quiera soltar) y nada de biberones.

Rechazo del pecho

Los niños pueden rechazar el pecho por muchos motivos. Si averigua la causa, enseguida se le ocurrirá la solución.

Falso rechazo

Después del parto, los recién nacidos suelen mamar bien en el curso de las primeras dos horas. Pero en las siguientes ocho o diez horas muchas veces están como adormilados y casi no maman. Hay que darles todo tipo de oportunidades, tenerlos en contacto piel con piel, acercarlos al pecho al menor pretexto..., pero tampoco hay que preocuparse mucho. Si pasan más horas y siguen sin mamar, habrá que hacer más esfuerzos para despertarlos, y si no es posible, habrá que sacarse leche y dársela con un cuentagotas o un vasito.

Al acercarse al pecho, los bebés hacen movimientos de búsqueda, moviendo la cabeza de un lado a otro. Algunas madres dicen: «Está diciendo que no quiere». Pero un recién nacido no sabe decir que no con la cabeza, solo está buscando el pecho.

Cuando se les empuja por la coronilla, los recién nacidos mueven la cabeza hacia atrás. Es un reflejo automático. Para acercarlo al pecho, empújelo por la espalda, no por la cabeza.

Cuando algo les roza alrededor de la boca, en la mejilla, en el bigote o en el mentón, se dirigen de forma refleja hacia lo que les ha tocado. En circunstancias normales, este reflejo les sirve para encontrar el pezón. Pero si lo que les toca en la mejilla es un dedo de la madre o de otra persona, o un pliegue de la ropa, se apartarán del pezón.

A medida que crecen, como hemos dicho antes, maman cada vez más rápido. Sueltan el pecho y se niegan a seguir mamando. No insista. En realidad, la causa más frecuente de «rechazo» del pecho es que el niño no tiene hambre.

Dolor o enfermedad del niño

Muchos bebés sufren al nacer un hematoma en la cabeza o una fractura de clavícula, que pueden ser dolorosos. Hay que buscar la posición en que mama sin molestias. Lo mismo puede ocurrir más adelante con las vacunas; procure no presionar la zona dolorida.

Cuando tienen moquitos no pueden respirar y mamar al mismo tiempo. Y, claro, prefieren respirar. Puede estirarlo boca arriba y dejar caer gota a gota (¡no a chorro!) suero fisiológico (venden unos frasquitos en la farmacia) en sus fosas nasales. La mucosidad seca se ablanda y en pocos minutos el niño estornuda y lo saca todo. Cuidado con las perillas para sacar mocos: no la meta en la nariz porque podría hacerle daño (ahora las suelen fabricar romas, pero hace años eran puntiagudas), y no apriete en la nariz, porque le metería los mocos aún más adentro.

Los bebés con una cardiopatía congénita a veces no quieren mamar porque el esfuerzo les resulta fatigoso.

Si le duele al tragar (otitis, faringitis...) no tendrá muchas ganas de mamar.

Si está nervioso y lleva un rato llorando, no habrá manera de que se agarre. Hay que tranquilizarlo en brazos y volverle a ofrecer el pecho al cabo de un rato.

Puede que haya tenido una experiencia desagradable en otra toma anterior; por ejemplo, si le pusieron una inyección mientras mamaba, o si la mordió y usted gritó muy fuerte.

Alergia a algo que ha comido la madre: «Le cae la leche en el estómago, y se pone a llorar». Es importante distinguirlo de la crisis de los tres meses (pág. 336). En un caso, el bebé mama contento y suelta el pecho contento, solo se enfada cuando le intentan volver a dar. En el otro caso, el bebé se pone a llorar mientras mama, sin que nadie le obligue. Suelta el pecho llorando, porque la alergia le produce picor y dolor desde la boca al estómago. Pero como no ha acabado, al cabo de muy poco tiempo vuelve a pedir, y otra vez vuelve a llorar... *No sabe lo que quiere, se pelea con el pecho.*

Problemas de técnica

Si se ha acostumbrado a biberones y tetinas, intentará tomar el pecho como si fuera un biberón, empujando con la lengua... y, claro, el pecho se le sale de la boca (pág. 289).

Cuando el bebé está mal colocado al pecho puede producirse un exceso de oxitocina; la leche sale a chorro y el niño se atraganta (pág. 276).

Las cremas en el pezón pueden hacer que el niño resbale. A veces hay que aplicar alguna crema por algún problema específico, grietas, hongos, infección del pezón..., pero si no tiene nada, no se ponga ninguna crema «preventiva».

Si el pecho está demasiado lleno, no hay por dónde agarrarlo. Intente vaciar un poco antes de darle (pág. 276).

Cambios que molestan al niño

Algunas maniobras demasiado habituales en la sala de parto (sondajes, aspiraciones, tetinas, introducción de un dedo en la boca...) constituyen una desagradable experiencia, y provocan aversión oral. El bebé no quiere que le metan nada más. Hay que armarse de paciencia y darle muchos brazos.

Cuando la madre ha estado ausente (por ejemplo, si empezó a trabajar) y regresa, el niño puede reaccionar *pegándose* a ella, o rechazándola, o alternando ambas conductas. Es normal. Su hijo necesita muchos mimos y mucha atención para superarlo.

A veces, los niños rechazan el pecho cuando notan que su madre no les hace caso porque está ocupada con otras cosas: discusiones familiares, problemas en el trabajo, preparativos para fiestas, obras en casa, visitas inesperadas...

Algunos niños rechazan el pecho cuando la madre está embarazada o tiene la regla; se dice que el sabor de la leche cambia.

A alguno le puede molestar el sabor de algo que comió la madre (pág. 382). O el sabor salado de la piel si la madre está sudando. O el sabor o el olor del jabón, colonia, crema o desodorante que usa la madre.

Muchos niños un poco mayores se distraen mirando el paisaje. A veces, durante una temporada, hay que buscar un lugar tranquilo para dar el pecho.

Si se asusta con un ruido fuerte o un movimiento brusco mientras está mamando, puede ser que en la siguiente toma se acuerde y no quiera mamar.

Rechazo unilateral

Es totalmente normal que un niño solo tome un pecho cada vez. A veces quieren el segundo pecho, y a veces no. Otra cosa es que siempre quieran el mismo pecho, y el otro no lo quieran ni en pintura.

Tal vez un pecho es más difícil de agarrar, porque el pezón es plano, o porque es demasiado grande y no le cabe en la boca.

A lo mejor está incómodo en uno de los pechos, bien porque le duele un oído, o la clavícula, o la nalga donde le pusieron la vacuna, bien porque la madre se da más traza para cogerlo con un brazo que con otro. En estos casos, es útil darle el pecho en otra postura, con los pies para el otro lado o sujetándolo con el otro brazo.

En caso de mastitis, la concentración de sodio en el pecho infectado aumenta. La leche sabe salada, y algunos niños la rechazan. El sodio aumenta siempre que la producción de leche disminuye, y la producción disminuye cuando el niño no mama, así que se crea un círculo vicioso.

Al principio, puede intentar que el niño acepte el otro pecho, con paciencia y probando diferentes posturas. Mientras tanto deberá sacarse leche para evitar ingurgitaciones, para mantener la producción y para evitar que aumente el sodio en la leche. Si su hijo engorda normalmente, no le dé la leche que se ha sacado (puede congelarla para cuando vuelva a trabajar), porque si ya está lleno y encima le ofrece más leche, tendrá aún menos interés en mamar.

Si el niño no acepta el pecho en unos días, tal vez es mejor abandonar los intentos, dejar de sacarse leche poco a poco y continuar la lactancia con un solo pecho (lo que es perfectamente posible). Un pecho puede producir leche suficiente para el niño, y en el otro pecho la secreción de leche se inhibirá completamente. El único problema es estético: si la diferencia de tamaño es apreciable, puede ponerse un relleno en el sujetador.

Aunque es muy raro, en algunos casos, meses después de que el niño rechace uno de los pechos, se descubre en ese pecho un tumor. Tal vez eso afecta al sabor de la leche. Insisto, es algo muy raro, y el rechazo casi siempre se debe a otro motivo (o no se descubre ningún motivo). Si un niño que mamaba normalmente de los dos pechos de pronto rechaza uno de ellos, y todos los intentos por dárselo fracasan, compruebe al cabo de unos días que no hay ningún bulto (digo *al cabo de unos días* porque en ese momento, cuando el pecho aún produce leche y el niño no mama, evidentemente habrá varios bultos). Y vuélvalo a comprobar al cabo de unos meses.

Healow LK, Hugh RS. Oral aversion in the breastfed neonate. *Breastfeeding Abstracts* 2000;20:3-4
www.llli.org/ba/Aug00.html
Saber A, Dardik H, Ibrahim IM, Wolodiger F. The milk rejection sign: a natural tumor marker. Am Surg 1996;62:998-9

Cómo superar el rechazo

Hay que armarse de paciencia, ofrecer el pecho pero sin intentar enchufarlo a la fuerza, darle muchos brazos y muchos mimos. Pruebe distintas posiciones. Suele ser especialmente útil con la madre boca arriba (plana en la cama o reclinada en un sillón) y el bebé encima, boca abajo. Póngalo cerca del pecho, y deje que él mismo lo busque.

Si el rechazo persiste, tendrá que sacarse leche y dársela con un vasito. Algunos niños rechazan la leche si se la da su madre, se la tiene que dar otra persona. No se lo tome a mal, piense lo mal que se debe de sentir su hijo para comportarse así. No intentar rendirlo por hambre. Cuando esté muy hambriento, probablemente mamará aún peor. Mejor darle primero la leche con un vaso, y ofrecer el pecho cuando no esté hambriento ni enfadado. Pruebe con el contacto piel con piel (pág. 337).

No intentar ponerlo al pecho a la fuerza, abrirle la boca, empujarlo... normalmente es contraproducente, acaban llorando, la madre y el niño, y la desagradable experiencia contribuye a perpetuar el rechazo.

El peso

El peso de los niños es causa de muchas ansiedades innecesarias. Muchas veces los médicos exigen un determinado peso y asustan a los padres cuando en realidad no hay ningún problema. Tal vez como reacción, algunos se van al otro extremo: «Si toma el pecho, ya está bien, el peso no importa». ¡Claro que importa! Un niño que solo engorda 200 gramos entre el mes y los dos meses tiene un serio problema. En muchos casos, una persona con experiencia no necesita pesar al niño para ver, o bien que está perfectamente, o bien que está muy desnutrido. Pero en los casos dudosos, es necesario comparar el peso cuidadosamente con las gráficas, y en esta comparación se suelen cometer varios errores:

Las curvas de peso no son rectas

Si lo fueran, los lactantes engordarían lo mismo todos los meses. Precisamente porque no es así, porque suelen engordar cada mes menos que el anterior, son curvas. El mismo niño que durante los dos o tres primeros meses engordó 500, 1000 o incluso 1500 gramos al mes, puede que solo engorde 200 gramos a los cuatro meses, o que no engorde nada entre los nueve y los doce. A veces parece que los niños que más han engordado al principio son los que menos engordan en los meses sucesivos, como si hubieran engordado al contado en vez de engordar a plazos.

La mitad de los niños están por debajo de la media

Por eso se llama *media*. Los niños que están por debajo de la media son tan normales como los que están por encima. Un niño que está por debajo de la media no está *justo de peso* (¡bienaventurados los justos!), sino completamente normal. De hecho, si todos los niños estuvieran por encima de la media, el Ministerio de Sanidad declararía la alerta sanitaria: sería la mayor epidemia de obesidad infantil de la historia.

Y el 3 por ciento de los niños están por debajo del percentil tres (la rayita de abajo de la gráfica). No el 3 por ciento de todos los niños, sino el 3 por ciento de aquellos niños a los que pesaron para hacer las gráficas. Que, por definición, eran niños sanos y normales: no eran prematuros, no estaban ingresados en el hospital, no tenían una cardiopatía congénita. Así que, en la vida real, hay más de un 3 por ciento de los niños por debajo del percentil tres. Tal vez un 4 o 5 por ciento. El pediatra debe distinguir a los tres que están sanos del cuarto, que puede estar enfermo.

Como en España hay unos 500 000 nacimientos al año, hay 15 000 bebés sanos por debajo del percentil tres. Más otros 15 000 niños y niñas de un año, y 15 000 de dos años, y 15 000 de tres años...

Las gráficas de peso no son caminitos

Los rayitas de la gráfica son representaciones artísticas (es decir, las hacen *bonitas*) de funciones matemáticas. No tienen nada que ver con el crecimiento de los niños reales. Es totalmente normal que los niños corten una o dos rayas hacia arriba o hacia abajo (por supuesto, no de golpe, sino a lo largo de meses), tanto de peso como de talla. Es normal que suban de percentil en el peso y bajen en la talla, o al revés.

Mei Z, Grummer-Strawn LM, Thompson D, Dietz WH. Shifts in percentiles of growth during early childhood: analysis of longitudinal data from the California Child Health and Development Study. Pediatrics 2004;113:e617-27
http://pediatrics.aappublications.org/cgi/content/full/113/6/e617

Si de verdad no engorda...

Cuando de verdad un niño pesa muy poco, o aumenta muy lentamente de peso, y se sale de *lo normal*, puede ser debido a muchos motivos:

1. El niño es muy bajo o muy delgado, pero está sano. Un caso particular es el retraso constitucional del crecimiento (pág. 345).
2. Enfermedad que afecta primariamente al crecimiento (déficit de hormona del crecimiento, síndrome de Down...).
3. El niño está desnutrido, lo que a su vez puede deberse a
   a. Desnutrición secundaria a una enfermedad que interfiera con la absorción de los alimentos (diarrea, celiaquía, fibrosis quística...) o el metabolismo (diabetes...), aumente el gasto energético (fiebre...), produzca pérdidas de nutrientes (síndrome nefrótico, parasitosis...), disminuya el apetito (tuberculosis, infección urinaria, traqueomalacia, virasis y otitis repetidas...).
   b. Aporte insuficiente de alimentos (desnutrición primaria). En este último caso, y si es que el niño está tomando lactancia materna exclusiva, podemos a su vez distinguir:
      — Técnica inadecuada de lactancia (duración o frecuencia insuficiente de las tomas, interferencia de chupetes, agua o infusiones; posición inadecuada, supresión de tomas nocturnas...). La mayor parte de los niños que engordan poco con el pecho no necesitan un biberón, sino más pecho.
      — Hipogalactia primaria; es decir, escasez de leche debida a causas maternas y que no responde a las medidas habituales (aumentar la frecuencia de las tomas, corregir la posición...). La hipogalactia puede ser tratable, como la del hi-

potiroidismo, o intratable (de momento), como la agenesia de tejido mamario.

Solo en este último y altamente improbable caso, hipogalactia primaria no tratable, la solución consistiría en iniciar una lactancia mixta. No disponemos de datos sobre la frecuencia relativa de las distintas causas de bajo peso, la experiencia indica que en nuestro país las más frecuentes son: a) el niño es pequeñito, pero está sano, b) la enfermedad intercurrente del lactante (habitualmente leve) y c) la técnica inadecuada de lactancia (horario restrictivo, biberones de agua...), por suerte cada vez menos frecuente.

Sin embargo, muchos médicos reaccionan automáticamente: «Engorda poco, dele un biberón», sin mirar nada más, sin pensar en nada más. Primero se desteta al niño, y solo después de destetado, si sigue sin engordar, se toma el problema en serio y se hacen la pruebas necesarias para acabar encontrando una infección de orina, una celiaquía, una fibrosis quística... Es muy triste, pero algunas madres se ven obligadas a mentir y decir que no dan el pecho, para que el médico mire de verdad a su hijo.

Las nuevas gráficas con niños de pecho

Las gráficas de peso habitualmente usadas están hechas con niños que, en su mayor parte, tomaban poco o nada de pecho. La OMS ha publicado unas nuevas gráficas, basadas exclusivamente en el crecimiento de niños con una alimentación normal (es decir, lactancia materna más de un año, sin ningún otro alimento antes de los seis meses). Puede verlas en www.who.int/childgrowth/en/. No se trata de hacer dos gráficas distintas, una para niños de pecho y otra para niños de biberón. Se debe usar la misma gráfica para todos los niños. El objetivo de la lactancia artificial es conseguir que los bebés crezcan igual que si hubieran tomado el pecho. Hace setenta años, los niños que tomaban el biberón engordaban menos. Ahora, parece que a partir de los seis meses, engordan más. Pues tendrán que seguir investigando, hasta conseguir una leche artificial que no produzca obesidad.

Las gráficas de la OMS, comparadas con las que se solían y se suelen usar en España (las de la Fundación Orbegozo), son prácticamente idénticas hasta los seis meses. Pero a partir de los cinco o seis meses, la gráfica de la OMS está unos cientos de gramos más baja que la española. Cada raya está más baja; la media, el percentil 3, el percentil 97. Es decir, que un bebé de ocho meses que en la gráfica española está 300 g «por debajo de la raya» es probable que en la gráfica de la OMS esté «dentro de la raya». Pero es una diferencia muy pequeña, que solo afecta a unos pocos niños. En muchos más casos, el problema no es la gráfica, sino su interpretación. El que dice que los niños están justos de peso si están por debajo de la media, o que pierden peso cuando bajan de percentil, seguirá diciendo lo mismo y asustando sin motivo a los padres con las nuevas gráficas.

No tiene sentido pesar a los niños cada semana

El peso aumenta después de mamar y disminuye al hacer pis o caca. En un periodo corto, las variaciones accidentales del peso y los errores de medida son tan grandes en relación con el aumento esperado que es imposible valorar el resultado. Salvo en casos concretos que requieran un control exhaustivo (como los primeros días, hasta que recupera el peso del nacimiento, o en caso de enfermedad), es inútil (y se presta a graves errores) pesar al bebé más de una vez al mes (o de una vez cada dos meses entre los seis y los doce).

Su hijo no engorda más porque lo pesen mucho. Engorda porque usted le da el pecho.

Retraso constitucional del crecimiento

Cuando de verdad un niño no engorda porque no come, el peso es insuficiente, pero la talla es normal. A largo plazo, la desnutrición también afectaría a la talla, pero al principio no. La relación peso/talla está por debajo de lo normal.

Pero si su hijo engorda poco y crece poco, y la relación peso/talla es normal, el problema es muy distinto. Tal vez le tengan que hacer pruebas para descartar alguna enfermedad, como el déficit de hormona del crecimiento. Pero hay tener en cuenta dos variaciones normales, que no son enfermedades, cuyo desconocimiento produce muchas preocupaciones innecesarias.

Una es muy evidente: la talla baja familiar. El padre es bajito, la madre es bajita, y el niño será bajito cuando sea mayor.

El retraso constitucional del crecimiento es menos conocido, y produce más quebraderos de cabeza. Es la causa más frecuente de baja estatura y retraso de la pubertad. Hacia los tres o seis meses de edad, la velocidad de crecimiento (en peso y talla) disminuye. El niño se sitúa en el percentil tres o más bajo de peso y talla, pero el peso es adecuado para la talla. La edad ósea está retrasada, pero concuerda con la talla. Después de los dos o tres años, la velocidad de crecimiento vuelve a acelerarse, y los niños crecen en la parte baja de la curva o por debajo del percentil tres, pero de forma paralela. El estirón puberal es tardío, por lo que durante unos años *se salen* aún más de la gráfica, pero también tienen más tiempo para crecer. Finalmente llega la pubertad, y la talla adulta es normal. Normalmente existen antecedentes familiares. Es muy tranquilizador preguntar a las abuelas, normalmente uno o ambos padres u otros miembros de la familia: «siempre fueron muy bajitos», o «eran niños canijos», o «el médico del pueblo siempre les daba vitaminas», y al final crecieron normalmente...

Es una situación absolutamente normal, y que no requiere tratamiento. Por desgracia, muchos de estos niños, cuando empiezan a crecer más lentamente en el segundo trimestre, son «tratados» (por supuesto, sin ningún efecto) con biberones suplementarios, introducción precoz de otros alimentos o destete forzoso.

Por cierto, puesto que hemos mencionado la edad ósea: he visto a muchos padres angustiados porque les han dicho que sus hijos tienen la edad ósea retrasada. Primero, la edad ósea no coincide exactamente con la edad cronológica; un año más o menos es sencillamente normal, y los retrasos con importancia clínica son de dos o tres años. Si le hablan de *un retraso de nueve meses*, se puede echar a reír. Segundo, en general lo malo no es tener la edad ósea retrasada, sino adelantada. Si un niño es bajito y tiene la edad ósea normal, o aún peor adelantada, quiere decir que dejará de crecer a la misma edad que los otros niños, y se puede quedar bajito. En cambio, si la edad ósea está retrasada tres años, quiere decir que seguirá creciendo durante tres años más, y tendrá tiempo de crecer un poco más.

Clark PA. Constitutional growth delay. 2003.
http://emedicine.medscape.com/article/919677-overview
Rodríguez Rodríguez I. «Diagnóstico de la talla baja idiopática».
www.comtf.es/pediatria/Congreso_AEP_2000/Ponencias-htm/Ilde_Rguez.htm

capítulo
siete

Problemas del pecho

Pezones invertidos

Hace años pensábamos que los pezones invertidos dificultaban mucho la lactancia. Intentábamos convencer a los ginecólogos de la necesidad de revisar los pezones de las embarazadas. ¡Hay que sacar el pezón antes de que nazca el niño! Para ello se proponían dos tratamientos, las pezoneras formadoras (pág. 359) y los ejercicios de Hoffman.

Por fortuna, no logramos convencer a los ginecólogos, y así nos ahorramos pasar por el ridículo de tener que *desconvencerlos*. Porque en los últimos años nos han dado dos importantes noticias: la mala, que los tratamientos para el pezón invertido en realidad no hacen nada (y por tanto de nada sirve el diagnóstico precoz); la buena, que se puede dar el pecho perfectamente con un pezón invertido.

A finales de los años ochenta una comadrona inglesa, apellidada Alexander, se preguntaba cuál de los dos tratamientos, las pezoneras o los ejercicios de Hoffman, sería más útil. Hizo lo que se suele hacer en estos casos: buscar estudios científicos publicados sobre el tema. Buscó y buscó, pero nada encontró. Sobre los ejercicios de Hoffman solo había un artículo publicado, el del mismísimo doctor Hoffman, explicando lo bien que les fueron sus ejercicios a dos madres. Sobre las pezoneras no había ni un solo estudio.

Alexander decidió hacer el estudio ella misma. Distribuyó al azar, en cuatro grupos, a unas cien embarazadas con pezones invertidos. Un grupo utilizó las pezoneras formadoras durante el embarazo, otro hizo los ejercicios de Hoffman, el tercer grupo hizo las dos cosas a la vez, y el cuarto grupo no hizo nada de nada.

El resultado no pudo ser más sorprendente. Primero, el 60 por ciento de los pezones previamente invertidos eran normales en el momento del parto, igual en los cuatro grupos (de hecho, mejor en el grupo sin tratamiento, pero la diferencia era pequeña y podría ser por casualidad). Es decir, que se *curaban* solos, y que el tratamiento no contribuía en nada a la mejoría. A las seis semanas, el porcentaje de madres que seguían dando pecho era más bajo en el grupo que había usado solo pezonera; algunas encontraron el invento tan incómodo que decidieron no dar el pecho.

Este es un buen ejemplo de por qué son necesarios los estudios científicos bien hechos. Hace falta un grupo control para poder separar los resultados del tratamiento de aquellos que son fruto del azar. Durante muchos años, muchas madres (concretamente el 60 por ciento) dijeron que esos tratamientos les habían ido muy bien; y muchos médicos y comadronas decían: «Yo siempre recomiendo las pezoneras (o los ejercicios), y funcionan muy bien en la mayor parte de los casos». También hace falta que el estudio mida un resultado realmente importante (cómo les fue la lactancia) y no un simple resultado intermedio como la forma del pezón. Imaginemos que las madres que usan pezonera hubieran dado el pecho más tiempo, a pesar de que el porcentaje de pezones *curados* seguía siendo el mismo. Eso indicaría que las pezoneras son útiles y se han de recomendar, solo que no sabemos por qué son útiles. O al revés, podría haber sucedido que las pezoneras resultasen muy útiles para cambiar la forma del pezón, pero luego, a la hora de la verdad, las madres dieran el pecho igual en un grupo que en otro; ¿de qué sirve entonces tener el pezón salido?

El estudio de Alexander cayó como un jarro de agua fría. Era muy difícil creer que aquellos tratamientos, que habíamos *visto* funcionar durante tantos años, en realidad fueran inútiles. Así que se repitió un estudio similar, pero más grande, con más embarazadas de distintos hospitales. El resultado fue muy similar: a las seis semanas, el porcentaje de madres que daban el pecho era exactamente el mismo en los cuatro grupos. Al menos esta vez las pezoneras no resultaron contraproducentes, sino simplemente inútiles.

Algunos aducen que estos estudios se hicieron con unas determinadas marcas de pezonera, y que en el mercado existen otras marcas un poco distintas y que sí podrían ser útiles. Hasta donde yo sé, nadie ha hecho un estudio con esas otras marcas de pezoneras, y por tanto nadie ha demostrado que sirvan para nada.

Súbitamente desarmados, hemos visto que el pezón invertido no era tan fiero como lo pintaban. Las mujeres pueden dar el pecho, a pesar de todo. En cierto modo, era lógico; una de esas cosas que nos hacen exclamar: ¡cómo no me di cuenta antes! El bebé no mama del pezón, sino del pecho. Es en la areola donde tiene que colocar los labios, es en la areola donde tiene que apretar con la lengua. Mientras está mamando, el bebé no puede notar la diferencia entre un pezón invertido y otro *normal*. Una amiga comadrona, Lourdes Martínez, ha visto a una mujer que dio el pecho durante meses, a pesar de que le faltaba un pezón. Se lo habían extirpado de niña, por una infección en la piel.

El pezón no sirve para mamar, sino solo para indicar al bebé de dónde tiene que mamar. Es como la banderita que ponen en el campo de golf para que desde lejos sepan dónde está el agujero. Si el pecho fuera completamente liso y homogéneo, como un balón, el bebé no sabría por dónde sale la leche. Se pondría a mamar de cualquier parte. A mi esposa le pasó una noche; el niño se confundió y le dejó un buen moretón. Para evitar errores, la naturaleza ha previsto un complejo sistema de identificación, en el que intervienen cuatro sentidos: vista, tacto, gusto y olfato. El bebé huele el pezón (en un estudio lavaban con jabón uno de los pechos durante el parto, y luego dejaban al recién nacido en medio; la mayor parte se enganchaban al pecho no lavado); ve la areola (que es como una diana pintada en torno al objetivo, y que se pone más oscura precisamente al principio de la lactancia, cuando hay que aprender a mamar); toca el pezón con las mejillas y los labios, y lo lametea para comprobar que sabe a pezón. Cuando los cuatro sentidos coinciden, el bebé no tiene dudas: ¡aquí está el tesoro! Si falta la señal táctil, si el pecho está completamente liso, todavía quedan otras tres pistas.

Probablemente, nuestros antepasados, durante miles de años, han tenido suficiente con tres pistas para encontrar el agujero, y casi todos los niños mamaban perfectamente aunque el pezón fuera plano. Hoy en día, como ya hemos explicado (pág. 286), la cosa es un poco más difícil: anestesia durante el parto, separación en los primeros minutos, madres que no han tenido oportunidades de aprender a dar el pecho observando a otras madres... Pero si alguien, la comadrona o la enfermera, ayuda a la madre a colocar a su hijo al pecho, el niño mamará por muy invertido que esté el pezón.

Cuando el niño lleva un par de días mamando, el pezón se suele quedar fuera. Y es que la fuerza de un bebé, aplicada durante más de dos horas al día (repartidas en varias tomas) puede con todo. A veces, el cambio de forma es definitivo; pero muchas madres descubren con sorpresa que el pezón se vuelve a invertir después del destete, y que el siguiente hijo lo tiene que volver a sacar. Con la práctica adquirida, probablemente podrá ponerse a su segundo hijo al pecho sin ayuda de nadie.

Así que el pezón invertido solo dificulta la lactancia cuando la madre no tiene quien la ayude. Pero si las enfermeras y comadronas conocen el truco y ayudan a la madre, el pezón invertido es casi una ventaja. Porque de un pezón prominente se puede mamar bien o se puede mamar mal, y el mamar mal acabará produciendo grietas y otros problemas. Pero de un pezón invertido o se mama bien o no se mama. El personal se esfuerza especialmente en ayudar a esa madre, y la lactancia va como una seda desde el principio.

Se han inventado algunos otros medios para sacar los pezones invertidos aplicando una succión artificial, con un aparato especialmente diseñado (Niplette®). En general, no creo que sean muy útiles ni muy necesarios; se puede dar el pecho sin usarlos. En algún caso excepcional, puede usarse una jeringa cortada y puesta del revés (fig. 14).

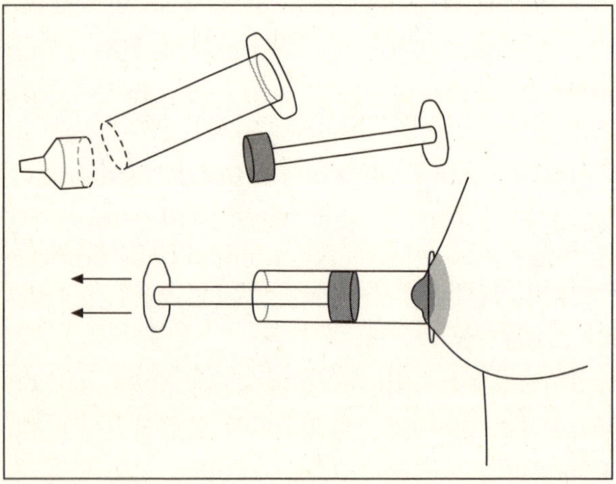

Figura 14. Con una jeringa del revés se puede aspirar un pezón invertido. Solo en casos excepcionales.

Alexander JM. Grant AM, Campbell MJ. Randomised controlled trial of breast shells and Hoffman's exercises for inverted and non-protractile nipples. Br Med J 1990;304:1030

Dolor en los pezones

Dar el pecho no debería doler.

Mucha gente piensa que el dolor es inevitable, que es parte de la lactancia, que hay que aguantarse. No es cierto. Dar el pecho no tiene que doler.

Todo lo más, puede haber una ligera molestia los primeros días, por la falta de costumbre. Pero no dolor. El dolor indica que algo va mal, y la causa más frecuente (en los primeros días casi la única) es la mala posición.

Grietas del pezón

La causa de las grietas es la mala posición del niño al mamar. El bebé tiene la boca poco abierta, solo agarra el pezón, está demasiado separado del pecho. Intenta hacer el vacío (en vez de mamar correctamente con la lengua), y las mejillas se le hunden. Está mucho rato en el pecho, y mama con gran frecuencia. Muchas veces la madre lo interpreta todo al revés: piensa que su hijo mama muy bien, *mucho y muy fuerte*, cuando precisamente está mamando fatal.

El pezón es muy sensible al dolor, precisamente para avisarnos de que hay un problema. Si le duele durante la toma, puede sacarle el pecho de la boca (ábrale primero la boquita con un dedo para romper la ventosa) y volver a empezar; o puede colocar mejor al bebé sin sacarlo, habitualmente pegándolo más a usted y moviéndolo un poco en dirección a sus piececitos, de forma que no tenga el cuello doblado, sino recto o un poco extendido hacia atrás. En la página 279 explicamos con todo lujo de detalles la manera de conseguir una buena posición. Las grietas son mucho más fáciles de prevenir que de curar; haga algo en cuanto note dolor, y no espere a tener una herida sangrante. Además, cuando un bebé lleva meses mamando en posición inadecuada, a veces es muy difícil conseguir que cambie.

No siempre es fácil conseguir una posición perfecta. Y, claro, tampoco es muy conveniente sacarle el pecho y volvérselo a meter cinco o diez veces seguidas, al final el bebé acaba de los nervios. A veces, al tercer o cuarto intento hay que conformarse con una posición que, sin ser perfecta, es claramente mejor que la primera, y esperar a la próxima toma para perfeccionar la postura.

Cuando se corrige la posición, el dolor desaparece de inmediato. O al menos disminuye tanto que, comparado con lo que era antes, la madre ni lo nota. Es digna de ver la expresión de alivio y asombro de la madre cuando, después de días o semanas (o a veces meses) de sufrimiento, consigue una toma sin dolor. Por supuesto, la grieta no se ha curado, sigue ahí, en la base o en la punta del pezón. Pero ya no duele, porque en la posición correcta las encías no aprietan sobre la grieta, sino mucho más adentro.

A partir de ese momento, la grieta se curará sola en unos pocos días, como cualquier arañazo superficial en la piel. El único motivo por el que la grieta no se había curado antes es que el bebé, al mamar, la machacaba cada pocas horas. Cuando la posición correcta no aporta una rápida mejoría, hay que pensar que el problema no eran las grietas, o que las grietas estaban infectadas (véase más adelante).

Si el dolor es muy intenso, o tarda en mejorar, puede ser útil recurrir a la compresión mamaria (pág. 309) durante unos días, para acortar las tomas y disminuir la presión en el pezón. Algunas madres llegan a sacarse leche durante unas horas o días para dársela a su hijo con un vasito y evitar la succión directa. Esto puede ser útil en algunos casos desesperados, pero en general es innecesario y a veces resulta contraproducente: por una parte, el bebé no tiene oportunidad de practicar y aprender a mamar mejor; por otra, el sacaleches puede resultar aún más doloroso que la succión del bebé.

No existe ninguna pomada que sirva para prevenir o para tratar las grietas normales (no infectadas). Si el bebé mama en mala posición, ninguna pomada impedirá el dolor y las grietas. Si el niño mama bien, no es necesario aplicar pomada antigrietas, ni crema hidratante, ni nada. Del mismo modo, una vez aparecidas las grietas, ninguna pomada podrá curarlas si no se corrige la posición. Y si la posición se corrige, normalmente la curación es tan rápida que cualquier otro tratamiento resulta innecesario.

Durante mucho tiempo se han recomendado pezoneras para evitar el dolor de las grietas. Es posible que resulten útiles en algún caso concreto, pero en general no son recomendables. Los modelos antiguos, de caucho (o de cristal y caucho), dificultaban mucho la succión, y el bebé no podía obtener toda la leche que necesitaba. Los modelos modernos, de silicona fina, también suelen reducir un poco la ingesta de leche. El bebé difícilmente aprenderá a mamar mejor si no puede mamar de un pecho desnudo (la pezonera impide que el pezón y la areola se estiren y se amolden a la boca). En algunos casos, el dolor, en vez de disminuir, aumenta con la pezonera, pues la grieta roza una y otra vez contra la pared rígida. Y, si no se retira la pezonera en pocos días, la lactancia suele irse al traste: mamar con pezonera es difícil, y aunque he conocido a un par de mujeres que han dado el pecho con pezoneras durante varios meses, es mucho más habitual que la lactancia vaya empeorando y se abandone en pocos días. Así pues, si el dolor es tan intenso que decide probar con una pezonera, tenga en cuenta dos puntos importantes:

1) Deje de usarla si no nota un alivio inmediato. Su única supuesta utilidad es proteger la herida mientras el bebé mama y evitar el dolor. Si le duele lo mismo o más con la pezonera, no vale la pena seguir intentando; no hará más efecto el segundo día que el primero.
2) Si nota alivio, úsela solo durante unos días. Retírela en cuanto la grieta mejore.

Las grietas suelen aparecer en los primeros días de lactancia. O se solucionan, o la lactancia finaliza, porque muy pocas madres pueden soportar el dolor durante semanas y meses. A medida que el niño crece, suele agarrar el pecho cada vez mejor, por la práctica y porque tiene la boca más grande; y también la madre suele encontrar una postura un poco menos mala. No es raro ver curaciones parciales, madres que a los dos o tres meses explican que tuvieron grietas, que las grietas curaron, pero que todavía les duele cada vez que el niño mama. A veces es difícil corregir la posición en estos casos; si el niño lleva mucho tiempo moviendo la lengua y la mandíbula de cierta manera, quizá no sepa o no quiera cambiar. Puesto que lo importante es cómo se mueve la lengua del bebé, es posible colocar su boquita correctamente en el pecho y que, sin embargo, siga mamando mal.

Una vez el niño aprende a mamar bien, lo habitual es que siga así durante toda la lactancia. Si, después de dar el pecho sin problemas durante semanas o meses, de pronto empieza a tener dolor de pezones durante las tomas, ¿no será que su hijo ha empezado a tomar biberones o a usar chupete? Muchos niños alternan el pecho y el biberón sin dificultad, por ejemplo cuando la madre empieza a trabajar; pero algunos, tengan la edad que tengan, se hacen un lío y empiezan a mamar mal.

Frenillo corto

Algunos niños no pueden mamar correctamente porque tienen el frenillo de la lengua demasiado corto.

Normalmente, el bebé mientras mama tiene la lengua sobre la encía y sobre el labio inferior. A veces es posible incluso ver la puntita de la lengua que asoma mientras el niño mama. Si el frenillo es tan corto que la lengua no llega al labio, al bebé le cuesta sacar la leche (y por tanto tarda muchísimo en mamar), y además la encía muerde directamente el pecho. Conocí a una madre que había descubierto y diagnosticado ella misma su problema. Llevaba varias semanas soportando el dolor y había notado el frenillo tan corto que la lengua se quedaba pegada al suelo de la boca, con la punta en forma de corazón. Además, su hermana había tenido un hijo casi al mismo tiempo, y probaron a intercambiarse los bebés para una toma: a ella no le dolió nada cuando dio el pecho a su sobrino, y en cambio su hermana vio las estrellas. Por desgracia, muchos médicos creen que el frenillo corto no causa ningún problema y es mejor no tocarlo. Todo lo más piensan que, en algunos casos raros, puede dar problemas de pronunciación..., así que, antes de cortar nada, hay que esperar a que el niño aprenda a hablar, para ver qué tal pronuncia. Nuestra amiga tuvo que peregrinar por varios otorrinos, hasta que uno accedió a cortarle el frenillo a su hijo.

Otras veces la punta de la lengua sí que asoma, pero solo hacia abajo (el bebé no puede subir la lengua, como queriendo tocarse la nariz). Otras veces es la parte de atrás de la lengua la que está demasiado fija y no puede apretar el pecho correctamente. Este tipo de frenillo, llamado submucoso, no es visible a simple vista; se puede palpar, o se detecta por sus efectos, porque la parte de atrás de la lengua no se eleva.

Cuando la lactancia resulta dolorosa o el bebé no aumenta de peso a pesar de estar colocado en buena posición, es importante que alguien con experiencia valore si hay un problema de frenillo.

El corte del frenillo es una intervención muy sencilla, tan rápida y tan poco dolorosa como poner una inyección. Pero debe reservarse para los pocos casos en que es realmente necesario, en que no se ha conseguido que el niño mame en una posición indolora pese a la ayuda de una persona con experiencia. Algunos se dejan llevar por un exceso de entusiasmo, y le echan la culpa al frenillo cuando el problema era la posición; en esos casos, claro está, la lactancia no mejora y el dolor no disminuye después de la intervención, lo que hace además que algunos pierdan la fe («cortar el frenillo no sirve para nada») y que el próximo niño que de verdad necesite tratamiento se quede sin él.

El bebé mama con los labios evertidos (doblados hacia afuera). Muy raramente, el frenillo del labio (inferior o superior) también puede dar problemas para mamar, pues el labio queda pegado a la encía y no se puede doblar.

Ballard JL, Auer CE, Khoury JC. Ankyloglossia: assessment, incidence, and effect of frenuloplasty on the breastfeeding dyad. Pediatrics 2002;110:e63 http://pediatrics.aappublications.org/cgi/content/full/110/5/e63

Candidiasis del pezón

Las cándidas son unos hongos microscópicos que se encuentran normalmente en nuestra piel (y en muchos otros sitios) sin causar problemas... hasta que se descontrolan y crecen demasiado.

A veces, las infecciones por cándidas se producen después de tomar un antibiótico por cualquier otro motivo. Además de matar a los bichos malos que causan la enfermedad, el antibiótico mata a muchas de las bacterias buenas que tenemos en el tubo digestivo, en la piel y en todas partes. Quedan pisos vacíos, y otros microbios se apresuran a ocuparlos, entre ellos las cándidas.

En la mujer adulta, las cándidas suelen causar vaginitis (flujo vaginal, escozor y enrojecimiento). A veces producen balanitis en el varón (inflamación del glande del pene). También pueden producir lesiones en la piel, sobre todo en los pliegues húmedos (axilas, ingles, bajo los pechos voluminosos...).

Los bebés pueden tener cándidas en la boca y en el culito, más raramente en otros pliegues del cuerpo. En la boca producen el muguet, unas placas blancas irregulares sobre la lengua, las encías, el interior de los labios y las mejillas o el paladar. Pueden confundirse con restos de leche coagulada; pero la leche se mueve fácilmente al rasparla con un palito o una cucharita, mientras que el muguet está firmemente enganchado a la mucosa.

En el culito suelen producir una lesión típica, distinta de la simple escocedura por la humedad del pañal. Es una zona roja, irregular, más roja por el borde que por el centro, con límites bien definidos (es decir, hay un cambio brusco de la zona roja a la piel normal, mientras que la escocedura se va difuminando poco a poco). Suele haber *lesiones satélite*, pequeños círculos rojos junto a la lesión principal, como salpicaduras de pintura.

Durante años hemos creído que las cándidas eran una causa frecuente de dolor en el pezón.

Recientes investigaciones indican que la mayor parte de los problemas del pezón que antes atribuíamos a las cándidas son, en realidad, causados por distintas bacterias. Las infecciones por cándidas parecen ser muy muy raras. Y el caso es que, mientras creímos en ellas, muchas se curaban con antifúngicos (con medicamentos contra los hongos). Unas se curaban por el paso del tiempo (pocas infecciones duran eternamente, aunque no se traten); otras, porque los antifúngicos a veces también matan a según qué bacterias; otras, porque tal vez de verdad eran cándidas... y otras, no se curaban, y entonces decíamos «qué malas son las cándidas, qué resistentes son al tratamiento».

Infección del pezón

Cuando el dolor y las grietas persisten a pesar de corregir la posición, puede ser debido a una infección bacteriana del pezón. Las bacterias causales pueden ser muy variadas, incluyendo algunas, como el estafilococo *epidermidis*, que habitualmente pertenecen a la flora saprófita (los millones de bacterias que llevamos encima pero que no nos hacen daño). En ocasiones se observa enrojecimiento, irritación o supuración en la zona del pezón; pero muchas veces no se observa nada, porque las bacterias están dentro de los conductos galactóforos. El tratamiento local con pomadas antibacterianas muchas veces no funciona, y es preciso recurrir a los antibióticos por vía oral.

En muchas ocasiones (aunque no siempre) el dolor de las grietas o de la infección del pezón tienen distintas características. El dolor de las grietas puede ser intenso, aunque superficial (es decir, el pecho duele por fuera, no por dentro). Comienza tan pronto como el niño se agarra y empieza a mamar (*el primer mordisco*); a lo largo de la toma suele disminuir un poco, y cuando acaba la toma la madre respira con alivio: «¡Por fin!».

El dolor de la infección (normalmente bacteriana, tal vez alguna vez por cándidas) es mucho más intenso. El *primer mordisco* no duele; el dolor surge durante la toma y va aumentando de intensidad, pero de nada sirve pensar: «Que acabe, que acabe ya», porque después de soltar el pecho duele todavía más, y sigue doliendo durante un buen rato después de la toma. El dolor parece profundo, penetrante, como si te clavasen algo por el pezón (algunas madres dicen: «Como si te inyectasen fuego líquido por el pezón»).

Este es un campo nuevo en el que probablemente habrá muchos cambios en los próximos años. Sería ideal poder hacer un cultivo en los casos sospechosos para poder saber qué germen es exactamente el causante y qué tratamiento, el más indicado. Cada vez son más los profesionales que hacen cultivos; también es posible que en el futuro, cuando tengamos más datos sobre las causas habituales de infección, los cultivos se reserven para aquellos casos que no mejoren con un primer tratamiento.

Si hay costras o pus, conviene lavar el pezón varias veces al día con agua y jabón.

Una aclaración sobre el nombre de la cosa. Tradicionalmente se definía la mastitis por la presencia de una inflamación (un bulto) en el pecho. Yo todavía sigo este criterio, y por eso llamo «infección del pezón» a estas infecciones en las que no hay ningún bulto. Pienso que la distinción es útil para el lector: por un lado, aquellos problemas en que el síntoma principal es el dolor del pezón; por otro lado, aquellos en que el principal síntoma es la presencia de un bulto. Pero otros autores llaman «mastitis» a lo que yo he llamado infección del pezón, y dicen que sencillamente la mayoría de las mastitis no producen ningún bulto. Quede claro que es una simple diferencia de nomenclatura, y que nos estamos refiriendo a la misma cosa.

Delgado S, Arroyo R, Jiménez E, Fernández L, Rodríguez JM. Mastitis infecciosas durante la lactancia: un problema infravalorado (I), Acta Pediatr Esp 2009;67:77. http://www.gastroinf.com/SecciNutri/Febrero_09.pdf

Jiménez E, Delgado S, Arroyo R, Fernández L, Rodríguez JM. Mastitis infecciosas durante la lactancia: un problema infravalorado (II), Acta Pediatr Esp 2009;67:125. http://www.gastroinf.com/SecciNutri/Marzo_09.pdf

Síndrome de Raynaud del pezón

El fenómeno de Raynaud es una alteración de la circulación sanguínea en las partes del cuerpo que los médicos llamamos *acras*; es decir, allí donde el cuerpo termina en punta: puntas de los dedos, lóbulos de las orejas... y pezones. Afecta mucho más a las mujeres que a los varones; parece que una de cada cinco mujeres entre los veinte y los cincuenta años lo ha sufrido alguna vez. A veces, la madre ha tenido durante años problemas en otras partes del cuerpo; otras veces, el pezón es el primer afectado.

En algunos casos, el síndrome de Raynaud puede ser desencadenado por una mala posición o por un frenillo lingual que ha traumatizado los tejidos.

El problema puede presentarse en cualquier momento; a diferencia del dolor de las grietas o de la infección, no surge solo durante o tras la toma, sino también entre toma y toma. Los vasos sanguíneos del pezón se contraen, y este se queda sin sangre y sin oxígeno; el dolor es muy intenso (piense que la falta de oxígeno en el corazón es la que causa la angina de pecho). El pezón se pone completamente blanco, y al cabo de unos segundos se vuelve azul. A veces, en una tercera fase, acaba por ponerse rojo. Puede haber ampollas, grietas o úlceras que no acaban de curar (en parte debidas a la mala posición original, y acentuadas por la falta de riego sanguíneo).

El frío desencadena el problema; y cuando se produce durante la toma, probablemente es más por haber sacado el pecho al aire que por la succión. Algunas madres explican intensos dolores al salir a la calle en invierno, al abrir la nevera o al pasar por el pasillo de los congelados de un centro comercial. Fumar empeora el problema.

El tratamiento se basa en corregir la posición, evitar el frío y dejar de fumar (y que no fume nadie en la casa). El calor se ha de aplicar de forma decidida: una bolsa de agua caliente, o una almohadilla eléctrica, por supuesto que no estén quemando, y ponérselas sobre el pecho tan pronto como el bebé suelte el pecho. Si no se soluciona, su médico le recetará un medicamento (como el nifedipino). Algunas madres han tenido que tomar nifedipino durante meses.

Lawlor-Smith L, Lawlor-Smith C. Vasospasm of the nipple-a manifestation of Raynaud's phenomenon: case reports. *Br Med J* 1997;314:644-645
http://bmj.bmjjournals.com/cgi/content/full/314/7081/644
Anderson JE, Held N, Wright K. Raynaud's phenomenon of the nipple: a treatable cause of painful breastfeeding. *Pediatrics* 2004;113:e360-4
http://pediatrics.aappublications.org/cgi/content/full/113/4/e360

Eccema del pezón

Además de los problemas propios de la lactancia, el pecho puede sufrir las mismas enfermedades que cualquier otra zona de la piel.

En el eccema, la piel está enrojecida, engrosada y se descama (la caspa es un tipo de eccema). Puede haber vesículas y lesiones de rascado.

Otro tipo de eccema es el llamado atópico, que a veces (pero no siempre) es producido por alergia a algo. A veces, la madre que tiene eccema en el pezón ha tenido antes eccemas en otras partes del cuerpo.

Lo primero es comprobar que no se trate de una reacción a algo que ha estado en contacto con la piel. Suprima cualquier pomada o crema (salvo que la esté usando por un problema serio, como una infección; en ese caso consulte a quien se la recetó), incluyendo cremas hidratantes o antiestrías. ¿Ha cambiado recientemente el jabón, el desodorante, el jabón de la ropa? ¿Lleva demasiado tiempo un empapador mojado en el sujetador?

Si el eccema no mejora con estas sencillas medidas, probablemente su médico le mandará una crema de corticoides. Aplíquela después de la toma, no hace falta lavarla antes de volver a dar el pecho.

Y si sigue sin mejorar después de varios días, vuelva al médico. La inmensa mayoría de los eccemas del pezón son simples eccemas; pero también existe un tipo especial de cáncer, muy raro, que parece un eccema. Es la enfermedad de Paget de la mama, que constituye el 1 o 2 por ciento de los cánceres de mama, y suele aparecer hacia los cincuenta años, pero también podría aparecer antes y coincidir con la lactancia. En la mitad de los casos no hay bulto en el pecho, sino solo lesiones en el pezón. Un eccema persistente en un pezón no se puede tratar a la ligera.

Ampolla blanca de leche

También llamada *punto blanco en el pezón*, es lisa y brillante, del tamaño de una cabeza de alfiler. Durante la toma duele mucho y a veces parece hincharse. En ocasiones se asocia con obstrucción de un conducto. El tratamiento consiste en pincharla con una aguja estéril, mejor después de una toma, cuando está más grande. Tiene tendencia a recurrir. Después de pincharla, conviene hacer un masaje de la zona, y a veces es posible extraer una substancia espesa, como un tapón de leche coagulada.

Pezoneras

Existen dos tipos de pezoneras: las que se usan durante la toma, y las que se usan entre tomas (pezoneras *formadoras*).

Originalmente la pezonera era, según el diccionario, una «pieza redonda, con un hueco en el centro, que usan las mujeres para formar los pezones cuando crían». Es decir, se usaba entre tomas. Estas pezoneras cayeron en desuso, y el nombre pasó a una tetina que se aplica sobre el pecho y a través de la cual chupa el niño. Posteriormente, se volvieron a poner de moda las pezoneras formadoras, que fueron rebautizadas con diversos nombres, incluyendo el de *escudos*. Lo que vino a aumentar la confusión, porque en inglés *nipple shield* (escudo para el pezón) es la pezonera de la que mama el niño, y *breast shell* (concha para el pecho) es la que se usa entre toma y toma.

La pezonera *formadora* (*breast shell*) teóricamente se usaría durante el embarazo para corregir los pezones invertidos. No funciona, como vimos en la página 348.

Las pezoneras de las que mama el niño, en su versión moderna de silicona delgada, parece que pueden ser útiles en unos pocos casos, como para las primeras tomas de prematuros de muy bajo peso. En ocasiones, resultan útiles cuando la madre tiene grietas (página 352).

Otro uso posible de las pezoneras es el pezón invertido; una vez más, su eficacia en esta indicación no está demostrada, suelen ser innecesarias, y a veces contraproducentes. Se usarán solo como último recurso.

En algunos hospitales se abusa de las pezoneras, y se recomiendan a un tercio o más de las madres. Algunas enfermeras de hospital las creen muy útiles, pues permiten ir tirando durante los dos o tres días de estancia. Muchas enfermeras extrahospitalarias, en cambio, las detestan, pues ven las consecuencias unos días después: succión ineficaz, confusión del pezón, escaso aumento de peso, abandono de la lactancia...

En algunas zonas de España gozan de gran predicamento las pezoneras de cera, que se usan entre tomas para tratar las grietas. No conocemos ningún estudio sobre su eficacia, y en otras zonas se las arreglan bastante bien sin ellas.

Inflamaciones del pecho

Casi todos los futuros médicos del mundo aprenden al comienzo de sus estudios cuatro palabras latinas que, afortunadamente para los estudiantes hispanos, han pasado sin cambios al español: calor, dolor, rubor y tumor. Es la contundente definición de la inflamación que dio el romano Celso, contemporáneo de Cristo. Si tiene usted un tobillo hinchado, rojo y caliente, y encima le duele, es que tiene el tobillo inflamado.

Hay varios tipos de inflamación del pecho. Los más frecuentes son la ingurgitación (que suele afectar a los dos pechos a la vez y en su totalidad), la obstrucción de un conducto y la mastitis (que suelen afectar solo a una parte de uno de los pechos).

Ingurgitación

A veces los pechos se hinchan demasiado, se llenan a rebosar, enormes, turgentes, dolorosos. Suele ocurrir en la primera semana, por la interacción de varios factores. Unos tres días después del parto se produce la llamada *subida de la leche* (en muchos países americanos dicen *bajada*). No se trata de un aumento brusco de la producción de leche, pues dicho aumento no es brusco, sino gradual. Lo que se nota bruscamente, lo que permite a la madre decir: «Esta noche me ha subido», es más bien la inflamación del pecho. Cuando el pecho despierta de su largo reposo, muestra auténticos cambios inflamatorios: las células secretoras se multiplican y se hinchan; los vasos sanguíneos se ramifican y dilatan para aportarles agua, nutrientes y oxígeno; los leucocitos abandonan la sangre y se instalan entre las células secretoras para fabricar las inmunoglobulinas de la leche; el agua se filtra por los capilares sanguíneos y empapa los tejidos.

Cuando el niño mama normalmente, el pecho se hincha poco. A veces muy poco. Algunas madres aseguran que *no les ha subido la leche*, cuando el niño tiene dos o tres semanas y está engordando a ojos vistas. Pero cuando el niño no mama lo suficiente (porque no le dejan, o porque está en mala posición), la leche se acumula y se suma a la inflamación normal, produciendo una molesta ingurgitación. En los casos extremos se produce un círculo vicioso: la presión de la leche acumulada revienta algunos de los acinos y conductos mamarios, y la leche se derrama en el tejido intersticial. Como la leche no tenía que estar ahí, actúa como un cuerpo extraño y produce una mayor inflamación. Igual que la picadura de un insecto, o la reacción a una inyección. Pueden producirse síntomas generales de inflamación: malestar general, *trancazo* (como en la gripe), incluso fiebre (pág. 306).

El tratamiento de la ingurgitación consiste en sacar la leche. Poner al niño a mamar con frecuencia, en buena posición, e intentar sacar después la leche sobrante, a mano o con un sacaleches.

A veces, el pecho está tan grande y redondo que el bebé no tiene dónde cogerse; entonces hay que sacarse un poco de leche antes de darle, para ablandar el pecho y que le pueda entrar en la boquita.

Y si me saco leche, ¿no fabricaré más? Pues sí. Pero si le duele y no se saca leche, le va a doler más todavía. El truco no es *vaciar el pecho* (algo por otra parte imposible), sino sacar lo suficiente para que no moleste. Y si fabrica más, se vuelve a sacar.

Pero recuerde que la ingurgitación tiene dos componentes, la leche retenida y la inflamación. La leche se puede sacar, pero la inflamación no. Si intenta sacar leche de un pecho inflamado, cuando ya no queda nada por sacar, lo único que conseguirá es hacerse daño (y por tanto aumentar la inflamación). Si tiene el pecho muy lleno, intente sacarse leche, pero si no lo consigue por las buenas, déjelo para otro momento.

En ocasiones ocurre que la inflamación, por la parte de la areola, comprime los conductos e impide que salga la leche. La zona está hinchada por el líquido retenido (edema), y al apretar con los dedos queda la marca (fóvea). Sacar la leche resulta muy difícil, ya sea a mano, con sacaleches o cuando el niño mama, porque los conductos están casi cerrados. Usar un sacaleches en este caso puede ser contraproducente, porque la presión del vacío lo que hace es concentrar el edema en la zona del pezón, que se hincha todavía más. Lo que hay que hacer es vaciar la zona, pero no hacia afuera, sino hacia adentro. Apriete firme y repetidamente la zona hacia dentro, entre el índice y el pulgar o con las puntas de los cinco dedos, hasta que quede un poco más blanda (puede que necesite veinte o treinta minutos); entonces puede ponerse al niño al pecho, o intentar sacarse leche mejor a mano que con el sacaleches.

Y con la leche que me saco, ¿qué hago? Pues depende de si el niño ha mamado lo suficiente o no. Cuando el problema es el exceso de leche, puede que el bebé no necesite más. En ese caso, estará aumentando de peso, haciendo pipí y caca, y más o menos contento. En cambio, cuando el problema es la inflamación, o cuando la ingurgitación se debe precisamente a que el niño no mama bien, hay que darle la leche que se ha sacado con un vasito o un cuentagotas (no conviene usar el biberón). En caso de duda (puede que no hayan pasado bastantes días para juzgar si el peso aumenta o no, o que como madre primeriza no esté muy segura de si su recién nacido está *normal* o está *flojo*), ofrézcale la leche; si se la toma, bien, y si no se la toma, probablemente es porque no la necesita.

Cuidado con este *probablemente*. Con un niño de varias semanas, o varios meses, que engorda normalmente y que está evidentemente sano y feliz, podemos estar seguros: si no quiere la leche, es porque ya ha tomado bastante. Pero con un recién nacido, que ya de por sí no son muy movidos que digamos, que puede estar débil por el peso perdido o atontado por la anestesia del parto o por un parto traumático, no podemos estar tan seguros. A veces no es que el niño no tenga hambre, sino que no tiene fuerzas para comer, y hay que seguir insistiendo. Si no lo ve claro, si le parece que su hijo está débil, o *raro*, o que come poco o duerme demasiado, coméntelo con alguien que tenga más experiencia con bebés (como la abuela u otra madre), y no dude en consultar al pediatra o a la enfermera todas las veces que haga falta. Para eso están.

Y esta es la base del tratamiento: conseguir que el niño mame, intentar vaciar un poco el pecho y esperar. Si le duele mucho, puede tomar algún analgésico y antiinflamatorio, como el ibuprofeno (sí, es plenamente compatible con la lactancia; la cantidad de ibuprofeno que toma un bebé mamando todo el día es unas 500 veces menos que lo que habría que darle a ese mismo bebé si tuviera fiebre).

Otros posibles tratamientos son sintomáticos. El frío y el calor, por ejemplo. Cada uno tiene sus partidarios; una sugerencia bastante extendida es el frío seco (por ejemplo, una bolsa de verdura congelada o de cubitos de hielo, envuelta en una toalla) entre toma y toma, para aliviar el dolor. En cambio, un rato antes de dar el pecho o de sacarse leche, parece que el calor húmedo (un paño empapado en agua calentita, meter el pecho en una palangana, o incluso ducharse o bañarse) ayuda a que salga más leche. Pero como es un tratamiento sintomático, solo lo tiene que hacer si lo encuentra útil. Si no nota ningún alivio con el hielo, no hace falta que se ponga hielo. Y si, por el contrario, lo que le alivia es el calor, pues póngase calor todo el rato.

En otros países se recomiendan mucho las hojas de col, que se llevan dentro del sujetador. Frías de la nevera, lavadas, con un agujero en el centro para el pezón, y un poco dobladas y machacadas para romper los nervios (¡de la hoja, no de la madre!). Si las encuentra útiles, no dude en usarlas; pero no conozco ningún estudio científico que demuestre que son más útiles que el simple hielo.

Y por último, aviso importante: dos tratamientos que no han de usarse: dejar de beber agua y vendar los pechos.

Está demostrado que vendar apretadamente los pechos no disminuye la ingurgitación, solo aumenta el dolor.

Dejar de beber agua es inútil (la madre tendría que estar realmente deshidratada para que bajase la ingurgitación), molesto (tener sed y que no te dejen beber es un verdadero tormento) y peligroso (una madre que de verdad bebiera muy poco podría llegar a deshidratarse).

Obstrucción de un conducto

Esto se entiende enseguida, ¿verdad? Claro, uno de los conductos del pecho se tapona, el nombre lo dice todo.

Pero no es tan fácil (¿por qué las cosas nunca son tan fáciles como parecen?). En realidad sabemos tan poco... El caso es que a veces se forma un bulto rojo, caliente y doloroso en un sector del pecho (y uso *sector* en su acepción geométrica, porción de un círculo comprendida entre dos radios, como un quesito en porciones). Es una inflamación que no afecta a toda la glándula, sino solo a uno (o varios) de sus lóbulos.

La explicación clásica es que el conducto se ha obstruido (¿por qué?) y la leche ha quedado retenida. Al principio solo aumenta un poco el volumen, pero si la retención de leche es grande, acaban reventando los acinos, y la leche derramada produce una reacción inflamatoria. En ocasiones, tras masajear y exprimir pacientemente la zona inflamada, se expulsa por el pezón un auténtico tapón, como un delgado cilindro blanquecino. Pero también hay otra explicación alternativa: la leche ha quedado retenida (¿por qué?), el agua se reabsorbe y los componentes sólidos se van concentrando hasta secarse y producir el tapón. ¿Qué es primero, el tapón o la retención? Quizá una combinación de ambas cosas, o un círculo vicioso, o quizá unos casos empiezan por el tapón y otros por la retención.

Hace un par de décadas el doctor Yamanouchi, en Okayama (Japón), analizó unos cuantos de esos tapones, y comprobó que estaban formados principalmente por grasas saturadas. Las grasas insaturadas suelen ser líquidas a temperatura ambiente, como el aceite; las grasas saturadas suelen ser sólidas, como la mantequilla. En la leche materna las grasas insaturadas son las más abundantes. Las grasas insaturadas se saturan con hidrógeno, así es como los aceites vegetales se convierten en margarina (y por eso podrá leer en la etiqueta algo así como *aceites vegetales parcialmente hidrogenados*). El doctor Yamanouchi pensaba que los conductos se obstruían cuando la madre comía demasiada grasa de origen animal, carne y mantequilla, y recomendaba volver a la dieta tradicional japonesa de vegetales y pescado (con grasa insaturada). Pero, aparte del análisis de los tapones, no tenía ninguna prueba ni de que la mantequilla cause obstrucciones ni de que el pescado pueda evitarlas. También cabe la teoría opuesta: esa grasa era *normal* (predominantemente insaturada), pero al quedar la leche retenida y concentrarse, por algún mecanismo se saturó y acabó de solidificar, produciendo el tapón.

Si el problema inicial es la retención de leche, no sabemos qué la produce. En algunos casos la culpa puede ser de un sujetador demasiado apretado; no use nunca un sujetador que le resulte incómodo o le deje marcas. Como los niños maman con la lengua, la parte del pecho que está en contacto con la lengua es la que mejor se vacía, y las obstrucciones suelen producirse en la parte del pecho que habitualmente está más alejada de la lengua: hacia la zona de la axila (además, como el pecho no es simétrico, hacia la axila hay mucha más cantidad de tejido glandular que en otras partes del pecho).

El tratamiento es más o menos el mismo que para la ingurgitación: hacer masaje, intentar sacar la leche, dar el pecho a menudo, aplicar frío entre tomas si eso alivia el dolor y calor antes de la toma para que la leche salga con más facilidad. Intente encontrar una posición para dar el pecho en la que la lengua del niño quede en la parte de la obstrucción..., lo que a veces requiere mucha imaginación y algo de gimnasia. En la posición de la loba romana es posible colocar al bebé en cualquier ángulo: el niño boca arriba en medio de la cama grande, y la madre encima a cuatro patas.

Además de seguir dando el pecho, conviene sacar más leche, a mano o con un sacaleches. Algunas madres encuentran que el sacaleches hace más daño que el niño al mamar; si es ese su caso, puede sacarse leche del pecho bueno y tirarla, y dejar que su hijo se concentre en el pecho malo.

Una madre me contó una vez un *truco de la abuela* (¡de su propia abuela!) que le funcionó muy bien con una obstrucción: poner al niño al pecho y sacárselo *a lo bruto* (es decir, sin romper la ventosa con un dedo) mientras estaba mamando. Se le destaponó el pecho al momento.

Mastitis

La mastitis es la infección de la glándula mamaria (aunque algunos especifican *mastitis infecciosa*, y llaman *mastitis no infecciosa* a lo que aquí hemos llamado obstrucción de un conducto).

Una obstrucción que no se trata a tiempo puede infectarse y convertirse en una mastitis. Probablemente también hay mastitis que comienzan como tales desde el primer momento.

La mastitis suele producir fiebre y un intenso malestar general, lo que los médicos llamamos *síndrome gripal* (cansancio, malestar, dolor de todo el cuerpo). Un antiguo aforismo (que es como llamamos los médicos a los refranes de nuestra profesión) dice: «Una gripe en una mujer que da el pecho es una mastitis mientras no se demuestre lo contrario». Y es verdad, algunas madres tienen tanto dolor de piernas y de espalda, tanto malestar general, que no se han fijado en el bulto rojo del pecho. Pero también la obstrucción de un conducto y la ingurgitación pueden, aunque raramente, producir fiebre y malestar general por un proceso puramente inflamatorio, sin infección.

De forma que no es posible distinguir, solo por los síntomas, la simple obstrucción de un conducto de la mastitis. Habría que hacer un cultivo de la leche, pero en la práctica en España no se suele hacer, y la enfermedad se diagnostica a ojo.

Está demostrado que la mitad de las mastitis (de las mastitis de verdad, comprobadas mediante un cultivo) se curan sin necesidad de antibiótico, solo con lo ya indicado para la obstrucción y la ingurgitación: poner al niño al pecho con frecuencia y extraer entre tomas la leche retenida. Así que muchos médicos prefieren no dar antibiótico de entrada, a no ser que el estado de la madre sea muy grave, sino recomendar la extracción de leche y esperar veinticuatro horas. Si la fiebre se ha ido, es que ya se está curando. Si la fiebre continúa, recetan el antibiótico (porque la mitad se curan solas..., pero la otra mitad no). Según las circunstancias, o la costumbre de cada profesional, otras veces se da el antibiótico desde el principio.

El antibiótico tiene que ser activo contra el estafilococo (que es el germen más frecuente, y es resistente a la penicilina y a la amoxicilina). Lo normal es que la fiebre y el malestar desaparezcan a los dos o tres días de tomar el antibiótico; pero es importante seguir tomando el medicamento los días que le hayan indicado, aunque se encuentre mejor. Si se interrumpe el tratamiento a medias, es fácil la recaída. Si, por el contrario, toma el antibiótico tres días y sigue con fiebre, vuelva al médico. Es posible que tenga una bacteria resistente, y que haya que cambiar el antibiótico por otro. Esta segunda vez habría que hacer un cultivo de la leche, para ir sobre seguro.

Puede seguir dando el pecho aunque tenga una mastitis. Los dos pechos. No hay ningún peligro de contagio para el bebé. Y los antibióticos con los que se trata tampoco están contraindicados. Si le dicen que ha de dejar de dar el pecho para siempre, o durante unos días, o que dé solo el pecho bueno, se equivocan. Además, si el pecho no se vacía, la mastitis puede empeorar y convertirse en un absceso. No solo *puede* dar el pecho, sino que es el único caso en que *tiene que* seguir dando el pecho. Incluso si tenía pensado destetar, no lo haga ahora; espere a que la mastitis esté totalmente curada.

Por otra parte, es posible que el bebé rechace el pecho enfermo. Durante la mastitis, la cantidad de sodio en la leche aumenta. Eso no le hace ningún daño al niño; pero la leche sabe salada, y a algunos niños no les gusta. Si es así, siga ofreciéndole los dos pechos sin insistir, y no se preocupe si su hijo solo toma uno; rápidamente, la producción aumentará en el pecho bueno, y no se va a quedar con hambre. Pero tendrá que sacarse leche del pecho enfermo, varias veces al día. Primero, para evitar que se forme un absceso; segundo, para que el pecho siga produciendo leche, y tercero, para que el sabor de la leche vuelva a ser normal. Cuando un pecho produce muy poca leche, el sodio también aumenta. Algunas madres que no tomaron la precaución de sacarse leche se han visto en un círculo vicioso: el niño rechazó el pecho por la mastitis, y luego lo siguió rechazando porque salía poca leche y con sabor raro, y han tenido que seguir la lactancia con un solo pecho. Lo que es perfectamente posible y no perjudica al niño ni a la madre; pero, claro, queda un poco raro (véase pág. 340).

Departmento de Salud y Desarrollo del Niño y del Adolescente. Mastitis. Causas y manejo. Ginebra: Organización Mundial de la Salud, 2000. Doc. WHO/FCH/CAH/00.13

www.aeped.es/pdf-docs/Mastitis.PDF

Absceso mamario

Cuando la mastitis no se trata adecuadamente (dar el pecho con frecuencia y sacar leche), puede producirse un acúmulo de pus, un absceso. Hay que pincharlo y sacar el pus. Habitualmente se aspira con una jeringa, pero a veces hay que hacer un corte un poco más grande y dejar un drenaje, un tubito de goma por el que va saliendo el pus. A pesar de todo, el bebé puede mamar de los dos pechos, siempre y cuando el orificio por donde sale el pus esté lo bastante lejos del pezón. Impida que la carita del bebé entre en contacto con el pus (tapando la herida con una gasa).

Si el orificio de drenaje está demasiado cerca del pezón, el niño tendrá que mamar solo del pecho bueno durante unos días; pero mientras tendrá que irse sacando leche del pecho enfermo.

Demasiados pechos

Muchas personas tienen pechos de más. Habitualmente es solo un pezón atrofiado, en cualquier lugar entre la axila y la ingle, y el afortunado cree que se trata de un lunar o una verruga.

A veces debajo de ese pezón supernumerario hay auténtico tejido mamario, que se hincha y produce leche después del parto. Si la mama está normalmente conformada, la leche puede salir al exterior. Se sabe de madres que han dado de mamar con tres pechos (o más bien con dos y un cuarto; suelen ser muy pequeños). Pero si no quiere ir por el mundo con un pecho de más, es mejor que no intente sacarse leche ni deje chupar al bebé. En otros casos, la tercera mama es atrófica, y la leche no puede salir. Los primeros días duele un poco; pero si se pone hielo (si es que eso la alivia), no aprieta y aguanta pacientemente, pronto la secreción de leche se inhibe y el pecho supernumerario se vuelve a deshinchar.

Algunas mujeres tienen una zona de glándula mamaria, normalmente en la axila, que no comunica con el pezón y no se puede vaciar. Lo mismo de antes: armarse de paciencia, aplicar hielo para calmar el dolor y esperar unos días a que se inhiba, mientras sigue dando el pecho normalmente.

capítulo
ocho

La falta de leche (hipogalactia)

¿Todas las mujeres tienen leche? ¡Claro que no! Hay mujeres que no tienen insulina, que no ven, que no pueden caminar, ¿cómo no va a haber mujeres sin leche? La glándula mamaria es un órgano más, puede sufrir enfermedades, lo mismo que el corazón o el riñón, puede funcionar mal o dejar de funcionar.

Lo que no puede ser es que haya tantas mujeres sin leche como algunos piensan. Pocas madres dejan de dar el pecho porque quieren. La mayoría lo hacen «porque se me fue la leche», «porque se quedaba con hambre», «porque mi leche ya no era buena»... No es posible que la mitad o las tres cuartas partes de las mujeres no tengan leche, no es posible que sus pechos no funcionen. De ser cierto, estaríamos ante la más terrible epidemia que ha vivido la humanidad.

La hipogalactia (escasez de leche) debería ser una enfermedad tan rara como cualquier otra, digamos la diabetes o la hipertensión. Bien mirado, debería ser mucho más rara. Por una parte, la selección natural no actúa contra la hipertensión. Una mujer hipertensa puede tener tantos hijos vivos como una mujer con la tensión normal. En cambio, la selección natural es implacable con la hipogalactia: si la madre no tiene leche, sus hijos mueren, salvo que sean adoptados y amamantados por otra hembra (lo que es enormemente raro en la naturaleza). Apenas hace un siglo que los niños empezaron a sobrevivir sin leche materna.

Por otra parte, diabetes puede tener cualquiera: una niña, una anciana, una mujer con graves malformaciones congénitas. Pero ninguna de ellas puede tener hipogalactia. Para enterarte de que no tienes leche, primero necesitas un niño. Una mujer en edad fértil (en teoría entre unos doce y unos cincuenta y cinco años, pero casi siempre entre dieciocho y cuarenta, la mejor edad de la vida), lo suficientemente sana de cuerpo y mente para quedarse embarazada y dar a luz... Estamos hablando de mujeres con una excelente salud. Ya es mala pata que justo el pecho no les funcione. Puede ocurrir, por supuesto, pero es muy raro. Tanto que hay que descartar primero todas las demás posibilidades.

El problema es que nuestra sociedad no confía en la lactancia. Hemos llegado a pensar que *lo normal* es no tener leche, y que si alguna sí que tiene es solo por la más extraordinaria de las coincidencias. Cuando le preguntas a una embarazada cuánto tiempo piensa dar el pecho, raramente contesta algo concreto, «tres meses» o «año y medio». Más bien suele decir «mientras pueda», «mientras tenga leche»..., no cree que dependa de ella, que pueda tomar una decisión y llevarla a la práctica; se cree un simple juguete del destino. Cuando mi esposa daba el pecho, sus amigas no le preguntaban: «¿Cómo lo has hecho? Explícame cómo se hace, yo también quiero darle el pecho a mi hija». Todo lo contrario: «¡Qué suerte tú, que tienes leche! Ojalá yo hubiera tenido leche también, me habría gustado mucho haberle dado el pecho a mi hija».

La inseguridad es tan grande que, pase lo que pase, la madre suele pensar que no tiene leche. Si el pecho está vacío es *porque no hay leche*, pero si está lleno es porque *el bebé no mama*, y probablemente con razón, porque la leche *debe de ser mala*. Si el niño pide el pecho con gran frecuencia, es porque está *pasando hambre*, pero si duerme mucho, es porque *como no sale nada...* Si engorda poco es que *necesita un biberón*, pero si engorda mucho *no tendrá bastante solo con el pecho*. Los pechos pequeños *no sirven*, pero los grandes tampoco. Si la madre fue criada con biberón, «es que en mi familia no tenemos leche»; pero si la abuela o la bisabuela amamantaron a siete hijos: «Ojalá tuviera yo leche como tuvo mi abuela, que después de dar el pecho a sus siete hijos recogió a un huerfanito durante la guerra y le dio también..., pero, claro, las mujeres de ahora no tenemos leche». En conclusión, no existe ninguna circunstancia que haga exclamar a las madres: «¡Tengo mucha leche!».

La inmensa mayoría de las veces, cuando la madre cree no tener leche, en realidad no hay ningún problema. Estadísticamente, es más probable ganar el gordo en Navidad que tener hipogalactia. Ni los pechos blandos, ni el niño que se despierta por la noche, ni un aumento de peso que alguien ha dicho que es escaso pero en realidad es normal, ni *que no aguante tres horas*, indican falta de leche. Para creer que existe un problema con la leche, harían falta tres criterios:

1. El niño engorda de verdad (¡de verdad!) demasiado poco.
2. Después de intentar sacarse leche durante varios días, con buena técnica y varias veces al día, la madre no consigue sacarse leche.
3. Al darle suplementos, el niño engorda más que antes.

Si el niño engorda normalmente, es que está tomando suficiente leche, y punto. Y si el niño no engorda, pero la madre se saca leche, y el niño no se la quiere tomar, es posible que el niño esté enfermo, pero no hay hipogalactia.

Algunas causas de hipogalactia verdadera

Hipotiroidismo

Una mujer hipotiroidea sin tratamiento normalmente no se puede quedar embarazada. Sin embargo, algunas madres con hipotiroidismo leve no diagnosticado dan a luz y tienen problemas para amamantar. La presencia de hormona tiroidea es requisito previo para la producción de leche. El tratamiento hormonal substitutivo permite mantener la lactancia.

También se han descrito casos de hipogalactia asociada a hipertiroidismo, se desconoce el mecanismo causal.

Tanto el hipo como el hipertiroidismo son relativamente frecuentes en el embarazo y posparto, por lo que debe tenerse siempre en cuenta esta posibilidad ante la sospecha de hipogalactia verdadera. El motivo de tantos problemas tiroideos es el déficit crónico de yodo que muchos sufrieron en la infancia; el tiroides tuvo que hipertrofiarse para aprovechar el poco yodo que había, y ahora se descompensa con el esfuerzo añadido del embarazo. Por eso recomendamos suplementos de yodo para la madre (pág. 390), para que sus hijos no tengan ese problema.

Shomon M. Breastfeeding and thyroid disease, questions and answers. www.thyroid-info.com/articles/breastfeeding.htm

Retención de placenta

Los estrógenos y gestágenos producidos por la placenta inhiben la producción de leche, de modo que una retención parcial puede tener la hipogalactia como primer síntoma. Curiosamente, también se ha observado el efecto opuesto: galactorrea (exceso de leche) por retención de placenta.

Neifert MR, McDonough SL, Neville MC. Failure of lactogenesis associated with placental retention. Am J Obstet Gynecol 1981;140:477-8

Byrne E. Breastmilk oversupply despite retained placental fragment. J Hum Lact 1992;8:152-3

Agenesia del tejido mamario

Las mamas no se han desarrollado normalmente (probablemente no han crecido durante el embarazo), los niveles de prolactina son normales, y la producción de leche es muy pequeña pese a todos los esfuerzos. Es un problema rarísimo, los primeros tres casos se descubrieron en Estados Unidos en 1985. Y aquellas tres madres dieron el pecho (con suplemento) más de un año. Porque si hay poca leche, pues hay poca, pero la que hay se aprovecha.

Neifert MR, Seacat JM, Jobe WE. Lactation failure due to inadequate glandular development of the breast. Pediatrics 1985;76:823-8

Cirugía

Si le han puesto prótesis de silicona, puede dar el pecho sin problemas. La operación no daña la glándula, y la silicona no es tóxica ni perjudica al bebé (¡hay chupetes de silicona!).

Si lo que se ha hecho es una reducción mamaria, depende del tipo de operación. En una técnica, el pezón se separa completamente del pecho, se recorta lo que haya que recortar y al final se vuelve a colocar el pezón en el centro, donde quede más bonito. En ese caso, la lactancia es casi imposible, aunque a veces (¡qué tenaz es la naturaleza!) algunos conductos se han reenganchado por pura casualidad, y sale algo de leche. Algunas mujeres han observado que con el primer hijo no les sale casi nada de leche, pero con el segundo les sale bastante más; se cree que la parte del pecho que no tiene drenaje se atrofia, mientras que el trocito que sí que produce leche se va hipertrofiando.

En otra técnica de reducción, el pezón se mantiene en todo momento enganchado al pecho, a sus conductos y a sus nervios. Podrá dar el pecho. Alguno de los conductos puede haberse cortado por accidente, y entonces tendrá los primeros días un bulto doloroso, porque la leche no puede salir de uno de los lóbulos. Póngase hielo, aguante un poco, y en unos días ese lóbulo dejará de producir leche y no dará más problemas.

Si la han operado de un cáncer de mama, o si le han hecho radioterapia, podrá dar el pecho sano. A veces, incluso el pecho enfermo si le hicieron cirugía conservadora.

Hughes V, Owen J. Is breast-feeding possible after breast surgery? *Am J Matern Child Nurs* 1993;18:213-7

Marshall DR, Callan PP, Nicholson W. Breastfeeding after reduction mammaplasty. Br J Plast Surg. 1994;47:167-9

Berlin CM. Silicone breast implants and breast-feeding. *Pediatrics* 1994;94:547-9

Jordan ME, Blum RW. Should breast-feeding by women with silicone implants be recommended? *Arch Pediatr Adolesc Med* 1996;150:880-1

Higgins S; Haffty BG. Pregnancy and lactation after breast-conserving therapy for early stage breast cancer. *Cancer* 1994;73:2175-80

Síndrome de Sheehan

Es la necrosis de la hipófisis por falta de riego sanguíneo durante el parto, debido a la pérdida de sangre. Como no hay ni prolactina ni oxitocina, no sale nada de leche. Más tarde vienen otros problemas, porque la hipófisis produce otras hormonas. Es una enfermedad grave.

El síndrome completo es muy raro; pero la hemorragia posparto se ha asociado también con una disminución aislada de la producción de leche (pérdida de peso y deshidratación en el lactante), a veces transitoria, sin afectación de otras hormonas hipofisarias. Tal vez, la pérdida de sangre explique la asociación observada entre anemia materna (hemoglobina inferior a 10 mg/dl) y abandono precoz de la lactancia (atribuido a falta de leche, o a que el niño mama con excesiva frecuencia o aumenta poco de peso).

Sin embargo, se ha publicado el caso de una mujer a la que habían extirpado la hipófisis por un tumor que dio el pecho durante tres meses. Es mucho lo que desconocemos todavía sobre la fisiología de la lactancia.

Sert M, Tetiker T, Kirim S, Kocak M. Clinical report of 28 patients with Sheehan's syndrome. Endocr J 2003;50:297-301

Willis CE, Livingstone V. Infant insufficient milk syndrome associated with maternal postpartum hemorrhage. J Hum Lact 1995;11:123-6

Déficit congénito de prolactina

Es hereditario y sumamente raro, se han descrito media docena de casos en todo el mundo. ¡Media docena! Si antes decía que era más probable pillar el gordo de la lotería que tener hipogalactia, es más fácil casarse con un príncipe de sangre real que tener déficit congénito de prolactina. En el mundo hay más de media docena de príncipes.

Es tan raro porque, hasta muy recientemente, si una madre no tenía leche, sus hijos se morían. Los casos que hay son mutaciones recientes; sabemos que es hereditario porque se ha visto en una madre y en su hija. Pero seguro que la abuela estaba sana.

Desnutrición

En nuestro medio, la falta de alimento o bebida en la madre NO es causa de hipogalactia. Solo la desnutrición grave llega a afectar a la cantidad o calidad de la leche. Incluso una dieta hipocalórica, de 1765 kcal/día, se ha demostrado que no afecta a la producción y composición de la leche ni al aumento de peso del lactante (pág. 396).

Se ha observado estancamiento ponderal en un bebé norteamericano cuya madre consumía una dieta deliberadamente restringida, de solo 20 kcal/kg/día. Eso es poquísimo, la madre debía de estar ya en los huesos.

Así que quíteselo de la cabeza: no va usted a tener más leche porque coma más y mejor, ni porque beba mucho.

Galactogogos

Se han propuesto numerosos fármacos, tanto tradicionales como modernos, para aumentar la producción de leche. No hay estudios que prueben la eficacia de ciertas hierbas (alholva, comino...) o de determinados alimentos; no nos sorprendería que alguna de las hierbas tenga un efecto real.

Sí que hay estudios que prueban la eficacia de la cerveza (no el alcohol, sino algo en la cerveza), la domperidona, la metoclopramida y la sulpirida; todas ellas actúan estimulando la secreción de prolactina, que es exactamente lo que hace el niño al mamar. ¿Para qué usar un fármaco, con posibles efectos secundarios, cuando puede obtenerse el mismo efecto con la lactancia frecuente en posición correcta? No es de extrañar que la mayor parte de esos estudios estén hechos con madres de prematuros, en las que la producción de leche suele disminuir después de usar durante semanas un sacaleches, que no estimula tan bien como un bebé. Hoy en día, el problema se suele solucionar gracias al método canguro; pero es posible que aún se necesiten fármacos en algunos casos.

Sin embargo, muchos de estos medicamentos y hierbas, y otros remedios populares (ciertos alimentos *buenos para la leche*), se usan sin ninguna necesidad. Algunos médicos responden automáticamente a la más mínima queja. («Creo que no tengo leche.» «Pues tome estas pastillas»), sin comprobar si hay hipogalactia o no, y de qué tipo. En los casos de hipogalactia real, los galactogogos serán probablemente inútiles: en el hipotiroidismo, el tratamiento es la hormona tiroidea; en la retención de placenta, lo que hay que hacer es sacarla; en la agenesia mamaria no servirían de nada, en el déficit de prolactina se han probado sin éxito (la hipófisis no funciona, y por tanto no responde a los estimulantes).

Es posible que algún día se descubra una enfermedad en que estos medicamentos sí que sean útiles. Una enfermedad en que la hipófisis produzca poca prolactina, y no responda al estímulo normal de aumentar la frecuencia de las tomas, pero sí que responda a los medicamentos, y el pecho funcione perfectamente y responda a la prolactina. Pero tal enfermedad, si existe, nunca se ha visto. ¿Que, por si acaso, en un caso desesperado, se prueba con uno de estos fármacos, a ver si sirve de algo? Pues bueno, pero eso tendría que ser absolutamente excepcional.

Y si no sirven para tratar la hipogalactia de verdad, ¿para qué sirven? Pues para tratar la falsa hipogalactia. Para dar confianza a las madres que piensan que no tienen leche, pero sí que tienen. La gente tiene mucha fe en las pastillas, o en las hierbas.

«Pero es que yo me tomé x y me fue muy bien y me aumentó mucho la leche.» Pues me cuesta mucho creerlo. Para creérmelo, necesitaría ver una gráfica de peso del niño, el peso estancado durante semanas y semanas a pesar de que mamaba a todas horas, y de pronto la madre toma x y el niño empieza a engordar que da gusto. Nunca he visto tal cosa (supongo que alguna vez ha pasado, pero no lo he visto yo). Normalmente, no hay un antes y un después en la gráfica de peso. Todo sigue igual.

Y entonces, ¿por qué piensa la madre que tiene mucha más leche? Creo que es una cuestión de percepción.

Del total de leche que se fabrica en un día, una parte se la toma el bebé, otra parte probablemente se reabsorbe y una pequeñísima parte gotea. Además, hay una cierta cantidad de leche que se queda en el pecho, como reserva. Y no hay más.

Cuando la madre toma un medicamento o unas hierbas para tener más leche, ¿qué es lo que aumenta? ¿La leche que se toma el bebé? No, si la gráfica de peso no ha pegado un salto, quiere decir que el bebé come lo mismo que antes. Aumenta tal vez la cantidad de leche que se fabrica y se reabsorbe, y eso no sirve de nada. Aumenta la reserva, en el pecho, en vez de quedar digamos 50 mililitros, quedan 75 y eso hace que la madre los note más llenos (pero no aumenta cada día, 75, 100, 125... porque a la larga el pecho revienta; no, aumenta a 75 y ahí se queda, y como el niño no se lo ha tomado, de nada sirve que aumente). Aumenta tal vez la leche que gotea, y como bastan unos mililitros para empapar el sujetador, el efecto psicológico es importante. Y eso es todo. Simple fachada, parece que hay más leche, pero (por suerte) no es así.

Las hierbas no siempre son inocuas. En Italia se han publicado dos casos de intoxicación en lactantes (hipotonía, vómitos y letargia, que precisó hospitalización) cuando sus madres consumían más de dos litros diarios de una mezcla de hierbas para aumentar la cantidad de leche (regaliz, hinojo, anís y *Galega officinalis*). «¡Qué barbaridad —pensará usted—, ¡dos litros!» Esa es la consecuencia de que por un lado te digan: «Toma hierbas» y por otro: «Bebe mucha agua». Y como las hierbas son *naturales* y no pueden hacer daño, pues adelante con los faroles. Pues no, algunas hierbas son poderosos medicamentos, y por muy naturales que sean, solo se debe usar la dosis correcta y para tratar una enfermedad determinada. La gente sana no debe tomar medicamentos, ni de la farmacia ni del herbolario.

Rosti L, Nardini A, Bettinelli ME, Rosti D. Toxic effects of a herbal tea mixture in two newborns. Acta Pædiatr 1994;83:683

capítulo nueve

Alimentación de la madre

Varias cuestiones preocupan a las madres: qué y cuánto tienen que comer, qué alimentos hay que evitar y cuáles son especialmente beneficiosos porque dan mucha y buena leche, cuánto tienen que beber...

Por fortuna, la respuesta a todas estas preguntas es una y la misma: lo que quiera. Lo explicaremos con más detalle.

Cuánto comer

Por supuesto, la leche tiene que salir de algún sitio. Lo que la madre come se transforma en leche. Hace ya muchos años, alguien calculó cuánto tendría que comer de más una mujer que da el pecho para poder fabricar toda esa leche. El cálculo es sencillo: tantos mililitros de leche contienen tantas calorías. Añadiendo un porcentaje para el metabolismo (es decir, lo que se gasta en el proceso de fabricarla), salían, creo recordar, 700 kilocalorías al día, a consumir además de las que ya comía la madre habitualmente.

(Aviso: en el lenguaje popular, y en muchos libros sobre nutrición, se suele llamar *caloría* a lo que científicamente es una kilocaloría, es decir, mil calorías.)

Hasta aquí el cálculo teórico. Pero cuando se hicieron estudios reales en madres reales, madres sanas y bien nutridas de países occidentales, cuyos hijos aumentaban de peso normalmente con lactancia materna exclusiva, se observó que no comían 700 kilocalorías más al día, sino apenas unas 100 o 150 (incluso menos en algunos estudios). Bastaban esas calorías para mantener su peso normal, su actividad normal, y encima fabricar toda la leche que sus hijos necesitaban. Al parecer, durante la lactancia (lo mismo que durante el embarazo) se produce un cambio en el metabolismo, que conduce a un mejor aprovechamiento de los alimentos ingeridos. Como un coche que consume menos gasolina tras la puesta a punto.

Todavía, muchos libros repiten las recomendaciones antiguas. Y algunos de esos libros puede que hayan traducido las dichosas calorías en alimentos concretos: leche, pan, carne, macarrones... La madre que lea tales recomendaciones no podrá comérselo todo, por mucho que se esfuerce. Y si alguna pudiera... bueno, igual de ahí viene el mito de que dar el pecho engorda.

En cualquier caso, la madre que lacta no necesita que ningún libro le recomiende cuánto ha de comer. Todos los animales son capaces de comer lo que tienen que comer sin leer ningún libro, ni preguntarle a ningún veterinario. Nuestras necesidades cambian a lo largo de nuestra vida; pero a nadie se le ocurre ir a preguntarle al médico qué tengo que comer ahora que empiezo la adolescencia, o ahora que la acabo, o ahora que empiezo a trabajar como cartera o como administrativo. ¿Cuántas calorías más tiene que comer en agosto un funcionario aficionado al ciclismo? ¿O cuántas menos un minero que pasa sus vacaciones sentado leyendo? Es automático; cuando aumentan nuestras necesidades calóricas (por nuestro crecimiento o por nuestra actividad física), tenemos más hambre y comemos más; cuando nuestras necesidades disminuyen, tenemos menos hambre y comemos menos.

Así que no necesita seguir una dieta, ni contar calorías, ni nada raro. Simplemente coma según el hambre que tenga, sin ideas preconcebidas (mucha gente cree que durante la lactancia *hay que comer por dos* y se esfuerza por conseguirlo).

¿No falla nunca? ¿Y si me equivoco y como de más, o de menos? En los animales solo falla si están enfermos; pero los seres humanos estamos tan sometidos a nuestra educación y cultura, a las presiones del entorno y de la publicidad, que a veces (raramente) comemos menos de lo conveniente, y otras veces (mucho más frecuentemente) comemos de más. Pero eso es fácil de descubrir: si engorda demasiado, es que tiene que comer menos, y si adelgaza demasiado, es que tiene que comer más. Nadie engorda 30 kilos si antes no ha engordado uno, dos, tres..., así que tendrá tiempo de sobra para darse cuenta y tomar las medidas oportunas.

Qué comer

Lo mismo de siempre. No hay ningún motivo para cambiar de dieta durante la lactancia.

Ah, pero ¿no hay que comer una dieta sana y equilibrada? Pues eso he dicho: lo mismo de siempre. ¿O es que usted no come una dieta sana, y lo sabe, y solo ahora que tiene un hijo se le ocurre hacer algo para comer mejor?

Básicamente, una dieta sana consiste en una base de cereales (pan, pasta, arroz...) y legumbres (lentejas, guisantes, garbanzos, alubias...), complementados diariamente con fruta, verdura o ambas, y de vez en cuando con algún producto animal: pescado, carne, huevos o lácteos.

La mezcla de cereales y legumbres es importante, porque así sus proteínas se complementan. Las proteínas están formadas por aminoácidos, algunos de los cuales no los puede fabricar nuestro organismo, sino que debemos ingerirlos ya formados: son los llamados aminoácidos esenciales. Las proteínas de origen animal contienen una mezcla apropiada de todos los aminoácidos esenciales, y por eso se dice que tienen un alto valor biológico. Las proteínas vegetales, en cambio, tienen un bajo valor biológico, porque les faltan algunos de los aminoácidos. Si no tenemos todos los aminoácidos en el mismo momento, nuestro cuerpo no puede fabricar nuevas proteínas; es como si estuviera montando un reloj y le faltase una ruedecita. Si falta una sola pieza, todas las demás ya no sirven para nada, el cuerpo no puede utilizarlas, las elimina.

Por suerte, a los cereales y a las legumbres les faltan distintos aminoácidos. Los que no están en un lado están en el otro, y la mezcla de proteínas es tan nutritiva como una proteína animal. Los platos típicos, que nuestros tatarabuelos comían casi a diario (salvo los ricos), combinaban legumbres y cereales, como la escudella, o se comían con abundante pan, como el cocido, las lentejas, la fabada... Al otro lado del charco, tortitas de maíz con frijoles. Algún trocito de carne, como el chorizo del cocido, los huevos y el queso servían de *margen de seguridad*, aportando más aminoácidos variados. Hoy en día tendemos a comer carne cada día y legumbres solo de tarde en tarde, con lo que nos sobran aminoácidos, pero nos falta fibra, y lo pagamos con estreñimiento y otros problemas.

¿Y si no como una dieta sana, será mala mi leche? ¿Debo sacrificarme por el bien de mi hijo, comer verdura (que no me gusta nada) y renunciar a los refrescos y a los dulces? ¿O mejor, puesto que ya sé que mi alimentación no va a ser muy buena, le doy el biberón, que al menos se sabe lo que contiene?

Pues no, absolutamente no. No debe sacrificarse comiendo una dieta sana, porque la composición de la leche casi no depende de lo que usted coma. Y la leche del biberón nunca será mejor que la suya (véase más abajo *La dieta de la vaca*).

Las proteínas de la leche se fabrican en el mismo pecho, y no dependen de lo que usted coma. La lactosa de la leche también se produce en el pecho, y tampoco depende de lo que usted coma. La cantidad de grasa en la leche no depende de lo que usted coma. La composición de grasa en la leche sí que depende un poco de lo que usted come (si come más aceite vegetal y más pescado, su leche tendrá más grasas insaturadas; si come más carne, tendrá más grasas saturadas). Pero solo depende en parte. Aunque usted coma muchísimas grasas saturadas, su leche sigue teniendo más grasa insaturada que la leche de vaca, y sigue siendo adecuada para el bebé. En cuanto a las vitaminas y minerales, hay algunos que dependen de lo que coma la madre, como el ácido pantoténico y el yodo, y otros que no varían por mucho que coma la madre, como el hierro, el sodio o la vitamina C. Pero, en todo caso, los niveles de vitaminas y minerales en la leche de la madre serán normales a no ser que la misma madre tenga un déficit. Si usted está sana, su leche es normal. Así que el comer más fruta y no abusar de los dulces no va a mejorar la salud de su hijo, sino la de usted.

A una madre que da el pecho le conviene comer sano, lo mismo que a la que da el biberón, lo mismo que a la que no tiene hijos, lo mismo que a todo el mundo. Por eso insisto: coma como siempre. Y no se preocupe si su dieta no es *perfecta*; primero, porque no existe una dieta *perfecta*, y segundo, porque la salud no es ni puede ser el único factor para elegir su dieta. También están sus costumbres, sus gustos personales, su presupuesto y el tiempo de que disponga. Si puedo exponerme a sufrir una lesión porque me gusta hacer deporte, ¿por qué no puedo exponerme a que me suba el colesterol, si me gusta comer grasa?

La dieta de la vaca

La alimentación de la madre, insisto, influye muy poco en la composición de su leche. Pero, aunque influyera, sería absurdo pensar: «Como me alimento mal, mi leche será tan mala que más vale darle el biberón». ¿Acaso están bien alimentadas las vacas? En el mejor de los casos, las vacas solo comen hierba, lo que es una dieta sana (para ellas), pero no *equilibrada*. Las vacas no comen carne, ni huevos, ni fruta, ni leche... Pero es que la mayoría de las vacas, mal que nos pese, no comen hierba. En años recientes, los europeos nos hemos enterado de que nuestras vacas estaban comiendo piensos compuestos preparados con ovejas muertas por enfermedad y otras exquisiteces. ¿Cree acaso que los biberones los hacen con leche de vacas selectas, alimentadas con verdes pastos y ordeñadas a mano por lecheras suizas de mejillas coloradas? Pues no. La leche del biberón se fabrica a partir de leche normal de vacas normales, que probablemente viven hacinadas en gigantescos establos, comiendo piensos compuestos.

Alimentos prohibidos

Cada pueblo o región tiene sus alimentos prohibidos durante la lactancia, por diversos motivos. En España, los más habituales son ajos, cebollas, alcachofas, coles de Bruselas y espárragos, que se supone que dan mal sabor a la leche, y también las legumbres, sobre todo las alubias, y el brécol, que se cree que causan gases al bebé.

Pero en otros países se prohíben otros alimentos. En Noruega, por ejemplo, la madre que lacta no debe comer uvas ni fresas. Si una madre tuviera que abstenerse de todo lo que alguien ha prohibido alguna vez en algún lugar, probablemente pasaría mucha hambre.

El único alimento con el que se ha hecho un estudio científico es el ajo. Era un estudio controlado aleatorio y a doble ciego; es decir, existía un grupo de tratamiento que tomaba el *medicamento* estudiado (en este caso, el ajo) y un grupo control que tomaba placebo (un falso medicamento que en realidad no tiene ningún efecto), los dos grupos se distribuían por sorteo, y ni las madres ni los experimentadores que las atendían directamente sabían quién había tomado ajo y quién placebo. El ajo venía dentro de una cápsula que había que tragar entera; las madres del grupo control tomaban una cápsula vacía. Los experimentadores que estaban en contacto con la madre solo sabían que a la madre A había que darle la cápsula número 1, a la madre B la cápsula 2... y solo los directores del estudio, que no veían a las madres, sabían qué cápsulas llevaban ajo y qué cápsulas estaban vacías. Todas estas precauciones son necesarias en los estudios médicos para evitar que la autosugestión (del paciente o del médico) influya en los resultados («desde que tomé la pastilla parece que me duele un poco menos»).

Pues bien, el estudio demostró que la leche olía a ajo, que analizando la leche en el laboratorio se encontraba la esencia de ajo, y que los niños cuyas madres habían tomado ajo mamaban más en la siguiente toma. Aparentemente, les gustaba el ajo. Lo que no debería sorprendernos, porque a muchos adultos nos gusta el ajo, por eso lo comemos.

Por supuesto, podría haber algún niño al que no le gustase el ajo. O al que no le gustase la alcachofa. En principio, todas las madres pueden comer de todo; pero si alguna madre concreta comprueba que, después de comer un alimento concreto, su hijo se enfada con el pecho y se niega a mamar durante unas horas, pues será que no le gusta. Tampoco es nada grave, ya mamará cuando se pase el sabor, o cuando tenga más hambre. Probablemente es más fácil que ocurra una cosa así cuando la madre come, de pronto, una gran cantidad de un alimento que no había comido en mucho tiempo. Porque si la madre suele comer un alimento con regularidad, su hijo se habrá acostumbrado al sabor incluso antes de nacer, a través de la placenta y del líquido amniótico.

Seguro que alguna astuta lectora estará pensando: «Pues si los niños maman más cuando la madre come ajo, yo comeré ajo cada día, y mi hijo mamará más y engordará más». Si el razonamiento fuera correcto, sería peligroso (la obesidad infantil ya es un grave problema en Europa, y especialmente en España). Pero, por fortuna, no funciona así. Los niños maman más en una toma aislada, pero a la siguiente maman menos, para compensar. Y si la leche sabe a ajo en cada toma, evidentemente se acostumbrarían y comerían lo mismo de siempre. Nos ocurre a todos: si a usted le encanta la merluza, comerá un poco más que otros días. Pero si le dan merluza cada día para desayunar, comer, merendar y cenar, seguro que no le dura mucho el entusiasmo.

Mennella JA, Beauchamp GK. Maternal diet alters the sensory qualities of human milk and the nursling's behavior. Pediatrics 1991;88:737-44

Gases misteriosos

Si bien, en algún caso concreto, podría ocurrir que a un bebé le molestase el sabor de algo que ha comido la madre, lo que desde luego no tiene ninguna base es lo de los gases. El que la madre coma alubias, frijoles o brécol no puede de ninguna manera producirle gases al niño.

Esos alimentos nos producen gases a los adultos porque contienen ciertos hidratos de carbono que el ser humano no puede digerir, y por lo tanto tampoco puede absorber. Pasan enteros al intestino grueso, y allí las bacterias los fermentan, produciendo gases.

Puesto que esas substancias no se absorben, no pueden pasar a la leche. Y el gas en sí tampoco puede pasar a la leche. Cualquier cosa que intente pasar del tubo digestivo a la leche tiene que hacerlo a través de la sangre. Pero ni la sangre ni la leche tienen burbujitas.

Así que puede usted comer todas las alubias que quiera. Pero tal vez no le interese desmentir el mito. Así, si en una reunión se oye algún ruido comprometedor, siempre podrá decir con mucho aplomo: «Ha sido el niño, como le doy el pecho...».

Alimentos para tener más leche

También de muchos alimentos se dice popularmente que son buenos para tener más leche. Me vienen a la cabeza las almendras y avellanas, las sardinas, la misma leche de vaca. Alguna vez he oído hablar de la alfalfa, que por lo visto, sí, se vende para consumo humano (supongo que el razonamiento es: «Si lo comen las vacas, que tienen mucha leche...»).

Algunos de esos alimentos son sanos y nutritivos. Tal vez es un viejo pretexto que tenían nuestras antepasadas para que, en tiempos en que no todo el mundo comía todos los días, las madres lactantes recibieran la mejor porción. Pero hoy en día, cuando en Occidente todos comemos de sobra, el mito se vuelve a veces contra las madres, obligadas a comer lo que no les gusta.

No hay ningún alimento que sea necesario para tener leche. Recuerde que hay mamíferos con dietas de lo más variado: las vacas comen alfalfa, pero las leonas comen carne, las focas comen pescado, las ballenas comen plancton y las osas hormigueras comen hormigas, y todas tienen leche. El ser humano es, por naturaleza, omnívoro, lo que significa que puede usted comer lo que quiera, y tendrá leche. Si no le gustan las avellanas, tranquila, puede dar el pecho durante años sin comer ni una sola avellana.

La cerveza

Se ha comprobado que la creencia popular de que la cerveza produce más leche es cierta. La cerveza lleva algún componente que hace aumentar los niveles de prolactina. Pero, claro, para comprobar que la leche aumentaba tuvieron que sacar leche a dos grupos de mujeres, unas que tomaban cerveza y otras que no. La única manera de tener más leche, recuerde, es sacar más leche. Si no fuera así, las mujeres sin hijos (o con hijos ya destetados) tendrían prohibida la cerveza, porque imagínese qué problema que te empiece a salir más leche. Aunque haya más leche, el niño no mama más (véase pág. 252); la leche sobrante contiene factor inhibidor de la lactancia, y la producción vuelve a disminuir. La producción de leche se regula por sí misma.

Tal vez, en la época en que era obligatorio dar el pecho diez minutos cada cuatro horas, la cerveza ayudó a alguna madre. Pero, cuando la lactancia es a demanda, existe un modo mucho más sencillo de aumentar la secreción de prolactina: dar el pecho más veces. Y no hace falta que la madre tome una decisión consciente: «Daré el pecho más veces para tener más leche»; será el mismo bebé el que, si tiene hambre, querrá mamar más. Y si no quiere mamar más, es porque no tiene hambre, y punto.

El efecto de la cerveza no depende del alcohol. No funciona con vino, con coñac ni con aguardiente, solo con cerveza.

No haga nada para tener más leche. No tome cerveza para tener más leche. Y si le da un día por beber cerveza, al menos que sea sin alcohol (pág. 464).

Koletzko B, Lehner F. Beer and breastfeeding. Adv Exp Med Biol 2000;478:23-8

La leche de vaca

Un alimento que trae problemas a muchas madres es la leche. No pocas veces se les dice que, para poder dar el pecho, es necesario, imprescindible, tomar un litro de leche al día. A algunas madres les han llegado a decir dos litros, por aquello de que *más vale que sobre que no que falte*.

Eso es absurdo. No es posible que los mamíferos necesiten beber leche para fabricar leche. La vaca no bebe leche. Si para fabricar tres cuartos de litro de leche que produce de media una mujer hubiera que beber un litro, una vaca, para fabricar 30 litros, tendría que beber 40 litros. ¿Dónde estaría el negocio? Nadie criaría vacas si hubiera que darles más leche de la que producen.

El ser humano es el único animal que toma leche de otro animal. El ser humano es el único animal que sigue tomando leche después de la edad de destete. Existe, de hecho, un delicado mecanismo que impide a los adultos tomar leche. La leche contiene un azúcar especial, la lactosa, que no aparece en ningún otro alimento animal ni vegetal. La lactosa se fabrica en la propia teta; la sangre de la madre no contiene lactosa. La lactosa solo se puede digerir con una enzima digestiva especial, la lactasa, que solo está en el intestino de las crías de los mamíferos. Cuando acaba el periodo de lactancia, la lactasa desaparece, y el individuo ya no puede digerir la leche. La leche le produce gases, diarrea, dolor abdominal, los síntomas de la intolerancia a la lactosa. Se cree que es un truco de la sabia naturaleza para garantizar que la leche llegue a su destinatario. Si los adultos pudieran tomar leche, muchas veces el macho (o una hembra dominante) espantarían de malos modos a la cría y se pondrían a mamar ellos. Pero no pueden, les sienta mal.

Parece que hace unos pocos miles de años apareció en la raza blanca (sobre todo en los nórdicos) y en algunas tribus de raza negra una mutación que les permitía digerir la leche. La lactasa se mantiene durante toda la vida. Pero la mayor parte de la humanidad (orientales, indígenas americanos, la mayor parte de los africanos) no puede tomar leche. La intolerancia a la lactosa en el adulto no es una enfermedad, es lo normal. Los raros, los mutantes, somos los que sí podemos tomar leche.

Hay quien defiende que esa mutación ha sido beneficiosa porque ha permitido explotar una nueva fuente de alimento. Otros responden con certera ironía que tan beneficiosa no habrá sido la mutación, cuando en este planeta sigue habiendo muchos más chinos que suecos.

Se han hecho estudios en China para ver a qué edad desaparece la lactasa del intestino. En algunos niños empieza a desaparecer a los tres años, en otros persiste hasta los doce. Después de los doce años, prácticamente ningún chino tolera la leche. Otra pista que parece indicarnos hasta qué edad es *normal* tomar el pecho en la especie humana.

En España, con nuestra mezcla de razas, no toleramos la leche tan bien como los suecos. Se calcula que un 15 por ciento de los españoles adultos tienen intolerancia a la lactosa. Normalmente no lo saben, no se han hecho pruebas médicas, no están *diagnosticados* (¿cómo se puede diagnosticar, si no es una enfermedad?), pero no toman leche. Tampoco es cuestión de todo o nada; muchos pueden tolerar un poquito de lactosa, pero mucha cantidad les sienta mal. Es la típica gente que se toma un cortado, pero rechaza un café con leche, porque «luego estoy toda la tarde con el estómago revuelto». Algunos pueden tolerar derivados de la leche que llevan menos lactosa, como el yogur o el queso. En Sudamérica la proporción de intolerancia a la lactosa puede ser muchísimo más alta, según los países.

La gracia que debe hacer, teniendo intolerancia a la lactosa, que te obliguen a beber un litro al día. Un verdadero tormento.

Yang Y, He M, Cui H, Bian L, Wang Z. The prevalence of lactase deficiency and lactose intolerance in Chinese children of different ages. *Chin Med J* 2000; 113:1129-32

Dieta vegetariana

Una dieta ovolactovegetariana equilibrada es perfectamente adecuada para adultos y para niños, para embarazadas y para madres que lactan. Pero tiene que estar bien equilibrada. Las legumbres y los cereales se han de combinar para que sus aminoácidos se complementen y formen una proteína de alto valor biológico. El hierro de legumbres y cereales casi no se absorbe si no va acompañado de la vitamina C de la fruta. La dieta omnívora (es decir, *comer de todo*, incluyendo carne y pescado) requiere menos precaución, normalmente hay nutrientes de sobra. Para ser vegetariano no basta con comer mucha ensalada y saltarse el segundo plato; hay que tener buenos conocimientos de nutrición y escoger los alimentos con cierto cuidado. Encontrará excelente información en la web de la Unión Vegetariana Española:

www.unionvegetariana.org

La mayoría de los vegetarianos son gente seria, muchas veces con mejores conocimientos de nutrición que su médico. Pero también hay extraños grupos filosóficos o religiosos que propugnan extrañas dietas inadecuadas, como la macrobiótica. La dieta macrobiótica es progresiva, los escalones más *avanzados* son insuficientes para un adulto, y muy peligrosos para un niño, una embarazada o una madre lactante.

También hay quien va por libre. Hace años conocí a uno que había llegado a la conclusión de que el único alimento sano es la manzana. Solo manzanas. Manzanas todo el día, manzanas cada día. Imponía semejante dieta a su esposa y a su hijo de dos años. Por suerte, en la guardería le daban de comer a escondidas...

Aprenda a distinguir la información seria de la que no lo es. ¿Hablan de proteínas y nutrientes, de calcio y hierro? ¿O hablan de energías cósmicas que se concentran en los alimentos, de poderes curativos, de *toxinas* que nunca tienen nombre propio...?

Vegetarianismo estricto

La dieta estrictamente vegetariana (a veces llamada *vegana*), sin huevos ni leche, tiene un serio problema: no contiene vitamina B12.

Ningún animal y ninguna planta es capaz de fabricar la vitamina B12. Solo la fabrican las bacterias. Los animales herbívoros obtienen la vitamina necesaria para vivir de las bacterias y los insectos que comen sin darse cuenta junto con los vegetales. Lo mismo ocurre con algunas sociedades tradicionales, que pese a ser casi exclusivamente vegetarianas, no suelen tener problemas con la B12.

Pero nosotros lavamos bien la verdura antes de comérnosla, y conviene que lo sigamos haciendo, para evitar infecciones. Y cuando el arroz o los garbanzos tienen bichos, los rechazamos.

Las plantas no contienen vitamina B12. Ninguna. La carne, pescado, leche y huevos sí que contienen vitamina B12. El yogur y algunos quesos tienen aún más vitamina B12 que la leche, porque tienen bacterias.

En España, los únicos alimentos de amplio consumo que suelen estar enriquecidos con vitamina B12 son los cereales para el desayuno; compruébelo en la etiqueta, donde también verá cuántos gramos de cereales necesitaría para cubrir las necesidades diarias. La jalea real, el tofu, el miso o el tempeh no llevan vitamina B12, tampoco la levadura de cerveza, a no ser que esté enriquecida, es decir, que le hayan añadido la vitamina en la fábrica (en España solo hay una marca).

El alga *Spirulina* no contiene vitamina B12, por mucho que los que la venden digan que sí. Lo que contiene es una molécula tan parecida que da positivo en los análisis, pero que no tiene efecto sobre el organismo. Peor aún, se sospecha que esa molécula podría bloquear los receptores de las células, e impedir que actúe la vitamina de verdad.

Puesto que la vitamina B12 es muy importante, nuestro organismo ha desarrollado métodos muy perfeccionados para conservarla. Una persona sana suele tener reservas de B12 para tres o cuatro años. No necesita comer carne cada día, solo de vez en cuando. Un vegetariano estricto que no tome ningún suplemento de vitamina B12 tardará varios años en enfermar.

Los vegetarianos estrictos, y también aquellos ovolactovegetarianos que consuman pocos huevos y poca leche, deben tomar toda su vida suplementos de vitamina B12. Todos, tanto hombres como mujeres. La mayoría de los vegetarianos lo saben, y los toman.

Cuando se toma mucha vitamina B12 de golpe, el organismo no sabe qué hacer con ella, y se absorbe peor. Por tanto, la cantidad necesaria depende de la frecuencia con que la tome:

— Si toma alimentos artificialmente enriquecidos con B12, basta con tres a cinco µg (microgramos).
— Si toma cada día un suplemento en pastillas, entre 10 y 100 µg. Las pastillas se han de masticar bien para que la absorción sea buena, o bien se han de absorber por vía sublingual (dejando que se disuelvan en la boca como un caramelo).
— Si lo toma una vez por semana, 2000 µg
— Si lleva meses o años sin tomar B12, necesitará recargar primero los depósitos, tomando 2000 µg al día durante quince días, y luego continuar con la dosis normal, diaria o semanal.

La falta de vitamina B12 produce anemia megaloblástica, así llamada porque hay pocos glóbulos rojos, pero muy grandes (al contrario que en la anemia por falta de hierro, en que los glóbulos rojos son pequeños). Pero también puede producir problemas neurológicos y coma. Estos problemas son más frecuentes en niños pequeños.

En Europa y Estados Unidos han muerto niños por falta de vitamina B12, hijos de madres veganas o macrobióticas. Normalmente, los niños nacen con reservas que les duran meses o años; pero si la madre ya tenía déficit de B12, el niño nace sin reservas y ya enfermo. La leche materna normalmente es muy rica en vitamina B12; pero, claro, si la madre no tiene... de donde no hay, no sale.

Si usted es vegana y toma habitualmente suplementos de B12, ningún problema. Su hijo nacerá con reservas, y su leche tendrá vitamina B12 como la de cualquier madre. Su hijo no necesita tomar vitamina, puesto que ya toma el pecho.

Si usted es vegana, pero no toma B12, y se entera durante el embarazo, tome ahora mismo 2000 mg al día durante quince días, y a partir de ahí siga tomando suplementos regularmente. Si todavía faltan varias semanas para el parto, su hijo tendrá tiempo de *empaparse* y nacerá con reservas, no hay que preocuparse por él.

Si empieza a tomar vitamina B12 poco antes del parto, o después del parto, su hijo no tendrá reservas, y puede que ya esté enfermo. Habrá que darle una dosis masiva de B12. Luego, si usted sigue tomando la vitamina, podrá tomar el pecho normalmente, sin más suplementos.

Recuerde que, si lleva años siendo vegetariana estricta, necesita una dosis masiva de vitamina ahora mismo. Incluso si decide dejar el vegetarianismo y volver a comer carne, tardaría meses en recuperarse del todo.

¿Y si es ovolactovegetariana? ¿Cuánta leche y cuántos huevos son suficientes? Harían falta unos tres vasos de leche al día, o bien unos cuatro huevos. Con un vaso de leche y un huevo al día, más algún yogur y algún cereal de desayuno, probablemente tiene suficiente. Si consume menos de eso, más vale que tome suplementos, sobre todo durante el embarazo y la lactancia.

La vitamina B12 www.unionvegetariana.org/b12.html

Neurologic impairment in children associated with maternal dietary deficiency of cobalamin—Georgia, 2001. *MMWR Morb Mortal Wkly Rep* 2003;52:61-4 www.cdc.gov/mmwr/preview/mmwrhtml/mm5204a1.htm

Vitaminas y minerales

Solo hay dos suplementos que deben tomar las madres lactantes: yodo y, en el caso de vegetarianas estrictas, vitamina B12.

Yodo

El yodo es parte fundamental de la tiroxina, la hormona fabricada por el tiroides y que regula nuestro metabolismo.

Gran parte de la corteza terrestre es pobre en yodo, porque millones de años de lluvia lo han disuelto y lo han arrastrado hacia el mar. En consecuencia, las plantas y los animales terrestres (incluyendo el pescado de río) tienen poco yodo. El pescado marino, en cambio, es rico en yodo.

Estábamos acostumbrados a pensar que la falta de yodo solo afectaba, hace un siglo, a los habitantes de zonas montañosas aisladas, como Las Hurdes, donde no llegaba el pescado. En aquellas zonas eran frecuentes el bocio (un bulto en el cuello que es el tiroides hipertrofiado para intentar aprovechar cualquier migaja de yodo que encuentre) y el cretinismo (retraso mental grave por falta de hormona tiroidea durante la infancia).

Pero aquello no era más que la punta del iceberg. En años recientes, diversos estudios han demostrado que en toda España, incluyendo las zonas costeras, un importante porcentaje de la población (alrededor de un tercio) tiene déficit de yodo; y eso incluye a los adultos, a los niños, a las embarazadas... Un déficit leve, pero que probablemente contribuye a algunos casos de retraso escolar. Y que también produce muchos casos de bocio leve, tiroides que se han visto obligados a crecer y que están por ello al borde del colapso. Muchos problemas de tiroides en los adultos (tanto hiper como hipotiroidismo) son debidos a haber sufrido déficit de yodo durante la infancia.

Para evitarlo, hay que consumir siempre sal yodada. Siempre, toda la familia, niños y adultos. No compre sal que no sea yodada (en algunos países, la sal sin yodo solo se puede comprar en la farmacia y con receta, para los rarísimos casos en que el yodo está contraindicado, como algunas tiroiditis). La sal marina no tiene yodo, a no ser que en el envase ponga *sal marina yodada*.

Pero durante el embarazo y la lactancia, la mujer necesita más yodo del habitual. Trescientos microgramos, en vez de los cien habituales. Incluso tomando sal yodada es difícil alcanzar esas cantidades. Por eso se recomienda que, durante el embarazo y la lactancia, todas las mujeres tomen un suplemento de 100 a 200 microgramos de yodo al día.

Como con otras muchas medidas de salud pública, se trata a toda la población cuando en realidad dos tercios de las embarazadas no lo necesitarían. Pero saber exactamente quién necesita yodo y quién no requeriría análisis molestos y costosos, mientras que el suplemento de yodo es barato y completamente inocuo. Aunque usted tenga yodo de sobra, una pastillita más no le hace ningún daño. Por eso es mejor que lo tomen todas.

Aunque el Ministerio de Sanidad español recomienda este suplemento de yodo desde el año 2004, es posible que algunos médicos todavía no lo sepan. Puede que incluso algún médico le diga que no es necesario, que no hay que tomar yodo. Eso es porque los médicos españoles solemos estudiar con libros norteamericanos traducidos. Y en Norteamérica hace muchos años que toda la sal, y también otros alimentos, están enriquecidos con yodo. Allí no tienen problemas de déficit de yodo, porque toda la población está ya tomando suplementos, aunque no lo sepan. Por eso en sus libros de medicina (o en sus páginas de Internet) no hablan de dar suplementos a las embarazadas.

Morreale de Escobar G. El yodo durante la gestación, lactancia y primera infancia. Cantidades mínimas y máximas: de microgramos a gramos. An Es Pediatr 2000;53:1-5

http://db.doyma.es/cgi-bin/wdbcgi.exe/doyma/mrevista.fulltext?pident=11050

Domínguez I, Reviriego S, Rojo-Martínez G, Valdés MJ, Carrasco R, Coronas I y cols. Déficit de yodo y función tiroidea en una población de mujeres embarazadas sanas. Med Clin (Barc) 2004;122:449-53

Dunn JT, Delange F. Damaged Reproduction: The most important consequence of Iodine defciency. J Clin Endocrinol Metab 2001;86:2360-3

http://jcem.endojournals.org/cgi/content/full/86/6/2360

Zimmermann M, Delange F. Iodine supplementation of pregnant women in Europe: a review and recommendations. Eur J Clin Nutr 2004;58:979-84

Vitamina B12

Véase la sección anterior sobre la dieta vegetariana estricta.

Hierro

Al contrario que las necesidades de yodo, que se triplican durante la lactancia, las necesidades de hierro se reducen a la mitad. La principal causa de anemia en las mujeres es la pérdida repetida de sangre con la menstruación; durante buena parte de la lactancia no tendrá la regla, y por tanto ahorrará hierro.

Así, si usted no necesitaba tomar pastillas de hierro antes del embarazo, mucho menos las va a necesitar dando el pecho.

Si se le cae el pelo, no es por falta de hierro, sino por otros motivos (véase pág. 514).

Si tiene anemia, no solo puede seguir dando el pecho, sino que le conviene dar el pecho. Dando el pecho, la anemia se cura antes. Por supuesto, si tiene anemia, sí que tendrá que tomar pastillas de hierro, la cantidad que le indique su médico.

Calcio

Las necesidades de calcio no aumentan durante la lactancia. La ingesta recomendada de calcio es la misma para cualquier mujer, tanto si da el pecho como si no. O necesita suplementos toda la vida, o no los necesita nunca.

Durante los primeros seis meses de lactancia, más o menos, todas las mujeres pierden calcio, alrededor del 5 por ciento del calcio de sus huesos. Se ha comprobado mediante densitometría ósea, una prueba que mide la cantidad de calcio en los huesos. Por mucho que tome alimentos ricos en calcio, o pastillas de calcio, sigue perdiendo calcio de los huesos. Las pastillas de calcio solo sirven para aumentar la cantidad que se elimina en las heces y en la orina. Esta descalcificación de los huesos no se debe, pues, a falta de calcio en la dieta, ni a pérdida de calcio con la leche. Se debe a un cambio en el equilibrio hormonal y en el metabolismo de la madre.

A partir de los seis meses de lactancia, más o menos, todas las mujeres recuperan el calcio de sus huesos. Esta recalcificación no depende de la ingesta de calcio; no hace falta tomar pastillas ni suplementos. Con una dieta normal, aunque no sea muy rica en calcio, es suficiente. Las mujeres que llevan un año dando el pecho tienen más o menos la misma cantidad de calcio en sus huesos que las que no han dado el pecho. No sabemos muy bien qué ocurre después del año, pero lo cierto es que, a largo plazo, la lactancia materna previene la osteoporosis (aunque todavía muchos vecinos e incluso algún médico se lo digan justo al revés, por ignorancia).

A largo plazo, el efecto es dudoso: algunos estudios encuentran que las mujeres que dieron más tiempo el pecho tienen más calcio en los huesos; otros, que tienen menos, y otros, que igual. Pero donde los estudios son prácticamente unánimes es al comparar el riesgo de fractura. Esto se hace con estudios de casos y controles: los médicos buscan en los hospitales ancianas con fracturas debidas a osteoporosis (fracturas de húmero, aplastamientos vertebrales, sobre todo la temida fractura de fémur...) y las comparan con otras mujeres de su misma edad que no hayan sufrido una fractura. Las mujeres sin fracturas habían dado el pecho más tiempo.

Es curioso que dar de mamar mucho tiempo no proteja tanto contra la osteoporosis, como contra las fracturas por osteoporosis (que es el verdadero problema; la osteoporosis no tendría ninguna importancia si no fuera porque aumenta el riesgo de tener fracturas). Al parecer, el riesgo de fractura no depende solo de la cantidad de calcio en el hueso, sino de la manera en que esté colocado, de la estructura de las trabéculas (las columnas microscópicas de mineral que conforman el hueso). Es como la estructura de un puente: no basta con poner mucho acero de cualquier manera, hace falta un ingeniero que decida dónde ha de ir cada viga. A lo mejor el hecho de que, en cada lactancia, una pequeña parte de los huesos se disuelva y se vuelva a formar es una manera de remozar la estructura, cambiando las vigas estropeadas por otras nuevas.

Recapitulando: dar el pecho no debilita los huesos, sino que los fortalece. Y cuanto más tiempo, mejor. Dar el pecho dos años o tres no es un *desgaste* para la madre, sino todo lo contrario.

Y si se suceden muy seguidos los embarazos y las lactancias, ¿no acabará eso perjudicando a los huesos? Pues no. Se ha comprobado que, aunque la madre vuelva a quedarse embarazada antes de dieciocho meses del embarazo anterior, el calcio de los huesos se recupera igual.

La ingesta dietética de referencia (lo que antes se llamaba cantidad diaria recomendada) de calcio es exactamente la misma para mujeres que dan el pecho o que no lo dan. Ningún experto dice que haya que tomar más calcio durante la lactancia que en otros momentos de la vida. Por tanto, es absurdo insistir en que la madre que lacta tome más leche, o más alimentos ricos en calcio, o pastillas de calcio.

Si usted no toma leche, no se preocupe. La mayor parte de las mujeres del mundo no toman leche (pág. 385). Otros muchos alimentos son ricos en calcio: las verduras de hoja verde, el brécol, los pescaditos que se comen con espinas... Las leonas, que solo comen carne, tienen esqueleto, y se quedan embarazadas y dan el pecho. Lo mismo que las ciervas, que solo comen hierba, o las hembras de murciélago, que solo comen mosquitos. Habría que tomar una dieta realmente muy rara para que a uno le faltase el calcio; y si fuera así, no habría que cambiar de dieta (o tomar suplementos) solo durante la lactancia, sino durante toda la vida.

Si le duele la espalda, o las piernas, o se siente cansada, no es por falta de calcio, no es por culpa de dar el pecho, no va a mejorar destetando al niño. La osteoporosis no duele a no ser que se produzca una fractura; el dolor de espalda que tienen algunas ancianas se debe a aplastamientos vertebrales. Y para eso hay que tener una osteoporosis muy grave; es imposible que ese 5 por ciento que se pierde al comienzo de la lactancia provoque una fractura. Sus dolores y molestias pueden deberse a otras causas; algunas relacionadas con la maternidad (el trabajo de la casa, el esfuerzo de llevar peso, la falta de sueño...) y otras no.

Sowers M; Randolph J; Shapiro B; Jannausch M. A prospective study of bone density and pregnancy after an extended period of lactation with bone loss. Obstet Gynecol 1995;85:285-9

Melton LJ 3rd, Bryant SC, Wahner HW, O'Fallon WM, Malkasian GD, Judd HL, Riggs BL Influence of breastfeeding and other reproductive factors on bone mass later in life. Osteoporos Int. 1993;3:76-83

Cumming RG, Klineberg RJ. Breastfeeding and other reproductive factors and the risk of hip fractures in elderly women. Int J Epidemiol 1993;22:684-91

Prentice A. Maternal calcium metabolism and bone mineral status. Am J Clin Nutr. 2000;71:1312S-6S

http://www.ajcn.org/cgi/content/full/71/5/1312S

Cuánto beber

Lógicamente, la madre que da el pecho necesita más agua. Por eso tiene más sed, y bebe más. Pero no tiene que forzarse a beber una cantidad determinada; automáticamente beberá usted todo lo que necesite, como cualquier persona sana. Cuando, además de dar el pecho, haga ejercicio físico y el día sea caluroso, tendrá aún más sed.

A veces se recomienda a las madres beber mucha agua para tener más leche. Por supuesto, no funciona. Los ganaderos llevan siglos intentándolo, hacer que las vacas beban más, pero no sale más leche. Solo funciona cuando se hace al revés: primero se ordeña a la vaca, y luego se añade agua a la leche, entonces sí que hay más. Antes de que diga aquello de «pero las mujeres no somos vacas», sepa que se han hecho experimentos científicos con mujeres, bebiendo varios litros de agua al día durante semanas, y la cantidad de leche no aumentó.

En algunas zonas existe la creencia popular de que, si la madre bebe agua justo en el momento en que el niño está mamando, el agua va directamente, por algún conducto que los científicos aún no han descubierto, de la boca al pecho, y el bebé toma agua en vez de leche. Es falso, por supuesto. Y es un error que puede resultar incómodo, porque la hormona oxitocina produce sed, y las madres suelen sentir sed precisamente mientras el niño mama (lo mismo que durante el parto). Puede usted beber toda el agua que quiera durante la toma.

Prevención de la alergia

La lactancia materna disminuye el riesgo de varias enfermedades atópicas.

La Academia Americana de Pediatría sugiere que, si existe una fuerte historia familiar de atopia (alergia), la madre deje de tomar leche, huevos, pescado y frutos secos durante la lactancia. Pero no hay pruebas claras de que eso disminuya realmente el riesgo de alergia.

En un estudio, las madres dejaron de tomar leche y huevos, pero no se observó ninguna ventaja.

En otro estudio, las madres se abstuvieron de leche, huevos y pescado durante los tres primeros meses. Sus hijos tuvieron menos dermatitis atópica durante los primeros seis meses (11 por ciento frente a 28 por ciento), pero la diferencia era menor a los cuatro años, y a los diez años no había ninguna diferencia. Tampoco disminuyeron otros tipos de alergia. ¿Vale la pena hacer una dieta tan restrictiva para reducir (tal vez) la incidencia de dermatitis durante unos meses? Solo usted puede decidirlo. Eso sí, piense primero que una dieta sin leche y sin huevos resulta muy difícil de seguir (cuántas recetas de cocina o cuántos productos preparados llevan leche o huevo entre sus ingredientes: galletas, magdalenas, canalones, rebozados, pizza...). Hacer la dieta a medias probablemente no sirve para nada.

Zeiger RS. Food Allergen Avoidance in the Prevention of Food Allergy in Infants and Children. Pediatrics 2003;111:1662-71
http://pediatrics.aappublications.org/cgi/reprint/111/6/S2/1662

Adelgazar

Una de las ventajas atribuidas a la lactancia materna es que la madre adelgaza. Eso es cierto, pero a veces se crean expectativas desmesuradas, seguidas de una cierta decepción.

El aumento de peso durante el embarazo consta de varios apartados: el peso del bebé, el de la placenta, el líquido amniótico, el aumento del tamaño del útero, el aumento del volumen sanguíneo... y un poco de grasa almacenada para usarla durante la lactancia. La naturaleza ha previsto que a la madre le va a resultar más difícil cazar y recolectar, o lo que hicieran nuestras antepasadas para ganarse las lentejas, llevando al bebé en brazos todo el rato. Lógicamente, la madre que no da el pecho va a tener ciertas dificultades para deshacerse de esa grasa innecesaria. Tendrá que fundirla en un gimnasio. Dar el pecho, en cambio, se puede hacer cómodamente sentada en un sillón. Es como una liposucción natural.

En efecto, se ha visto que las madres que lactan pierden como medio kilo al mes durante los primeros seis meses. Pero, atención, muchas madres no empiezan a perder peso hasta después de tres meses de lactancia. No piense que será coser y cantar.

Si el aumento durante el embarazo fue muy grande, no bastará con dar el pecho para volver a la normalidad. Tendrá que hacer ejercicio y controlar su dieta.

Por supuesto, no es buena idea hacer durante la lactancia (ni en ningún otro momento de la vida) dietas absurdas, desequilibradas y milagrosas, saltarse comidas, intentar vivir una semana a base de pomelo o pretender perder cinco kilos antes del lunes. Pero se ha demostrado que una dieta controlada y equilibrada, para perder cinco kilos en diez semanas, no afecta para nada a la cantidad ni a la composición de la leche. El niño sigue engordando mientras la madre adelgaza.

Algunos han avisado del peligro teórico de que, al adelgazar durante la lactancia, los pesticidas que la madre tiene almacenados en la grasa corporal (todos tenemos pesticidas, es la triste verdad) pasen a la leche y contaminen al niño. Pero eso no ocurre. En un estudio se comprobó que los niveles de pesticidas en la leche no aumentan cuando la madre adelgaza.

Lo mismo que en cualquier otra época de la vida, si quiere que el adelgazamiento se mantenga, es importante que haga ejercicio además de dieta. Cuando solo se hace dieta, se pierde masa muscular. Con dieta y ejercicio, la masa muscular se mantiene (o incluso aumenta) y se pierde grasa.

Pero perder masa muscular no es bueno, y el organismo tiende a recuperarla en cuanto puede. Además, el tejido muscular es muy activo, quema calorías incluso cuando está quieto, mientras que el tejido graso es inactivo y no consume. Por todo ello, los que adelgazan con dieta pero sin hacer ejercicio suelen volver a engordar rápidamente.

Después de un parto, conviene empezar con una buena gimnasia posparto. Su comadrona podrá aconsejarle ejercicios para el suelo pélvico. Fortalecer los abdominales antes que el suelo pélvico puede agravar las molestias (como la pérdida de orina).

Lovelady CA, Whitehead RA, McCrory MA, Nommsen-Rivers LA, Mabury S, Dewey KG. Weight change during lactation does not alter the concentrarions of chlorinated organic contaminants in breast milk of women with low exposure. J Hum Lact 1999;15:307-15

McCrory MA, Nommsen-Rivers LA, Mole PA, Lonnerdal B, Dewey KG. Randomized trial of the short-term effects of dieting compared with dieting plus aerobic exercise on lactation performance. Am J Clin Nutr 1999;69:959-67 www.ajcn.org/cgi/content/full/69/5/959

capítulo
diez

La vuelta al trabajo

Se pueden hacer muchas cosas cuando llega el momento de volver a trabajar. Y no se puede decir de forma absoluta que unas sean mejores que otras, porque hay muchos factores a tener en cuenta. Todos queremos lo mejor para el bebé, claro; pero también lo mejor para la madre, para toda la familia, para la economía doméstica... Nadie puede decidir por usted, porque nadie conoce sus circunstancias.

Por eso es útil asistir a un grupo de apoyo a la lactancia (pág. 297), y también hablar con otras madres fuera del grupo. Pregúnteles qué hicieron, qué resultado les dio, qué harían ahora si pudieran volver atrás. Medite, háblelo con su esposo, y tome una decisión.

Cuestiones prácticas

El permiso de maternidad

De momento, en España, es de solo dieciséis semanas. Que se amplían a dieciocho en caso de gemelos y a veinte en caso de trillizos (tampoco les hubiera costado tanto poner dieciséis semanas por niño y ya está, que ni hay tantos gemelos ni la gente los tiene a propósito para no trabajar).

Si ha estado de baja durante el embarazo por motivos médicos, sigue teniendo dieciséis semanas después del parto.

La ley permite que hasta diez de las dieciséis semanas de permiso las emplee el padre en vez de la madre. Salvo en circunstancias excepcionales, no creo que eso pueda favorecer la lactancia ni ser lo mejor para el bebé.

La hora de lactancia

Hasta los nueve meses tiene derecho a una hora diaria de reducción, con sueldo completo. Puede ser un periodo de una hora, o dos periodos de media hora. Aunque se le llama *de lactancia*, no es necesario estar dando el pecho; la madre que da el biberón tiene el mismo derecho. También puede optar por entrar a trabajar más tarde o por salir más pronto, pero en ese caso, por motivos que nadie me ha podido explicar, ya no es una hora, sino solo media. Como una hora de ausencia en medio de la jornada suele ser más molesta para el empresario que entrar más tarde o salir más pronto, si a usted también le conviene más esto último, es probable que pueda negociar: «Si me concede la hora entera, me voy una hora antes. Si no, cogeré la hora de lactancia de once a doce, cuando hay más trabajo, para fastidiar» (eso es lo que usted estará pensando, y lo que su empresario pensará que está usted pensando. Por supuesto, conviene expresarlo de forma más diplomática).

Tiene derecho a elegir el momento más oportuno para su hora de lactancia; una maestra a la que quisieron obligar a aprovechar los recreos acudió a los tribunales y ganó. En otra sentencia, una doctora obtuvo el reconocimiento de que la hora de lactancia corresponde a una jornada de ocho horas, y en una guardia de veinticuatro horas se tiene derecho a tres horas de lactancia.

La hora de lactancia, a veces unida a la pausa para el bocadillo, se puede aprovechar de varias maneras. Si trabaja cerca, puede ir a casa a dar el pecho. Si trabaja lejos, puede buscar una guardería que esté cerca de su empleo, y no cerca de su casa; así podrá dar el pecho en el autobús al ir y al volver, y pasará menos tiempo separada de su hijo. También puede quedar con la abuela u otra persona que cuide a su hijo para encontrarse a cierta hora en un parque o una cafetería junto a su trabajo; así puede aprovechar para descansar y charlar con su madre mientras da el pecho..., o bien su madre puede aprovechar para hacer sus compras mientras usted da el pecho. Otras madres usan la hora de lactancia para sacarse leche.

También es posible acumular las horas de lactancia, cambiándolas por cuatro semanas más de permiso de maternidad.

Reducción de jornada

Hasta que el niño cumpla los seis años, tanto el padre como la madre (o ambos a la vez) pueden pedir una reducción de entre un tercio y un medio de la jornada laboral (con la correspondiente reducción del salario). Usted tiene derecho a decidir cómo organiza la jornada; algunas madres prefieren trabajar dos o tres horas menos cada día, otras prefieren faltar un día de la semana (por ejemplo, el día que nadie más puede quedarse con el niño). Recuerde que no es un favor que le hacen, sino un derecho, y que lo está pagando muy caro, perdiendo una parte de su sueldo. Se supone que, con lo que le deja de pagar a usted, el empresario puede pagar a un substituto que trabaje esas horas. Por tanto, no los está *dejando colgados*, y no tiene que esforzarse para acabar en seis horas el trabajo de ocho. La reducción tiene que afectar también al tiempo de trabajo efectivo, no pueden suprimirle solo las horas de formación, reuniones de coordinación o tiempos de descanso.

Excedencia sin sueldo

El padre o la madre o ambos pueden solicitar un permiso sin sueldo de duración variable, hasta la edad de tres años. Durante el primer año le tienen que reservar su puesto y turno de trabajo; a partir de ahí, dependerá de la benevolencia de sus jefes, que si desean fastidiarla sin duda encontrarán la manera.

No hay necesidad de fijar con antelación la duración del permiso. Simplemente, cuando quiera volver al trabajo tiene que avisar con dos semanas de antelación.

Desde luego, eso de no cobrar es un gran inconveniente. A veces insalvable. Pero no lo vea como un dinero perdido, sino como un dinero gastado. Mucha gente se gasta un mes de sueldo en irse de vacaciones, o quince meses de sueldo en comprarse un coche, o 200 meses de sueldo en comprarse un piso. ¿Qué tal gastarse dos, diez, o veinte meses de sueldo en cuidar a su hijo? Al fin y al cabo, es una o dos veces en la vida, muy pocos españoles tienen ya el tercer hijo.

Un análisis económico completo también ha de tener en cuenta otros factores. Además de tiempo para estar con su hijo, está comprando también otras cosas. Tiempo para usted misma, para la familia, para los amigos; tiempo para leer, para pasear, para pensar, para vivir... («Poco voy a leer con un niño pequeño», estará pensando. Pues es verdad, poco. Pero menos todavía iba a leer trabajando ocho horas, y luego cuidando a su hijo en los ratos libres.) Compra la tranquilidad de ver a su hijo, frente a las preocupaciones de tenerlo lejos («¿Qué estará haciendo ahora? ¿Llorará mucho? ¿Habrá vuelto a vomitar? Tenía que haberle puesto el termómetro esta mañana...»). Compra, en muchos casos, la salud mental (o, como se decía antes, la paz de espíritu) de perder de vista el trabajo, los jefes, los compañeros, las envidias, los objetivos evaluables, las horas extras, las malas caras cada vez que falta un día porque su hijo está malito... Y junto a los ingresos disminuyen los gastos: guardería, canguro, transportes, comidas (la diferencia entre comer cada día de restaurante o cocinar en casa)...

Sería magnífico que todos los niños (tanto si toman el pecho como si toman el biberón) pudieran estar con sus padres hasta más o menos los tres años. Es la edad (por supuesto, variable) a la que los niños suelen dejar de llorar cuando se separan de sus padres, y empiezan a ir contentos a la escuela. Y, antes de que se enfaden las feministas, obsérvese que no he dicho *con su madre*, sino *con sus padres*. No estoy sugiriendo que la madre deje de trabajar durante tres años. También el padre tiene derecho a librarse de la tiranía del trabajo y a disfrutar de sus hijos. A partir del año o año y medio (incluso antes, con un poco de suerte), los niños se quedan bastante a gusto con su padre. La lactancia materna deja de ser un problema cuando el bebé empieza a comer otras cosas. Muchas familias se turnan, la madre coge un año de permiso sin sueldo, y luego el padre coge otro año (o más, o menos, según las posibilidades económicas). No es lo mismo un año cada uno que dos meses cada uno. Durante los primeros nueve o doce meses, los bebés necesitan muchísimo a su madre. Luego, hasta los tres años o así, necesitan muchísimo a cualquiera de los dos, madre o padre. Y luego, entre los tres y los treinta años, siguen necesitando a cualquiera de los dos, pero ya no *muchísimo*, sino solo *mucho*.

Si su economía no le permite tres años, ni uno, ni medio, sin cobrar, piense si al menos puede permitirse uno o dos meses. Los cuatro meses de baja maternal se quedan realmente un poco cortos, porque se supone que el bebé no toma papillas hasta los seis meses. Con un niño que toma papillas, todo es más sencillo; ya no hace falta sacarse leche, dejarla en la nevera, volverla a calentar... cuando la madre no esté, puede comer arroz, plátano, pollo...

Llevar al niño al trabajo

En España tenemos una ley pomposamente titulada «de conciliación de la vida familiar y laboral». Pero por más que me la leo del derecho y del revés, no veo la conciliación por ninguna parte. Básicamente te dan a elegir: o vida familiar o vida laboral. Si optas por la vida familiar, puedes cogerte un permiso sin sueldo; si optas por la vida laboral, puedes llevar al niño a una guardería.

Conciliar entiendo yo que sería poder hacer las dos cosas a la vez. Como se ha hecho a lo largo de toda la historia de la humanidad. Porque nos engañaríamos pensando que el trabajo de la mujer es un fenómeno nuevo; las mujeres han trabajado desde siempre.

«Sí —dirá alguno—, se ocupaban de las tareas domésticas, pero no trabajaban fuera de casa, con un trabajo remunerado.» Bueno, es que trabajar fuera de casa con un trabajo remunerado sí que es un fenómeno relativamente nuevo. Con la revolución industrial, el marido iba a trabajar a la fábrica o a la oficina, y la mujer se quedaba en casa limpiando y cocinando. Pero antes, durante siglos, los campesinos y los artesanos han trabajado en su casa o al lado de su casa, y la diferencia entre las tareas masculinas y femeninas estaba bastante difuminada. Ni la madre ni el padre se separaban de sus hijos para ir a trabajar. Hace apenas dos siglos que los padres fueron mayoritariamente arrebatados de los hogares; hace apenas medio siglo que nuestro sistema de producción abdujo también a la madre para dejar al niño en una guardería.

Todavía hoy, en gran parte del mundo, una madre puede labrar un campo, caminar kilómetros con una carga de agua o de leña, vender (o comprar) en un mercado, tejer o cocinar, con su hijo a la espalda. Por supuesto, una mujer cava más despacio cuando lleva a su hijo a cuestas, y tiene que hacer frecuentes pausas para atenderle. Su productividad disminuye. Pero eso no es un problema en muchas sociedades, porque tienen bien clara la lista de prioridades: al niño se le atiende al cien por cien, y de trabajo se hace lo que se puede. En cambio, el lema de nuestra sociedad parece ser: en el trabajo se rinde al cien por cien, y al niño se le atiende como se puede.

Podemos volver a cambiar. Es más, estoy bastante seguro de que cambiaremos. Nuestra actual organización económica es demasiado estresante, choca demasiado con nuestras necesidades biológicas. Por supuesto, hay muchos puestos de trabajo en los que sería peligroso o inviable llevar a un bebé. Pero en muchos otros los niños están *prohibidos* por la costumbre, no por ningún motivo racional. Algún día la recepcionista del hotel, la funcionaria de hacienda, la taquillera del cine o la agente de viajes nos atenderán con un bebé en brazos. Decirle a una madre: «Aquí puede entrar, pero sin su bebé» será tan absurdo como decirle a una embarazada: «Aquí puede entrar, pero sin su útero». Algún día nuestros nietos se asombrarán de ver en las películas antiguas que la gente iba a muchos sitios sin sus hijos. Y solo será el primer paso, porque algún día también a los padres nos será concedido el conciliar, de verdad, nuestro trabajo y nuestra vida. Algún día los niños corretearán por las oficinas y por los comercios, como antaño correteaban por los campos y por los talleres de los artesanos.

¿Quién cuidará a mi hijo?

Tanto si es la jornada entera como reducida, tanto si es a los cuatro meses como a los veinte, alguien tendrá que cuidar de su hijo cuando se separe de él. Es una decisión muy importante. Mucho más importante, por ejemplo, que la elección de escuela para un niño mayor.

En primer lugar, las necesidades afectivas de los bebés y niños pequeños son mucho mayores. No basta con una persona que *cuide* o *vigile* al niño; el bebé tiene que establecer un fuerte vínculo afectivo con su cuidador. En segundo lugar, la confianza que deposita en ese cuidador es mucho mayor, porque sus posibilidades de supervisarlo o controlarlo son mucho menores. Un niño de seis años puede contarle que le han pegado; uno de dos años no puede.

Creo que todos los padres estaríamos de acuerdo en que nuestros hijos son nuestro mayor tesoro. Actúe en consecuencia. ¿Le dejaría a esa persona las llaves de su coche, o de su piso? ¿Le entregaría su tarjeta de crédito y le diría su número secreto? Si no es así, ¿cómo se atreve a confiarle a su hijo?

Lo ideal, por supuesto, es que el padre se ocupe del niño mientras la madre está ausente. Si el padre se involucra decididamente en el cuidado de su hijo desde el principio (si le dedica tiempo y atención), la relación puede ser tan fuerte que el bebé lo aceptará como substituto de la madre a todos los efectos. Es decir, que no va a llorar ni a angustiarse por la ausencia temporal de su madre. Algunos matrimonios consiguen, trabajando con distintos horarios y tal vez con alguna reducción de jornada, turnarse en el cuidado de sus hijos.

Otros familiares (generalmente las abuelas) constituyen la siguiente mejor opción. Son personas de su plena confianza, a las que el bebé probablemente ya conoce, con experiencia probada en la materia (usted es la prueba de que la abuela no lo hizo tan mal...). Además, son familiares para toda la vida; el vínculo afectivo que su hijo establece con ellas se mantendrá para siempre, no van a desaparecer de su vida como el personal de una guardería.

Algunas madres dudan en recurrir a las abuelas por temor a estar abusando. Desde luego, los abusos existen. Algunas abuelas están auténticamente explotadas. ¿Desea ella atender a su hijo; no tendrá que renunciar por ello a otras aficiones, o descuidar otras obligaciones? ¿Su edad y su estado de salud le permiten realmente hacerse cargo? En un extremo hay abuelas explotadas; en el otro, abuelas deseosas de cuidar a un nieto, que disfrutarían haciéndolo, que se sentirían más alegres, más útiles, más vivas... y niños que acaban en la guardería por un exceso de escrúpulos, por no parecer aprovechados, por no quedar mal en relación con otros hermanos. Tal vez se sentiría mejor si el dinero que hubiera gastado en guardería se lo paga a la abuela; así no se está aprovechando, y al mismo tiempo la ayuda económicamente sin ofenderla (algunas pensiones son tan escasas...). Claro que en otras familias la ofensa sería ofrecer o aceptar dinero; estas cosas del orgullo son muy variables.

Otro presunto inconveniente de las abuelas es el mito de que *malcrían* a los niños y se lo consienten *todo*. No haga ningún caso. Ninguna abuela (ninguna madre, ningún padre) puede consentirlo todo. Claro que no permitirán que su nieto prenda fuego a la casa, se tire por la ventana o juegue con un cuchillo. Tampoco permitirán que rompa jarrones, pinte las paredes o destroce los libros. ¿A qué se refieren entonces los que hablan de *consentir* y *malcriar*? ¿A que la abuela va a prestar *demasiada* atención a su nieto, contarle *demasiados* cuentos, cantarle *demasiadas* canciones, jugar con él, sonreírle, hacerle cosquillas...? Pues eso es precisamente lo que su hijo necesita. Es imposible darle a un bebé demasiada atención, porque necesitan atención continua.

«Pero si se acostumbra a que estén por él todo el rato, luego nosotros no vamos a poder prestarle tanta atención, y lo va a pasar mal», dicen algunos padres. Un argumento doblemente erróneo. Primero, ¿cómo que no podrá prestarle atención? Si el problema es que ambos padres trabajan (por eso lo dejan con la abuela), seguro que estarán deseando jugar con su hijo cuando lleguen a casa. Segundo, si de verdad no pudieran prestarle atención por las tardes, pues menos mal que la abuela sí que pudo hacerlo por la mañana, porque lo único que le faltaría al pobre niño es que nadie le preste atención en todo el día.

Aunque las abuelas son las niñeras más habituales, cada vez hay más abuelos que no se asustan ante un pañal. Y piense también en otros familiares: una hermana o un primo en paro, una cuñada que está cuidando a su propio hijo...

A veces, dos o tres amigas se ponen de acuerdo: una se toma un permiso sin sueldo y cuida a los bebés de todas, mientras las otras trabajan y comparten las ganancias.

En otras ocasiones hay que recurrir a una persona extraña a la familia. Puede ser una guardería, o una niñera que venga a casa a estar con el niño, o puede llevar al niño a casa de la niñera. Las guarderías tienen la ventaja de que hay un cierto control oficial, y normalmente son más baratas que una niñera. Pero el precio favorable se debe a que hay demasiados niños por cuidadora.

La Academia Americana de Pediatría propone, entre otros, los siguientes criterios de calidad para las guarderías:

Menores de doce meses: tres niños por cuidadora.
Trece a treinta meses: cuatro niños por cuidadora.
Treinta y uno a treinta y cinco meses: cinco niños por cuidadora.
Cuatro o cinco años: ocho niños por cuidadora.

En España, la ley permite ocho bebés menores de un año por cuidadora. ¿Cómo cree que una sola persona puede cuidar a ocho bebés? ¡Si a usted ya le cuesta cuidar a uno! Solo en cambiarles el pañal y darles de comer se pasa el tiempo, cuando acabas con el último ya le vuelve a tocar al primero. Y lo más gracioso es que mucha gente insiste en que lleves al niño a la guardería porque *allí lo estimulan* o *así espabila*. ¡Suerte tendrá si lo sacan de vez en cuando de la cuna!

Otro de los criterios de calidad que recomienda la AAP es que los padres puedan observar por sí mismos el cuidado que se presta a sus hijos. En este sentido, una de las cosas que siempre me han sorprendido de las guarderías es su secretismo. En muy pocas permiten entrar a los padres, ni siquiera al dejarlo o al recogerlo. Una amable señorita entra y saca al niño, y los padres se quedan en la calle. ¡Por favor, que los padres siguen siendo ustedes, que tiene menos de tres años, que no lo han enviado al servicio militar! Lo normal sería que los padres pudieran entrar en cualquier momento de la mañana, sin previo aviso, y estar en el aula con su hijo el tiempo que quisieran. Este elemental derecho se niega con argumentos absurdos: que el niño se pone nervioso, que interfiere con el trabajo de la clase... Pues en los hospitales sí que dejan a los padres entrar y salir cuando quieran, y eso que allí se hace un trabajo bastante más delicado y el niño tiene más motivos para ponerse nervioso. Incluso en la uvi puede entrar la madre, aunque con algunas limitaciones; pero la guardería le está vedada. Y que no vengan con visiones apocalípticas de ocho padres y ocho madres y dieciséis abuelas compartiendo toda la santa mañana el limitado espacio con los ocho niños; cuando llevas a tu hijo a la guardería, es precisamente porque no puedes estar con él todo el rato; ¿qué hay de malo en que un día que tengas tiempo pases unos minutos a visitarlo? Ante una guardería que no deja entrar a los padres siempre me pregunto: ¿qué será lo que no quieren que veamos?

¿Cómo elegir entre varias guarderías? Es importante saber cuántos niños hay por cuidadora, y es más importante aún saber cómo atenderán a su hijo, y eso en último término depende del carácter de una persona concreta. Visite las instalaciones, ¿tienen los niños de uno a tres años espacio para moverse y juguetes divertidos, o pretenden tenerlos sentados *trabajando* con actividades *educativas*? Los niños de esa edad no necesitan aprender formas ni colores; lo que necesitan es atención y cariño. ¿Le parecen amables y cariñosas las señoritas? ¿Puede ir en hora de clase y ver a los niños y a su cuidadora en acción, aunque sea desde lejos y a través de un cristal? En muchas guarderías llevan a los niños cada día al parque, puede aprovechar para ver cómo los tratan.

Una niñera se ocupa solo de su hijo (o tal vez de dos o tres, si deja a su hijo en casa de la niñera), pero resulta más cara. Algunos ayuntamientos, como el de San Feliú de Guixols (Gerona), promueven este servicio, formando y supervisando a mujeres que aceptan niños en su casa. En muchos otros casos, la selección y supervisión les corresponde exclusivamente a los padres, y esta es una tarea delicada. No dude en hacerse pesada, en pedir informes y referencias, en hablar con las madres de otros niños a los que haya cuidado. En una guardería pueden recomendarle a alguna estudiante de puericultura que haya hecho allí sus prácticas.

Es importante que la niñera de su hijo asuma un compromiso a medio plazo, al menos por un año, idealmente hasta que su hijo entre en la escuela. Por supuesto, pueden surgir imprevistos, y en todo caso no le puede obligar a quedarse. Pero compruebe que al menos tiene la intención de atender a su hijo durante un tiempo. A un bebé no le conviene pasar de mano en mano cada pocos meses. Una persona que solo quiere algo para tres meses, mientras busca un trabajo mejor, debería cuidar niños mayores, no bebés.

American Academy of Pediatrics Committee on Early Childhood, Adoption, and Dependent Care. Quality early education and child care from birth to kindergarten. *Pediatrics 2005*;115:187-191
http://aappolicy.aappublications.org/cgi/reprint/pediatrics;115/1/187.pdf

Conocimiento mutuo

Es importante que su hijo conozca con antelación a la persona que lo va a cuidar. Si es la abuela u otra familiar, normalmente ya la conoce. Pero no siempre, y recuerde que no existe la *llamada de la sangre*. Si solo la ha visto de uvas a peras, la abuela es tan desconocida para su hijo como cualquier otra persona.

Intente conseguir un periodo de transición antes de empezar a trabajar. Si va a contratar a una niñera, contrátela un par de semanas antes. Si va a llevarlo a la guardería, empiece un par de semanas antes. Pero, ojo, no se trata de dejarlo media hora con la niñera o en la guardería e irse, y al día siguiente una hora, e ir aumentando. Eso no es más que un cambio gradual, que puede ser un poco menos malo que un cambio brusco, pero sigue estando muy lejos de lo ideal. Y para hacerlo gradual ha tenido que adelantar la separación en dos semanas, así que no ha ganado nada.

Se trata de estar los tres juntos, madre, bebé y cuidadora, durante cierto tiempo. Se trata de que usted pueda pasar unas horas cada día en la guardería con su hijo, o de que la niñera venga unas horas cada día a casa o la acompañe al parque con su hijo. Ya hay guarderías que permiten entrar a la madre durante este periodo, y es de esperar que pronto todas se den cuenta de que no solo pueden *permitirlo*, sino que les conviene hacerlo.

Cuando el bebé ve a su cuidadora junto a su madre, en cierto modo la clasifica como *amiga de mamá* y le transmite parte de su confianza. Además, como está contento y feliz (porque está con su madre), está más dispuesto a conocer gente nueva y ambientes nuevos, y la experiencia le resulta agradable. En cambio, el niño al que dejan solo por vez primera en la guardería se pone a llorar, y es llorando y angustiado como conoce personas y lugares. Les coge manía. Acaba acostumbrándose, claro, pero le cuesta mucho. En su recuerdo, el comienzo del cole se asocia para siempre al llanto y al sufrimiento.

Al comenzar el colegio, con tres años, suelen ser precisamente los niños que nunca han ido a la guardería los que menos lloran. A esa edad, los niños normalmente están preparados para separarse de sus madres durante varias horas. No están sufriendo en ese momento; pero muchos de los que fueron a la guardería tienen el recuerdo de cómo sufrieron en otro primer día del año anterior.

Este periodo de transición también le sirve para comprobar si ha acertado en la elección de la niñera. Si observa algo que no le gusta nada, aún está a tiempo de cambiar.

¿Qué comerá cuando yo no esté?

Las posibilidades son muy variadas. Podrían darle, por ejemplo, biberones de leche artificial. Ojo, no los menciono en primer lugar porque los considere la mejor opción, sino solo para que vea que esa posibilidad existe. Porque he visto a muchas madres destetar antes de volver al trabajo (a veces, destetar un mes antes de volver al trabajo), porque: «Cuando trabaje, no le podré dar el pecho». Incluso he conocido a alguna madre que no ha dado el pecho nada, ni un día, porque como iba a trabajar, total, por cuatro meses... Pues bien, no podrá dar el pecho durante la jornada laboral (hasta que le permitan llevarse al niño al trabajo); pero sí que podrá dar el pecho el resto del día, y por la noche, y los fines de semana. Si de todas maneras piensa darle leche artificial, ¿por qué no darle también el pecho por las tardes? Le evitará un disgusto a su hijo (a los niños no les gusta que mamá se vaya, y tampoco les gusta que les desteten. Destetarles e irse a trabajar es *un palo después de otro*). La leche materna le hará más resistente (no resistente del todo, que eso es imposible, pero un poco más resistente) a los muchos virus que le acechan en la guardería. Usted se sentirá mejor, después de pasar toda la mañana lejos de su hijo, si al volver a casa puede darle el pecho.

Puede sacarse leche. Como es un poco largo de explicar, lo dejaremos para el siguiente apartado.

Pueden darle otras cosas que no sean leche. Recuerde que la comida alimenta lo mismo a cualquier hora. Lo digo porque existe una costumbre tan arraigada de dar a los bebés fruta por la tarde y verdura por la noche que muchas madres se sacan leche y la dejan en la nevera para que la abuela se la dé a su hijo, y luego cuando vuelven a casa le dan ellas la fruta. Con lo fácil que sería que la abuela le dé fruta, pollo, lentejas, albóndigas y lo que haga falta, y la madre cuando esté en casa le dé teta y más teta. Por eso le decía antes que unos meses de permiso sin sueldo son de mucha utilidad; porque a partir de los seis meses el bebé ya puede comer otras cosas, y todo es mucho más fácil.

Si vuelve a trabajar entre los cuatro y los seis meses, y no quiere, o no puede, o no le resulta práctico sacarse leche, es mejor adelantar un poco las papillas que darle leche artificial. Porque la leche (y sus derivados, incluyendo cereales con leche y yogures) es la primera causa de alergia alimentaria en niños pequeños. Es menos peligroso darle arroz hervido o plátano machacado (he puesto estos dos ejemplos porque son alimentos con bastantes calorías; si se trata de que el niño pase unas cuantas horas sin pecho, no va a ser a base de verduras hervidas o de manzana, que son casi todo agua). Hasta los seis meses, los domingos y festivos dele solo pecho. Papillas, solo las imprescindibles.

Y ahora viene lo más divertido. Después de tanto estrujarse el cerebro para ver si el niño comerá esto o aquello o lo de más allá, tengo que informarla de que lo más probable es que el niño no coma nada.

Los bebés mayorcitos, que ya estaban comiendo una cantidad apreciable de papillas, probablemente seguirán comiendo cuando su madre se vaya a trabajar. Pero los de cuatro o seis meses (y muchos de ocho y diez), que (casi) solo toman pecho, es muy probable que se nieguen a comer. No quieren biberón, ni con leche materna ni (menos aún) con leche artificial. No quieren la leche en vaso ni con cuentagotas. No quieren plátano ni arroz hervido. No quieren nada de nada. Si tiene reducción de jornada y solo está ausente cinco o seis horas, lo más probable es que su hijo no coma en ese tiempo. Pero incluso cuando la madre trabaja ocho horas (que son nueve con las idas y venidas), muchos niños no quieren comer. Simplemente se pasan la mañana sin comer, y gran parte del tiempo durmiendo, y luego recuperan mamando como fieras por la tarde y por la noche. Por eso, muchas madres que trabajan deciden meterse al niño en su cama; es la única manera de seguir durmiendo mientras el bebé mama todo lo que quiere.

Conviene que deje a su hijo con el depósito lleno antes de salir. Ponga el despertador con tiempo suficiente para darle una toma en la cama; y tras asearse, vestirse y desayunar, vuelva a darle de mamar justo antes de salir. O, si lo lleva a la guardería, intente encontrar una cerca del trabajo, y dele el pecho en el autobús.

Otros niños, desde luego, sí que comen cuando su madre trabaja. Comen papillas, beben leche, toman biberones, lo que sea. Lo malo es que no podemos saber con antelación qué niño querrá comer y cuál no. Por tanto, siempre hay que tener algo previsto, y la persona que cuida al niño ha de tener instrucciones claras: cómo calentar la leche, cómo aplastar el plátano... Pero también hay que advertirle que a lo mejor el bebé no quiere comer, o solo toma dos cucharadas, y que no se preocupe, no se espante y no intente obligarlo.

Acostumbrarse a la comida

Es muy útil acostumbrarlo a la persona que le va a cuidar, pero acostumbrarlo al biberón, o a la cuchara, días antes de volver al trabajo, es perder el tiempo.

Si ese biberón contiene leche artificial, o si adelanta la papilla más aún de lo que ya la estaba adelantando, la nutrición de su hijo empeora. Podría estar todavía con lactancia materna exclusiva.

Pero incluso cuando el biberón es de leche materna, o cuando intenta darle leche materna con un vaso, el esfuerzo es inútil y perjudicial (por la gran angustia que causa a todo el mundo).

Cuando a un niño le dan un biberón por primera vez, pueden pasar dos cosas: que se lo tome o que lo rechace. (Por cierto, es más fácil que se lo tome cuando usted no está en casa que cuando sí que está.) Si un mes o quince días antes de volver al trabajo le da un biberón a su hijo, y se lo toma encantado, ¿qué ha ganado? Igualmente se lo habría tomado quince días más tarde. Lo único que ha conseguido es substituir una toma de pecho, que es algo hermoso y relajante, por sacarse leche y meterla en un biberón, que es mucho más engorroso.

Si, por el contrario, le da el primer biberón y lo rechaza, lo escupe y se enfada, ¿qué puede hacer? ¿Taparle la nariz para que abra la boca y enchufárselo a la fuerza? Solo conseguirá que las dos últimas semanas de estar en casa sean un infierno para ambos, en vez de aprovecharlas para disfrutar juntos. Y que le coja verdadera manía al biberón. ¿Irse de casa durante ocho horas para que el niño vea que no hay teta y acepte el biberón de manos de la abuela? Pues en ese caso, ¿de qué sirve tener dieciséis semanas de permiso, si a las catorce o a las doce semanas se va a ir de casa y va a dejarlo con la abuela? Para estar ocho horas en la calle, perdiendo el tiempo, más vale que se vaya a trabajar, que al menos hace algo útil.

Pase de acostumbrar a su hijo. El día que empiece a trabajar, ya veremos lo que ocurre. Si su hijo duerme tranquilo, que lo dejen en paz. Si se despierta y está contento, que jueguen con él. Si se despierta y parece que tiene hambre, que prueben a darle lo que haya previsto, el vaso, el biberón o la cuchara. Si come, bien, y si no come, también; señal de que no tiene mucha hambre y prefiere esperar a que mamá vuelva.

Sacarse leche

Sacarse leche es un arte. ¿Piensa que sería usted capaz de ordeñar una vaca? Pues ordeñar a una mujer (aunque sea una misma) no tiene por qué ser más fácil. Es algo que se puede hacer rápida y cómodamente cuando se sabe, pero que cuesta un poco aprender. Conviene que empiece a practicar al menos un par de semanas antes del día D.

Puede sacarse la leche a mano o con un sacaleches. Hacerlo a mano tiene grandes ventajas: no tiene que comprar el sacaleches, ni lavarlo. Puede hacerlo en cualquier sitio. Las madres que conocen los dos métodos suelen decir que a mano es más fácil y duele menos que con el sacaleches. El único inconveniente es que hay que aprender, y que en nuestra sociedad tecnificada parece que un aparato es *más serio*, y mucha gente se asoma con temor a esto de sacarse la leche a mano.

Cuando lea todo esto de sacarse leche, probablemente lo encontrará bastante complicado. Recuerde que todo será mucho más fácil si se toma un tiempo de permiso sin sueldo y vuelve a trabajar cuando su hijo ya sea un poco mayor y coma otras cosas.

Aquí estamos hablando de madres que van a trabajar, y por tanto de bebés sanos de varios meses de edad, y que van a seguir haciendo directamente al pecho la mayor parte de las tomas. La situación es un poco distinta cuando se trata de un prematuro o de un bebé enfermo y hospitalizado; si ese es su caso, haga las cosas como le hayan explicado en su hospital.

La extracción de leche

Lávese las manos. No hace falta lavarse el pecho, a no ser que esté especialmente sucio por algún motivo.

Primero conviene hacer un masaje suave por todo el pecho, desde la base hacia el pezón. Algunas mujeres con el pecho grande se inclinan hacia adelante y los sacuden con la mano. Tocando el pezón (mejor por encima de la ropa, que el dedo, incluso lavado, tiene muchos más microbios que el pezón) se estimula el reflejo de eyección. Si no tiene a su hijo cerca, puede ser útil mirar una foto de su bebé o alguna prenda de ropa que se lo recuerde, eso contribuye a estimular el reflejo.

Para sacarse leche a mano, sitúe el pulgar y los otros dedos, formando una C, a un par de centímetros de la base del pezón (lo que en muchas mujeres quiere decir fuera de la areola, pero en otras no, porque tienen la areola enorme). Apriete con los dedos primero hacia atrás (hacia las costillas) y luego juntándolos, comprimiendo el pecho entre el pulgar y el índice. No es conveniente deslizar los dedos sobre la piel (acabaría con la piel irritada). Vaya cambiando los dedos de sitio, todo alrededor del pecho, y repita la maniobra mientras vaya saliendo leche. Cuando ya salga muy poca, cambie de pecho. A través de un grupo de madres o de su comadrona es probable que pueda conocer a otra madre que ya sepa sacarse leche y pueda hacerle una demostración.

Si prefiere usar sacaleches, hay varios tipos. Hay unos manuales, que son como una jeringa gigante con un émbolo que entra y sale, otros a pilas, otros eléctricos pequeños que se alquilan en muchas farmacias o en los grupos de madres. En los hospitales a veces tienen unos modelos eléctricos grandes, que no se usan en casa porque son carísimos. Y de cada tipo podrá encontrar varios fabricantes. Pregunte a otras madres cuáles han usado y si les han funcionado bien. Léase las instrucciones que vienen con el sacaleches; también es útil hablar con una madre que haya usado ese mismo modelo.

Hay un modelo de sacaleches que no recomendamos en absoluto: el que parece una trompeta o bocina de bicicleta, con una pera de goma que hay que apretar y soltar. Casi todas las madres coinciden en que hace mucho daño y sale poca leche.

Tanto a mano como con un sacaleches, lo normal es que el primer día no se saque nada. Sobre todo, que no cunda el pánico. A alguna madre he oído decir: «No tengo leche, porque probé con el sacaleches y no salía nada», y a su lado el bebé rollizo como un pequeño buda, demostrando claramente que algo ha comido. Si no sale leche, no quiere decir que no tiene, sino que no sabe sacársela; por eso hay que empezar un par de semanas antes.

No se machaque el pecho. Es mejor hacerlo varias veces al día (cinco, ocho, las que pueda), y cada vez estar solo cinco o diez minutos, que estarse una hora seguida (que es lo que probablemente ocurriría si el primer día dice: «Yo de aquí no me muevo hasta que me saque 100 mililitros»... y al final de la hora tampoco se los habría sacado). No, el primer día el único objetivo razonable es sacarse unas gotas, con suerte unos pocos mililitros; si por casualidad le sale mucha leche y con gran facilidad, magnífico, suerte que tiene. La facilidad con que una mujer se saca más o menos leche no tiene nada que ver ni con la cantidad de leche que tiene ni con la facilidad con la que saca la leche su hijo mamando (su hijo lo hace mil veces mejor que usted, no lo dude).

Los primeros días, las cuatro gotas que van a salir las puede tirar (o echárselas en el café). Cuando empiece a sacarse una cantidad respetable, 40 o 50 mililitros cada vez, puede irla congelando.

Normalmente se funciona con la leche de hoy para mañana. Esa leche se guarda en la nevera, sin congelar. La leche que no piense usar al día siguiente se guarda congelada para emergencias (por si un día no consigue sacarse suficiente, o su hijo se despierta con un hambre de lobo y se lo acaba todo). Si tiene que echar mano de la reserva congelada, puede rehacerla con la que se saque el viernes y el sábado.

¿En qué momento sacarse? Cuando le sea más cómodo. Algunas madres se sacan la leche en el trabajo y la llevan a casa cada día. Para eso necesita tener un lugar limpio y agradable donde sacarse leche, tiempo para hacerlo (puede usar su hora de lactancia, repartida en dos medias horas), una nevera o nevera portátil en la que dejar la leche que se ha sacado (con garantías de higiene, que no sea una nevera que abren y cierran docenas de personas, o donde se guardan cosas que no le gustaría a usted ver mezcladas con la comida), y una nevera portátil para llevar la leche a casa, especialmente en tiempo cálido (normalmente bastará con una de esas bolsas para congelados, en las que meterá la leche junto a una bolsa de hielo).

Otras madres no pueden o no quieren sacarse la leche en el trabajo, o solo se sacan un poco si los pechos se les hinchan demasiado, pero la tienen que tirar porque se la tienen que sacar en el lavabo, y la verdad... No se preocupe, también puede sacarse la leche cada día en casa. En principio, es indiferente que sea antes o después de mamar el niño, o entre toma y toma. Lo que a usted le resulte más eficaz y más cómodo. Si ya domina la técnica y se aclara con las manos, lo más fácil puede ser sacarse de un pecho mientras el niño mama del otro; así se aprovecha el reflejo de la oxitocina y la leche sale rápidamente. Luego cambia de lado; puede darle a su hijo el pecho del que se acaba de sacar (siempre queda algo, y precisamente es la leche con más calorías), y puede intentar sacarse leche del pecho que su hijo acaba de mamar (normalmente, también sale algo).

Si se saca leche justo después de mamar el bebé, seque primero la saliva del pecho.

Algunas mujeres se sacan de un tirón toda la leche que necesitan. Otras necesitan repetir la operación dos, tres o más veces a lo largo de la tarde. Recuerde que sacarse leche funciona igual que dar el pecho: cuantas más veces lo haga, más leche saldrá. Si le salen digamos 50 mililitros con facilidad, pero para llegar a 100 tiene que apretar mucho y estar mucho rato, no vale la pena; es mejor sacarse ahora 50 y dentro de una o dos horas otros 50.

No es necesario hervir o esterilizar el sacaleches o los recipientes donde guarde la leche. Solo hay que limpiarlos normalmente, igual que limpia los platos, vasos y cubiertos con que come su hijo y el resto de la familia. Si el sacaleches tiene tubos o recovecos que no pueda limpiar con el estropajo, es importante aclararlos con agua abundante inmediatamente después de su uso, para que no queden restos de leche seca.

Conservación de la leche

Se ha discutido mucho sobre si es mejor conservar la leche materna en recipientes de plástico o de cristal. Leerá que si las células se adhieren aquí y las inmunoglobulinas se adhieren allá. En realidad, no tiene ninguna importancia; aunque la leche materna pierda una parte de sus inmunoglobulinas, sigue siendo mucho mejor que la leche artificial, que nunca ha tenido ninguna. Use vidrio o plástico, lo que tenga a mano. Lo importante es que sean recipientes de fácil limpieza, con tapa, y que si son de plástico sean de uso alimentario (llevan grabado el símbolo de la copa y el tenedor). Conviene que el tamaño sea suficiente para una toma, unos 150 a 200 mililitros. Si son más pequeños, tampoco importa, puede juntar varios; pero si son demasiado grandes, no los llenará y le ocuparán mucho espacio en la nevera. Póngales una etiqueta con la fecha de extracción.

La leche materna se puede guardar en la nevera, sin congelar, hasta cinco días. De hecho, durante ese tiempo es mejor tenerla sin congelar, porque así las inmunoglobulinas y otros factores van atacando a los microbios, y estos, en vez de aumentar, disminuyen. Pero normalmente solo la guardará un día o dos. Lo habitual es sacarse cada día, de domingo a jueves, la leche para el día siguiente, y tener una pequeña reserva congelada por si algún día no se pudo sacar suficiente o el bebé tiene más hambre. Esa reserva se acumula durante el periodo de prácticas, antes de empezar a trabajar. Si consume la reserva congelada, puede reponerla con lo que se saque el viernes y el sábado.

Si se saca leche varias veces al día, puede juntarla en el mismo recipiente, añadiéndola a la que ya está en la nevera o a la que ya está congelada. Pero solo la del mismo día; empiece un frasco nuevo cada día. Si es para congelar, conviene hacerlo en frascos aún más pequeños, de menos de 100 mililitros, aunque tenga que llenar dos o más frascos el mismo día. Precisamente porque es para *emergencias*, se supone que no va a necesitar mucha cantidad de golpe. Si su hijo se toma 150, como siempre, y se queda con hambre, no va a tomar 150 más, sino solo un poquito más. Y si tuviera que descongelar un recipiente grande, tendría que tirar (o tomarse usted) la leche que sobrase.

La duración de la leche congelada depende de la potencia de su congelador. Como norma, dura más de lo que duraría un bistec de ternera en el mismo congelador. La carne está muerta, lleva varios días muerta, y la ha tocado mucha gente en el matadero, en el camión, en el almacén, en la tienda... para cuando la congela, ya estaba llena de microbios. En cambio, la leche se la saca y la congela, y está cargada de inmunoglobulinas.

La leche de algunas mujeres se altera cuando lleva unos días congelada, y tiene un olor extraño, como a grasa rancia. Se debe a que la lipasa (una enzima digestiva, que viene en la misma leche para ayudar al bebé a hacer la digestión) actúa sobre las grasas de la leche y empieza a digerirlas. Eso no es malo, pero puede que al bebé no le guste. El problema se puede evitar escaldando la leche justo después de sacársela (caliéntela al fuego hasta que empiece a hacer pequeñas burbujitas por los lados del recipiente, pero sin hervir, y vuélvala a enfriar inmediatamente. Se supone que eso la habrá puesto a unos 80 °C).

Pardou A, Serruys E, Mascart-Lemone F, Dramaix M, Vis HL. Human milk banking: influence of storage processes and of bacterial contamination on some milk constituents. Biol Neonate. 1994;65:302-9

Cómo calentar la leche

En algunos libros recomiendan descongelar la leche de manera lenta, sacándola desde el día anterior del congelador y dejándola en la nevera. Nunca me ha parecido muy razonable; en primer lugar, eso hace que durante un día entero la leche esté medio descongelada, y por tanto la conservación no es tan perfecta; en segundo lugar, si la leche congelada es para emergencias, ¿cómo puede preverlo el día antes?

Para descongelar la leche rápidamente, algunos libros recomiendan poner el frasco bajo el grifo abierto, primero con agua fría y progresivamente cada vez más caliente. Descongelar de ese modo requiere tener el grifo abierto durante mucho tiempo, y consumir una cantidad tal de gas y sobre todo de agua que es un auténtico delito ecológico.

Habíamos recomendado descongelar al baño María, pero con el fuego apagado. Es decir, calentar agua en un recipiente, y cuando esté caliente pero no demasiado (que pueda meter la mano dentro sin quemarse), apagar el fuego y sumergir el frasco con la leche. Si el agua estuviera demasiado caliente, un frasco de cristal helado podría romperse por el cambio brusco de temperatura. Este método es eficaz, rápido y ecológico, pero ya no lo recomendamos por temor a accidentes. Puesto que la madre por definición no está, la descongelación suele hacerla la abuela (que ya no tiene los mismos reflejos) o el padre (un *manitas* en la cocina), muchas veces mientras el bebé llora de hambre y le pone nervioso. A veces intentando consolar al bebé con una mano mientras calienta la leche con la otra. El bebé puede quemarse con el agua caliente, o tocar el fogón apagado pero que aún quema...

Por todo ello, el método que ahora se recomienda, rápido, ecológico y a prueba de accidentes, es descongelar con agua caliente del grifo, sin encender el fuego. Llene un recipiente grande de agua caliente, sumerja el frasco con la leche y espere. Si el agua se enfría, cámbiela las veces que haga falta.

También es posible descongelar o calentar la leche con el microondas. Algunos libros dicen que no, porque se destruyen las inmunoglobulinas; pero no se destruyen todas, y en todo caso la leche artificial tampoco tiene inmunoglobulinas. No pasa nada porque un niño grande, en una de las tomas del día, tome un poco menos (otra cosa sería un prematuro, que necesita mucho esas defensas y que hace todas las tomas descongeladas). Si la leche solo se calienta a la temperatura adecuada, sin llegar a hervir, la alteración es muy pequeña. En realidad, el problema gordo del microondas no es que se altere la leche, sino que pueden producirse quemaduras.

El microondas es el único método de calentamiento que permite calentar más el centro de un objeto que su superficie, y además de forma irregular, una parte puede estar mucho más caliente que otra. Concretamente, un biberón puede estar tibio al cogerlo con la mano, pero parte de la leche que contiene puede estar casi hirviendo. Cuando aparecieron los microondas, y la gente no sabía muy bien cómo funcionaban, se produjeron varios casos de quemaduras en la boca y en el esófago, y los expertos recomendaron no calentar nunca un biberón en el microondas, ni con leche artificial ni con leche materna.

Pero si se usa el microondas con prudencia, no hay ningún problema. Recuerde que, con la misma potencia y el mismo tiempo, cuanto más líquido haya, menos se calentará. Es mejor usar una potencia media o baja, porque así el tiempo es más largo y puede regularse mejor. Caliente poco tiempo, compruebe la temperatura, siga calentando si es preciso. Sobre todo, antes de darle la leche al niño, es importante agitarla bien durante un rato para que se ponga toda a la misma temperatura y comprobarla echándose unas gotas sobre el dorso de la mano, como se ha comprobado siempre la temperatura de los biberones.

Una vez descongelada, la leche se ha de usar antes de veinticuatro horas.

Cómo administrar la leche

Es normal que la leche materna se separe y la nata quede flotando. Basta con agitarla bien.

Algunos niños toman la leche de su madre con el biberón, y luego toman el pecho, y todo lo toman bien y sin problemas. Pero algunos, incluso después de tomar el pecho durante meses, se malacostumbran con el biberón y empiezan a mamar en mala posición, lo que puede producir rechazo del pecho, dolor de los pezones, grietas. Y también hay muchísimos niños que, acostumbrados al pecho, no quieren el biberón y lo rechazan de entrada.

Entre unas cosas y otras, el biberón no suele ser la mejor opción. Puede usarlo, si quiere, pero probablemente le será más fácil darle la leche con un vasito. Oirá también hablar de la cucharita, la jeringa o el cuentagotas; estos métodos pueden ser útiles para darle una pequeña cantidad de suplemento a un recién nacido; pero darle 150 mililitros o más de leche a un niño mayor con cucharita puede ser desesperante.

Darle de beber con un vasito a un bebé suena raro en nuestra cultura, y es probable que amigas y abuelas se queden patidifusas. Pero se puede hacer. En algunos países es habitual darle la leche con vaso a todos los niños hospitalizados, incluyendo a los prematuros. En algunos estudios, cuando las enfermeras conocen bien la técnica, los prematuros toman la leche más deprisa y desperdician menos con un vasito que con un biberón (en otros estudios es al revés, sospecho que porque las enfermeras no dominaban la técnica).

Lo ideal sería usar un pequeño recipiente con un pico curvado, como un cazo o como un exprimelimones pero mucho más pequeño. En la India usan un recipiente tradicional de este estilo, llamado *paladai* (fig. 15). Tal vez encuentre a la venta un recipiente similar, quizá un cazo de muñecas... Si no, un simple vaso pequeño, de los de vino o licor, puede servir.

Lo primero es sostener al bebé bien vertical. Si es usted diestra, probablemente lo más práctico será que lo sujete sobre su muslo izquierdo y lo sostenga con el brazo izquierdo mientras le da la leche con la mano derecha. El vasito, medio lleno, se mete bien en la boca del bebé, tocando las comisuras. No se limite a apoyar el borde del vaso en el borde del labio; así es más fácil que se salga todo por fuera. Una vez bien colocado, levante el vaso hasta que el nivel de la leche llega al borde. Algunos bebés beben como una persona mayor; otros beben como los gatos, con la lengua.

He descrito el truco como si lo hubiera de hacer usted; pero en realidad es otra persona quien lo va a hacer mientras usted trabaja. Lo mismo que comentamos más arriba sobre los biberones, no es necesario ni conveniente que acostumbre a su hijo al vasito antes de irse a trabajar, pero sí que es necesario que le explique bien el truco a la abuela o a quien le vaya a dar la leche.

La cantidad es la que el bebé quiera. La leche que sobra en el biberón o en el vasito está mezclada con babas y es un cultivo de microbios, así

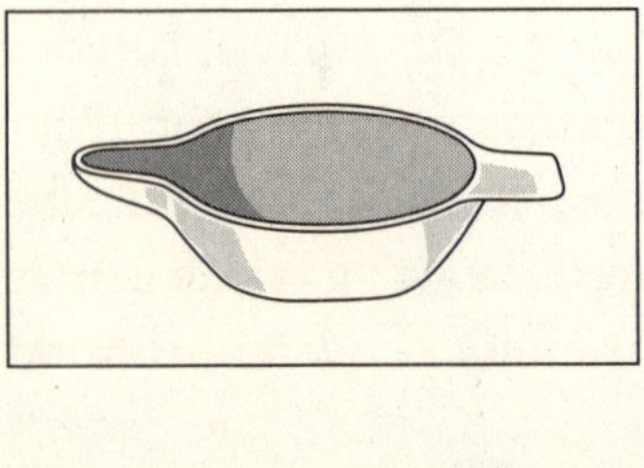

Figura 15. Un *paladai.*

que es mejor no guardarla. Por eso no es conveniente poner más cantidad de la que suela tomar; es mejor darle 50 y si se los acaba, 50 más, que intentar darle 200, que solo tome 50, se ponga a dormir, tire la leche sobrante, y que al cabo de dos horas se despierte pidiendo más.

Si el niño parece hambriento, pero no le es fácil tomar ni el vaso ni el biberón, puede probar a espesar su leche con cereales y dársela con cucharita. Este truco también sirve para *alargar* la leche si un día no hay bastante en la nevera. Si el niño no quiere ni vaso ni biberón, pero tampoco parece hambriento, recuerde que es normal, y que no hay que preocuparse ni insistir.

Cuestiones políticas

En España, el permiso de maternidad solo dura dieciséis semanas. Bueno, en realidad, la ley solo garantiza seis. El convenio C103 de la Organización Internacional del Trabajo de 1952 recomendaba un permiso de doce semanas, así que dieciséis no estaba tan mal. Pero el nuevo convenio C183 de 2000 (que el gobierno español todavía no ha ratificado en 2009, y no sé a qué estarán esperando) recomienda catorce, y la recomendación anexa R191 indicaba que «los Miembros deberían procurar extender la duración de la licencia de maternidad, mencionada en el artículo 4 del Convenio, a dieciocho semanas, por lo menos». Pero en España, la ley de conciliación de la vida familiar y laboral, de 1999, estableció que solo seis de las dieciséis semanas son *obligatorias*, y que las otras diez las podía tomar el padre en vez de la madre. Con lo cual, lejos de alcanzar las dieciocho semanas que casi todos los países europeos superan ampliamente, solo tenemos seis semanas de permiso realmente garantizadas.

Claro, el invento se presentó (y al parecer fue aceptado) como un gran avance en la liberación de la mujer. Por fin seríamos todos iguales, y los padres compartirían el cuidado de los hijos.

Pero ¿cómo puede ser una liberación que te recorten los derechos? Porque la igualdad no consistió en darle dieciséis semanas de permiso al padre para que tuviera lo mismo que la madre, sino en quitarle a la mujer para dárselo a su marido. Se imitaba una medida similar que habían tomado los suecos unos años antes, pero en muy distintas circunstancias. En Suecia, el permiso de maternidad dura veintidós meses, ¡así sí que se puede repartir!

El que las dieciséis semanas ya no sean *obligatorias* no es ningún avance, ninguna liberación. Trabajador y empresario no negocian en igualdad de condiciones, el empresario tiene mucha más fuerza para imponer sus deseos. Por eso todos los derechos del trabajador tienen que ser derechos *obligatorios*, fijados por ley o por convenio: es obligatoria la jornada laboral, es obligatorio el salario, son obligatorias las vacaciones y las pagas extras. Si la jornada de cuarenta horas o el mes de vacaciones no fueran obligatorios, si el trabajador pudiera *voluntariamente* elegir una jornada de cincuenta horas (cobrando lo mismo) o unas vacaciones de solo dos semanas, ¿se imagina las presiones que recibiría? Pues algunas mujeres ya reciben presiones: «No me digas que te vas a coger las dieciséis semanas enteras. Ya sabes cómo estamos de trabajo, no encuentro a nadie que te substituya. Puedes volver en dos meses, y el resto que lo haga tu marido. Recuerda que tenemos que hablar de aquel posible ascenso...». Por su lado, el padre puede recibir las mismas presiones: «¿Cómo que un mes de permiso de paternidad? ¡No me salgas con tonterías, eso es para las mujeres! Sí, ya sé, tienes derecho legal, pero luego no vengas pidiendo favores...».

En España hubo hace unos años una recogida de firmas para solicitar los seis meses de permiso de maternidad (seis meses como un primer paso para alcanzar niveles europeos). No se ha conseguido.

He explicado, según mandan los cánones, cómo sacarse la leche y dejarla en la nevera, cómo congelarla y descongelarla... Pero no acabo de quedarme convencido.

A veces se presenta el sacarse leche como *la solución* que permite compaginar el trabajo y la lactancia, que permite a la madre que trabaja seguir dando el pecho a su hijo. Tantas veces lo he leído, tantas veces lo he repetido... La importancia de una salita para sacarse leche en el centro de trabajo, una nevera, una guardería en la fábrica.

Hasta que un día se despertó mi indignación. ¿Qué solución es esta? Más bien parece una burla. Es como decirle a la madre: «Usted deje aquí en la nevera su leche, que es lo que cuenta, y luego ya se puede ir, que su hijo estará perfectamente, alimentado con leche materna». Como si la leche fuera lo único (o lo más importante) que una madre le da a su hijo.

Pues no, señor. Se supone que soy un *fanático* de la lactancia; pero si yo fuera el niño, preferiría que mamá se quedase en casa y me diera el biberón a que mamá se fuese y otra persona me diera leche materna. Sacarse leche no es una solución, solo un pequeño parche para un grave problema socioeconómico, para una organización del trabajo absolutamente desquiciada que ha puesto las necesidades de los niños y de sus madres en el último lugar de la lista de prioridades.

Por supuesto que en muchos casos no hay más remedio que separarse del niño; y por supuesto que en esos casos sacarse leche puede resultar útil. Pero no debemos decir que es una *solución*, porque entonces dejaríamos (y dejarían nuestros gobernantes) de buscar una solución de verdad. ¿Para qué ampliar el permiso de maternidad, si es mucho más barato repartir folletos explicando cómo sacarse leche?

OIT. C103. Convenio sobre la protección de la maternidad, 1952.
www.ilo.org/ilolex/cgi-lex/convds.pl?C103
OIT. C183. Convenio sobre la protección de la maternidad, 2000
www.ilo.org/ilolex/cgi-lex/convds.pl?C183
OIT. R191. Recomendación sobre la protección de la maternidad, 2000.
www.ilo.org/ilolex/cgi-lex/convds.pl?R191
Ley 39/1999, de 5 de noviembre, para promover la conciliación de la vida familiar y laboral de las personas trabajadoras.
www.porticolegal.com/pa_Ley.php?ref=749

capítulo
once

Alimentación complementaria

Resumen práctico

Ya habrá notado que no me gusta decir las cosas *porque sí*, sino dar una explicación. Cuanto más *raro* es lo que digo, cuanto menos se parece a lo que suele decir *todo el mundo*, más larga tiene que ser la explicación.

He visto que este capítulo sobre las papillas me estaba quedando tan largo que podía resultar poco práctico. Así que empezaré explicando las cuatro cosas de utilidad práctica; y quien quiera saber el por qué lo encontrará en los apartados siguientes.

Algunos detalles bastante importantes

(Pero que tampoco son dogma de fe.)

— No obligar nunca a comer a un niño.

— Hasta los seis meses, solo pecho: ni papillas, ni zumos, ni agua, ni infusiones, ni nada. Ni siquiera zumos *naturales* o hechos en casa. Excepciones: si entre los cuatro y los seis meses pide comida cuando ve comer a sus padres, se le puede ir dando algo. Si la madre trabaja y no puede o no quiere sacarse leche, es mejor adelantar alguna papilla que darle leche artificial.

— A partir de los seis meses empezar a ofrecerle (sin forzar) otros alimentos, siempre después del pecho (el mismo niño empezará a comer antes del pecho cuando lo considere oportuno).

— No suprimir tomas para dar papillas; hasta el año debería mamar al menos cinco o siete veces al día, y si son más, mejor. El mismo niño irá reduciendo tomas, hasta mamar una o dos veces al día..., pero eso no debería ocurrir antes del año. Excepción: lógicamente, se saltará algunas tomas si usted trabaja. Pero ya compensará mamando más por la tarde y por la noche.

— Al principio, ofrecer los nuevos alimentos de uno en uno, con varios días de separación. Empezar con pequeñas cantidades.

— Empezar con el gluten (trigo, cebada, centeno o avena) cuando todavía toma pecho; durante un mes o más darle cantidades muy pequeñas (es decir, la mayor parte de los cereales que consuma seguirán siendo sin gluten).

— Si toma el pecho a demanda, ya tiene suficiente leche, y de la mejor calidad. No necesita ni le conviene ninguna otra leche, ni derivados lácteos, ni yogures (aunque diga en la etiqueta que son especiales para bebés), ni papillas lacteadas. Si usa cereales en polvo para bebés, asegúrese de que no lleven leche, y no les añada leche (puede disolverlos con agua o con caldo). Esto no lo decimos por puro *fanatismo* contra la leche; ocurre a menudo que la leche de las papillas produce alergias.

— Escurrir los alimentos, no llenarle la barriga con sopa, caldo o el agua de cocción.

— Alimentos alergénicos (especialmente leche y derivados, huevos, pescado, cacahuetes y otros frutos secos): durante años se ha recomendado retrasarlos, especialmente en niños con antecedentes de alergia. Últimamente, los expertos dicen que en realidad no hay pruebas convincentes de que retrasar la introducción de esos alimentos evite la alergia, ni siquiera en niños con antecedentes. Pero bueno, puesto que por alguno hay que empezar, y no le podemos dar todos a la vez, me parece que sigue siendo prudente empezar por los menos alergénicos.

— No añadir azúcar a los alimentos del bebé. Tampoco sal (o el mínimo posible, y siempre yodada).

— Seguir dando el pecho hasta los dos años o más.

— El orden de los distintos alimentos no tiene importancia. No hay una edad para la carne, una edad para la fruta...

— A partir del año, puede comer de todo, salvo que haya un motivo médico específico (por supuesto, con cierta prudencia, no es cosa de darle cincuenta alimentos nuevos justo el día de su cumpleaños).

Algunos trucos prácticos

(Lo que sigue son preferencias bastante personales. Si no le gusta, pues hágalo de otra manera, y tan amigos.)

Los niños de pecho suelen preferir comer lo mismo que come su madre, y no otros alimentos especialmente preparados para ellos.

No es necesario triturar los alimentos (es decir, usar una trituradora eléctrica). Esos aparatos se inventaron hace apenas unas décadas; no creo que ningún niño haya sufrido desnutrición por falta de trituradoras. Con un poco de habilidad, podrá separar una parte de lo que usted está comiendo y ponerlo al alcance de su bebé:

— Manzana o pera, ralladas con el rallador (y no demasiado fino) o cortadas en rodajas muy delgadas (que se curven al moverlas).

— Plátano, en rodajas muy finas, o aplastado con el tenedor, o sujetándolo con la mano y mordisqueando una punta.

— Naranja o mandarina, puede chupar un gajo mientras usted lo sujeta (que no se atragante).

— Verduras hervidas en general, machacadas con el tenedor o en dados que puede coger con sus deditos. La ensaladilla rusa (sin mayonesa ni atún; al principio aplastar un poco o pelar los guisantes) es ideal.

— Pollo o carne (hervido, asado, a la plancha, frito... no rebozado, si todavía no toma huevo): puede cortarlo en tiras muy finas, transversales a la fibra (sería mucho trabajo cortar a tiras una pechuga entera..., pero es que probablemente solo va a comerse una tira). También puede rehogar en la sartén la carne picada (sin sal ni pimienta) con un poco de aceite, quedarán unas bolitas que puede coger con los dedos.

— Arroz hervido, normal y corriente. Con un chorrito de aceite de oliva probablemente le gustará más y tendrá más calorías. Unos días después se lo puede dar con tomate.

— Pan: puede ir royendo una corteza.

— Pasta: para no tener que cortar en trocitos los macarrones y espaguetis, puede usar sopa maravilla y otros tipos de sopa. Pero escurrida, sin agua. En vez de macarrones con tomate, sopa de letras con tomate...

— Legumbres: hervidas y aplastadas con el tenedor. Al principio, conviene retirar la piel dura de garbanzos y alubias.

La mayor parte de los días no necesitará cocinar nada especial para su bebé. Basta con programar con un poco de arte la comida de los mayores, apartando una porción antes de añadir la sal, las especias o los ingredientes que su hijo de momento no pueda comer. Por ejemplo, no importa que las lentejas se hayan hervido junto al chorizo, o que el arroz se haya hervido con el conejo; simplemente aparte esos ingredientes (el chorizo, por picante, es posible que no le guste... o quién sabe; el conejo lleva demasiados huesecitos). Pero si aún no toma pescado, no le dé arroz que haya hervido con pescado (como en una paella); aunque aparte el pescado, el arroz ha quedado impregnado y podría provocar alergia.

Recuerde que la alergia no depende de la cantidad. Basta una minúscula porción para provocarla. He visto bebés con una urticaria por pegarle un lametón a un helado (que lleva leche). Los macarrones baratos llevan solo trigo, pero los caros llevan huevo. Las magdalenas y bollería en general, así como muchas galletas, suelen contener huevo y leche, léase bien la lista de ingredientes.

En España era tradición introducir los nuevos alimentos por meses: «A tantos meses la fruta, a tantos los cereales, a tantos la verdura...». Se solían dar mezclas: cuatro frutas juntas, cuatro verduras, infinitos cereales. Probablemente es mejor introducir los alimentos de uno en uno, sobre todo al principio (muchos dicen uno cada semana, aunque tampoco tiene por qué ser una semana exacta). Muchas madres intentan combinar las costumbres antiguas con las nuevas: por ejemplo, primero manzana, al cabo de unos días plátano, luego pera, más adelante naranja... Pero no hay necesidad de hacer meses *monográficos* de la fruta. Probablemente es mejor conseguir una dieta lo más variada posible en poco tiempo. Por ejemplo, primero arroz; luego pollo; después guisantes; más tarde plátano. Es solo un ejemplo, también podría ser pollo-manzana-zanahoria-arroz, o pera-arroz-lentejas-pollo. El caso es que a los siete meses su hijo ya tiene una variedad de alimentos para elegir.

La vitamina C de la fruta o del tomate hace que se absorba mejor el hierro de los cereales, verduras y legumbres (sin vitamina C, el hierro de origen vegetal se absorbe muy mal). Para eso hace falta que los dos alimentos estén juntos en el estómago; por eso no tiene mucho sentido alimentar a los bebés con dietas disociadas (los cereales por la mañana, la verdura a mediodía, la fruta por la tarde...) y es mucho más lógico lo que hacemos los adultos: la vitamina C de la ensalada o del postre ayuda a absorber el hierro del plato principal.

Para darle poca cantidad de gluten (se puede empezar a los seis meses. Según las recomendaciones más recientes, que a lo mejor nos las vuelven a cambiar, es mejor empezar el gluten antes de los siete meses), en algunos países hay papillas con gluten pero sin trigo (el centeno, la cebada y la avena llevan mucho menos gluten que el trigo). En España, que yo sepa, todas las papillas para bebé con gluten llevan trigo. Puede mezclar las dos, una cucharadita con gluten y el resto de cereales sin gluten; o si le da cereales caseros, puede darle un «plato» con arroz hervido, y que cada día mordisquee un trocito de pan. Durante al menos un mes, muy poco gluten al día; luego, ya, la cantidad que quiera.

Una madre me escribió lo que comía su hija Nuria, de diez meses (aparte del pecho, que según la madre era el 95 por ciento de su dieta). Es una alimentación modélica, así que se lo copio entero:

Come con sus manos:

— gajos de naranja y mandarina (antes los escupía una vez exprimidos; ahora se traga casi todo; se come más o menos media naranja o mandarina y media todos los días, repartidas en dos sesiones y casi siempre con otras cosas);

— muy pocos trocitos de otras frutas, que va aceptando muy poco a poco;

— trozos de pan normal o tostado: ya los arranca y traga;

— arroz hervido, con pelín *de aceite de oliva: lo come granito a granito prácticamente, pero en una sesión le pueden entrar unos 20; a veces el arroz lleva guisantes o trocitos de judía verde, y alguno se come;*

— pollo: repela el hueso del muslo y además come trocitos de chicha;

— macarrones, unos cuatro o cinco por sesión;

— trocillos de jamón york, como 1/6 de loncha por sesión;

— últimamente, trocillos de jamón serrano blanditos;

— alguna vez ha mordisqueado bastoncitos de patata frita hecha en casa o ha comido uno a uno garbanzos cocidos.

Con cuchara (yo la sostengo por el extremo y ella la maneja agarrándola por el medio: jamás ha permitido, ni con la papilla, que le metiera yo la cuchara en la boca sin más):

— de vez en cuando, pisto sin triturar de cebolla, tomate, pimiento y calabacín, en total cuatro cucharaditas;

— de vez en cuando, guiso de lentejas sin triturar.

Las desesperadas madres de miles de niños de dos o tres años, que solo comen triturado, y solo si se lo da la madre, y que «si encuentra un trocito que haya quedado sin triturar, le dan arcadas», seguro que mirarían con envidia a la madre de Nuria, que con diez meses come *comida de verdad*, come de todo y come ella solita. Y sin embargo ella me escribe, preocupada, porque su hija hace semanas que no deja que le dé *papillas*.

¡Pero qué listos que son los niños! Prefiere una dieta sana, variada y similar a la de los adultos a las papillas. Prefiere comer con sus manitas a que le dé su madre. Y está comiendo la cantidad que necesita, cuatro cucharaditas de verdura o cinco macarrones, o veinte granos de arroz, y el resto pecho. Porque el principal objetivo de la alimentación complementaria es que los niños se vayan acostumbrando gradualmente a la alimentación normal de los adultos. El que come medio macarrón, pero lo come contento y feliz y con su propia mano, ha dado un importante paso en la dirección correcta; meses después comerá cinco macarrones, y años después comerá un plato entero. En cambio, el que come una papilla entera de *nueve cereales*, pero se la da su madre insistiendo y distrayéndolo, no ha dado ni un solo paso. Ni está aprendiendo a comer solo, ni está aprendiendo a masticar, ni está aprendiendo a disfrutar con la comida, ni está aprendiendo a comer lo que comemos los adultos (que desde luego no comemos *nueve cereales*). Y además, al comer mucha cantidad de cereales (o de fruta, o de verdura, o de lo que sea) está tomando menos pecho. Y eso no es bueno para su nutrición, porque la leche materna es mucho más sana y nutritiva que cualquier otro alimento por el que la quieran substituir.

Casi todos los niños comerán como Nuria si se les da la oportunidad desde el principio. Porque, a esa edad, los bebés desean hacer las cosas por sí mismos, y desean probar lo que ven comer a sus padres. Pero si no se les permite probar y experimentar, si por rapidez, o para que coman más cantidad y no se ensucien, recurrimos a sujetarles las manitas (para que no estorben) y meterles nosotros la cuchara en la boca, probablemente tardarán unos años en comer solos.

Si busca en Google «baby-led weaning», así, con comillas y todo, verá mucha información sobre este tema. Y si no lee inglés, busque en «google imágenes»; verá docenas de bebés comiendo comida normal, sin triturar, con sus propias manos, felices, desde el primer momento.

Libérese de los triturados.

Nomenclatura

Cualquier alimento que se dé a un bebé además de la leche (materna o artificial) es un alimento complementario. Eso incluye las papillas, los zumos, el agua con azúcar, las infusiones con azúcar, las galletas o los biberones a los que se añade una cucharada de cereales. Tal vez le parezca que la palabra *alimento* es demasiado noble para aplicarla al agua con azúcar, pero lo cierto es que lleva muchísimas calorías. Sería un mal (pésimo) alimento complementario, pero no es agua pura.

Me gusta el término *complementario*, porque indica bien claro que existe otro alimento *principal* (¿adivina cuál?), y que todo lo demás es solo un complemento. Pero como *alimentación complementaria* es un poco largo, a lo largo de este libro a veces diré *las papillas* en un sentido genérico. Es decir, no me estoy refiriendo solo a *comida triturada que* se *come con cuchara*, sino también a la comida sólida que el niño coge con sus deditos, o a cualquier cosa que beba y no sea leche. De hecho, como creo que es mejor que el bebé coma desde el principio comida sin triturar, voy a intentar acabar con una costumbre de años y dejar de llamarles «papillas».

En inglés, los alimentos complementarios suelen denominarse *solids* o *solid foods*. En muchos libros traducidos (o escritos por gente acostumbrada a leer libros ingleses) hablan de *alimentos sólidos*, pero, ¡ojo!, tiene el mismo sentido genérico que yo he dado a *papillas*: los zumos o los biberones con cereales también son *sólidos*. Insisto en este detalle, porque algunos espabilados, al leer *comenzar con los alimentos sólidos a partir de los seis meses*, argumentan que los zumos y los biberones con cereales no son sólidos, sino líquidos, y por tanto se dan a los dos o tres meses. No es cierto. Hasta los seis meses se recomienda no dar nada, ni sólido, ni líquido, ni gaseoso. Nada más que leche. En el otro extremo, algunas madres definen *sólido* de una forma muy estricta, que excluye a las papillas; alguna vez me han dicho de un niño de dos años que «todavía no come sólidos».

Hablando de biberones con cereales: no es una buena idea. Un niño que toma pecho no debería tomar un biberón en su vida. Y un niño criado con biberón no debería tomar cereales ni ninguna otra cosa en el biberón. El biberón es solo para la leche, y solo durante el primer año. A partir de los seis meses, conviene ir dando algunas de las tomas de leche en un vaso, de forma que al cumplir un año el bebé ya solo beba en vaso y deje de usar los biberones.

Claro, con el biberón toman más cantidad y más deprisa..., pero, como dijimos más arriba, no queremos que tomen más cantidad. El principal alimento de un bebé es la leche; si toma demasiada harina, demasiada fruta o demasiada verdura, tomará menos leche. Lo que queremos es que aprenda a comer normalmente, y el que toma la comida en biberón no está aprendiendo. Cada vez vemos más niños de dos o tres años acostumbrados a comer solo en biberón. ¡Hasta biberones de verdura con pescado he llegado a ver!

Otra expresión que a veces se usa en inglés es *weaning foods*, que a veces se traduce como *alimentos de destete*. Pero, ojo, *weaning* y *destete* no son exactamente lo mismo (pág. 444), y la expresión no significa, ni muchísimo menos, que haya que destetar al niño. Al contrario, la leche, preferentemente materna, va a seguir siendo la base de su alimentación hasta los dos años o más.

Un poco de historia

A lo largo del siglo XX, la edad recomendada para empezar con las papillas sufrió notables cambios. En la figura 16 puede ver las recomendaciones de diversos libros escritos por médicos españoles (que no eran cientí-

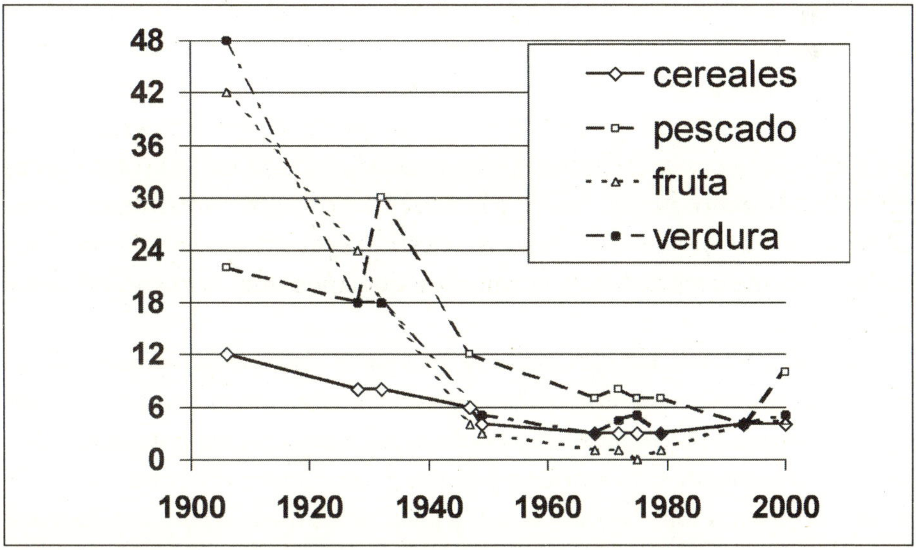

Figura 16. Edad recomendada de introducción de los distintos alimentos, según varios libros españoles de puericultura.

ficos locos, sino que recomendaban lo mismo que sus colegas ingleses, franceses o alemanes de la época).

A principios del pasado siglo, la primera papilla se daba a los doce meses cumplidos. Hasta el año, solo pecho y nada más que pecho. Porque en aquellos tiempos prácticamente todos los niños tomaban el pecho: los pobres, el de su madre, y los ricos, el de la nodriza. Solo en los orfanatos (en los peor organizados, porque los mejores orfanatos contrataban nodrizas) tomaban los niños lactancia artificial, con pésimos resultados. La mortalidad era altísima.

La leche de vaca tiene un gran exceso de proteínas y minerales que el riñón del recién nacido no puede eliminar. Había que diluirla con agua. Pero la leche de vaca tiene menos lactosa y menos grasas que la leche materna, y al añadir agua es todavía peor. Como no había manera de mezclar grasa con la leche (se quedaba flotando), lo intentaban compensar con abundante azúcar. Y así se preparaban los biberones: *tanto de leche, tanto de agua, tanto de azúcar,* a lo que con el tiempo se fueron añadiendo otros ingredientes, hasta ser tan complicado que ya no se preparaba en casa, sino en la farmacia. Aún hoy, en inglés, la leche del biberón se llama *fórmula*.

Con aquellas mezclas algunos niños sobrevivían, pero tenían problemas. No había leche pasteurizada industrialmente, a la temperatura más baja posible para destruir las bacterias conservando las vitaminas; la leche se hervía en casa, *a lo bruto* (la leche sin hervir podía transmitir varias enfermedades, empezando por la tuberculosis), y la vitamina C quedaba destruida. Los niños que solo se alimentaban con aquellas primitivas *fórmulas* caseras sufrían escorbuto por falta de vitamina C. El hierro de la leche de vaca se absorbe muy mal, y al diluirla con agua el nivel de hierro bajaba, y aquellos niños tenían anemias. La principal fuente de vitamina D no es la dieta, sino el sol; nuestra piel fabrica vitamina D cuando está expuesta a la luz solar. Pero a aquellos niños hacinados en orfanatos no los sacaban mucho a pasear, y también sufrían de raquitismo. ¿Cómo solucionar todos esos problemas? Si les damos fruta, sobre todo zumo de naranja, evitamos el escorbuto. Si les damos alimentos ricos en hierro, carne y sobre todo hígado, evitamos la anemia. Los alimentos ricos en vitamina D, hígado y pescado previenen el raquitismo. En 1920 se publicó un estudio científico sobre la alimentación de los niños de un orfanato con diversos alimentos sólidos a la temprana edad de seis meses, al parecer con notable éxito.

A raíz de la primera guerra mundial, y más aún de la segunda, las fábricas y oficinas abrieron sus puertas a las mujeres; los hombres estaban ocupados matándose unos a otros. Eso acabó con la antigua y noble profesión de nodriza, que hasta entonces era una de las pocas salidas para una mujer que necesitase ganar dinero. Una nodriza no puede irse el viernes por la tarde y volver el lunes por la mañana, y mientras el niño que se chupe el dedo. Una nodriza trabaja veinticuatro horas al día, siete días por semana, 365 días al año, incluso el día de Navidad. La nodriza, por supuesto, dormía junto a su *cliente* y le daba el pecho por la noche. Los bebés de los ricos no dormían con sus padres (los pobres sí, dormían todos juntos, porque no había otra habitación); pero no piense ni por un momento que dormían solos; eso de dejar a los niños pequeños durmiendo solos en otra habitación es un invento muy, muy moderno. En inglés, la habitación de los niños se llama *nursery*, la habitación de la *nurse*, del francés *nourrice*, la nodriza. Cada vez que el niño se despertaba a media noche, la nodriza le daba el pecho, faltaría más, ¿o se cree que le pagaban por dejarlo llorar? (Por cierto, en inglés actual *nurse* es la enfermera. Cuando no había escuelas de enfermería, si había algún enfermo en la casa, le tocaba a la nodriza cuidarlo.)

Así que ser nodriza es uno de los trabajos más duros que hay. ¿Quién va a querer hacer algo así, por un niño que ni siquiera es su hijo? ¿Quién va a querer trabajar de nodriza, cuando puede ser obrera, secretaria, telefonista...? Llegó un momento en que solo las mujeres que no podían encontrar ningún otro trabajo, mujeres ignorantes, enfermas o de dudosa moral, se ofrecían como nodrizas. En los años veinte y treinta, los pediatras advierten contra los peligros de confiar al hijo a una nodriza, incluso se usa un término despectivo, *lactancia mercenaria*. Los ricos muy ricos, pagando un dineral, podían hacerse con los servicios de una nodriza de confianza. Las mujeres de clase media y alta, pero no millonarias, no podían encontrar una buena nodriza, pero tampoco podían dar el pecho. Un fuerte prejuicio social impedía a una *señora* dar el pecho. Todavía hoy, muchas de mis lectoras habrán tenido que escuchar reproches de sus propias familiares: «¡Parece mentira, todo el día con la teta fuera, como una gitana!». Si hay quien se atreve a hablar así en pleno siglo XXI, imagínese lo que le podían soltar en 1930. Así que las mujeres con cierta posición (la esposa del arquitecto, la esposa del abogado... ¡la esposa del médico!) empezaron a criar a sus hijos con biberón. Y los niños ricos (los únicos que iban al pediatra, porque no había seguridad social) empezaron a sufrir escorbuto, raquitismo, anemia...

Los pediatras, lógicamente preocupados, aplicaron el remedio más adecuado: adelantar progresivamente la alimentación complementaria. A los cuatro meses, a los dos, al mes... Un experto norteamericano, en los años cuarenta, llegó a recomendar sardinas, atún y gambas para bebés de pocas semanas, al tiempo que en España se recomendaba el zumo de naranja a partir de los quince días.

Pero al mismo tiempo estaba pasando al olvido la *fórmula* preparada en casa o en la farmacia, y los biberones se llenaron de leche artificial preparada industrialmente. La industria se preocupó de investigar para perfeccionar su producto, le añadieron vitamina C, vitamina D, hierro... y otras docenas de ingredientes; si tiene una lata de leche a mano, puede ver la composición. Todavía hoy, la publicidad de la leche para bebés se centra en sus últimas adiciones: *enriquecida*, *plus*, *forte*, nucleótidos, ácidos grasos de cadena larga... A medida que se iban añadiendo a los biberones los diversos nutrientes, disminuía la necesidad de añadir otros alimentos. Se hicieron patentes los peligros de una alimentación demasiado precoz, en particular el peligro de las alergias (un peligro que siempre había existido, pero que antes era un mal menor en comparación con las ventajas. ¿Qué importan unos pocos casos de alergia al pescado, si así evitamos cientos de casos de raquitismo?). Y de nuevo la primera papilla se fue retrasando, a los tres meses, a los cuatro, *entre cuatro y seis*, a los seis...

Desde hace años, la OMS, el UNICEF, la Academia Americana de Pediatría y la Asociación Española de Pediatría recomiendan lactancia materna exclusiva hasta los seis meses, y a partir de esa edad ofrecer otros alimentos además del pecho.

Somos animales de costumbres, nos resistimos al cambio. La edad de comienzo de las papillas no se adelantó justo cuando desaparecieron las nodrizas, ni se volvió a retrasar en cuanto añadieron vitaminas al biberón. En ambos casos hubo un retraso de unos veinte años, desde que surgió la necesidad hasta que la respuesta llegó a los libros para madres. Pero, aparte de ese retraso tan humano, los espectaculares cambios que vemos en la figura 16 no fueron modas o caprichos de médicos ignorantes, sino la respuesta racional de científicos serios y competentes a las necesidades de los niños en cada momento.

Lo malo es que esos cambios, reflejo de los cambios en la leche artificial, se aplicaron también a los niños que tomaban el pecho, cuando la leche materna no ha cambiado nada. La leche materna de ahora es igual a la que tomaban nuestros bisabuelos, en exclusiva, durante un año. Y tampoco les iba tan mal.

Hace un siglo los estudios científicos no se hacían con tanto detalle como ahora. A lo mejor nuestros bisabuelos, con lactancia materna exclusiva hasta el año, no estaban perfectamente sanos. Estaban más sanos, eso es seguro y lo comprobaron los pediatras de su época, que los niños que comían otras cosas. Pero, claro, el agua no siempre era potable, la leche no estaba pasteurizada, la carne y el pescado no se conservaban en frigoríficos... Seguro que la alimentación complementaria no es tan peligrosa ahora como lo era hace un siglo.

No podemos por tanto afirmar que la lactancia exclusiva hasta el año sea lo mejor. Tal vez, los científicos de aquella época se equivocaron. O tal vez acertaron y doce meses era la mejor recomendación en aquellas circunstancias, pero ya no lo es en la actualidad. En todo caso, tras echar un vistazo a la figura 16 se me hace difícil pensar que hemos llegado, por fin, a saber la verdad, toda la verdad y nada más que la verdad sobre alimentación infantil. Si los expertos de ahora ya no dicen lo mismo que los de hace veinte años, ¿qué dirán los de dentro de veinte años, o de cincuenta? Dudo que hayamos visto el final de la historia, y personalmente creo que la edad de inicio de las papillas se retrasará aún más. Pero es solo una opinión personal; de momento, diremos todos seis meses, por si acaso.

¿Por qué seis meses?

A la hora de decidir cuál es la edad idónea para empezar con las papillas, se pueden tener en cuenta dos criterios distintos, uno teórico y otro empírico.

El razonamiento teórico sería algo así como: «Los niños de *x* meses necesitan tantos miligramos de vitamina X; como la leche materna solo tiene tantos miligramos, a partir de *x* meses los niños necesitan comer otras cosas».

El criterio empírico viene a ser: «Comparamos 100 niños que tomaron lactancia materna exclusiva durante *x* meses con otros 100 niños que tomaron lactancia exclusiva durante *y* meses. Observamos su peso, su talla, su desarrollo psicomotor, la incidencia de infecciones, el porcentaje de anemia... y la conclusión fue que *x* meses da mejor resultado que *y* meses».

Necesidades teóricas de nutrientes

El problema de los razonamientos teóricos es que no tenemos datos suficientes para razonar. Casi podríamos decir que no tenemos ni idea. Una pregunta básica: ¿cuántas calorías necesita un bebé cada día? En la tabla 2 tiene respuestas para elegir.

Tabla 2.
INGESTA RECOMENDADA (KCAL/DÍA), DATOS DE DIVERSOS AUTORES COMPARADOS POR DEWEY Y BROWN (2003)

EDAD (MESES)	*FAO/OMS/UNU, 1985*	*OMS/UNICEF, 1998*	*BUTTE, 2000*
6-8	784	682	615
9-11	949	830	684
12-23	1170	1092	894

Solo comparamos cifras de fuentes serias y recientes, no quiero ni pensar si empezásemos a buscar libros de los últimos cincuenta años. Por la metodología usada, las cifras de Butte parecen ser las más fiables. ¿Serán definitivas, o las volverán a cambiar dentro de unos años? ¿Bajarán más, o subirán? Si las cifras de Butte son correctas, ¿qué consecuencias ha tenido el que durante años los expertos hayan recomendado una cantidad de comida un 25 por ciento superior a la realmente necesaria? (le adelanto una consecuencia: los niños se han negado a comer tanto, y las consultas de los pediatras se han llenado de *niños que no comen*).

Pero, claro, es evidente que no todos los niños comen lo mismo. Esas cifras son solo un promedio, en el tiempo y en el espacio. En el tiempo, porque evidentemente un niño no necesita 684 kcal un día, y al día siguiente pasa a necesitar 894. El cambio será sin duda gradual, y probablemente no sea lineal; es decir, puede haber temporadas en que las necesidades aumenten rápidamente, y otras en que no aumenten casi nada o incluso disminuyan. En el espacio, porque las necesidades calóricas son (o se espera que sean), por definición, las necesidades medias de la población. Se considera estadísticamente *normal* (que no es lo mismo que médicamente normal) lo que está entre menos dos y más dos desviaciones típicas; en ese intervalo se sitúa el 95% de la población médicamente sana. Un 5% de personas sanas (y muchas enfermas) todavía está por fuera de esas ± 2 desviaciones.

Tabla 3.
VARIABILIDAD DE LAS NECESIDADES ENERGÉTICAS (DOS DESVIACIONES ESTÁNDAR POR DEBAJO O POR ENCIMA DE LA MEDIA) SEGÚN EDAD Y SEXO, CON LACTANCIA MATERNA (DATOS DE BUTTE, 2000)

	NECESIDADES DE ENERGÍA (KCAL)	
EDAD	*NIÑOS*	*NIÑAS*
3 meses	328 - 728	341 - 685
6 meses	491 - 779	351 - 819
9 meses	504 - 924	459 - 859
12 meses	479 - 1159	505 - 1013
18 meses	804 - 1112	508 - 1168
24 meses	729 - 1301	661 - 1273

Como puede ver en la tabla 3, un niño puede necesitar cada día el doble de comida que otro, y ambos son totalmente normales. Si les damos a los dos lo mismo, o bien uno sufrirá desnutrición o bien el otro se pondrá obeso. Y recuerde, aún hay un 2 y pico por ciento de niños que necesitan un poco menos de comida, y otros tantos que necesitan un poco más.

Si ha habido un baile de cifras con las calorías, la situación con los nutrientes específicos (proteínas, vitaminas, minerales...) ya es un vodevil. Por definición, las necesidades de nutrientes no se fijan en la supuesta media de la población, sino en dos desviaciones típicas por encima de la media, redondeadas (normalmente al alza) para que quede una cifra bonita. Es decir, cuando se dice que una persona necesita 300 miligramos de vitamina X al día, es porque los expertos creen (habitualmente no *saben*, solo *creen*) que el 97,5 por ciento de la población necesita menos de esa cantidad. Oficialmente no se llaman *necesidades*, se les da otro nombre que cambia con la época y el país. En Inglaterra RNI, *ingesta recomendada de nutrientes*; en España CDR, *cantidad diaria recomendada*, en Estados Unidos se llamaban RDA, *asignación dietética recomendada*, pero ahora se llaman RDI, *ingesta diaria recomendada*. En el lenguaje cotidiano hablamos de *necesidades*: «Un adulto necesita 300 miligramos al día de vitamina X», como si eso fuera un mínimo. Sería más correcto decir: «La inmensa mayoría de los adultos necesitan menos de 300 miligramos».

Solo a modo de ejemplo, veamos las recomendaciones para una vitamina que creíamos bien estudiada, la vitamina C:

Tabla 4.
INGESTA RECOMENDADA DE VITAMINA C (MG/DÍA) SEGÚN DISTINTOS EXPERTOS

EDAD	*INGLATERRA 1991*	*USA 1997*	*FAO/OMS 2002*
6-8 meses	25	50	30
9-11 meses	25	50	30
12-23 meses	30	15	30

No solo las cifras son distintas, sino que ingleses y norteamericanos ni siquiera han podido ponerse de acuerdo en si, a partir del año, el niño necesita más vitamina C que antes, o menos.

Con otra vitamina, la niacina, ocurre una cosa aún más curiosa. La ingesta diaria recomendada, según los norteamericanos, es de dos miligramos hasta los seis meses, y de cuatro miligramos entre los siete y los doce meses. Un litro de leche materna solo contiene 1,5 miligramos de niacina, y un bebé toma menos de un litro al día, de modo que, según esas cifras, todos los niños de pecho, desde que nacen, deberían tener un déficit de niacina. Apenas toman la mitad de lo que necesitan. Si hubiéramos de tomar las recomendaciones al pie de la letra, todos los niños de pecho tendrían que tomar un suplemento de un miligramo de niacina al día. ¿Qué pasa aquí? Resulta que los expertos no tenían ni idea de cuánta niacina necesita un bebé, y decidieron que lo normal debe de ser lo que toma un niño de pecho, puesto que los niños de pecho no tienen déficit de ningún nutriente. Para la mayoría de vitaminas y minerales, la ingesta diaria recomendada durante los primeros seis meses es, por definición, la cantidad que toma un bebé con lactancia materna exclusiva. Pero hicieron el cálculo partiendo de otra cifra (al analizar la leche materna, nunca da exactamente el mismo resultado), suponiendo que la leche lleva 1,8 miligramos por litro. Por tanto, el bebé estaría tomando 1,4 miligramos al día, redondeando generosamente, dos miligramos. La cifra de cuatro miligramos al día entre siete y doce meses viene de redondear generosamente la cantidad media de niacina que toma un bebé que toma leche y papillas.

Olvidemos el redondeo; volvamos al razonamiento original: los niños necesitan un miligramo al día de niacina, porque eso es lo que toma un niño de pecho. Pero ¿cómo sabemos que el niño necesita un miligramo entero? ¿No es lógico pensar que la leche materna lleva niacina de sobra, por si acaso? ¿No puede ser que el niño tenga suficiente con 0,8, con 0,5, o incluso con 0,1 miligramo? Pues no tenemos ni idea. Para saberlo habría que hacer una serie de experimentos con niños, dándoles cada vez menos niacina para ver cuál es la cantidad mínima para que no enfermen; evidentemente, no se puede hacer un experimento así, por lo que nunca lo sabremos con certeza.

¿Y después de los seis meses? A esa edad, la ingesta recomendada aumenta de dos a cuatro, y la leche materna sí que es verdad que no llega a cuatro ni con redondeo. ¿Es esa la prueba de que, a partir de los seis meses, la lactancia exclusiva es deficitaria en niacina, y el niño necesita comer otras cosas? Pues ya ve que no. Las recomendaciones están calculadas partiendo de la base de que la alimentación complementaria comienza a los seis meses. Si la alimentación complementaria comenzase a los ocho meses, las recomendaciones serían: de cero a ocho meses, dos miligramos; de ocho a doce meses, cuatro miligramos. Es una petición de principio, un razonamiento circular. Les damos papilla porque *necesitan* vitaminas, y *necesitan* vitaminas porque toman papillas.

Son solo dos ejemplos; podríamos contar historias parecidas de casi cualquier vitamina o mineral. En conclusión, las necesidades teóricas de nutrientes no sirven para decidir cuál es la mejor edad para iniciar la alimentación complementaria.

Dewey KG, Brown KH. Update on technical issues concerning complementary feeding of young children in developing countries and implications for intervention programs. Food Nut Bull 2003;24:2-28

Butte NF, Wong WW, Hopkinson JM, Heinz CJ, Mehta NR, Smith EOB. Energy requirements derived from total energy expenditure and energy deposition during the first 2 years of life. Am J Clin Nutr 2000;72:1558-69

El hierro

El hierro es un caso especial. Frente a los otros nutrientes, de los que solo tenemos cálculos teóricos muy discutibles, con el hierro tenemos datos un poco más fiables. Y si bien es cierto que ningún niño de pecho sufre escorbuto (por falta de vitamina C) o pelagra (por falta de niacina), sí que hay bastantes que tienen anemia por falta de hierro.

La leche materna es pobre en hierro, pero ese hierro se absorbe muy bien, mejor que el de cualquier otro alimento. La de vaca también es pobre en hierro, que además se absorbe muy mal. Y la leche de todos los mamíferos que se han analizado es pobre en hierro. Cuando a una madre se le dan suplementos de hierro, la cantidad de hierro en su leche no aumenta. Lo cual resulta muy llamativo, porque si a esa misma madre le damos una aspirina, la cantidad de aspirina en su leche sí que aumenta. Existe, al parecer, un mecanismo biológico que impide, activamente, que en la leche haya demasiado hierro. ¿Será que el exceso de hierro no es bueno para las crías? Se dice (pero no hay pruebas, que yo sepa) que el exceso de hierro en el tubo digestivo del bebé podría facilitar la diarrea, porque varios de los microbios *malos* que producen diarrea necesitan mucho hierro para vivir, mientras que los microbios *buenos*, los lactobacilos que forman la flora digestiva de los niños de pecho, pueden vivir con muy poco hierro. En un par de estudios, los niños sanos, sin anemia, a los que se daban suplementos preventivos de hierro, al cumplir el año pesaban y medían un poco menos que los del grupo control, sin suplementos de hierro. Parece que darle mucho hierro a un bebé que no lo necesita no es del todo inocuo, y tal vez convendría evitarlo (estoy hablando de los que no lo necesitan. Si su hijo tiene anemia y le han mandado hierro, por supuesto que se lo tiene que dar).

Y si la leche tiene poco hierro, ¿por qué no tienen anemia todos los bebés, desde que nacen? ¿De dónde sacan el hierro? No lo sacan de ningún sitio; los niños ya nacen con depósitos de hierro.

El hierro forma parte de la hemoglobina, la molécula que transporta el oxígeno por la sangre. El feto toma el oxígeno de la sangre de la madre, a través de la placenta. Imagine la placenta como una red, a uno y otro lado dos equipos juegan a pasarse la pelota. El que se queda la pelota gana. Pero la naturaleza no puede permitir que la madre gane ese partido; si la madre se queda con el oxígeno, su hijo muere. Así que hace trampas. El equipo del feto tiene más jugadores, y son todos profesionales. El feto tiene un tipo de hemoglobina especial, la hemoglobina fetal, que se engancha más fuerte al oxígeno que la hemoglobina normal. Y además tiene muchísimos glóbulos rojos, más (por mililitro) que su madre e incluso más que su padre (los varones adultos tienen más glóbulos rojos que las mujeres; pero el feto tiene todavía más).

El resultado es que, cuando nace, el feto tiene un montón de glóbulos rojos sobrantes. Rápidamente se destruyen no solo los que sobran, sino todos, porque ya no necesita hemoglobina fetal. Y al mismo tiempo se van fabricando los nuevos glóbulos rojos, con hemoglobina normal. La hemoglobina que se destruye se convierte en bilirrubina; por eso a los recién nacidos les sube un poco y se ponen ictéricos (amarillos). Entre el mes y los dos meses se alcanza el punto más bajo, cuando quedan pocos glóbulos rojos fetales pero aún no se han fabricado suficientes glóbulos normales, y el bebé tiene una anemia transitoria, la anemia fisiológica del lactante (*fisiológico* quiere decir que es normal, que no es ninguna enfermedad).

El hierro de aquellos glóbulos rojos sobrantes se almacena, y se va empleando poco a poco para fabricar nuevos glóbulos. Así que el gran problema es: ¿cuánto durarán los depósitos? Cuando el hierro almacenado se acabe, el poco hierro de la leche materna resultará insuficiente, y el bebé necesitará comer otros alimentos ricos en hierro.

Hace ya varias décadas se hicieron cuidadosos cálculos, y se llegó a la conclusión de que esos depósitos se pueden agotar entre los seis y los doce meses. Y eso coincide bastante bien con la realidad: a los seis meses se empiezan a ver algunos bebés con anemia, a los ocho meses algunos más, a los diez meses, más todavía... Basándose en aquellos datos se suele decir que «a partir de los seis meses, el hierro en la leche materna es insuficiente, y por lo tanto hay que introducir la alimentación complementaria». Pero, claro, eso es solo una simplificación muy exagerada. Sería más correcto decir: «A partir de los seis meses, algunos bebés pueden necesitar alimentación complementaria, mientras que otros tienen suficiente hierro solo con el pecho hasta los doce meses» (o puede que más). El problema es saber quién necesita hierro y quién no.

Esos cálculos se hicieron en una época en que era costumbre pinzar y cortar el cordón umbilical nada más nacer. Hoy sabemos que es mejor cortarlo unos minutos después (pág. 300), y que así disminuyen los casos de anemia al año de edad.

El posible déficit de hierro a partir de los seis meses es uno de los principales argumentos para iniciar la alimentación complementaria a esa edad.

Muchos niños de pecho se niegan en redondo a comer otras cosas hasta los ocho o diez meses, o más; y cuando digo *en redondo* quiero decir que ni una cucharada. Y otros muchos apenas comen tres o cuatro cucharadas, y aquí viene otro desacuerdo sobre la nomenclatura, porque cuando un niño come tres cucharadas, las madres suelen decir: «No come nada»; pero yo digo: «Sí que come».

Personalmente, creo que los niños que se niegan a comer papillas es porque ya tienen hierro suficiente, y que en el momento en que necesiten hierro (o cualquier otra cosa) ya espabilarán para comer. Así que los padres lo único que tienen que hacer es ofrecerles alimentos ricos en hierro, y pueden quedarse tranquilos, tanto si el niño se los toma como si no. Pero es solo una creencia, no conozco ningún estudio científico que lo demuestre.

Otros creen todo lo contrario: que el déficit de hierro les hace perder el apetito, y por eso no quieren papillas y les falta aún más hierro y entran en un círculo vicioso. Y en esa situación, los padres no deberían estar nada tranquilos. Pero es solo otra creencia; tampoco conozco ninguna prueba científica.

En cualquier caso, cuando un niño se niega a comer no se le puede obligar. No solo es contrario a la ética (no se puede obligar a comer a un ser humano), sino que es inútil. Decenas de miles de madres pasan horas intentando que sus hijos coman, y no consiguen nada. El consejo (tantas veces escuchado) de «no darle teta, y así cuando tenga hambre ya comerá otra cosa» es absurdo y aberrante: la leche materna es el mejor alimento que existe, y contiene cientos de ingredientes; no tiene ninguna lógica privar a su hijo de todos ellos solo para que tome un poco más de hierro.

Hay una opción mucho más sencilla. Si el niño rechaza todas las papillas y solo quiere pecho, y los padres o el pediatra están preocupados por la posibilidad de que le falte hierro, solo tienen que hacerle un análisis. Si está bien, todos tranquilos, puede seguir sin papillas. Y si de verdad le falta hierro, pues se le dan unas gotitas de hierro, y santas pascuas. Con pecho y hierro puede seguir sin papillas todo el tiempo que quiera.

Griffin IJ, Abrams SA. Iron and Breastfeeding. Pediatr Clin N Amer 2001;48: 401-13

Makrides M, Leeson R, Gibson RA, Simmer K. A randomized controlled clinical trial of increased dietary iron in breast-fed infants. J Pediatr 1998;133:559-62

Idjradinata P, Watkins WE, Pollitt E. Adverse effect of iron supplementation on weight gain of iron-replete young children. Lancet 1994;343:1252-4

Pisacane A, De Vizia B, Valiante A, Vaccaro F, Russo M, Grillo G, Giustardi A. Iron status in breast-fed infants. J Pediatr 1995;127:429-31

Datos empíricos

Como hemos visto, no se puede decidir la edad ideal para iniciar las papillas basándose en las necesidades nutricionales de los niños, porque no conocemos cuáles son esas necesidades. De modo que los argumentos decisivos son de índole práctica: ¿hasta qué edad están sanos los niños que toman solo pecho?

En 1989, el doctor Hijazi publicó un estudio con el título *Por cuánto tiempo es adecuada la lactancia materna exclusiva*. Su equipo siguió a 331 niños jordanos de clase media que habían tomado el pecho durante el primer mes y cuyas madres tenían intención de continuar con lactancia materna exclusiva hasta nueva orden. Los niños eran visitados en su domicilio y pesados cada dos semanas. Consideraban que el peso *se estancaba* cuando, en dos periodos consecutivos de dos semanas, un niño engordaba menos del *mínimo* que habría de engordar según las tablas de peso. El estudio terminaba cuando el peso *se estancaba* o cuando la madre dejaba de dar lactancia materna exclusiva.

Un estudio de este tipo tiene muchísimas limitaciones. Primero, por definición, un 3 por ciento de los niños engordan menos del *mínimo* (que es el percentil 3). Segundo, esas tablas están hechas con niños que sí que han tomado papillas. Tercero, parece que nadie aconsejaba en aquel estudio a las madres cómo mejorar la postura o dar el pecho con más frecuencia, y que no se tenía en cuenta si el estancamiento de peso era causado por alguna diarrea u otra enfermedad. Cuarto, cuando la madre empezaba la papilla por su cuenta, mientras su hijo seguía engordando perfectamente, nos perdíamos el final de la historia, ¿cuántos meses más hubiera seguido engordando sin las papillas?

El problema de la adecuación de las tablas es particularmente delicado. Supongamos que los niños engordan más con pecho y papillas que con pecho solo. Es lo que supone la mayoría de la gente, pero la verdad es que nadie lo ha demostrado (véase más adelante). Supongamos que, a los diez meses, los niños que toman solo pecho pesan de media siete kilos, y los que además toman papillas pesan 7,2 kilos. ¿Qué es mejor? Pues seguimos sin saberlo. La decisión de qué es mejor debería basarse en otros datos objetivos, como cuáles están más sanos, o tienen un mejor desarrollo psicomotor, tanto en ese momento como a largo plazo. A falta de esos datos, la decisión es puramente arbitraria: si yo decido que lo normal a los diez meses es tomar papillas, entonces el peso normal es 7,2 kilos, y a los niños que no toman papillas les faltan 200 gramos. Pero si yo decido que a los diez meses lo normal es la lactancia materna exclusiva, entonces los niños que toman papillas tienen un exceso de peso de 200 gramos. La teoría no se basa en los hechos, sino que son los hechos los que se interpretan a la luz de la teoría.

Con todas sus limitaciones, el estudio de Hijazi encontró 53 niños que siguieron engordando normalmente con lactancia exclusiva durante más de seis meses. De ellos, trece niños pasaron de los nueve meses; uno de ellos llegó hasta el año y otro hasta los catorce meses. Esto es un mínimo. El estudio demuestra que algunos niños pueden engordar normalmente durante un año o más solo con el pecho. Pero no podemos saber si esos mismos niños habrían engordado más o menos, o habrían estado más o menos sanos, si además hubieran comido otras cosas.

Si queremos resultados más concretos, lo que necesitamos es un estudio experimental. Dividir al azar a los niños en dos grupos, que empezarán a tomar las primeras papillas a una edad distinta, y ver qué ocurre: cuáles engordan más, cuáles están más sanos... Por desgracia, solo se han hecho dos de tales estudios, y los dos por el mismo equipo de científicos norteamericanos, en Honduras, a mediados de los años noventa. Unos niños tomaban la primera papilla a los cuatro meses, otros a los seis. No encontraron diferencia en el peso ni en la talla, en los niveles de cinc en la sangre, ni en la incidencia de diarrea y enfermedades respiratorias o anemia, ni en el desarrollo psicomotor. Las madres que empezaron más tarde con la papilla perdieron más peso después del parto. Entre los cuatro y los seis meses, los niños que tomaban papilla engordaron lo mismo que los que no; lo que demuestra que no comieron más, sino que tomaron menos leche para hacerle hueco a la papilla. Como la leche materna es más nutritiva que cualquier otro alimento, al hacer el cambio tomaban menos nutrientes (y menos defensas). Basándose en esos dos únicos estudios (pues no se ha hecho ningún otro en ningún país), los principales expertos del mundo (la OMS, el UNICEF, la Academia Americana de Pediatría y asociaciones similares de casi todos los países) han cambiado sus recomendaciones; hace veinte años decían *iniciar la alimentación complementaria entre los cuatro y los seis meses*; ahora dicen *alrededor de los seis meses*.

Dos estudios comparan cuatro meses con seis meses, y prueban que es mejor seis meses. Pero no tenemos ni un solo estudio que compare seis meses con ocho, con diez o con doce meses. No lo hay, y nunca lo ha habido, pues antiguamente se cambiaban las recomendaciones a ojo de buen cubero, sin estudios. Si los padres o los profesionales pensaban que las recomendaciones sobre alimentación infantil se basaban en datos científicos y procesos lógicos, se equivocaban. En realidad, ha sido un poco como el juego de las sillas musicales: todo el mundo dando vueltas hasta que para la música, y entonces se quedan donde están y de ahí no hay quien los mueva. Casualmente, cuando se acabó la música (es decir, cuando se aceptó la necesidad de hacer estudios serios antes de cambiar las cosas) la norma estaba en cuatro meses, y ha costado muchísimo cambiar de cuatro a seis. Si la música hubiera acabado hace un siglo, cuando la norma era *primera papilla a los doce meses*, los partidarios de empezar a los diez meses hubieran tenido que aportar pruebas sólidas para conseguir un cambio.

Hijazi SS, Abulaban A, Waterlow JC. The duration for which exclusive breast-feeding is adequate. A study in Jordan. Acta Pædiatr Scand 1989;78:23-8

Cohen RJ, Brown KH, Canahuati J y cols. Effects of age of introduction of complementary foods on infant breast milk intake, total energy intake, and growth: a randomised intervention study in Honduras. Lancet 1994;343:288-293

Dewey KG, Cohen RJ, Brown KH, Landa Rivera L. Age of introduction of complementary foods and growth of term, low-birth-weight, breast-fed infants: a randomized intervention study in Honduras. Am J Clin Nutr 1999;69:679-86

capítulo doce El destete

El destete ha sido víctima de un grave problema de traducción.

En español, *destetar* significa, evidentemente, *quitar la teta*. «Hacer que deje de mamar el niño», dice el diccionario. Puede ser un destete brusco («ayer desteté a mi hija»), aunque por supuesto siempre es mejor el destete gradual («llevo dos semanas destetando a la niña»).

Teóricamente, en inglés *destetar* se dice *to wean*. Pero no es lo mismo. Etimológicamente, *to wean* significa *acostumbrar*, y los diccionarios la definen como: «Acostumbrar a un niño a alimentos distintos de la leche de su madre». Por tanto, no se desteta en un día o en un mes, sino en varios meses o años. El *weaning* inglés no corresponde a nuestro *destete*, sino que es el largo periodo que comienza con la primera papilla y finaliza cuando al año deja el pecho definitivamente.

Cuando nosotros decimos *comenzar con las papillas*, los ingleses a veces dicen *to start weaning*. Si alguien lo traduce como *comenzar el destete*, los lectores pensarán que, antes de un mes, el niño ha de estar destetado. Del mismo modo, los ingleses llaman a veces *weaning foods* a las papillas. Y alguno va y lo traduce como *alimentos de destete*, ¡desastre total! La traducción literal sería *alimentos de acostumbramiento*, una expresión horrible; la traducción elegante podría ser *alimentación complementaria*, *papillas*, *primeros alimentos*..., pero, desde luego, no tienen nada que ver con el destete.

Una madre inglesa que dice «empecé a destetar el mes pasado» a lo mejor tiene intención de seguir dando el pecho tres años más.

Destete espontáneo

Todos los niños se destetan, tarde o temprano. Lo crea o no, su hijo dejará el pecho. Si una madre me dijera: «Quiero batir un récord Guinness, me gustaría dar el pecho durante quince años, ¿cómo podría hacerlo?», tendría que contestarle: «Lo siento, no creo que exista ningún método para conseguirlo. Haga lo que haga, su hijo dejará el pecho mucho antes».

No existen estudios bien hechos sobre la edad del destete espontáneo. Aparentemente, la mayoría de los niños dejan el pecho entre los dos y los cuatro años. Algunos maman hasta los seis o siete. Personalmente, nunca he visto a ningún niño que haya mamado más de siete años. Una vez le pregunté a una de las fundadoras de la Liga de la Leche, una persona que ha conocido a miles de madres lactantes durante cuarenta años; me dijo que había visto dos niños que mamaron hasta los ocho años. Álvar Núñez Cabeza de Vaca, en sus *Naufragios*, habla de una tribu en lo que hoy es Florida en que los niños solían mamar hasta los doce años; pero eran circunstancias muy especiales: vivían en un medio muy hostil, sufrían frecuentes hambrunas, y Núñez está convencido de que sin tan prolongada lactancia, los niños no hubieran sobrevivido.

También hay niños que dejan espontáneamente el pecho antes de los dos años; especialmente cuando las papillas se han introducido en grandes cantidades desde el principio, *saltándose tomas*.

Las mujeres que dan el pecho más de un año se enfrentan a veces con la incomprensión y el rechazo de familiares, amigos y profesionales de la salud. Lo mismo ocurrió hace medio siglo con las primeras que se pusieron pantalones. Paciencia, ya se acostumbrarán.

No existe ningún límite a la lactancia materna. No hay ningún motivo médico, nutricional ni psicológico por el que haya que destetar obligatoriamente a determinada edad. Sí que existen médicos, nutricionistas o psicólogos que pretenden establecer tales límites: «Tu leche ya no alimenta»; «le estás creando dependencia»... Son afirmaciones que no se basan en ningún dato científico; son prejuicios. Usted no está obligada a compartir las opiniones de su médico sobre la lactancia, del mismo modo que no tiene que ser del mismo equipo de fútbol o votar al mismo partido.

Algunas madres deciden dar el pecho hasta que el niño *se canse* y lo deje espontáneamente. Otras prefieren tomar ellas la iniciativa y destetarle antes. Usted decide.

Dettwyler KA. A time to wean: The hominid blueprint for the natural age of weaning in modern human populations. En Stuart-Macadam P, Dettwyler KA, eds.: Breastfeeding. Biocultural perspectives. New York: Aldine de Gruyter, 1995

Sugarman, M, Kendall-Tackett, K. Weaning ages in a sample of American women who practice extended breastfeeding. Clinical Pediatrics 1995; 34:642-7

Destete dirigido

Si desea destetar a su hijo, conviene que lo haga poco a poco, reduciendo el número de tomas en varias semanas, o como poco en varios días. El destete brusco resulta muy duro para el niño, para la madre y para toda la familia (que tiene que oír los llantos del niño).

Recuerde que el pecho no es solo comida, sino también cariño, contacto, consuelo, relación humana... Precisamente por eso tengo que escribir un capítulo sobre la manera de destetar. Si el pecho fuera solo comida, la pregunta «¿cómo lo puedo destetar?» tendría una respuesta ridículamente obvia: «Pues cada vez que pida pecho, en vez de pecho le da un vaso de leche, o un bocadillo de jamón». Pero no es tan fácil.

Para destetar a un niño hay que darle todas esas cosas, cariño, contacto, consuelo... por otros medios. Ni por un momento piense que destetar significa descansar. Muchas madres descubren que el pecho es, en realidad, una de las formas más cómodas de atender las necesidades de su hijo. Para destetarlo hay que jugar más con él, leerle más cuentos, enseñarle más canciones, admirar más sus dibujos, escuchar con más paciencia sus razonamientos, hacerle más cosquillas, darle más besos... Un niño no va a renunciar al pecho si no obtiene otra cosa a cambio. Es cierto que todo esto, a diferencia de dar el pecho, también lo puede hacer el padre; pero aun así la madre tendrá que hacer más cosas que antes.

Y todas esas cosas hay que dárselas antes de que pida pecho. Hay que tomar la iniciativa y prestarle atención aunque esté *entretenido y sin molestar*. Porque cuando se aburra y pida atención, probablemente no pedirá que jueguen con él o le cuenten un cuento; pedirá pecho, que es lo que tiene costumbre de pedir. Por ejemplo, si papá se lleva al niño al parque, y allí está jugando con él (no simplemente leyendo el periódico mientras el niño se aburre), es muy difícil que el niño pida: «Vamos a casa, papá, que quiero teta». Pero si el niño está aburrido en casa mientras sus padres están ocupados en otras cosas, cuando pida teta lo mejor es dársela enseguida. Demasiado tarde para: «Manolo, llévate al niño al parque, que está pidiendo teta otra vez»; el niño se daría cuenta rápidamente y pediría el pecho con renovado entusiasmo.

El niño destetado antes del año debería tomar leche adaptada para bebés (leche artificial). Después del año, puede tomar leche de vaca entera. La leche materna tiene más grasa que la leche de vaca entera, por lo que no es lógico darle leche desnatada o semi a un niño pequeño.

capítulo trece — Medicamentos y otras substancias

Si el mundo fuera el lugar redondo y tranquilo que nos prometieron, un libro para madres sobre lactancia materna no debería tener un capítulo sobre medicamentos. No debería ni mencionar el tema. La posibilidad de que un medicamento que toma la madre perjudique al bebé es tan absolutamente remota que no vale la pena ni mencionarla. Es más fácil ganar a la lotería (en cada sorteo gana alguien) que tener problemas con un medicamento durante la lactancia. Y en esos casos absolutamente excepcionales, el médico que receta el medicamento en cuestión debería saber qué hacer.

Pero el mundo está loco. Los medicamentos no causan casi ningún problema durante la lactancia; pero el miedo a los medicamentos (el miedo de los médicos y el miedo de las madres) causa infinitos problemas, hasta tal punto que me he visto obligado a escribir este capítulo.

Vivimos una situación que bordea la histeria colectiva. El mismo médico que le receta un tratamiento al bebé sin pensárselo dos veces se cree obligado a consultar gruesos libros y a sopesar los pros y los contras antes de darle el tratamiento a la madre. La misma madre que le da a su hijo sin vacilar cualquier medicamento que le hayan recetado (¡y unos cuantos que ni siquiera le han recetado!) mira con desconfianza lo que le recetan a ella, comprueba en alguna página de Internet que es *compatible*, pregunta a dos o tres médicos antes de decidirse... ¿Qué pasa, acaso el medicamento es mucho más tóxico disuelto en leche que cuando está en la pastilla? Los prospectos de muchos medicamentos advierten de presuntos peligros falsos o imaginarios. Muchos profesionales recomiendan el destete cada vez que la madre debe tomar algún medicamento sin importancia (algunos, creyéndose muy modernos, no recomiendan el destete, sino solo interrumpir la lactancia durante el tratamiento y luego volver a dar el pecho, como si eso fuera tan fácil de hacer). Muchas madres sufren el dolor y la enfermedad sin tratamiento, solo porque están dando el pecho. Veamos algunos ejemplos:

— Amaya es obligada a destetar porque tiene que tomar un antibiótico *muy fuerte*. A la semana siguiente, su bebé tiene fiebre... y le recetan el mismo antibiótico.

— Silvia tiene una hernia discal, sufre terribles dolores y su médico solo le dice: «Como estás dando el pecho, no puedo darte nada». Tras tres meses de tortura, el médico le explica que ya no hace falta que dé el pecho, porque la leche «ya no alimenta» y le receta por fin un antiinflamatorio. Al leer el prospecto, Silvia descubre que es el mismo medicamento que le recetaron a su hijo cuando le pusieron la vacuna, por si le daba fiebre.

— A Lola le han hecho una simple radiografía de tórax, y le han dicho que tiene que estar veinticuatro horas sin dar el pecho. ¿Imaginará este médico que, después de la radiografía, el paciente se vuelve de color verde fosforito, como en los dibujos animados?

— Lucía es asmática. En los últimos meses ha tenido varios ataques leves, para los que no le han permitido tomar ningún tratamiento. ¿Se imagina lo que es cansarse al caminar, dormir superficialmente, notar que te falta el aire, ser consciente de cada respiración, saber que todo pasaría con un golpe de inhalador, y tenerlo prohibido? Hace cuatro días la situación se hizo insostenible: «Tienes que destetar a la niña ahora mismo y usar el inhalador cada cuatro horas». ¿Se imagina lo que es destetar a lo bruto, de un día para otro, a una niña de siete meses; los llantos inconsolables, las noches en vela? Tras varios meses de tortura asmática y cuatro días de desgarrador destete, Lucía se entera de que el inhalador es perfectamente compatible con la lactancia, de que podía haberlo usado desde el principio sin ningún peligro para ella ni para su hija.

— Montse tiene una infección de orina. Aunque su médico le aseguró que puede tomarse el antibiótico sin ningún problema, el prospecto del medicamento dice que «no se ha demostrado su seguridad durante la lactancia». Así que, por si acaso, en vez de tres pastillas al día ha tomado solo dos. Lástima que no se le ha curado la infección.

El origen del mito

Creo que toda esta histeria en torno a los fármacos viene de la confusión entre embarazo y lactancia. ¿A que parece imposible confundirlos? En el embarazo, el niño está dentro; en la lactancia, el niño está fuera; cualquiera puede verlo. Pero en el prospecto de cualquier medicamento encontrará un párrafo titulado «embarazo y lactancia». Todas las demás circunstancias tienen derecho a una explicación separada en el prospecto; nunca se dice «niños y ancianos», ni «conducción de vehículos e insuficiencia renal». Pero el embarazo y la lactancia van siempre juntos, como si fueran lo mismo.

Y no lo son. Las diferencias entre el embarazo y la lactancia son abismales, y no solo en cuanto al consumo de medicamentos.

Durante el embarazo, el bebé está a medio fabricar. Algunos medicamentos pueden producir efectos secundarios completamente distintos de los que producen en un adulto. Esto quedó bien claro con el terrible desastre de la talidomida. Era un buen analgésico, con muy pocos efectos secundarios, por lo que se usó ampliamente en embarazadas. Pronto empezaron a nacer niños sin brazos, o con los brazos gravemente malformados. Hubo miles de afectados en todo el mundo. El problema solo puede ocurrir si la madre toma el medicamento justo en el momento en que se están formando los brazos de su hijo. Cuando el fármaco lo toma un adulto, o un niño mayor, o un bebé, o incluso un feto un poco mayor, cuyos brazos ya están completamente formados, no pasa nada. La talidomida no puede hacer que los brazos se te desenrosquen y se caigan.

Los efectos de un medicamento durante el embarazo son completamente imprevisibles, y no tienen nada que ver con sus efectos secundarios en el adulto. Aunque sea el medicamento más inocente del mundo, aunque el prospecto diga: «Efectos secundarios: raramente, ligero dolor de cabeza que desaparece espontáneamente», nadie sabe si puede provocar una malformación. En el laboratorio se hacen experimentos con ratas, perras y conejas embarazadas, pero tampoco son una garantía, porque cada especie es distinta. Algunos medicamentos son muy peligrosos para el feto de perro, y no hacen nada al feto de conejo.

Así que, las primeras veces que se administra un medicamento a una embarazada, es un salto en el vacío. Nadie sabe qué ocurrirá. Solo se lo darán si está muy enferma y si su enfermedad no se puede tratar con otro medicamento más antiguo y mejor conocido. Solo cuando un medicamento ha sido administrado a cientos, miles de embarazadas, y no ha pasado nada, podemos afirmar que no hay ningún riesgo.

En cambio, cuando se le da un medicamento a un bebé, en principio los efectos secundarios van a ser más o menos los mismos que en el adulto. Puede haber algunas variaciones; los niños pequeños pueden ser más sensibles (o menos sensibles) a algunos efectos concretos, o puede que su hígado y sus riñones tarden más en eliminar algunos productos. Pero, de todos modos, un medicamento cuyos peores efectos son «náuseas, dolor de cabeza, mareo» se lo daremos sin temor a un bebé; mientras que otro medicamento que puede producir «hepatitis fulminante, insuficiencia renal, convulsiones y coma» nos dará tanto miedo en un bebé como en un adulto, y solo lo usaremos para tratar enfermedades graves.

Otra importante diferencia entre el embarazo y la lactancia es la cantidad de medicamento que recibe el niño. Casi todos los medicamentos pasan tranquilamente a través de la placenta, y la concentración del fármaco en la sangre de la madre y del niño son exactamente las mismas. Es decir, si el medicamento afecta al corazón de la madre, afectará igual al corazón del feto (en cuanto su corazón esté formado y sea capaz de reaccionar). Si el feto tuviera una infección, podríamos tratarlo dándole el antibiótico a su madre.

En cambio, la cantidad de medicamento que recibe el bebé a través de la leche es muy pequeña. Algunos medicamentos pasan a la leche con dificultad, y la concentración en la leche es muy inferior a la concentración en la sangre de la madre. Otros pasan con gran facilidad, incluso se concentran en la leche, alcanzando concentraciones muy superiores a las de la sangre. Esto se valora mediante la relación leche/plasma (el plasma sanguíneo es lo que queda de la sangre tras centrifugarla y quitarle las células: glóbulos rojos y blancos, y plaquetas):

$$\text{Relación leche/plasma} = \frac{\text{Concentración en la leche}}{\text{Concentración en el plasma}}$$

Un ejemplo de medicamento que pasa muy poco a la leche: la amoxicilina, un antibiótico muy usado (en España, excesivamente usado). La relación leche/plasma es de aproximadamente 0,03. Es decir, la concentración es 33 veces más alta en el plasma sanguíneo de la madre que en su leche. La concentración en la leche es algo menos de un miligramo por litro. Mientras la madre toma 1500 miligramos al día (25 mg/kg, si pesa

60 kilos), su bebé toma menos de un miligramo al día, 0,3 mg/kg si pesa tres kilos. La amoxicilina se usa, por ejemplo, para tratar las otitis de los bebés, a una dosis de 80 miligramos por kilo de peso. Es decir, si un niño de cinco kilos tuviera otitis, necesitaría beber más de 400 litros de leche al día para recibir suficiente antibiótico.

Un ejemplo de medicamento que pasa mucho a la leche: la ranitidina, usada en el tratamiento de la úlcera gástrica. La relación leche/plasma es de diez (aproximadamente, pues la relación real va variando con el tiempo); es decir, el medicamento está diez veces más concentrado en la leche que en el plasma de la madre. Aun así, la concentración en la leche es inferior a 3 mg/L. Es decir, que mientras la madre toma 300 miligramos al día, unos 5 mg/kg, el bebé toma bastante menos de 1 mg/kg. La ranitidina es un medicamento seguro (es decir, con muy pocos efectos secundarios), y que a veces se administra a bebés (para tratar la esofagitis por reflujo), a una dosis de 2 a 4 mg/kg. La madre puede tomar ranitidina sin temor.

La ranitidina es uno de los medicamentos que más se concentran en la leche, de hecho, hay pocos casos en que la relación leche/plasma sea superior a uno.

Todas estas cifras y cálculos son para desmentir una idea bastante extendida. Cuando se dice «se concentra en la leche materna» o «diez veces más en la leche que en el plasma», muchos se asustan: «Pero, entonces, ¡el niño va a tomar más medicamento que la madre!». Pues ya ve que no es así. El niño jamás toma más medicamento que la madre. Eso es completamente imposible. En términos absolutos, la imposibilidad es obvia: si la madre toma 10, en la leche no puede haber 11. Lo que pasa a la leche es solo una pequeña parte de lo que la madre ha tomado. Pero también es imposible en términos relativos: la dosis de medicamento por kilo de peso que toma el bebé a través de la leche siempre es muy inferior a la dosis que toma la madre. Cuando el medicamento pasa *mucho* a la leche, la dosis para el bebé es muy inferior (menos de la sexta parte, en el caso de la ranitidina). Cuando el medicamento pasa *poco* a la leche (la inmensa mayoría de los casos), la dosis es ridículamente inferior.

Una importante consecuencia: es imposible tratar a un lactante dándole el medicamento a la madre. Si madre e hijo tienen la misma enfermedad y han de tomar el mismo medicamento, al niño hay que darle su dosis completa. Con lo que pasa por la leche, el bebé no tiene ni para empezar. O al revés: para conseguir suficiente medicamento en la leche, la madre tendría que tomar tanta cantidad que probablemente se intoxicaría.

Algunas ideas generales

— Si se le puede dar al niño sin temor, también se le puede dar a la madre. Hay medicamentos que se les dan cada día a cientos de bebés por motivos banales, para la tos o los mocos o la otitis. Otros medicamentos se usan más raramente en bebés, para tratar la tuberculosis, la insuficiencia cardiaca o la epilepsia; pero cuando los usamos, nadie se asusta y no suele haber efectos secundarios. En general, tales medicamentos serán plenamente compatibles con la lactancia. En cambio, cuando un medicamento está formalmente contraindicado en niños pequeños, o cuando solo se usa en enfermedades muy graves (como el cáncer) porque tienen peligrosos efectos secundarios, es lógico seguir buscando información. Incluso un medicamento peligroso puede ser compatible con la lactancia si pasa en pequeña cantidad a la leche; pero si pasa en gran cantidad, podría haber problemas.

— Si se puede tomar durante el embarazo sin peligro, se puede tomar durante la lactancia. Hay medicamentos que se toman durante el embarazo solo en caso de vida o muerte, porque no hay otro remedio. Pero aquellos medicamentos que se puedan tomar tranquilamente y sin ningún temor durante el embarazo, con más motivo se podrán tomar durante la lactancia. Algunos expertos no estarán de acuerdo con este punto; teóricamente, un medicamento podría ser peligroso para el bebé pero no para el feto. Por ejemplo, si produjera depresión respiratoria: como el feto no respira, no puede perjudicarle. Pero lo cierto es que, aunque teóricamente pueda existir, no conozco ni un solo ejemplo real de medicamento que se pueda dar sin peligro durante el embarazo («no se preocupe, no pasa nada») y sea peligroso durante la lactancia.

— Si no se absorbe por vía oral, no puede hacer daño al bebé. No existen pastillas de heparina, insulina, gentamicina... solo existen inyecciones. No importa si pasan o no pasan a la leche, porque a su bebé no le van a poner una inyección de leche. Otros medicamentos se dan por vía oral, pero precisamente para que no se absorban, porque actúan directamente en el intestino: antiácidos, muchos laxantes, algunos antibióticos usados (habitualmente mal usados) para tratar la diarrea...

— Si los efectos secundarios son leves, no importa si pasa a la leche o no. Por ejemplo, en el prospecto del omeprazol (para la úlcera de estómago) leemos: «Es bien tolerado. Raramente se han comunicado náusea, dolor de cabeza, diarrea, estreñimiento y flatulencia. En algunos pacientes se ha presentado erupción cutánea. Generalmente, estos síntomas fueron leves y pasajeros». Incluso suponiendo que pasase a la leche en grandes cantidades (que no pasa), ¿qué más da que el bebé tenga una diarrea leve? Si le quitan el pecho, aparte de lo que va a llorar, es fácil que tenga una diarrea importante.

— Existen más datos sobre los medicamentos más antiguos. Cuando un fármaco sale al mercado, nadie sabe si pasa a la leche o no, sencillamente porque aún no lo ha tomado ninguna madre. Entre dos medicamentos similares, normalmente se usa el que se conoce mejor. Pero en algunos casos será mejor usar el fármaco nuevo, aunque sea poco conocido, por ejemplo si es más seguro (tienen muchos menos efectos secundarios) que el antiguo.

— Todos los fármacos de efecto tópico se pueden usar durante la lactancia. Con *efecto tópico* quiero decir que actúan solo en la parte del cuerpo en que se aplican. Por ejemplo, no es lo mismo la penicilina, que se inyecta en la nalga para que se absorba y pase a la sangre y actúe sobre todo el cuerpo, que la anestesia local, que solo *duerme* una pequeña zona alrededor del punto de inyección. Si la madre no se duerme toda entera, sino solo ese trocito, quiere decir que el anestésico no pasa a la sangre, y por lo tanto tampoco pasa a la leche. Tampoco es lo mismo una pomada que se usa para tratar una enfermedad de la piel que un parche de nicotina o de nitroglicerina, que se pone en la piel para que el fármaco se absorba y se distribuya por todo el cuerpo. (Por cierto, la penicilina, la nicotina y la nitroglicerina sí que son compatibles con la lactancia..., pero no porque su efecto sea tópico, sino por otros motivos.) Todas las pomadas, gotas para los ojos, gotas para los oídos, inhaladores nasales, inhaladores bronquiales, óvulos vaginales... se pueden usar sin ningún temor durante la lactancia. Es cierto que siempre se absorbe una pequeña cantidad de esos productos; pero lo que pasa a la sangre ya es muy poco, y por lo tanto lo que pasa a la leche es todavía menos. Concretamente, el asma o la rinitis alérgica se tratarán siempre que sea posible con inhaladores, que son mucho más seguros que cualquier medicamento por vía oral.

— Cuando el bebé crece, el riesgo disminuye. El recién nacido todavía no tiene tanta capacidad como el bebé mayor o el adulto para eliminar algunos fármacos, porque sus riñones y su hígado todavía no trabajan a pleno rendimiento. Además, el recién nacido toma siempre una dosis mayor. Un bebé de seis kilos toma más leche que un bebé de tres kilos, pero no el doble de leche, por lo tanto, la dosis de leche (y de cualquier cosa disuelta en la leche, como los medicamentos) por kilo de peso va disminuyendo. Un niño de nueve kilos toma menos leche que uno de seis, porque ya está comiendo otras cosas. Un niño de doce kilos toma menos leche que uno de tres. Todo lo que dicen los libros sobre fármacos y lactancia está calculado para el *peor* de los casos, para un recién nacido. Si dicen que cierto medicamento se administrará *con precaución* (por ejemplo, si la madre toma barbitúricos, hay que estar atentos por si el bebé presentara somnolencia), se refieren al recién nacido. Con los niños mayores normalmente no es necesaria ninguna precaución. Salvo, quizá, alguna rarísima excepción por un medicamento sumamente tóxico, es absurdo decirle a una madre que destete a su hijo de dos años, que solo mama un par de veces al día, porque toma un medicamento; probablemente quien aconseja tal cosa tiene fuertes prejuicios contra la lactancia a los dos años, y usa el fármaco como simple pretexto.

— Por el mismo motivo, cuando la madre toma el medicamento de forma continuada, el riesgo es cada vez menor. Por ejemplo, algunos expertos recomiendan hacer controles de hormonas tiroideas al lactante si su madre toma antitiroideos. Pero si hacemos un control al cabo de un mes, y es normal, y otro a los tres meses, y también es normal, no tiene sentido seguir haciendo controles. Si hubiera efectos secundarios, sería al principio. Tampoco tiene sentido decirle a una madre con un tratamiento crónico: «Dale el pecho solo tres meses, por las defensas, y luego lo destetas». Si hubiera algún peligro, sería, precisamente, en esos primeros meses; si no ha pasado nada, puede seguir todo el tiempo que quiera.

— En general, la hora en que se toma el medicamento no tiene ninguna importancia en relación con la lactancia. Solo en algunos casos especiales, aquellos medicamentos que únicamente se puedan dar con grandes precauciones, le recomendará su médico un horario especial. Se trataría de hacer coincidir el pico máximo de concentración en sangre (distinto para cada fármaco) con el periodo más largo en el que su hijo no suele mamar (lo que a veces es por la noche, pero no siempre). Pero en la inmensa mayoría de los fármacos, que son plenamente compatibles con la lactancia, no hay que darle la menor importancia al horario. ¿Qué más da que pase un poco más o un poco menos de medicamento? El doble de *una cantidad ridícula* sigue siendo *otra cantidad ridícula*.

— Es una grave irresponsabilidad dejar a una madre enferma sin tratamiento, solo porque está dando el pecho. Ni se le ocurra tomar menos dosis, o menos tiempo, del que le han recomendado; su hijo no va a estar ni mejor ni peor por tomar un pelín más o menos de medicamento; pero tanto usted como su hijo van a estar mucho peor si usted no se cura.

Cómo buscar información

A veces una madre pregunta al pediatra algo así como: «Tengo colitis ulcerosa (o psoriasis, o hipertensión, o lupus...), ¿qué puedo tomar?». Pero el pediatra no sabe; esas enfermedades las ha de tratar un médico de adultos, y muchas veces, un especialista. Es ese especialista el que debe proponer el tratamiento (o mejor varios tratamientos alternativos). Entonces sí, es probable que el pediatra tenga un libro donde consultar cuál de esos medicamentos puede tomar.

En un mundo ideal, será el médico de la madre el que se preocupe de buscar un tratamiento compatible con la lactancia. En algunos casos hablará con el pediatra, o le escribirá una nota, para ponerse de acuerdo en el tema. Pero todavía hay muchos médicos que prohíben la lactancia sin motivo, o privan a la madre del tratamiento que necesita.

En esos casos, pregunte: «Y si no estuviera dando el pecho, ¿qué medicamento me recetaría? ¿Hay otros medicamentos parecidos que también se puedan usar en mi caso?». Pida siempre varias opciones y apunte los nombres. Luego, otro médico con más interés por la lactancia podrá ayudarla a elegir. En algunos casos, la madre se ve obligada a buscar ella misma la información y llevársela a su médico.

Prospectos y vademécum

El peor sitio para buscar información sobre lactancia es el prospecto del medicamento. Un auténtico desastre. Casi todos los medicamentos advierten que hay peligro, que no se debe usar, que está contraindicado. Muchos se descuelgan con vagas admoniciones del tipo: «Durante la lactancia solo se usará cuando sus posibles beneficios superen, a criterio del médico, a los riesgos potenciales»; una frase que espanta mucho a las madres, pero que no es más que una perogrullada (durante la lactancia, y durante toda la vida, por supuesto que un medicamento solo se usa si sus beneficios superan a sus riesgos).

Muchas veces ocurre que el médico comprueba con cuidado que un medicamento es perfectamente compatible con la lactancia, se lo receta a la madre... y esta, al llegar a casa y leerse el prospecto, se pega tal susto que no se lo toma, o toma una dosis menor o durante menos días. No haga eso. Si no toma la dosis necesaria, es probable que no se cure. En caso de duda, llame a su médico y explíquele lo que dice el prospecto. Si no le puede llamar ahora mismo, tómese el medicamento, siga dando el pecho normalmente, y llámelo al día siguiente. Siempre habrá tiempo de destetar al niño o de dejar de tomar el medicamento. No hay ningún medicamento tan venenoso que, por tomar el pecho un par de días, le vaya a pasar nada grave al bebé (recuerde que cualquier medicamento es más peligroso para la madre que toma la pastilla que para el niño que solo toma la leche; si el prospecto no dice: «Haga testamento antes de tomar este medicamento», será que no es para tanto).

En España, sobre el escritorio de los médicos suele haber un grueso libro rojo, el vademécum. Básicamente, contiene los prospectos de todos los medicamentos. Por tanto, está lleno de errores.

Información en Internet

La Academia Americana de Pediatría publica regularmente una lista de medicamentos y lactancia materna. No aparecen todos los medicamentos que existen; por tanto, no basta con mirar los contraindicados y ver que no están; también hay que consultar la lista de los medicamentos compatibles y comprobar que sí están. Si el medicamento no sale en ninguna de las listas, significa que tendrá que buscar la información en otro sitio.

Encontrará esa lista en Internet, traducida al español, en la página de la Asociación Española de Pediatría:

www.aeped.es

La excelente página del Hospital de Denia ofrece información más detallada sobre cientos de medicamentos:

www.e-lactancia.org

Completas monografías en inglés sobre muchos fármacos en

http://toxnet.nlm.nih.gov/cgi-bin/sis/htmlgen?LACT

Medline, la madre de todas las informaciones

Muchas veces no encontrará información sobre un determinado medicamento, y su médico tampoco encontrará nada en los libros, o la información será insuficiente, o querrá estar segura. En esos casos, lo mejor es ir a la fuente: Medline.

Medline es una gigantesca base de datos que contiene información sobre millones de artículos de revistas médicas publicados desde los años cincuenta. Cientos de revistas médicas en docenas de idiomas. En la mayor parte de los casos, se ofrece un resumen del artículo en inglés. En algunos casos, es posible leer el texto completo del artículo a través de Internet.

La única pega es que está todo en inglés.

Puede entrar en Medline a través de PubMed:

www.pubmed.gov

Un ejemplo práctico. Supongamos que sufre usted una fuerte depresión posparto y le han recetado paroxetina, un antidepresivo. El primer problema es: ¿cómo diablos se dirá en inglés? No son palabras que suelan salir en los diccionarios. Por fortuna, los nombres de medicamentos son muy similares en español y en inglés, así que vamos a probar a lo bruto: escriba *paroxetina* y dele al *Intro*.

Aparece un solo artículo, originalmente escrito en italiano (se ve que allí se llama igual). Pero Medline, muy amablemente, nos pregunta si hemos querido decir *paroxetine*, que daría 3199 artículos (para cuando usted lea este libro, seguro que ya salen más). Puede escribirlo bien, o simplemente puede hacer clic sobre *paroxetine*, y saldrán los 20 primeros de esos tres mil y pico.

No siempre es tan fácil encontrar el nombre en inglés del medicamento. Pruebe a cambiar la *f* por *ph*, la *i* por *y*, o a añadir alguna *h* detrás de *c* o *t*. También puede buscar el nombre comercial en Google; es probable que en inglés sea el mismo.

Claro, no se va a mirar los 3000 artículos. Así que vamos a buscar los que hablan de paroxetina y lactancia. En la ventanita de arriba, escriba *breastfeeding* (lactancia materna) después de paroxetina. Es indiferente que escriba una coma en medio o no la escriba. También podría escribir en medio la palabra AND, en mayúsculas, y el efecto sería el mismo. Pulse *Intro*, y esta vez solo aparecen 20 artículos que contienen al mismo tiempo las dos palabras, ya sea en el título, en el resumen o incluso en el nombre de los autores.

Repase los títulos, y haga clic en el que le interese para leer un resumen. El primero (pero puede que cuando lo pruebe usted ya no sea el primero) se titula «The safety of newer antidepressants in pregnancy and breastfeeding», y dice que es una revisión (*review*). Pinta bien. Pero al leer el resumen vemos que no dice nada concreto. O bien vamos a una biblioteca especializada a buscar el artículo completo, a ver si se aclara, o bien seguimos buscando entre los veinte resúmenes.

El artículo número 7 también pinta bien: «Paroxetine during breastfeeding: infant weight gain and maternal adherence to counsel». El resumen esta vez es claro: 27 madres tomaron paroxetina durante la lactancia, no hubo ningún problema.

El artículo número 10, «Use of sertraline, paroxetine and fluvoxamine by nursing women», pinta aún mejor: dice «Free article», y eso significa que el artículo entero, y no solo el resumen, se puede leer gratis en Internet. Este es más terminante todavía: hicieron análisis de sangre a los bebés, y no encontraron ni rastro de la paroxetina. Ningún problema. Haciendo clic en el lugar adecuado puede ver el artículo completo, imprimirlo y llevárselo a su médico si es necesario.

Abreviando, encontrará varios artículos más, algunos de los cuales se pueden leer enteros. Todos coinciden en que se puede tomar paroxetina durante la lactancia (aunque no todos lo dicen explícitamente; prefieren decir: «No se observaron efectos adversos»; «bajas concentraciones en la leche», y cosas así).

Aun así, igual no hemos encontrado toda la información sobre el tema. Los ingleses a veces escriben *breastfeeding* todo junto, a veces en dos palabras, *breast feeding*, y a veces con guión, *breast-feeding*. Medline no distingue si hay un guión en medio o no, así que no hace falta probar con el guión. También puede ocurrir que el artículo buscado no use la palabra *breastfeeding*, al menos en el título y en el resumen, porque no habla de niños que toman el pecho, sino del periodo de lactancia en la madre (*lactation*). Esta última palabra la usan también para referirse a animales. Y alguien puede que no haya hablado de lactancia ni de dar el pecho, sino de «paroxetina en la leche materna» (*human milk* o *breast milk*). Para que no se nos escape nada, podemos escribir en la ventanilla lo siguiente (al pie de la letra, incluyendo el paréntesis):

paroxetine AND (breastfeeding OR breast feeding OR lactation OR milk)

Aparecerán todos los artículos que mencionan la paroxetina y al menos una de las palabras que siguen. En este momento, son 31. Al buscar *leche*, sin especificar si es materna o no, puede que salga algún artículo sobre tomarse la pastilla con un vaso de leche, pero de todos modos 31 no son demasiados, y los podemos repasar todos.

Truco de las frases: lo mismo que en Google, cuando quiera buscar dos o más palabras juntas, formando una frase, tiene que escribirlas entre comillas. En el caso de breast feeding no es necesario, porque Medline tiene un diccionario interno y reconoce que estas dos palabras forman una expresión; si quiere encontrarlas también por separado, tendrá que separarlas con una coma. En cambio, paroxetine levels (niveles de paroxetina) no es una expresión del diccionario; si las busca separadas, encontrará 388 artículos; si las busca como frase entrecomillada, solo nueve.

¿Y si no sale ni un solo artículo? Aunque no sepamos si el medicamento pasa a la leche o no, todavía podemos encontrar información útil. Por ejemplo, si buscamos:

indomethacin infant

Aparecen más de mil artículos. Basta con echar un vistazo a los primeros para darse cuenta de que la indometacina se administra frecuentemente no solo a bebés, sino a prematuros. Siendo así, es evidente que sí que la puede tomar durante la lactancia.

Días para tomarse una pastilla

Los datos sobre fármacos en la leche materna resultan a veces difíciles de comprender, incluso para los profesionales. Por ejemplo, se ha encontrado una concentración de digoxina en la leche de 0,00096 mg/L. Eso es lo mismo que 0,00096 µg/ml, o 0,000096 mg/100 ml, o 0,000096 mg/dl, o 0,96 µg/L, o 0,096 µg/dl, o 96 ng/dl... y en distintos libros lo encontrará explicado de distintas formas. ¿A que es la locura? Podemos imaginar un kilo de arroz o cien gramos de jamón, pero nadie puede imaginar 96 nanogramos por decilitro. ¿Eso es mucho, o es poco?

Imagine que una de las pastillas que está tomando se le cae al suelo, y su hijo la encuentra y se la traga. ¿Cree que con una sola pastilla se va a intoxicar? Pues ahora imagine que, en vez de tragársela, le da un lametazo, la esconde, al día siguiente le da otro lametazo... ¿Sabe cuántos días tardaría en tomarse una pastilla?

Realizo el cálculo con la concentración máxima en la leche del fármaco (lo que es una exageración, pues la concentración máxima solo se alcanza en un momento determinado, y el resto del día es más baja), asumiendo que el lactante toma cada día 750 mililitros de leche materna (algunos toman un poco más a los cuatro o cinco meses, pero tanto los recién nacidos como los niños mayores que ya comen otros alimentos en realidad toman bastante menos leche). En la siguiente tabla damos los resultados para algunos fármacos; las concentraciones en la leche están sacadas del libro de Hale.

Tabla 5.

ALGUNOS MEDICAMENTOS EN LA LECHE MATERNA

FÁRMACO	*CONCENTRACIÓN EN LECHE (MG/L)*	*PASTILLA (MG)*	*DÍAS PARA TOMARSE UNA PASTILLA*
Alprazolam	0,0037	0,5	180
Amoxicilina	1,3	500	513
Atenolol	1,8	50	37
Carbamazepina	2,5	400	213
Cloxacilina	0,4	500	1667
Digoxina	0,00096	0,25	347
Naproxeno	2,37	550	309
Nifedipino	0,046	10	290
Paroxetina	0,1	20	267
Pirazinamida	1,5	250	222
Ranitidina	2,6	150	77

Como se puede observar, el lactante necesita más de un mes para tomarse una sola pastilla de atenolol (mejor usar propanolol, labetalol o metopronol); dos meses y medio para una pastilla de ranitidina, casi un año para una pastilla de digoxina, cuatro años y medio para tomar una sola pastilla de cloxacilina (suponiendo que su madre tomase cloxacilina cada día durante todo este tiempo). ¡Y aún vemos suspender la lactancia en caso de mastitis, porque la cloxacilina *pasa a la leche*!

Cuando el medicamento se usa en lactantes, podemos también ver qué dosis le daríamos a su hijo si estuviera en tratamiento, y cuántos días tendría que mamar para conseguir esa dosis. Por ejemplo, la dosis habitual de digoxina es de 0,015 mg/kg/d; un lactante de 5 kilos tendría que tomar 0,075 miligramos. Para obtener esa cantidad de la leche, necesitaría tomar 78 litros, lo que le llevaría 104 días. Es más fácil morir ahogado en la leche, o aplastado por su peso, que intoxicado por la digoxina.

Hale TW. Medications and mothers' Milk. 11th ed. Amarillo, Texas. Pharmasoft Publishing; 2004

Alcohol

El alcohol pasa fácil y rápidamente de la sangre de la madre a la leche, y viceversa, de forma que la concentración en ambos líquidos es la misma. La relación leche/plasma es 1.

En España, el límite legal de alcohol en sangre para conducir es de 0,5 g por litro, que es lo mismo que 0,05 g por 100 ml o 0,05%. Hace unas décadas, era de 0,08%. Con un nivel superior a 0,15% la persona está visible y claramente borracha. Con un nivel superior a 0,55%, te mueres. Así de sencillo, caes muerto al suelo. Muchos mueren un poco antes.

Incluso las personas acostumbradas a beber reaccionan igual ante los mismos niveles de alcohol. Lo que ocurre es que los bebedores habituales eliminan el alcohol más rápidamente, y les cuesta más alcanzar un nivel alto; pero al llegar a 0,15 se emborrachan, y a 0,55 se mueren, como todos los demás.

Por lo tanto, es absolutamente imposible que la leche materna contenga más de 0,55% de alcohol, y para eso la madre tiene que estar hospitalizada por intoxicación etílica aguda. En la práctica, una madre borracha podría tener 0,2 o 0,3% de alcohol en la leche, y una madre que beba con moderación no va a llegar a 0,05%.

El vino tiene un 10 o 12% de alcohol. Los licores, un 30 o 40% (algunos incluso más). La cerveza tiene un 4 a 6% de alcohol. La cerveza sin alcohol puede contener legalmente hasta un 1% de alcohol. Una persona con un 1% de alcohol en la sangre estaría muerta hace tiempo. Por lo tanto, incluso la leche de una madre completamente borracha se podría embotellar con la etiqueta «leche sin alcohol». Y la leche de una madre que ha tomado una copita, aunque llegue a 0,04% y dé positivo en el control de carretera, todavía se podría vender como «leche sin alcohol 0,0», porque 0,04 se redondea como 0,0 (si somos puristas, 0,06 se redondea como 0,1; ignoro si los fabricantes de cerveza son tan estrictos).

En conclusión, la leche es, en el peor de los casos, una bebida alcohólica muy, pero que muy suave, y es casi imposible que beber alcohol durante la lactancia perjudique al bebé.

Digo *casi* porque los recién nacidos son muy sensibles al alcohol, lo metabolizan muy lentamente, y además beben como cosacos. Más de medio litro de leche al día, con poco más de tres kilos, es como para un adulto de 60 kilos beber diez litros al día. Una amiga comadrona me ha contado que en su hospital, en Barcelona, acudió una vez a urgencias un recién nacido con somnolencia excesiva e hipotonía; la única causa aparente era que la madre se bebía una mediana de cerveza antes de cada toma. Lo triste del caso es que la madre era abstemia; hacía el esfuerzo de beber tanta cerveza porque había oído que era buena para tener más leche.

El consumo de alcohol se mide en gramos al día; pero a efectos prácticos se suele medir en *copas*. Tradicionalmente, *una copa* es tanto más pequeña cuanto mayor la gradación alcohólica de la bebida: la cerveza se bebe en jarras, el vino en vasos, el vino generoso en copas, el coñac en copas más pequeñas, el tequila en recipientes minúsculos. Cada *copa* de bebida lleva, más o menos, la misma cantidad de alcohol. No se puede decir, por tanto, que el tequila sea más peligroso que la cerveza, siempre que se conforme con la dosis de *un chupito*. Por supuesto, una jarra llena de tequila sí que sería muy, pero que muy peligrosa.

En un estudio se encontró un leve retraso en el desarrollo psicomotor de los niños cuando las madres consumían más de dos copas al día. Basándose en ese dato, muchos libros recomiendan «máximo dos bebidas al día» durante la lactancia. Desde luego, es una norma prudente no solo durante la lactancia, sino durante toda la vida. El alcohol es malo para la salud, para la de la madre y para la del padre, y es buena idea no pasar nunca de las dos copas.

Pero si usted es de las que toman tres o cuatro copas al día, y no puede o no quiere dejarlo, no creo que esté perjudicando por ello a su hijo. Se perjudica a sí misma, pero no al bebé. Es mucho mejor el pecho, incluso si la madre toma tres copas al día, que el biberón. Es muy difícil que esas cantidades de alcohol afecten al bebé, y los mismos científicos, cuando volvieron a repetir su estudio unos años después, ya no encontraron relación entre el alcohol y el desarrollo psicomotor. Probablemente lo que ocurre es que muchas madres que beben durante la lactancia también bebieron durante el embarazo, y fue eso lo que afectó al desarrollo de sus hijos.

Durante el embarazo, el alcohol sí que es peligroso. Muy peligroso. No hay ninguna cantidad de alcohol que se considere *segura* durante el embarazo. El objetivo debe ser consumo cero, ni una gota de alcohol. Por supuesto, una cerveza por semana será menos mala que una cerveza al día, pero nadie puede garantizar que «con una cerveza por semana no pasa nada».

Si algún día, en una fiesta, bebe más de la cuenta, puede ser prudente no dar el pecho mientras esté visiblemente ebria, sobre todo si el bebé tiene pocas semanas. Cuando vuelva a estar serena, querrá decir que su nivel plasmático, y por tanto el nivel en su leche, ha vuelto a bajar de 0,15. Recuerde, el alcohol pasa fácilmente en los dos sentidos, no se queda acumulado en el pecho. Por tanto, no es necesario sacarse la leche y tirarla (a no ser que tenga los pechos demasiado llenos y le molesten); la leche se *limpia* sola.

Little RE, Northstone K, Golding J; ALSPAC Study Team. Alcohol, breastfeeding, and development at 18 months. Pediatrics 2002;109:E72-2
http://pediatrics.aappublications.org/cgi/content/full/109/5/e72

Tabaco

Lo mismo que el alcohol, el tabaco es malo para la salud. La madre que da el pecho, sería mejor que no fumase. Y la que da el biberón. Y el padre. Y los que no tienen hijos. Fumar es malo para todos.

Ahora bien, si fuma, lo mismo que si bebe alcohol, es mejor que siga dando el pecho. El tabaco es malo, pero no tanto como para convertir la leche materna en algo peor que la leche artificial.

Los hijos de padres fumadores sufren más problemas respiratorios; bronquitis, neumonías, otitis. Se ha demostrado que la lactancia materna protege en parte contra esos problemas. Es decir, humo de tabaco y encima biberón es la peor combinación para la salud del niño. Si no puede dejar de fumar, al menos siga dándole el pecho.

Por desgracia, mucha gente (familiares, conocidos, y puede que hasta algún médico) presiona a la madre fumadora para que deje de dar el pecho. Tal vez por eso las madres que fuman destetan, estadísticamente, más pronto.

La nicotina pasa a la leche. Incluso en la leche de algunas madres no fumadoras hay nicotina, porque son fumadoras pasivas. Pero recuerde que la nicotina es el menor de los problemas del tabaco. El cáncer, la bronquitis y el enfisema no son causados por la nicotina, sino por el alquitrán y otros componentes del humo. Por eso se usan parches de nicotina para dejar de fumar: porque el humo del tabaco es mucho más peligroso que la nicotina del parche.

Por lo tanto, si la madre fuma, el peligro para el bebé no es la leche *contaminada*, sino el humo. Si no fuma nunca dentro de casa, su hijo no estará expuesto al humo, y la nicotina en la leche no le hará ningún daño. En cambio, si fuma dentro de casa, su hijo respira el mismo humo tomando el biberón que tomando el pecho.

Por supuesto, el humo que produce el padre o cualquier otra persona es igual de peligroso que el de la madre. La ley prohíbe fumar en todos los centros de trabajo, para proteger la salud de nuestros compañeros de trabajo que no fuman. ¿No le parece que la salud de su hijo merece la misma protección? No basta con no fumar en la misma habitación; los pisos son muy pequeños y el humo lo invade todo. Insista en que nadie fume en ningún lugar de la casa. A fumar, al balcón.

Y si, para dejar de fumar, necesita usar parches o chicles de nicotina, pues úselos. Puede seguir dando el pecho perfectamente. Esos parches están calculados para que la cantidad de nicotina en la sangre sea más o menos la misma que cuando se fuma, y por tanto no es peligroso para el bebé.

DiFranza JR, Aligne CA, Weitzman M. Prenatal and postnatal environmental tobacco smoke exposure and children's health. Pediatrics 2004;113:1007-15 http://pediatrics.aappublications.org/cgi/content/full/113/4/S1/1007

Café

La cafeína pasa a la leche, pero en pequeña cantidad. En un estudio, cuando las madres tomaban cinco tazas al día de café, con 100 miligramos de cafeína por taza, no se alteraban el sueño ni la frecuencia cardiaca de los bebés, que recibían con la leche menos de un miligramo por kilo y día de cafeína.

Así que puede usted tomar café tranquilamente. Ahora bien, cabe la posibilidad de que un consumo exagerado de café, sumado a las bebidas de cola, el chocolate y el té, pueda alterar a algún bebé especialmente sensible. Si le parece que su hijo duerme poco o está muy nervioso, pruebe a tomar café descafeinado y a reducir otras fuentes de cafeína.

Ryu JE. Effect of maternal caffeine consumption on heart rate and sleep time of breast-fed infants. Dev Pharmacol Ther 1985;8:355-63

Isótopos radiactivos

Si se hace una gammagrafía con isótopos radiactivos, es posible que tenga que interrumpir la lactancia durante unas horas. La agencia de energía atómica de Estados Unidos ha dado normas muy concretas sobre cuántas horas hay que estar sin dar el pecho según el tipo de isótopo y la dosis. Las encontrará en

www.nrc.gov/reading-rm/doc-collections/nuregs/staff/sr1556/v9/r1/sr1556v9r1.pdf

Es un documento muy largo, lo de la lactancia está en las páginas 325 y 326. Cuando en la columna 3 no dice nada, es que se puede dar el pecho sin ninguna interrupción. Y estas normas están calculadas con un amplio margen de seguridad, no hay ningún motivo para esperar más tiempo. En muchos hospitales parecen ignorar que existen estas normas, y recomiendan estar varios días sin dar de mamar, lo que no tiene ninguna justificación. Puede imprimir esas páginas y llevárselas a su médico.

Es distinto el uso de yodo radiactivo no para hacer una gammagrafía, sino para destruir el tiroides en caso de hipertiroidismo. La dosis es mucho más alta, y hay que destetar al bebé.

Contaminantes ambientales

De vez en cuando, algún titular de prensa (a veces promovido por alguna organización ecologista) alerta sobre los pesticidas en la leche materna, y siembra el pánico entre las madres.

¿Por qué los científicos se dedican a buscar contaminantes en la leche materna? ¿Es que el tema les parece preocupante? No exactamente. Lo que ocurre es que algunos contaminantes, como el DDT, las dioxinas o los PCB, se acumulan en el tejido graso. Por lo tanto, un análisis de sangre sería poco útil para conocer el nivel de contaminación de un individuo; habría que recurrir a una biopsia. La leche materna refleja la contaminación del tejido graso, y proporciona una forma mucho más sencilla de valorar el nivel de contaminación de una población determinada. Por este motivo se han realizado en todo el mundo docenas de estudios sobre contaminantes en la leche materna: es un simple marcador epidemiológico, una manera de saber cómo anda el problema de la contaminación en un país.

La contaminación de la leche materna no es nueva, hace décadas que se publican estudios sobre el tema. De hecho, los niveles de la mayoría de los contaminantes (PCB, DDT...) han disminuido en las últimas décadas, gracias a las medidas legales que han limitado o prohibido su uso.

Los cientos de estudios publicados en las últimas décadas, en que la lactancia materna disminuye la incidencia de infecciones, alergias, diabetes, celiaquía, leucemia, e incluso la mortalidad global en EE.UU. (pág. 529), se han hecho con madres cuya leche estaba contaminada, y más que la de ahora. Incluso cuando está contaminada, la leche materna es mucho mejor para la salud que el biberón.

Varios estudios en Holanda (Koopman-Esseboom, Boersma, Patandin) muestran que la exposición a los PCB, sobre todo a través de la placenta, afecta al desarrollo psicomotor y a la inteligencia a medio plazo. Pero la lactancia materna contrarresta en parte este efecto, y el desarrollo de los niños que toman pecho, aunque la leche esté contaminada, es mejor que el de los niños que toman biberón.

Salvo que la madre haya estado expuesta a alguna contaminación accidental masiva, sus niveles de contaminantes reflejan simplemente la exposición de cualquier persona de su edad en su misma comunidad. Si su hijo respira el mismo aire, come la misma comida y bebe la misma agua, a su edad estará igual de contaminado. El haber recibido además una pequeña parte de los contaminantes que almacenaba su madre solo aumentará un poco sus propios niveles. La única manera de disminuir la contaminación de nuestros hijos es luchar para que nuestro ambiente esté menos contaminado.

La ingesta de agua contaminada con nitratos no aumenta la concentración de nitratos en la leche materna. En cambio, el lactante sí que corre un gran riesgo si le preparan el biberón con esa misma agua contaminada.

Algunas madres están muy preocupadas porque trabajan con productos químicos, y alguien les ha dicho que no pueden dar el pecho. Es un disparate. Como ocurre con cualquier medicamento, lo que reciba el bebé a través de la leche es solo una pequeñísima parte de lo que ha tomado la madre.

Si usted está expuesta a cantidades tan grandes de una substancia tan tóxica que su leche va a envenenar a su hijo, entonces lo que tiene que hacer no es dejar de dar el pecho, sino salir por piernas y cambiarse de trabajo. Es un suicidio trabajar durante años en un sitio tan peligroso. Y si usted no corre peligro, si se cumplen todas las medidas de seguridad para que usted trabaje en perfecta salud hasta los sesenta y cinco, entonces puede dar el pecho sin ningún problema.

Solomon GM, Weiss PM. Chemical contaminants in breast milk: time trends and regional variability. *Environ Health Perspect* 2002;110:A339-47 http://www.ehponline.org/docs/2002/110pA339-A347solomon/abstract.html

Landrigan PJ, Sonawane B, Mattison D, McCally M, Garg A. Chemical contaminants in breast milk and their impacts on children's health: an overview. *Environ Health Perspect.* 2002;110:A313-5 http://www.ehponline.org/docs/2002/110pA313-A315landrigan/abstract.html

Pronczuk J, Akre J, Moy G, Vallenas C. Global perspectives in breast milk contamination: infectious and toxic hazards. *Environ Health Perspect* 2002;110:A349-51 http://www.ncbi.nlm.nih.gov/pubmed/12055066

Koopman-Esseboom C, Weisglas-Kuperus N, de Ridder MA, Van der Paauw CG, Tuinstra LG, Sauer PJ. Effects of polychlorinated biphenyl/dioxin exposure and feeding type on infants' mental and psychomotor development. *Pediatrics* 1996;97:700-6

Boersma ER, Lanting CI. Environmental exposure to polychlorinated biphenyls (PCBs) and dioxins. Consequences for longterm neurological and cognitive development of the child lactation. *Adv Exp Med Biol* 2000;478:271-87

Patandin S, Lanting CI, Mulder PG, Boersma ER, Sauer PJ, Weisglas-Kuperus N. Effects of environmental exposure to polychlorinated biphenyls and dioxins on cognitive abilities in Dutch children at 42 months of age. *J Pediatr* 1999;134:33-41

Dusdieker LB, Stumbo PJ, Kross BC, Dungy CI. Does increased nitrate ingestion elevate nitrate levels in human milk? *Arch Pediatr Adolesc Med* 1996;150:311-4

capítulo

catorce — Enfermedades de la madre

En la mayoría de los casos ni la enfermedad ni su tratamiento van a hacer daño al niño a través del pecho, ni la lactancia va a hacer daño a la madre. Otra cosa es que la madre no pueda físicamente dar el pecho, o que se encuentre tan mal que no tenga deseos de hacerlo; pero eso es algo que debe decidir cada madre, y no el médico por ella.

Anemia

La anemia es frecuente después del parto, por la pérdida de sangre. Por supuesto, si la madre tiene anemia, debe tomar el tratamiento correspondiente (habitualmente hierro, aunque también existen otros tipos de anemia). Pero no solo puede seguir dando el pecho, sino que le conviene mucho dar el pecho el mayor tiempo posible. Porque cuanto más dé el pecho, más tardará en volverle la regla, y la menstruación es la principal vía por la que pierden hierro las mujeres.

El hierro que toma la madre no pasa a la leche; el nivel de hierro en la leche se mantiene constante.

Dar el pecho en sala de partos contribuye a prevenir la anemia de la madre, pues la oxitocina hace que se contraiga el útero y disminuye la pérdida de sangre.

Se ha observado que la anemia importante en el posparto (menos de 10 mg/dl de hemoglobina) se asocia con el abandono precoz de la lactancia, lo que podría deberse a la disminución de la cantidad de leche. Cuando la madre estaba normal durante el embarazo, y tiene una anemia importante después del parto, quiere decir que perdió mucha sangre en el parto. Se cree que la pérdida de sangre puede afectar a la hipófisis y dejarla como *atontada,* incapaz de fabricar suficiente prolactina durante unos días. Pero, probablemente, el problema es transitorio y puede superarse con un manejo adecuado de la lactancia (posición correcta, lactancia a demanda, extraerse leche si fuera preciso).

Asma

Puede dar el pecho, y puede tratarse con cualquier inhalador (salbutamol, terbutalina, corticoides, ipratropio...). La dosis por vía inhalada es muy baja y pasa muy poco a la sangre, así que tanto para usted como para el bebé (sobre todo para usted, que para el bebé tampoco hay tanta diferencia) es mejor el inhalador. Si necesita corticoides en pastillas, tampoco hay problema. Incluso en dosis muy altas (como las que se usan para enfermedades autoinmunes), la cantidad de corticoide en la leche es muy inferior a la cantidad que el mismo niño fabrica cada día.

Alergias

Se recomienda precisamente que los niños con antecedentes familiares de alergia tomen el pecho el mayor tiempo posible. Varios antihistamínicos (prometazina, loratadina, dexclorfeniramina, cetirizina...) son compatibles con la lactancia. Con algunos otros antihistamínicos se han observado casos de somnolencia en el bebé. En cualquier caso, para la rinitis (estornudos y moqueo), los inhaladores nasales de corticoides son mucho más efectivos y tienen menos efectos secundarios (para la madre y para el bebé).

Miopía

No hemos encontrado ninguna justificación para el curioso mito de que las mujeres miopes no deben dar el pecho. De los más de 8000 artículos sobre la miopía que recoge Medline desde 1963, solo uno (de 1969) hace referencia a la lactancia materna. Los tratados de oftalmología no mencionan ninguna relación entre la lactancia y la evolución de la miopía.

Caries en la madre

Está muy extendida la creencia de que el embarazo y la lactancia producen caries en la madre por descalcificación de los dientes. Sin embargo, el esmalte dentario no tiene riego sanguíneo, y por tanto no puede descalcificarse por los cambios metabólicos que afectan al resto del esqueleto. El mayor riesgo de caries que en algunos estudios se asocia con el embarazo parece debido a cambios en el pH (acidez) de la saliva, y puede prevenirse con una higiene dental adecuada.

Laine MA. Effect of pregnancy on periodontal and dental health. Acta Odontol Scand 2002; 60:257-64

Epilepsia

La carbamazepina, el ácido valproico, la fenitoína y otros medicamentos son compatibles con la lactancia. Si estaba tomando fenobarbital durante el embarazo, no solo puede, sino que conviene que dé el pecho, porque eso puede evitar que el recién nacido convulsione (pueden sufrir un síndrome de retirada, porque han estado recibiendo el medicamento en el útero). Se ha publicado el caso de una niña que sufrió convulsiones a los siete meses, cuando la madre (perfectamente controlada en un hospital) la destetó de golpe, mal aconsejada por otro médico. Tuvo que darle fenobarbital con los biberones durante un año más. Es importante que el destete sea muy lento (meses), como el que se produce naturalmente a medida que el niño va comiendo otras cosas.

No se le ocurra dejar la medicación o reducir la dosis sin control médico. La mayoría de los antiepilépticos no le pueden hacer ningún daño al bebé; pero una convulsión mientras lleva a su hijo en brazos o mientras lo baña sí que puede ser muy peligrosa.

Knott C, Reynolds F, Clayden G. Infantile spasms on weaning from breast milk containing anticonvulsants. Lancet 1987;2:272-3

Dolor

Puede tomar paracetamol, ibuprofeno, diclofenaco, codeína, metamizol (Nolotil®)... y muchísimos otros.

Gripe y resfriado

No tienen tratamiento. Se curan solos, al cabo de unos días. Por desgracia, en España se abusa de tratamientos inútiles, especialmente antibióticos. Solo hay tratamiento sintomático, es decir, que no cura la enfermedad, pero puede hacer que se sienta mejor si se encontraba muy mal. Para la fiebre o el dolor de cabeza, paracetamol o ibuprofeno. Si la tos es insoportable o no le deja dormir, codeína. Los antibióticos, antihistamínicos, mucolíticos y expectorantes no hacen nada en estos casos, y no vale la pena tomarlos, ni durante la lactancia ni durante el resto de la vida (pero, si los tomase, tampoco iban a hacerle daño al bebé). La vacuna de la gripe se puede administrar durante la lactancia.

Úlcera de estómago

Puede tomar sin ningún reparo omeprazol, ranitidina, famotidina... y antiácidos. El tratamiento para el *Helicobacter pylori* (habitualmente omeprazol, claritromicina y amoxicilina) es plenamente compatible con la lactancia.

Empastes dentales

Un curioso mito asegura que los empastes son tóxicos y que es peligroso empastarse un diente durante la lactancia. Eso es absurdo. Si el empaste fuera tóxico, la intoxicada sería usted, que va a llevarlo en la boca el resto de su vida, y no el bebé, que solo va a tomar el pecho (no a chupar el empaste). Tampoco la anestesia local afecta para nada al bebé. Si su marido la está esperando con el bebé, puede dar el pecho en la misma sala de espera del dentista.

Diabetes

A la madre diabética le conviene dar el pecho. Se ha visto que las diabéticas gestacionales (las que han enfermado durante el embarazo) tienen menos de la mitad de posibilidades (4 frente a 9 por ciento) de convertirse en diabéticas para toda la vida si dan el pecho, y además les aumenta el colesterol *bueno* y les baja el colesterol *malo*. Y las que ya eran diabéticas antes del embarazo habitualmente necesitan menos insulina mientras dan el pecho. Ajuste la dosis de insulina según los resultados de los controles, y no se sorprenda si necesita solo tres cuartos de lo que solía inyectarse.

La leche de madres diabéticas es normal. Puede haber ligeras alteraciones sin importancia y una ligera disminución de la cantidad en los primeros días si están mal controladas; pero si la glucemia está bien controlada, su leche es totalmente normal. Lo que hace falta es un buen control diabetológico, un inicio precoz de la lactancia y una mayor frecuencia de las tomas.

Las madres diabéticas, especialmente si no están bien controladas, parece que tienen más mastitis y más candidiasis del pezón; para prevenirlo es importante la lactancia frecuente en posición correcta, y no aplicar pomadas en el pezón.

El recién nacido de una madre diabética necesita un control estricto durante los primeros días, con mediciones repetidas de la glucemia. Pero esos controles se pueden hacer mientras el niño permanece con su madre. Tanto el contacto piel con piel como la lactancia frecuente ayudan a evitar la hipoglucemia del bebé. Hospitalizar al recién nacido, separándolo de la madre, no solo es innecesario, sino peligroso para el hijo de madre diabética.

Kjos SL; Henry O; Lee RM; Buchanan TA; Mishell DR. The effect of lactation on glucose and lipid metabolism in women with recent gestational diabetes. Obstet Gynecol 1993;82:451-5

Davies HA, Clark JDA, Dalton KJ, Edwards OM. Insulin requirements of diabetic women who breast feed. Br Med J 1989;298:1357-8

Neubauer SH, Ferris AM, Chase CG, Fanelli J, Thompson CA, Lammi-Keefe Cjet al. Delayed lactogenesis in women with insulin-dependent diabetes mellitus. Am J Clin Nutr 1993;58:54-60

van Beusekom CM, Zeegers TA, Martini IA, Velvis HJR, Visser GHA, van Doormaal JJ, Muskiet FAA. Milk of patients with tightly controlled insulin-dependent diabetes mellitus has normal macronutrient and fatty acid composition. Am J Clin Nutr 1993;57:938-43

Ostrom KM, Ferris AM. Prolactin concentrations in serum and milk of mothers with and without insulin-dependent diabetes mellitus. Am J Clin Nutr 1993;58: 49-53

Ferris AM, Dalidowitz CK, Ingardia CM, Reece EA, Fumia FD, Jensen RG, Allen LH. Lactation outcome in insulin-dependent diabetic women. J Am Diet Assoc 1988;88:317-22

Christensson K, Siles C, Moreno L, Belaustequi A, De La Fuente P, Lagercrantz H, Puyol P, Winberg J. Temperature, metabolic adaptation and crying in healthy full-term newborns cared for skin-to-skin or in a cot. Acta Pædiatr 1992;81:488-93

Cáncer de mama

No es recomendable amamantar durante la quimioterapia (casi todos los antitumorales están contraindicados durante la lactancia). Tampoco es posible dar el pecho durante el tratamiento con tamoxifeno, porque es un potente inhibidor de la producción de leche. Pero las madres que ya han terminado el tratamiento sí que pueden dar el pecho, se ha visto que después de la cirugía conservadora y la radioterapia es posible dar el pecho sano, y a veces incluso el pecho enfermo.

El cáncer de mama tiene un componente hereditario, y es más frecuente en mujeres cuyas madres tuvieron cáncer de mama. Hace años se lanzó la hipótesis de que eso podría deberse a algún virus que se podía contagiar de madre a hija durante la lactancia; si fuera así, las madres con cáncer de mama no deberían dar el pecho. Pero se ha demostrado que aquella teoría del virus es falsa. La herencia se debe a los genes, no a un virus, y las mujeres que han tomado el pecho tienen la misma incidencia de tumores mamarios, tanto malignos como benignos, que las mujeres que han tomado el biberón.

Las mujeres que han dado el pecho más tiempo tienen menos riesgo de sufrir un cáncer de mama (pág. 531).

Helewa M, Levesque P, Provencher D, Lea RH, Rosolowich V, Shapiro HM; Breast Disease Committee and Executive Committeee and Council, Society of Obstetricians and Gynaecologists of Canada. Breast cancer, pregnancy, and breastfeeding. J Obstet Gynaecol Can 2002;24:164-80

Fibrosis quística

Cada vez más niñas afectas de fibrosis quística alcanzan la edad adulta y tienen hijos. Aquellas que tienen un peso normal y una situación clínica estable pueden dar el pecho. La concentración de cloro y sodio en su leche es normal. Aunque en algunos casos la concentración de ácidos grasos esenciales en su leche está disminuida, la mayoría de los bebés amamantados por madres afectadas se desarrollan de forma normal. El embarazo y la lactancia no afectan negativamente al estado nutricional y clínico de las pacientes, ni empeoran su supervivencia.

Gilljam M, Antoniou M, Shin J, Dupuis A, Corey M, Tullis DE. Pregnancy in cystic fibrosis. Fetal and maternal outcome. Chest 2000;118:85-91
http://chestjournal.chestpubs.org/content/118/1/85full

Enfermedades infecciosas

En general, las infecciones de la madre (gripe, resfriados, infección urinaria, neumonía, diarrea...) no afectan a la producción de leche ni a su composición, y no se transmiten por la lactancia, de modo que puede seguir dando el pecho tranquilamente.

En muchos casos, a los pocos días aparecen en la leche anticuerpos contra el causante de la enfermedad, que pueden proteger al bebé total o parcialmente. El bebé no solo puede mamar, sino que le conviene hacerlo.

Zavaleta N, Lanata C, Butrón B, Brown KH, Lonnerdal B. Effect of acute maternal infection on quantity and composition of breast milk. Am J Clin Nutr 1995;62:559-63

Hepatitis B

La hepatitis B no se transmite por la lactancia materna. Incluso cuando no existía la vacuna, ya se había demostrado que no se transmitía así. Tampoco se transmite durante el embarazo, salvo rarísimas excepciones, porque el virus no puede pasar la placenta. La hepatitis se contagia de madre a hijo en el momento mismo del parto, porque con las contracciones se producen pequeñas roturas en la placenta por las que puede pasar el virus. Por eso, es posible evitar el contagio tratando al bebé nada más nacer: solo tiene unos pocos virus, que acaban de entrar en su organismo, y es posible destruirlos antes de que causen daño. Si el bebé se hubiera contagiado semanas antes del parto, ya no tendría remedio.

A todas las embarazadas se les hacen pruebas para detectar la hepatitis B. Cuando la madre es portadora, al recién nacido se le administra inmunoglobulina y vacuna contra la hepatitis. Es muy importante que se administren antes de veinticuatro horas, mejor aún, antes de doce horas. Si se retrasan, puede que ya no sirvan de nada.

Puede dar el pecho sin ningún temor, tanto antes como después de que vacunen a su hijo.

Giles ML, Sasadeusz JJ, Garland SM, Grover SR, Hellard ME. An audit of obstetricians' management of women potentially infected with blood-borne viruses. Med J Aust 2004; 180:328-32
www.mja.com.au/public/issues/180_07_050404/gil10614_fm.html

Hepatitis C

Numerosos estudios demuestran que la hepatitis C no se transmite por la lactancia materna. En general, la transmisión de madre a hijo es muy rara.

Por ejemplo, Thomas y colaboradores revisaron once estudios de distintos países. En seis de los estudios no se contagió ni uno solo de un total de 227 niños, de los que 168 habían tomado el pecho. Es decir, no se habían contagiado ni por el embarazo, ni por el parto, ni por la lactancia. En otros cinco estudios (197 niños, de los que 114 tomaron el pecho) hubo algunos casos de contagio, que debieron de producirse durante el embarazo o el parto porque la incidencia era la misma con pecho que con biberón.

Es posible medir la cantidad de virus que tiene en la sangre una persona portadora; tener la viremia alta equivale a ser *muy contagioso*. A veces se dice a las madres con viremia alta que no deben dar el pecho. Pero no hay ningún motivo. En un pequeño estudio en Hong Kong, de once madres altamente contagiosas que dieron el pecho, no se contagió ningún niño.

También hay quien dice a las madres que si tienen grietas sangrantes no deberían dar el pecho, porque entonces sí que podría contagiarse el bebé. El razonamiento es ingenioso, pero no existe la más mínima prueba de que sea cierto. Antes al contrario, cuando decimos que la hepatitis C no se contagia por la lactancia, no lo hacemos con razonamientos teóricos, no se trata de «no hay virus en la leche» ni de «lo destruyen los jugos gástricos», ni nada por el estilo. Lo decimos porque hay estudios con cientos de madres reales que han dado el pecho, y los niños no se han contagiado. Lógicamente, alguna de esas madres habrá tenido grietas, y a pesar de eso los niños no se han contagiado. Si es usted portadora de la hepatitis, es razonable que intente evitar las grietas (y aunque no sea portadora; que a nadie le gusta tener grietas), y en el capítulo sobre la posición explicamos cómo. Pero aunque tuviera grietas, puede seguir dando el pecho.

Sí que hay una excepción: las madres que son portadoras al mismo tiempo de la hepatitis C y del VIH (virus del sida). En ese caso, la hepatitis C sí que se puede contagiar, durante el embarazo y también durante la lactancia. Es como si los dos virus fueran amigos, y uno ayudase a pasar al otro.

Thomas SL, Newell M-L, Peckham CS, Ades AE, Hall AJ. «A review of hepatitis C virus (HCV) vertical transmission: risks of transmission to infants born to mothers with and without HCV viraemia or human immunodeficiency virus infection». *Internat J Epidemiol* 1998;27:108-17

Lin HH, Kao JH, Hsu HY, Ni YH, Chang MH, Huang SC et al. Absence of infection in breast-fed infants born to hepatitis C virus-infected mothers. *J Pediatr* 1995;126:589-591

Sida

El sida se transmite a través de la leche materna. Aproximadamente un 15% de los hijos de madre portadora se habrá contagiado durante el embarazo y parto; y otro 15% se contagiará a través de la lactancia materna. Por tanto, la lactancia materna se considera contraindicada siempre que existan alternativas razonablemente adecuadas (acceso a leche artificial suficiente, a agua potable...), como es el caso en nuestro país.

En algunas zonas del mundo, la mortalidad por desnutrición y enfermedades infecciosas entre los niños que no toman el pecho es tan alta que continuar la lactancia constituye un mal menor.

La administración de antirretrovirales (medicamentos contra el sida) durante la lactancia disminuye la transmisión, pero no la evita por completo.

Un estudio sugiere que es la lactancia materna no exclusiva la que contagia el sida. Parece que los microbios o las proteínas extrañas en otros alimentos producen minúsculas lesiones en la mucosa digestiva que permiten la entrada del virus. Pero falta comprobarlo con otros estudios. Y en todo caso la lactancia debería ser absoluta y totalmente exclusiva: ni un solo biberón, ni siquiera de agua, durante toda la lactancia, y destete brusco y completo de un día para otro, porque el destete gradual o la introducción de las papillas son formas de lactancia mixta.

También se está estudiando la posibilidad de extraerse la leche, desinfectarla con calor o con productos químicos y dársela luego al bebé.

En conclusión, no existe todavía un método seguro y viable de evitar el contagio. En los países desarrollados, el VIH (virus del sida) es una contraindicación para la lactancia materna.

Tuberculosis

La tuberculosis no se transmite a través de la leche, salvo tal vez en caso de mastitis tuberculosa, una complicación que no se ve en España desde hace muchas décadas. La forma habitual de tuberculosis, que es la pulmonar, se contagia por el aire; el niño puede contagiarse igual tomando el pecho que tomando el biberón. La cuestión, por tanto, no es si el niño puede mamar o no, sino si el niño puede permanecer junto a la madre.

A veces se retrasa el diagnóstico de tuberculosis para no hacer una radiografía durante el embarazo. Es un grave error. La tuberculosis activa no tratada es un riesgo mucho mayor para la madre y para el feto que la mínima irradiación de una placa de tórax. Si se sospecha que una embarazada puede tener tuberculosis, hay que hacer la radiografía e iniciar el tratamiento.

Si, en el momento del parto, la madre lleva varias semanas de tratamiento, ya no es contagiosa y no hay riesgo para el bebé. Si, por otra parte, la tuberculosis se diagnostica unos días después del parto (por ejemplo: al entrar en el hospital, alguien nota que la madre tose mucho, le hace la prueba de la tuberculina, hay que esperar tres días para ver el resultado, entonces le pide una radiografía, tarda un par de días más...), el bebé ya ha estado expuesto al contagio, y no sirve de nada separarlo de la madre. Ese bebé tendrá que tomar isoniazida durante al menos diez semanas, tanto si está con la madre como si no.

Si, cuando nace el niño, la madre lleva menos de dos meses de tratamiento, podría plantearse separar al bebé de la madre para evitar el contagio. Pero el coste psicológico para toda la familia es muy alto, y además habría que garantizar que quienes cuiden al bebé no estén contagiados (si la madre está enferma, ¿se han hecho ya las pruebas necesarias a los abuelos y otros familiares?). Por todo ello, la OMS recomienda que el bebé se quede con la madre y reciba isoniazida.

Ni que decir tiene que si el bebé está con la madre, puede mamar.

Si la tuberculosis no es pulmonar (por ejemplo, tuberculosis renal u ósea) tampoco hay ningún motivo para interrumpir la lactancia ni para separar al niño de la madre; no son contagiosas.

Division of Child Health and Development. Breastfeeding and maternal tuberculosis. UPDATE 1998;23
www.who.int/child-adolescent-health/publications/NUTRITION/Up_23.htm

Diarrea

Normalmente, la madre no necesita ningún medicamento (excepto en algunos casos muy concretos en que se usan antibióticos, normalmente después de hacer un cultivo). Eso sí, necesitará beber abundantemente para compensar las pérdidas. Algunas mujeres con diarrea grave que no toman suficiente líquido notan una disminución de la leche. Si la diarrea es seria, tome suero de rehidratación oral. Y siga dando el pecho.

Sería irresponsable destetar a un niño precisamente cuando la madre tiene diarrea, porque es el momento más peligroso: ¿de dónde sacó su madre la diarrea? ¿Hay una epidemia, tal vez el agua está contaminada? ¿Con qué agua iban a preparar los biberones, entonces?

Varicela-herpes zóster

El herpes zóster y la varicela están causados por el mismo virus. Cuando pasamos la varicela, el virus queda escondido en nuestro cuerpo, y puede volver a salir al cabo de muchos años, aprovechando una bajada de las defensas, y dando lugar al herpes zóster.

Al comienzo del embarazo (antes de la semana 20), la varicela puede producir malformaciones. En el recién nacido, la varicela es una enfermedad muy grave, muchas veces mortal. En cambio, en un bebé de un mes o más, la varicela es una enfermedad leve, lo mismo que en un niño mayor. Por eso se toman precauciones muy estrictas cuando una embarazada tiene la varicela.

Lo que voy a explicar a continuación son las normas de la sociedad australiana de enfermedades infecciosas. Puede consultarlas completas en Internet; en caso de necesidad, puede imprimirlas y llevárselas a su médico.

— Una embarazada que no ha pasado la varicela y que ha estado en contacto con un caso de varicela debe recibir inmunoglobulina específica antes de setenta y dos horas de la exposición. Recuerde que la varicela es contagiosa desde antes de aparecer las vesículas; si se entera de que el sobrinito con el que estuvo jugando anteayer tiene la varicela, contacte inmediatamente con su ginecólogo. Si no está segura de si ha pasado la varicela o no, le harán un análisis para comprobarlo.

— En algunos casos, puede que le tengan que dar un tratamiento antivírico.

— Si la embarazada inicia la varicela siete o más días antes del parto, ha tenido tiempo de fabricar anticuerpos que pasan la placenta y protegen al bebé. No hay problema.

— Si la madre inicia una varicela entre siete días antes del parto y veintiocho días después, el recién nacido debe recibir inmunoglobulina antizóster antes de setenta y dos horas (mejor antes de veinticuatro) del nacimiento o del contacto. Es una urgencia. Eso significa que, si usted ha dado a luz hace menos de veintiocho días y sufre la varicela, debe llamar inmediatamente al médico o hacer que alguien lleve a su hijo a urgencias del hospital para que le pongan la inyección. Pero no se le ocurra ir usted a urgencias de obstetricia, podría contagiar a otras embarazadas.

(Explicación tranquilizadora: si la varicela aparece a los veintinueve, o a los treinta y dos días del parto, no se asuste y no intente que pinchen a su hijo *por si acaso*. Los médicos somos gente muy cauta para estas cosas, y el *por si acaso* ya está incluido en esos veintiocho días, en realidad el peligro grande son las primeras dos semanas. Si un médico que parece que sabe lo que se hace le dice: «No es necesario, aquí solo ponemos la inmunoglobulina hasta los 24 días» o algo así, puede fiarse.)

— Si tiene usted el herpes zóster, en el embarazo o después, no se preocupe: eso significa que ya pasó usted la varicela hace años, y por lo tanto su hijo ha recibido anticuerpos por la placenta. No hay peligro para el feto ni para el recién nacido.

— Sea cual sea el caso, no hay que separar a la madre del hijo, y no hay que interrumpir la lactancia materna. Sí que es posible que haya que aislarlos a los dos juntos en el hospital, separándolos de otros bebés y de otras madres.

Heuchan AM, Isaacs D. The management of varicella-zoster virus exposure and infection in pregnancy and the newborn period. Australasian Subgroup in Paediatric Infectious Diseases of the Australasian Society for Infectious Diseases. *Med J Aust* 2001;174:288-92
www.mja.com.au/public/issues/174_06_190301/heuchan/heuchan.html

Herpes simple

En el recién nacido (menos de quince días) el herpes simple produce una infección generalizada y potencialmente mortal. Normalmente se contagia durante el parto, pero se han descrito algunos casos de contagio por el pecho. Durante el primer mes, la presencia de lesiones de herpes simple en el pezón contraindica la lactancia de ese lado hasta su curación. La lactancia puede proseguir del otro lado. Del mismo modo, las personas con un herpes labial no deben besar a un recién nacido. Después de un mes, el herpes del lactante ya no reviste especial gravedad, y de hecho es frecuente que sea el bebé infectado el que ha contagiado el herpes a la madre; la lactancia puede continuar.

Lawrence RA. *La lactancia materna.* Barcelona: Mosby-Doyma, 1996

Hipertiroidismo

Se suele tratar con medicamentos antitiroideos, como el carbimazol y el metimazol (no confundir con el metamizol, Nolotil®, un fármaco para el dolor). Durante el embarazo, muchos especialistas prefieren usar el propiltiouracilo, que no está a la venta en España y que solo se importa para las embarazadas.

Se han publicado muchísimos casos de madres lactantes tratadas con metimazol, incluso durante más de un año, y los niveles hormonales de los bebés siempre han sido normales.

No es fácil acertar la dosis exacta del medicamento para cada paciente; hay que ir haciendo controles periódicos y subir o bajar según la respuesta. Pero incluso en las temporadas en que la madre tenía hipotiroidismo porque estaba tomando demasiado medicamento, al bebé no le ha pasado nada.

Muchos autores recomiendan controlar periódicamente los niveles hormonales del bebé. Probablemente es una precaución innecesaria, y en todo caso solo habría que hacerlo los primeros meses, puesto que cada vez el bebé toma menos leche (y por tanto, menos fármaco) por kilo de peso. Si no le pasó nada en los primeros meses, tampoco le pasará luego.

Si un médico le dice que no puede dar el pecho, consulte a otro. Si es preciso, imprima el siguiente artículo de Internet y lléveselo:

Azizi F, Khoshniat M, Bahrainian M, Hedayati M. «Thyroid function and intellectual development of infants nursed by mothers taking methimazole». *Clin Endocrinol Metab* 2000;85:3233-8
http://jcem.endojournals.org/cgi/content/full/85/9/3233

Hipotiroidismo

El tratamiento del hipotiroidismo consiste en tomar hormona tiroidea. El objetivo del tratamiento es tener los mismos niveles hormonales que una persona sana, y por tanto en la leche también habrá la misma cantidad de hormona que en la de cualquier otra madre. Puede dar el pecho, sin la menor duda. La leche materna siempre contiene hormona tiroidea, es un componente normal.

¿Y si por error la madre toma demasiada hormona durante una temporada, no podría perjudicar a su hijo? No. La cantidad de hormona en la leche es tan pequeña que, aunque hubiera el doble o el triple, seguiría sin tener importancia. El exceso de hormona tiroidea tiene efectos muy llamativos: nervios, hiperactividad, taquicardia... la madre estaría como una moto, se daría cuenta y reduciría la dosis, y a todo esto el bebé tan tranquilo.

El hipotiroidismo, y más raramente el hipertiroidismo, pueden provocar una disminución de la producción de leche (pág. 371), pero con el tratamiento correcto la cantidad de leche se normaliza.

Hipertensión y cardiopatías

De vez en cuando todavía le prohíben dar el pecho a alguna madre porque está enferma del corazón y la lactancia sería una *sobrecarga*.

Es mentira. Hace ya muchos años se demostró que las madres que dan el pecho y las que dan el biberón no tienen diferencias en la frecuencia cardiaca, el gasto cardiaco (la cantidad de sangre que el corazón bombea en un minuto) ni la presión arterial. Dar el pecho no es ninguna sobrecarga. Y los medicamentos que se usan en estos casos suelen ser compatibles con la lactancia.

Los diuréticos (tiazidas, furosemida) no hacen daño al bebé, pero algunos creen que en ciertos casos podrían disminuir la secreción de leche; aunque es muy dudoso, hay que estar atentos; probablemente la respuesta del bebé sería mamar más a menudo, y la producción de leche volvería a aumentar.

Depresión

La mayor parte de las madres sufren en las primeras dos semanas momentos de tristeza, irritabilidad y llanto fácil, lo que se conoce como melancolía o tristeza posparto. La verdadera depresión posparto es la que causa síntomas graves durante la mayor parte del tiempo durante más de dos semanas.

La verdadera depresión es una enfermedad grave y necesita tratamiento. La madre deprimida no responde adecuadamente a su hijo: le habla menos, le sonríe menos, no es capaz de prestarle atención y darle seguridad, y eso a su vez afecta al desarrollo del bebé.

El apoyo social es importante para prevenir la depresión. No es bueno que la madre esté sola con su hijo la mayor parte del día. Las visitas de las abuelas y otras familiares y amigas pueden ser de gran ayuda, así como la asistencia a grupos de apoyo a la lactancia, o de gimnasia posparto. Se ha demostrado que la simple visita semanal de una enfermera a domicilio ayuda a prevenir y a tratar la depresión.

La depresión no es motivo para destetar. Se conocen casos de madres que se han suicidado justo después de que les prohibieran dar el pecho. Podría ser casualidad, por supuesto, pero también es fácil comprender que el destete no va a mejorar el estado de ánimo de la madre. La depresión se caracteriza precisamente por sentimientos de inutilidad y fracaso, solo falta decirle a la madre que lo del pecho también lo está haciendo mal, que su leche le hace daño a su hijo...

Existen numerosos antidepresivos perfectamente compatibles con la lactancia. Parece que los más adecuados son la paroxetina, la sertralina y la nortriptilina. También se consideran seguros la amitriptilina, la desipramina, la clomipramina y la dotiepina. Sí se han descrito efectos adversos (leves) en algunos recién nacidos cuya madre tomaba doxepina o fluoxetina. Lo de la fluoxetina (Prozac) es un poco confuso; se ha comprobado que la cantidad que pasa a la leche es bajísima, y muchos creen que es compatible con la lactancia y que esos presuntos efectos adversos se han observado precisamente porque es el antidepresivo más usado, con diferencia.

Gjerdingen D. The effectiveness of various postpartum depression treatments and the impact of antidepressant drugs on nursing infants. *J Am Board Fam Pract* 2003;16:372-82
www.jabfp.org/cgi/reprint/16/5/372

Prolactinoma

El prolactinoma es un tumor benigno de la hipófisis, a veces microscópico, que secreta prolactina. Puede causar amenorrea (falta de menstruación) y galactorrea (producción espontánea de leche en una persona que no está dando el pecho). Si hay amenorrea, es necesario tratar a la mujer con inhibidores de la lactancia para que pueda ovular y tener hijos.

Dar el pecho no agrava la enfermedad ni estimula el crecimiento del tumor. Y, por supuesto, la madre con un prolactinoma tiene leche a chorros (increíble pero cierto: conocí a una madre con un prolactinoma a la que ordenaron dar suplementos porque *no tenía leche*). Si su médico le pone problemas para la lactancia, puede recomendarle los siguientes artículos:

Hölmgren U, Bergstrand G, Hagenfeldt K, Werner S. Women with prolactinoma —effect of pregnancy and lactation on serum prolactin and on tumour growth. *Acta Endocrinol (Copenh)* 1986;111:452-9

Pasinetti E, Schivardi MR, Falsetti L, Gastaldi A. Effetti della terapia e della gravidanza nella iperprolattinemia da adenoma ipofisario. Caso clinico. *Minerva Ginecol* 1989;41:157-60

Zárate A, Canales ES, Alger M, Forsbach G. The effect of pregnancy and lactation on pituitary prolactin-secreting tumours. *Acta Endocrinol (Copenh)* 1979;92:407-12

Ingreso hospitalario

Si una madre ingresa en el hospital (por ejemplo, por un traumatismo o para operarse de la vesícula), su bebé debería ingresar con ella. Tanto si toma el pecho como si toma el biberón. Para un niño menor de tres años, separarse de la madre es muy doloroso, y más durante varios días seguidos. No se trata solo de mantener la lactancia, no basta con que la madre se saque leche para que se la den a su hijo. El bebé necesita la leche, pero necesita mucho más a su madre.

A veces se impide la visita de niños a los pacientes hospitalizados por el temor a los gérmenes hospitalarios. Pero, si entrar en el hospital es peligroso, ¿cómo permiten que los bebés nazcan en hospitales, por qué ingresan precisamente a los niños enfermos? La separación solo estaría justificada en casos muy concretos, por ejemplo si la madre está aislada por una grave enfermedad infecciosa. De otro modo, debería facilitarse que los niños visiten a su madre tanto tiempo como el estado físico de la enferma le permita tolerar (el estado de la enferma, no el prejuicio o la comodidad del personal sanitario).

Una cesárea es una intervención seria de cirugía abdominal. Si una mujer que ha dado a luz por cesárea puede tener a su recién nacido en su habitación y darle el pecho, una mujer operada de apendicitis, vesícula o quiste de ovario puede tener en su habitación a su bebé de cuatro o de quince meses y darle el pecho.

Probablemente, la madre también descansa mejor si puede ver con frecuencia a su hijo que si no lo ve en varios días.

En caso de intervención quirúrgica, puede dar el pecho tan pronto como despierta de la anestesia (lo que indica que ya ha eliminado casi todo el anestésico).

Si el ingreso es programado, además de retrasarlo lo más posible, puede sacarse leche unos días antes y dejarla en el congelador, para aquellos periodos en que sea imposible dar el pecho (cuando el bebé ya es mayor y toma papillas, probablemente ya no es necesario sacarse leche). Pregunte en los distintos hospitales de su ciudad, y elija el que le dé más facilidades para estar con su hijo. Si hay prohibiciones sin fundamento, este es el momento de hablar con el director, el jefe de servicio o con quien haga falta para hacer valer sus derechos.

Si durante varias horas va a resultar materialmente imposible dar el pecho (porque estará en quirófano, o en recuperación, o haciéndose pruebas...), es importante que le vacíen los pechos para que su estado no se complique con una ingurgitación o una mastitis. Que sus familiares se lo recuerden a las enfermeras.

Colitis ulcerosa (cómo buscar información en Internet)

No podemos hablar una por una de todas las enfermedades que podría llegar a tener una madre mientras lacta, así que tendrá que aprender cómo buscar información por sí misma. Usaremos la colitis ulcerosa como ejemplo práctico.

Internet es una fuente inagotable de información. Por desgracia, cualquiera puede publicar cualquier tontería, y hay que saber encontrar y reconocer la información seria.

Para saber más sobre la enfermedad, es buena idea empezar por Medline Plus, un buscador de información para no profesionales del gobierno norteamericano. Solo da información seria:

http://medlineplus.gov/spanish/

Verá que se puede buscar en inglés o en español. Si puede leer inglés, pruebe con los dos idiomas, porque solo una parte de la información está traducida.

Otras páginas ofrecen información para médicos muy completa. Pero antes de meterse a leer información para médicos, recuerde que puede usar un lenguaje poco comprensible, que no está precisamente escrita para tranquilizar a los pacientes, y que es muy fácil caer en el síndrome del estudiante de medicina: imaginarse que tiene todos los síntomas que va leyendo.

Por ejemplo, emedicine.com ofrece excelentes artículos muy completos:

www.emedicine.com/med/topic2336.htm

Es probable que con todo esto aún no haya encontrado la respuesta exacta a la pregunta *¿puedo dar el pecho?* Es una cuestión altamente especializada, que ni siquiera se mencionará en muchos libros de texto de gastroenterología. Así que tendremos que ir a la fuente y buscar en Medline (pág. 458). Busque:

ulcerative colitis AND (breastfeeding OR breast-feeding OR lactation)

Encontrará 30 estudios (o más). Si repasa los resúmenes verá que sí, que puede dar el pecho aunque tenga colitis ulcerosa, que se han publicado estudios sobre muchas mujeres que así lo han hecho, que la mayor parte de los fármacos usados son compatibles con la lactancia. También descubrirá que la lactancia materna disminuye el riesgo de colitis ulcerosa y enfermedad de Crohn en el bebé, lo que sin duda hay que tener en cuenta cuando le dicen alegremente que no dé el pecho. Puede imprimir los resúmenes más interesantes y llevárselos a su médico.

capítulo quince Circunstancias especiales

Gemelos

Es perfectamente posible dar el pecho a gemelos. De hecho, se conocen muchos casos de lactancia materna exclusiva de trillizos, y alguno de cuatrillizos.

Cualquier madre puede producir leche para dos niños. El secreto es el mismo que con uno solo: empezar lo antes posible y dar el pecho con frecuencia en buena posición. El mayor obstáculo no es la falta de leche, sino la cantidad de gente (incluyendo profesionales de la salud) que le dirán que no se puede.

Al principio, sobre todo si la madre es inexperta, probablemente le será más fácil darles el pecho por separado. Cuando ya domina la técnica, puede resultarle más cómodo darles a los dos a la vez. Pueden alternarse pechos, pero a veces cada niño tiene *su* pecho favorito, lo que tampoco es ningún problema (algunos libros antiguos advierten que, si el niño mama siempre del mismo lado, verá siempre a su madre con el mismo ojo, que se desarrollará mejor que el otro. Nos parece una advertencia absurda e infundada; el niño tiene todo el resto del día para ver a su madre con ambos ojos a la vez).

Por supuesto, tener gemelos es agotador, tanto con el pecho como con el biberón. Es fácil encontrar voluntarios para darles el biberón mientras usted hace la compra, pero lo que necesita es alguien que haga la compra (y la comida, y la limpieza) mientras usted da el pecho. Sobre todo al principio le va a quedar muy poco tiempo libre. Si sabe que está embarazada de gemelos, procure contactar con un grupo de madres y hablar con otras madres de gemelos, y piense en quién la ayudará con la casa. Si no pueden ayudarla sus familiares, piense en contratar a alguien. No hay dinero mejor gastado.

Existe un grupo de apoyo específico para madres de gemelos, trillizos o más, Multilacta (www.multilacta.org).

Prematuros

Cuando la madre da a luz antes de tiempo, su leche es distinta. Durante varias semanas contiene más proteínas, calcio, sodio y otros nutrientes que la leche materna normal. Está especialmente adaptada a las necesidades de un bebé prematuro.

Conviene empezar a sacarse leche a las pocas horas del parto, en cuanto sea físicamente capaz. Es más eficaz sacarse varias veces al día (seis u ocho) pero poco tiempo cada vez. Probablemente en pocos días le sobrará leche; los prematuros comen muy poquito. La leche sobrante se guarda congelada para más adelante.

Antiguamente no se les dejaba mamar hasta que eran capaces de tomar un biberón sin problemas. Ahora sabemos que era un error. Tomar el pecho es mucho más fácil que tomar el biberón; en los prematuros, la frecuencia cardiaca y respiratoria y el nivel de oxígeno en la sangre son más normales cuando toman el pecho, y pueden hacerlo mucho antes.

En muchos hospitales (y esperemos que algún día sea en todos) se practica el método canguro: el bebé se saca de la incubadora y se pone en contacto piel con piel con su madre. Se ha llegado a hacer con prematuros de menos de veintiséis semanas y menos de 600 gramos. En contacto con su madre, los prematuros mantienen mejor la temperatura, respiran mejor, engordan más, tienen menos infecciones y su desarrollo psicomotor es mejor. La madre se siente mucho más confiada, y le sale mucha más leche.

Si en su hospital todavía no lo hacen, insista y páseles información. Plantee objetivos sencillos a corto plazo: «No, no pretendo que cambien el tratamiento de todos los prematuros. Pero ¿no podría tener a mi bebé en brazos tres horitas esta tarde?».

En Alemania, Sontheimer y colaboradores han transportado a los prematuros en contacto piel con piel, sin incubadora, hasta a 400 kilómetros de distancia con excelentes resultados. Una ventaja nada desdeñable de este modo de transporte es que la madre se traslada junto con su hijo; demasiadas veces la madre se tiene que quedar en un pequeño hospital comarcal, sola y angustiada, mientras su hijo es trasladado a un centro de alta tecnología.

Ludington-Hoe SM, Ferreira C, Swinth J, Ceccardi JJ. Safe criteria and procedure for kangaroo care with intubated preterm infants. *J Obstet Gynecol Neonatal Nurs* 2003;32:579-88

Ludington-Hoe SM, Anderson GC, Swinth JY, Thompson C, Hadeed AJ. Randomized controlled trial of kangaroo care: cardiorespiratory and thermal effects on healthy preterm infants. *Neonatal Netw* 2004;23:39-48

Feldman R, Eidelman AI, Sirota L, Weller A. Comparison of skin-to-skin (kangaroo) and traditional care: parenting outcomes and preterm infant development. *Pediatrics* 2002;110:16-26

http://pediatrics.aappublications.org/cgi/content/full/110/1/16

Hurst NM, Valentine CJ, Renfro L, Burns P, Ferlic L. Skin-to-skin holding in the neonatal intensive care unit influences maternal milk volume. *J Perinatol* 1997;17:213-17

Sontheimer D, Fischer CB, Buch KE. Kangaroo transport instead of incubator transport. *Pediatrics* 2004;113:920-3

http://pediatrics.aappublications.org/cgi/content/full/113/4/920

Closa Monasterolo R, Moralejo Benéitez J, Ravés Olivé MM, Martínez Martínez MJ, Gómez Papí A. Método canguro en recién nacidos prematuros ingresados en una Unidad de Cuidados Intensivos Neonatal. *An Esp Pediatr* 1998;49: 495-8.

Cattaneo A, Davanzo R, Uxa F, Tamburlini G. Recommendations for the implementation of Kangaroo Mother Care for low birthweight infants. *Acta Pædiatr* 1998; 87: 440-5

Humane neonatal Care Initiative. www.hnci.ee

Fundación Canguro

http://kangaroo.javeriana.edu.co/

capítulo
dieciséis

Enfermedades del bebé

Ictericia

La ictericia es la coloración amarillenta de la piel y las mucosas (se nota especialmente en el blanco del ojo) debida a la acumulación de bilirrubina.

La bilirrubina es un derivado de la hemoglobina. Los glóbulos rojos (eritrocitos o hematíes), que contienen hemoglobina, tienen una vida muy corta, solo cuatro meses. Mueren y son substituidos por otros nuevos. La hemoglobina, cuando no está dentro del glóbulo rojo, es tóxica, y el organismo se da mucha prisa en destruirla. Se separa la parte proteica, se separa el hierro (que se recicla para formar nuevos glóbulos rojos), y lo que queda se convierte en bilirrubina. Tanto trabajo para nada, porque sigue siendo tóxica, y hay que expulsarla.

La bilirrubina es liposoluble (soluble en grasas), y por tanto no se puede eliminar ni por la orina ni por la bilis, porque ambas son agua con cosas disueltas. Por suerte, el hígado es capaz de unir (conjugar) la bilirrubina con otras substancias; la bilirrubina conjugada sí que se disuelve en el agua, y se elimina por la bilis. El color típico de las heces se debe a la bilirrubina (por eso, en algunas enfermedades del hígado, las deposiciones son blancas).

La bilirrubina conjugada no se puede absorber en el intestino. Pero dentro del intestino, parte de la bilirrubina se desconjuga, vuelve a ser liposoluble y se vuelve a absorber. Es el ciclo enterohepático de la bilirrubina.

Todo esto ocurre en niños y adultos. Pero no en los fetos. El feto no hace caca dentro del útero (en algunos casos hace, el último día, durante el parto, y eso indica sufrimiento fetal), y por tanto no puede eliminar la bilirrubina por la bilis. La bilirrubina del feto tiene que pasar a través de la placenta, y es el hígado de la madre el que la elimina. Y para atravesar la placenta tiene que ser liposoluble. El hígado del feto no puede conjugar la bilirrubina. Nada, ni un poquito. Porque toda la bilirrubina que conjugase se quedaría allí, sin poder atravesar la placenta, y se iría acumulando hasta matarle.

De pronto el niño nace, y todo cambia. Sus pulmones estaban llenos de agua, y ahora tienen que llenarse de aire. Recibía todo su alimento a través de la placenta, y ahora tiene que comer, digerir y metabolizar la comida. Sus riñones no expulsaban substancias tóxicas (el líquido amniótico es básicamente orina del feto..., pero no contiene nada tóxico, porque se lo tiene que volver a beber), y ahora tienen que empezar a hacerlo. Y al mismo tiempo, el hígado tiene que ponerse a conjugar la bilirrubina. Todos esos cambios los hacen los recién nacidos al mismo tiempo, tan rápido y tan bien que la mayoría no tienen ningún problema.

Durante un tiempo, el hígado no funciona al cien por cien de su capacidad. Se pone en marcha lentamente, y durante esos días la bilirrubina se acumula y los bebés se ponen un poco amarillitos. Nada importante. Probablemente, esa lenta activación del hígado no es un fallo de diseño, sino que está hecha a propósito. La bilirrubina no es buena para el adulto, pero en el recién nacido actúa como antioxidante. Al recién nacido le conviene estar un poco amarillo, pero no mucho. Un exceso muy grande de bilirrubina puede dañar gravemente al cerebro (quernícterus).

Lo que no había previsto la naturaleza es que separásemos al recién nacido de la madre, le diéramos chupetes y biberones y no le dejásemos mamar más que cada cuatro horas. Los bebés que maman poco hacen caca pocas veces al día, y por lo tanto la bilirrubina que ya había sido conjugada y expulsada con la bilis permanece en el intestino durante muchas horas, y se reabsorbe. El hígado no da abasto a conjugar a toda esa bilirrubina que vuelve desde el intestino, y el bebé se pone más ictérico. Eso es lo que se conoce como ictericia de la lactancia materna (*breastfeeding jaundice*), aunque algunos sugieren que se debería llamar más bien *ictericia por falta de lactancia materna*. La mejor manera de evitar que la ictericia aumente es iniciar bien la lactancia: primera toma en sala de partos, bebé en la habitación de la madre las veinticuatro horas, lactancia a demanda, enfermeras y comadronas que sepan ayudar a la madre a colocar bien a su hijo al pecho.

Como un poco de bilirrubina es buena para el bebé, la leche materna contiene una substancia que facilita la desconjugación de la bilirrubina en el intestino. Mientras que la ictericia desaparece completamente en una semana o así en los niños que toman el biberón, los niños de pecho pueden estar visiblemente amarillos varias semanas, e incluso dos o tres meses. Es lo que se llama ictericia de la leche materna (*breast milk jaundice*). Es un lío terrible, y quiero pensar que de aquí a pocos años algún científico americano les cambiará el nombre, pero de momento es lo que hay.

Algunos pediatras, faltos de experiencia con lo que es un niño de pecho normal (hace años había tan pocos...), se asustan con la ictericia prolongada, y se empeñan en hacer análisis y más análisis. No es necesario. Cuando un bebé parece muy amarillo, se le pide un análisis, y si la cifra es realmente alta (digamos 18 mg/dl), es razonable volverla a medir al cabo de un par de días para asegurarse de que no sube aún más. Pero si comprobamos que ha bajado un poco, ya está. No hace falta repetir los análisis para comprobar que está a 16, a 13, a 11, a 8,5, a 7... Ya sabemos que irá bajando lentamente, y que puede tardar varias semanas.

Casi la tercera parte de los niños sanos que están más de un mes amarillos tienen el síndrome de Gilbert. Se trata de una variación genética (no es una enfermedad, pueden vivir cien años) que afecta a la conjugación de la bilirrubina en el hígado. Es hereditario. Los adultos con síndrome de Gilbert pueden tener ataques de ictericia leve intermitente, a veces coincidiendo con otras enfermedades (una gripe o algo así). El problema es que cada vez el médico se asusta y empieza a pedir análisis pensando que es una hepatitis. Es un descanso saber qué es lo que tiene y no preocuparse más. Si en su familia hay casos conocidos de Gilbert (o si hay casos sospechosos, gente que de vez en cuando se pone ictérica y nunca le encuentran nada), dígaselo a su pediatra.

Como la bilirrubina no se elimina por la orina, sino por el hígado, beber más agua no sirve de nada. El suero glucosado no sirve para prevenir ni para tratar la ictericia.

Cuando los niveles de bilirrubina son muy altos, se practica la fototerapia. La luz de unas lámparas especiales actúa sobre la piel, destruyendo la bilirrubina. No hay ningún motivo para que el bebé ingrese en la unidad de prematuros si solo necesita fototerapia; las lámparas de fototerapia tienen ruedas, y se pueden llevar a la habitación de la madre. Insista para que dejen al niño en su habitación. Hay que darle el pecho muy frecuentemente, primero, para que le baje la bilirrubina, y segundo, porque con el calor de los focos el bebé necesita más líquido (generalmente será suficiente con darle mucho pecho, pero en algún caso puede que haya que darle agua). Hace décadas se pensaba que, en caso de ictericia, había que dejar el pecho durante uno o dos días. Aún quedan médicos que lo recomiendan, pero se ha demostrado que no es necesario. Cuando la ictericia es debida a otra enfermedad, o a incompatibilidad de Rh, tampoco hay que interrumpir la lactancia.

En rarísimos casos, cuando los niveles de bilirrubina son tan altos que hay un serio peligro para el bebé, hay que hacer una exsanguinotransfusión, sacarle toda la sangre y cambiársela por sangre nueva. Es muy raro que eso ocurra en una ictericia *normal*, simplemente debida a que el niño mama poco (lo que llamamos ictericia fisiológica o parafisiológica, *casi normal*). Pero hay otras muchas causas de ictericia: problemas de Rh y grupo sanguíneo, problemas del hígado, infecciones... En el hospital, según la edad del bebé y otros síntomas, ya se encargarán de hacerle las pruebas oportunas para asegurarse de que no tiene nada serio.

Hoy en día, en niños sanos de tres o cuatro días, no se suele hacer fototerapia hasta que la bilirrubina sube a 20, o exsanguino hasta que sube a 25 o más. Antiguamente se hacía la fototerapia mucho antes, pero se ha visto que no es necesario. Ahora bien, en niños enfermos, o prematuros, o que tienen menos de tres días, la ictericia es más peligrosa y hay que tratarla antes.

Hoy en día, los niños se van del hospital tan pronto que todavía no se han puesto amarillos. Fíjese en el color de su hijo cuando se va del hospital: la cabecita, los pies, los ojos. Si en casa, al cabo de unos días, lo ve claramente más amarillo, acuda al centro de salud más cercano o vuelva al hospital. Hay que mirar siempre con buena luz natural, la luz artificial a veces es amarillenta y engaña mucho.

Todavía hay muchos médicos y enfermeras que recomiendan a la madre poner a su hijo al sol para que le baje la ictericia. Es un error. En el hospital, cuando hay que hacer fototerapia, se hace veinticuatro horas al día (solo se saca al bebé de debajo de la lámpara para darle de comer). Pero un bebé no debería estar al sol más de diez minutos sin un protector solar de factor 30 o más; si se le deja una hora al sol sin protección puede sufrir graves quemaduras... y sin embargo la ictericia aún no le habría bajado, porque con una hora no es suficiente. No haga caso; o su hijo necesita fototerapia (y entonces se la tendrán que hacer en el hospital), o no la necesita (y entonces tampoco necesita tomar el sol). Lo que necesita es mucho pecho.

American Academy of Pediatrics Subcommittee on Hyperbilirubinemia. «Management of hyperbilirubinemia in the newborn infant 35 or more weeks of

gestation». *Pediatrics* 2004;114:297-316
http://aappolicy.aappublications.org/cgi/content/full/pediatrics;114/1/297
American Academy of Pediatrics. La ictericia y su bebé
www.aap.org/family/jaundicefaqspanish.htm
Johnston RV, Anderson JN, Prentice C. Is sunlight an effective treatment for infants with jaundice? *Med J Aust* 2003;178:403
www.mja.com.au/public/issues/178_08_210403/joh10652_fm.html

Síndrome de Down

Los niños con síndrome de Down pueden tener dificultades para mamar. Tienen hipotonía, por lo que maman débilmente y se *caen* del pecho si no se les sujeta bien. Tienen la lengua muy grande (macroglosia), por lo que el pecho a veces no entra bien en la boquita. Muchos tienen también una cardiopatía, y se cansan mientras maman.

Pero al mismo tiempo, la lactancia materna es especialmente beneficiosa para ellos: protege contra las infecciones (a las que estos niños están predispuestos) y facilita el vínculo afectivo (es muy duro tener un hijo con una malformación, y muchas madres sienten cierto rechazo. No se avergüence, es normal. Lo superará con muchos brazos y muchos mimos). Además, los niños con cardiopatías se fatigan al mamar, pero se fatigan aún más con el biberón (y se afecta su frecuencia cardiaca, su saturación de oxígeno...).

Es muy importante conseguir una posición óptima al pecho. Las tomas pueden ser muy largas. Puede que le sea útil la compresión del pecho (pág. 309) mientras su hijo mama. En una mala, puede que tenga que sacarse leche y dársela después de la toma con un vasito o con un cuentagotas.

Los niños con síndrome de Down nunca engordan normalmente, no siguen las gráficas de peso. Cuando son adultos, su talla es inferior a la normal. Por lo tanto, no se asuste si de bebé le dicen que engorda poco. Eso no es motivo para destetarlo. Encontrará curvas de crecimiento especiales para niños con síndrome de Down en

www.fcsd.org/cas/revista/downloads.htm
Breastfeeding & Down Syndrome Resources.
www.kellymom.com/babyconcerns/down-syndrome.html
Fundació Catalana Síndrome de Down. www.fcsd.org

Labio leporino

El labio leporino es una hendidura en el labio superior, debajo de la nariz. A veces hay un agujero bastante grande.

Hay pocos problemas para la lactancia. En la mayoría de los casos, el mismo pecho se adapta al defecto y lo tapa durante la toma. Cuando el defecto es grande y el pecho no se adapta bien, puede pasar aire por el orificio, lo que dificulta la succión (el bebé traga aire, y además no puede ejercer presión suficiente para mantener el pezón en su sitio); normalmente podrá solucionarlo usted misma tapando el hueco con su pulgar durante la toma.

El labio leporino se puede operar en las primeras semanas, y el niño puede mamar tan pronto como despierta de la anestesia. No es necesario ni conveniente tenerlo unas horas sin mamar (véase más abajo *paladar hendido*). Cuanto antes empiezan a mamar tras la operación, antes aumentan de peso y antes se van a casa.

Weatherley-White RC, Kuehn DP, Mirrett P, Gilman JI, Weatherley-White CC. Early repair and breast-feeding for infants with cleft lip. Plast Reconstr Surg 1987;79: 879-87

Childrens Hospitals and Clinics. Breastfeeding an infant with cleft lip. http://xpedio02.childrenshc.org/stellent/groups/public/@manuals/@pfs/@nutr/documents/policyreferenceprocedure/018722.pdf

Paladar hendido

A veces, en el desarrollo del feto, las dos piezas que forman el paladar no se juntan bien en el centro, y queda un orificio más o menos grande que comunica la cavidad bucal con las fosas nasales. A veces se acompaña de labio leporino. El problema es que la comida se puede ir por el otro agujero y llegar al pulmón (aspiración), provocando neumonías por cuerpo extraño.

Se ha demostrado que los niños con paladar hendido que toman leche materna sufren menos otitis (a las que también están muy predispuestos). Además, en caso de aspiración, la leche artificial es una substancia extraña que se infecta con facilidad, mientras que la leche materna está cargada de anticuerpos y glóbulos blancos, y es más difícil que provoque una neumonía.

Es muy importante que un recién nacido con paladar hendido tome leche materna, por cualquier método.

Algunos niños consiguen mamar directamente del pecho, colocándolos en posición muy vertical (sentados a caballito sobre el muslo de la madre). Es mucho más fácil que mamen si se tapa el orificio con una prótesis blanda (placa de Hotz); es como un parche de silicona que se hace a medida y se adapta al orificio. Si no se lo proponen, pregunte a su médico; puede imprimir el artículo que citamos más abajo (está en Internet) y llevárselo.

Otros niños no pueden mamar de ninguna manera; hay que darles la leche por sonda, o con un biberón especial para estos casos, o a veces con un biberón normal... Todos los métodos tienen sus problemas y sus inconvenientes. Si su hijo se atraganta menos con el biberón, pues dele el biberón... pero con leche materna dentro. Ya podrá ponerlo directamente al pecho más adelante, cuando se opere.

Estos niños suelen aumentar poco de peso, porque les cuesta comer. Si toma pecho pero engorda poco, sáquese más leche e intente dársela después con cualquier método. Verá que pronto se saca más leche de la que el niño admite; le sobrará leche. Por lo tanto, darle leche artificial no es la solución. Es más, a un niño que ya tiene problemas de peso le pueden fastidiar bastante los virus, diarreas y otitis que son más frecuentes con la lactancia artificial.

Después de la intervención quirúrgica, era costumbre alimentar a estos niños con cucharilla o por sonda, evitando el pecho y el biberón por temor a que se saltasen los puntos con el movimiento. Pero los puntos se moverán mucho más si el niño llora. Así que lo mejor es meterle el pecho en la boca en cuanto se despierte de la anestesia, para que no llore. Se ha demostrado que pueden tomar el pecho inmediatamente después de la intervención y que así engordan más y no se les saltan los puntos.

Roberts J, Hawk K. Cleft Lip and Palate New Beginnings 2002;19:88
www.llli.org/NB/NBMayJun02p88.html

Kogo M, Okada G, Ishii S, Shikata M, Iida S, Matsuya T. Breast feeding for cleft lip and palate patients, using the Hotz-type plate. Cleft Palate Craniofac J 1997;34:351-3
http://www.ncbi.nlm.nih.gov/pubmed/9257027
0: BFFCLA%3E2.3.CO%3B2

Darzi MA, Chowdri NA, Bhat AN. Breast feeding or spoon feeding after cleft lip repair: a prospective, randomised study. Br J Plast Surg 1996;49:24-6

Fenilcetonuria

Es una rarísima enfermedad metabólica. Los niños que la sufren deben tomar una leche especial sin fenilalanina (un aminoácido), pero también deben tomar cierta cantidad de leche normal, porque cierta cantidad de fenilalanina es imprescindible para la vida. La leche materna lleva menos fenilalanina que la de vaca; por tanto, estos niños necesitan menos leche especial cuando toman el pecho que cuando toman el biberón.

Cornejo V, Manríquez V, Colombo M, Mabe P, Jiménez M, De la Parra A, Valiente A, Raimann E. Fenilquetonuria de diagnóstico neonatal y lactancia materna. *Rev Med Chil* 2003;131:1280-7 www.scielo.cl/pdf/rmc/v131n11/art08.pdf

Mandíbula pequeña

Algunos niños nacen con la mandíbula inferior demasiado pequeña (retrognatia o micrognatia), como en el síndrome de Pierre Robin. Les cuesta mamar porque no pueden abarcar suficiente porción de pecho para poner la lengua en su sitio. A veces hay que sacarse leche y dársela con un vaso. En otros es posible ayudar al niño colocándolo en posición vertical durante la toma y sujetando su mandíbula con el pulgar y el índice, al tiempo que la palma de la mano soporta el pecho, y comprimiendo el pecho durante la toma.

Landis J. Pierre Robin Sequence. *Leaven* 2001;37:111-112 www.llli.org/llleaderweb/LV/LVOctNov01p111.html

Problemas neurológicos

La hipotonía, la hipertonía o la falta de coordinación pueden dificultar la lactancia.

Los niños hipotónicos suelen mamar mejor si están en posición horizontal sobre una almohada, con la cabeza y el culito casi al mismo nivel. Puede ser útil sujetar su mandíbula con el pulgar y el índice, al tiempo que la palma de la mano soporta el pecho, y comprimir el pecho durante la toma.

Childrens Hospitals and Clinics. Breastfeeding an infant with neurological problems.
http://xpedio02.childrenshc.org/stellent/groups/public/@Manuals/@PFS/@Nutr/documents/PolicyReferenceProcedure/018724.pdf

Cardiopatía congénita

Los niños con cardiopatía congénita mantienen una mejor saturación de oxígeno cuando toman el pecho que cuando toman el biberón. Es decir, se fatigan más con el biberón que con el pecho. Puede ser útil comprimir el pecho durante la toma.

Marino BL, O'Brien P, LoRe H. Oxygen saturations during breast and bottle feedings in infants with congenital heart disease. *J Pediatr Nurs* 1995;10:360-4

Diarrea

Cuando yo era niño, la diarrea, cualquier diarrea, se trataba con antibióticos. Todavía recuerdo los que me daba mi padre, el Sulfatalidín®, que sabía a rayos. No era necesario ni ir al médico; mis padres jamás se hubieran atrevido a darme por su cuenta un antibiótico para las anginas, pero lo de la diarrea lo sabía todo el mundo. Sin embargo, no recuerdo de mi infancia una dieta especial para la diarrea. Te tomabas la pastilla, y ya está.

Cuando, años más tarde, los médicos quisieron convencer a la población (y a algunos de sus propios colegas, más reticentes) de que los antibióticos para la diarrea son inútiles y a veces perjudiciales, parece que se sintieron obligados a dar algo a cambio: la *dieta astringente*. La dichosa dieta ya era invento antiguo, pero sin duda los pediatras de los años setenta y ochenta contribuyeron mucho a su difusión. «¿Y no le da antibiótico para la diarrea?» «No, señora, lo que hay que hacer es una dieta bien hecha, y ya verá como se le cura la diarrea.» Suena mejor que «no, señora, la diarrea se cura sola y no hace falta hacer nada», ¿verdad? Sin la dieta, la mitad de las madres se habrían ido a la farmacia muy enfadadas a comprar ellas mismas el antibiótico. Con el tiempo, muchos médicos se llegaron a creer lo de la dieta.

Básicamente (hay variaciones) la dieta consistía en estar veinticuatro horas sin comer nada sólido (solo agua de arroz y agua de zanahorias), y luego seguir con arroz y zanahorias hervidas, pollo hervido o a la plancha, pescado hervido, manzana al horno, plátano maduro y pan tostado. Nada de leche, y mucho menos leche materna (que es tóxica, como todo el mundo sabe). Nunca entendí por qué el pollo no podía ser asado o frito, por qué la manzana no podía estar cruda o por qué había que tostar el pan, pero así eran las cosas. Cuando la diarrea se prolongaba, había que hacer la dieta más estricta, quitando el pollo y el pescado y tal vez la tostada.

Resultado: el pobre niño estaba muerto de hambre, porque le daban muy poca comida, y la poca que le daban era pobre en grasas y en proteínas, y estaba tan mala que ya costaría un esfuerzo comérsela estando sano, no digamos cuando te encuentras mal y con la tripa revuelta. El niño perdía peso (consecuencia inevitable cuando no se come) y, paradójicamente, la diarrea empeoraba. Porque la dieta se basaba en el conocido principio: «De donde no hay, no sale»; o «si no come, no hace caca», pero las cosas no son tan sencillas. En la diarrea se destruyen las células de la mucosa intestinal, y hace falta materia prima (proteínas y nutrientes) para regenerarlas.

Hoy en día, el tratamiento correcto de la diarrea es:

— Si toma pecho, seguir con el pecho. Cuanto más, mejor. Sin ninguna espera y ninguna interrupción. Procure que mame más a menudo de lo normal, ofrézcale el pecho aunque no lo pida.

— Si toma biberones, seguir con los biberones, preparados igual que siempre (nada de hacerlos diluidos, con más agua y menos polvo, y nada de prepararlos con agua de arroz o con otros líquidos en vez de agua normal). En algunos casos, el médico le recomendará una leche sin lactosa; pero de entrada se suele usar la leche normal.

— Si la diarrea es seria (que aquí llamamos diarrea a tres caquitas mal contadas...), además del pecho o del biberón ofrézcale suero de rehidratación oral. Son unos sobres (Sueroral®) que se compran en la farmacia y hay que diluir tal como explican las instrucciones. Si no se lo quiere tomar, será porque no lo necesita.

— Si tomaba papillas y otros alimentos, seguir con las mismas papillas. No hace falta que coma arroz, se curará igual comiendo macarrones o lentejas. Si le duele la barriga, no querrá comer mucho, ofrézcale con frecuencia. Por otra parte, no le dé arroz, ni agua de arroz, ni zanahorias, si no estaba comiendo esos alimentos habitualmente. No es buena idea introducir un alimento nuevo precisamente cuando el niño está con diarrea.

— Si vomita, es igual. Sígale dando el pecho y la rehidratación oral. Si toma 100 y vomita 80, al menos le quedan 20 dentro. Si no toma nada, no le queda nada dentro. Si las deposiciones son muy abundantes y vomita mucho, vaya al médico (pero no deje de darle pecho y rehidratación oral por el camino).

Román Riechmann E, Barrio Torres J. Diarrea aguda (Protocolo de la Asociación Española de Pediatría) www.aeped.es/protocolos/gastroentero/2.pdf

Intolerancia a la lactosa

La intolerancia a la lactosa no tiene nada que ver con la alergia a la leche. No existe la alergia a la lactosa, es imposible. La alergia a la leche es alergia a las proteínas de la leche, y puede ser una enfermedad grave. Algunos niños que tienen síntomas de alergia a la leche tienen las pruebas de alergia negativas, algunos médicos le llaman a eso «intolerancia a las proteínas de la leche de vaca», que es una manera de decir: «Creo que tiene alergia, pero no lo puedo demostrar».

La intolerancia a la lactosa no es alergia. Después de la edad de destete, la intolerancia a la lactosa es sencillamente normal; los raros somos nosotros, los que podemos tomar leche de adultos debido a una mutación (pág. 385). Pero a veces, en los bebés y niños pequeños, se produce una intolerancia secundaria a la lactosa cuando tienen diarrea. Se cura sola en unos días, y en todo caso es una enfermedad leve. Cuando el niño toma el biberón, a veces se le da una leche sin lactosa; pero con el pecho no suele haber problemas. Siga dando el pecho normalmente.

La lactosa en la leche materna no tiene nada que ver con que la madre tome o deje de tomar leche. La lactosa no se absorbe (ese es el problema de la intolerancia: o la lactosa se digiere y se destruye, o no se puede absorber), aunque la madre tome litros y litros de leche de vaca, en su sangre no hay ni una molécula de lactosa. La lactosa de la leche materna se fabrica en el mismo pecho, y se fabrica igual aunque la madre no tome leche.

Existe una rarísima intolerancia primaria a la lactosa, una enfermedad congénita que se puede tratar dando al bebé la enzima lactasa junto con la leche materna.

Galactosemia

La galactosemia es una grave enfermedad congénita (cataratas, ictericia, retraso mental, cirrosis, poco aumento de peso, vómitos, hipoglucemia...). Afecta aproximadamente a uno de cada 50 000 recién nacidos.

Los niños que tienen galactosemia no pueden tomar el pecho, ni tampoco la leche de biberón normal. Deben tomar una leche completamente exenta de lactosa. Es una contraindicación absoluta.

La galactosemia no tiene nada que ver con la intolerancia secundaria a la lactosa, un problema leve y transitorio que no contraindica en modo alguno la lactancia. El único motivo por el que menciono la galactosemia en este libro es para que no las confunda (ni se deje confundir por alguien que las haya confundido), porque en la intolerancia (secundaria) a la lactosa se puede dar el pecho sin problemas.

Alergia a la leche y otros alimentos

Un lactante puede tener alergia a algo que ha comido su madre. La causa más frecuente es la leche de vaca, pero también pueden ser los huevos, el pescado, la soja, los frutos secos... o cualquier otro alimento.

Los síntomas pueden ser variados. Un eccema atópico importante, llanto inconsolable, diarrea, sangre en las heces, rechazo del pecho. A veces el niño parece insaciable: mama dos minutos, suelta el pecho llorando, como no ha mamado bastante vuelve a pedir al poco rato, lo vuelve a soltar..., parece que se pelee con el pecho.

Es un error atribuir cualquier problema del bebé a la alergia. Estamos hablando de llanto intenso o de rechazo del pecho continuo en prácticamente todas las tomas durante días y semanas, no de alguna molestia ocasional.

Ante una sospecha fundada de alergia, la madre debería dejar de tomar leche de vaca durante al menos siete o diez días. Se han detectado proteínas de la vaca en la leche materna incluso cuatro días después de eliminar la leche de su dieta. Si el bebé no mejora, pues no sería la leche (si los síntomas de alergia parecen claros, se puede probar con otros alimentos). Si mejora (a veces es inmediato, y a veces lleva unos días), puede ser por la leche, o por pura casualidad. Es preciso comprobarlo, volviendo a tomar leche. Hay demasiadas madres que dejan de tomar leche u otros alimentos durante meses o años, sin suficiente comprobación y sin motivo justificado. Si la madre vuelve a tomar leche y el niño sigue bien, pues fue casualidad; puede seguir tomando leche. Si los síntomas reaparecen, deberá evitar el alimento en cuestión durante años, háblelo con su pediatra (es posible que quiera hacerle pruebas de alergia al bebé).

En esto de las alergias no valen las medias tintas. Tomar poca leche no sirve de nada, probablemente el niño no acabe de mejorar y nunca salga de dudas. Cuando suprima la leche, hágalo por completo. Lea las etiquetas; hay leche en muchas marcas de galletas, margarina, embutidos, bollería... (puede venir como *sólidos lácteos*, *lactosuero*, *proteínas lácteas*, *lactoproteínas*, *caseína*, *suero de leche*...). Al hacer la prueba de volver a tomar leche, no basta con cuatro gotas, porque igual no son suficientes para causar síntomas. Tome uno o dos vasos de leche al día.

Algunos niños son sensibles a varios alimentos, por lo que en muchos casos es útil eliminar al mismo tiempo la leche, los huevos, el pescado, la soja y los frutos secos (no tome leche de soja o de almendras cuando suprima la leche de vaca, porque también producen mucha alergia), además de cualquier alimento sospechoso en el caso concreto (si el padre es alérgico a las fresas, si el día que usted comió melocotones parece que el niño se puso peor...). Si su hijo mejora, vuelva a tomar los alimentos suprimidos de uno en uno y con intervalos de una semana, hasta descubrir cuál desencadena los síntomas.

Algunos médicos, cuando el bebé no mejora al suprimir la leche de la dieta de la madre, recomiendan destetar al niño y darle una leche hidrolizada. Es absurdo; antes de llegar a ese extremo hay que comprobar otras posibles causas de alergia. Algunos niños son alérgicos a varios alimentos a la vez. Unos pocos son alérgicos a muchos alimentos. Conocí a un bebé alérgico a la leche, el huevo, el pescado, el pollo, la ternera, el arroz, el trigo y otros varios alimentos. Solo mejoró cuando la madre tomó, durante varios días seguidos, la leche hidrolizada que le habían recetado a su hijo, y nada más (es una dieta completa, si toma suficiente cantidad). Durante varios meses, la madre estuvo comiendo solo leche hidrolizada, zanahorias, patatas, lentejas y carne de caballo, mientras su hijo tomaba leche materna, zanahorias, patatas, lentejas y carne de caballo (no es que estos alimentos sean especialmente antialérgicos, simplemente son los que este niño toleraba, pero pueden causar alergia a otra persona).

El término *intolerancia a las proteínas de la leche de vaca* se usa cuando los síntomas son sugestivos de alergia a la leche, pero las pruebas de alergia son negativas. Esta situación es más frecuente en los síndromes digestivos, como la colitis (diarrea con sangre). Se ha de evitar la ingesta de leche, exactamente igual que cuando las pruebas de alergia son positivas. No confundir con la intolerancia a la lactosa.

En ocasiones, el estreñimiento crónico, incluso en niños con lactancia materna exclusiva, se debe a auténtica alergia a la leche de vaca, mediada por IgE.

Por supuesto, si a un niño le sienta mal lo que come su madre, peor le va a sentar lo que coma él directamente. La alergia a la leche de vaca se suele curar hacia los dos o cuatro años; no le dé ningún derivado lácteo hasta que se lo indique el médico. Adviértalo en la guardería, y a todos los familiares. Si un niño es alérgico a algún alimento, hay que tener especial cuidado al introducir la alimentación complementaria, siempre los alimentos de uno en uno y empezando con muy poca cantidad, para poder detectar cualquier problema.

Muchos médicos no saben que la alergia a la leche de vaca puede dar estreñimiento, creen que solo da diarrea. Algunos médicos incluso le dirán que es imposible la alergia a algo que ha comido la madre. Aquí hay varios estudios científicos, por si tiene que convencer a alguien:

Tormo, R. Alergia e intolerancia a la proteína de la leche de vaca (Protocolo de la Asociación Española de Pediatría). www.aeped.es/protocolos/gastroentero/1.pdf

Pumberger W, Pomberger G, Geissler W. Proctocolitis in breast fed infants: a contribution to differential diagnosis of haematochezia in early childhood. *Postgrad Med* J 2001;77:252-4
http://pmj.bmjjournals.com/cgi/content/full/77/906/252

Clyne PS, Kulczycki A. Human breast milk contains bovine IgG. Relationship to infant colic? *Pediatrics* 1991;87:439-444

Iacono G, Cavataio F, Montalto G, Florena A, Tumminello M, Soresi M et al. Intolerance of cow's milk and chronic constipation in children. *N Engl J Med* 1998;339:1100-4

Intervención quirúrgica

Antes de una operación, el paciente tiene que pasar muchas horas en ayunas. El objetivo es que el estómago esté vacío, para que no pueda vomitar durante la anestesia y ahogarse. Pero la leche materna se digiere mucho más deprisa que la fabada, y es un error tener a un niño pequeño tantas horas sin comer antes de una intervención.

Según la Sociedad Americana de Anestesiología, los niños de cualquier edad pueden tomar líquidos claros (agua, zumo, manzanilla) hasta dos horas antes de iniciar la anestesia; leche materna hasta cuatro horas antes, leche artificial y comidas ligeras (sin carne ni grasas) hasta seis horas antes. Muchos expertos creen que la leche materna se puede tomar hasta dos horas antes de la anestesia. Si tienen que operar a su hijo, pregunte con antelación cuántas horas ha de estar en ayunas. Si le dicen un montón de horas, imprima el siguiente documento de Internet y lléveselo al anestesista, al cirujano o a ambos:

American Society of Anesthesiologists Task Force on Preoperative Fasting and the Use of Pharmacologic Agents to Reduce the Risk of Pulmonary Aspiration. Practice guidelines for preoperative fasting and the use of pharmacologic agents to reduce the risk of pulmonary aspiration: application to healthy patients undergoing elective procedures. 1999
www.asahq.org/publicationsAndServices/npoguide.html

Reflujo gastroesofágico

Todos los bebés vomitan, y por tanto todos tienen reflujo gastroesofágico (en eso consiste el vómito, en que el contenido del estómago refluya hacia el esófago). Hacia el año se les va quitando. Si están contentos, no les duele nada y van engordando, el reflujo no tiene ninguna importancia ni requiere ningún tratamiento.

En algunos pocos casos, el reflujo es una verdadera enfermedad, que produce esofagitis (inflamación del esófago por el ácido del estómago) o problemas respiratorios (por aspiración). La lactancia materna es especialmente recomendable en estos casos, pues disminuye la duración de los episodios de reflujo.

Por otra parte, los alimentos espesados (como las leches antirregurgitación) resultan prácticamente inútiles en el tratamiento del reflujo. Es un grave error destetar a un niño para darle una de esas leches.

Heacock HJ, Jeffery HE, Baker JL, Page M. Influence of breast versus formula milk on physiological gastroesophageal reflux in healthy, newborn infants. *J Pediatr Gastroenterol Nutr* 1992;14:41-6

Aggett PJ, Agostoni C, Goulet O, Hernell O, Koletzko B, Lafeber HL, Michaelsen KF, Milla P, Rigo J, Weaver LT. Antireflux or Antiregurgitation Milk Products for Infants and Young Children: A Commentary by the ESPGHAN Committee on Nutrition. *J Pediatr Gastroenterol Nutr* 2002;34:496-8
www.meb.uni-bonn.de/kinder/espghan/position_papers/con_15.htm
Spitting Up, Reflux and Breastfeeding.
www.kellymom.com/babyconcerns/reflux.html

Caries en el niño

La costumbre de irse a la cama con un biberón en la boca, sobre todo si contiene zumo o líquidos azucarados, produce múltiples caries en los incisivos, la llamada *caries del biberón*. En 1983, Brams y Maloney mostraban su sorpresa al encontrar algunos casos de caries del biberón en niños que solo tomaban el pecho. Posteriormente, este tipo de caries ha recibido varios nombres: caries de la lactancia, caries rampante... las definiciones son variables; normalmente se requiere la existencia de caries múltiples, mientras que para el diagnóstico de *caries infantil precoz* basta con una caries en un diente de leche, antes de los seis años.

La relación entre lactancia materna y caries no está clara, pues se trata de una enfermedad multicausal. En su revisión, Valaitis y colaboradores observan que los estudios son de escasa calidad, y no permiten extraer conclusiones. En sus recomendaciones de 2003, la American Academy of Pediatric Dentistry apenas se compromete: recuerda que la lactancia materna es la mejor, que las tomas nocturnas frecuentes pueden contribuir a la caries, y que hace falta más investigación.

Hallonsten y colaboradores, entre 3000 niños suecos de dieciocho meses, encontraron a 61 que todavía tomaban el pecho. Tenían caries el 19,7% de los niños que tomaban el pecho, frente al 1,7% de los que se habían destetado; pero los niños que tenían caries, con o sin lactancia materna, consumían más alimentos cariogénicos que los que no tenían caries. Los autores piensan que se trata de una asociación, que los niños con lactancia prolongada tenían mayor «tendencia a establecer hábitos dietéticos inadecuados».

En un grupo de niños holandeses (media, veintinueve meses) cuyas madres asistían a reuniones de la Liga de la Leche, Weerheijm y cols. encontraron una prevalencia de caries del 14,5%. Concluyeron que «la lactancia a demanda no aumenta la prevalencia de caries»; pero que las tomas frecuentes y el bajo consumo de flúor contribuyen a la aparición de caries.

Erickson dejó dientes en remojo en leche materna, y comprobó que la leche materna no produce caries en el laboratorio.

Es interesante comparar la prevalencia global de caries en distintas poblaciones.

En Tanzania, entre más de 2000 niños de uno a cuatro años, Matee y cols. encontraron un 6,8% de caries de lactancia, variando según la región desde el 1,5 hasta el 12,8%. El uso del biberón era muy raro, los dulces pocos. El dormir con el pecho en la boca y la hipoplasia linear (un defecto del esmalte probablemente debido a alguna enfermedad intercurrente en el embarazo, en el periodo de formación de los dientes) se asociaban con la caries. Obsérvese que aquí la cuestión ya no es si el niño mama por la noche (lo que probablemente hacen todos los niños tanzanos), sino si tiene el pecho en la boca todo el rato. A pesar de todo, la prevalencia de caries de lactancia es muy baja.

En la India, en una población más occidentalizada, pero donde la lactancia materna aún es universal, Jose y King encontraron una prevalencia del 44% de caries en niños de ocho a cuarenta y ocho meses; el 99% tomaban el pecho, generalmente a demanda. Identificaron como factores de riesgo la mala higiene dental, el consumo de golosinas y la pobreza.

En una población que ha alcanzado cotas preocupantemente bajas de lactancia materna, entre 244 Inuit (esquimales) del Canadá de dos a cinco años, Houde y cols. encontraron un 72,2% de caries de biberón.

Un importante factor para la prevención de la caries podría ser el contacto salivar entre madre y bebé (como besarles en la boca) antes de la erupción de los dientes, tal vez porque desencadena inmunidad contra el *Streptococcus mutans* de la saliva materna. Aaltonene y Tenovuo, en un estudio prospectivo, clasificaron a 55 bebés finlandeses de siete meses en dos grupos, según si sus contactos salivares eran frecuentes o raros. Entre los cinco y siete años, los niños con más contacto salivar tenían menos caries en los caninos y premolares primarios (19% frente a 56%), a pesar de que consumían más dulces.

En conclusión, la prevención de las caries infantiles pasa por besar al bebé, darle el pecho, evitar el biberón (especialmente los biberones con zumos, infusiones, azúcar o miel, y los biberones nocturnos), evitar los dulces y golosinas, iniciar la higiene dental cuando aparecen los primeros dientes, y administrar flúor después de los seis meses cuando sea adecuado según el nivel de flúor en el agua de bebida (su pediatra le indicará). Si a pesar de todo se presentan caries en el lactante (lo que puede deberse a una especial sensibilidad individual o predisposición familiar), podría ser útil intentar que el bebé no pase la noche con el pecho en la boca, sino que mame y suelte el pecho antes de dormirse (el libro de Pantley ofrece consejos útiles para lograrlo).

Brams M, Maloney J. «Nursing bottle» caries in breast-fed children. *J Pediatr* 1983;103:415-6

Valaitis R, Hesch R, Passarelli C, Sheehan D, Sinton J. *A systematic review of the relationship between breastfeeding and early childhood caries. Can J Public Health* 2000;91:411-7

American Academy of Pediatric Dentistry. Policy on Breast-feeding. 2003. www.aapd.org

Hallonsten AL, Wendt LK, Mejare I, Birkhed D, Hakansson C, Lindvall AM, Edwardsson S, Koch G. Dental caries and prolonged breast-feeding in 18-month-old Swedish children. *Int J Paediatr Den*. 1995;5:149-55

Weerheijm KL, Uyttendaele-Speybrouck BF, Euwe HC, Groen HJ. Prolonged demand breast-feeding and nursing caries. *Caries Res* 1998;32:46-50

Erickson PR, Mazhari E. Investigation of the role of human breast milk in caries development. *Pediatr Dent* 1999;2186-90

Matee M, van't Hof M, Maselle S, Mikx F, van Palenstein Helderman W. Nursing caries, linear hypoplasia, and nursing and weaning habits in Tanzanian infants. Community Dent Oral Epidemiol 1994;22:289-93

Jose B, King NM. Early childhood caries lesions in preschool children in Kerala, India. *Pediatr Dent* 2003;25:594-600

Houde G. Gagnon PF. St Germain M. A descriptive study of early caries and oral health habits of Inuit pre-schoolers: preliminary results. *Arctic Med Res* 1991;Suppl:683-4

Aaltonen AS, Tenovuo J. Association between mother-infant salivary contacts and caries resistance in children: a cohort study. *Pediatr Dent* 1994;16:110-6

Pantley E. *Felices sueños.* Madrid, McGraw-Hill Interamericana, 2003

capítulo
diecisiete

Dudas diversas

Le doy lactancia mixta. ¿Podría quitarle los biberones?

Sí. La producción de leche se adapta a la demanda. Al dar biberones, el niño mama menos y sale menos leche. Al quitar los biberones, mama más y vuelve a salir más leche.

Por supuesto, hay que tener en cuenta el motivo por el que se introdujeron los biberones. Si no hubo ningún motivo justificado; si le dijeron que 150 gramos por semana era *poco peso* (cuando en realidad es perfecto), o si no había ningún problema con el peso y le mandaron los biberones *para que duerma más*, o porque usted tenía que tomar algún medicamento, o por algún otro peregrino motivo, es evidente que sus pechos funcionaban perfectamente y pueden volver a funcionar. Pero si le mandaron los biberones porque había algún problema de verdad, si su hijo perdió mucho peso, o engordaba de verdad muy, muy poco, cabe la duda. ¿Realmente tengo poca leche, tendré que continuar siempre con lactancia mixta? ¿O el problema era otro, la mala posición o el horario rígido de las tomas, y ahora puedo hacerlo de otra manera y todo saldrá mejor? Por lo tanto, retirar los biberones no es una cosa que se pueda hacer alegremente. Hay que controlar el peso cada pocos días. Es posible que durante tres o cuatro días el peso se estanque y luego vuelva a subir. Pero si pierde peso, o si pasan varios días y no lo recupera, quiere decir que hemos de retirar los biberones más lentamente, o incluso que no podremos retirarlos del todo.

Si la cantidad de biberón que toma su hijo es pequeña, digamos menos de 200 mililitros al día, probablemente podrá suprimirlos de golpe. No le dé más biberones, y ya está. Pedirá pecho a todas horas durante dos o tres días, y luego se volverá a normalizar.

También puede hacerlo poco a poco, bajando cada día la cantidad de biberón: 180, 150, 120... A veces, en menos de una semana se suprimen por completo; otras veces hay que ir más despacio. Todo esto, por supuesto, controlando el peso. Eso sí, siempre los biberones bien preparados, con una medida de polvo por cada 30 mililitros de agua. No haga los biberones más diluidos; entonces su hijo no estaría tomando suficiente alimento, pero tampoco podría mamar más porque tendría el estómago lleno de agua.

Otra posibilidad es reducir los biberones a demanda. Dele un pecho, comprimiéndolo si es que no mama muy bien (pág. 309). Dele luego el segundo pecho (si es que lo quiere). Si se queda más o menos tranquilo y contento, no le dé biberón. ¿Que al cabo de veinte minutos vuelve a pedir? Pues le vuelve a dar el pecho. Todas las veces que haga falta. Solo le da biberón si acaba el segundo pecho y en ese momento se queda protestando de hambre. Pero no le da tanto biberón como de costumbre, solo un poquito, 60 o 30 mililitros. ¿Que se lo acaba todo y sigue llorando de hambre? Pues 30 mililitros más, y otros 30 después si hace falta. Pero si se queda más o menos tranquilo, pues ya está. Y si a los veinte minutos vuelve a pedir, le vuelve a dar el pecho. Es decir, que si realmente el niño llora de hambre, le va a dar (aunque a plazos) la misma cantidad de biberón que le solía dar. Pero si aguanta con menos, pues menos. La idea es que, en vez de tomar cada tres horas el pecho y el biberón, a lo mejor toma el pecho cada hora u hora y media, pero el biberón, cada cuatro o cinco horas. En unos días se los habrá suprimido por completo.

Estoy hablando todo el rato de biberones. En realidad, me refiero a la leche artificial, administrada por cualquier medio. Cuando no queda más remedio que darle un suplemento a un niño de pecho, es mejor no hacerlo con un biberón, porque muchas veces se lían y empiezan a mamar mal. Es mejor dárselo con un vasito o un cuentagotas. Pero si ya lleva varios días dándole biberones, y ahora se los va a quitar, ya no viene de aquí. Puede intentarlo con un vaso, pero si le resulta difícil, no vale la pena que su hijo y usted hagan el esfuerzo de aprender a tomar con vaso, cuando de todos modos en pocos días lo va a dejar.

Además de darle el pecho a todas horas, ¿vale la pena sacarse leche, para estimular la producción? Si el niño mama a todas horas, casi no va a tener tiempo material. Y si el niño mama bien (o si le funciona bien la compresión del pecho), tampoco quedará mucho por sacar. Pero si el niño mama fatal, o rechaza el pecho, o la compresión no le acaba de funcionar, es buena idea sacarse leche y dársela como suplemento, después del pecho y antes de la leche artificial.

Dejé de dar el pecho hace semanas, ¿podría volverle a dar?

Sí. Es posible retirar los biberones innecesarios y volver a la lactancia materna exclusiva, incluso cuando el bebé llevaba semanas o meses sin mamar nada de nada, o cuando no había mamado nunca.

A lo mejor, su hijo nació prematuro o estuvo muy enfermo y no pudo tomar el pecho. O decidió no dar el pecho, y ahora ha cambiado de opinión. Tal vez le recomendaron destetarlo porque el niño *no engordaba*, y ha podido comprobar que con el biberón engorda lo mismo o menos...

El proceso se suele denominar relactación o relactancia. Hay que conseguir dos cosas: que salga leche, y que el niño mame. Ambos objetivos están interrelacionados, pero son relativamente independientes. El bebé probablemente mamará más si sale algo de leche, pero no es imprescindible: del chupete nunca sale nada, y bien que lo chupan; ¿por qué no iban a chupar un pecho vacío? Por otra parte, saldrá más leche si el niño mama, pero tampoco es imprescindible: también es posible estimular la producción sacándose leche, a mano o con un sacaleches.

Por supuesto, al principio saldrá muy poca leche, o nada. Hay que tener paciencia, y perseverancia. No se machaque el pecho; es mejor intentar sacarse leche durante cinco o diez minutos cada vez, pero repetirlo ocho o diez veces al día, o más si tiene tiempo y ganas, que estarse media hora seguida para no sacar nada. Se han probado distintos medicamentos para estimular la lactancia, pero en general no parece que tengan grandes ventajas; se puede relactar sin necesidad de medicamentos.

Producir leche es relativamente fácil; si es constante, acabará saliendo. Otra cosa es que el niño mame, porque, claro, eso ya no depende de usted. Si no le da la gana, no mamará. Cuanto más joven sea el bebé, más fácil será que acabe mamando; antes de los cuatro meses el éxito es altamente probable. Con los niños mayores cuesta un poco más. Algunas madres se sacan leche, pero no consiguen que el niño mame; tienen que darle la leche con un vaso, o mezclada con los cereales. De todos modos, ha habido niños con más de un año que han vuelto a mamar. Vale la pena intentarlo.

A veces basta con ponerse el niño al pecho, y empieza a mamar tan ricamente, aunque lleve semanas sin hacerlo. Pero, muchas veces, el niño acostumbrado a los biberones rechaza el pecho, o no sabe qué hacer con él. Nunca intente rendir al niño por hambre, no darle nada para que se vea obligado a tomar el pecho. Primero, porque es una falta de respeto; segundo, porque además no funciona: cuando tenga más hambre estará nervioso y enfadado, y probablemente mamará aún peor. Es mejor darle de comer (mejor la leche con un vasito; pero si lleva semanas o meses con el biberón, tampoco importa por unos días más) y luego, cuando está contento, dele mucho contacto piel con piel. Métase con su hijo en la cama, desnuda de cintura para arriba, el bebé solo con el pañal. Póngaselo encima, con la cabecita entre los pechos, como si acabase de nacer. Dígale cosas bonitas, acaríciele, descanse. Muchos niños, al cabo de media hora, o de una hora, se van ellos solitos hacia el pecho y se ponen a mamar. Y si no, al menos ha pasado un buen rato descansando y disfrutando con su hijo, y ya volverá a probar en otro momento. En cambio, si dedica ese tiempo a intentar meterle el pecho en la boca (ponte aquí, ponte allí, abre la boca, ábrela más, no está bien cogido, sácalo y vuelve a empezar...), es probable que acaben los dos llorando, madre e hijo, y además la desagradable experiencia hará que la próxima vez tenga todavía menos ganas de mamar.

Muchas madres consiguen volver a la lactancia materna exclusiva. Otras no. Algunas madres tienen que dar lactancia mixta durante unos meses porque si intentan suprimir completamente la leche artificial, el peso se estanca o disminuye. Cuando se empiezan las papillas, pueden ir substituyendo a la leche artificial, de modo que a los nueve o diez meses el bebé puede tomar solo pecho y comida sólida, como si nunca hubiera tomado biberones.

Me han dado unas pastillas para cortar la leche...

Aunque haya tomado medicamentos para cortar la leche, podrá volver a dar el pecho. Hace años se usaba bromocriptina (Parlodel®), y antes de eso se usaban estrógenos; su efecto era muy limitado, bastaba con dejar de tomar el medicamento y dar el pecho normalmente, y la leche subía enseguida. Ya casi no se usa la bromocriptina; en Estados Unidos hace años que se prohibió su uso para suprimir la lactancia, debido a sus efectos secundarios. Hoy en día, el medicamento usado para cortar la leche suele ser la cabergolina (Dostinex®); por desgracia, es de efecto muy prolongado; sabemos de madres que han cambiado de opinión y han conseguido dar el pecho, pero han tardado dos semanas o más en tener algo más que unas gotas de leche. Precisamente porque casi no sale leche, puede ponerse al niño al pecho inmediatamente: que no le vengan con que *pasa a la leche* y le puede hacer daño, ¿a qué leche va a pasar?

Dar el pecho a un niño adoptado

En algunas culturas es habitual que, si la madre muere en el parto, la abuela o alguna tía den el pecho al bebé. Entre nosotros, hay muchas madres que dan el pecho a sus hijos adoptados.

El truco es el mismo que para relactar a un hijo propio. Cuanto menor la edad del bebé, más fácil es que se agarre. Hay que dar el pecho o sacarse leche con frecuencia, diez veces al día o más. Si sabe con antelación cuándo va a recibir a su hijo, puede empezar a estimular la lactancia con un par de meses de antelación. Partiendo de cero, las primeras gotas de leche pueden aparecer en un periodo de cuatro a siete días, y se puede conseguir una lactancia materna exclusiva en tres o cuatro semanas, si es que se consigue. Es más fácil cuando la madre ha tenido hijos propios y les ha dado el pecho. Si tiene algún trastorno hormonal que le impide tener hijos, tal vez eso también dificulte la lactancia.

En todo caso, incluso en las circunstancias más favorables, no todas las madres consiguen la lactancia materna exclusiva. Muchas tienen que dar lactancia mixta, y algunas no consiguen más que unas simbólicas gotas de leche. No es bueno obsesionarse con la cantidad de leche; lo importante de esta aventura es la especial relación con su hijo, la increíble sensación de tenerlo pegadito a su piel.

En la página web de la Asociación Española de Pediatría encontrará, traducido, un interesante documente de la OMS sobre relactación.

Departamento de Salud y Desarrollo del Niño y del Adolescente. Relactación. Revisión de la experiencia y recomendaciones para la práctica. OMS, 1998
www.aeped.es/lactancia-materna/otros-doc.htm

Cesárea

Las mujeres que dan a luz por cesárea suelen dar el pecho menos tiempo que las que han tenido un parto normal. Pero no tendría que ser así. En la cesárea cortan la barriga, no la leche; los pechos funcionan perfectamente. Lo que ocurre es que, en muchos hospitales, el inicio de la lactancia es muy distinto tras una cesárea. Hay hospitales en que los niños nacidos por cesárea maman antes de una hora; hay hospitales en que el bebé está en contacto piel con piel (y mama, si quiere) mientras el médico acaba de coser la herida. Pero también hay hospitales en que el bebé nacido por cesárea está separado de la madre durante seis o doce horas (¡o más!), en que nadie ayuda a la madre a encontrar una posición cómoda para dar el pecho sin que le duela la cicatriz. Un pequeño problema inicial puede crecer como una bola de nieve; si se pone tarde al pecho, le habrán dado algún biberón en ese tiempo, se cogerá mal, la madre tendrá grietas...

Caída del cabello

El cabello no crece eternamente. Cada pelo tiene un ciclo: nacimiento, crecimiento, reposo y caída. Cada día se nos caen docenas de cabellos, que son substituidos por otros que van creciendo. En muchos animales, todos los pelos crecen al mismo tiempo: tienen una hermosa pelambrera en invierno, y se quedan pelados en verano. En el ser humano, cada pelo va por libre, y nuestra cabellera tiene el mismo aspecto a lo largo de todo el año.

Pero durante el embarazo, muchos pelos se ponen de acuerdo y entran simultáneamente en fase de reposo. Se caen muy pocos pelos durante el embarazo. La cabellera abundante, la piel suave y elástica, la sonrisa de orgullo... no hay duda de que las embarazadas están guapísimas. El precio es que los cabellos se han sincronizado, y entre uno y cinco meses después del parto entran, también simultáneamente, en fase de caída. Es el llamado efluvio telógeno, un fenómeno completamente normal. ¡No, no se va a quedar calva, por más que el cepillo quede lleno de pelos cada mañana! Entre los seis y los doce meses después del parto, todo vuelve a la normalidad.

La caída del cabello en el posparto no se debe a la lactancia materna, con el biberón se cae igual; no se debe a falta de hierro (si le han hecho análisis y le falta hierro, por supuesto tiene que tomar hierro, pero eso no evitará la caída del cabello) ni de ningún otro nutriente. Algunas almas caritativas insistirán en decirle que está usted *dejándose la salud* y *desgastándose* por su absurda manía de dar el pecho; no haga caso. Desesperadas ante la perspectiva de quedarse calvas (¿por qué tendrán las mujeres tanto miedo a quedarse calvas? Que lo tengamos los varones, se entiende; pero las mujeres, ¿cuántas mujeres calvas ha visto por la calle?), muchas madres recurren a lociones, suplementos y tratamientos comprados en la farmacia, la herboristería o la perfumería. La etiqueta promete detener la caída del cabello, y en este caso al menos cumplen lo prometido: entre los seis y los doce meses después del parto, todo vuelve a la normalidad. Exactamente igual que si no hubiera hecho nada. La diferencia es que se habrá gastado un dinerito (en algunos casos, un dineral) que podría haber usado en cosas más útiles.

American Academy of Dermatology. Expecting a baby? expect some changes in your skin, hair and nails. www.aad.org

American Academy of Dermatology. Hair today, gone tomorrow: early diagnosis is the key to treating hair loss in women. www.aad.org

Radiografías

Los rayos X son radiaciones electromagnéticas, como la luz, y se desplazan a la velocidad de la luz. Unos segundos después de hacernos una radiografía, los rayos que nos acaban de atravesar ya están más allá de la luna. No se nos quedan dentro, no nos volvemos radioactivos y de color verde fosforito, como en los dibujos animados. Al pecho no le afecta para nada, a la leche no le afecta para nada. Puede usted hacerse todas las radiografías que necesite durante la lactancia, incluyendo radiografías de tórax y mamografías, y puede dar el pecho en cuanto salga del médico, sin esperar ni cinco horas ni cinco minutos, sin sacarse leche y tirarla. La leche está totalmente normal después de hacer una mamografía.

No importa que la radiografía sea con contraste. Los contrastes yodados endovenosos no son tóxicos (a usted se lo van a inyectar en vena y no le va a pasar nada), no alteran el tiroides ni para bien ni para mal (el yodo forma parte de una molécula de la que no se puede separar), casi no pasan a la leche y casi no se absorben por vía oral. El bario que se usa para radiografías del estómago o del intestino no se absorbe por vía oral, por lo que es imposible que pase a la leche, y tampoco es tóxico. A los recién nacidos se les hacen radiografías con contraste sin ningún peligro. Puede usted dar el pecho a los dos minutos de ponerle el contraste, no hay que esperar, no hay que descartar la leche.

También puede hacerse ecografías, tomografías computerizadas (TAC o TC) y resonancias magnéticas sin ningún temor, y dar el pecho al momento. El gadopentato y el gadoteridol (contrastes que se usan a veces para la resonancia magnética) casi no se absorben por vía oral y casi no pasan a la leche, y se usan en recién nacidos porque no son tóxicos. Para darle a un recién nacido la cantidad de gadopentato necesaria para hacerle una resonancia, tendríamos que inyectarle varios miles de litros de leche materna. Sin embargo, todavía hay gente que propone sacarse y tirar la leche durante veinticuatro horas. Eso es un verdadero disparate. Dar el pecho después de una resonancia con gadopentato no tiene ningún peligro. Absolutamente ninguno. No estoy diciendo *poco*, estoy diciendo ninguno. En cambio, dejar de dar el pecho durante veinticuatro horas sí que es peligroso. Y dejar de hacerle a una madre una resonancia que necesita, dejar su enfermedad sin diagnóstico y sin tratamiento durante meses porque está dando el pecho, también es peligroso.

Kubik-Huch RA, Gottstein-Aalame NM, Frenzel T, Seifert B, Puchert E, Wittek S, Debatin JF. Gadopentetate dimeglumine excretion into human breast milk during lactation. *Radiology* 2000;216:555-8

Teñirse el pelo

No sé de dónde habrá salido esta leyenda urbana, pero muchas veces he oído decir que no te puedes teñir el pelo durante la lactancia, porque el tinte es tóxico y pasa a la leche.

Vamos a ver. El tinte no te lo tragas, te lo ponen en la cabeza. ¿Que parte de ese tinte se absorbe por la piel y pasa a la sangre? Pues no lo sé ni me importa. Tal vez, una centésima o una milésima parte del tinte se absorba, no lo sé, pero es verosímil. Y tal vez una centésima parte de lo que hay en la sangre pase a la leche, tampoco lo sé. En cualquier caso, una cosa está clara: si el tinte fuera tóxico, la primera intoxicada sería la peluquera, que pasa el día tocando tinte y respirando los vapores; aunque usen guantes, veríamos miles de peluqueras intoxicadas por el tinte. Y la segunda intoxicada sería la madre, que es la que tiene todo ese tinte en la cabeza. Puede estar tranquila: si alguna vez hubo tintes tóxicos, hace décadas que están prohibidos. Y si el tinte no le hace a usted ningún daño, mucho menos se lo va a hacer a su hijo.

Ejercicio físico

Puede practicar cualquier tipo de deporte durante la lactancia. Su leche seguirá siendo igual de nutritiva e igual de abundante.

A algunos niños les molesta el sabor salado del sudor en el pezón. Puede limpiarse con una toalla húmeda antes de dar el pecho.

En algunos casos, después de un ejercicio físico intenso, algunos bebés rechazan el pecho durante unas horas. Se cree que podría deberse al aumento del ácido láctico (el que produce las agujetas) en la leche. Pero estamos hablando de ejercicio físico realmente intenso, de deportistas profesionales que entrenan, no de una horita en el gimnasio del barrio, y en todo caso es un problema leve. El ácido láctico no es tóxico (es el del yogur), y si el niño rechaza el pecho ahora, ya mamará un poco más tarde. Puede seguir entrenando, y puede seguir dando el pecho.

El ejercicio físico durante la lactancia puede mejorar el bienestar y la forma física de la madre, sin afectar a la cantidad ni a la composición de la leche ni perjudicar en modo alguno al lactante. La madre que lacta puede practicar cualquier tipo de deporte.

Lovelady CA, Hunter CP, Geigerman C. Effect of exercise on immunologic factors in breast milk. *Pediatrics* 2003;111:e148-52
http://pediatrics.aappublications.org/cgi/content/full/111/2/e148
Wright KS, Quinn TJ, Carey GB. Infant acceptance of breast milk after maternal exercise. Pediatrics 2002;109:585-9
http://pediatrics.aappublications.org/cgi/content/full/109/4/585

Cremas depilatorias

Las cremas depilatorias son muy cáusticas. Comer crema depilatoria produce quemaduras mucho más graves que beber lejía. Hay que limpiarse bien antes de tomar al bebé en brazos, y se han de guardar en lugar seguro, pues los niños pequeños podrían confundirlas con pasta de dientes. De hecho, es prudente que en una casa donde hay niños pequeños no haya cremas depilatorias. Pero no se absorben a través de la piel, no pasan a la sangre y mucho menos a la leche. Puede depilarse con crema durante la lactancia. También puede depilarse con cera, con láser o con cualquier otro método.

Rayos UVA

Los rayos ultravioletas UVA, usados en las cabinas de bronceado, no son buenos para la piel. Su abuso, lo mismo que el de tomar el sol, puede producir cáncer de piel. La Academia Americana de Dermatología recomienda desde hace años que se prohíban los aparatos de rayos UVA.

En cualquier caso, todo el peligro es para la madre. Puede aplicarse rayos UVA, incluso en los pechos, y puede dar el pecho a continuación. No hay ningún peligro para el bebé.

American Academy of Dermatology Tanning Salon Exposure Can Lead to Skin Cancer
www.aad.org/public/News/NewsReleases/Press+Release+Archives/Skin+Cancer+and+Sun+Safety/Exposure.htm

capítulo

dieciocho Lactancia y fertilidad

Efecto anticonceptivo de la lactancia

Hay quien ha oído decir que la lactancia es un anticonceptivo, y cree entender: «No te puedes quedar embarazada mientras das el pecho». Eso es absurdo, claro que puedes. Si da el pecho tres o cuatro años, y mantiene relaciones sexuales y no hace nada por evitarlo, es prácticamente seguro que se quedará embarazada durante la lactancia.

Lo que ocurre es que durante la lactancia es más difícil quedarse embarazada. No imposible, pero sí más difícil. Sobre todo al principio.

Es lógico que sea así. Durante millones de años, nuestros antepasados no han tenido ningún método anticonceptivo y casi ninguna restricción sobre la actividad sexual. Las mujeres se quedaban embarazadas simplemente todas las veces que podían. Si una mujer del paleolítico hubiera tenido un hijo cada diez meses desde la pubertad, probablemente habrían muerto ella y todos sus hijos. Tenía que existir un anticonceptivo natural. La selección natural eligió a aquellas mujeres que tenían un hijo cada dos, tres o incluso cada cuatro años; de ese modo les podían cuidar mejor y a la larga tenían más descendencia con menos partos.

Pero hoy en día hay muchas mujeres que tienen el segundo hijo al año del primero, incluso un poco antes. ¿Qué pasó con el anticonceptivo natural? Pues pasó que lo dejamos de usar. El anticonceptivo era la lactancia.

Es una de esas soluciones elegantes, aparentemente sencillas pero tremendamente adaptables, a las que llega la naturaleza cuando tiene suficientes millones de años para trabajar. Si el anticonceptivo tuviera una duración fija: «La mujer no puede quedarse embarazada durante x años después del parto», no podría adaptarse a las circunstancias, al ritmo de desarrollo del bebé, y sobre todo, a la supervivencia del niño. Nos hemos acostumbrado a dar por sentado que casi todos los bebés sobreviven, pero durante toda la historia de la humanidad hasta el siglo XX, la mortalidad infantil ha sido altísima. Todavía lo es en gran parte del mundo, para nuestra vergüenza. A la naturaleza no le interesa que una hembra pierda a su cría y tarde tres años más en volver a tener otra. Si la cría muere, la madre debe volverse a quedar embarazada lo antes posible.

Por eso, el anticonceptivo de la naturaleza no es fijo, sino que depende de la lactancia: la mujer puede quedarse embarazada cuando el cese brusco de la lactancia indica que el bebé ha muerto, o cuando la disminución gradual de la lactancia indica que el bebé ya está comiendo otras cosas, y que por tanto ya no depende exclusivamente de la leche de su madre. Durante los primeros meses, cuando el bebé mama mucho y a todas horas, el embarazo es casi imposible. A medida que va disminuyendo el número de tomas y la producción de leche, la posibilidad de embarazo es cada vez mayor. Los niños bosquimanos Kung maman con gran frecuencia, varias veces por hora, y comen muy pocos alimentos complementarios durante los primeros años (¿qué iban a comer, viviendo en el desierto?). Sus madres se quedan embarazadas aproximadamente cada cuatro años. Otros pueblos que viven en condiciones menos adversas pueden dar más comida a sus hijos pequeños, y suelen tener un hijo cada dos o tres años. Entre nosotros, muchos niños comen abundantes papillas desde los seis meses, y muchas madres que dan el pecho quedan embarazadas antes del año (y por tanto dan a luz hacia el año y medio). La madre que no da el pecho puede quedar embarazada antes de dos meses.

La disminución de la fertilidad se produce por tres mecanismos:

1. Durante muchos meses la madre no tiene la regla. Eso se llama *amenorrea*, falta de menstruación.
   Puede haber menstruación sin ovulación previa. Pero lo que no puede haber es ovulación sin menstruación posterior. Cada vez que la mujer ovula, solo pueden pasar dos cosas: o se queda embarazada, o tiene la regla en dos semanas. De hecho, la mujer que conoce la fecha de la ovulación (porque se toma la temperatura), y a los veinte días no ha menstruado, puede estar segura de que está embarazada. En las mujeres que tienen ciclos irregulares, lo que varía es la primera parte del ciclo, desde la regla hasta la ovulación. La segunda fase, desde la ovulación hasta la siguiente regla, es siempre muy constante.

Por tanto, si una mujer tiene la primera regla a los ocho meses del parto, solo hay dos posibilidades: o bien ovuló una sola vez, quince días antes, o bien no ha ovulado ninguna vez. Cuanto más se retrasa la regla, más fácil es que ovule antes. La que tiene la regla a los cuatro meses, es casi seguro que no ha ovulado. La que tiene la primera regla a los quince meses, es muy probable que sí que haya ovulado. Es posible quedarse embarazada sin ver la regla.

2. Segundo, cuando vuelve la menstruación es probable que haya varios ciclos anovulatorios, sin ovulación. Es tanto más probable cuanto más pronto vuelve la regla.
3. Tercero, cuando regresa la ovulación es posible que haya varios ciclos infértiles, en que el óvulo fecundado no se puede implantar. En algunos casos hay uno o varios meses de insuficiencia lútea. El cuerpo lúteo es la zona del ovario por la que acaba de salir el óvulo. Fabrica grandes cantidades de hormonas que permiten que el óvulo fecundado anide en el útero y comience la gestación. Cuando el cuerpo lúteo desaparece, baja la regla. Si el cuerpo lúteo se consume demasiado deprisa, y la regla baja antes de diez días de la ovulación, el embarazo no es posible.

La lactancia materna es el anticonceptivo más usado del planeta y el que más embarazos evita. En la mayoría de los casos no es usado conscientemente, pero contribuye a espaciar los nacimientos, disminuyendo el total de hijos que tiene una mujer a lo largo de su vida. Cientos de millones de mujeres no usan ningún otro anticonceptivo; si en ciertos países las mujeres dejasen de dar el pecho, se produciría un aumento explosivo de la natalidad.

El MELA

Otra cuestión sería si la lactancia materna se puede usar como anticonceptivo seguro a título individual. En 1988, basándose en los datos hasta entonces conocidos, los expertos reunidos en Bellagio (Italia) propusieron el método de la lactancia y la amenorrea (MELA, en inglés LAM).

La mujer tiene menos de un 2 por ciento de probabilidades de quedarse embarazada si cumple al mismo tiempo los siguientes criterios:

1. Su hijo tiene menos de seis meses.

2. Lactancia materna exclusiva o casi exclusiva.
3. Todavía no le ha vuelto la regla.

Lo de la regla a veces se presta a confusión en el posparto. Durante los primeros cincuenta y seis días después del parto, por definición no es posible la menstruación. Cualquier pérdida de sangre en ese tiempo se considera *loquio* (la pérdida de sangre normal después del parto). Pasados los cincuenta y seis días, se distingue entre pérdida de sangre normal (sangrado) o pérdida mínima, solo unas gotas (manchado). Como una golondrina no hace verano, para llamarle menstruación necesitamos al menos dos días seguidos de sangrado, o uno de sangrado y dos de manchado, o tres días seguidos de manchado.

Lo de la lactancia *casi exclusiva* se refiere a algún suplemento ocasional (una vez por semana) y de pequeña cantidad, incluso aunque ese suplemento sea de leche de la propia madre (por ejemplo, si va al cine y deja un poco de leche en la nevera para que la abuela se la dé al niño).

Cuando pasan muchas horas entre toma y toma, la probabilidad de embarazo aumenta. Se puede admitir un intervalo de diez horas o dos intervalos de seis horas por semana (aquello de «no sé qué ha pasado esta noche, que ha dormido de un tirón»), pero si el niño duerme sin mamar ocho horas cada noche (lo que es muy raro, por suerte), el método puede fallar.

Varios estudios posteriores encuentran que la eficacia del MELA es aún mayor de lo esperado. De cien mujeres que cumplan los tres criterios, probablemente se quedarán embarazadas una o ninguna. Algo menos eficaz que la píldora, pero similar al DIU y bastante más eficaz que el preservativo. Además, es un método relativamente robusto: incluso cuando no se usa del todo bien (cuando la madre da algún biberón más de la cuenta, o cuando sigue sin tener la regla y sin usar otros anticonceptivos hasta al año), el porcentaje de embarazos aumenta, pero no se dispara (al contrario de, por ejemplo, el preservativo: basta con olvidárselo una sola vez).

Cuando deje de cumplir esos criterios, si le vuelve la regla (poco probable antes de los seis meses si la lactancia es exclusiva, pero desde luego puede ocurrir), si empieza a darle lactancia mixta o papillas, o si trabaja y por tanto está cada día muchas horas sin dar el pecho, o cuando su hijo cumpla seis meses, si no quiere quedarse embarazada, más vale que use algún otro método.

El MELA no es un método para el Tercer Mundo. En diversos estudios, la tasa de fallos en Europa o Estados Unidos es todavía más baja que en los países en desarrollo. Como cualquier método anticonceptivo, funciona mejor cuando la mujer tiene más estudios y dispone de mejor asistencia profesional.

Información en español de Family Health International:

http://www.fhi.org/sp/rh/faqs/lam_faq.htm

Otros métodos anticonceptivos

Usaremos el término *anticonceptivo* en un sentido amplio. Estrictamente, un anticonceptivo es el que impide la concepción, la unión del óvulo y el espermatozoide (ya sea interponiéndose entre ambos o impidiendo la ovulación). Pero algunos anticonceptivos pueden actuar, al menos en algunas ocasiones, impidiendo la nidación, es decir, impidiendo que el embrión se implante en la mucosa del útero, varios días después de la concepción. Para algunas personas, esto es un detalle sin importancia; para otras, es fundamental. Todo depende de en qué momento piense usted que comienza la vida humana. Usted decide. La anticoncepción de emergencia o *píldora del día después* suele impedir la nidación, aunque a veces impide la ovulación. Los anticonceptivos que solo tienen gestágenos, ya sea orales o implantados, así como el DIU, suelen impedir la ovulación, pero también impiden la nidación con bastante frecuencia. Los anticonceptivos orales combinados (gestágenos y estrógenos) son casi siempre anovulatorios, pero en algunos casos impiden la nidación.

Larimore WL, Stanford JB. Postfertilization effects of oral contraceptives and their relationship to informed consent. Arch Fam Med 2000;9:126-133
http://archfami.ama-assn.org/cgi/content/full/9/2/126

Los preservativos y diafragma (incluso con espermicidas) y el dispositivo intrauterino o DIU (incluso con hormonas) se pueden usar durante la lactancia sin ningún problema, igual que los anticonceptivos orales que solo contienen gestágenos (derivados de la progesterona) o los implantes de gestágenos. Ni que decir tiene que la esterilización (masculina o femenina) también es plenamente compatible con la lactancia.

Los anticonceptivos orales con estrógenos (que son la mayoría) se decía que pueden disminuir la producción de leche. La cosa no está nada clara, y muchos ponen en duda ese efecto, pero por si acaso se suele recomendar no usarlos hasta los seis meses, en que el niño empieza a comer otras cosas. Si en algún caso se considera indispensable usarlos antes, tómelos y a ver qué pasa. Personalmente, sospecho que no pasaría nada del otro mundo. Si la producción de leche disminuye, el niño tiene hambre y mama más veces, y si el niño mama más veces, la producción de leche vuelve a aumentar. El problema se daría solo cuando la madre sigue un horario fijo, dando el pecho cada tres horas, y por tanto el bebé no tiene ningún medio para *encargar* más leche a la fábrica. Tal vez por eso hace años, cuando muchas mujeres daban el pecho con horario, parecía que había un problema, y ahora, cuando el pecho se da a demanda, más bien parece que no pasa nada.

En todo caso, el único posible efecto perjudicial de los anticonceptivos sería la disminución de la cantidad de leche. No existe, insisto, no existe ni la más mínima posibilidad de que las hormonas perjudiquen al lactante, ni a la niña ni al niño. Las primeras pastillas, hace décadas, llevaban más estrógenos que las que se fabrican ahora, y los estudios demuestran que los niños que tomaron el pecho en aquella época, mientras sus madres tomaban anticonceptivos, son ahora adultos completamente normales. Los chicos no se feminizan ni les pasa nada raro.

La llamada *píldora del día después* también se puede usar durante la lactancia. Aunque las dosis de hormonas son muy altas, se usa durante muy poco tiempo, y no perjudican al lactante. No es necesario (ni conveniente) interrumpir la lactancia durante unas horas.

Lactancia y embarazo, lactancia en tándem

Muchos niños se destetan durante el embarazo de forma más o menos voluntaria, por una combinación de tres factores:

- Ya le tocaba. Un día u otro se tenía que destetar; y si la madre vuelve a estar embarazada, es que el bebé ya no es tan bebé...
- La cantidad de leche disminuye y su sabor cambia, o al menos eso se rumorea, a mediados del embarazo. Algunos niños dicen «¡puagh!» y no quieren más.
- A muchas madres les duelen los pezones durante el embarazo, así

que no ponen muy buena cara cuando su hijo mama, y este capta la indirecta.

Pero otros muchos niños superan todos los obstáculos. Permanecen impasibles ante indirectas y directas (o tal vez a sus madres no les duele), desean seguir mamando, y si notan algún cambio de sabor parece que no les importa. Muchas mujeres siguen dando el pecho durante todo el embarazo, y luego dan el pecho a los dos niños, lo que se conoce como lactancia en tándem.

Existen todavía muchos prejuicios al respecto, es probable que más de uno le diga que tiene que destetar inmediatamente. Veamos algunos de los argumentos que le pueden dar:

— ¿Dar el pecho provoca abortos? No. Es cierto, como dijimos más arriba, que poco después de reanudarse los ciclos menstruales puede haber algunos meses de insuficiencia lútea, en que el embrión no puede implantarse porque, cuando llega al útero, la menstruación ya ha comenzado. Pero en esos casos la madre ni sospecha que está embarazada; no hay un retraso, sino un adelanto de la regla. Una vez implantado el embrión, y consciente la madre de su embarazo, dar el pecho no puede producir un aborto. Se había creído así porque la oxitocina provoca contracciones del útero. Pero el útero solo es sensible a la oxitocina al final del embarazo; en los abortos provocados no se usa oxitocina porque no hace efecto. Recuerde que la actividad sexual también produce oxitocina, y no está prohibida durante el embarazo.

— ¿Podría la lactancia provocar un parto prematuro? Que yo sepa, nunca se ha visto tal cosa, aunque teóricamente podría ocurrir. Cuando una embarazada tiene amenaza de parto prematuro, se le recomienda reposo absoluto en cama. No puede trabajar, ni salir a la calle. Es decir, que caminar puede provocar un parto prematuro. Pero solo a la que tiene una amenaza de parto. El resto de las embarazadas puede caminar, trabajar o subir escaleras hasta el último día. Si su embarazo discurre normalmente, puede usted dar el pecho y pasear sin temor. Si le han recomendado reposo absoluto, entonces hay que comprobar si la lactancia es perjudicial o no. La oxitocina solo dura unos minutos en la sangre, se elimina rápidamente. Por eso, cuando se administra oxitocina durante el parto, se hace con un gotero; poner una inyección cada dos horas, o cada media hora, no serviría de nada. Por tanto, si la lactancia produce contracciones, tiene que ser mientras el niño mama, en el mismo momento en que, meses atrás, notaba los entuertos y le goteaba el otro pecho. Si está usted en reposo absoluto por amenaza de parto prematuro, y justo en el momento de dar el pecho nota fuertes contracciones, será mejor que deje de dar el pecho. Pero si las contracciones no coinciden con la toma, si se producen veinte minutos o dos horas después, puede dar el pecho tranquilamente.

— ¿No será mucho *desgaste* dar el pecho durante el embarazo? No. Más desgaste es estar embarazada de gemelos, y no digamos de cuatrillizos. Frente al esfuerzo que representa para el organismo un embarazo, la lactancia solo añade un poquitín más. Y de todas maneras, las madres europeas de ahora raramente pasan de los tres hijos; piense que nuestras bisabuelas solían tener cinco o siete, y muchas veces daban el pecho durante el embarazo, en una época en que no todo el mundo comía todos los días. Simplemente, coma lo necesario para ganar peso normalmente.

— En la lactancia en tándem, ¿el mayor no le quitará la leche al pequeño? No. Habrá leche para los dos. Incluso es probable que el mayor, con su fuerte succión, estimule mejor el pecho y gracias a ello haya más leche para el bebé. Al principio es razonable darle siempre primero al bebé, pero al cabo de unas semanas probablemente ya no tendrá importancia.

— ¿No le contagiará el mayor sus virus, dejando las babas en el pezón? El mayor le contagiará sus virus al pequeño, haga lo que haga. En general basta con estar en la misma casa, pero es que además los hermanitos mayores tienen mucha costumbre de abalanzarse sobre los recién nacidos y besuquearlos. Afortunadamente, la leche materna tiene en cada momento anticuerpos contra los virus que están *de moda* en la familia; no es raro que mamá, papá y el hermano tengan la gripe, y el bebé se libre. No necesita desinfectar el pecho entre un niño y otro.

De los niños que dejan de mamar durante el embarazo, algunos vuelven a pedir el pecho cuando ven mamar a su hermanito. Lo mejor es darles el pecho sin rechistar; generalmente intentan mamar un poco, no se acuerdan, les sorprende el sabor casi olvidado, dictaminan: «¡Es leche para bebés pequeñitos!», y no piden más. Probablemente lo han pedido solo como prueba de amor, para comprobar que su mamá no les rechaza. También hay algunos niños que vuelven a reengancharse para unos meses más de lactancia; es normal.

capítulo
diecinueve Lactancia y salud

Como comenté en la introducción, hace tiempo que me dejaron de interesar las *ventajas* de la lactancia materna. Muchos se empeñan en cantar las excelencias de la lactancia, pensando que así las madres darán más el pecho. Pero lo cierto es que las madres han dado el pecho durante millones de años sin saber que eso tenía ninguna ventaja; y que justo en el siglo en que se han descubierto tales ventajas y justo en los países en que se descubrieron, la lactancia materna ha estado a punto de desaparecer del mapa.

Muchos expertos critican, además, que se hable de *ventajas de la lactancia materna*, lo que parece implicar que la lactancia artificial es la normal y la lactancia materna es un extra. En realidad, lo normal es la lactancia materna, y cualquier otra forma de alimentación debe compararse con ella. Sería más correcto, por tanto, hablar de *riesgos de la lactancia artificial*, lo mismo que hablamos de *peligros del tabaco*. Pero, aunque el efecto de la lactancia sobre la salud no es el motivo por el que las madres dan el pecho (y menos aún el motivo por el que los niños lo toman), sí que es importante que usted conozca algo sobre esas ventajas. Porque, con demasiada frecuencia, se recomienda a la madre destetar por el motivo más peregrino, por peligros remotos o imaginarios. Como si la lactancia artificial fuera plenamente segura, mientras que la lactancia materna está siempre en un tris de perjudicar al bebé. Pues no, la lactancia artificial está lejos de ser segura, y antes de recomendar el destete habría que pensárselo dos veces.

Lactancia y salud infantil

Según los cálculos de Ball y Wright, entre 1000 niños que no tomen el pecho y otros 1000 que tomen lactancia materna exclusiva durante tres meses, la diferencia sería de 60 episodios de enfermedad respiratoria, 580 de otitis media y 1053 de gastroenteritis durante el primer año, que generarían 2033 visitas al médico, 212 días de hospitalización, 609 recetas y 51 radiografías, por un precio total (en 1999) de 330 000 dólares. Solo con tres meses de lactancia, solo en tres enfermedades y solo en costos médicos directos (sin tener en cuenta los días de trabajo que pierden los padres... ni el sufrimiento, que no se paga con dinero).

UNICEF calcula que un millón y medio de niños mueren cada año en el mundo por falta de lactancia materna. Estábamos acostumbrados a pensar que todas esas muertes se producen en el Tercer Mundo; pero que en los países desarrollados, gracias a la higiene y la atención médica, la lactancia artificial puede producir algunas diarreas sin importancia, pero ciertamente no afecta a la mortalidad. Había excepciones, claro, como en el caso de los prematuros. Lucas y Cole, en 1990, atribuían a la lactancia artificial 100 muertes anuales por enterocolitis necrosante entre los prematuros británicos.

Sin embargo, una reciente revisión de Chen y Rogan encontró que la lactancia materna también se asocia con una mortalidad significativamente menor en Estados Unidos. Compararon a 1204 lactantes fallecidos en 1988 con un grupo control de 7740 niños. Para intentar evitar la confusión por causalidad inversa (es decir, que el niño no tomó el pecho porque estaba enfermo), excluyeron las muertes durante el primer mes y las debidas a malformaciones congénitas y a tumores malignos. Encontraron una relación dosis-respuesta: cuanto mayor la duración de la lactancia, menor la mortalidad. Calculan que, si la relación es causal, la promoción de la lactancia podría evitar cada año unas 720 muertes de niños de entre uno y doce meses de edad en Estados Unidos.

Y es que la lactancia materna no solo previene enfermedades banales. La lactancia artificial también se asocia con un mayor riesgo de meningitis por *Haemophilus*, de leucemia y de muerte súbita.

También se han observado efectos a largo plazo sobre la salud del niño: durante años, los niños que tomaron el pecho siguen teniendo menos enfermedades respiratorias, menos obesidad y un cociente intelectual más alto. La lactancia materna prolongada protege contra la diabetes tipo I (insulinodependiente), probablemente al retrasar la introducción de la leche de vaca y derivados (como la leche del biberón).

La reciente revisión de la OPS (León-Cava), que puede leerse completa en Internet, ofrece información detallada sobre los efectos de la lactancia en la salud del niño y de la madre.

Ball TH, Wright AL. Health care costs of formula-feeding in the first year of life. *Pediatrics* 1999;103:870-6
http://pediatrics.aappublications.org/cgi/content/full/103/4/S1/870
Lucas A, Cole TJ. Breast milk and neonatal necrotising enterocolitis. *Lancet* 1990;336:1519-23
McGuire W, Anthony MY. Donor human milk versus formula for preventing necrotising enterocolitis in preterm infants: systematic review. *Arch Dis Child Fetal Neo-natal* Ed 2003;88:F11-4
http://fn.bmjjournals.com/cgi/content/full/88/1/F11
Chen A, Rogan WJ. Breastfeeding and the risk of postneonatal death in the United States. *Pediatrics* 2004;113:e435-9
http://pediatrics.aappublications.org/cgi/content/full/113/5/e435
Silfverdal SA, Bodin L, Olcen P. Protective effect of breastfeeding: an ecologic study of *Haemophilus influenzae* meningitis and breastfeeding in a Swedish population. *Int J Epidemiol.* 1999;28:152-6
http://ije.oxfordjournals.org/cgi/content/abstract/28/1/152
Bener A, Denic S, Galadari S. Longer breast-feeding and protection against childhood leukaemia and lymphomas. Eur J Cancer 2001;37:234-8
Shu XO, Linet MS, Steinbuch M, Wen WQ, Buckley JD, Neglia JP et al. Breast-feeding and risk of childhood acute leukemia. J Natl Cancer Inst 1999;91:1765-72
http://jncicancerspectrum.oupjournals.org/cgi/content/full/jnci;91/20/1765
Alm B, Wennergren G, Norvenius SG, Skjaerven R, Lagercrantz H, Helweg-Larsen K, Irgens LM. Breast feeding and the sudden infant death syndrome in Scandinavia, 1992-95. Arch Dis Child 2002;86:400-2
http://adc.bmjjournals.com/cgi/content/full/86/6/400
Wilson AC, Forsyth JS, Greene SA, Irvine L, Hau C, Howie PW. Relation or infant diet to childhood health: seven year follow up of cohort of children in Dundee infant feeding study. Br Med J 1998;316:21-5
von Kries R, Koletzko B, Sauerwald T, von Mutius E, Barnert D, Grunert V, von Voss H. Breast feeding and obesity: cross sectional study. Br Med J 1999;319:147-50 http://bmj.bmjjournals.com/cgi/content/full/319/7203/147
Angelsen NK, Vik T, Jacobsen G, Bakketeig LS. Breast feeding and cognitive development at age 1 and 5 years. Arch Dis Child 2001;85:183-8 http://adc.bmjjournals.com/cgi/content/full/85/3/183
Ziegler AG, Schmid S, Huber D, Hummel M, Bonifacio E. Early infant feeding and risk of developing type1diabetes-associated autoantibodies. JAMA 2003;290:1721-8
León-Cava N, Lutter C, Ross J, Martin L. Cuantificación de los beneficios de la

lactancia materna: reseña de la evidencia. Washington, Organización Panamericana de la Salud, 2002
www.paho.org/Spanish/HPP/HPN/Benefits_of_BF.htm
www.ibfan-alc.org/nuestro_trabajo/apoyo_lm.htm (completa, ocupa menos espacio)

Lactancia y salud materna

La madre que lacta tiene que oír con frecuencia comentarios del tipo: «Te estás desgastando» o «estás perdiendo la salud». En tiempos no muy lejanos, se usaron similares argumentos para afirmar que las mujeres no deben trabajar, hacer deporte o estudiar (¡se les iba a sobrecargar el cerebro!).

Sin embargo, la lactancia también es beneficiosa para la salud de la madre. En páginas anteriores ya hemos señalado que dar el pecho disminuye el riesgo de fracturas por osteoporosis (pág. 393) y las pérdidas de hierro (pág. 392), y que no provoca caída del cabello (pág. 514). Pero, probablemente, la mayor ventaja de la lactancia es la prevención del cáncer de mama y de ovario.

Tras reanalizar los datos de 47 estudios en 30 países, con más de 50 000 casos de cáncer de mama y más de 90 000 controles, se ha llegado a la conclusión de que, solo en los países desarrollados, se podrían evitar cada año 50 000 casos de cáncer por cada doce meses de aumento en la duración media de la lactancia. Obsérvese que lo que solemos considerar prevención del cáncer de mama, a base de mamografías periódicas, en realidad no es más que diagnóstico precoz. El cáncer ya lo tiene, y falta ver si se cura. En cambio, la lactancia permite la auténtica prevención, evitar la aparición del cáncer.

Collaborative Group on Hormonal Factors in Breast Cancer. Breast cancer and breastfeeding: collaborative reanalysis of individual data from 47 epidemiological studies in 30 countries, including 50302 women with breast cancer and 96973 women without the disease. *Lancet* 2002;360:187-95
Tung KH, Goodman MT, Wu AH, McDuffie K, Wilkens LR, Kolonel LN, Nomura AM, Terada KY, Carney ME, Sobin LH. Reproductive factors and epithelial ovarian cancer risk by histologic type: a multiethnic case-control study. *Am J Epidemiol* 2003;158:629-38
Rosenblatt KA, Thomas DB. Lactation and the risk of epithelial ovarian cancer. The WHO Collaborative Study of Neoplasia and Steroid Contraceptives. *Int J Epidemiol* 1993;22:192-7

Labbok MH. Effects of breastfeeding on the mother. *Pediatr Clin North Am* 2001;48:143-58

León-Cava N, Lutter C, Ross J, Martin L. Cuantificación de los beneficios de la lactancia materna: reseña de la evidencia. Washington, Organización Panamericana de la Salud, 2002

www.ibfan-alc.org/nuestro_trabajo/apoyo_lm.htm

capítulo

veinte — Protección legal

Son muchas las causas que, a lo largo del siglo xx, llevaron al abandono de la lactancia materna. La interferencia en el parto y posparto, los cambios sociales, el trabajo..., pero la publicidad de los fabricantes de leche artificial merece un lugar destacado.

En 1981, la OMS promulgó el Código internacional de comercialización de sucedáneos de la leche materna, cuyas principales disposiciones son:

- Se aplica a todos los substitutos de la leche materna, incluso a los inadecuados (como zumos o infusiones), y a los biberones y tetinas.
- Prohíbe a los fabricantes distribuir material educativo (folletos, libros, vídeos...), salvo que las autoridades sanitarias se lo hayan solicitado previamente por escrito; y aún entonces limita el contenido de tales materiales, que deben advertir de los peligros del biberón y no pueden mencionar marcas concretas.
- No habrá publicidad al público por ningún medio, ni ofertas o descuentos.
- La publicidad para profesionales se limitará a datos científicos y objetivos.
- Prohíbe el contacto profesional del personal de comercialización de estos productos con las madres y embarazadas.
- Prohíbe las muestras gratuitas, y especialmente su distribución a través del sistema de salud.
- Los centros sanitarios no exhibirán carteles ni productos.
- Prohíbe los términos *maternizada* o *humanizada*, así como las imágenes que idealicen estos productos.

Posteriores resoluciones de la OMS aclaran o modifican algunos puntos. Todos los textos pueden consultarse en Internet.

En España es de aplicación el Real Decreto 867/2008, que recoge la mayor parte de las disposiciones del Código, pero no se aplica a la leche de continuación ni a los biberones y tetinas.

Todas estas normas intentan proteger a las madres y a los niños contra la publicidad engañosa. Que usted pueda decidir libremente, sin presiones ni *comidas de coco*, cómo prefiere alimentar a su hijo.

La publicidad utiliza estrategias sutiles. Los carteles, calendarios y folletos de la industria suelen traer la foto de un bebé hermoso y sonriente (¿qué habrá comido, para estar tan sano?), que está solo, en primer plano. La imagen de un bebé solo no aparece en nuestra cultura hasta el siglo XX, de la mano de la publicidad; hasta entonces, los bebés se representaban siempre en el regazo de su madre. Cuando en un anuncio o folleto de la industria aparece un niño tomando el pecho, siempre es un bebé muy pequeño, casi recién nacido (lo que también contrasta con los cuadros clásicos de vírgenes lactantes, en que el Niño Jesús suele tener un par de años). En las imágenes y folletos publicitarios, la madre que da el pecho suele estar en su dormitorio, en camisón o casi desnuda, con ropa y peinado pasados de moda. En cambio, la madre que da el biberón viste ropa moderna, de calle, y parece una mujer activa y dinámica. El lenguaje sugiere siempre que dar el pecho es difícil («a poco que puedas, inténtalo», «si por cualquier motivo tu leche fuera inadecuada o insuficiente...»).

IBFAN es una red internacional de grupos que defienden el derecho a la lactancia. Pásese por su web, verá cosas interesantes.

Organización Mundial de la Salud. «Código Internacional de Comercialización de Sucedáneos de la Leche Materna. Ginebra», OMS, 1981
www.ibfan-alc.org/codigo/main.htm
Real Decreto 867/2008, de 23 de mayo, por el que se aprueba la reglamentación técnico-sanitaria específica de los preparados para lactantes y de los preparados de continuación.
http://noticias.juridicas.com/base_datos/Admin/rd867-2008.html#anexo7
IBFAN, «International Baby Food Action Network» www.ibfan.org
IBFAN «América Latina y Caribe» www.ibfan-alc.org/

capítulo
veintiuno Separación y divorcio

Algunos jueces parece que solo conciben una forma de compartir la custodia en caso de divorcio: fines de semana alternos y dos semanas en verano. Sean cuales sean las circunstancias, sea cual sea la edad. He visto a un niño de un año sometido a semejante régimen, separado de su madre para pasar el fin de semana (y poco después las dos semanas enteras) con un padre que había abandonado el hogar durante el embarazo. Es fácil imaginar (pero algunos parece que carecen de imaginación) el sufrimiento del niño. En cada separación se pasaba las primeras horas llorando y los siguientes días como ausente, perdía peso, a su regreso tan pronto se pegaba a la madre como la rechazaba, retrocedía en el habla y en la autonomía, se despertaba aterrorizado...

Algunas madres intentan alegar que están dando el pecho y por tanto no se pueden separar tanto tiempo de su hijo. Ilusas. En ocasiones, el juez ha oído por ahí que lo de la lactancia no es problema, que la madre se puede sacar la leche y darle al padre una nevera portátil de leche congelada, que luego puede seguir sacándose leche durante los quince días que dura la separación, y que finalmente podrá volver a ponerse al niño al pecho como si no hubiera pasado nada. Más frecuentemente, la madre descubre que el padre también ha alegado lo de la lactancia ante el juez, pero con la intención opuesta: esta madre que *todavía* da el pecho es evidente que está loca, que está abusando de su hijo y que le está produciendo un trauma y una dependencia, por lo que es urgente separarlos. En nuestra sociedad todavía hay mucha gente dispuesta a creer semejantes razonamientos.

Estas separaciones son terribles para el niño y dolorosas para la madre, pero también son terribles para el padre. Si lo que quiere es mantener una relación normal y amistosa con su hijo, ¿cree que lo va a conseguir así? Si cada visita a su padre es un infierno, el niño aprende a aborrecerle.

Por el amor mutuo que alguna vez sintieron, por el amor que ambos dicen profesar a su hijo, por favor, no hagan eso. Diga lo que diga el juez, busquen un acuerdo distinto, más racional, más adaptado a las necesidades de su hijo. Ambos tendrán que ceder, y ambos tendrán que esforzarse.

Un bebé no puede establecer una relación con fines de semanas alternos. Es imposible. Necesita un contacto mucho más frecuente. Una o dos horas cada día, o a días alternos. Probablemente, al principio, ese contacto deberá ser en presencia de la madre, porque a la más mínima separación, el bebé se pondrá a llorar y rechazará al padre. Ya sé que se han divorciado y no quieren vivir juntos, pero ¿qué hay de malo en coincidir un rato en el parque, o en ir juntos a ver las marionetas o los payasos? En esas horas, el padre tendrá que esforzarse por establecer un vínculo: jugar con su hijo, sentarse a su lado, columpiarle, leerle cuentos... No caigan en la absurda carrera de *comprar* al niño con juguetes y regalos; lo que el niño quiere y necesita son caricias y palabras. Con el tiempo podrá empezar a pasar ratos solo con el padre, la respuesta del niño y su comportamiento les dirá si lo está llevando bien o si es demasiado pronto. Tal vez el padre pueda recoger cada día al niño en la guardería, llevarlo una horita de paseo o al parque y dejarlo luego en casa de la madre. Hacia los tres años, si la relación ha sido constante y satisfactoria durante meses, probablemente el niño estará listo para pasar una noche con su padre. La primera vez, esté dispuesto a volverlo a llevar con la madre antes de medianoche si ve que su hijo lo pasa mal, y en tal caso no vuelva a intentarlo en tres o cuatro meses.

Las vacaciones con el padre se pueden ir ampliando gradualmente. Hacia los seis o siete años es posible que el niño ya esté preparado para pasar dos semanas con su padre, pero también es probable que prefiera hacerlo en dos semanas no consecutivas.

Hay un libro muy interesante sobre estos temas:

Brazelton TB, Greenspan SI: *Las necesidades básicas de la infancia.* Editorial Graó, Barcelona, 2005

capítulo

veintidós La culpa

Cuando era un médico joven e inexperto (ahora soy de mediana edad e inexperto) y comencé a interesarme por esto de la lactancia, me sorprendió la reacción de muchos de mis maestros, jefes y compañeros: cuidado, que las madres no se vayan a sentir culpables. Había que decir cosas como: «La lactancia materna es la mejor, pero la artificial es igual de buena» o «si no puede usted dar el pecho, no se preocupe, hoy en día los niños se crían igual de bien con el biberón». Yo mismo llegué a escribir, en el borrador de un folleto que nunca vio la luz, algo así como «más vale dar el biberón con cariño que el pecho con resentimiento».

No solemos mostrar los médicos tanta delicadeza en otros casos. El tabaco produce cáncer, así, con todas las letras, sin paliativos, y si el fumador se siente culpable, pues que se sienta. Y no es solo porque muchos médicos han dado el biberón a sus propios hijos; los médicos fumadores no tienen reparo en decir que el tabaco produce cáncer.

Cuando se recomienda la lactancia materna, parece obligatorio preparar una vía de escape. Un reciente folleto distribuido en España para prevenir la muerte súbita del lactante incluía consejos como: «Acueste al niño boca arriba», «no permita que se fume en su entorno» o «si puede, dele de mamar». ¿Por qué solo la lactancia es optativa? ¿Por qué no «si puede, acuéstelo boca arriba» o «intente que no se fume en su entorno»? O, en el otro extremo, ¿qué tal «no permita que tome el biberón»?

El caso es que las mujeres, en general, tienden a sentirse culpables de muchas cosas, al menos en nuestra cultura. Ignoro si es una cosa genética o puramente cultural (es decir, si son realmente así o si las enseñamos a ser así desde pequeñitas), pero algo hay. Una experta en lactancia, Diane Wiessinger, explica que ha planteado a mucha gente el siguiente caso: «Vas de pasajero en una avioneta, y el piloto tiene un infarto. Tú has hecho una sola clase de vuelo; intentas aterrizar y te estrellas; ¿te sentirías culpable?». Los varones suelen contestar: «¿Culpable? ¡Claro que no! Pilotar un avión es muy difícil, yo he hecho lo que he podido...». Las mujeres, en cambio, tienden a contestar que sí, que deberían haber estado más atentas en su primera clase, que el avión se estrelló por su culpa... Una incluso se sentía culpable de sentirse culpable: «Bueno, ya sé que no debería sentirme culpable, pero creo que sí me sentiría».

Cuando la mujer se convierte en madre, parece que el sentido de la culpabilidad se agudiza, y no solo en lo referente a la lactancia. Atiendo el consultorio de una revista, y muchas de las cartas hablan explícitamente de culpabilidad.

Muchas madres se sienten culpables no por cosas que han pasado, sino que podrían haber pasado. Y no solo por algo grave, como «por mi culpa casi se muere mi hijo», sino también por lo que a cualquier otra persona le parecería una tontería sin importancia. Marta, por ejemplo, se siente culpable porque su hija no se come la carne:

> *Me produce algún que otro sentimiento de culpabilidad pensar que privarla de la introducción de las carnes esté exponiendo a mi hija a una anemia.*

Según el proverbio, quien hace lo que puede, dice lo que sabe y da lo que tiene no está obligado a más. Pero el sentimiento de culpa no entiende de lógica; Beatriz se siente culpable de haber estado mal informada (en vez de echarle la culpa a quienes la informaron mal):

> *Soy una mamá de una niña de un mes que amamanto a pecho y a biberón, por una falta de clara información a su tiempo (mea culpa).*

¿Puede uno sufrir una desgracia imprevisible y, en vez de sentirse víctima, sentirse culpable? Las madres sí. Ibone se siente culpable por haber sufrido una depresión:

> *Considero que no le he dado a la niña la tranquilidad y la alegría que todo crío necesita y sobre todo, un recién nacido, me siento culpable y no sé si esto a la niña le puede afectar en su personalidad, o sistema nervioso, o desarrollo.*

También es verdad que los sentimientos injustificados de culpabilidad constituyen uno de los síntomas de la depresión. La auténtica depresión posparto es relativamente rara; pero muchas madres sufren una forma leve, a la que se ha llamado tristeza posparto.

Las madres consiguen sentirse culpables por lo que *hacen mal*, pero también por lo que no hacen, por lo que hacen otras personas, e incluso por lo que *hacen bien*. Julia ha recibido tantas críticas por coger a su hijo en brazos y *malcriarlo*...

... que incluso me han llegado a hacer sentir culpable de quererle tanto.

Si se sienten culpables por casi todo, ¿a quién sorprende que se sientan culpables por no dar el pecho? Laura ha llegado a sentirse culpable porque sí da el pecho:

¿No sería mejor suspender la lactancia, a mi pesar, porque realmente la niña esté alimentándose de mis nervios, depresiones, etc. y no la estoy favoreciendo nada con mi leche?

Isabel, porque le da a su hijo pecho siempre que quiere, pese a que el pediatra le ha dicho que dé el pecho solo dos veces al día:

El caso es que me siento un poco culpable por desobedecer a mi pediatra.

Montse, que se mete a su hijo en la cama cuando llora por la noche, se alegra de haber leído mi libro *Bésame mucho*:

Tras leer su libro, me siento menos culpable (¡maldita palabra!).

Pero no me atribuyo ningún mérito; me consta que otras madres, que habían dejado llorar a su primer hijo, se han sentido culpables al leer mi libro...

¿Por qué todo el mundo intenta protegernos de ciertas culpas, pero no de otras? El mismo pediatra que jamás diría: «Si no le da el pecho, a su hijo le faltarán inmunoglobulinas» (lo que es absolutamente cierto), no tiene ningún reparo en decir: «Si no le da carne, a su hijo le faltará hierro» (lo que solo es cierto a veces), o incluso: «Si no le da fruta, a su hijo le faltará vitamina C» (lo que es completamente falso). Si en una reunión familiar dice usted: «Me siento culpable por llevarlo a la guardería tan pequeño», casi todos intentarán tranquilizarla: «No te preocupes, en la guardería se lo pasan muy bien». En cambio, si se atreve a decir: «Me siento culpable porque duerme con nosotros, en nuestra cama», ¿cuánta gente le dirá: «No te preocupes, en la cama de los padres se lo pasan muy bien»? Algunas madres que dan el biberón se sienten mal al leer en una revista un artículo que habla de las ventajas de la lactancia materna; pero al menos esos artículos están escritos de forma impersonal, y si no quieres, no te los lees. En cambio, la madre que da el pecho dos años tiene muchas probabilidades de oír comentarios negativos y personales, a veces decididamente hostiles o insultantes, de labios de familiares, amigos y profesionales.

Por supuesto, no estoy diciendo que los partidarios de la lactancia materna seamos más amables y respetuosos. Lo que ocurre es que dar el biberón o dejar llorar al niño forma parte, hoy por hoy, de la corriente mayoritaria en nuestra sociedad. Dar el pecho más de un año o dormir con el niño se consideran extravagancias propias de *gente rara*. Algunas personas son amables y respetuosas por naturaleza, respetan tanto a la mayoría como a la minoría, al que piensa igual como al que piensa distinto. Pero muchos otros no son respetuosos, solo lo fingen. Son humildes ante el poderoso, y arrogantes ante el débil. Están acobardados cuando se sienten en minoría, pero se envalentonan cuando se sienten respaldados por un grupo. Dentro de unas décadas, si la lactancia materna sigue aumentando, tal vez las madres que no den el pecho empezarán a recibir críticas directas. Ojalá usted, amiga lectora, no participe en ello.

Sospecho que a veces, con nuestros esfuerzos para que las madres no se sientan culpables, conseguimos todo lo contrario. Imagine, por ejemplo, que sufre un accidente de automóvil en el que su hija de tres años se rompe un brazo. ¿Cuál de los siguientes comentarios haría que se sintiera más culpable?:

a) ¿El brazo roto? ¡Pobrecita! Espero que se ponga bien enseguida.
b) No tienes por qué sentirte culpable. Yo también he llevado muchas veces a mi hijo sin sillita de seguridad. Verás como no le quedan secuelas; digan lo que digan, hoy en día romperse un brazo no es nada grave. Y a los niños les encanta llevar un yeso.

El caso es que la madre que deseaba dar el pecho y, por lo que sea, no ha podido no puede sentirse bien. No es lógico sentirse culpable, cuando precisamente ha sido víctima de la falta de información, la falta de ayuda o la simple mala suerte. Pero tampoco es lógico sentirse bien, cuando deseas algo y no lo consigues. Nos sentimos mal si suspendemos un examen, si nos ponen una multa, o si simplemente llueve en nuestro día de playa. Y el dar el pecho es algo mucho más importante; es algo muy especial que la madre quería hacer por su bebé porque pensaba que es lo mejor para él, y también es una parte de su ciclo sexual, una parte de su vida.

Para muchas mujeres, el fin de la lactancia representa casi un proceso de duelo, similar (aunque por supuesto más leve) al que provoca la muerte de un ser querido. He visto madres que se sienten mal cuando su hijo se desteta al año y medio o a los cuatro años; madres que sienten que han perdido algo importante que ya no volverá. Aunque era un destete esperado, aceptado, incluso buscado y provocado, se sienten mal. ¿Cómo no se va a sentir mal la que desteta en las primeras semanas, contra su voluntad, tras muchos esfuerzos y muchos sufrimientos?

Por desgracia, nuestra sociedad no suele comprender ese malestar. Con la mejor voluntad insisten en negarlo, eliminarlo, borrarlo. Creo que es un error. Imagine que se queda usted sorda, y que médicos y amigos se empeñan en negar su dolor: «No te preocupes, hoy en día hay unos audífonos muy avanzados». «Pues mira, ahora al menos estás tranquila, porque ya sabes lo que te pasa.» «Una tía mía también se quedó sorda, y decía que estaba mejor que antes, porque tenía más paz interior.» «Total, para lo que hay que oír...» «No sé por qué te empeñas tanto; cuando no se oye, no se oye, y hay que aceptarlo.» ¿A que daría rabia?

A la pena de no haber podido dar el pecho, muchas madres han de sumar la pena de sentirse incomprendidas. En vez de tanto falso consuelo, necesitan oír un comentario sensato y comprensivo: «Tenías muchas ganas de dar el pecho, ¿verdad? Qué lástima, cómo lo siento...».

Wiessinger D. Watch your language! J Hum Lact 1996;12:1-4

capítulo
veintitrés

Cómo cambiar el mundo

Si la lactancia ha sido para usted una especie de carrera de obstáculos, si ha tenido que discutir con médicos y enfermeras, abuelas y cuñadas, amigas y vecinos, o incluso con todos ellos a la vez, tal vez quiera usted hacer algo para cambiar las cosas y allanar el camino a las que vienen detrás. Aquí van algunas sugerencias.

El poder de la pluma

Aunque no lo crea, se pueden conseguir muchas cosas con una carta, si se tienen en cuenta varios detalles importantes:

- El destinatario. ¿Está acostumbrado a recibir cartas, tal vez cientos o miles? Cuantas menos reciba, más fácil es que la lea y que haga algo. ¿Cómo se sentirá al leerla? No ofenda a quien espera ganarse para su causa, no vaya por las malas si antes no lo ha intentado por las buenas. ¿Cuál es la persona clave en este caso concreto?
- La presentación. Tiene que ser esmerada, sobre todo si es una queja. Una carta de verdad, con su sobre y su sello, impacta mucho más que un correo electrónico (hay gente que envía los correos electrónicos como churros, y se apunta a cualquier cruzada que esté de moda. Una carta indica que esa persona de verdad se preocupa por la cuestión, se ha tomado ciertas molestias y ha gastado algunos céntimos). Use un papel adecuado, no una página arrancada de una libreta. Cuide la ortografía y la sintaxis, el lenguaje, los márgenes. Especialmente si se trata de una queja o una recla-

mación, es muy importante demostrar que es una persona culta y razonable.

— El tono. Sea siempre amable y mesurada, jamás insultante u ofensiva. Las moscas se cazan con miel, y es mucho más útil una carta de agradecimiento que diez quejas. Pero incluso cuando se queja, mantenga el tono. No quiere crearse enemigos, sino conseguir cambios.
— La firma. Solo el más extraordinario de los peligros justificaría una carta anónima («permítame que no le dé mi nombre, pero la mafia me persigue...»). En cualquier otro caso, ponga su nombre y dirección, especialmente si es una carta de queja. Nadie hace caso de una queja anónima. No olvide poner también su nombre en los correos electrónicos.
— A un elogio se le puede dar la mayor difusión posible. Si alguien la ayuda especialmente, le puede enviar una carta personal, la guardará como un tesoro toda su vida. Pero probablemente, por modestia, no la enseñará a casi nadie. En cambio, una carta al jefe de servicio, al director del hospital, o a la Consejería de Sanidad tendrá influencia sobre mucha gente. Una carta a un periódico local hará que otras madres sepan qué esperar y qué pedir (los periódicos no publican todas las cartas; si ve que no aparece la suya en un par de semanas, envíela directamente al interesado).
— En cambio, a una queja (si es que la queja es imprescindible) es mejor darle poca difusión: hablar directamente con ese médico o esa enfermera, y solo si le contestan de mala manera y no le hacen ni caso, pasar a un escalón superior. Nunca quejarse en la prensa sin antes haber escrito a la dirección del hospital. Si hace pública su queja, los implicados pueden pensar que les ha traicionado, que les ha ninguneado: «Si le molestó algo, podría habérnoslo dicho, y no ir por ahí con el cuento».
— Piense qué objetivo espera conseguir, y qué efecto puede tener su queja sobre el destinatario, sobre sus compañeros y colegas, sobre el público en general. Piense que el que tiene enfrente también es un ser humano, también tiene sentimientos. Muy raramente es conveniente quejarse, es más útil repartir elogios.

Imagínese un hospital donde mucha gente ha estado esforzándose desde hace años para mejorar la atención a la lactancia. Un representante de un laboratorio ha traído una caja con muestras gratuitas de leche. La supervisora de enfermería las ha escondido en un armario para devolverlas la semana que viene, porque el centro no acepta ni distribuye muestras. Un estudiante las encuentra, y con la mejor voluntad se le ocurre repartir unas cuantas. Y al cabo de quince días el director recibe una carta de la Consejería de Sanidad pidiendo un informe por escrito, porque les ha llegado una denuncia furibunda de que en su hospital se reparten muestras gratuitas, lo que está prohibido por la ley. ¿Se imagina las recriminaciones en cadena, los malos humores? ¿Cree que eso aumentará el entusiasmo del personal por la lactancia? Hubiera sido mucho mejor hacerle un comentario amistoso a la persona adecuada.

Una queja puede resultar muy contraproducente. Por ejemplo: «Tuve que insistir mucho para que me dejasen al niño en la habitación por la noche, y me miraban como si estuviera loca. Y suerte que una de las enfermeras de la noche me ayudó con la posición y pude superar las grietas, porque el resto del personal me daba consejos absurdos y contradictorios».

Muchos pensarán que es una exagerada y se queja sin motivo («¿Se queja por cómo la miraron? ¿Le dan la razón en lo de dejarle al niño, le ayudan con las grietas, y a pesar de todo va y se queja?»). Es probable que se dé curso a la queja, y eso puede resultar muy desagradable para todo el personal. El director convoca en su despacho al jefe de servicio, la supervisora de planta o ambos, y les pide explicaciones. Tal vez por escrito. Estos, a su vez, piden explicaciones a los implicados. Se revisa la historia del paciente que se ha quejado, se establece qué médicos y enfermeras estuvieron de guardia aquel día. Si de verdad se hizo algo mal, alguien va a recibir una buena reprimenda, y se va a sentir muy enfadado. La enfermera que lo hizo bien preferiría que se la tragase la tierra antes que recibir un elogio dentro de una queja; eso puede traerle conflictos con sus compañeras. Algunas personas que han estado esforzándose por hacerlo mejor, que tal vez de hecho ya lo están haciendo mucho mejor que hace un año, se sienten decepcionadas, casi traicionadas («te preocupas por ellas y te lo pagan así...»). Los que no se habían preocupado nada y pensaban que esto de la lactancia o de la relación madre-hijo son tonterías mirarán ahora a sus compañeros con una sonrisa de superioridad («¿ves como no valía la pena?»).

En cambio, esa madre podría haber escrito una carta de agradecimiento:

Director Médico
Hospital de la Salud
Apreciado señor director:
El pasado 12 de marzo di a luz en su hospital.
Quisiera felicitarle por la excelente atención que recibí. Fue muy emocionante tener a mi hija en brazos en la misma sala de partos y poder darle el pecho nada más nacer. Y el poderla tener en mi habitación día y noche me resultó muy cómodo. Mucho mejor que hace cuatro años, cuando tuve al mayor; entonces se lo llevaban por la noche a los nidos, y me pasaba toda la noche preocupada por él. Comprendo que estos cambios han representado un gran esfuerzo, pero ha valido la pena.

Todos fueron muy amables y me ayudaron mucho con la lactancia. Una de las enfermeras del turno de noche dedicó media hora a ayudarme a colocar al niño al pecho, creo que es por eso por lo que esta vez no he tenido grietas. Y eso de que el pediatra revisara al bebé en la habitación, delante de mí, y me lo fuera explicando todo, la verdad es que me dio mucha tranquilidad.

Le ruego transmita mi agradecimiento a todo el personal de maternidad, y les anime a continuar con esta maravillosa labor.

Un cordial saludo:

Maite Pérez
Calle Rosal 13
87654 Valdearriba

¿Y qué cambia eso, si habla de lo que ya están haciendo? Ni se lo imagina. Para empezar, es muy probable que esos cambios no hayan sido unánimes. Algunas enfermeras, algunos médicos, y puede que hasta el director, decían que todo esto eran tonterías. Y como a la gente le gusta más protestar que dar las gracias, es posible incluso que alguna madre proteste porque le dejaron al niño en la habitación y no pudo dormir. Así que una carta como esta (¡o varias!) dará la razón a los que querían cambiar, acabará de convencer a los indecisos y acallará a los que se quejaban. Como los directores reciben más quejas que felicitaciones, la secretaria que abre el correo se la pondrá encima del montón para alegrarle la mañana y que no esté de mal humor. Incluso puede que insista: «Fíjese qué carta ha llegado hoy». El director se fijará, y lo comentará con el jefe de maternidad y con la supervisora de enfermería en la primera reunión que tengan, formal o informal (si los encuentra en la cafetería). Alguien colgará una fotocopia de la carta en el tablón de anuncios de la sala de enfermeras, alguna quisquillosa rezongará: «¡Hombre, por fin alguien se acuerda de dar las gracias!», otra hará memoria: «Maite Pérez... ¿no es aquella rubita tan simpática que estaba en la 312?». La enfermera que la ayudó media hora sabrá que se refiere a ella, y se le subirá la moral hasta las nubes; las otras harán cábalas: «¿Y esa que estuvo media hora con la teta quién sería?». «Magda, seguro; siempre las ayuda con el pecho, cuando hay uno que no se coge, la llamo a ella y chica, no sé cómo lo hace...» La supervisora, que igual no conoce tanto a las de noche, oye esa conversación por casualidad y toma nota mental de que Magda es un buen elemento. El pediatra que estaba revisando a los niños delante de la madre se queda contentísimo, el otro pediatra que todavía se los llevaba para revisarlos en el nido puede que se decida a probar...

Nuestros actos cambian el mundo, no le quepa la menor duda. Con sus palabras, con su ejemplo, con su paciencia y su amabilidad, usted allana el camino a otras madres que vienen detrás.

BIBLIOGRAFÍA GENERAL

Para profesionales
(¿buscaba un regalito para su pediatra o su enfermera?)

Comité de Lactancia Materna de la Asociación Española de Pediatría. *Lactancia materna: guía para profesionales*. Monografías de la A.E.P. n.º 5. Madrid: Ergón, 2004.
www.aeped.es/lactanciamaterna/libro1.htm

González C. *Manual práctico de lactancia materna*. Barcelona: ACPAM, 2004 (no se vende en librerías, pedidos a acpam@ono.com).

Mohrbacher N, Stock J. *The breastfeeding answer book*. 3rd ed. Schaumburg: La Leche League International, 2003 (en español la segunda edición: *Lactancia materna, libro de respuestas*).
www.llli.org/LangEspanol.html

Para madres

La Liga de la Leche Internacional. El arte femenino de amamantar. México: Pax, 2001.

Renfrew M, Fisher C, Arms S. *Dar el pecho es lo mejor, Guía práctica de lactancia natural.* Girona: Ediciones Tikal, 1999.

Páginas interesantes en Internet

Solo unas cuantas en desorden. Ya sabe cómo van estas cosas, haciendo clic encontrará muchas más páginas.

En español

Hospital de Denia
www.e-lactancia.org
Asociación Española de Pediatría, Comité de Lactancia
www.aeped.es/lactanciamaterna/
Iniciativa Hospital Amigo de los Niños (IHAN)
www.ihan.es
Alba Lactancia Materna
www.albalactanciamaterna.org
Fundación LACMAT
www.lacmat.org.ar
Consejos sobre lactancia materna
www.terra.es/personal/mariachuss/home.htm
La lactancia, necesidad humana y divina
www.egiptologia.com/medicina/354-la-lactancia-necesidad-humana-y-divina.html
Dar de mamar
www.dardemamar.com
FEDALMA
www.fedalma.org
Crianza natural
www.crianzanatural.com
ACPAM
www.acpam.org

En inglés y español

Organización Mundial de la Salud
www.who.int
IBFAN
www.ibfan.org
World Alliance for Breastfeeding Action
www.waba.org.my
La Leche League
www.lalecheleague.org

En inglés

ILCA, International Lactation Consultant Association
www.ilca.org
Academy of Breastfeeding Medicine
www.bfmed.org
Breastfeeding online
www.breastfeedingonline.com
Thoughts on Breastfeeding
www.kathydettwyler.org
Mother-Baby Behavioral Sleep Laboratory
www.nd.edu/~jmckenn1/lab
007 Breasts
www.007b.com
Promom, Promotion of Mother's Milk, Inc.
www.promom.org
OMS Europa – BFHI
www.euro.who.int/nutrition/Infant/20020730_2

MI NIÑO NO ME COME

CONSEJOS PARA PREVENIR Y RESOLVER EL PROBLEMA

A mi madre,
que me daba de comer
sentado en la ventana

AGRADECIMIENTOS

El autor agradece a Maite Fabregat, Joana Guerrero, Rosa Maria Jové, Margarita Otero, Cristina Ros y Pilar Serrano sus valiosos comentarios al manuscrito.

PRÓLOGO

En los últimos años el conocimiento de la fisiología del apetito ha avanzado de forma notable. Nos maravillamos del complejo proceso que regula la ingesta de alimentos. Y, sin embargo, no deja de ser sorprendente la cantidad de prejuicios existentes cuando se trata del apetito de un niño, y la cantidad de normas rígidas que se imponen a su alimentación.

Mi primera experiencia dolorosa con estas normas fue presenciar el suplicio de mi hermano pequeño. Él debía de tener dos años, y yo tres. Estábamos aquella tarde al cuidado de una tía, por cierto, muy cariñosa con nosotros.

Mi hermano no se quiso comer el plátano que le habían adjudicado como merienda, así que ella lo cogió en brazos, le tapó la nariz, y cuando tuvo que abrir la boca para respirar le introdujo, sin compasión, el plátano en la boca, y así continuó pese a sus llantos e intentos por soltarse, hasta que se lo tragó entero. Lo percibí como un acto de crueldad, cuya finalidad no entendía. ¡Si hubiese tenido hambre se lo habría comido, y si no se lo comía sería que no tenía hambre!, eso lo entiende hasta una niña de tres años.

Sobre el comedor del colegio podría contar algunas cosas. Bajo las mesas, que tenían una tabla por debajo del tablero principal, podías encontrar de todo: lo más habitual eran trozos de pan, naranjas y salchichas, pero a veces había hasta huevos fritos enteros. No sé si la directora lo sabía, o pensaría que los niños en el colegio se lo acababan todo; pero seguro que la limpiadora estaba al día de cuánto es capaz de comer un niño.

Después de muchos años de estudio, he confirmado mi primera impresión: es el apetito el que regula la ingesta de alimentos; y, al menos en los niños, lo hace de forma adecuada a sus necesidades. Cada especie tiene unas preferencias alimentarias que parecen estar determinadas genéticamente. Nosotros no somos una excepción, al menos cuando aún no hemos adquirido los prejuicios de la época que nos haya tocado vivir. Con los años llegamos a comer sobre la base de motivaciones de lo más variopinto: según sea Navidad o Cuaresma, según queramos agradar a nuestra suegra o lucirnos en bikini... En cambio, los niños no tienen ideas preconcebidas de cuánto ni cuándo deben comer. No conocen (ni necesitan conocer) las recomendaciones del pediatra, ni las de la Organización Mundial de la Salud, ni lo que come el hijo de su vecina. Por eso no aceptan con facilidad las normas rígidas que a veces se les quiere imponer.

Ellos sí que saben. Deberíamos fijarnos y aprender, en esto de la comida y en muchas otras cosas. En una ocasión, antes de dar el pecho a mi hijo, le pregunté bien alto (con el fin de que me oyese alguien que solo a regañadientes aceptaba que lo amamantase): «¿Cariño, tú quieres tomar una leche específica para tu especie, que ha evolucionado durante millones de años hasta llegar a ser perfecta para ti, que no te causará alergias y que te protegerá de muchas enfermedades?». Él me miró asombrado y me dijo: «¡Noooo, tero teta!».

Este libro, que me parece tan ameno como riguroso científicamente, tan respetuoso con las madres como con los niños, deja entrever una filosofía más profunda sobre las relaciones de los padres con sus hijos. *Mi niño no me come* interesa no solo a las madres que sueñan con que sus hijos coman «debidamente», sino, sobre todo, a los niños que sueñan con disfrutar con sus madres de la hora de la comida y de todas las demás horas del día.

PILAR SERRANO AGUAYO
Médica especialista en Endocrinología y Nutrición

Los testimonios de madres contenidos en este libro provienen de cartas recibidas en el consultorio de la revista *Ser Padres*. Se han cambiado los nombres y cualquier otro detalle que pudiera permitir su identificación. Mi más sincero agradecimiento a todas ellas por la confianza que me han otorgado y por lo mucho que me han enseñado. Una primera versión del relato *La carga de la Brigada Nutricional,* que cierra esta obra, se publicó en la misma revista en febrero de 1998.

INTRODUCCIÓN
PERO ¿HAY ALGÚN NIÑO QUE SÍ COMA?

«Mi niño no me come.» Esta es, sin duda, una de las frases que más veces oye un pediatra a lo largo de su vida. Aunque en invierno ha de competir con la tos y los mocos, el no comer se convierte en verano en el rey indiscutible de la consulta.

Algunas madres, como Elena, solo están un poco preocupadas:

> *El pasado 20 de junio mi hijo Alberto cumplió un año. No es un niño que coma mucho, tengo que entretenerlo para que coma, y aun así casi siempre se deja algo. No sé si tengo derecho a preocuparme, si tengo en cuenta que es un niño muy alegre y despierto, y su médico nos dice que está muy sano.*

Otras, como Maribel, están próximas a la desesperación:

> *Tengo un bebé de casi seis meses, nació con 2,400 kg y actualmente pesa 6,400 kg. Con cinco meses, la pediatra me dijo que comenzara con los nuevos alimentos: cereales sin gluten, papilla de frutas, etcétera; pero se niega rotundamente a tomar la papilla de frutas, y lo intento todos los días, no logro que tome una cucharada entera y casi siempre termina llorando; algo que me pone muy nerviosa y triste, me siento muy mal, porque no sé qué es lo que estoy haciendo mal, no me gusta regañarla y no quiero obligarla, pero creo que al final si no lo hago no comerá absolutamente nada. ¿Cree usted que debo esperar algún tiempo y volver a intentarlo? Cada vez que ve la cuchara se pone nerviosa. Me siento culpable.*

¿Estaría Maribel más tranquila si su pediatra, como el de Elena, le dijera que no se preocupe, que su hija está muy sana? La «inapetencia» es un problema de equilibrio entre lo que un niño come y lo que su familia espera que coma; el problema desaparece cuando el apetito del niño aumenta, o cuando las expectativas de quienes le rodean disminuyen. Es, habitualmente, imposible (por suerte, porque sería peligroso) conseguir que el niño coma más. El propósito de este libro es disminuir las expectativas de nuestros lectores para hacerlas acercarse a la realidad.

Su caso no es único

Tras explicar que su hijo no les come, muchas madres añaden algo así como: «Ya sé que hay muchas madres pesadas que dicen que su hijo no come; pero es que el mío, doctor, de verdad no come nada, tendría usted que verlo...».

Se equivocan doblemente. Se equivocan, en primer lugar, al pensar que su hijo es el único que no come. Su hijo ni siquiera es el que menos come. Seguro, amable lectora, que hay otro niño en España que come menos que el suyo. (¿Que cómo estoy tan seguro? Es una simple cuestión de probabilidades. Hay en España, por definición, uno y solo un niño que es «el que menos come de todos». Es posible que su madre ni siquiera compre este libro; y, en el peor de los casos, solo tengo una posibilidad entre millones de no acertar.)

Pero se equivocan, sobre todo, al pensar que otras madres son «pesadas». Ninguna lo es. Realmente, esos niños comen poco (porque necesitan poco, como explicaremos más adelante), y realmente, esas madres están profunda y legítimamente preocupadas.

Por qué nos duele tanto

Las madres se preocupan, lógicamente, por la salud de su hijo. Pero hay algo más, algo que convierte la inapetencia en un problema mucho más angustioso que la tos o los mocos. Por una parte, la madre tiende a creer (o le hacen creer) que ella tiene la culpa: que no ha preparado adecuadamente la comida, que no ha sabido dársela, que no ha educado bien a su hijo... Por otra parte, tiende a tomárselo como un asunto personal, como nos muestra Laura:

(...) mi única hija de dieciocho meses, el problema es que no hay manera de que coma en condiciones. Muchas veces me pone los nervios a flor de piel,

cuando le preparo su comida con mil amores y después de dos cucharadas la echa para fuera. ¿Qué puedo hacer para que coma como Dios manda?

No solo la niña está inapetente, sino que encima se permite «despreciar» los esfuerzos de su madre en la cocina. Por cierto, no sabíamos que Dios tenía normas sobre lo que deben comer los niños. ¿Habrá querido decir «como su pediatra manda»?

Casi todas las madres expresan este profundo sentimiento personal diciendo «No *me* come» en vez de «No come». Algunas sienten el problema como un acto hostil por parte de su hijo: «*Me* rechaza... la fruta». Muchas madres me han explicado que lloran cuando dan de comer a sus hijos. La pobre criatura se ve a veces envuelta en un falso conflicto emocional. En vez de plantearse en sencillos términos de tienes hambre/no tienes hambre, la lucha por la comida puede convertirse en una trampa del tipo me quieres/no me quieres. Se acusa al niño de no querer a la madre porque, sencillamente, no puede comer más. Y no pocas veces se le insinúa, e incluso se le dice directamente, que la madre no le querrá si no come.

Pero a ellos les duele aún más

Las familias, especialmente las madres, sufren con los conflictos en torno a la comida. Sufren mucho. Como escribió una de ellas: «Es horroroso tener miedo a que llegue la hora de comer».

Si la madre tiene miedo, ¿qué tendrá su hijo? Por grande que sea su angustia, recuerde siempre que su hijo está sufriendo todavía más. No le está tomando el pelo, no la está manipulando, no «sabe latín», no está mostrando su espíritu de oposición... Está, simplemente, aterrorizado.

Estoy preocupada por mi hijo (quince meses) porque no come, es decir, la comida la retiene en la boca y cuando pasa un rato la echa y no se la traga, todo lo hace con llanto, solo cuando dejo de darle de comer, él deja de llorar.

Porque, para la madre, siempre hay una puerta, un consuelo, una esperanza. Usted está preocupada porque su hijo no come, angustiada porque teme que enferme, abrumada por familiares y amigos que la miran fijamente y afirman «este niño tendría que comer más», como acusándola de ser una dejada. Se siente rechazada por un hijo que, incomprensiblemente, no acepta lo que usted le ofrece con tanto cariño; y se siente culpable cuando ve a su hijo llorar y piensa que le está haciendo daño... Pero también es cierto que es usted una persona adulta, con todos los recursos de la inteligencia, la educación y la experiencia. Que cuenta con el amor y el apoyo de sus familiares y amigos, que, probablemente, se han puesto de su parte en este conflicto. Que criar un hijo, aunque sea temporalmente el centro de su mundo, no es su único mundo. Tiene usted una historia y un futuro, unas aficiones, tal vez una profesión. Tiene, cierta o no, una idea que explica lo que está pasando; sabe por qué obliga a comer a su hijo (aunque tal vez no sepa por qué él no come), y en los momentos de más profunda desesperación no deja de repetirse que todo es por su bien. Tiene, además, una esperanza, pues sabe que los niños mayores comen solos, y que esta etapa durará solo unos años.

¿Y su hijo? ¿Qué pasado, qué futuro, qué educación, qué amistades, qué explicaciones racionales, qué esperanzas tiene? Su hijo solo la tiene a usted.

Para un bebé, la madre lo es todo. Es la seguridad, el cariño, el calor, el alimento. En sus brazos es feliz; cuando usted se aleja, llora desesperado. Ante cualquier necesidad, ante cualquier dificultad, solo tiene que llorar; su madre acude al instante y lo arregla todo.

Desde hace un tiempo, sin embargo, algo va mal. Llora porque ha comido demasiado, pero su madre, en vez de hacerle caso como siempre, intenta obligarle a comer todavía más. Y cada vez es peor: la suave insistencia del principio pronto deja paso a gritos, llantos y amenazas. Su hijo no puede entender por qué. Él no sabe si ha comido más o menos de lo que dice el libro, o de lo que dice el pediatra, o de lo que come el hijo de la vecina. Él no ha oído hablar del calcio, ni del hierro, ni de las vitaminas. No puede entender que usted cree hacerlo todo por su bien. Solo sabe que le duele la barriga de tanta comida, y sin embargo le meten todavía más. Para él, esta conducta de su madre es tan absolutamente incomprensible como si le pegase o le dejase pasar la noche desnudo en el balcón.

Muchos niños pasan horas, a veces seis horas al día, «comiendo», o más exactamente, peleándose con su madre junto a un plato de comida. No sabe por qué. No sabe cuánto va a durar (es decir, cree que durará eternamente). Nadie le da la razón, nadie le anima. La persona a la que más quiere en el mundo, la única persona en la que puede confiar, parece haberse vuelto contra él. Su mundo entero se desmorona.

Bases teóricas

Muchos libros y artículos de revista han tratado el tema de la inapetencia de los niños. También dan consejos sobre el tema una multitud de familiares, amigas y vecinas. Sus opiniones no siempre coinciden, y a veces son diametralmente opuestas. Estas diferencias suelen nacer de la respuesta (no siempre explícita) que el autor haya dado a dos preguntas básicas:

1. ¿Come el niño suficiente, o tendría que comer más?
2. ¿Es el niño víctima o culpable de la situación?

Quienes consideran que los «niños que no comen» tendrían que comer más atribuyen la situación a diversas causas y proponen, por tanto, distintas soluciones:

1. La *disciplina*. En realidad, la «culpa» la tienen los padres, que han «malcriado» a su hijo, consintiendo sus caprichos y permitiendo que se salga con la suya.
2. El márquetin. El niño no come porque no se ha sabido «vender» el producto. Hay que darle de comer en un ambiente tranquilo y relajado, con una vajilla decorada con motivos infantiles...
3. La *cocina creativa*. El niño se aburre por la monotonía de la dieta. Hay que variar sabores y texturas, y preparar platos atractivos: esculpir un ratón de arroz hervido con orejas de jamón de York, o decorar con pimiento morrón y aceitunas una cara de payaso de puré de patatas.
4. La *fisioterapia*. Hay que hacer masajes en las mejillas del niño, diariamente desde el nacimiento, para «estimular y fortalecer» los músculos de la masticación.
5. El *laissez-faire*. El niño no come porque ha de afirmar su espíritu de oposición frente a quienes le obligan. Hay que dejar de obligarle, y entonces comerá más.

No estoy de acuerdo con ninguna de estas teorías. La teoría expuesta en este libro se parece mucho a la que he denominado *laissez-faire*; pero hay una diferencia fundamental: no creo que el niño vaya a comer más al dejar de obligarle, porque no creo que necesite más comida. Es cierto que a veces sí que comen algo más, y de hecho he observado a algunos que ganaron peso repentinamente al dejar de forzarles a comer. Pero apenas ganaban 100 o 200 g y el efecto solo duraba unos días. Lo que no me extraña en absoluto, pues estoy convencido de que ni siquiera el natural deseo de oponerse a la opresión puede hacer que un niño coma substancialmente menos de lo que necesita. Todo lo más, llevará unos pocos bocados de «hambre atrasada», que rápidamente recuperará.

La idea de no obligar al niño a comer, que constituye el eje central de este libro, no ha de considerarse, por tanto, como un «método para abrir el apetito», sino como una manifestación de nuestro amor y respeto por nuestro hijo. Al dejar de obligarle, va a seguir comiendo lo mismo, pero sin los sufrimientos y peleas que hasta entonces acompañaban a la comida.

En cuanto a la segunda pregunta, si el niño es víctima o culpable, muchos autores consideran que el niño que «no come» afirma su carácter, prueba los límites, obtiene un beneficio o manipula a sus padres. No estoy en absoluto de acuerdo; creo que el niño es el principal perjudicado en una situación que no ha buscado. Vean, por ejemplo, la siguiente descripción de Brenneman (1932), que el prestigioso pediatra inglés Illingworth recoge textualmente en su libro *El niño normal* (1991):[1]

> En un sinnúmero de hogares tiene lugar una batalla cotidiana. En un bando, el ejército avanza halagando, burlándose, exhortando, haciendo zalamerías, engañando, engatusando, suplicando, avergonzando, regañando, gruñendo, amenazando, sobornando, castigando, señalando y demostrando las excelencias de la comida, llorando o fingiendo llorar, haciendo el tonto, cantando una canción, contando un cuento, enseñando un libro de dibujos, poniendo la radio, tocando el tambor cada vez que la comida penetra en la boca, en la esperanza de que siga bajando en vez de volver a salir, incluso haciendo que la abuela baile una jota (procedimientos todos ellos frecuentes en la vida real y observados a diario).

Hasta aquí, completamente de acuerdo. Yo continuaría más o menos diciendo: «En el otro bando, el pobre niño se defiende lo mejor que puede, cerrando la boca, haciendo la bola o vomitando». Sin embargo, Brenneman lo ve de modo muy distinto:

En el otro bando un pequeño tirano defiende la fortaleza, bien negándose a rendirse, bien capitulando con sus propias condiciones. Dos de sus más poderosas armas de defensa son el vómito y la pérdida de tiempo.

¿Por qué un tirano? El niño es siempre el que más sufre en este conflicto. ¿Que algún niño, en vez de la verdura y la carne, acaba consiguiendo un yogur de fresa? Los niños tienen miles de métodos mucho más cómodos y agradables para conseguir un yogur de fresa; ¿cree realmente que pelearse durante más de una hora con su propia madre, escupir, llorar, gritar y vomitar es solo una «comedia» para conseguir un yogur de fresa?

PRIMERA PARTE

LAS CAUSAS

capítulo

uno

Cómo empieza todo

¿Para qué sirve comer?

Dios, solía decir mi madre, podría habernos hecho de forma que no necesitásemos comer. Enfrentado cada día con el eterno dilema del ama de casa, «¿qué hago hoy para comer?», tengo que darle toda la razón.

Es una lata, es verdad. Pero estamos hechos así: necesitamos comer. ¿Se ha preguntado alguna vez para qué?

Sin entrar en complejidades filosóficas, podríamos decir que la comida tiene tres funciones principales: comemos para mantenernos con vida, para crecer (o engordar) y para movernos.

— Para *mantenernos con vida*. Nuestro cuerpo necesita una gran cantidad de comida, simplemente para seguir funcionando. Aunque estuviésemos las veinticuatro horas del día durmiendo, aunque nuestro periodo de crecimiento hubiese terminado, seguiríamos necesitando comida.

— Para *crecer o engordar*. Nuestros músculos y huesos, nuestra sangre y nuestra grasa, incluso nuestro pelo y nuestras uñas, se fabrican a partir de lo que comemos.

— Para *movernos, trabajar, jugar*... Se necesita energía para moverse. Todo el mundo sabe que los deportistas o los mineros necesitan más comida que los oficinistas, y que el ejercicio abre el apetito.

Cuánto necesita comer un niño

¿Para qué comen los niños?

— Para *mantenerse con vida*. La cantidad de comida que necesita un animal, aparte de su trabajo y su crecimiento, depende básicamente de su tamaño. Un elefante come más que una vaca, y una vaca, más que una oveja. Si se compra usted un perro, tenga cuidado al elegir la raza: un pastor alemán come mucho más que un caniche.

Si los niños no estuvieran creciendo, necesitarían mucha menos comida que un adulto, porque son mucho más pequeños.

— Para *moverse*. Los niños pequeños se mueven mucho, y es frecuente oír frases como «no sé de dónde saca tanta energía, con lo poco que come» o «con razón no engorda, si es que lo quema todo».

Pero, al analizarlo fríamente, vemos que muchos niños tampoco se mueven tanto. Los recién nacidos se mueven poco, y los de un año caminan poco rato y lentamente. Van a todas partes en brazos o en el cochecito. No realizan verdaderos trabajos, ni levantan peso (ni siquiera su propio peso; un adulto gasta mucha más energía que un niño para recorrer la misma distancia, porque no es lo mismo transportar 10 kg que 60). «Solo de verlos, te cansas», es cierto; pero difícilmente un niño pequeño va a consumir más energía en sus juegos que un ama de casa yendo a la compra.

— Para *crecer*. Cuanto más rápidamente crece un niño, más comida necesitará. Pero los niños no crecen siempre a la misma velocidad.

¿Cuál es la época en que más rápidamente crece una persona? Antes de nacer. En solo nueve meses, una sola célula que pesa mucho menos de un gramo se convierte en un hermoso bebé de 3 kg. Afortunadamente, durante esta época no hay que darle de comer, sino que todo le llega de forma automática, a través de la placenta, «directo a la vena».

Después del nacimiento, muchos dirían que la época de crecimiento más rápido es la adolescencia, el famoso «estirón». Pero no es así. Durante el estirón de la adolescencia, el crecimiento suele ser de menos de 10 cm y menos de 10 kg al año. Durante el primer año, un recién nacido crece 20 cm y engorda 6 o 7 kg (es decir, triplica, o casi, su peso. No volverá a triplicarlo hasta los diez años). Dejando aparte la vida intrauterina, nunca vuelve una persona a crecer tan rápido como durante el primer año. (Todas estas cifras son términos medios redondeados; cada niño es distinto, que nadie se espante si su hijo se aparta de ellas en unos cuantos kilos o en unos cuantos centímetros.)

Se calcula que en los primeros cuatro meses los bebés dedican a crecer el 27 por ciento de lo que comen.[2] Entre los seis y los doce meses, solo gastan en crecer el 5 por ciento de la ingesta; y en el segundo año apenas el 3 por ciento. Este rápido crecimiento es la causa de que los bebés coman tanto. Por su pequeño tamaño, y el poco ejercicio que hacen, les bastaría con mucha menos comida, si no estuviesen creciendo.

¿Que los bebés comen mucho? Si no se lo cree, podemos hacer un pequeño juego. Supongamos que un niño no está creciendo, y que solo necesita una cantidad de comida proporcional a su tamaño. Es decir, que un niño de 30 kg ha de comer el doble que uno de 15 kg, pero la mitad que un adulto de 60 kg (desde luego, la proporción no es exacta; que no se me enfaden los nutricionistas. En realidad, los animales pequeños comen, proporcionalmente, más que los grandes. Solo intento que nos hagamos una idea gráfica de la relación entre tamaño y apetito).

Según esta proporción, si un bebé de 5 kg toma unos tres cuartos de litro de leche al día, una mujer de 50 o 60 kg tendría que tomar diez o doce veces más, es decir, de siete y medio a nueve litros de leche. ¿Podría usted tragarse todo eso? Seguro que no. Para su tamaño, su hijo come mucho más que usted. Muchísimo más. Y esta diferencia se debe, en buena medida, a que su hijo está creciendo, y usted no.

Comer para vivir o vivir para comer

Uno de los mayores mitos en torno a la nutrición es el de que «tienes que comer para hacerte grande». Es decir, mucha gente cree que el crecimiento es consecuencia de la alimentación. No es así. Solo en casos de auténtica desnutrición llega el crecimiento a verse afectado. Si compra usted un caniche, podrá mantenerlo por poco dinero, mientras que si compra un pastor alemán se arruinará comprando comida para perros. ¿Cree usted que si le diera mucha comida a su caniche, este se convertiría en un pastor alemán?

En realidad, no crecemos porque hemos comido, sino que comemos porque estamos creciendo. El tamaño y la corpulencia de un pastor alemán y de un caniche están firmemente anclados en sus genes; cada animal se ve obligado a comer la cantidad de alimento (ni más, ni menos) necesaria para alcanzar su tamaño normal. Lo mismo ocurre con los seres humanos: el que va a ser un adulto alto y corpulento comerá siempre más que el que va a ser bajo y delgado.

El niño de uno a seis años, que crece lentamente, come proporcionalmente menos que el de seis meses o el de doce años, que está en un periodo de rápido crecimiento. Por más comida que le dé, es imposible, absolutamente imposible, hacer que un niño de dos años crezca tan rápido como uno de seis meses o uno de quince años. En el sentido opuesto, es posible, haciendo pasar hambre a un niño, conseguir que crezca un poco menos, pero el efecto será pequeño a menos que el niño sufra una verdadera desnutrición. Sabemos, por ejemplo, que la talla de los reclutas ha ido aumentando en las últimas décadas, lo que en parte se debe a cambios en la nutrición; pero la diferencia entre los que se criaron en tiempos de guerra y hambre y los que disfrutaron de todas las ventajas en los años setenta es apenas de unos centímetros.

La talla final que alcanza un individuo adulto depende básicamente de sus genes, y solo un poco de su alimentación. Los padres altos tienden a tener hijos altos. Pero la velocidad de crecimiento en un periodo determinado depende, básicamente, de la edad, y solo un poco de los genes. Una niña de trece años, por baja que sea su familia, crecerá más deprisa que una de tres años. Y tendrá más hambre.

Por qué no quieren verdura

No consigo que mi hija de siete meses coma verduras.

No me extraña. Mi padre, de ochenta y nueve años, no ha comido verdura cocida en su vida (salvo que considere como tal la salsa de tomate, claro). Sí que come algo de ensalada. Antes de casarse, cuando por su trabajo pasaba largas temporadas en pensiones, contaba siempre a la cocinera que tenía una úlcera de estómago y el médico le había prohibido la verdura. Por más que la dieta resulta inverosímil, parece que, en general, consiguió que preparasen una tortilla a la francesa especial para el «enfermo». A consecuencia de esta particular aversión, en mi casa nunca se comía verdura, porque mi madre ni la compraba.

Al documentarme para escribir este libro, y siendo mi padre la persona que más profundamente aborrece la verdura de cuantas conozco, le pregunté los motivos. Su respuesta fue la siguiente: «Porque me quisieron obligar. Mi madre ponía verdura, y cuanto más decía yo que no quería, más me obligaba, hasta que me iba a la cama castigado sin cenar». Añade que ni siquiera en la guerra consiguieron hacerle comer la verdura del rancho, y que una vez pasó tres días sin comer porque solo había verdura.

A comienzos del siglo XX (véase el apéndice «Un poco de historia»), la verdura y la fruta se introducían muy tarde en la dieta de los niños, a los dos o tres años, y con grandes precauciones. Los niños estaban la mar de bien sin ellas, pues tomaban el pecho, que lleva todas las vitaminas necesarias. Cuando se extendió la lactancia artificial, y los bebés empezaron a ir cortos de vitaminas (pues los fabricantes tardaron décadas en ir añadiendo a la leche del biberón las vitaminas necesarias), hubo que adelantar las frutas y verduras. Pero había un problema: su baja concentración calórica.

Los niños pequeños tienen el estómago más pequeño todavía. Necesitan comidas concentradas, con muchas calorías en poco volumen. Esa es una de las causas de la desnutrición infantil. En muchos países, los niños están desnutridos, pero los adultos no. Sería un error creer que los adultos se lo comen todo y no les dejan nada a los niños; los padres (y sobre todo las madres, que hasta en eso se nota la diferencia), aquí y en las Kimbambas, cuidan muy bien a sus hijos. Las madres renuncian con gusto a su propia comida para alimentar a sus hijos; el problema es que muchas veces la única comida disponible consiste en verduras y tubérculos con mucha fibra y pocas calorías. Los adultos pueden comer todo lo que necesiten, porque su estómago es lo suficientemente grande. Y, comiendo suficiente cantidad, cualquier alimento engorda. Los niños pequeños, por más que lo intenten, no pueden comer la cantidad de verdura necesaria, porque no les cabe en el estómago.

La leche materna tiene más de 70 kcal (kilocalorías, aunque mucha gente les llama simplemente «calorías») por 100 g; el arroz hervido 126 kcal, los garbanzos cocidos 150 kcal, el pollo 186 kcal, el plátano 91 kcal..., pero la manzana tiene 52 kcal por 100 g, la naranja 45, la zanahoria cocida 27, la col cocida 15, las espinacas cocidas 20, las judías verdes 15, la lechuga cruda 17 kcal/100 g. Y eso contando con que estén bien escurridas; la sopa o el triturado con el agua de cocción lleva todavía menos «substancia».

Hace algunos años, un investigador[3] tuvo la curiosidad de analizar las papillas de verduras con carne preparadas por varias madres madrileñas para sus hijos; la concentración calórica media era de 50 kcal por 100 g. La media, porque algunas apenas tenían 30 kcal por 100 g. Y eso con carne, imagínese la verdura sola. ¿Todavía le extraña que su hijo prefiera el pecho a la papilla? ¿Todavía se lo cree, cuando le dicen que «este niño tiene que comer más papillas, con el pecho solo no va a engordar»?

Si se les deja tranquilos, los niños pequeños no suelen tener una repugnancia absoluta por las verduras. No es un problema de sabor. Es más, normalmente aceptan bien una pequeña cantidad de verduras, que son ricas en varios minerales y vitaminas de importancia. Pero su dosis normal suele ser de apenas unas cucharadas. A algunos, como las verduras son muy «sanas», pretenden darles un plato entero. Y, ofensa sobre ofensa, darles ese plato de verduras en vez del pecho o del biberón, que tenían el triple de calorías o más. «Me quieren matar de hambre», piensa el niño, que no sale de su asombro; y, naturalmente, se niega a aceptar semejante aguachirle. Comienza la pelea, y el niño puede coger tal manía a la fruta y a la verdura que luego, cuando crezca y le quepan en el estómago, tampoco las querrá.

Muchos dejan de comer al año

Como hemos visto, los bebés comen, en relación con su tamaño, mucho más que los adultos. Eso significa que, en el proceso de hacerse adultos, tarde o temprano tendrán que empezar a comer menos. Más temprano que tarde, para sorpresa y terror de muchas madres. Los niños suelen «dejar de comer», aproximadamente, al cumplir el año. Algunos ya dejan de comer desde los nueve meses; otros «aguantan» hasta el año y medio o los dos años. Unos pocos nunca dejan de comer, mientras que otros «nunca han comido, desde que nacieron».

El motivo de este cambio alrededor del año es la disminución de la velocidad de crecimiento, que ya hemos comentado. En el primer año, los bebés engordan y crecen más rápidamente que en ninguna otra época de su vida extrauterina. Durante el segundo año, en cambio, el crecimiento es mucho más lento: unos 9 cm, y un par de kilos. Así tenemos que, de los tres principales capítulos del gasto energético, la energía necesaria para moverse aumenta, porque el niño se mueve más; y la necesaria para mantenerse con vida también aumenta, porque el niño es más grande. Pero la energía necesaria para crecer disminuye de forma espectacular, y el resultado es que el niño necesita comer lo mismo o menos. Según los cálculos de los expertos, los niños de año y medio comen un poquito más que los de nueve meses; pero eso no es más que la media, y muchos niños de año y medio comen, en realidad, menos que a los nueve meses. Los padres, no informados de este hecho, se hacen un razonamiento aparentemente lógico: «Si con un año come tanto, con dos comerá el doble». Resultado: una madre intentando dar el doble de comida a un niño que necesita la mitad o menos. El conflicto es inevitable y violento.

Además, muchos bebés comen alimentos muy aguados, papillas de fruta y de verdura. Cuando por fin les dan alimentos substanciosos, como macarrones, pollo, patatas fritas, pan o garbanzos, necesitan, por supuesto, mucha menos cantidad.

¿Hasta cuándo siguen los niños sin comer? La situación suele ser transitoria. Aconsejadas por abuelas, vecinas y pediatras, las madres suelen confiar en que su hijo «hará el cambio». En efecto, muchos niños, hacia los cinco o siete años, al aumentar su tamaño corporal, empiezan a comer algo más que antes. Pero no siempre es este pequeño aumento suficiente para colmar las aspiraciones de sus familias. Por una parte, la cantidad de alimento que cada persona necesita es muy variable, y algunos niños comen mucho más o mucho menos que sus compañeros de la misma edad y tamaño. Por otra parte, las expectativas de los padres pueden ser también muy distintas; algunas madres se conformarían con que su hijo se acabase el plato de macarrones, otras esperan que después de los macarrones se coma también un bistec con patatas, un plátano y un yogur. Por uno u otro motivo, muchos niños siguen «sin comer» hasta el inicio de la adolescencia. Entonces, cuando el lento crecimiento de los años precedentes se convierte en «el estirón», los muchachos sienten un insaciable apetito, y para asombro y alegría de sus madres, arrasan la nevera y meten todo lo que encuentran dentro de un bocata.

Una madre, Cristina, recuerda claramente el momento en que su hijo, a los quince meses, dejó de comer:

> *Mi hijo de dieciséis meses siempre ha comido bien: purés de verdura con pollo, pescado o huevo, fruta, arroz, espaguetis... lo que nunca ha aceptado bien es la papilla de cereales. También se empeña en comer solo y le dejamos (aunque con ello come menos). El problema es que desde hace un mes y de pronto ¡no quiere comer! No es que rechace algún alimento y pueda darle otro; lo que ocurre es que come dos o tres cucharadas y ya no quiere más. Hemos intentado todo: he probado con legumbres, comida no tan pasada, entretenerle con cosas (incluso los abuelos le sacan a la terraza a darle de comer).*

Vale la pena fijarse en otro comentario que nos hace Cristina, como de pasada: su hijo «se empeña» en comer solo, pero así come menos. Alrededor del año, los niños suelen atravesar una fase en que quieren comer solos y disfrutan haciéndolo. Claro, comen menos, tardan más y se ensucian. Si la madre está dispuesta a admitir estos pequeños inconvenientes, probablemente su hijo seguirá comiendo solo el resto de su vida. Si por rapidez y comodidad (y sobre todo para que coma más) la madre opta por darle ella de comer, es probable que al cabo de un par de años lamente su decisión. Pues los niños de dos o tres años ya no suelen mostrar el mismo espontáneo deseo de comer solos que tienen los de un año.

Otros no han comido en su vida

Algunos casos de «inapetencia» comienzan bastante antes, en los primeros meses o semanas. Cada ser humano es distinto, y algunos niños necesitan mucho menos alimento que otros. Otras veces, el niño está comiendo lo mismo que los otros, pero su madre no lo sabe. Veamos una historia típica:

> *Los problemas empezaron en la clínica, cada vez que intentaba ponerlo al pecho se ponía a llorar, después de insistir mucho se cogía un momento y soltaba, y así cada dos o tres horas. En casa la cosa fue peor, el niño estaba todo el día llorando, yo todo el día insistiendo en meterle el pecho en la boca, pero el niño parecía como si no supiera mamar, mi hijo mayor también lloraba porque apenas tenía tiempo para él. Al final a los veinte días no podía más y empecé a darle biberones. Al principio parecía que la cosa mejoraba, pero en estos momentos darle de comer es algo desesperante, para que tome 100 o 120 ml me tiro una hora o más en cada toma, y hay algunas tomas en las que no llega a 70 ml, la única que toma bien es la de después del baño, que con paciencia se toma 180, en total al día toma entre 600 y 700 ml. En relación al peso, gana poquito, muchas semanas menos de 100 g. Ahora, a los tres meses, pesa 5,800 kg.*

El hijo de Ángela tiene un peso completamente normal; muy próximo a la media, que a los tres meses es de 5,980 kg. Lo que come (700 ml de leche son 490 kcal) también es normal, aunque probablemente es menos de lo que le han mandado. Muchos libros recomiendan a esta edad 105 a 110 kcal por kg (unos 900 ml de leche al día para nuestro protagonista); pero estudios más recientes[4] indican que las necesidades medias son de 88,3 kcal/kg, y la menos dos desviación estándar es de 59,7 kcal/kg, lo que para este niño serían 732 y 495 ml de leche. Recapitulando para los que se han perdido con tanta cifra, la mitad de los niños de tres meses que toman biberón necesitan menos de 730, y algunos solo toman 500 ml al día, pero muchos libros todavía recomiendan 900, si es que no han redondeado y dicen directamente «un litro». Estas cifras son necesidades netas, en realidad, los niños suelen tomar un poco más, porque luego tienen que regurgitar una parte de lo que han comido. De los 380 varones sanos de tres meses que estudió Fomon,[2] el 5 por ciento comían menos de 660 ml (esto sí que son ingestas reales).

Los que van «justos de peso»

En otros casos, el problema no se inicia por las mamadas «demasiado cortas», sino por el peso «demasiado bajo». En el mundo hay gente de todas las tallas, y cualquier mañana, mientras vamos a comprar el pan, nos cruzaremos con personas que pesan 50 kg y con otras que pesan 100. ¿De verdad cree que esas personas pesaban lo mismo cuando tenían tres meses? ¿Por qué nos cuesta tanto aceptar las diferencias en el peso de los hijos?

> *Tengo una niña de tres meses, le doy pecho. Hasta ahora aumentaba bien de peso, 200 o 250 g por semana. Hace dos semanas la llevé a la pediatra y cuando la pesó solo había aumentado 80 g. Pesaba 5,820 kg, nació con casi 3,200. La pediatra me recomienda una «ayuda», cuando le doy el biberón lo rechaza. Le compro otras marcas de leche, sigue rechazándola. También le compro otras tetinas, pues ella no quiere un chupete, sigue sin querer, se pone a llorar y pasa hasta cuatro o cinco horas sin tomar ni el pecho; he intentado ponerle a la leche un poco de papilla y darle con cuchara, pero tampoco la quiere. Solo quiere el pecho. Pero no puede seguir así, temo que la salud de mi hija peligre, pues no aumenta casi, y la pediatra me dice que está por debajo de la raya.*

¿Por debajo de qué raya? Según las tablas de la OMS, el peso de esta niña está en la media. Podría pesar entre 4600 y 7400 g. Ha aumentado 2,620 kg en tres meses, más de 850 g al mes. La única raya que se ha sobrepasado aquí es la de la paciencia de la madre. ¿Cuántas horas de angustia, cuántas excursiones a la farmacia para comprar nuevos biberones y nuevas leches, solo porque alguien se equivocó de raya? ¿Cuántos biberones tiene que rechazar un niño para demostrar que no los quiere?

Este caso ilustra dos problemas fundamentales: por un lado, la interpretación en general de las gráficas de peso; por otro, el ritmo de crecimiento de los niños de pecho.

Qué es y para qué sirve una gráfica de peso

Esto es una gráfica de peso. Totalmente inventada; ¡no busque en ella a sus hijos! Simplemente, lo hemos puesto para explicar lo que significan las líneas. Existen muchos gráficos de peso distintos: los americanos (que la OMS recomendaba para su uso en todo el mundo hasta que creó sus propias gráficas) y los de otros países que han querido tener gráficas propias para no ser menos: franceses, ingleses, españoles... Por cierto, no coinciden, y si nos lee algún pediatra o enfermera, podrá pasar entretenidas tardes de domingo comparando unos con otros.

Los números que hay a la derecha se llaman «percentiles». El percentil 75 significa que de 100 niños sanos 75 están por debajo de esa raya y 25 por encima. En algunas gráficas, las rayas de los extremos no son el 97 y el 3, sino el 95 y el 5.

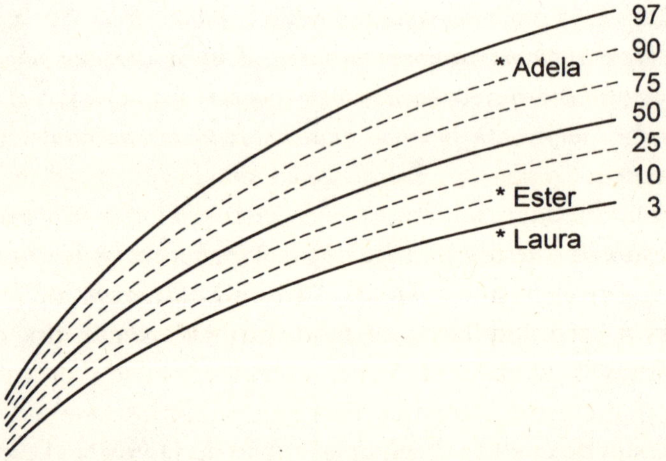

Otras gráficas no usan los percentiles, sino la media y las desviaciones típicas. Dichas tablas tienen, de abajo arriba, cinco líneas que corresponden a –2, –1, media, +1 y +2 desviaciones típicas (o «estándar»). Los pediatras hablamos de estas rayas con gran confianza, como si fueran de la familia, y decimos cosas tales como «la talla está en la menos uno, pero el peso está en la menos dos». A título orientativo, por debajo de la «menos uno» vienen a estar el 16 por ciento de los niños sanos; y por debajo de la «menos dos» algo más del 2 por ciento.

Hemos puesto en nuestra gráfica los pesos de tres niñas imaginarias de la misma edad. Adela tiene un peso totalmente normal, pero apenas habrá un 6 por ciento de niñas de su edad que pesen más. Ester, aunque pesa kilo y medio menos, también tiene un peso totalmente normal, pero el 85 por ciento de las niñas de su edad pesan más que ella. Bajo ningún concepto se puede decir que Ester vaya «mal», «escasa» o «justa» de peso. Es un error muy frecuente pretender que los niños vayan por encima de la media; la mitad de los niños, por definición, están por debajo del percentil 50.

¿Y Laura? Está por debajo de la última raya, y muchas veces esto se interpreta como que «va mal de peso». Pero ojo, la última raya es el percentil 3; el 3 por ciento de los niños sanos están por debajo. Esa raya no es una frontera que separa a los sanos de los enfermos, sino un aviso que le dice al pediatra «cuidado, mírese a Laura bien mirada porque probablemente no le pasa nada, pero también podría ser que estuviera enferma». ¿Cómo distinguirá el pediatra a ese 3 por ciento de niños sanos que están por debajo de la raya de los que están faltos de peso por alguna enfermedad? Pues para eso ha estudiado.

Hemos insistido varias veces en que el 25 por ciento de los niños *sanos* están por debajo del percentil 25. Porque las gráficas se hacen pesando a varios cientos o miles de niños sanos. Naturalmente, si un niño nace prematuro, o tiene el síndrome de Down, o una enfermedad grave del corazón, o le ingresan durante semanas por unas diarreas tremendas, su peso ya no se usa para calcular la media de las gráficas de peso normal. Y, por el mismo motivo, si su hijo ha tenido alguno de esos problemas u otros similares, su peso, probablemente, no seguirá las curvas normales. El que un niño con una enfermedad crónica (o que ha pasado recientemente una enfermedad aguda importante) esté «bajo de peso» no es consecuencia de no comer, sino de su enfermedad. Forzarle a comer no ayudaría a curar su enfermedad; solo a hacerle sufrir y vomitar.

Ahora hemos anotado en nuestra gráfica imaginaria el peso de otras dos niñas imaginarias. La de arriba es Tamara; su peso, como pueden ver, se mantiene siempre entre el percentil 90 y el 97. Algunos dicen que «va siguiendo su caminito».

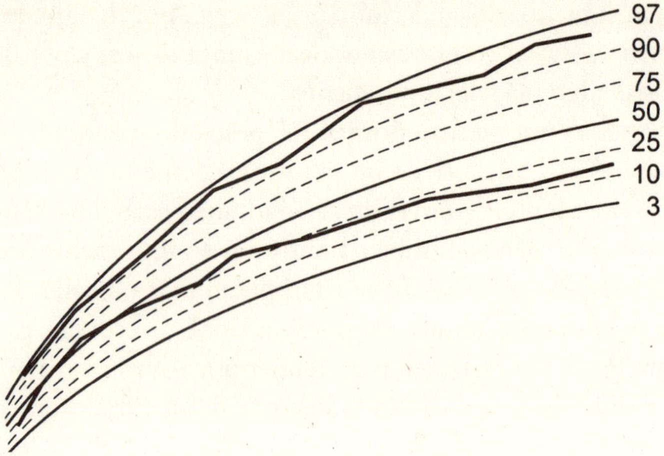

La línea inferior indica el peso de Marta. Vemos que en algún momento llega a estar por encima del percentil 50, pero más adelante está cerca del percentil 10. ¿Qué le pasa a Marta? Probablemente nada. Desde luego, si el desnivel de la curva de peso fuera muy rápido o muy pronunciado, su pediatra haría bien en mirarla con cariño para asegurarse de que no tiene ningún problema. Pero lo más probable es que no le encuentre nada de nada. Sencillamente, las gráficas de peso no son «caminitos», sino representaciones matemáticas de funciones estadísticas complejas. Las líneas de los percentiles no se corresponden al peso de ningún niño individual, y el peso de los niños individuales no tiene por qué coincidir con ninguna de las líneas. Esto se entenderá mejor con la gráfica de la página siguiente.

Con el propósito de hacernos un huequecito en la historia de la Pediatría, en vez de copiar las gráficas americanas o las españolas, hemos querido hacer nuestras propias gráficas (las primeras virtuales, pues solo hemos pesado a bebés imaginarios). Hemos comenzado pesando a dos niñas a lo largo del primer año, y hemos obtenido las dos líneas gruesas.

Hemos calculado la media de estas dos niñas, y hemos obtenido la línea más delgada que hay en medio. Una de las niñas estaba por encima de la media, y luego bajó; la otra estaba por debajo, y luego subió. Ninguna de las dos coincide con la media. ¿Podemos decir que las dos niñas tienen problemas de nutrición, porque no «siguen su caminito»? Claro que no. Es la media la que no sigue el «caminito» de las niñas.

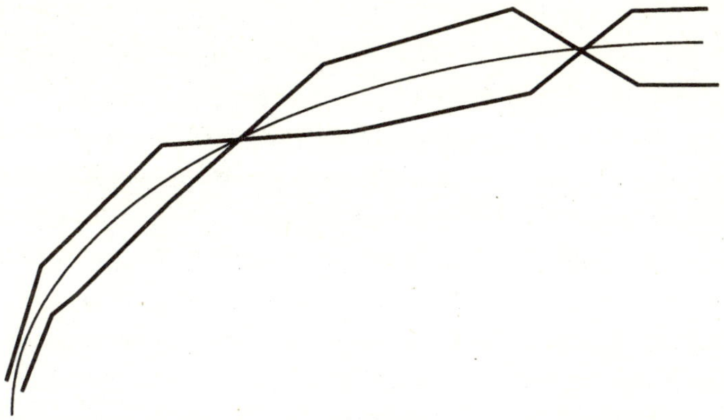

Naturalmente, las gráficas de verdad no se han calculado pesando a dos niñas, sino a varios cientos. ¿Se imagina cómo se va complicando la cosa?

El crecimiento de los niños de pecho

La evolución del peso de Marta, que hemos visto en la figura de la página 582, es bastante típica de los niños que toman el pecho. Las gráficas de peso habitualmente usadas se hicieron hace bastantes años, cuando muchos niños tomaban el biberón, y los que tomaban el pecho lo hacían solo durante unas semanas. Hoy en día, cuando cada vez más niños toman el pecho durante meses, se observa que no siguen aquellas gráficas. En los años noventa, diversos estudios[5,6] en Estados Unidos, Canadá y Europa demostraron que los niños de pecho suelen engordar «mucho» en relación con las antiguas gráficas norteamericanas durante el primer mes, pero luego van bajando de percentil; hacia los seis meses han perdido toda la ventaja que habían acumulado en el primer mes, y luego mantienen hasta el año un peso «bajo» en relación con las antiguas gráficas.

A raíz de esos hallazgos, la OMS emprendió la realización de unas nuevas gráficas, basadas en los datos de niños de distintas razas que tomaban el pecho más de un año. Tras varios retrasos, las nuevas gráficas se publicaron por fin en 2006; puede verlas en www.who.int/childgrowth/en/. No se trata de hacer unas gráficas para niños de pecho y otras distintas para niños de biberón; se usan las mismas gráficas para todos.[7]

En comparación con las antiguas gráficas norteamericanas, las nuevas gráficas de la OMS están más altas durante los primeros dos o tres meses, pero más bajas a partir de los seis. Al parecer, la diferencia de los primeros meses se debe a que las gráficas norteamericanas estaban mal construidas, con muy pocos datos.

En España, las gráficas más usadas desde hace más de veinte años son las realizadas por la Fundación Orbegozo, de Bilbao. Durante los primeros meses son prácticamente idénticas a las de la OMS, tanto en peso como en talla. Pero a partir de los cinco o seis meses, mientras que la talla sigue siendo casi igual, aparece una diferencia en el peso: las gráficas de la OMS están unos 300 a 500 g más bajas. Todas las líneas están más bajas: el percentil 3, la media y el percentil 97. Es decir, el bebé que sigue en el mismo percentil de la OMS, en la gráfica española parece estar bajando de percentil.

Muchos países han adoptado de forma oficial las gráficas de la OMS, y es probable que España también lo haga próximamente. Hasta entonces, muchas madres oirán, a los ocho o nueve meses, que su hijo «está bajando de percentil».

¿Por qué no coincide el crecimiento de los niños que toman el pecho con el de los que toman el biberón? No se sabe muy bien, pero en todo caso no es por falta de alimento. Durante el primer mes, cuando solo toman leche, los niños de pecho pesan lo mismo o más. Entre los seis y los doce meses, cuando toman papillas además de la leche, los niños de pecho pesan un poco menos. Si fuera verdad que «el pecho ya no les alimenta» (lo que es una solemne tontería, pues el pecho siempre alimenta más que el biberón, y también más que las papillas), entonces el niño se quedaría con hambre y comería más papilla, con lo que podría engordar lo mismo que los de biberón. Pero es que tampoco quieren más papilla. La diferencia es más profunda; de alguna manera, la lactancia artificial produce un ritmo de crecimiento que no coincide con el de los niños de pecho.

«No sabemos qué consecuencias puede tener este crecimiento excesivo», decía en la primera edición de este libro. Ahora sí que lo sabemos. Porque varios estudios[8,9] han encontrado que los niños que han mamado menos de seis meses sufren más sobrepeso y obesidad a los cuatro o seis años.

No todos los niños crecen al mismo ritmo

Tengo una niña que tiene ocho meses, y desde hace cuatro meses no ha cogido peso, su peso ha sido durante cuatro meses de 7,450 kg, y su talla ha aumentado poco a poco hasta los 71 cm que tiene ahora. Su pediatra me ha comentado

que como no aumente de peso en este mes le mandará unos análisis de sangre para ver si tiene carencia de algo; si no es que es inapetente y ya está...
Comer, come muy poco. Además, la cuchara la rechaza, cuando la he obligado con cuchara me lo ha vomitado todo. Sigo dándole con biberón todo, fruta, purés y la papilla de cereales.

Ciertamente, no es «normal» (en el sentido de «frecuente») que una niña no aumente nada de peso entre los cuatro y los ocho meses. Para saber si además de infrecuente es patológico, hay que tener en cuenta otros datos, entre ellos los análisis que prudentemente ha decidido pedir su pediatra para asegurarse de que no esté enferma. Pero si no se detecta ninguna enfermedad, lo mejor es esperar tranquilamente: «Es inapetente, y ya está». Porque lo que tampoco es muy frecuente es pesar eso a los cuatro meses: prácticamente en el percentil 95. La talla a los ocho meses es alta, bastante por encima de la media.

Todos los análisis fueron normales, y a los trece meses esta niña pesaba 8 kg, y seguía sin querer comer. Parece como si, en lugar de engordar con un ritmo lento pero mantenido, esta niña hubiera engordado rápidamente en los primeros cuatro meses, para luego frenar.

Hay un ritmo de crecimiento especial que suele traer de cabeza a los padres. Se llama «retraso constitucional del crecimiento», y no es una enfermedad, sino una variación de la normalidad. Son niños que no crecen siguiendo las gráficas, sino que van por libre. Nacen con un peso normal, y crecen normalmente durante unos meses. Pero en algún momento hacia los tres o seis meses echan el freno, y empiezan a crecer muy despacito, tanto de peso como de talla. Suelen «salirse de la gráfica», colocándose por debajo del percentil 3 de peso y talla. El peso, eso sí, es adecuado para su talla. Si el pediatra les hace pruebas, salen totalmente normales. Se mantienen en el límite o fuera de las gráficas durante años, pero entre los dos y tres años empiezan a crecer a un ritmo normal, de modo que ya no se apartan más del percentil 3, sino que siguen pegaditos a él. Suelen tener la pubertad algo más tarde que otros niños, y por tanto más tiempo para crecer, con lo que alcanzan una altura final completamente normal, y son adultos de estatura media. Es una característica hereditaria, y resulta muy tranquilizador que las abuelas expliquen que uno o ambos padres, o algún tío, «también era muy canijo de chico, y el médico del pueblo siempre le andaba dando vitaminas», pero que al final creció. Veamos lo que parece un caso típico:

Tengo una niña de dieciocho meses a la que afortunadamente le sigo dando el pecho a pesar de los comentarios en contra del 99 por ciento de la gente. El problema es que desde los cuatro meses, cuando volví a trabajar, no ha comido bien hasta ahora. Empezó a bajar de peso y ahora mismo mide 73,2 cm y pesa 8,690 kg. Le hicieron análisis y le salió todo normal.

A los dieciocho meses, el percentil 3 (según las gráficas de la OMS) es de 8200 g y de 75 cm. Pero, para una niña de 73 cm, el peso está por encima del percentil 25, casi en la media. A esta niña la ha visitado un endocrino, y la hormona de crecimiento es una de las pruebas que tiene normales. Así que solo queda esperar unos años.

Lógicamente, un niño que crece tan despacio come aún menos que los demás.

«Desde que tuvo aquel virus no ha vuelto a comer...»

En general, el apetito va disminuyendo de forma paulatina; pero no pocas veces un hecho externo (una enfermedad, el comienzo de la guardería, el nacimiento de un hermanito...) desencadena el proceso:

Tengo un bebé de once meses recién cumplidos. Desde que empecé a darle de comer purés, hasta hace algo más de quince días, comía que era una maravilla, lo mismo le daba el pescado que el pollo que la ternera [...] y de unas para otras unos días no quiere más que cinco o seis cucharadas (como le obligue a tomar más, vomita). Otros días consigo darle el puré en dos veces. Yo no sé si esto se debe a que ha estado cerca de dos semanas con bastante catarro, mucha tos y muchos mocos, fiebre...

Lo mismo que los adultos, los niños pierden el apetito cuando están enfermos. ¿Quién no ha tenido una gripe tal que pierde el gusto por los alimentos, tanto dolor de cabeza que prefiere irse a la cama sin cenar, un dolor de barriga tan fuerte que todo le cae mal...? Esta inapetencia es pasajera; dura solo unos días, mientras dura el virus, y luego desaparece. Si el niño ha perdido peso, puede que salga de la enfermedad con «hambre atrasada» y durante unos días coma más de lo habitual, hasta recuperar lo perdido.

Por supuesto, si la enfermedad es más grave, puede que la inapetencia dure semanas y que el niño no recupere el apetito hasta que reciba un tratamiento adecuado.

Cuando se intenta obligar a comer a un niño enfermo, lo más probable es que vomite. Y que se despierte en él un miedo a la comida y a la cuchara, que mantendrá incluso cuando esté curado. Por supuesto, si el niño tiene de verdad mucha hambre, ni siquiera obligándole se conseguirá quitarle el apetito. Pero si estaba cerca del año, la edad en la que (casi) todos los niños pierden el apetito, es probable que la enfermedad y el consiguiente forzamiento desencadenen la inevitable catástrofe. El niño hubiera «dejado de comer» de todos modos, pero el conflicto se adelanta unas semanas:

> *Desde que pasó la bronquitis el niño dejó de comer. Cada día comía menos. Tiene casi siete meses y sigue sin comer.*

Y, lo que es peor, la madre atribuye la inapetencia a la enfermedad; mientras el niño no coma, mantendrá la creencia, a veces casi subconsciente, de que aquel virus, diarrea, otitis o anginas «nunca se le ha curado del todo». Con frecuencia, ello lleva a la madre a insistir más todavía en la comida, pues tiene la idea de que su hijo «necesita comer para curarse». La historia de Anabel nos demuestra lo graves que pueden llegar a ser estos círculos viciosos:

> *Tengo un hijo que tiene ahora dieciséis meses, pero que desde que tenía los nueve no abre la boca para comer. Durante el verano tuvo varias diarreas y le mandaron un medicamento que tenía que administrarse con cuchara, y desde entonces le tomó manía, o así creo yo. El caso es que el niño para que coma tiene que estar muy entretenido, y yo le meto la cuchara en la boca y él sorbe. A veces, cuando le pillo con la boca abierta, le dan arcadas. Pero ahora tengo un problema mayor, porque me pone los dientes y no le puedo ni siquiera acercar la cuchara a la boca. La hora de la comida es un calvario para los dos.*

De grandes cenas están las sepulturas llenas

¿Qué le ocurriría a un niño que, de verdad, no comiese? Adelgazaría. Un recién nacido, como todas las madres saben, puede perder fácilmente 200 g en los dos o tres primeros días, y recuperarlos después. Supongamos una pérdida mucho más moderada, un niño que pierde cada día 10 g. Por 365 días del año, salen 3,650 kg; redondeando, tres kilos y medio. ¿Qué queda de un recién nacido si le quitamos tres kilos y medio? Poco más que un pañal vacío. Un niño mayorcito, digamos de 10 kg, desaparecería ante nuestros ojos en menos de tres años.

¿Qué ocurriría si el niño se tragase todo lo que le quieren dar? Imaginemos que el niño ya ha comido todo lo que necesita y que, tras arduos esfuerzos, consiguen que coma algo más; digamos, lo suficiente para engordar 10 g (además de lo que ya habría engordado normalmente). En un año, 3,500 kg. Si su hijo engordase cada día 10 g de más, engordaría tres kilos y medio extras al año. A los dos años, en vez de 12 kg, pesaría 19. A los diez años, en vez de 30 kg, 65. A los veinte años, en vez de 60 kg, pesaría 135.

¿No le parece que su hijo estaría monstruosamente obeso? Pero eso es con solo 10 g al día. ¿Cuánto hay que comer de más para engordar 10 g? Se calcula que, para acumular un gramo de grasa corporal, hay que ingerir unas 10,8 calorías.[2] Eso hace 108 kcal para engordar 10 g; casi exactamente las que lleva un yogur de sabor a fresa, o medio donut de chocolate, o un «potito» de comida para bebé de los pequeños, o 250 ml de un zumo de frutas comercial.

¿Se conformaría usted con que su hijo comiera un yogur más cada día? Probablemente no. Muchas madres preparan un plato entero de papilla, y su hijo solo toma un par de cucharadas. ¿Cuánto engordaría de más si se acabase todo el plato? ¿Veinte o treinta gramos al día? ¿Se imagina a su hijo de diez años pesando 100 o 135 kg?

El metabolismo humano permite notables adaptaciones, y, en la práctica, el comer un par de cucharadas más o menos puede que no afecte a nuestro peso. Pero todo tiene un límite. Muchas madres esperan que su hijo coma más del doble de lo que come habitualmente. Nadie puede comer cada día el doble de lo que necesita y seguir sano.

Las tres defensas del niño

Por tanto, los niños tienen que defenderse. Si se comieran todo lo que les intentan hacer comer, enfermarían gravemente. Por fortuna, disponen de todo un plan estratégico de defensa contra el exceso de comida, que se pone en marcha automáticamente. La primera línea de defensa consiste en cerrar la boca y girar la cabeza:

Tengo una niña de once meses y medio; resulta que no gana peso desde los ocho meses, en que pesaba 8 kg; sigue pesando 8 kg. Parece que nunca tiene hambre, le damos de comer mientras se distrae con un juguete y así le entra algo, pero otras veces gira la cara, pone la boca cuadrada, empieza a negarse rotundamente a comer y no hay forma humana de hacerle comer.

Esta niña ha dicho, más claro aún que si supiera hablar, que no quiere comer. Una madre prudente no intentaría darle ni media cucharada más. (Por cierto, no es raro que un niño deje de ganar peso a esta edad, y muchas niñas normales de un año pesan menos de 8 kg.)

Si se sigue insistiendo, el niño se retira a la segunda línea de defensa: abre la boca y deja que le metan lo que sea, pero no se lo traga. Los líquidos y purés gotean espectacularmente por las comisuras de su boca. La carne se convierte en un amasijo duro y fibroso, mil veces masticado, que acaba por escupir cuando ya no le cabe. Se dice entonces que el niño «hace la bola».

Mi niño de ocho meses comía de maravilla hasta hace una semana; un día empezó a rechazar la comida, sobre todo la fruta de la tarde y después también la verdura del mediodía. Su táctica es mantener la comida en la boca sin tragarla. Al principio era poco tiempo, pero ahora se puede estar media hora con el puré en la boca y no hay manera de que lo trague...

Si se insiste más todavía, el niño puede llegar a tragar algo. Se ve reducido entonces a su última trinchera: vomitar.

Mi hijo de cuatro meses y medio no ha hecho una toma bien en su vida. Durante casi tres meses le di pecho, tenía cólicos y ganaba peso escasamente, 150 o 100 g por semana. Cuando le empecé a dar biberón tomaba 40 o 50 ml, y el resto hasta 100 era llorando y echándolo a chorro. He intentado darle cada tres horas poca cantidad, he probado cada cuatro horas, he intentado dándole dormido, entreteniéndole con juguetes... Ha sido imposible.

Con cuatro meses he comenzado con la papilla de cereales sin gluten. Hundido. El niño no come, traga, porque yo he optado por hacerle comer como sea. El resultado, engorda mucho, gana 250 g pero cada toma es terrorífica, primero le doy el biberón y cuando toma sus 50 empiezo con la papilla. He probado cinco marcas de leche, y es lo mismo; la única tetina que acepta es la «anatómica». Por último, ha aprendido en ocasiones a vomitar;

lo hace sin esfuerzo pero vomita. Mi media cada toma es de una hora; le doy cinco al día.

Este niño aumentaba de 100 a 150 g de peso por semana durante los primeros meses, y eso era normal. Ahora, con cuatro meses, está aumentando 250 por semana, y eso no es normal, sino totalmente excesivo para su edad (puede ser normal en una semana aislada, pero no si se mantiene, más de un kilo al mes). Solo le queda llorar y vomitar. Si se sigue insistiendo, si se le amenaza con nuevos castigos o humillaciones para que no vomite, o si se recurre a un antiemético (medicamento que le impide vomitar), nuestro héroe está perdido.

El problema de las alergias

Uno de los motivos que pueden hacer que un niño se niegue a comer es que determinado alimento le siente mal. Las alergias a ciertos alimentos pueden llegar a ser peligrosas. La experiencia de Isabel nos muestra cómo el no reconocer los primeros síntomas de la alergia llevó al abandono innecesario de la lactancia materna y al agravamiento del problema:

Soy madre de un bebé de siete meses a la que he estado amamantando hasta ahora. Al principio fue algo maravilloso y si por mí hubiera sido, se hubiera alargado mucho más; pero al parecer mi hija quería que la leche fluyera más deprisa, y cuando llevaba cinco minutos mamando se ponía a llorar muy nerviosa. Ha sido una tarea difícil de llevar durante los tres últimos meses, pero yo pensaba que era lo mejor para ella y le he ido insistiendo hasta que ya no he podido más, ya que creo que la lactancia materna tiene que ser algo muy agradable tanto para el bebé como para la madre, y yo solo veía que mi hija sufría.

Al intentar introducirle leche adaptada, me llevé un susto terrible, porque al primer sorbo de biberón le empezaron a salir manchas rojas por toda la cara. Tuve que alargarle un poco más el pecho mientras le hacían unas pruebas de alergia.

Pruebas que, naturalmente, han sido positivas. Los síntomas que presentaba la hija de Isabel al tomar el pecho eran un indicio claro de alergia que nadie supo valorar. Ni siquiera retrospectivamente, cuando ya se había hecho el diagnóstico, supo nadie explicarle a Isabel cuál había sido el problema.

Muchas madres explican que su hijo «rechaza el pecho». Un bebé que antes mamaba normalmente desde hace unos días o semanas apenas mama cinco minutos, o menos, y luego llora. Esto puede corresponder a dos situaciones muy distintas:

A) La criatura empieza a mamar contenta, mama normalmente en cinco minutos o menos, suelta el pecho y parece satisfecha. Como a la madre le han dicho que ha de mamar diez minutos, piensa que necesita más e intenta que siga mamando. El bebé, naturalmente, se enfada y llora cuando intentan obligarle.

B) El bebé empieza a mamar más o menos contento, pero parece cada vez más incómodo, hasta que rompe a llorar y suelta el pecho. Muchas madres explican: «Es caerle la leche en el estómago, y se pone a llorar como si le doliese algo». Una descripción excelente, pues eso es exactamente lo que pasa.

El primer caso es totalmente normal, y corresponde al acortamiento natural de las mamadas a medida que el bebé crece, que explicaremos más adelante (véase «La crisis de los tres meses»). No hay que hacer nada, salvo reconocer que su hijo no necesita mamar más, y no intentar obligarle. Si a un bebé le intentan obligar durante semanas, es posible que le tome «manía» a mamar, y empiece a llorar incluso antes de que le obliguen, con lo que se haría más difícil distinguir el caso A del B. Pero haciendo memoria recordará que al principio se trataba de un caso A bien claro.

El segundo caso, en cambio, es claramente una alergia o intolerancia a algo que ha comido la madre. Casi siempre a la leche de vaca, aunque también podría ser al pescado, los huevos, la soja, las naranjas o algunos otros alimentos. Es el caso de Isabel. Si en aquel momento Isabel hubiera eliminado completamente la leche de vaca de su dieta, se hubiera ahorrado muchos llantos y sufrimientos, el susto de la grave reacción que tuvo su hija con el primer biberón, el destete innecesario y el calvario que representa alimentar a un bebé alérgico con una leche especial (que, aparte de ser carísimas, tienen un sabor repugnante, por lo que los bebés las rechazan).

¿Por qué la hija de Isabel se ponía a llorar cuando llevaba cinco minutos al pecho? Algunas proteínas de la leche de vaca (como de cualquier otra cosa que come la madre) pueden aparecer en su propia leche. Por supuesto, la cantidad de proteínas de vaca que aparece en la leche de la madre es mínima, y raramente es suficiente para dar una reacción general, con manchas rojas por todo el cuerpo, como ocurrió con el primer biberón. En vez de ello, los habones o manchas rojas aparecen solo en el lugar de contacto: en el esófago y estómago de la niña, que en pocos minutos se inflaman y pican. La madre no ve nada, pero la niña lo nota, ¡y vaya si duele!

Si su hijo tiene síntomas parecidos a los de la hija de Isabel, y a media mamada se pone a llorar como si le doliese algo (y no digamos si además tiene ronchas o eccemas), deberá hacer la prueba para saber si es alergia a la leche de vaca. Para ello, la madre ha de seguir dando el pecho, y dejar de tomar por completo leche, queso, yogur, mantequilla o cualquier otro derivado. Ni gota. Ni cualquier otro producto que en su composición pueda llevar leche, como la bollería, el pan de molde, los rebozados, el chocolate...; incluso algunas marcas de salchichón o jamón, o de margarina «cien por cien vegetal», llevan leche. Tendrá que convertirse en una experta en leer etiquetas, y rechazar cualquier producto que contenga «leche», «sólidos lácteos», «leche en polvo» «suero de leche», «lactosuero», «proteínas lácteas», etcétera.

Tendrá que estar de siete a diez días sin tomar ni gota de leche. No siempre el resultado es instantáneo; se ha comprobado que incluso después de cinco días sin tomar leche pueden seguir apareciendo proteínas de la vaca en la leche materna. No substituya la leche de vaca por leche de soja, pues la soja provoca casi tantas alergias como la leche.

Si en diez días los síntomas de su hijo no han desaparecido, probablemente no era alérgico a la leche de vaca. Tal vez sea alérgico a otra cosa; pruebe con el huevo y el pescado. Si los síntomas de su hijo son alarmantes y no quiere perder tiempo con pruebas, tal vez lo mejor es que de entrada suprima la leche, el huevo, el pescado, la soja y cualquier otro alimento sospechoso, y luego los vuelva a introducir uno a uno. Además, algunos niños son alérgicos a dos o más alimentos, y solo mejoran si la madre los suprime a la vez. Conocí, por ejemplo, a un bebé que resultó ser alérgico a la leche y al melocotón. Suerte que su madre se dio cuenta, porque, al dejar de tomar leche, desayunaba zumo de melocotón; y claro, el niño no mejoraba.

Si los síntomas de su hijo desaparecen al dejar de tomar leche, puede que sea solo por casualidad. Vuelva a tomar leche, a ver qué pasa. Pero no poco a poco, porque los síntomas podrían ser leves, y no saldría de dudas. Tome un par de vasos de leche al día: si no pasa nada, es que su hijo no era alérgico a la leche. Se «curó» por pura casualidad, y más vale no darle más vueltas. Es importante hacer esta prueba de reintroducción. Muchas veces se aconseja suprimir la leche de vaca sin apenas motivo, como si la pobre vaca tuviera la culpa de todos los llantos, todos los granitos o todos los mocos, y la madre pasa meses o años sin tomar leche, o tomando poca y con culpa y sin saber si eso afecta al niño o no.

Pero si cuando usted vuelve a tomar leche, su hijo vuelve a tener los mismos síntomas, la alergia está probada. Prepárese a darle el pecho todo el tiempo posible, mejor si son dos años o más, y no le dé ni gota de otra leche a su hijo, ni en biberón ni con las papillas, pues puede ocurrirle como a la hija de Isabel: si un niño es tan alérgico que incluso la pequeña cantidad que aparece en la leche materna le perjudica, el darle leche directamente puede provocar una reacción mucho más grave.

No todos los niños alérgicos son tan sensibles que reaccionen cuando la madre toma pan de molde, una magdalena o un salchichón que contiene un poco de leche. Para hacer la prueba es necesario hacer la dieta muy estricta, pues si no no saldría de dudas; pero más adelante tal vez pueda tomar alguno de estos productos sin que a su hijo le pase nada. Es posible que cuanto más estricta sea la dieta sin leche de la madre, antes se cure la alergia del niño, aunque no estamos muy seguros de este punto.

Si descubre que la leche estaba afectando a su hijo, explíqueselo a su pediatra, que, probablemente, le querrá hacer pruebas de alergia. Y no intente dar ni gota de leche o derivados a su hijo hasta nueva orden. Advierta a sus familiares y a la guardería. La alergia a la leche suele «curarse» sola, normalmente entre el año y los cuatro años; pero en algunos casos la prueba de darle leche al niño a ver si ya la tolera se debe hacer bajo control médico, en el mismo hospital.

¿De verdad no come nada?

Porque esa es otra... Hay niños de año y medio, como hemos comentado más arriba, que comen menos que uno de nueve meses. Pero también hay muchos que comen más, solo que su madre no se ha dado cuenta. La nutrición no es una ciencia infusa, y es fácil equivocarse de parte a parte al estimar las calorías que está tomando su hijo.

Uno de los errores más frecuentes es creer que «la leche no alimenta». Tanto la materna como la del biberón. Como son líquidas, la gente piensa que son poco menos que agua, cuando en realidad su contenido en calorías y proteínas es muy alto. Ya hemos explicado que muchas papillas de verduras con carne, y no digamos las de fruta, llevan muchas menos calorías que la leche. Veamos el caso de Alberto:

> *Mi hijo de trece meses no quiere tomar fruta sola; solo consigo darle pera o plátano con el biberón, y poca cantidad; no quiere zumos de ningún tipo ni sabor, rechaza las papillas de cereales, los yogures y cremas...*
>
> *Desayuna, entre las 5 y las 7 de la mañana, 240 ml de leche con fruta. A veces antes de la comida toma 180 ml de leche con cereales. Entre las 12 y la 1 come puré de verdura con pollo, ternera, huevo o pescado. Merienda 210 ml de leche con fruta y fiambre de pavo (no quiere quesitos ni otra cosa, solo pan), cena sobre las 8.30 puré suave y 210 ml de leche con cereales.*

El bueno de Alberto está tomando cada día 840 ml de leche, más fruta, puré de verdura con carne o pescado, fiambre de pavo, «puré suave», pan y cereales en dos de las tomas de leche. ¡Y su madre está preocupada por lo poco que come! Un niño de trece meses puede necesitar unas 900 kcal al día. Solo de leche ya está tomando 590 kcal, ¡y todo lo demás! Por suerte, el problema está en vías de solución, pues su madre se ha dado cuenta de lo principal: «... ya no le obligo a comer, es peor».

Conviene que los niños mayores de un año no tomen más de 500 ml de leche al día. Si toman más, no es que sea muy grave..., pero sepa que no le van a caber otras cosas. Por eso recomiendan muchos expertos que los niños criados con biberón no tomen ningún biberón más después de cumplir un año. Que tomen la leche en un vaso. Es un pequeño truco para que no tomen tanta leche; con el biberón entra demasiado fácil.

Los profesionales no son inmunes a esta curiosa creencia de que «la leche es agua», especialmente cuando se trata de leche materna. Vean si no lo que le ocurrió a Silvia:

> *Soy madre de un niño ¡ya! de dos años, que todavía toma el pecho, cosa que nos colma de satisfacción a los dos. Y todavía mama, a pesar de médicos, familiares y sociedad. Los dos primeros meses, el niño aumentaba bastante, pero, a partir de ahí, empezaron los problemas: mi hijo no quería mamar más que un poco, y he llegado a amamantarlo ¡bailando! El niño, con dos años,*

solo pesa 10 kg, pero es un crío sano, vivaz, con mucha fuerza. El problema es que no tiene hambre (no la conoce), y la gente me dice que no le dé el pecho y así comerá más, que la leche ya es «agua».

Un dato: me extraigo la leche en el trabajo y la congelo; con ella le preparan un vaso con Meritene y cereales.

Vemos la típica historia: el bebé que a partir de los dos meses engorda más despacio y mama más deprisa (véase «La crisis de los tres meses»). Y la madre a la que comen el coco haciéndole creer que eso no es normal, hasta tenerla completamente angustiada.

Un niño varón, que toma pecho, de dos años y 10 kg, necesita aproximadamente 812 kcal al día, y 8 g de proteínas (calculado con las cifras de estudios modernos;[4,10] muchos libros todavía dan los valores antiguos, bastante más altos. En la primera edición de este libro ponía 850 en vez de 812; pero para la segunda ya habían salido los nuevos y más precisos estudios de Butte, con cifras más bajas). Un vaso de 150 ml de leche materna con un sobre de Meritene (un concentrado proteico-energético usado para la alimentación de enfermos crónicos desnutridos) y 15 g de cereales lleva unas 300 calorías (más de la tercera parte de lo que el bebé necesita en todo el día) y 9 g de proteínas (más de lo que necesita en todo el día). Si a lo largo del día mama otros 400 ml, son 280 kcal más, y casi 4 g más de proteínas. Más lo que coma de otros alimentos... ¿le extraña a alguien que no tenga más hambre?

Muchas madres piensan que su hijo no come porque no toma las papillas «legalmente establecidas», sin darse cuenta de que está tomando otras cosas equivalentes o mejores. Vuelva a leer las explicaciones de la mamá de Alberto, hace un par de páginas: toma dos veces al día leche con cereales y come pan (¡sin quesito!). Pero su madre afirma que Alberto «rechaza las papillas de cereales».

Una anécdota ejemplifica a la perfección este error, «si no come la papilla, no come nada». Una madre me dijo un día desesperada: «Doctor, no hay manera de que coma fruta. He probado de todas las maneras: la fruta triturada, los potitos de fruta, los cereales de fruta, los yogures de fruta, los *petisuises* de fruta... nada». Puesto que el niño, sabiamente, los había rechazado, no quise liar más a aquella madre explicándole que los cereales con fruta y los yogures con fruta llevan muy poca fruta, o que los yogures «sabor a» fruta y los *petisuises* no llevan nada de fruta (solo azúcar y colorante). En vez de eso, sugerí tímidamente: «A veces no les gustan las papillas con todo mezclado. ¿Ha probado a darle la fruta separada, un poco de plátano o...?». «Sí —me interrumpió la madre—, eso sí que le gusta; coge un plátano con la mano y se lo come casi entero. Pero lo que no hay manera —insistió— es que se coma la papilla de fruta.»

Para aquella madre, comerse un plátano entero, si no formaba parte de una «papilla de fruta», era una pérdida de tiempo.

Por último, otro factor que lleva a muchas madres a no darse cuenta de que sus hijos sí que están comiendo mucho es la falta de conciencia sobre el elevado contenido calórico de algunos alimentos. Muchas veces, desesperada porque su hijo «no come», la madre acaba recurriendo a alguna chuchería, preferentemente con chocolate. No sé qué tiene el chocolate, que por muy lleno que estés casi siempre encuentras un hueco para meterlo (y eso también nos pasa a los adultos). Claro, el niño que no tenía hambre pero acepta una golosina se queda con menos hambre todavía, con lo que en la siguiente comida querrá comer todavía menos, y la pelea está servida.

Decíamos que un niño de dos años y 10 kg necesita unas 812 kcal al día (eso es la media, algunos necesitan bastante más y otros, bastante menos). Pues bien, si cada día se toma medio litro de leche (350 kcal), un bollicao (260 kcal), un yogur sabor fresa (110 kcal) y un zumo de piña de 200 ml (85 kcal), ya tenemos 805 kcal. Poco más le puede caber. ¿Y si añadimos un donut de chocolate (230 kcal)? ¡No le podrá dar ni un mordisco! ¿Dónde quiere usted meterle la fruta, la verdura, las legumbres, la carne...? Por supuesto, una dieta semejante sería totalmente inadecuada para un niño..., pero tendría calorías de sobra, por lo que el niño no podría tomar nada más.

Por tanto, si quiere que su hijo tome alimentos sanos, tendrá que dejar de darle «chuches». Limite la leche y derivados a medio litro al día o menos (para mayores de un año), no le dé para beber más que agua pura (ni más leche, ni zumo, ni mucho menos refrescos), y no le dé pasteles y golosinas más que en Navidad y otras fiestas de guardar.

capítulo
dos

Su hijo sabe lo que necesita

Todos los animales de este mundo comen lo que necesitan. No se encuentra uno, paseando por el campo, bichos muertos porque nadie les dijo que tenían que comer. Cada uno elige, además, la dieta adecuada para su especie; y es tan difícil encontrar a un conejo comiendo carne como a un lobo comiendo hierba.

Los adultos también comemos lo que necesitamos sin que nadie nos diga nada. Las personas que hacen mucho ejercicio comen más, y las que llevan una vida sedentaria comen menos, sin que ningún experto tenga que calcular las calorías y darles instrucciones por escrito. Sí, algunos tenemos cierta tendencia a la obesidad; pero cuando se piensa en lo que podría pasar y no pasa, se da uno cuenta de que nuestro sistema de control de la cantidad de comida es muy bueno. Si usted comiera cada día un poco más de la cuenta, y engordase 20 g diarios, al cabo del año habría ganado 7,3 kg, en 10 años 73 kg (¡más lo que ya pesa ahora!). Si, por el contrario, perdiese cada día 20 g, en ocho o nueve años se habría esfumado completamente, dejando en el suelo un montón de ropas vacías, como los fantasmas de las películas. Y, sin embargo, la mayoría de la gente consigue pesar lo mismo, kilo arriba kilo abajo, durante docenas de años.

Lo mismo en cuanto a la calidad de la dieta. El común de los mortales no sabe ni qué vitaminas necesita, ni qué cantidad de cada una de ellas, ni qué alimentos las contienen (sí, usted sabe que las naranjas llevan vitamina C; pero ¿dónde está la vitamina B1, la B12, el ácido fólico?); pero, a pesar de ello, prácticamente nadie, si no está pasando hambre por motivos ajenos a su voluntad, sufre el escorbuto, el beriberi, la anemia perniciosa o la xeroftalmia.

¿Cómo nos las arreglamos? Cada persona, cada animal, tiene mecanismos innatos que le hacen buscar los alimentos que necesita y comer la cantidad adecuada. ¿Qué nos hace pensar que nuestros hijos carecen de dichos mecanismos? Las crías de otros animales sí que los tienen. Si a un niño le dejan comer lo que quiere, es lógico pensar que comerá lo que necesita. Pero a aquellos a quienes los razonamientos teóricos no acaban de convencer, tal vez les interese saber que, además de ser lógico, está científicamente demostrado. En los siguientes apartados vamos a explicar cómo los niños eligen su dieta desde que nacen, cambiando la composición de la leche materna; y cómo unos meses después son capaces de elegir por sí mismos una dieta adecuada.

Leche materna a la carta. Por qué no maman según un horario regular

El horario de las mamadas es un mito. Hubo un tiempo en que se creyó que los bebés tenían que mamar cada tres horas, o cada cuatro horas (¡y diez minutos de cada lado, para mayor escarnio!). ¿Se ha preguntado alguna vez por qué diez minutos, y no nueve u once? Evidentemente, son números redondos. ¿Cómo han llegado algunos a creer que un «número redondo» era un «número exacto»?

Por supuesto, los adultos jamás comemos «diez minutos de cada plato cada cuatro horas». ¿Cuánto tardamos en comer un plato? ¡Pues depende de lo rápido que comamos, vaya cosa! A los niños les pasa igual: si maman rápido tardan menos de diez minutos, y si maman despacio tardan más.[11]

Si comemos a horas fijas es solo porque nuestras obligaciones laborales nos lo exigen. Normalmente, en los días festivos nos saltamos totalmente el horario habitual, sin que nuestra salud se resienta en lo más mínimo. Sin embargo, todavía hay gente que cree que los bebés se han de acostumbrar a un horario, con vagas referencias a la disciplina o la digestión.

La comida de los adultos puede esperar. Nuestro metabolismo nos lo permite, y la comida será la misma a una hora que a otra. Pero su hijo no puede esperar. Su sensación de hambre es imperiosa, y la comida cambia si se retrasa. Porque la leche materna no es un alimento muerto, sino un tejido vivo, en constante evolución. La cantidad de grasa en la leche aumenta mucho a lo largo de la mamada: la leche que sale al principio tiene poca grasa, y la que sale al final tiene hasta cinco veces más.

La cantidad media de grasa en la leche en una determinada mamada depende de cuatro factores: disminuye con el tiempo transcurrido desde la mamada anterior (cuanto más tiempo, menos grasa) y aumenta con la concentración de grasa al final de la mamada anterior, el volumen ingerido en la mamada anterior y el volumen ingerido en la mamada actual (la lectora curiosa puede consultar la excelente revisión de Woolridge sobre la fisiología de la lactancia).[12] El niño que toma dos pechos raramente se acaba el segundo, así que podríamos decir, simplificando mucho, que toma dos tercios de leche aguada, y un tercio de leche concentrada. En cambio, el que toma un solo pecho toma mitad de aguada y mitad de concentrada. Si toma leche con menos grasas (y, por tanto, con menos calorías), su hijo puede aceptar un volumen mayor, y por tanto tomar más proteínas... De modo que el bebé que toma 50 ml de cada pecho no está tomando lo mismo que el que toma 100 ml de un solo pecho; y la dieta del que toma 80 ml cada dos horas y del que mama 160 ml cada cuatro horas son totalmente distintas.

El control de la composición de la leche es todavía objeto de investigación, y lo que desconocemos es, probablemente, mucho más que lo que ya sabemos. Por ejemplo, se ha observado que un pecho suele producir leche con más proteínas que el otro. Tal vez sea pura casualidad... o tal vez su hijo pueda elegir, mamando más de un pecho o del otro, una comida con más o menos proteínas.

¿Creía que su hijo comía siempre lo mismo? ¿Pensaba que sería aburrido pasar meses tomando solo leche? Pues ya ve que con la leche materna no es así. Su hijo tiene a su disposición una amplia carta donde elegir, desde sopas ligeras hasta cremosos postres. Como no puede hablar (ni el pecho podría entenderlo, por otra parte), encarga su menú dando instrucciones al pecho mediante tres claves:

1. La *cantidad de leche* que toma en cada mamada (es decir, mamando más o menos tiempo con mayor o menor intensidad).
2. El *tiempo* entre una mamada y otra.
3. El tomar de *un solo pecho* o de *los dos*.

Lo que su hijo hace en el pecho es auténtica ingeniería, para obtener cada día exactamente lo que necesita. El control de su hijo sobre su dieta es total y perfecto cuando puede variar a voluntad las tres claves. En eso consiste la lactancia a demanda: que el bebé decida cuándo ha de mamar, durante cuánto tiempo y si ha de tomar un pecho o los dos.

Cuando se les impide controlar uno de los mecanismos, la mayoría de los bebés consiguen una dieta adecuada maniobrando hábilmente con los otros dos. Así, en un experimento,[13] a unos bebés les dieron siempre un solo pecho en cada toma durante una semana, y los dos pechos en cada toma en otra semana (el orden de las semanas era al azar). En teoría, los bebés hubieran ingerido muchísima más grasa a lo largo del día al tomar un solo pecho que al tomar dos. Sin embargo, los bebés modificaron espontáneamente la frecuencia y duración de las mamadas y consiguieron tomar cantidades similares de grasa (pero volúmenes distintos de leche).

Pero el bebé que no puede modificar ni la frecuencia ni la duración de las tomas, ni decidir si toma un pecho o los dos, está perdido: ya no tomará la leche que necesita, sino la que por casualidad «le toque». Si su dieta se aparta mucho de sus necesidades, el bebé tendrá problemas: su peso no será adecuado, o pasará el día hambriento y lloroso. Por eso la lactancia con horario raramente funciona, y el resultado es tanto más catastrófico cuanto más estricto se pretende imponer el horario. El bebé necesita mamar de forma irregular, porque solo así puede ingerir una dieta equilibrada.

Desde el primer día, aunque aparentemente esté tomando solo leche, su hijo ha estado eligiendo su dieta entre un amplio abanico de posibilidades, y ha elegido siempre con acierto, tanto en cantidad como en calidad.

Papillas también a la carta

En la década de 1920 la doctora Davis demostró, en una serie de experimentos, que los niños pueden elegir por sí mismos una dieta equilibrada.[14] Ofrecía a un grupo de niños, entre seis y dieciocho meses de edad, diez o doce alimentos distintos en cada toma. Eran alimentos puros, sin mezclar: zanahoria, arroz, pollo, huevo... Los niños comían la cantidad que querían del alimento que querían, sin que ningún adulto intentase controlar su ingesta. Los mayores comían solitos, a los más pequeños un adulto les daba sin la menor insistencia: empezaba con el primer plato hasta que el niño cerraba la boca, luego el segundo plato, y así hasta el final. Durante meses, el crecimiento de los niños fue normal, y su ingesta de nutrientes, adecuada a medio plazo, aunque las variaciones de una comida a otra eran tremendas, «la pesadilla de un dietista». Los niños comían a veces «como un pajarito» y a veces «como un caballo»; y pasaban por rachas en las que comían solo uno o dos alimentos durante días, para luego olvidarlos. De una u otra manera, al final se las arreglaban para consumir una dieta equilibrada.

Otros estudios más modernos han confirmado que los niños pequeños, cuando se les deja comer lo que quieren, tanto en condiciones de laboratorio[15] como en su propia casa,[16] ingieren una cantidad de calorías bastante constante cada día, aunque las variaciones de una comida a otra son enormes.

Pero ¿no se atiborrará de chocolate?

Hombre, claro, si le dejan sí. O, al menos, suponemos que sí, parece que no hay estudios científicos que lo demuestren. Igual resulta que solo se atiborran el primer día, y luego se hartan y siguen comiendo una dieta equilibrada.

A los niños (y a los adultos) les gustan mucho los dulces y los salados, y solemos consumir demasiado de ambas cosas. Si disponen de un mecanismo innato para comer lo que necesitan, ¿por qué los niños comen tantas «chuches»?

Para entender por qué falla a veces el mecanismo de control hay que tener en cuenta la teoría de la evolución. Cuando un animal come adecuadamente, vive más y tiene más hijos; por tanto, la selección natural favorece a aquellos animales que muestran una conducta alimentaria adecuada. Pero la selección natural tarda muchos miles de años en actuar, y la conducta que fue adecuada en un momento dado puede dejar de serlo si las circunstancias ambientales cambian.

¿Para qué les servía a los niños de la cueva de Altamira el gusto por lo dulce y por lo salado? No solo no había chocolate, sino que tampoco había ni sal ni azúcar. Lo más dulce que tenían era la leche materna, su principal alimento, y la fruta, cargadita de vitaminas. Lo más salado, probablemente, era la carne, una fuente importante de hierro y proteínas. Así, sus preferencias les ayudaban a elegir una dieta variada y equilibrada. Pero ahora tenemos caramelos mucho más dulces que la fruta, y «aperitivos» mucho más salados que la carne, y el mecanismo de selección se nos ha descompensado un poco.

Aun así, es sorprendente lo fuerte que es el instinto a la hora de elegir una dieta adecuada. Fíjese en la publicidad: cuanto más insalubre es un alimento, más lo tienen que anunciar. Aperitivos salados, dulces, refrescos... Algunas marcas, que ya venden millones, siguen haciendo anuncios a diario; saben que no pueden descansar ni un momento porque, si no se anunciasen, las ventas bajarían espectacularmente. En cambio, las lentejas, las manzanas, el arroz o el pan no se anuncian casi nunca, y la gente los sigue comiendo.

Por si acaso, los expertos[14] consideran en la actualidad que los niños pueden elegir una dieta sana, a condición de que les demos cosas sanas a elegir. Si usted ofrece a su hijo fruta, macarrones, pollo y guisantes, y deja que él elija qué y cuánto come, seguro que a la larga tomará una dieta adecuada..., aunque a lo mejor pasa dos días solo con guisantes y luego un día solo con pollo. Pero si le da a elegir entre fruta, macarrones, guisantes y chocolate, entonces nadie garantiza que su dieta sea equilibrada.

En definitiva: la responsabilidad de los padres se limita a ofrecer una variedad de alimentos sanos. La responsabilidad de elegir entre esa variedad y decidir la cantidad que ingiere de cada uno no corresponde a los padres, sino al hijo.

capítulo
tres

Qué no hay que hacer a la hora de comer

El ingenio de las madres a la hora de hacer comer a sus hijos no conoce límites (los padres suelen participar menos en este tema, probablemente más por indiferencia que por reflexión). Se comienza haciendo el avión con la cuchara. Luego viene distraer (muchas madres usan sin pudor la palabra «engañar») al niño con canciones, danzas, muñecos o la inevitable tele. Pronto siguen los ruegos («¡no le hagas esto a mamá!»), las promesas («si te lo comes todo, te compro un dinosaurio»), las amenazas («hasta que no te lo acabes no vas a jugar»), las súplicas («esta por mamá, esta por papá, esta por la abuelita»), las vidas ejemplares («¡mira a Popeye, cómo se come las espinacas!»). Se cuenta de unos padres que, al observar que su hijo se llevaba a la boca lo que encontraba por el suelo, tuvieron una idea genial: cada día lavaban bien el suelo y luego esparcían trocitos de tortilla de patatas.

Algunos métodos mueven a risa; pero otros mueven más al llanto, sobre todo al niño. Veamos algunos ejemplos:

La persistencia

Mi hijo de cinco meses y medio no me quiere aceptar la cuchara. Empecé a intentarlo a los cuatro meses, pero por mucho que lo intentaba (con mucha paciencia), el niño chillaba, escupía y lloraba. Así que tuve que ponerle el contenido de los potitos y papilla en el biberón. Ahora hay días que me come unas cuatro o seis cucharadas sin rechistar, ¡pero luego se acabó! Hace un par de días empecé a ponerle el chupete después de cada cucharada, y así se lo acaba todo.

¿Mucha paciencia? Esta es otra confusión. Paciencia sería haber aceptado que su hijo todavía no quería papillas. Esta madre no ha sido muy paciente, sino muy insistente (si su hijo pudiera hablar, probablemente usaría una palabra más fuerte, «pesada» como mínimo). Al ponerle el chupete después de cada cucharada, el reflejo de succión le juega al niño una mala pasada: en vez de escupir, se lo traga. Lleva un par de días, y parece que funciona; pero seguro que pronto dejará de funcionar. El niño enfermaría si siguiese comiéndoselo todo durante mucho tiempo, y la naturaleza raramente permite que eso ocurra. Encontrará la manera de escupir, a pesar del chupete, o aprenderá a vomitar.

Las incursiones nocturnas

Tengo una niña de trece meses que tiene un comportamiento un poco extraño a la hora de comer, y es que no come, es decir, que aunque le doy distintas cosas, ella no se molesta en probarlo (como si le asustara la comida). Pero lo raro es que si por último le hago un biberón también lo rechaza, pero si luego dormida se lo vuelvo a dar, entonces sí se lo toma entero (con cereal incluido), 600 o 700 ml de leche con cereales es lo que toma en 24 horas. Ella es una niña que nunca parece tener hambre. ¿Puede aborrecer la comida un niño al que nunca se le ha obligado a comer?

¿Nunca se la ha obligado a comer? ¿Y cómo se llama entonces a enchufarle más de medio litro de leche con cereales mientras duerme? Por supuesto, la gente no ata a su hijo a la silla. Cuando hablamos de obligar o forzar a un niño, nos referimos a todos los métodos, por las buenas o por las malas. Por cierto, ¿cómo se puede esperar que durante el día tenga hambre una niña que ha tomado más de medio litro de leche con cereales mientras dormía? Seguro que no le cabe nada más.

Las odiosas comparaciones

Según una conocida historia apócrifa, Caín era «mal comedor». Mientras le hacía el avión (¿o el pterodáctilo?) con la cuchara, Eva solía animarle diciendo: «¡Vamos, sé bueno! ¡Mira a tu hermano Abel, cómo se acaba la verdurita!». Ya sabe lo que pasó después, ¿verdad?

Pocas veces nos damos cuenta de cuánto molestan a nuestros hijos estas comparaciones. Y también a los otros niños con quienes los comparamos. «Mira a Mónica, ya se ha acabado el bocadillo.» Y nuestra hija furiosa, y la pobre Mónica intentando disimular mientras piensa «trágame, tierra».

¿Le gustaría que se lo hicieran a usted? Imagínese tomando el café y charlando con su mejor amiga. En esto, entra su marido y le espeta: «A ver si aprendes a cuidarte un poco. Fíjate en Encarna, qué bien se peina, y cómo tiene el cutis, y lo delgada que está. Tú siempre has de ir por ahí hecha una dejada». Y se va, tan tranquilo, y usted se queda con Encarna, aquí paz y después gloria... ¿Cuál de las dos sería la primera en hablar?

Como padre, he tenido que pasar más de un sofoco a la salida de la escuela, cuando entrego a mis hijas el bocadillo de la merienda. A alguna madre se le ocurre tomar a mis hijas como ejemplo: «Mira qué bocata tan grande se va a comer Fulanita...». ¿Qué hago yo ahora? ¿Disimulo y me escabullo, o corro detrás y le explico que el bocata se lo va a comer si quiere, que a veces se deja la mitad y que a veces no lo prueba, que ya cuento con comer varios restos de bocadillo y que esa es *mi* merienda...?

Los sobornos

A muchos padres desesperados les parece una buena idea «comprar» a su hijo para que coma. El doctor Illingworth, en la obra que ya hemos citado, menciona el caso de un niño que reunió una extensa colección de coches en miniatura.

Curiosamente, alguien se ha molestado en investigar la eficacia de este tipo de sobornos. En un experimento[14] se ofreció un nuevo alimento a dos grupos de niños. A unos se les prometía un premio si lo probaban. A los otros se les puso simplemente delante, y que hicieran lo que quisieran. Al cabo de unos días, los niños a los que se habían ofrecido premios consumían menor cantidad del nuevo alimento que los otros. Y es que habría que ser tonto para no darse cuenta: «No debe de estar muy bueno, cuando me ofrecen un premio».

Tampoco es conveniente usar la comida en sí como premio o como castigo. «Si te portas bien te compro un helado» o «como le has pegado a tu primo no comerás pastel». Creo que es un error dietético sumado a un error pedagógico. De entrada, aunque el premio fuera un juguete y el castigo fuera no ir al circo, pienso que no es la mejor manera de educar a un niño. Un niño hará el bien por la satisfacción que eso produce, y no necesita más premio que la aprobación de sus padres (y pronto ni eso, porque tendrá la aprobación de sí mismo, que es la más importante); y se abstendrá de hacer el mal cuando comprenda que eso perjudica a otros. Las personas buenas, las personas con una conciencia moral superior (y los niños pequeños tienen de eso, no le quepa duda) no necesitan ni premios ni castigos. Y un adulto que solo actuase movido por la esperanza del premio o el temor al castigo sería un hipócrita y un aprovechado, haciendo el bien cuando le miran y el mal a escondidas. Cuando lleve a su hijo al zoo, no estropee la ocasión con frases como «es un premio porque esta semana recogiste los juguetes», frase que además es mentira, y usted lo sabe. Sabe perfectamente que le llevaría al zoo de todos modos, que le lleva por amor, porque es su hijo y le quiere haga lo que haga, sin condiciones, y desea hacerle feliz y disfrutar juntos el fin de semana. ¿Por qué ocultarle a su hijo ese amor, y fingir que solo es un premio?

Volviendo a la comida, además del problema pedagógico con el que quizá no esté de acuerdo, el usarla como premio o castigo añade un problema nutricional. Porque el premio nunca serán las acelgas, y el castigo nunca será el chocolate, sino al revés, idealizando cada vez más precisamente aquellos alimentos de los que su hijo no debería abusar.

La situación más ridícula, si se para a pensar, es aquella de «como no te acabes los garbanzos, no vas a comer pastel». Cada vez que oigo una frase de este estilo tengo que hacer esfuerzos para no echarme a reír. Si el niño ya no tiene hambre, ¿cómo pretende que, además de los garbanzos, se coma el pastel? Lo lógico sería precisamente al revés: «como hoy has comido muchos garbanzos, mejor que no comas postre», o bien «deja ya los garbanzos, acuérdate de que tenemos pastel».

Se ha comprobado experimentalmente que cuando los niños tienen a mano un determinado alimento, pero no se lo dejan comer, les gusta cada vez más.[17] Dicho de otro modo, si los caramelos están en casa, pasarse el día diciendo «ya está bien de comer caramelos» solo consigue que los pidan cada vez más. Si quiere que su hijo no se acostumbre a los caramelos, probablemente lo mejor es que no haya en casa, y así no hará falta mencionarlos.

Estimulantes del apetito

Tenemos un bebé de casi once meses que nos tiene muy preocupados. Desde que nació, no ha comido bien (solo le pude dar pecho mes y medio) y a los tres meses ya le teníamos que dar el biberón con la cuchara porque no lo quería comer y era la única manera de meterle algo. A los cinco meses le llevé a un pediatra nuevo que me recetó un estimulante del apetito llamado Pantobamin, que le fue estupendo el mes y medio que se lo estuvimos dando, pero al dejarlo volvimos a lo mismo. Después, a los nueve meses, se lo volvimos a dar y no le hizo el mismo efecto, pero comía mejor. Pero ahora desde que se lo dejamos de dar es mucho peor, porque hace lo que no había hecho nunca, que es vomitar; además desde que le metemos la cuchara (desde la primera) empieza con unas arcadas que creo que es de preocupar porque el día que no me vomita el desayuno vomita la comida, si no la merienda, y si nos hemos librado, seguro que es la cena. La hora de la comida se ha convertido en un infierno. Su madre, que es la que más está con él, necesita un psiquiatra, porque además le angustia mucho la comida porque dice que no va a crecer como los demás.

Existen en el mercado dos tipos de estimulantes del apetito: los que funcionan y los que no.

1. Los que *no funcionan* son combinaciones más o menos fantasiosas de vitaminas y cosas raras, habitualmente con un nombre impactante que hace referencia al metabolismo, al crecimiento, al dinamismo, a las transfusiones o a algo por el estilo. Son el equivalente moderno de aquel «Tónico Curalotodo del Doctor McFulano» que venden los charlatanes en las películas del Oeste (de hecho, algunos también llevan alcohol). En general, en dosis pequeñas y durante periodos cortos son bastante inocuos; pero no siempre están exentos de peligro. Siempre puede haber una alergia a alguno de sus componentes o a sus excipientes y colorantes, y se han descrito efectos tóxicos de algunas plantas «estimulantes», como el ginseng. Además, algunas vitaminas y minerales pueden ser tóxicos si se consumen en exceso.

Casi todos los médicos están de acuerdo en que estos «tónicos» son absolutamente inútiles, pero muchos los recetan como placebo. Un placebo (en latín 'complaceré') es un falso medicamento que se da al paciente para que esté contento. A veces, dar una receta «y que se calle» es más fácil y rápido que explicarle al paciente la verdad. También es cierto que algunos pacientes exigen un medicamento sea como sea, y a veces el médico tiene que rendirse y recetar un placebo inofensivo por temor a que el paciente se compre por su cuenta un medicamento más peligroso (en España, por desgracia, es muy fácil conseguir medicamentos sin receta). Por cierto, si quiere que no le manden placebos, en esta o en otras situaciones, es buena idea decírselo al médico desde el primer momento, y recordárselo de vez en cuando: «No me gusta darle medicamentos al niño sin necesidad; si usted cree que lo que tiene se le curará solo, no hace falta que le recete nada». Muchos pediatras responderán con una amplia sonrisa de alivio.

2. Los que *sí funcionan* son harina de otro costal. Casi todos contienen ciproheptadina (mezclada con diversas vitaminas para distinguir unas marcas de otras).

Es preciso tener en cuenta que las «ganas de comer» no están en el estómago, como el amor no está en el corazón. El apetito está en (o está controlado por) el cerebro. La ciproheptadina (y algún pariente, como la dihexazina) actúa sobre el centro cerebral del apetito, lo mismo que las pastillas para dormir actúan sobre el cerebro. La ciproheptadina es, en realidad, un psicofármaco; y sus principales efectos secundarios van en este sentido: somnolencia (un efecto frecuente, que puede afectar al rendimiento escolar), sequedad de boca, dolor de cabeza, náuseas; y más raramente, crisis hipertensivas, agitación, confusión o alucinaciones, y disminución de la secreción de hormona de crecimiento (¡bajito y gordo, para redondear el éxito del tratamiento!). La intoxicación (si el niño pilla el frasco y decide tomárselo todo) puede producir sueño profundo, debilidad e incoordinación muscular, convulsiones y fiebre.

Por supuesto, estos efectos secundarios graves son muy raros; no los explicamos para que se asuste si alguna vez le ha dado uno de estos jarabes a su hijo (si le contásemos todos los posibles efectos secundarios de medicamentos tan habituales como la amoxicilina o el paracetamol, también se llevaría un buen susto). Siempre que se toma un medicamento se está asumiendo un riesgo; lo importante es que, cuando uno está enfermo y necesita tratarse, el riesgo es muy inferior al beneficio. El problema de los estimulantes del apetito es que los niños que lo toman ni están enfermos ni necesitan tratamiento; el beneficio es nulo, y cualquier riesgo, por pequeño y remoto que sea, resulta inadmisible.

Pero, sin duda, el mayor peligro de la ciproheptadina es, precisamente, que sí funciona: el niño come más. Más de lo que necesita, más de lo que le conviene. Por suerte, el efecto desaparece tan pronto como se deja de tomar el medicamento, y la mayoría de los niños vuelven a perder en pocos días el peso que habían ganado (si habían ganado algo). Este «efecto rebote» suele demostrar a la familia que el medicamento es inútil, y lo dejan de usar. Pero algunas caen en la tentación de seguir usándolo de forma continuada, durante meses e incluso años. ¿Qué efecto puede tener sobre un niño el comer más de la cuenta durante meses o años, y además hacer menos ejercicio físico debido a la somnolencia? Nada bueno, seguro.

También se han usado hierbas y diversos productos «naturales» para hacer comer a los niños. Todos ellos, por muy «naturales» que sean, pueden clasificarse en uno de los dos grupos anteriores: los que funcionan y los que no (el problema es que a veces no tenemos datos suficientes para distinguirlos). Si no funcionan, ¿para qué perder el tiempo y el dinero? Y si funcionan, sus peligros serán similares a los de la ciproheptadina. Primero, porque si de verdad aumentan el apetito, probablemente actúan sobre el cerebro. Segundo, porque no se puede hacer que un niño coma más de lo necesario sin que, a la larga, eso perjudique su salud.

Afortunadamente, parece que ya han pasado de moda las quinas y otras bebidas alcohólicas que se usaban hace unos años para abrir el apetito. Ni que decir tiene que nunca debe darse alcohol a un niño.

En definitiva, los estimulantes del apetito son inútiles cuando no funcionan y peligrosos cuando funcionan, su efecto es pasajero y tienen efecto rebote. No se han de usar jamás.

Un testimonio de primera mano

¿Qué nos contarían nuestros hijos si pudieran hablar? Tal vez algo así:

Desde que cumplí nueve meses empecé a notar a mis padres algo pesados con la comida. Hasta entonces, mis padres me daban de comer bastante bien; pero empezaron a querer darme otra cucharada cuando yo ya había acabado, y un día intentaron meterme una cosa gelatinosa y repugnante que llamaban «sesito» y decían que era de mucho alimento. Al principio eran hechos aislados, y no le di mucha importancia. A veces, para verles contentos, me comía la cucharada de más, aunque luego me encontraba pesado toda la tarde y tenía que tomar una cucharada menos por la noche. Ahora me arrepiento, y pienso si no debí ser más estricto desde el principio. ¿Será verdad eso que dicen de que, si cedes ante tus padres aunque solo sea una vez, se malcrían y luego siempre están exigiendo? Yo siempre había pensado que educaría a mis padres con paciencia y diálogo, lejos de los autoritarismos del pasado..., pero ahora, a la vista de lo sucedido, ya no sé qué pensar.

El verdadero problema empezó hace un mes y medio, cuando yo tenía diez. De repente, empecé a encontrarme mal. Me dolía la cabeza, la espalda y la garganta. Lo de la cabeza era lo peor, cualquier ruido resonaba y me recorría el cuerpo de abajo arriba y de arriba abajo. Cuando la abuela me decía «Cuchi Cuchi» (ella me llama Cuchi Cuchi, y a mí, la verdad, casi me gusta más que Jonathan) sentía que mi cabeza iba a estallar. Y, para colmo, en vez de desahogarme llorando, como otras veces, mi propio llanto me resonaba en los oídos y cada vez estaba peor. Esa especie de plastilina amarillenta que a veces aparece en mi pañal (no sé de dónde saldrá, pero mamá nunca me deja jugar con ella) también cambió; olía mal y me escocía el culito. Alberto, un amigo del parque, que ya tiene trece meses, me dijo que eso era un virus y que no tiene importancia; pero mis padres no deben de entender tanto de eso como Alberto, porque parecían preocupados, como si no supieran qué hacer.

Durante casi una semana, es que no podía ni tragar. Suerte del pecho, que siempre entra bien; pero lo que es las papillas, se me ponía como una cosa aquí en la garganta que acababa vomitando. Y lo extraño es que ni siquiera tenía hambre. Yo les decía a mis padres lo que pasaba, pero no entendían nada. A veces me desespero con ellos, y pienso que ya va siendo hora de que aprenda a hablar. Todo lo entendían al revés. Yo lloraba flojito y largo, diciendo «abrázame todo el rato» y ellos me dejaban en la cuna. Yo ponía cara de «hoy, la verdad, no me apetece nada» y ellos venga a darme más comida. Yo hacía muecas de «una cucharada más y vomito» y ellos se enfadaban y gritaban, y decían no sé qué de «marranadas».

Por suerte, el dolor de cabeza y todo eso solo duró unos días. Pero mis padres no han vuelto a ser los mismos. Siguen empeñados en darme comida que no quiero. Y no ya una cucharada más, como antes; ahora pretenden que coma el doble o el triple de lo normal. Se comportan de una manera muy rara; tan pronto están eufóricos y hacen el indio con la cuchara gritando «¡el avión, mira el avión, brrrrrruum!» como se ponen agresivos y me intentan abrir la boca a la fuerza, o les entra la depre y se ponen a gimotear. Pensé si no sería el virus, si no les estaría doliendo también la cabeza y la espalda. Sea lo que sea, el caso es que la hora de comer se ha convertido en un verdadero suplicio; solo de pensarlo me entran ganas de vomitar, y se me quita la poca hambre que tengo...

capítulo
cuatro

Calendario de alimentación

Es imposible dar, con base científica, unas recomendaciones detalladas sobre alimentación infantil. Los comités de expertos que han abordado el tema han sido extraordinariamente cautos, y sus conclusiones, muy inespecíficas:

Las recomendaciones de la ESPGHAN

La Sociedad Europea de Gastroenterología y Nutrición Pediátricas[18] (ESPGHAN, antes llamada ESPGAN) publicó en 1982 unas normas sobre alimentación complementaria. Expertos de nueve países, tras revisar cientos de estudios científicos, llegaron a siete recomendaciones, que transcribimos textualmente:

1. Al aconsejar, hay que tener en cuenta el ambiente sociocultural de la familia, la actitud de los padres, y la calidad de la relación madre-hijo.
2. En general, el *beikost* no debe introducirse antes de los tres meses ni después de los seis meses. Se debe comenzar con pequeñas cantidades, y tanto su variedad como su cantidad deben aumentarse poco a poco.
3. A los seis meses, no más del 50 por ciento de la ingesta energética debe provenir del *beikost*. Durante el resto del primer año, la leche materna, la leche artificial o los productos lácteos equivalentes deben darse en cantidad no inferior a los 500 ml al día.
4. No hay necesidad de especificar el tipo de *beikost* (cereales, frutas, verduras) que debe introducirse primero. A este respecto, deben tenerse en cuenta los hábitos nacionales y los factores económicos. No es necesario hacer recomendaciones detalladas sobre la edad en que

deben introducirse las proteínas animales distintas de la leche; pero probablemente es mejor retrasar hasta los cinco o seis meses la introducción de ciertos alimentos altamente alergénicos, como los huevos y el pescado.

5. Los alimentos con gluten no deben introducirse antes de los cuatro meses. Incluso puede ser recomendable retrasarlos más, hasta los seis meses.

6. Los alimentos con un contenido en nitratos potencialmente alto, como las espinacas o la remolacha, deben evitarse durante los primeros meses.

7. Se tendrá especial cuidado con la introducción del *beikost* a los niños con una historia familiar de atopia, en los que los alimentos potencialmente muy alergénicos deben ser estrictamente evitados durante el primer año.

Aunque las normas de la ESPGHAN están redactadas en inglés, emplean la palabra alemana *beikost* para referirse a cualquier cosa que tome el bebé y no sea ni leche materna ni leche artificial. Incluye, pues, zumos e infusiones, papillas, galletas, biberones espesados con harina o bocadillos de chorizo. La expresión equivalente en español sería *alimentación complementaria*, y en inglés hablan habitualmente de *solids*. Por una traducción excesivamente literal, muchos libros traducidos del inglés hablan de «la introducción de los sólidos». Siempre hay algún espabilado que se agarra a este error (o matiz) como a un clavo ardiendo: «Ves, los sólidos a los seis meses, pero no dice nada de los líquidos. El zumo de naranja y las dos cucharadas de harina en cada biberón se han de dar mucho antes». Pero debe quedar claro que, en esta acepción, el inglés *solids* se refiere también a alimentos líquidos o pastosos, del mismo modo que al hablar de «la primera papilla» nos podemos referir a algo que no esté triturado. Nada hasta los seis meses, ni biberones «espesados», ni zumos, ni manzanilla... Nada.

En el año 2008, la ESPGHAN (han añadido la H de Hepatología) publicó un nuevo documento.[19] Transcribimos íntegras sus recomendaciones finales:

— La lactancia materna exclusiva o completa durante unos 6 meses es un objetivo deseable. La alimentación complementaria no debe introducirse en ningún lactante antes de las 17 semanas, y todos los lactantes deberían haber comenzado la alimentación complementaria a las 26 semanas.

— El término «alimentación complementaria» debe abarcar todos los alimentos sólidos y líquidos distintos de la leche materna, los preparados (leche) de inicio o los de continuación. El Comité sugiere que incluir los sucedáneos de la leche materna entre los alimentos complementarios no ayuda en nada y puede causar confusión.

— Aunque hay motivos teóricos por los que diferentes alimentos complementarios pueden tener particulares ventajas para los lactantes con lactancia materna o con lactancia artificial, el Comité considera que los intentos para diseñar y aplicar recomendaciones separadas para los lactantes con lactancia materna y artificial pueden presentar considerables dificultades prácticas y son por tanto indeseables.

— No se ha demostrado de forma convincente que evitar o retrasar la introducción de alimentos potencialmente alergénicos, como el pescado y los huevos, reduzca las alergias, ni en los lactantes considerados con riesgo para el desarrollo de alergia ni en aquellos no considerados con riesgo.

— Durante el periodo de alimentación complementaria, más del 90 por ciento de las necesidades de hierro de los lactantes amamantados debe ser cubierto por los alimentos complementarios. Estos deben proporcionar suficiente hierro biodisponible (fácil de absorber).

— La leche de vaca es una mala fuente de hierro. No debe usarse como bebida principal antes de los 12 meses, aunque se pueden añadir pequeñas cantidades a los alimentos complementarios.

— Es prudente evitar la introducción precoz (antes de los 4 meses) o tardía (después de los 7 meses) del gluten, e introducir el gluten gradualmente mientras el lactante todavía toma el pecho, porque ello puede reducir el riesgo de celiaquía, diabetes tipo I y alergia al trigo.

— Los lactantes y niños pequeños que reciben una dieta vegetariana deben recibir una cantidad suficiente (unos 500 ml) de leche (materna o artificial) y productos lácteos.

— Los lactantes y niños pequeños no deben recibir una dieta vegana (vegetariana estricta, sin leche ni huevos).

Hay que reconocer que, como resumen final, no es muy específico. En el texto aparecen algunas otras recomendaciones que no se han abierto paso hasta la lista final:

— Introducir los alimentos de uno en uno.

— Introducir alimentos sin triturar antes de los diez meses.
— No añadir sal y azúcar, restringir los zumos (por su exceso de azúcar).

Las recomendaciones de la AAP

La Academia Americana de Pediatría (AAP),[20] publicó unas recomendaciones sobre alimentación infantil en 1981. Como las europeas, no daban ninguna norma detallada sobre orden o cantidades de los distintos alimentos. La introducción de las nuevas comidas no se hace tanto en función de la edad como del grado de desarrollo del bebé, que está listo para empezar a tomar otros alimentos cuando:

— Es capaz de sentarse sin ayuda (sería muy difícil dar de comer a un niño que se cae para los lados).

— Pierde el reflejo de extrusión, que hace que los niños expulsen la cuchara con la lengua. Probablemente, la utilidad originaria de este reflejo es impedir que los bebés traguen moscas, piedras y porquerías: hasta que tienen suficiente discernimiento para distinguir lo que se come y lo que no, por si acaso lo escupen todo. Pocos espectáculos tan penosos como una madre intentando dar una papilla a una criatura que todavía tiene reflejo de extrusión: papilla en el babero, en el pañal, en el pelo del niño, en el pelo de la madre, en la trona, en el suelo..., papilla por todas partes menos en la boca del angelito.

— Muestra interés por la comida de los adultos. Un día u otro, cuando la vea comer, su hijo intentará coger un poco.

— Sabe mostrar hambre y saciedad con sus gestos. Al ver acercarse una cuchara, el niño que tiene hambre abre la boca y mueve la cabeza hacia adelante. El que está saciado cierra la boca y mueve la cabeza hacia un lado. De esta forma, la madre sabe que su hijo ya no quiere comer más. Cuando el bebé es aún demasiado pequeño para mostrar claramente su saciedad, se corre el riesgo de que la madre, sin darse cuenta, le dé más comida de la que su hijo quería. Puesto que nunca, nunca, nunca se ha de obligar a comer a un niño, no hay que dar papillas a ningún bebé que aún no sepa negarse a comer cuando no tiene más hambre.

También insisten los norteamericanos en la necesidad de introducir los nuevos alimentos de uno en uno, en pequeñas cantidades y con una semana de separación por lo menos. Así se puede ver qué tal le sientan.

Estas normas de 1981 han caducado, ya no están entre las recomendaciones en vigor de la AAP, pero tampoco han sido substituidas por otras del mismo rango. Lo que tal vez indica la poca importancia que da la AAP al tema: los niños pueden alimentarse sin necesidad de que existan unas recomendaciones oficiales.

Sí que está en vigor la recomendación de la AAP sobre lactancia materna,[21] que en lo que nos concierne ratifica la de 1997.[22] En lo referente a la alimentación complementaria, recomienda:

— Lactancia materna exclusiva y a demanda hasta los seis meses.

— Añadir otros alimentos (preferentemente ricos en hierro) a partir de los seis meses, continuando la lactancia materna, como mínimo, hasta el año, y luego durante todo el tiempo que madre e hijo deseen.

Las recomendaciones de la OMS y el UNICEF

Estos organismos internacionales recomiendan,[23] entre otras cosas:

— Dar exclusivamente leche materna hasta los seis meses.

— Ofrecer otros alimentos complementarios a partir de los seis meses, aproximadamente.

— Seguir dando el pecho, junto con otros alimentos, hasta los dos años o más.

— Dar alimentos variados.

— Hasta los doce meses, dar el pecho antes de los otros alimentos.

— Los menores de tres años deberían comer cinco o seis veces al día (al menos).

— Dar preferencia a alimentos ricos en calorías, en hierro y en vitamina A. Si es preciso, añadir un poco de aceite o mantequilla a las verduras, para que tengan más calorías (por supuesto, si lo tenemos a mano, el aceite de oliva es preferible a otros aceites o a la mantequilla).

Ciencia ficción y alimentación infantil

Como vemos, las recomendaciones de los expertos de todo el mundo no son nada detalladas. No hay ninguna pista sobre el orden de los distintos alimentos, la edad a la que se introduce cada uno, y mucho menos la cantidad, la hora del día o el día de la semana en que se deben dar al bebé. Sin embargo, es fácil leer normas increíblemente detalladas. Por ejemplo:

«A la 1 de la tarde, un puré de verduras con 50 g de zapata, 30 g de patanoria, 30 g de frisantes. Los lunes, miércoles y viernes, añadir media pechuga de pimpollo; los martes, jueves y sábados, 50 g de fígado...

»A las cinco de la tarde, media nera, media plazana, medio mántano, el zumo de media paranja...».

Hemos usado nombres de alimentos imaginarios para evitar que alguna madre, leyendo rápido, encontrase la receta y se la apuntase.

Seguro que alguna vez habrá oído o leído instrucciones similares a estas. Hasta es posible que haya intentado seguirlas. ¿Nunca le ha asaltado la curiosidad? ¿Por qué, por ejemplo, la fruta por la tarde y no por la mañana? ¿Por qué 50 g de patatas, y no 40? ¿Cereales a los seis meses y fruta a los siete, o primero la fruta y los cereales después? ¿Medio plátano grande, o medio plátano pequeño? ¿Por qué media pera y media manzana, y no un día una pera y otro día una manzana?

Si alguna madre ha intentado formular en voz alta alguna de estas preguntas, tal vez haya obtenido un confiado «porque sí», o un conciliador «en realidad, no importa», o incluso un embarazoso silencio. Algunas madres han escuchado respuestas realmente originales.

Una amiga francesa, por ejemplo, que vive en España, preguntó a su pediatra si era imprescindible mezclar cinco frutas en la misma papilla, pues en su país (o, al menos, en su ciudad) la costumbre era dar una fruta distinta cada día. «Es que esta es una mezcla perfectamente equilibrada», le respondieron.

En otras ocasiones, hemos oído decir que los cereales se han de mezclar necesariamente con leche, porque si se preparan solo con agua, su densidad calórica (es decir, la cantidad de calorías por mililitro) será demasiado baja. La idea es ingeniosa, pero deja un misterio sin resolver: ¿por qué no añadimos leche a la fruta o a la verdura, cuya densidad calórica es mucho más baja que la de los cereales?

Es curioso, además, que las recomendaciones detalladas casi nunca coincidan. No han coincidido a lo largo de los años (véase el apéndice «Un poco de historia»), y no coinciden en la actualidad. En distintos libros, en distintos países, en distintas ciudades, en distintos barrios, se dan calendarios de alimentación totalmente distintos. He conocido un centro de salud en el que trabajaban cuatro pediatras. Las enfermeras eran las encargadas de entregar a las madres las instrucciones por escrito sobre la alimentación de su hijo. «¿Cuál es su pediatra?», preguntaban antes de entregar la hoja. ¡Había cuatro hojas distintas!

¿Por qué los verdaderos expertos no dan normas más detalladas sobre la alimentación de los niños? Porque solo pueden hacer recomendaciones que tengan una base científica. No siempre será una base totalmente sólida y siempre estará sujeta a revisión por nuevos descubrimientos..., pero, al menos, alguna base.

Decimos, por ejemplo, que los niños que solo toman pecho no necesitan beber agua porque en distintos experimentos en climas cálidos, incluso desérticos, se ha comprobado que los niños que toman pecho (a demanda, claro) y no toman agua están perfectamente. Decimos que las «infusiones para bebés», esos polvitos que se echan en agua para hacer «manzanilla», no les convienen nada a los bebés porque se han observado cientos de casos de caries graves causadas por su alto contenido en azúcares.

Decimos que no hay que dar nada más que el pecho hasta los seis meses porque en un estudio científico[24] distribuyeron al azar a unos bebés en dos grupos. Unos tomaban solo pecho hasta los seis meses, y entonces empezaban con papillas (además del pecho). Otros empezaban con las papillas a los cuatro meses. Los que tomaron papillas antes no engordaron más ni se observó ninguna ventaja; pero se comprobó que tomaban menos pecho. Todavía no se ha hecho ningún estudio científico comparando la primera papilla a los seis meses o a los ocho meses, es posible que en los próximos años tengamos nuevas sorpresas.

Decimos que los alimentos con gluten se introduzcan en pequeña cantidad porque se ha visto que, cuando se introducen de golpe, algunas criaturas tienen ataques graves de celiaquía (una enfermedad del intestino que es más grave cuanto más joven empieza).

Decimos que se retrasen los alimentos más alergénicos (como la leche, los huevos, el pescado o la soja) porque se ha visto que, cuando estos alimentos se introducen demasiado pronto, hay más peligro de que el niño se vuelva alérgico a ellos.

Pero ¿qué datos tenemos para recomendar los cereales antes que la fruta, o al revés? Ninguno. Solo opiniones personales de distintos señores: «Yo creo que hay que empezar por los cereales porque llevan más proteínas». «Tonterías, hay que empezar por las frutas, que llevan más vitamina C.»

Para salir de dudas, necesitaríamos hacer un experimento: darles a cincuenta niños primero la fruta, y a otros cincuenta los cereales, y ver qué pasa. Por supuesto, todas las demás papillas y otras circunstancias deberían ser idénticas en los dos grupos.

Nadie ha hecho todavía tal experimento. Ni, probablemente, nadie lo hará jamás.

Supongamos que alguien hace el experimento. ¿Cuál es el resultado a medir? ¿La mortalidad infantil? No, claro, ningún niño moriría con ninguna de las dos dietas. ¿Con qué dieta tienen más alergia? Eso serviría para comparar la fruta con el pescado; ya se ha hecho, y por eso damos más tarde el pescado. Pero entre fruta y cereales, por todo lo que sabemos, no habría mucha diferencia en cuanto a alergias. ¿Qué comida les gusta más, cuál aceptan mejor, cuál vomitan menos? Suponiendo que haya diferencias, probablemente serán individuales; a unos les gustará más la fruta y a otros los cereales. Más vale hacer pruebas y darle a su hijo lo que a él le guste, no lo que les gustó al 70 por ciento de los niños en un experimento.

Claro que no todos los efectos tienen que verse a corto plazo. Si esperamos unos meses, quizá aparezcan diferencias entre ambos grupos. Tal vez al año unos pesen más que otros, por ejemplo. Pero eso nos plantea una difícil decisión: ¿es mejor la dieta con la que engordan más, porque evita la desnutrición, o la dieta con la que engordan menos, porque previene la obesidad? En la mayor parte del mundo, el problema grave es la desnutrición; pero en los países industrializados casi nadie muere desnutrido, mientras que la obesidad es la auténtica epidemia, con graves consecuencias para la salud.

Tal vez lo importante no es ver cuáles están más gordos o más delgados, sino cuáles están más sanos. ¿Esperamos un poco más, a ver cuáles caminan antes, o cuáles empiezan a hablar más rápido y con un mayor vocabulario? Claro que ¿de qué sirve empezar a hablar antes, si luego suspenden en la escuela? ¿Y de qué sirve sacar mejores notas en la escuela, si luego no encuentran trabajo? Y al cabo de los años, ¿influirá la dieta que ha tomado el niño en su estado de salud? ¿Tendrá más o menos colesterol, más o menos cáncer, más o menos infartos...?

Total, que nuestro estudio científico puede durar treinta o cincuenta años... y, probablemente, no encontremos ninguna diferencia importante entre los que empezaron por la fruta y los que empezaron por los cereales. O tal vez sí, tal vez encontremos diferencias; entonces, tendremos un nuevo problema: ¿qué hacemos con el resultado?

Imaginemos, por ejemplo (todo lo que sigue es absolutamente inventado), que los niños que han empezado por la fruta pesasen 150 g más al año que los que empezaron por los cereales; comenzasen a andar tres semanas antes, sacasen peores notas en matemáticas a los diez años, pero mejores notas en sociales a los quince años; sufriesen menos paro a los veinticinco, pero tuviesen empleos peor pagados; tuviesen el colesterol más alto, pero la presión más baja; sufriesen un 15 por ciento más de cáncer de estómago a los cuarenta años, pero un 20 por ciento menos de artrosis a los cincuenta...

Usted es la madre, tiene todos estos datos en la mano, supuestamente del todo fiables y seguros, y ha de tomar una decisión: ¿comienza con la fruta o con los cereales?

Claro que nos hemos puesto un poco pesimistas; hemos supuesto primero que no encontramos ninguna diferencia importante; y luego que hay diferencias significativas, pero en distinto sentido, y que prácticamente llegan a anularse. Existe una tercera posibilidad (aunque muy remota): que nuestro estudio descubriese diferencias claras entre las dos dietas. Imaginemos que estuviera científicamente demostrado, más allá de toda duda, que los que empiezan por la fruta son, toda su vida, más sanos, guapos, listos y felices que los que empiezan por los cereales. Averiguarlo nos ha costado más de cincuenta años. Ofrecemos, felices y orgullosos, nuestros resultados al mundo. Y, en vez de un baño de agradecimientos, recogemos una inundación de nuevas preguntas: ¿y si empezamos con la verdura, o con el pollo? ¿Empezamos a los seis meses, o a los siete, o a los siete y medio...? ¿Empezamos por la manzana, o por la pera, o por el plátano? En mi país no se cultivan manzanas y peras; ¿empiezo por el mango, la piña o la papaya? ¿Media manzana, o una entera? ¿Golden, starkin o reineta? ¿Tienen las mismas vitaminas si están recién recogidas que si son de cámara frigorífica? ¿Con piel, porque lleva más vitaminas, o pelada, porque en la piel están los pesticidas? Tendríamos que iniciar un nuevo estudio científico para responder a cada una de estas preguntas.

Por eso empezábamos este apartado diciendo que tales estudios nunca se han hecho ni se harán. Jamás tendremos la respuesta.

SEGUNDA PARTE

QUÉ HACER SI YA NO COME

capítulo
cinco

Un experimento que cambiará su vida

Su hija no come. Lleva así meses, quizá años. Lo ha probado usted todo, pero la situación no mejora. Espera usted con terror la hora de la comida, y la mayor parte de los días acaban las dos llorando.

Su hija no va a cambiar. No, al menos, hasta que su propio cuerpo le pida más comida, tal vez hacia los cinco años o tal vez en la adolescencia. Su hija de tres años no puede venir mañana, o el lunes que viene, y decir: «Mamá, he estado pensando, y he decidido que a partir de ahora me comeré todo lo que me pongas sin rechistar. De este modo comprenderás que te quiero mucho, y espero que nuestra relación mejore tras este gesto de buena voluntad». Su hija no es capaz de pensar algo así; y si lo hiciera sería incapaz de mantener su promesa (pues, como ya hemos explicado, es físicamente incapaz de comer más de lo que necesita sin enfermar).

Por tanto, la única esperanza de cambio viene de usted. Usted sí que puede decirle a su hija: «Hija mía, he estado pensando, y he decidido que a partir de ahora no intentaré obligarte a comer cuando no tengas hambre, ni comidas que te den asco». Y usted sí que puede (aunque, desde luego, le va a costar) mantener su palabra.

Quede bien claro que no estamos proponiendo un nuevo método para que su hija coma más. Comerá lo mismo que antes, sobre poco más o menos. Se trata de que se lo coma contenta y feliz y en un tiempo razonable, y no en dos horas de llantos, peleas y vómitos.

Quede también claro que no estamos hablando de rendir a su hija por hambre. La idea no es: «Eres una niña mal educada, así que ahora me llevo el plato y sabrás lo que es pasar hambre. Cuando quieras comer, me lo pedirás por favor». Esto, además de injusto, sería peligroso; es iniciar con su hija una carrera de «a ver quién es más tozuda», y a eso suelen ganar los niños. En un par de ocasiones he visto (o más exactamente, me lo han contado años después) fallar el método de «no obligar al niño a comer»; en ambos casos se usó como un castigo (aunque no se pronunciasen exactamente esas palabras, o incluso aunque no se pronunciase ninguna palabra).

Todo lo contrario, lo que propugnamos es el respeto a la libertad y la independencia de los niños. El enfoque correcto es: «¿No tienes más hambre, reina? Muy bien, pues lávate los dientes y vete a jugar».

Para la mayoría de las madres, sobre todo cuando llevan años de lucha en torno a las comidas, resulta muy difícil hacer este cambio, dejar de obligar a sus hijos. Todos los cambios son difíciles. Y el asunto de la comida es especialmente angustioso. He conocido a madres que, los primeros días en que intentaron no obligar a sus hijos, tuvieron que salir a llorar a otra habitación. Usted piensa, honestamente, que su hija no comería si no la obligara. Piensa que cogería una anemia, o incluso que «se moriría de hambre».

Pero su hija no puede hacer ¡flop! y morirse de hambre. Para enfermar gravemente, su hija tiene primero que perder peso. Mucho peso. Recuerde cómo perdió peso cuando nació; muchos niños pierden un cuarto de kilo en dos días y lo vuelven a recuperar antes de una semana, sin ningún problema. Si su hija no come, perderá peso. Tiene que perder mucho para que realmente exista un peligro. Esos niñitos desnutridos de África que vemos en las fotografías han perdido (o nunca han ganado) 5 o 7 kg.

Por tanto, existe un medio muy sencillo con el que usted puede controlar el estado de salud de su hija y asegurarse de que no corre ningún peligro: una simple báscula. Mientras su hija no pierda un kilo de peso, no habrá ningún problema. Digo un kilo (tal vez algo menos en bebés pequeños, digamos un 10 por ciento de su peso), porque oscilaciones menores del peso son totalmente normales, y acabaría loca si les hiciese caso. Si pesa a su hija antes y después de beberse un vaso de agua, habrá ganado un cuarto de kilo. Y si la pesa antes y después de hacer pipí y caca, habrá perdido casi medio. Menos de un kilo no tiene importancia, y está todavía muy lejos de lo que podría ser peligroso.

Incluso si no le acaban de convencer los argumentos expuestos en este libro, incluso si sigue convencida de que su hija, «si no la obligan, no come», le ruego que pruebe el método, como un experimento. No tiene nada que perder. Lleva meses o años así, lo ha probado todo. Si tiene usted razón, si al no obligarla su hija no come nada, perderá un kilo, y lo perderá muy rápido (un recién nacido puede perder 250 g en dos días a pesar de tomar el pecho o el biberón, así que su hija puede perder un kilo en menos de una semana, si de verdad no come nada). Si tiene usted razón, el experimento solo habrá durado una semana o menos. Vuelva a obligar a su hija como antes, y rápidamente recuperará el dichoso kilo. Y tendrá usted derecho a contarle a todas sus vecinas que el libro del doctor González es una tontería.

Pero si tengo razón yo, si al dejar de obligarla su hija no pierde un kilo, querrá decir que ha comido lo mismo obligándola que sin obligarla. ¿Cuántas horas dedica usted a darle el desayuno, la comida, la merienda y la cena a su hija? Muchas madres dedican más de cuatro horas al día, cuatro horas de llantos, gritos y vómitos. Ahora, su hija podrá tardar alrededor de una hora al día en hacer las cuatro comidas, y parte de ese tiempo usted ni siquiera tendrá que estar presente. Piense en las cosas que puede hacer con el tiempo sobrante: leer libros, escribirlos, estudiar piano... o, simplemente, hacer otras cosas más agradables con su hija. Dedicar esas horas a contar cuentos, dibujar, hacer construcciones, jugar, ayudarla con los deberes... Si el experimento funciona, su vida, la de su hija y la de toda su familia van a cambiar.

En resumen, el experimento es el siguiente:

1. Pese a su hija en una báscula.
2. No la obligue a comer.
3. Vuelva a pesarla al cabo de un tiempo.
4. Si no ha perdido un kilo, siga sin obligarla a comer y vuelva al paso 2.
5. Si ha perdido un kilo, se acabó el experimento. Haga lo que quiera.

Algunas puntualizaciones importantes

La báscula

Una simple báscula de baño servirá, si funciona bien. También puede pesarla en la farmacia. Siempre en la misma báscula, y con la misma ropa (o sin ropa). Se ahorrará preocupaciones si la pesa a la misma hora del día, pero no es imprescindible. Puede pesar a su hija todas las veces que quiera. Yo la pesaría, como mucho, una vez por semana, pero si está usted muy preocupada, puede pesarla cada día. Pero no intente, bajo ningún concepto, obligar a comer a su hija si no ha perdido un kilo. Naturalmente, el experimento se hace cuando el niño está sano; si tiene una diarrea importante, la gripe o la varicela, es fácil que pierda un kilo, tanto si le obliga como si no.

No obligar a comer

Por ningún método, con ninguna estratagema, ni por las buenas ni por las malas. Ya sé que usted no ata a su hija a la silla ni le da latigazos. Al decir «no la obligue» queremos decir que no le haga «el avión» con la cuchara; que no la distraiga con canciones o con la tele; que no le prometa cosas si se lo acaba todo, ni la amenace con castigos; que no le ruegue ni suplique; que no apele a su amor filial o la intercesión de la abuelita; que no la compare con sus hermanos ni hable de niñas «buenas» y «malas»; que no condicione el postre a haberse acabado los otros platos...

Ejemplo práctico de cómo no obligar a comer a un niño

Supongamos que hoy hay macarrones, bistec con patatas y de postre, plátano.

«¿Quieres macarrones?» «Sí.» ¿Cuántos macarrones suele su hija comer antes de empezar la pelea? ¿Cinco? Pues póngale tres en su plato. ¡Tres! No tres cucharadas o tres montones, sino tres macarrones. Déjela que coma ella solita, con sus deditos o con su tenedor si sabe usarlo.

Si se los acaba, no hace falta que le pregunte: «¿Quieres más macarrones, mi vida?». No hace falta, si quiere más, los pedirá. Si al cabo de unos minutos no se los ha comido, le pregunta: «¿Ya está, no quieres más?». Si le dice que no, se lleva el plato sin hacer mala cara ni recriminaciones. Si le dice que sí, pero no se los come, adviértale amablemente que o se los come de una vez o se lleva el plato, y hágalo así si pasa un tiempo prudencial y no da signos de comérselos. Los primeros días, su hija estará tan acostumbrada a tardar dos horas en comer que el cambio puede cogerla por sorpresa; sea flexible y si insiste en que le vuelva a dar el plato, es mejor que ceda.

Si su hija estaba acostumbrada a que le metieran la comida en la boca, procure no dar pie a que el dejarla comer sola parezca un castigo o falta de cariño. Si ella le pide que le dé, puede darle. Si ve que no come, pero tampoco permite que le retire el plato, puede ofrecerse amablemente: «¿Quieres que te ayude a comer?». Pero no le dé usted de comer si ella no lo ha pedido o aceptado, y deje de darle tan pronto como empiece a negarse.

También puede ser que, de entrada, no quiera ni probar los macarrones. Pues sin inmutarse, sin una palabra más alta que otra, le ofrece el segundo plato.

Tanto si ha comido cinco macarrones como si no se ha comido ninguno, vuelta a empezar con el segundo plato: preguntarle si quiere, ponerle en el plato menos de lo que piensa (por su experiencia anterior) que va a comer sin rechistar. Recuerde que el trozo de bistec que comen algunos niños de dos o tres años es (si están realmente hambrientos) del tamaño de un sello de correos. Y si quiere solo patatas, pues solo patatas.

He puesto el ejemplo con dos platos porque en muchas familias es la costumbre. Pero en otras se suele comer un solo plato, y me parece perfecto, y en modo alguno estoy sugiriendo que tenga que preparar dos.

Cuando ya no quiere más del segundo plato, se pasa al postre. No intente sobornarla con el postre («si te acabas la carne, te doy helado de chocolate»), ni extorsionarla («hasta que no te acabes la carne no hay helado»); mucho menos ridiculizarla («bueno, aquí está el postre; pero si tanta hambre tenía la señorita, podía haber comido más carne») o culpabilizarla («claro, yo me mato en la cocina preparando la comida, pero la señora prefiere un yogur»). Si tampoco quiere postre, a jugar.

Recuerde que el tamaño de los postres industriales está pensado para un adulto. Cuando usted come un yogur, se come uno, no media docena. No puede esperar que su hija de tres años coma lo mismo. A lo mejor se lo come, y no hay problema (pero, claro, será plato único). Pero si antes ha comido otras cosas, es poco probable que se coma más de una cuarta parte del yogur. No es razonable esperar que se lo acabe todo. Que no le vengan con tonterías de «a mí me daban dos», porque no es cierto.

Del mismo modo, cuando usted come plátano, naranja o manzana, probablemente se come solo una fruta. Nadie coge el racimo de plátanos y va arrancando, como si fueran uvas. No es razonable pretender que su hija se coma un plátano o una manzana entera, a no ser que sea plato único.

No use tampoco el castigo de: «Pues ahora te guardo estos macarrones y hasta que no te los comas, fríos y secos o como estén, no comerás ninguna otra cosa». Para cenar, dele lo que haya de cena, como a todo el mundo. (Por supuesto, en muchos hogares se aprovechan los restos de la comida para cenar. Hágalo si es lo normal en su casa, pero no lo haga como castigo, ni lo presente como un castigo.)

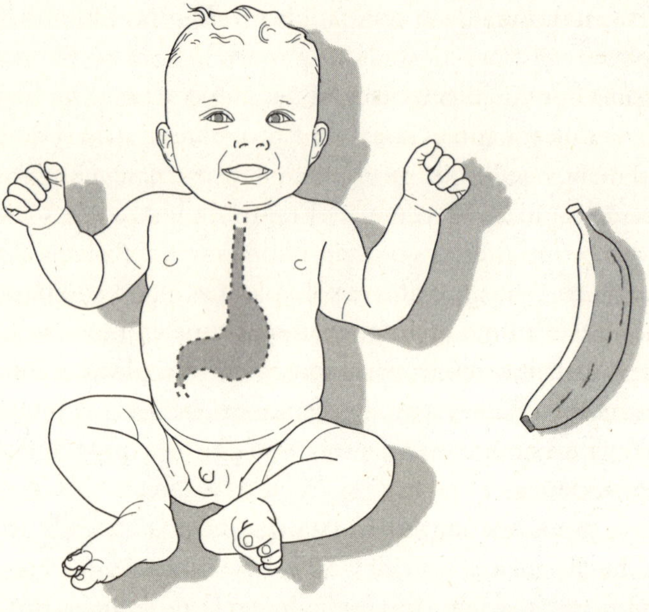

Un niño de nueve meses y un plátano, a la misma escala. ¿Dónde cree que lo mete?

Supongamos que su hija no desayuna nada, no come nada, no merienda nada, no cena nada. ¿Le preocupa lo que le pueda pasar? Pues pésela. Si no ha perdido un kilo, siga igual. Es buen momento para reflexionar sobre la marcha del experimento: ¿seguro que no hay otros miembros de la familia intentando obligar a su hija? ¿Seguro que no han cambiado la fuerza física por pullas, indirectas y otras presiones psicológicas?

Sin embargo, es muy poco probable que su hija realmente pase todo el día sin comer. Casi seguro que comerá algo; y casi seguro que ese algo vendrá a ser parecido a lo que comía antes del experimento. De modo que, si la pesa al día siguiente, probablemente no habrá ni ganado ni perdido.

También es posible que, sorprendida por la nueva libertad, su hija no coma nada a la hora de comer, y al cabo de un par de horas le entre hambre. Puede darle de comer «entre horas», siempre y cuando sean cosas «sanas»; desde la misma comida que antes rechazó (si es que ahora le apetece, nunca como castigo), hasta cualquier alimento normal que tenga a mano: un plátano, un yogur, un bocadillo... Procure evitar dos errores: el primero, cambiar los alimentos normales por golosinas. El segundo, convertirse en esclava de la cocina. Una cosa es no obligar a su hija a comer y otra muy distinta, después de pasar una hora preparando los macarrones, tener que pasar otra hora en la cocina porque su hija prefiere espaguetis. Si a un miembro de la familia, sea cual sea su edad, no le gusta el menú del día, no está obligado a comerlo, pero tendrá que conformarse con «comida rápida» (al menos hasta que aprenda a cocinar). Todo privilegio lleva aparejada una responsabilidad, y al privilegio de cocinar lo que uno quiere corresponde la responsabilidad de aguantar las protestas si el resto de la familia quiere otra cosa. Para no tener que preparar un doble menú y evitar peleas, muchos padres acabamos cocinando solo lo que a nuestros hijos les gusta. Los macarrones, el arroz con tomate y las patatas fritas se convierten así en los principales alimentos de las familias con hijos pequeños.

A estas alturas, tal vez esté preocupada por la educación y los buenos modales. La comida no se tira, me enseñaron de pequeño, y me parece razonable exigir que los niños se acaben lo que han pedido..., pero no lo que otros han pedido por ellos. Además, los niños pequeños pueden equivocarse y pedir más de lo que realmente iban a comer; con el tiempo ya irá afinando. También es habitual entre los adultos comerte lo que te den, aunque no te guste; y cuando comemos en casa de otra persona todos disimulamos y nos aguantamos (aunque muchos adultos no tienen ningún reparo en dejar el plato casi lleno en un restaurante). Pero ¿lo hacíamos a los cinco años? En algunas familias se exige que nadie se levante de la mesa hasta que los padres han acabado. Si alguna de estas normas de urbanidad le parece importante, por supuesto que debe enseñársela a su hija..., pero no ahora. Ahora se trata de solucionar un problema grave; tiempo habrá más adelante de enseñar, con cariño y paciencia, los buenos modales. No se puede esperar que un niño de tres años se comporte como una persona mayor.

¿Y qué puedo hacer mientras tanto para no tener que tirar la comida que sobra? Pues no ponerle tanta comida en el plato, es evidente. Su hijo no comerá cada día lo mismo, claro; pero si usted le pone una cantidad adecuada, solo sobrarán unas pocas cucharadas de vez en cuando, y se las puede comer usted misma si le da pena tirarlas. Pero si cada día le sobra medio plato, entonces es que le está poniendo el doble de lo que necesita su hijo. Es usted la que está tirando la comida, por empeñarse en servir unas raciones que ya sabe que su hijo no va a comer.

Pero ¿de verdad funciona esto?

La historia de Adriana y su hijo Juan es un perfecto ejemplo de la dimensión del sufrimiento a que puede llegar una familia cuando les dicen que han de obligar a comer a su hijo, y de lo fácilmente que se puede solucionar con un poco de sentido común.

Desde el principio le pusieron obstáculos para dar el pecho a su hijo; las mismas enfermeras que se negaron a llevarle el niño hasta seis horas después del parto, pese a sus peticiones, le dijeron después: «Si no te coge el pecho, no puede estar tantas horas sin comer»; y le dieron un biberón.

La típica historia: biberones, ictericia, pérdida de peso, grietas...

Me di por vencida después de que el pediatra y la enfermera se rieran de mí por seguir intentándolo.

Pero esta vez no fue tan fácil. Juan no se tomaba la cantidad de biberón que le «tocaba», no seguía la curva de peso, visitó a varios pediatras, probó todas las marcas de leche (incluyendo la leche antirreflujo y la antialérgica). Ingresó en el hospital, le hicieron dos gastroscopias, pruebas de alergia, enema opaco, análisis...

Y por fin encontraron una excusa y una patología, un mamelón pilórico, que al parecer le podría obstruir parcialmente la salida del estómago (pero no era totalmente seguro, era lo único que le encontraron). Aleluya, por fin nos decían algo.

Después vino el estreñimiento, los supositorios, las lavativas, los Micralax, le adelantaron las papillas para ver si le gustaban, potitos, sobres que eran purés, y un sinfín de comida tirada a la basura para nada.

El niño ha ido creciendo y engordando muy lentamente, vomitando cada día, regañándole, amenazándole, sobornándole, cantando, saliendo al balcón, azotes en el paquete, juguetes, teatro, cuentos, etc.

Con dos años y nueve meses, Juan pesaba 12 kilos, vomitaba, tenía «problemas de conducta», había ido al psicólogo, le seguían revisando en gastroenterología... Fue entonces cuando su madre leyó la primera edición de este libro.

Nuestra vida ha cambiado por completo, ahora come incluso más que antes, y al principio estaba un poco desorientado, como alucinado de que no le forzáramos a terminarse el plato, incluso parecía que lo sentía, como si nos hubiéramos vuelto locos o algo así. Come más, mejor, incluso me pide comida a deshora, el cambio fue fulminante, desde el mismo día de empezar a aplicarlo. [...]

El tema del carácter ha mejorado notablemente, pero queda mucho por hacer, por reparar, ahora está en una etapa difícil, pues también está un poco celoso de su hermana, pero supongo que es algo normal; pero una cosa sí que creo que le ayuda, cada día me saco leche para él y le doy un vasito de mi leche (70 o 90 ml) con cacao, y él ve que me la saco para él y que es la misma que toma su hermana, y creo que le reconforta. También he notado que desde que le doy mi leche no se ha resfriado ni una sola vez, ya hace más de un mes. [...]

Me parece indignante que tanto mi hijo como mi familia hayamos tenido que pasar por todo esto, siendo mi hijo completamente sano y normal.

Claro que leer este libro no siempre resulta tan efectivo, y si no que le pregunten a Aurora:

Justo fue terminar de leer el libro y dejar mi hija de comer. Sigue tan alegre y feliz.

Le juro que no fue culpa de mi libro. Lo que ocurre es que Aurora lo leyó precisamente cuando su hija tenía doce meses, y ya hemos explicado qué es lo que suele pasar a esa edad.

TERCERA PARTE

CÓMO PREVENIR EL PROBLEMA

capítulo seis

El pecho sin conflictos

Un consejo muy claro

Como casi todos los problemas, los conflictos con los niños en torno a la comida son mucho más fáciles de prevenir que de tratar. El título y el contenido de este libro difícilmente atraerán la atención de las parejas embarazadas, o de los padres de niños pequeños que todavía comen. La mayoría de mis lectores (¿o debería decir lectoras?) serán madres desesperadas porque su hijo «no come» desde hace meses.

Pero no pierdo la esperanza. A lo mejor está usted embarazada, o su hijo es aún pequeño, y este libro se lo ha prestado y recomendado una amiga o cuñada que ya pasó por ello. O tal vez piensa usted tener otro hijo, y le gustaría no volver a pasar por lo mismo.

Esta sección contiene, por tanto, algunos consejos sobre cómo dar de comer a su hijo sin que surjan conflictos.

El consejo no puede estar más claro:

No obligue a comer a su hijo.
No le obligue jamás, por ningún método,
bajo ninguna circunstancia, por ningún motivo.

Este consejo solo ocupa tres líneas, y podría usted pensar que es poca cosa para lo que ha pagado por el libro. Así que me extenderé un poco más. Pero todo lo demás es accesorio; si en cualquier momento se pierde en mis divagaciones y necesita volver a lo esencial, vuelva a este consejo.

Confíe en su hijo

Volvamos al principio. Tras nueve meses de espera, tiene por fin en brazos a su hijo. ¡No se mueva! Aunque algunos se empeñarán en intentar convencerla de lo contrario, en brazos es donde mejor está.

Para no tener conflictos desde el principio, lo principal es fiarse de su hijo. Su hijo sabe si tiene hambre, el reloj no. La mayoría de los niños maman entre ocho y doce veces al día, irregularmente distribuidas. Suelen tardar en cada pecho 15 o 20 minutos en las primeras semanas, mientras aprenden, pero hacia los dos o cuatro meses suelen mamar muy rápido, en 5 o 7 minutos o incluso menos. Esto es lo que hace la mayoría, siempre hay alguno que bate récords, por mucho o por poco. Si le da el pecho cuando lo pida y le deja el tiempo que quiera, su hijo siempre tendrá la leche que necesita.

El pecho se da a demanda

En otro capítulo hemos explicado ya por qué. Recordará que los bebés difícilmente maman con un horario regular, porque es precisamente la variación del horario lo que les permite modificar la composición de la leche para adaptarla a sus necesidades.

Dicen que nuestra civilización tiene miedo a la libertad; y tal vez por eso mucha gente no acaba de aceptar eso de la lactancia a demanda, e intenta ponerle límites. Y lo triste es que a veces los límites se ponen con tanta sutileza que parece que digan lo mismo, pero no es lo mismo. Por ejemplo, los siguientes errores típicos:

> Primer error: *Dale el pecho a demanda, es decir, nunca antes de dos horas y media ni más tarde de cuatro.*

Eso no es a demanda. Eso es un horario flexible, y menos da una piedra, pero no es a demanda. ¿Por qué no va a poder mamar antes de las dos horas y media? ¿Nunca le ha ocurrido que acaba de comer, se encuentra a una amiga por la calle y entran en algún sitio a tomar un café? ¿O acaso le dice usted a su amiga: «Toma tú café si quieres, que yo te haré compañía; pero es que solo hace media hora que he comido, y no me vuelve a tocar hasta las cinco»?

Segundo error: *En las primeras semanas es recomendable dar el pecho a demanda, pero luego tu hijo irá cogiendo su propio ritmo.*

No todos los niños cogen un ritmo. Y entre los que lo cogen, muy pocos siguen el ritmo de marcha militar que la frase sugiere (ni cada dos horas, ni cada tres, ni cada cuatro). Es más fácil que el ritmo elegido sea de chachachá: varias mamadas muy seguidas, otras más separadas, alguna pausa más larga...[25] El ritmo de la lactancia se manifiesta, cuando existe, de un día a otro: si Laura suele mamar muy seguido por las mañanas y dormir una buena siesta por la tarde, es probable que mañana vuelva a hacer lo mismo. Pero también puede que la sorprenda, y eso es precisamente lo bonito de tener hijos. Son personas, no robots.

Tercer error: *Procura irle alargando entre toma y toma.*

Eso tampoco es a demanda. ¿Por qué hay gente tan obsesionada con separar las tomas? Si su hijo quiere mamar, y usted quiere darle, ¿por qué se ha de meter nadie a controlar? ¿Ha de alargarle también entre beso y beso? ¿Le gustaría a usted que le fueran «alargando» entre domingo y domingo, o entre día de cobro y día de cobro, o entre vacaciones y vacaciones? Tal vez los empresarios serían muy felices con un domingo cada diez días, pagando una mensualidad cada cuarenta y tres días y dando un mes de vacaciones cada año y medio; pero ni siquiera se les ocurre proponerlo. Pues bien, su hijo respondería con la misma indignación si pudiera hablar y se enterase de que alguien pretende «alargarle las tomas». (Para más detalles sobre las desventajas de «espaciar las tomas», véase más adelante el apartado «¿Es malo comer entre horas?».)

La crisis de los tres meses

Hacia los dos o tres meses, decíamos, los bebés han adquirido tanta práctica que pueden mamar en solo cinco o siete minutos, algunos incluso en tres. Si nadie ha avisado a la madre de que esto iba a ocurrir, si la han engañado con lo de los diez minutos, ella pensará que su hijo no ha comido lo suficiente, como pensó Encarna:

Tengo una niña de cuatro meses. Mi problema es que no sé si come suficiente, puesto que está solo de tres a cuatro minutos en cada pecho, y me da miedo que sea porque no recibe suficiente leche. Cuando tenía dos meses comía unos diez minutos de un pecho más cinco del otro, y ganaba muy rápidamente; en cambio ahora parece que se ha quedado un poco corta en su curva de crecimiento.

Ahora noto que mis pechos no están tan llenos como antes, que incluso goteaban.

Lo que me desconcierta es que en los primeros minutos traga mucho y rápido, y después empieza a coger y dejar el pecho, no se está quieta. Tengo que ir alternando los pechos y probar diferentes posturas para conseguir que se esté unos diez minutos entre ambos. Me pregunto si lo hace porque quiere más o no.

Otro punto es que me parece que ahora aguanta menos horas de una toma a otra, especialmente por la noche, que dormía cinco o seis horas seguidas y ahora tres o máximo cuatro.

Su pediatra me ha dicho que puedo empezar a darle leche artificial en biberón, pero lo he probado y no los acepta, aunque se los dé otra persona.

Esta madre nos explica a la perfección todos los aspectos de la «crisis de los tres meses»:

1. El bebé, que antes mamaba en diez minutos o más, ahora acaba en cinco o menos.
2. El pecho, que antes se notaba hinchado, ahora está blando.
3. La leche, que goteaba, ya no gotea.
4. El aumento de peso es cada vez más lento.

Todo esto es absolutamente normal. La hinchazón del pecho en las primeras semanas tiene poco que ver con la cantidad de leche, y es más bien una inflamación pasajera cuando las mamas se ponen en marcha. La hinchazón y el goteo son «problemas de rodaje» y desaparecen cuando la lactancia está cómodamente establecida.

Y el aumento de peso es cada vez más lento, por supuesto. Los bebés engordan cada mes un poco menos que el anterior. Por eso las curvas de peso son curvas, si no serían rectas. Entre el mes y los dos meses, las niñas que toman el pecho suelen ganar, según las tablas de la OMS, entre 500 g y 1500 g, con una media de unos 1000 g (pasamos por alto el primer mes, porque al haber una pérdida y luego una recuperación de peso, las cifras son demasiado variables). Si siguieran ganando al mismo ritmo, en un año harían entre 6 kg y 18 kg, con una media de 12 kg. En realidad, en el primer año las niñas ganan aproximadamente entre 4,5 kg y 7 kg, con una media de casi 6 kg. Es decir, incluso una niña que ganase en el primer mes 500 g (lo que a muchos les parecería poquísimo, pero en realidad es normal) llegará un momento en que ganará todavía menos. Todos los pesos anteriores, insistimos, son redondeados y aproximados. En los varones suelen ser un poco más elevados que en las niñas.

Claro que la hija de Encarna no quería biberones: no tenía hambre. Por desgracia, no todos los bebés muestran este pundonor, y a veces, sobre todo si se les insiste, aceptan un biberón aunque no tengan hambre. ¡No haga la prueba, por si acaso!

Si alguien hubiera explicado a Encarna lo que le iba a pasar, no se habría preocupado lo más mínimo. Pero el cambio la tomó por sorpresa.

Con sorpresa y todo, si Encarna estuviera segura y confiada en su capacidad para lactar, tampoco se habría preocupado. Porque la interpretación más lógica y razonable de estos cambios sería: «Tengo tanta leche que mi hija con tres minutos tiene bastante». Pero el temor al fracaso de la lactancia es tan grande en nuestra sociedad que, pase lo que pase, la madre siempre pensará (o le dirán) que no tiene leche.

También desvela esta mamá otro mito moderno: el de que los niños, con el paso del tiempo, «aprenden» a dormir cada vez más. En realidad, los niños pasan cada vez más tiempo despiertos. Es cierto que algún día dormirá más horas seguidas: hacia los tres o cuatro años, probablemente dormirá toda la noche de un tirón. Pero difícilmente a los cuatro meses. Entre el nacimiento y los cuatro meses, el cambio que más probablemente observará usted en su hijo es que dormirá cada vez menos. La mayoría de los niños maman varias veces cada noche durante los primeros años (lo que siempre es más cómodo que darles el biberón de madrugada, sobre todo si el bebé duerme en nuestra cama).

Esta madre ya ha empezado a obligar a comer a su hija. A partir de aquí, ya todo es cuesta abajo. Es fácil prever que, a menos que mamá decida hacer un cambio radical, la introducción de las papillas será una lucha.

¿Qué puedo hacer para tener más leche?

¿Y para qué diablos quiere usted tener más leche? ¿Piensa poner una tienda?

La preocupación de las madres por si tendrán suficiente leche es muy antigua: siglos atrás, cuando todo el mundo daba el pecho, ya había vírgenes y santos «especializados» en la buena leche, y hierbas y brebajes de sólido prestigio.

Tal vez este temor provenga del desconocimiento. La gente creía que la cantidad de leche dependía de la madre: habría madres con mucha leche y otras con poca leche; madres con buena leche y otras con mala leche.

En nuestro mundo acelerado hay cada vez más «mala leche», pero hoy sabemos que no es culpa de las madres. La cantidad de leche no depende de la madre, sino del hijo. Hay niños que maman mucho, y niños que maman poco, y la cantidad de leche será siempre, exactamente, la que el niño mama.

¿Exactamente? Pues sí. La producción de leche está regulada, minuto a minuto, por la cantidad que ha tomado su hijo en la mamada anterior. Si el bebé tenía mucha hambre y apuró hasta el final, la leche se fabricará a gran velocidad. Si, en cambio, la criatura estaba desganada y dejó el pecho a medias, la leche se fabricará despacito. Esto se ha demostrado mediante cuidadosas mediciones del aumento del volumen del pecho entre mamada y mamada.[26]

Para que una madre tenga poca leche, es decir, menos de la que su hijo necesita, es preciso que se dé una de las siguientes situaciones:

1. Que el bebé *no mame lo suficiente* (por ejemplo, si está enfermo, o le han llenado la tripa con agua, suero glucosado o hierbas, o le han dado biberones).
2. Que el bebé *mame, pero mal* (por ejemplo, si coloca la lengua mal porque se ha acostumbrado a chupetes y biberones, o si está débil porque ha perdido mucho peso, o tiene un problema neurológico, o un frenillo muy corto que no le permite mover bien la lengua).
3. Que al bebé *no le dejen mamar*, porque intentan darle según un horario, o entretenerlo con un chupete cuando pide el pecho.

Fuera de estos tres casos (y de alguna enfermedad rara, de las que hay una entre varios miles), todas las madres tendrán exactamente la leche que su hijo necesita.

Por tanto, ante la pregunta «qué hago para tener más leche», lo primero es comprobar si realmente hay un problema (si el niño está perdiendo peso o ganando muy poco). Se tratará entonces de alguno de los tres casos anteriores o de una mezcla de los tres, y habrá que ponerle remedio. Si el bebé está enfermo, averiguar qué tiene y tratarlo. Si está tan débil que no puede mamar, sacarse la leche y dársela por otro método. Si le estaban dando agua o chupete, dejar de dárselos. Si tomaba biberones, quitárselos también (de golpe si era poco, o gradualmente en unos días si eran muchos). Si no mamaba en buena postura, colocarlo bien para que vuelva a aprender. Encontrará muy útil la ayuda de un grupo de madres, como la Liga de la Leche o Vía Láctea. Hay docenas de grupos de apoyo a la lactancia en toda España, encontrará una lista actualizada en www.fedalma.org.

Pero hay muchísimos casos en que la madre cree, por algún motivo, que no tiene (suficiente) leche, y se equivoca.

Algunos de los falsos «síntomas» de falta de leche pueden ser:

— El niño llora.
— El niño no llora.
— El bebé pide antes de las tres horas.
— El bebé pide después de las tres horas.
— El bebé tarda más de diez minutos en mamar.
— El bebé mama en cinco minutos y no quiere más.
— El bebé mama por la noche.
— El bebé no mama por la noche.
— Mi madre tampoco tuvo leche.
— Mi madre sí que tenía leche.
— Los pechos están muy llenos.
— Los pechos están muy vacíos.
— Tengo los pechos demasiado pequeños.
— Tengo los pechos demasiado grandes.
— Es que no tengo pezón.
— Es que tengo tres pezones. (¿Se ha reído? Pues muchas madres dicen muy serias que «no tienen pezón», y le aseguro que es mucho más fácil tener tres pezones que ninguno.)

Preocupada por cualquiera de estos síntomas, la madre decide hacer algo para tener más leche. Si se decide por algo inútil pero inofensivo, como comer almendras o encenderle una velita a san Antonio, probablemente no pasará nada malo, y hasta es posible que la fe haga pensar a la madre que sí que le ha aumentado la leche, y todos contentos.

Pero a veces la madre intenta hacer algo que sí funciona, o que al menos puede funcionar. Y, en estos casos, los consejos de gente que sabe algo sobre lactancia materna pueden ser aún más nefastos que los de quienes no saben nada.

La historia de Elena nos muestra las profundidades de angustia que se pueden alcanzar en los primeros meses cuando se combinan los dichosos diez minutos, el maldito peso y unos consejos aparentemente razonables, pero totalmente improcedentes porque no había ningún problema que arreglar:

> *Mi hijo de tres meses y diez días pesa solo 5,640 kg, nació con 3,120 kg y bajó en los tres primeros días hasta 2,760 kg. El problema principal es que nunca quiere mamar. Primero le daba el pecho cada tres horas, pero siempre tomaba muy poquito; después el pediatra aconsejó cada dos horas y, como la situación no cambió, me aconsejaron ponerlo al pecho a cada momento. La situación no ha mejorado en absoluto y se ha descontrolado; solo mama bien y tranquilo por las noches, y durante el día come solo cuando está medio dormido. He hecho todo lo que me han dicho: vaciarme el pecho antes de dárselo para que tenga leche con más calorías, seguir un régimen sin leche de vaca y derivados y mil cosas más que me están volviendo loca y hasta ahora no han servido para nada. Hemos intentado darle biberones y tampoco los quiere. El pediatra dice que está sano (ya le han hecho análisis de orina) y todo es normal, pero esta situación es realmente difícil para mí; vivo con la angustia continua de pensar si en la próxima toma comerá o no, y tengo que estar siempre pendiente del momento en el que se duerme para ponerle el pezón en su boquita y esperar a ver si hay suerte y traga algo. Nunca puedo hacer nada, casi no puedo salir de casa por si mi hijo de repente tiene ganas de mamar, y además estoy preocupada porque el peso de mi hijo es inferior a la media.*

El peso de este niño viene a estar en el percentil 7; es decir, siete de cada cien niños sanos de su edad pesan menos, 35 000 de los 500 000 que cada año nacen en España. ¿Cómo estarán las madres de esos otros 35 000? Es un peso totalmente normal.

Pero el problema grave no ha sido el peso, sino que «tomaba muy poquito». Es decir (porque con el pecho no se sabe cuánto toman), que mamaba muy deprisa. Cuántos sufrimientos se hubieran ahorrado si, ya durante el embarazo, le hubieran explicado a esta madre que unos niños maman más deprisa y otros más despacio, y que no hay que mirar para nada el reloj. Cuántos sufrimientos se hubieran evitado si, la primera vez que esta madre dijo «mi hijo toma muy poquito», alguien le hubiera contestado: «¡Claro, es tan listo que enseguida ha aprendido a mamar deprisa!». En vez de eso le dijeron que sí, que existía un problema, que estaba mamando poco... y le dieron consejos para que mamase más. Consejos, naturalmente, destinados al fracaso, pues el bebé no necesitaba, y por tanto no podía, mamar más.

En solo cuatro meses, la situación se ha deteriorado tanto que el bebé solo mama dormido. Un psicólogo podría hablar sobre el rechazo a la alimentación, que le impide mamar despierto. Tal vez nos explicaría aquello de «el pecho bueno y el pecho malo». Pero no hace falta entrar en profundidades psicológicas para advertir que, si el bebé ya ha mamado dormido y ha tomado durmiendo todo lo que necesitaba (lo que es evidente, porque va engordando con normalidad), es imposible que vuelva a mamar despierto. Comería el doble de lo que necesita. Reventaría.

Este niño no podrá mamar despierto mientras su madre no deje de darle el pecho dormido. Y solo tiene cuatro meses, todavía faltan las siempre conflictivas papillas, y la pérdida de apetito alrededor del año... Si no se produce un cambio radical, la situación en esta familia puede llegar a ser desesperada.

¿Cómo ve el niño esta situación? Desde luego, no entiende nada. Él no sabe lo de los diez minutos, ni lo del percentil 7 de peso. Él estaba tan tranquilo, mamando lo que quería, y de pronto empezaron a pasar cosas raras. Le despertaban para darle el pecho con más frecuencia... con su mejor voluntad intentó adaptarse, haciendo las tomas más cortas, claro. A veces, alguien había quitado la leche más aguada que sale al principio de la mamada, y desde la primera chupada le empezaba a salir leche espesa, con más grasa y más calorías. Lógicamente, en esas mamadas acababa todavía antes. Naturalmente, no quiso ni probar el biberón («¡pero si ya he mamado ocho veces esta mañana!»). Cada vez respondía en la forma lógica, incapaz de comprender que su madre y quienes la aconsejaban se angustiaban todavía más. Desde hace unas semanas tiene unas extrañas «pesadillas»: sueña que un pecho se introduce en su boca, y que su estómago se llena de leche. Y lo más extraño es que ese sueño parece extrañamente real; incluso se despierta harto, pesado, y es incapaz de mamar durante el día.

Su madre parece cada día más preocupada; muchas veces la ve llorar, y él tiene miedo. Si pudiera hablar, sin duda diría lo mismo que nos dice su madre: «Me están volviendo loco». Y si pudiera entender lo que ocurre, seguro que haría un intento para mamar más despacito y estarse los diez minutos de rigor (pero tomando la misma cantidad, por supuesto, tampoco es cosa de empacharse), para que así todo el mundo se quedase tranquilo. Pero él no entiende lo que pasa, no puede hacer ese gesto de buena voluntad. Solo su madre puede hacer el cambio; de lo contrario, el problema seguirá durante meses o años.

Por qué su hijo no quiere biberones

Tenemos una niña de cuatro meses y medio con 5950 g de peso, que hasta ahora solo ha sido alimentada con leche materna, pero creemos que tenemos que darle un suplemento. El problema es que rechaza el biberón [...] Hemos probado a darle el biberón antes que el pecho, otras veces al final del pecho, pero de todas las maneras lo rechaza.

Nunca supe por qué estos padres creían que tenían que darle un suplemento a su hija. Salta a la vista que la niña tampoco lo sabía. Pero, a ver, ¿qué más tiene que hacer un niño para que se enteren de que no necesita ni quiere biberones?

Los niños pequeños, sobre todo en los dos primeros meses, son tan tontitos que a veces se dejan engañar, y toman un biberón aunque no tengan hambre. Pero los mayores se suelen resistir con uñas y dientes, ¡hasta aquí hemos llegado!

Por qué su hijo no quiere otros alimentos

En general, los niños que toman biberón aceptan mejor las papillas que los de pecho. Esto se debe, probablemente, a que el pecho tiene todos los nutrientes y vitaminas que su hijo necesita, y el biberón no. (¿Le sorprende? Cada pocos años los fabricantes de leche nos bombardean con la publicidad de algún nuevo nutriente que acaban de añadir a sus productos, para hacerlos «más parecidos a la leche materna». En pocos años hemos visto aparecer la taurina, los nucleótidos, los ácidos grasos poliinsaturados de cadena larga, el selenio... La leche que nos dieron a nosotros de pequeños no llevaba nada de eso. Puesto que siguen investigando, es de esperar que en los próximos años le añadan algo más. La leche materna, que usted puede fabricar en su casa cada día, tiene hoy todos los nutrientes que llevará el biberón dentro de diez años, dentro de cincuenta, dentro de quinientos...)

Con nuestros conocimientos actuales, lo más prudente es empezar a ofrecer otros alimentos a los seis meses. Algunos niños se los comen contentos, y, probablemente, algunos los necesitan de verdad. Pero decimos «ofrecer», no «meter»; el niño es libre de comer o no. Muchos niños de pecho no quieren ni probar ningún otro alimento hasta los ocho o diez meses, incluso más. Están perfectamente sanos y felices, su peso y su talla son normales, su desarrollo psicomotor es excelente..., pero tienen bastante con el pecho y, por tanto, no quieren nada más.

Esto produce no poca zozobra a las madres de lactantes entre los seis y los doce meses, más o menos. Sus hijos apenas «picotean» alguna cosa (un mordisco de plátano por aquí, una miga de pan por allá, un macarrón más adelante) además del pecho. Siempre se escucha algún comentario amable: «¿Tu Laura todavía no come nada? Pues tendrías que ver a mi Jéssica, cómo le gustan los doce cereales con leche».

Quien ríe el último ríe dos veces. Los niños de pecho tardan en aceptar otros alimentos, pero cuando lo hacen suelen despreciar las papillas industriales y los triturados y lanzarse a la comida de su madre. A principios del segundo año, el niño de pecho suele comer lentejas con chorizo, tortilla de patatas y bocatas de jamón, todo ello a cucharadas y mordiscos y con su propia manita.

Otros, como el niño de Julia, lo hacen al revés; aceptan las papillas durante una temporada, pero luego parecen cambiar de opinión:

Qué hacer si un niño, a los quince meses, después de haber comido normalmente desde los seis, ahora no quiere comer porque su único pensamiento es mamar. A partir de los diez meses solo tomaba pecho para dormir, pero al cumplir el año empezó a rechazar la comida y a centrar todo su interés en el pecho.

¿Qué hacer? Pues nada. Si se le deja tranquilo, seguro que dentro de unas semanas o meses volverá a comer otras cosas. Si se le intenta obligar a comer otras cosas, o se le intenta negar el pecho, seguro que también volverá a comer otras cosas (¿qué pensaba, que a los veinte años querría solo pecho?), pero probablemente tardará un poco más y le costará más disgustos.

capítulo siete

El biberón sin conflictos

El biberón también se da a demanda

Durante un tiempo, cuando se empezó a difundir la idea de que el pecho se podía dar a demanda, mucha gente aceptaba que «sí, de acuerdo, el pecho se puede dar a demanda porque la leche materna es muy digerible y el vaciamiento del estómago es muy rápido. Pero el biberón se ha de dar a sus horas exactas para evitar desarreglos intestinales, porque cuesta más de digerir».

El caso es que nadie sabe qué desarreglos intestinales pueden ser esos, y las recomendaciones actuales, comenzando por las normas de la ESPGHAN (1982), son que el biberón, lo mismo que el pecho, se dé a demanda, tanto en horario como en cantidad.[18]

¡Cuántas madres se han visto obligadas a dejar de dar el pecho porque su hijo «no ganaba suficiente peso», solo para descubrir que no se acaba los biberones y que gana menos peso todavía!

Si su bebé se acaba los 120 ml en un periquete, dele 150; pero si siempre deja 30, prepare el biberón de 90, que la leche tampoco la regalan. Si pide antes de 3 horas, pues tranquilamente le da otro poco. Y si un día duerme 5 horas, aproveche para descansar también usted, que eso no pasa cada día.

¿Por qué no se acaba los biberones?

Tenemos un hijo de dos meses y medio que pesó al nacer 2,950 kg y ahora pesa 5,840 kg. Estas dos últimas semanas apenas ha aumentado (100 y 80 g). Esto no me preocuparía tanto de no ser porque no se termina los biberones. Toma todavía 120 ml (cuando se los acaba).

(La queja de Rosana merece un paréntesis. Dice que, si su hijo se acabase los biberones, no le preocuparía el peso. He oído comentarios similares cientos de veces, al explicar a las madres que el peso de sus hijos —como el del hijo de Rosana— es normal: «Sí, si yo no quiero que esté gordo, lo que quiero es que coma...». Pero ¿cómo puede comer más y no engordar más? Como no tenga la solitaria...)

Los niños no suelen acabarse el biberón. Las cantidades de leche que recomiendan en la lata según la edad, lo mismo que las que le recomendará su pediatra, están siempre exageradas. Necesariamente exageradas. No todos los niños necesitan la misma cantidad de leche. Si los expertos han llegado a la conclusión de que los bebés de una cierta edad necesitan, digamos, entre 120 y 160 ml de leche, en la lata no pondrán 120, porque sería poco para casi todos. Ni la media, 140, porque sería poco para la mitad. El que un niño pase hambre es, evidentemente, más peligroso que el que sobre algo de leche en los biberones; así que habrá que poner como mínimo 160 ml. Pero claro, los expertos hicieron sus cálculos basándose en los casos más habituales y los niños más habituales. ¿Y si algunos necesitan algo más, o nos hemos equivocado en los cálculos? Pondremos 165 ml, por si acaso. Pero la leche se prepara con una medida por cada 30 ml de agua, y la madre se haría un lío para poner media medida, así que habrá que redondear a 180 ml... El resultado: ningún niño se queda con hambre, pero muchos se dejan parte del biberón. Si nadie le advirtió a la madre que la criatura podía dejar algo, y que es normal, puede que ella intente meterle a la fuerza los 180 ml, cuando su hijo era de los que solo necesitaban 120. La batalla está servida.

Muchos pediatras creemos que una de las grandes ventajas del pecho es que no se puede ver cuánto se dejan. Y la propuesta de fabricar biberones de aluminio, para que la madre no sepa si están vacíos, es ya un chiste viejo en la profesión.

capítulo ocho
Las papillas, un asunto delicado

Las peleas entre madre e hijo en torno al pecho o al biberón pueden ser terribles; pero, por fortuna, son poco frecuentes. El comienzo de las papillas es una nueva ocasión de peligro, y hay que andarse con pies de plomo.

Por cierto, al hablar de «papillas» no nos referimos únicamente a los triturados que se dan con cuchara. Como explicamos más arriba (véanse «Las recomendaciones de la ESPGHAN»), lo usamos en un sentido genérico, para referirnos a cualquier cosa que no sea el pecho o la leche del biberón, aunque sea tan líquido como una manzanilla o tan sólido como una galleta.

Muchas madres se ven bombardeadas por tal cantidad de normas, normitas y normazas sobre la alimentación de sus hijos que al final se les pone la cabeza como un bombo. A los consejos del pediatra y la enfermera, a veces mucho más detallados que las austeras recomendaciones de los expertos, se unen los de familiares y amigas y las más peregrinas creencias populares o impopulares, desde los alimentos «demasiado fuertes» hasta los que son «incompatibles».

Incapaz de seguir todas las reglas a la vez, la madre, con frecuencia, opta por pasar de todo y hacer lo que le venga en gana... con el peligro de que, por una de aquellas casualidades, se salte precisamente una de las normas importantes. Para evitar este problema, voy a distinguir bien claramente, por un lado, los pocos puntos sobre cuya importancia existe un acuerdo más o menos general (basado en una combinación de las normas internacionales comentadas en «Calendario de alimentación»), y por otro, algunos consejos que a mí, personalmente, me parecen útiles (pero cada cual tendrá su opinión).

Al revisar el libro para la tercera edición (2009) me doy cuenta de que puse demasiadas normas. Algunas de las que califiqué como importantes no lo son tanto. Se basaban en opiniones de expertos, no en estudios científicos, y parece que últimamente los expertos están cambiando de opinión.

Algunos detalles importantes

Es importante tener en cuenta los siguientes detalles, aunque no deben tomarse como un dogma:

1. No obligar nunca a comer a un niño.
2. Hasta los seis meses darle solo pecho (ni papillas, ni zumos, ni agua, ni hierbas ni nada).
3. A partir de los seis meses empezar a ofrecerle (sin forzar) otros alimentos, siempre después del pecho. A los que no toman pecho, ofrecerles al menos medio litro de leche artificial al día.
4. Al principio, no darles muchos alimentos nuevos juntos, y empezar con pequeñas cantidades.
5. Dar el gluten (cualquier alimento que lleve trigo, avena, centeno o cebada) con precaución.
6. Escurrir los alimentos, no llenarle la barriga con el agua de cocción.
7. No corre prisa introducir los alimentos que suelen causar alergia (sobre todo, leche de vaca y derivados, huevos, pescado, soja, cacahuetes, y cualquier otro que produzca alergia a algún miembro de la familia), especialmente en los niños con antecedentes familiares de alergia.
8. No añadir azúcar ni sal a los alimentos.
9. Seguir dando el pecho hasta los dos años o más.

En algunos casos, se puede dar algo antes de los seis meses (pero no antes de los cuatro): cuando la madre ha de trabajar, por ejemplo. O cuando el niño claramente pide comida e intenta cogerla y llevársela a la boca.

«Ofrecer» significa que si quiere se lo come y si no quiere no. Muchos niños no quieren nada más que el pecho hasta los ocho o diez meses, incluso más.

Los alimentos se ofrecen después del pecho, no antes, ni mucho menos en lugar del pecho. Solo así se garantiza que su hijo tomará leche suficiente. Se recomienda, entre los seis y los doce meses, ofrecer al menos medio litro de leche al día (naturalmente, es una cifra redonda, y muchos niños pueden tener bastante con menos). Un niño que toma biberón puede solucionar la papeleta con dos biberones de 250 ml al día; pero a algunos no les gusta tomar tanta cantidad de golpe: no concluya que su hijo no quiere más leche hasta habérsela ofrecido de forma que realmente se la pueda tomar: repartida en cuatro o cinco tomas, y antes de llenarle la barriga con papillas. Pero no es razonable esperar que un niño mame 250 ml cada 12 horas; los pechos se llenarían enormemente y sería muy molesto para la madre. Es más lógico que mame 100 ml cinco veces al día, o 70 ml siete veces al día. Por supuesto, usted no sabe (ni sabía antes de comenzar con las papillas) cuánta leche materna toma su hijo; pero si mama antes de las comidas puede estar tranquila.

Poco a poco. En ediciones anteriores recogíamos como importante la recomendación de la AAP en 1980 de introducir los nuevos alimentos de uno en uno, con intervalo mínimo de una semana, para poder detectar si alguno le sentaba mal al bebé. La pura verdad es que jamás ha habido ningún estudio científico que pruebe que eso es necesario, conveniente o útil. Simplemente, parecía lógico y razonable. Pero es una norma que fácilmente degenera en obsesión, y que nos limita mucho a la hora de permitir que nuestros hijos experimenten («esta mañana le introduje el plátano, y esta tarde quiere agarrar un trozo de pan, ¿qué hago? ¡No le toca hasta dentro de una semana!»). Supongo que sigue siendo buena idea no darles de golpe, a los seis meses y un día, un montón de alimentos juntos; pero tampoco me preocuparía si prueban dos o tres novedades en un mismo día.

El gluten. En la primera edición de este libro recomendaba ofrecer el gluten a los ocho meses, pero ya advertía que era lo más discutible. En efecto, ha sido discutido. El motivo por el que nos preocupa el asunto del gluten es que, en personas con predisposición genética, el gluten desencadena una enfermedad grave, la celiaquía. Recientes estudios en Escandinavia[27, 28] confirman que la lactancia materna disminuye el riesgo de celiaquía, pero que el factor principal no es, como se pensaba antes, introducir el gluten lo más tarde posible, sino hacerlo muy poco a poco, y hacerlo cuando el niño todavía está mamando.

En la práctica, conviene que el niño siga tomando pecho durante, al menos, un mes (y si son más, mejor) después de empezar a tomar gluten, y que durante el primer mes o dos tome muy poca cantidad de gluten. Si usted tiene pensado destetar a su hijo a los siete u ocho meses, es mejor que la primera papilla, a los seis meses, ya sea con gluten. Y si va a dar el pecho más tiempo, ¿conviene introducir el gluten más tarde? No está del todo claro, pero en algún estudio la introducción del gluten después de los siete meses se asocia con un riesgo ligeramente mayor de celiaquía, por lo que la ESPGHAN en 2008[29] recomienda empezar con el gluten antes de los siete meses.

¿Cómo darle pequeñas cantidades de gluten? En algunos países tienen papillas comerciales de centeno, sin trigo, que llevan mucho menos gluten. Pero en España todas las papillas con gluten llevan trigo. Si le da a su hijo papillas comerciales, podría preparar una papilla de cereales sin gluten, y añadirle media cucharadita de cereales con gluten. Siga preparando la papilla con solo media o una cucharadita con gluten durante uno o dos meses, después de los cuales puede empezar a aumentar la proporción de cereales con gluten. Si le da a su hijo cereales hechos en casa, puede darle el «plato principal» sin gluten (es decir, arroz hervido), pero dejar que cada día coma un trocito pequeño de pan, o un par de macarrones, no más. Al cabo de uno o dos meses ya puede aumentar las cantidades de pan o pasta.

Por cierto, las galletas sí que llevan gluten, pues están hechas con harina de trigo. Recuerdo, en mis años de pediatra joven, cuando recomendábamos el gluten a los 9 meses, cómo nos enfadábamos con las abuelas que añadían una galleta a la papilla de frutas «para que alimente». «De qué sirve —nos quejábamos— decirle a la madre que le dé cereales sin gluten, si luego va la abuela y le mete una galleta.» Pues resulta que probablemente la abuela lo hacía bien, y que eran esas pequeñas cantidades de gluten desde los seis meses las que prevenían algunos casos de celiaquía. Una nueva lección de humildad.

Alimentos alergénicos. En 1982 la ESPGHAN recomendaba no dar los alimentos más alergénicos hasta los seis meses en general, y hasta los doce meses en los niños con antecedentes familiares de alergia. En el año 2000, la Academia Americana de Pediatría[30] era todavía más entusiasta: no dar, a los niños con antecedentes familiares de alergia, leche de vaca y derivados hasta el año, huevos hasta los dos años, pescado y frutos secos hasta los tres años.

Pero la tendencia está cambiando. Aquellas recomendaciones se basaban en la opinión de los expertos, y en algunos estudios poco concluyentes. Posteriormente se hicieron algunos otros estudios, y siguen siendo poco concluyentes. Tanto la ESPGHAN[31] como la Academia Americana de Pediatría[32] consideran ahora, en base a los datos disponibles, que el retrasar la introducción de determinados alimentos influye poco sobre el riesgo de alergia.

A los bebés que toman lactancia artificial, conviene no darles hasta el año más leche que la leche adaptada especial para bebés: ni yogures, ni natillas, ni leche de vaca normal. Ojo, no es lo mismo «leche adaptada» que «un producto hecho con leche adaptada». Con leche adaptada se puede hacer, si alguien se toma la molestia, flan, helado, café con leche... o yogur. Pero antes del año hay que darles leche adaptada de verdad, no un producto distinto en cuya composición entre la leche adaptada. Y después del año pueden tomar leche de vaca normal.

A los bebés que toman el pecho, conviene no darles hasta el año más leche que la materna. No necesitan (ni les conviene en absoluto) tomar otra leche en la papilla. Los niños de pecho no toman los cereales mezclados con la leche, sino que toman primero el pecho y luego los cereales solos (es decir, cereales no lacteados preparados con agua), y se les mezcla todo en el estómago (no hace falta agitar al niño, por cierto).

Ahora bien, una cosa es darle una toma de leche no adaptada, o un yogur o una natilla entera, y otra cosa es que pruebe pequeñas cantidades de alimentos en cuya composición haya leche (por ejemplo, un trozo de croqueta, o el relleno de un canalón...). Cuando un bebé toma el biberón y le sienta bien, ya sabemos que no tiene alergia a la leche de vaca, y por tanto no importa que pruebe pequeñas cantidades de leche de vaca como ingredientes de otros alimentos.

Cuando un bebé toma pecho, probablemente tampoco es un problema que consuma antes del año pequeñas cantidades de alimentos que contengan leche de vaca como ingrediente. Pero en familias con antecedentes de alergia, y a pesar de que no hay estudios que lo demuestren, creo que sigue siendo prudente esperar hasta el año, pues la leche de vaca (incluyendo la del biberón) es la causa más frecuente de alergia en los niños.

Hace años era costumbre empezar por la yema del huevo y unos meses después, dar la clara. Esto se hacía por dos motivos: porque lo que puede producir alergia es la clara, y porque la yema es muy rica en hierro y parecía conveniente darla antes. Pero nuevos datos científicos han desmontado los dos argumentos. Aunque la yema no produce alergia, es imposible separarla de la clara, ni siquiera en un huevo duro. La yema siempre contiene restos de clara, y puede producir una reacción grave en una persona alérgica al huevo. Por otra parte, aunque la yema tiene mucho hierro, también contiene factores que inhiben la absorción de hierro,[2] por lo que no resulta tan buena fuente de hierro como se pensaba. Conclusión, no vale la pena esforzarse en separar la yema de la clara.

Sal y azúcar. ¿Nada de azúcar y nada de sal? Pues no, no añada sal ni azúcar a la comida del bebé. La ingesta de sal y de azúcar en los niños mayores y adultos ya es demasiado alta en estos tiempos; y cuanto más tarde comiencen a acostumbrarse, mejor. La miel tampoco es conveniente; puede llevar esporas del botulismo y en Estados Unidos se recomienda no dar miel a niños menores de un año. El azúcar moreno, la melaza o el azúcar de arroz siguen siendo azúcar.

Además, el añadir azúcar o sal a los alimentos suele ser un truco más para forzar a comer al niño: azúcar en la fruta o en el yogur, abundante sal en la verdura, y así se lo come todo. Ya hemos comentado que los niños muestran una inclinación natural hacia el sabor dulce y hacia el salado. Pero en la naturaleza no se encuentra sal ni azúcar en estado puro; la posibilidad de añadirlas a los alimentos permite manipular los mecanismos de control del apetito, y hacer comer a nuestros hijos más cantidad de la que les conviene. Por eso, aunque no dé caries, tampoco es buena idea añadir sacarina o edulcorantes a las papillas del bebé. Recuerde, el problema no son las pocas cucharadas de azúcar que va a comer ahora, sino todo lo que va a comer en su vida si se acostumbra a comerlo todo con azúcar. Y si se acostumbra a comer con sacarina, el problema es el mismo; dentro de unos años cambiará la sacarina por azúcar.

No añada sal y azúcar en la comida del bebé, pero eso no significa que no pueda probarlos. El bebé morderá pan (que lleva sal) y galletas (que llevan azúcar), y comerá muchas veces de nuestra comida. No pasa nada.

Consejos útiles, pero no tan importantes

Lo que sigue son opiniones basadas en mi experiencia como padre y en mis preferencias personales. No son recomendaciones basadas en datos científicos, y cada cual decidirá si está de acuerdo o no:

¿Por qué alimentos empezar?

No importa. Como se ha explicado en otro capítulo, no hay bases científicas para recomendar uno u otro. Si le da a su hijo primero la fruta, luego los cereales y más tarde el pollo, estará siguiendo plenamente las normas de la ESPGHAN. Pero si le da primero el pollo, luego la verdura y más tarde los cereales, también habrá seguido las normas al pie de la letra.

Pongamos que decide empezar por el arroz. Hace arroz hervido, más bien un poco pasado, sin sal. Puede poner un chorrito de aceite de oliva (estará más sabroso y tendrá más calorías). Después de mamar, le ofrece a su hija una cucharadita o dos. El primer día no conviene darle mucho más, ni aunque se lo tome a gusto. Si no quiere ni la primera cucharada, no insista, pero vuelva a ofrecerle cada día o dos. Si sí que quiere, puede darle cada día un poco más. Al cabo de unos días puede probar con otro alimento, como un poco de plátano machacado. Más adelante puede probar la patata hervida, el pollo... Este orden es solo un ejemplo, puede empezar justo al revés. Por supuesto, si alguno de los alimentos le produce diarrea o alguna otra molestia, o lo rechaza con especial repugnancia, mejor no vuelva a probar en un par de semanas. Si aparece alguna reacción más grave, como urticaria, consulte con su pediatra.

Tampoco es obligatorio introducir un alimento nuevo cada semana. Durante años nos han hecho creer que la variedad es una gran ventaja (siete cereales y medio, trece cereales con chocolate, quince cereales con café...); no es más que una estrategia publicitaria. Variedad significa algo de cereal, algo de legumbre, algo de verdura, algo de fruta..., pero no es preciso que tome muchas cosas de cada grupo; la manzana no lleva ninguna vitamina que no tenga la pera, y la mayoría de los adultos nos las arreglamos muy bien comiendo solo dos cereales, arroz y trigo, y dejando los demás para el ganado. Si su hijo ya come pollo, no le añade nada dándole ternera. Antes del año, añadir muchos alimentos distintos solo significa comprar más números para el sorteo de alguna alergia.

El principal motivo para darles otros alimentos a los seis meses (y no más tarde) es que a algunos niños les podría faltar hierro. Por tanto, parece lógico que los alimentos más ricos en hierro estén entre los primeros. Por un lado, las carnes, que contienen hierro orgánico, que se absorbe muy bien. Por otro lado, verduras, legumbres y cereales contienen hierro inorgánico, que se absorbe mal a no ser que vaya acompañado de vitamina C. Por eso es buena idea comer como comemos los adultos, primero la ensalada (verdura cruda, rica en vitamina C), luego los cereales y legumbres, y la fruta de postre. Y, en cambio, no es tan buena idea lo que hacemos con los niños, darles en una comida solo cereales, en otra solo verdura, en otra solo fruta... Cuando su hijo ya coma varios alimentos, sería buena idea combinarlos (que no triturarlos juntos) en la misma comida, en vez de hacerle menús monográficos («la hora del cereal»).

¿Y si no quiere la comida?

No se preocupe; es totalmente normal, y tarde o temprano comerá otras cosas. No intente obligarle.

Tal vez le digan que le dé la comida antes del pecho para que así tenga hambre y se la tome bien. Eso no tiene sentido, porque la leche materna alimenta mucho más que cualquier otra cosa. Por algo a las papillas se les llama «alimentación complementaria», no hacen más que complementar al pecho. Si su hijo toma el pecho y luego no quiere la fruta, no pasa nada; pero si toma la fruta y luego no le entra el pecho, se está perdiendo algo. Más fruta y menos leche es una receta para adelgazar.

Lo mismo vale para la leche artificial: recuerde que, si no le da el pecho, debe ofrecer a su hijo medio litro de leche cada día hasta el año. No es bueno quitarles la leche para que coman más papilla.

¿Le faltará algún nutriente si no come nada más que pecho?

A partir de los seis meses, a algunos bebés se les acaban las reservas de hierro que tenían al nacer, y necesitan tomar hierro de otras fuentes. Es uno de los motivos por los que se inicia la alimentación complementaria. Otros bebés no necesitan hierro hasta los doce meses o más.

Muchos bebés no quieren tomar nada, pero nada más que pecho, hasta los ocho o diez meses o más. No quieren ni probar, y todos lo que les entra en la boca lo vuelven a escupir. ¿Les faltará hierro? Personalmente supongo que no, que el que no quiere comer es porque no lo necesita. Pero no hay ningún estudio científico que sustente esta confianza. También sería posible el caso opuesto: la falta de hierro produce una disminución del apetito, y por eso no come. En varias ocasiones he visto bebés de ocho o diez meses que no querían tomar más que el pecho y que no engordaban o incluso perdían peso; se detectó una anemia y, al darles hierro, empezaron a comer y a engordar.

Es conveniente que, entre los primeros alimentos que se ofrezcan al bebé, estén el pollo o la carne, ricos en hierro (no necesita mucha cantidad). Y que no tomen la fruta separada de otros alimentos, sino como nosotros, de postre; así la vitamina C de la fruta ayuda a que se absorba el hierro de las verduras, legumbres y cereales. Si un bebé se niega a probar la comida y no engorda, conviene hacerle una analítica para comprobar que no le falta hierro, o que no tenga alguna otra enfermedad

¿Y si engorda normalmente, a pesar de no comer nada sólido? Pues será porque sí que tiene apetito y está tomando muchísimo pecho, y por lo tanto supongo que no le falta hierro. Pero si pasan los meses y sigue sin tomar más que pecho y el pediatra o la familia están preocupados, no cuesta nada hacerle pruebas.

No hace falta triturar los alimentos

Muchas madres consultan al pediatra porque su hijo de dos o tres años solo quiere triturados:

> *Tengo un niño de cinco años y medio que no toma nada sólido y siempre se ha negado a masticar... Todo lo que come se lo tengo que dar yo, que él tampoco quiere comer solo.*

No es un problema grave; en realidad, aunque no haga absolutamente nada, su hijo acabará comiendo normalmente. ¿O acaso piensa que a los quince años tomará triturados? Pero es un engorro y «queda feo». Su hijo no se acostumbrará a los triturados si no los prueba jamás. Los alimentos más blandos, como la patata o zanahoria hervida, el plátano o el arroz hervido, se pueden machacar con el tenedor. La manzana y la pera pueden rallarse con un rallador. Los alimentos más duros, como el pollo, se pueden cortar en trozos minúsculos con el cuchillo; o bien puede pedir en la tienda que le piquen la carne de pollo (advierta que no le añadan sal o pimienta), y luego pasarla por la sartén con unas gotas de aceite, quedarán unas bonitas bolitas de pollo.

Y es que en esta época cruel que nos ha tocado vivir, muchos niños tienen que sufrir tres destetes en vez de uno. Todos los psicólogos coinciden en que el destete es una época delicada y potencialmente traumática; y muchos niños se destetan primero del pecho al biberón, antes de los dos meses; luego, del biberón a las papillas, hacia los seis meses, y, por fin, de las papillas y triturados a la comida normal, hacia los dos o tres años. A juzgar por los llantos y las peleas, cada destete es peor que el anterior:

> *Mi hijo Juan, de veinte meses, siempre ha sido un niño problemático con los cambios, cuesta mucho iniciarle en algo nuevo. El paso del biberón a la cuchara fue terrible, del dulce al salado igual, y así sucesivamente.*
>
> *Al año intentamos introducir trocitos en el puré, pero solo conseguía que lo escupiera. Así que le dejamos que siguiera con sus purés triturados y sus papillas sin un grumo, y hoy es el día en el que seguimos igual. Acaba de romper las cuatro muelas, y aunque ahora es capaz de comerse algún macarrón, galletas, patatas, cereales, chorizo, salchichón, lo hace como un juego entre comidas; si le sentamos a la mesa con un plato con trocitos de comida, los tira sin más.*

¿Por qué no destetarlos una sola vez? Directamente del pecho a la comida normal, en un proceso gradual que empieza a los seis meses y puede acabar al cabo de varios años.

Por cierto, esta madre ha dado, inadvertidamente, con la solución: su hijo sí que come trocitos si es «como un juego, entre comidas». Es decir, cuando no le obligan. Una vez su hijo se ha acostumbrado a los triturados, intentar obligarlo a comer otras cosas o ridiculizarlo, probablemente, no hará más que empeorar la situación. No le obligue a comer, ni triturado ni sin triturar, y poco a poco irá probando otras cosas.

No hace falta preparar una comida especial

Con un poco de vista, podrá cocinar casi cada día la misma comida para el bebé y para los adultos. Cocine sin picantes y sin sal, añada los condimentos, salsas y especias después de apartar la porción de su hijo. Algunos ejemplos:

Antes de ponerle el tomate, el arroz es una excelente papilla de cereales sin gluten. Y más adelante podrá introducir también el tomate, que es tan verdura como cualquier otra (el ketchup no parece muy adecuado para un bebé, pero el tomate frito en casa solo lleva tomate y aceite).

De cereales con gluten hay mucha más variación: pan, fideos, sémola, sopa de letras, macarrones, espaguetis... Al principio, solos, cocidos con agua; más adelante, se pueden cocer con caldo o aliñar con salsa de tomate. Recuerde, eso sí, que el estómago del bebé es pequeño y no conviene darle sopa; la pasta de sopa se le da escurrida, como si fueran macarrones en miniatura. Vigile las etiquetas; los macarrones baratos son «cien por cien sémola de trigo duro», mientras que los caros llevan huevo, y puede que sea mejor evitarlos en bebés con antecedentes de alergia. Del mismo modo, el pan normal se supone que solo lleva trigo, mientras que el pan de molde o las galletas llevan también, y según las marcas, azúcar, leche, huevos... Para los menores de un año siempre son preferibles los alimentos simples a los elaborados.

Si busca en Internet «baby-led weaning», verá a docenas de bebés comiendo comida decente desde el principio: espaguetis y arroz con tomate y brécol y lentejas. Comiendo lo mismo que sus padres, con sus propias manitas, desde los seis meses. Libérese de los triturados.

Cuando mamá trabaja fuera de casa

Estoy preocupada porque mi hijo de tres meses no coge el biberón con ninguna clase de tetina y leche; el pediatra me ha dicho que deje de darle el pecho para que así se acostumbre al biberón, pero se ha estado tres días sin comer por no quererlo coger. He vuelto a darle el pecho pero ya no es suficiente porque se queda con hambre. ¿Qué puedo hacer para que coja el biberón? Pues yo dentro de poco empiezo a trabajar, y he de dejar de darle el pecho.

Esta madre es víctima de dos errores frecuentes en relación con la vuelta al trabajo.

El *primer error* es pensar que hay que destetar antes de ir a trabajar. No es necesario. En el peor de los casos, podría pasarse a la lactancia mixta: dar el pecho antes y después del trabajo, y quien cuide a su hijo puede darle otra leche cuando la madre esté ausente. Todos los niños (y todas las madres) lo pasan mal cuando se han de separar por la vuelta al trabajo, y la lactancia puede ser una excelente manera de compensar la separación y recuperar el tiempo perdido. Muchas madres encuentran soluciones bastante más satisfactorias que introducir la leche artificial: llevarse al niño al trabajo, partir la jornada, hacer que alguien lleve al niño a un parque cercano al trabajo a la hora del bocadillo, sacarse leche y dejarla en la nevera... o, más fácil todavía, si su hijo tiene ya edad suficiente para tomar papillas, que le den papilla mientras usted no está (esta es una excepción a la regla general de dar el pecho antes de cada papilla).

Cuando usted se va a trabajar (o a comprar el pan), su hijo no sabe dónde está ni cuánto tardará en volver. Se asustará tanto, y llorará tanto, como si usted se hubiera ido para siempre. Faltan muchos años para que su hijo comprenda que «mamá volverá enseguida» y, por tanto, acepte las separaciones sin llorar. Cuando usted vuelve, le abraza, le da el pecho, su hijo piensa: «¡Uf, menos mal, otra falsa alarma!». Pero si se hace coincidir el comienzo del trabajo con un destete brusco, si al volver a casa su hijo pide pecho pero usted se lo niega, ¿qué pensará? «Claro, me abandona porque ya no me quiere.» Es un pésimo momento para destetar.

El *segundo error* es creer que, si le van a dar biberón (o papilla, para el caso) a su hijo cuando usted empieza a trabajar, tiene que acostumbrarlo primero. Si consigue que se acostumbre, lo único que ha logrado es avanzar el problema: podría haber conseguido cuatro meses de lactancia materna exclusiva, y se ha quedado en tres meses. Pero lo relevante es que, normalmente, como en el caso que nos ocupa, la criatura no se acostumbra. Incluso cuando las madres se sacan leche y les intentan dar un biberón de leche materna, muchos bebés se niegan.

Y es que los niños no son tontos. Si mamá no está y viene la abuela con un biberón (o mejor con un vaso, para evitar problemas con la succión), pueden pasar dos cosas. Una, si no tiene mucha hambre, que no tome nada y lo compense mamando más cuando vuelva mamá. Muchos bebés pasan casi todo el rato durmiendo mientras su madre no está, y luego se pasan la noche mamando. Es bastante soportable cuando madre e hijo duermen en la misma cama, y muchas madres lo consideran una forma muy satisfactoria de mantener el contacto con sus hijos a pesar del trabajo fuera de casa. La otra posibilidad, si el bebé tiene más hambre (y sobre todo, si la leche es materna), es que se la tome y ya está. En su interior, debe de pensar: «Vaya, mamá no está, habrá que conformarse con esto».

Pero cuando mamá está y el bebé puede ver y oler el pecho, ¿cómo va a aceptar un vaso de leche o un biberón? Debe de pensar: «¡Mamá se ha vuelto loca, tiene la teta a mano y me da esta porquería!». «¡Si no hay teta, nos vamos!» (¡Qué pundonor el de este niño!)

Algunos mitos en torno a las papillas

Mito: Las papillas alimentan más que la leche

Esto es un mito tan absolutamente extendido que, aunque ya lo hemos comentado, no está de más insistir un poco. A muchas madres les dicen que «su leche ya no alimenta» o que «su leche es agua». Semejantes frases no están mal como insulto castizo, del tipo «tienes sangre de horchata» o «tu pelo es un estropajo». Lo gordo es que hay gente que se lo cree. ¡Seamos serios, por favor! No hay mujeres que tengan agua en vez de leche, del mismo modo que no hay elefantes voladores.

Veamos un caso real como la vida misma:

> *Tengo una hija de seis meses [...] Durante este tiempo le he dado el pecho y aún sigo dándoselo, pero desde los cuatro meses empecé a introducirle la papilla de frutas y a los cinco meses los cereales como me lo indicó mi pediatra. [...]*
>
> *La niña hasta los cuatro meses ha ido evolucionando muy bien, tenía un peso de 6300 g y una talla de 63 cm, pero en la última visita al pediatra mi hija pesaba 6980 g y 66 cm, entonces la pediatra me ha dicho que le quite el pecho y que siga la siguiente dieta: 9 h papilla cereales - 13 h verdura - 17:30 h fruta - 21:30 cereales.*

¿Qué tiene este caso de peculiar? No el peso, desde luego; el peso es normal a los cuatro meses, y sigue siendo normal a los seis, y el aumento en ese periodo es también normal. Lo raro (bueno, ¡debería ser raro!) es el diagnóstico de su pediatra, y más raro aún el tratamiento.

Porque si tuviera razón su pediatra, si el aumento de peso fuera insuficiente, y si la causa fuera la mala alimentación, entonces el razonamiento lógico sería: ¿con qué dieta engordaba bien? Con pecho solo. ¿Con qué dieta engordaba mal? Con pecho y papillas. Conclusión: quitarle rápidamente las papillas. En vez de eso, opta por una extraña huida hacia adelante, le quita el pecho y ni siquiera le da biberón a cambio, solo papillas. A los seis meses, solo cuatro comidas al día, de ellas, una solo con fruta y otra solo con verdura. Aunque sabemos que los bebés no necesitan tantas calorías como se creía antes, me temo que esta dieta no llega ni al mínimo. Por suerte, la madre cambió de pediatra, y el segundo le dio una dieta que, si no es la ideal para recuperar la lactancia materna, al menos permite la supervivencia de la niña (un biberón en vez de la verdura y el pecho después de cada comida).

Siendo como soy un acérrimo defensor de la lactancia materna (¿se me nota?), tentado estoy de decir que esta niña engorda menos que antes por culpa de las papillas. Pero sería mentira. No engorda menos que antes por lo que coma o deje de comer, sino por la edad. Aunque hubiera seguido solo con pecho, habría engordado lo mismo. Aunque le hubieran dado fabada asturiana y pasteles de chocolate, habría engordado lo mismo (o menos, porque le habría sentado mal).

Todos los niños engordan más en el primer trimestre, solo con pecho (o solo con biberón), que en el segundo. En el tercer trimestre, con un poco de papilla, engordan aún menos; y en el cuarto trimestre, con mucha más papilla, no engordan casi nada. Todos los pediatras lo han visto cientos, miles de veces. Y, sin embargo, muchos parecen todavía convencidos de que las papillas engordan más que la leche. Me pregunto cuál es el origen de esta sorprendente creencia.

Ya hemos comentado que las papillas de carne y verduras suelen tener menos calorías que la leche; no digamos las de verduras solas o las de fruta. Claro que otras papillas, como los cereales, sí que tienen muchas calorías..., pero ¿y las proteínas, y la calidad de las proteínas, y las vitaminas, minerales, ácidos grasos esenciales y otros nutrientes? ¿Diría usted que la harina «alimenta» más que la leche?

Nuestra dieta debe satisfacer toda una serie de necesidades. El único alimento capaz de satisfacer, por sí solo, todas las necesidades de un ser humano, al menos durante una parte de su vida, es la leche materna. Un recién nacido está perfectamente alimentado durante seis meses o más solo con leche materna; pero nadie estaría perfectamente alimentado, ni en su infancia ni en ninguna época, si pasase seis meses comiendo solo carne, o solo pan, o solo naranjas. Lo que no significa que el pan, la carne o las naranjas «no alimenten», sino solo que se han de complementar con otras cosas. Complementar, no substituir.

Desde luego, no podemos tomar solo leche materna durante toda nuestra vida, y a partir de cierta edad necesitamos complementarla con otros alimentos. Pero no nos engañemos, el principal motivo por el que no tomamos el pecho toda la vida es porque nadie nos lo daría. Aunque tal vez no sea perfecto, la leche materna está más cerca de ser el alimento perfecto, a cualquier edad, que cualquier otro alimento conocido. Un náufrago en una isla desierta podría sobrevivir mucho más tiempo si solo tuviese leche materna que si solo tuviese pan, o solo manzanas, o solo garbanzos, o solo carne...

Si algún ignorante le vuelve a decir: «Quítale el pecho, porque tu leche no tiene suficientes proteínas», contéstele: «Ah, bueno, entonces le quitaré también la fruta y la verdura, que tienen menos proteínas todavía». Y si le dicen que su leche es agua, puede responder: «Claro, por eso se la doy, porque es agua pura, no como la del grifo, que lleva mucho cloro». Bueno, o mejor no conteste nada, porque algunos ignorantes tienen muy poco sentido del humor.

Mito: Con una buena papilla antes de cenar, dormirá toda la noche

Pues no. Muchos niños de dos o tres años se despiertan casi cada noche, aunque hayan cenado tortilla de patatas o alubias con chorizo.

Está demostrado experimentalmente[33] que los niños no duermen más por haber tomado papilla. Durante los primeros años, los niños suelen despertarse por la noche, no solo porque necesitan comer, sino porque nos necesitan a nosotros. Por suerte, el pecho permite satisfacer las dos necesidades a la vez, y el niño vuelve a dormir rápidamente; algunos padres le llaman «la anestesia».

Mito: A partir de los seis meses han de tomar leche de continuación

La leche de continuación es un invento comercial sin apenas utilidad práctica. En Estados Unidos, la Academia Americana de Pediatría recomienda dar, a los bebés que no toman el pecho, la misma leche durante todo el primer año. La OMS también opina que las leches de continuación son innecesarias.

¿Para qué se inventaron, entonces? Muy sencillo. La ley prohíbe, en muchos países (incluido España), hacer publicidad de la leche de inicio. Pero la mayoría, por desgracia, no prohíben la publicidad de la leche de continuación. Así que para los fabricantes es ideal disponer de dos leches con el mismo nombre, que solo se diferencien por el numerito. ¿Hay alguien tan inocente para creer que la publicidad de Badmilk 2 no hace aumentar las ventas de Badmilk 1?

La principal utilidad de las leches de continuación, según la ESPGHAN, es que son más baratas. Como la leche artificial es cara, las madres con menos recursos que dan el biberón pueden sentirse tentadas a introducir antes del año la leche entera de vaca, lo que no sería muy conveniente. Una leche que, sin ser tan adaptada a las necesidades del niño como la de inicio, saliese más barata podría resultar útil.

¿Sin ser tan adaptada? En efecto. La leche de vaca tiene un exceso de proteínas, más del triple que la leche materna. Este es uno de sus mayores peligros; un bebé no puede metabolizar una cantidad tan grande de proteínas, y puede enfermar gravemente. La fabricación de la leche artificial consta de varios pasos, uno de los cuales es quitar la mayor parte de las proteínas. No es fácil quitarle las proteínas a la leche. Si no hay que quitarle tantas, resulta más fácil de fabricar y, por tanto, más barata. La ESPGHAN parece creer que la diferencia de precio será substancial; pero, al menos, en España la diferencia para el consumidor es muy pequeña.

No es que la leche de continuación sea mejor para los bebés mayores. Es peor que la leche de inicio, porque está menos adaptada. Pero los bebés mayores tienen capacidad suficiente para metabolizarla y la pueden tolerar. Naturalmente, la publicidad de la industria láctea intenta darle la vuelta a la tortilla y vender la leche de continuación como «enriquecida en proteínas para cubrir las necesidades en aumento de su hijo».

¡Menuda tontería! Las necesidades de proteínas de los niños disminuyen a medida que crecen,[10] desde más de 2 g por kilo de peso y día al nacer hasta 0,89 entre los seis y nueve meses, y 0,82 entre los nueve y los doce. Un niño de 8 kg necesita 7,12 g de proteínas al día, que puede obtener con 790 ml de leche materna (una ingesta totalmente razonable), o con 550 ml de leche de inicio (en la leche de inicio siempre dejan un poco más de proteínas de las que tiene la leche materna para intentar compensar su peor calidad). El mismo niño, tomando 500 ml de leche de continuación, recibiría 11 g de proteínas, mucho más de lo que necesita... y eso sin contar las proteínas de los cereales o del pollo que pueda comer.

No se deje engañar por la publicidad; el exceso de proteínas en la leche de continuación no es ninguna ventaja para su hijo, sino solo un desecho industrial.

Los niños que toman el pecho siguen con el pecho. La Academia Americana de Pediatría recomienda dar el pecho, como mínimo, un año, y luego «hasta que la madre y su hijo quieran». La OMS y el UNICEF recomiendan dar el pecho «dos años o más», igual que la Asociación Española de Pediatría.[34]

Naturalmente, si por cualquier motivo usted quiere destetar a su hijo antes del año, tendrá que darle otra leche, ya sea de inicio o de continuación. Es su decisión. Pero no permita que otros decidan por usted. A ninguna madre que da el biberón le dicen jamás: «Esa leche ya no le alimenta, a partir de ahora has de darle leche materna, o has de prepararle las papillas con leche materna». Se da por sentado que, cuando una madre decide dar el biberón, lo hará durante años. La madre que da el pecho tiene derecho al mismo respeto.

Mito: Si no come carne no tendrá suficientes proteínas

Ya lo acabamos de explicar: incluso si solo tomase leche, su hijo ya tendría suficientes proteínas. Y los cereales y legumbres aportan más proteínas todavía. A pesar de ello, a algunas madres intentan asustarlas con extraños argumentos:

> *Yo soy vegetariana digamos en un 80 por ciento, ya que de vez en cuando como algo de pescado, y quisiera criar a mi hija de la misma manera. Los que disienten conmigo dicen que la carne es necesaria, que es para fortificar los tejidos, etcétera.*

El otro día, en el zoo, vi un rinoceronte que, según me aseguraron, no prueba la carne. Parecía tener los tejidos bastante fortificados. Claro que no me acerqué, igual lo tocas y resulta que está blando.

capítulo nueve

Qué puede hacer el profesional de la salud

«El niño no me come» es uno de los motivos más frecuentes de consulta al pediatra.[35] Los profesionales de la salud estamos en una excelente situación para prevenir los problemas en torno a la alimentación infantil o para sofocarlos en sus etapas iniciales, antes de que se conviertan en una fuente de graves angustias y conflictos en el seno de la familia.

Pero también muchas veces nuestros consejos, o incluso nuestros comentarios casuales, pueden contribuir a iniciar o agravar el problema. Dos aspectos de nuestra actuación son especialmente delicados: el control del peso y la introducción de la alimentación complementaria.

El control del peso

> *Tengo una hija de tres meses, que pesó al nacer 3 kg. Desde el primer día, le di el pecho y ha ido comiendo y engordando muy bien hasta hace un mes, aproximadamente. En ese momento, solo había ganado 40 g en dos semanas.*
>
> *El pediatra me indicó que la leche materna no era suficiente y que le ayudara dándole 5 minutos en cada pecho y 60 ml de biberón. El problema empezó aquí, ya que la niña no quería biberón. Yo iba poco a poco sin obligarla, dejándolo cuando lo rechazaba e insistiendo en otra toma. Ella seguía sin quererlo. Probé con otras marcas de leche, con distintos tipos de tetina, endulzándoselo, pero todo fue imposible. En la siguiente semana la niña había engordado 260 g, por lo que el pediatra me dijo que solo le diera pecho, ya que había vuelto a la normalidad. Pero en la última semana ha engordado solo 20 g, y me ha dicho que le substituya una toma alterna de pecho por biberón.*

Pero la niña sigue negándose. Solo consigo que se disguste mucho y no deje de llorar. También he probado a darle biberón en todas las tomas para que se dé cuenta de que no hay pecho, y finalmente coja el biberón; pero ha sido en vano, ya que se queda sin comer, después de mucho llorar, y finalmente se duerme.

No sé qué puedo hacer, estoy desesperada. También he probado a sacar mi leche y dársela en el biberón, eso sí que lo tomó. Después le di mi leche mezclada con la artificial, pero no lo quiso. Para que coma algo, cuando está mamando, por un lado de su boca le introduzco un poco la tetina y con mis dedos hago salir leche para que la tome toda junta. Pero solo consigo que trague mucho aire y poca leche.

En solo un mes, una crianza plácida y feliz se ha convertido en una pesadilla. El proceso diagnóstico ha sido erróneo: se ha valorado el aumento de peso en un periodo inadecuadamente corto, y comparándolo con datos de referencia inapropiados. Y el tratamiento ha sido innecesario e incorrecto (si un niño estuviese tomando poco pecho, la solución no sería añadir biberones, sino darle más pecho).

La variabilidad intrínseca del crecimiento, los errores de medición y las oscilaciones causadas por el tiempo transcurrido desde la última toma, micción o defecación hacen totalmente inútil el control semanal de peso. Esto queda bien claro en el ejemplo precedente, donde la niña, sin variar de dieta (pues no se tomó los biberones), tan pronto gana 20 g como 260. Como señala Fomon,[2] incluso «los incrementos de peso en intervalos tan cortos como un mes deben ser interpretados con cautela» durante el primer semestre. En el segundo semestre, el aumento de peso se valora en intervalos de, al menos, dos meses.

No es lo mismo una tabla de peso que una tabla de aumento de peso. Las curvas y tablas de peso permiten valorar el peso actual en un momento dado, pero no el aumento de peso en un periodo determinado. Cuando el crecimiento parece anormalmente rápido o lento, se debe usar una tabla de aumento de peso.

La OMS, junto a sus gráficas de peso, basadas en el crecimiento de niños sanos con una alimentación normal (es decir, con lactancia materna), ha publicado también tablas de aumento de peso, en periodos de uno, dos, tres, cuatro o seis meses. Para los primeros dos meses, la OMS publica tablas de aumento en periodos de una o dos semanas, diferenciadas según el peso al nacer. Todas ellas están disponibles en www.who.int/childgrowth/standards/en/.

En cuatro semanas, entre los dos y los tres meses, esta niña ha ganado un total de 320 g. En la tabla de la OMS, el percentil 3 de incremento de peso entre los 2 y los tres meses es de 321 g. Es, por tanto, un aumento de peso absolutamente normal. Obsérvese que el percentil 3 de la tabla de aumento de peso no es, en absoluto, lo mismo que la diferencia de peso actual en el percentil 3; en este caso, el peso correspondiente al percentil 3 es de 4 kg a los dos meses, y de 4,6 kg a los tres meses, con una diferencia de 600 g. El uso de gráficas de peso en lugar de tablas de aumento de peso produce, por tanto, graves errores de valoración.

Además, como bien señala Fomon, en poblaciones donde la prevalencia de la desnutrición es baja, la mayoría de los lactantes cuyo crecimiento en un periodo determinado se sitúa por debajo del percentil 5 son normales (evidentemente, el 5 por ciento de los niños aumentan de peso por debajo del percentil 5).

Esta madre y su hija hubieran estado mucho más tranquilas si el peso se hubiera medido a intervalos más espaciados, y el exceso de entusiasmo terapéutico hubiera dejado paso a una prudente observación. Además, su decidido rechazo al biberón confirma que no tenía nada de hambre (no siempre se puede afirmar lo contrario; muchos niños pequeños, sobre todo los menores de dos o tres meses, aceptan el biberón aunque no tengan hambre). Con el vano intento de quitarle el pecho para que acepte el biberón, la niña no ha tomado ni lo uno ni lo otro, y está comiendo menos que antes del fatídico consejo.

El caso de Herminia resalta una vez más la importancia de elegir la referencia adecuada:

Mi hijo, que ahora tiene diez meses, nació pesando 3,950 kg. Siempre lo he alimentado con el pecho, y crecía y se desarrollaba bien, pero desde hace dos meses ha engordado por debajo de la media.

Dos pediatras diferentes me han aconsejado que le dé biberones, porque mi leche ya no le alimenta, pero mi hijo los rechaza. No quiere ni olerlos, y me da miedo que nunca los acepte y no solo no engorde, sino que empiece a adelgazar. Me siento muy mal por ello, porque yo quería seguir dándole el pecho hasta el año y medio.

Mi hijo con seis meses pesaba 8,170 kg, con ocho meses, 8,850 kg, pero con nueve meses, 8,950 kg, y con diez meses, 9,260 kg. De talla mide 76 cm.

El hijo de Herminia ha aumentado 410 g entre los ocho y los diez meses. Consultamos la tabla de incrementos de peso en periodos de dos meses. Entre los ocho y los diez meses, el aumento medio es de 544 g, y el percentil 3 es de 60 g (¡sumando los dos meses!). El aumento no solo está dentro de lo normal, sino que ha sido generoso, por encima del percentil 25 (360 g). El absoluto rechazo que muestra este niño por los biberones confirma que su aumento de peso no ha sido debido a una ingesta insuficiente de leche.

Es completamente normal que el aumento de peso en un mes determinado se sitúe en el percentil 10, en el 3 o incluso por debajo. Todos los percentiles, desde el 1 hasta el 100, son normales, puesto que las tablas y gráficas se elaboran solo con datos de niños sanos. Pero ese mes en que el aumento se sitúa solo en el percentil 3 suele ser una excepción, una anomalía causada por un virus, una diarrea o una separación de la madre, o un valor extremo en un proceso intrínsecamente variable. Lo habitual es que, al mes siguiente, el bebé engorde más. Por eso existen tablas para periodos de diferente longitud, y es importante usar la más adecuada. Veamos un ejemplo en las tablas de la OMS:

Niñas, incrementos en periodos de un mes, percentil 3:

3-4 meses: 214 g
4-5 meses: 130 g
5-6 meses: 52 g
6-7 meses: – 4 g

¿Significa eso que una niña sana puede engordar solo 214 + 130 + 52 – 4 = 392 g entre los 3 y los 7 meses? No; porque un niño sano puede aumentar «lo mínimo» en un mes dado, pero no durante varios meses seguidos. Veamos otra tabla:

Niñas, incrementos en periodos de dos meses, percentil 3:

3-5 meses: 556 g
5-7 meses: 267 g

La suma son 823 g, más del doble que cuando sumábamos los cuatro periodos de un mes. Pero todavía no es bastante:

Niñas, incrementos en periodos de cuatro meses, percentil 3:

3-7 meses: 1071 g

Por tanto, es importante valorar no solo el aumento en cada mes, sino la visión de conjunto, el aumento en periodos más largos. Y es importante tener en cuenta la talla; un peso normal para un niño bajito puede ser insuficiente para un niño alto.

La alimentación complementaria

Mi pediatra me ha aconsejado comenzar con la papilla sin gluten dos veces al día. El problema es que mi hijo (cuatro meses y medio) no la quiere ni ver, y mi pediatra me ha dicho que le tengo que obligar, y la verdad, es un suplicio, y se me destroza el alma de ver lo mal que lo pasa. Él, desde que nació, nunca ha sido tragón; muchas veces con solo dos minutos de teta ha tenido suficiente, y el biberón no lo ha querido nunca.

Aunque las recomendaciones actuales son de empezar con las papillas más a los seis que a los cuatro meses,[22] no es este pequeño adelanto, sino el erróneo consejo de obligarle, lo que ha iniciado el conflicto. Recordemos que los alimentos se introducen en pequeñas cantidades que se aumentan poco a poco, a medida que el niño las acepta.

Aún más dramático es el testimonio de Teresa:

A los seis meses y medio comenzamos con la fruta y fue peor aún que con los cereales, ya que se negó desde un principio; solo con acercarle la cuchara se retiraba hacia atrás y cerraba la boca, y si a duras penas conseguía introducirle algo en la boca lo escupía, con lo cual seguí lógicamente poniéndole al pecho también por las tardes...

Cuando he ido a la revisión de los siete meses, su pediatra me echó la bronca y me dijo que fuera tajante con el niño y que si se negaba a tomar los cereales o la fruta no le ofreciera después el pecho aunque el niño llore y tenga hambre, y que si es así, le ofrezca agua hasta la siguiente comida porque, aunque no estaba mal de peso, tenía que haber hecho más y no lo había hecho precisamente porque el niño ha entrado en una etapa en la que gasta más energía y necesita los hidratos de carbono que le proporcionan los cereales, así como también las vitaminas y minerales que le proporcionan las frutas.

El hijo de Teresa tiene siete meses, mide 72,5 cm y pesa 9 kg. Según las tablas de la OMS, su talla está bastante por encima del percentil 85; su peso, más cerca del 85 que del 50, y la relación peso/talla, exactamente en la media. A la vista de estos datos, aunque Teresa no nos informa del aumento de peso en los últimos meses, parece poco probable que exista ningún problema. En todo caso, el rechazo de su hijo a comer más es prueba suficiente de que no pasaba hambre. Ni que decir tiene que el consejo de darle al niño agua en vez de leche porque necesita más energía es irracional; el agua, que se sepa, no aporta ninguna caloría. La alimentación complementaria no substituye, sino que complementa a la lactancia. Además, como hemos comentado anteriormente, las necesidades de energía por kilo de peso corporal no aumentan, sino que disminuyen a lo largo del primer año.

Cuidar el lenguaje

Las palabras pronunciadas no pueden recogerse, y los testimonios de muchas madres a lo largo de este libro nos muestran la angustia que puede producir un comentario casual.

Hay que desterrar de nuestro lenguaje expresiones como «justo de peso», «mal de peso» o «no ha ganado suficiente». O bien un niño cumple los criterios diagnósticos de retraso del crecimiento[2] (aumento de peso por debajo de la –2 desviación durante al menos dos meses en los menores de seis meses, o durante al menos tres meses en los mayores de esa edad; y relación peso-talla actual por debajo del percentil 5), o bien no los cumple. Por supuesto, en algunos casos dudosos es prudente controlar cuidadosamente el peso, y tal vez recomendar una alimentación más frecuente; pero eso puede hacerse sin poner «etiquetas» al niño ni asustar a la familia.

También convendría hacer nuestras recomendaciones de forma menos tajante. Compare las siguientes frases:

— A partir de los x meses le dará pollo.
— A partir de los x meses puede empezar a ofrecerle pollo.

— Por la tarde, una papilla de verduras de 180 g.

— A la hora que le vaya mejor, ofrézcale un poco de verdura, y vaya aumentando la cantidad si la acepta bien.

Las recomendaciones estrictas de cantidades, horarios, orden de introducción de los alimentos y otros detalles no solo no tienen base científica,[2,18] sino que pueden entrar en conflicto con las necesidades del bebé, con las opiniones de la madre y sus familiares o con los consejos de otros profesionales.

Por último, es al menos preocupante que una madre pueda salir de la consulta con la sensación de que le han «echado la bronca».

¿Por qué no bajamos la báscula del pedestal?

La consulta al pediatra suele seguir una especie de protocolo. La madre explica cómo ha ido su hijo, mientras lo desnuda. El pediatra lo explora. Finalmente, se pesa y mide al niño, y solo entonces pregunta la madre: «¿Cómo está, doctor?».

Parece que el peso sea lo más importante para valorar si el niño está sano.

En realidad, lo más importante es lo que nos cuenta la madre, que es la que ve al niño cada día. Le sigue en importancia la exploración, que nos permite valorar la salud física y el desarrollo psicomotor del niño. Y lo de menos es el peso, que raramente nos da ningún dato que no hayamos sospechado antes: si un niño está realmente desnutrido u obeso, se le nota. La principal utilidad de pesar a un niño cuyo aspecto, estado general y exploración física son normales es, simplemente, tener un valor de referencia para, si más adelante enferma, poder valorar cuánto peso ha perdido.

¿No podríamos hacer algo para que la báscula deje de ser el centro de la visita? Tal vez, en vez de esperar al peso para decir si el niño «está bien», podemos de entrada resumir lo que dice la madre:

— Así, por lo que usted me cuenta, su hija está muy sana y se desarrolla normalmente.

Luego, durante la exploración, ir explicando:

— Sigue bien con la mirada. De pecho está normal...

Y, por último, dejar caer:

— Bueno, su hija está sanísima, y muy espabilada. Ahora, por curiosidad, vamos a ver cuánto pesa.

CUARTA PARTE

ALGUNAS DUDAS FRECUENTES

¿Y si de verdad no come?

Por supuesto, hay niños que no comen (es decir, que comen menos de lo que necesitan). Un niño que no come se distingue de un «niño que no come» en que el primero pierde peso, y el segundo no.

Los motivos que hacen que un niño deje realmente de comer son muy variados. Algunos no son muy distintos de los motivos que nos hacen dejar de comer a los adultos: una gripe o resfriado, una diarrea, unas anginas, no digamos una enfermedad más seria.

Si el niño no come porque tiene la tuberculosis, no se va a curar porque le metan la comida con un embudo. Se curará al darle un tratamiento adecuado para su enfermedad, y cuando esté curado volverá a comer por sí mismo. Así pues, se mantiene la regla general: nunca obligue a comer a su hijo. Si está sano, ya ha comido lo que necesita. Si está enfermo, ofrézcale con frecuencia sus alimentos favoritos; pero sin forzar, solo conseguiría que vomitase. Si pierde peso, llévelo al médico.

> *A Cristina [siete meses y medio] le he dado pecho exclusivamente hasta los seis meses, y después he empezado a ofrecerle sólidos, sin forzarla. Pero no acepta ningún sólido. [...] El pediatra me dice que la niña no está creciendo, que debo retirarle el pecho y cuando tenga hambre seguro que comerá. [...] desde hace unos dos meses mama cada menos de dos horas.*

Cristina no aumentó ni un gramo de peso entre los cinco y los ocho meses. La madre consultó a varios pediatras y todos coincidieron en que el problema era que no quería comer porque estaba «malcriada» con tanto pecho, y que había que destetarla para que comiese. Entre los ocho y los nueve meses, no solo no ganó peso, sino que también perdió, así que la madre se presentó en urgencias de un buen hospital. El diagnóstico fue de fibrosis quística, una grave enfermedad hereditaria. Es un caso extremo de algo, por desgracia, demasiado frecuente: si el niño de pecho no engorda, nadie se preocupa, nadie le hace pruebas, nadie intenta averiguar qué tiene, simplemente se le dice a la madre que le dé el biberón, y ya está. Luego, cuando con el biberón tampoco engorda, los médicos empiezan a preocuparse de verdad y se descubre que el niño estaba enfermo. Es lamentable, pero algunas madres se ven obligadas a mentir y ocultar que su hijo está tomando el pecho para obtener la atención médica necesaria.

Curiosamente, el único alimento que Cristina aceptaba, además del pecho (¡menos mal que su madre no hizo caso de la insensatez de quitárselo!), era el pollo. Personalmente, opino que es una prueba de que los niños saben lo que necesitan; en la fibrosis quística se pierden proteínas, y Cristina buscaba alimentos ricos en proteínas.

Otros niños dejan de comer por motivos psicológicos. Una vez vi a una niña, de poco más de un año, que se negó a comer y perdió peso rápidamente cuando su madre volvió al trabajo. La niña tenía dos abuelas, una de las cuales iba mucho a visitarla y jugaba con ella. Desgraciadamente, por diversos motivos, la madre había elegido para cuidar a su hija a la otra abuela, a la que la niña apenas conocía. Esta se había encontrado de pronto «abandonada» por su madre y en manos de una desconocida. (Ya sé que la madre no la había abandonado. Pero la niña no lo sabía, no podía saberlo. Durante los primeros años, cuando la madre se va para unas horas, los niños se comportan siempre como si se fuera para toda la vida.)

¿Tendré que quitarle el pecho para que coma?

> *Mi hija nació hace siete meses y medio, y desde entonces no ha soltado el pecho... En cada toma le preparo su papilla y se la ofrezco, a lo que la niña gira la cabeza y no abre la boca ni por descuido... ¿Qué hago? ¿Le quito el pecho totalmente como dicen algunos, y ya comerá?*

Al igual que Marisa, muchas madres reciben el consejo de destetar a su hijo con el argumento de que entonces sí que aceptará la papilla. ¡Como si los niños criados con biberón se tomasen tan bien la papilla!

Soy una madre desesperada. Mi hija, de diez meses, solo quiere comer en biberón, y desde luego nada de verdura.

Ya hemos explicado (véase el apartado «Cuando mamá trabaja fuera de casa») que el destete brusco fácilmente produce un rechazo a la comida. En ocasiones, he visto a un bebé perder medio kilo en una semana por semejante destete intempestivo. Al volverle a dar el pecho (lo que tanto la madre como el hijo estaban deseando), inmediatamente recupera su interés por la vida y vuelve a aceptar no solo el pecho, sino incluso el biberón. Recuperado el peso perdido, fácilmente el bebé vuelve a la lactancia materna exclusiva. En otros casos, cuando nadie interviene en favor de la madre y de su hijo, el bebé acaba por rendirse, pues el instinto de supervivencia es más fuerte que la misma desesperación. El niño acaba aceptando el biberón, recupera penosamente el peso perdido y, por supuesto, suele ir más «bajo de peso» que antes.

¿Cree que exagero? Vea lo que le pasó a Laura:

Mi hija tiene once meses, pesa 7,230 kg y mide 71 cm. El problema está en que no quiere comer. Le he estado dando el pecho hasta los ocho meses. A los cuatro meses le introduje papilla de frutas y a los cinco, la de cereales; posteriormente, verduras con carne y pescado. Hasta los seis meses ha ido bien de peso. A partir de entonces comía poco, y ahora se puede decir que prácticamente no come.

Cuando le daba el pecho siempre estaba dispuesta a comer, ahora el momento de la comida se ha convertido en una auténtica tortura.

Según las tablas españolas o norteamericanas que se usaban en su época, el peso de Laura era inferior al percentil 3 (lo que no es necesariamente anormal, como ya se ha explicado). Alguien debió de pensar que engordaría más con leche artificial. Evidentemente, no engordó más. En la tablas de la OMS, el peso de Laura está dentro de lo normal, un cuarto de kilo por encima del percentil 3. Pero el problema no es el uso de una tabla u otra; las antiguas se pueden usar con prudencia y sentido común, mientras que las de la OMS también se pueden usar de forma rígida e irreflexiva.

¿No tendrá anorexia nerviosa?

La anorexia nerviosa es una enfermedad mental grave. No se produce en niños pequeños, sino en adolescentes (aunque parece que la edad de inicio tiende a adelantarse). Y, en todo caso, no se cura obligando a comer al paciente, cosa que más bien resultaría contraproducente. De modo que la norma sigue en pie: no obligar nunca a comer, y si pierde peso, pensar en una enfermedad (que también puede ser mental). Los adolescentes con anorexia nerviosa pierden peso. Pierden muchos kilos de peso. Por tanto, si su hijo no ha perdido peso, tenga la edad que tenga, no tiene anorexia nerviosa.

Me han dicho que tiene anorexia infantil

Estoy muy de acuerdo con todo lo que dice [...] pero en el caso de mi hija no es así, pues ella realmente no come. [...]

Desde el principio me rechazó el pecho [...] Tuve que quitarme la leche y dársela con biberón [...] Pero se me fue la leche, y empecé con la de farmacia (y empezó el calvario). Tomaba la mitad del biberón y empezaba a llorar. [...] Le hicieron pruebas y todo estaba bien, solo tenía un pequeño reflujo esofágico, me dieron leche antirreflujo y Prepulsid. [...] La única forma de que comiera era dormida. [...]

Ahora tiene trece meses y pesa 7 kg. La situación ahora es horrible. Leche no toma casi nada [...] de las papillas me toma 4 o 5 cucharadas. [...]

El pediatra habla de ingresarla y alimentarla con sonda para que gane peso, y después ponernos en manos de psicólogos. [...]

Los pediatras descartan nada orgánico.

Aclaremos la nomenclatura. «Anorexia» significa «falta de apetito» o «no comer», es un síntoma que se puede presentar en casi cualquier enfermedad. Un niño con anginas, o un adulto con diarrea, probablemente tendrán también anorexia. En cambio, «anorexia nerviosa» es una enfermedad concreta. Hay la misma diferencia entre «fiebre», un síntoma común a cientos de enfermedades distintas, o «fiebre tifoidea», una enfermedad concreta y específica. No existe una enfermedad denominada «anorexia infantil»; simplemente, es una manera fina y rebuscada de decir «niño que no come».

Si usted lleva a su hijo al pediatra diciendo que lo nota muy caliente, y el pediatra lo mira y le dice «tiene otitis», le ha dado un diagnóstico, una información que usted desconocía. Pero si solo le dice «lo que tiene es fiebre», vaya cosa, eso ya lo sabía usted, seguimos sin saber la causa. Del mismo modo, si usted dice «mi hijo no come», y le contestan «es que tiene anorexia infantil», no han diagnosticado ninguna enfermedad. Simplemente, han repetido, en una mezcla de griego y latín, lo mismo que dijo usted.

Volviendo al caso de Maite antes expuesto: es cierto que su peso está por debajo de la última rayita de la gráfica, pero no muy por debajo. Es lógico que su pediatra le haga pruebas y análisis para asegurarse de que no está enferma. Pero, si todas las pruebas salen normales, hemos demostrado que está sana, completamente sana. Se trata, por tanto, de una de esas 15 000 niñas y niños sanos de un año (el 3 por ciento del total) que en España están por debajo del percentil 3.

La idea de alimentarla por sonda es un auténtico disparate. Por desgracia, no es el primer caso que llega a mis oídos. No dudo en afirmar que se trata de una forma de malos tratos y que realmente habría que «ponerla en manos de psicólogos» si la sometieran a semejante abuso. De la misma manera que no se puede operar de apendicitis a una persona sana, no se puede ingresar en el hospital y alimentar por sonda a una persona sana. Y Maite está sana, lo han demostrado haciéndole todas las pruebas que se les han venido a la mente, y todas han salido normales.

Si, a pesar de tener todas las pruebas normales, Maite perdiese peso por motivos desconocidos, si pesase 6 kilos, luego 5, luego 4, si perdiese la alegría y se apagase como una velita, sería lógico decir «no le encontramos nada, pero evidentemente está enferma; vamos a darle alimentación por sonda, o aunque sea endovenosa, en un intento desesperado por mantenerla con vida, mientras seguimos estudiándola a ver si conseguimos curarla o se hace un milagro y mejora ella sola». Pero es que Maite ha ido ganando peso de forma lenta pero constante desde que nació, su desarrollo psicomotor es normal, y los ratos en que no la torturan para meterle la comida a la fuerza es feliz.

Por cierto, el Prepulsid (cisaprida) ya casi no se usa, y en Estados Unidos ha sido retirado del mercado por sus graves efectos secundarios. En cuanto a las leches antirreflujo, se considera que no son útiles cuando de verdad hay reflujo.[36]

¿Qué habría pasado si Maite, en vez de nacer ahora, con seguridad social y visitas gratis al pediatra, hubiera nacido a principios del siglo XX? La habrían notado delgaducha, y tal vez su madre le habría intentado dar algún «tónico reconstituyente» de los que se anunciaban en aquella época. Pero nadie le habría hecho pruebas, nadie habría asustado a los padres, nadie habría amenazado con darle de comer por sonda. Si hubieran consultado al Dr. Ulecia, un reputado especialista en el tratamiento de niños desnutridos, del que hablaremos en el apéndice sobre historia, este no se hubiera apenas inmutado. En su libro vemos las fotos de los niños a los que trató con éxito: T. A., seis meses y medio, 4020 g, a los trece meses ha alcanzado los 5530 g; M. C., dieciséis meses, 5800 g, a los dos años está «muy bien» porque ya pesa 7700 g... Eso eran problemas de peso, y a todos los trató sin necesidad de sonda, solo con comida adecuada.

¿No se le hará el estómago pequeño?

No. Perdón, ya sé que en un libro se espera una respuesta algo más elaborada. Pero es que me faltan las palabras. Sencillamente, no.

¿Y si lo hace por llamar la atención?

«Llamar la atención» es una expresión sumamente desafortunada. Es decir, que no ha tenido fortuna. Pues distintas personas la entienden de formas no solo distintas, sino opuestas, y ese es el mayor infortunio que puede sufrir una expresión.

En el lenguaje popular, «llamar la atención» significa hacer cosas raras para obtener notoriedad. Puede uno teñirse el pelo de verde o pasear con un tigre atado con una correa. En este sentido, llamar la atención se considera algo completamente negativo, similar a «hacer el ridículo» o «hacer comedia». Nadie hace mucho caso de quienes solo buscan «llamar la atención».

Para los psicólogos que estudian el comportamiento infantil, «llamar la atención» tiene, al menos, dos sentidos distintos, y ninguno de ellos es negativo. En ninguno de los dos sentidos se considera que el niño esté haciendo teatro o tonterías, ni hay que dejar de hacerle caso.

El primer sentido se refiere a una conducta espontánea (instintiva) y común a las crías de otros mamíferos: cuando se separa de su madre para jugar o explorar, la cría se vuelve frecuentemente hacia ella para hacerle notar dónde está y qué hace. Al mismo tiempo, la madre busca frecuentemente a su cría con la mirada, y llama también su atención emitiendo sonidos cuando va a moverse o cuando la cría se aleja demasiado. Esto, que en otros animales se realiza a base de ladridos, gruñidos o balidos, adquiere en el ser humano matices más elaborados: «¡Mira, mamá, mira qué castillo he hecho!», «¡Judit, no bajes de la acera!», «¡Mira, mamá, soy un pirata!», «¡Ven, Pablo, que nos vamos!».

Es fácil ver que esta conducta, llamar la atención de la madre, ha contribuido durante millones de años a la supervivencia de la especie. Las crías que no llamaban constantemente la atención de los adultos se perdían o eran devoradas, y así la selección natural las eliminó. Llamar nuestra atención de esta manera es un instinto en nuestros niños; no pueden evitarlo, y si les gritamos que nos dejen en paz porque queremos leer el periódico, solo conseguiremos que se sientan inseguros y, por tanto, intenten llamar nuestra atención más todavía.

El segundo sentido que dan los psicólogos a la expresión «llamar la atención» se refiere a una conducta más o menos anómala que realiza una persona cuando necesita atención y no puede o no sabe obtenerla por los medios habituales. Así se dice que un niño se da golpes en la cabeza, vomita, pega patadas o se hace caca encima para llamar la atención. También los adultos hacen a veces cosas para llamar la atención: ataques de histeria, amenazas o intentos de suicidio, gritos y peleas. Nadie llega a tales extremos si antes no han fracasado métodos más sencillos de llamar la atención, como hablar o llorar.

Cuando un psicólogo dice: «Este niño pega y muerde a sus compañeros para llamar la atención», lo que quiere decir es: «Este niño necesita mucha más atención de la que le dan, y se ha visto obligado a pegar y morder porque de otra manera no le hacían caso; tienen que darle mucha atención para que el problema se solucione». Por desgracia, muchos padres, e incluso algunos especialistas, entienden la expresión en su sentido vulgar, como «este niño hace comedia» o «nos toma el pelo», y piensan que no hay que hacerle caso para que «se le quite la tontería».

La mayoría de los niños que se niegan a comer lo hacen, sencillamente, porque no necesitan más comida. La única atención que pretenden llamar es decirnos «¡eh, que ya he acabado!». Es posible que algún niño busque alrededor de la comida llamar la atención sobre otros temas, y eso nos indicaría que necesita más atención: que jueguen con él, que le cuenten cuentos, que respeten sus pequeños logros y no le nieguen el contacto físico y la compañía. Y, desde luego, que no le obliguen a comer.

¿Hace falta darle agua, zumos, infusiones?

Me aconsejaron [en el hospital] que el agua debía beberla y más siendo verano. El caso es que la niña [doce meses] bebe poquísima agua, no quiere el biberón de agua y con el vaso bebe algo pero luego se pone a jugar. Llevamos mucho tiempo dándole, pero casi forzada, y ella de un manotazo aparta el biberón, he probado con zumos naturales y preparados y no los quiere. [...] ¿Cómo puedo incitarla y hacerle apetitoso y necesario el beber agua?

Pues no, lo siento, no hay forma de hacerle necesario el beber agua. Si necesitase agua, bebería; y si no bebe es porque no necesita, y punto.

Bueno, sí, habría un método. Si le da varias cucharadas de sal pura, y consigue que se las trague, después va a necesitar agua. Pero es un método muy, muy peligroso, y no sé por qué nadie iba a hacer una cosa así.

Los niños que toman lactancia materna exclusiva y a demanda no necesitan agua, a no ser que tengan fiebre alta o diarrea importante (en esos casos, hay que darles el pecho a cada poco, y además se les puede ofrecer un poco de agua después del pecho). Se han hecho estudios incluso con beduinos del desierto, y no necesitan agua.

Los niños que solo toman biberón correctamente preparado y a demanda tampoco necesitan agua. Es increíble la cantidad de gente, incluso profesionales, que aún creen que sí. A ver, si los expertos dicen «una medida de polvo por cada 30 ml de agua», es por algo. Si necesitasen más agua, no costaba nada decir «una medida de polvo por cada 40 ml de agua».

Los niños que empiezan a tomar otros alimentos, si resulta que lo que toman es fruta y verdura, probablemente necesitan todavía menos agua que antes. Ahora bien, cuando empiecen a comer una cantidad suficiente de alimentos más salados o más secos (pollo, pan, galletas...) empezarán a tener sed.

Por si acaso, a partir del momento en que empiece con otros alimentos, puede empezar a ofrecer agua, mejor con un vaso (los niños de pecho preferirán el vaso al biberón; y los niños de biberón ya conviene que vayan aprendiendo a beber en vaso). Pero si su hijo rechaza el agua, no insista lo más mínimo y no le dé más vueltas. Él sabe perfectamente cuándo tiene que beber, no le quepa la menor duda.

Y, sobre todo, para beber solo agua. Ni zumos, ni infusiones, ni agua con azúcar, ni nada más que agua. El beber de forma habitual zumos y refrescos en vez de agua es una de las causas de la epidemia de obesidad infantil y juvenil que nos invade.

La fruta es muy sana, pero los zumos no. No es que el zumo industrial lleve nada malo; no. Aunque lo prepare usted en casa, no conviene abusar del zumo. El problema es que en un vaso de zumo caben dos o tres naranjas. Nadie se come tantas naranjas juntas a mordiscos. Pero es demasiado fácil beberse un vaso, y al poco otro vaso, y algunos niños se toman más de un litro de zumo al día. A los niños pequeños se les llena el estómago con el zumo, y luego no pueden comer otras cosas. Los niños mayores tienen el problema opuesto, su estómago es más grande, y les cabe todo lo que tienen que comer y además el zumo, lo que produce obesidad. A cualquier edad, el exceso de azúcar natural de la fruta puede producir diarrea crónica. Por todo ello, la Academia Americana de Pediatría[37] recomienda no dar nunca zumos antes de los seis meses. Entre el año y los seis años, el consumo máximo (¡máximo!, porque necesitar no necesitan nada) sería de 110 a 170 ml al día (medio a un vaso, no muy lleno); y entre los siete y dieciocho años, el doble. En resumen: para una fiesta, mejor zumos que refrescos, por supuesto; pero para diario, agua.

En cuanto a las infusiones instantáneas para bebés, es una vergüenza que no las retiren del mercado. Consisten en un 95 por ciento de azúcar, normalmente glucosa (dextrosa) y en algún caso sacarosa (azúcar de cocina), al increíble precio de unos 40 euros el kilo. Si le diera a su hijo cada día la cantidad de esas infusiones que recomienda la etiqueta, al cumplir el año habría consumido más de 7 kilos de azúcar puro, que habrían costado más de 300 euros. Si los bebés necesitasen infusiones (que no necesitan), sería mejor preparárselas en casa, sin azúcar; y si necesitasen azúcar (que tampoco necesitan), puede comprarlo en el súper de la esquina 40 veces más barato.

¿Por qué vomita tanto?

Soy una madre desesperada de veinticuatro años. Tengo una niña de once meses que siempre fue mala comedora y por si eso fuese poco devuelve con mucha frecuencia. Cuando era pequeñita me decía el pediatra que era reflujo y le cambió del pecho a una leche antirreflujo... Pero es que ahora es demasiado, de las cuatro comidas me devuelve dos. Me decían que era porque le daba mucho, pero es que en la quinta cucharada ya me devolvía. Todo le produce arcadas, no quiere nada sólido como galletas, pues le va un trocito más grande de lo normal y ya devuelve. He probado a triturar bien la comida y nada, sigue devolviendo; hasta la leche la devuelve. Ahora le estoy dando un potito de los más pequeños

a la comida y me los devuelve igual... Le han hecho muchos análisis de orina y la han visto y me dicen que todo está bien. Pero es que me parece imposible que nunca tenga hambre y que pase aunque sea todo el día sin comer.
Es un calvario de verdad, incluso no disfruto de mi niña como otras madres, pues estoy superpreocupada. ¿Hasta cuándo va a durar esto?

Es fácil comprender la preocupación de Manuela. No nos dice cuánto pesa su hija, pero parece que debe de ser lo normal, pues «la han visto y le dicen que todo está bien». Es decir, aunque a Manuela le parece que su hija ha comido poquísimo, es evidente que ha comido demasiado. Pues, incluso descontando todo lo que ha vomitado, le ha quedado dentro suficiente comida para desarrollarse adecuadamente y no enfermar.

Todos los bebés echan o regurgitan. Algunos solo un poco, y otros mucho. Los médicos le llamamos «reflujo gastroesofágico», es decir, la comida que estaba en el estómago vuelve a subir. En la inmensa mayoría de los casos (a no ser que el niño pierda peso o vomite sangre o algo así), se trata de algo totalmente normal. Los bebés tienen la boca del estómago abierta, y la comida se les sale. Hacia el año se les va cerrando, y dejan de vomitar.

A no ser, claro, que les obliguen a comer. Como ya hemos explicado, cuando se intenta hacer comer más de la cuenta a un niño, el niño vomita. No puede evitarlo.

¿Y si en casa somos vegetarianos?

Tanto los niños como los adultos pueden vivir perfectamente con una dieta ovo-lacto-vegetariana.[38]

La dieta vegetariana estricta (sin huevos ni leche) puede ser adecuada para un niño, siempre y cuando tome el pecho dos o tres años, y se combinen los distintos alimentos según las reglas del arte. Excedería del alcance de este libro dar más detalles, no es prudente seguir una dieta vegetariana estricta (y mucho menos hacérsela seguir a un niño pequeño) sin buenos conocimientos de nutrición. Los vegetarianos estrictos deben tomar siempre suplementos de vitamina B12, y eso es especialmente importante durante el embarazo y la lactancia. Encontrará amplia información en Internet, en las páginas de organizaciones vegetarianas serias[39,40], particularmente en la sección de nutrición de la Unión Vegetariana Española, www.unionvegetariana.org/nutricion.html.

La dieta macrobiótica es una dieta progresiva, que a medida que avanza hacia la «perfección» es cada vez más restrictiva. Es una dieta inadecuada para niños, y también para embarazadas y madres lactantes. Se han visto casos graves de déficit de vitamina B12 en niños amamantados cuyas madres seguían una dieta macrobiótica o vegetariana estricta (sin huevos ni leche).

¿No le faltarán vitaminas?

No. Si se le ofrece una dieta adecuada, su hijo tomará suficiente de todo, por poco que coma.

Claro, si su dieta fuera solo patatas de sobre y caramelos, a lo mejor sí que le llegaba a faltar algo..., pero su hijo es demasiado pequeño para ir a comprar esas cosas; solo puede comer lo que sus padres le den.

[Vea lo que comentamos sobre el hierro en la página 655.]

¿Por qué no quiere probar cosas nuevas?

Tengo un hijo de casi tres años que me tiene muy preocupada, ya que nunca ha querido probar alimentos nuevos.

En este mundo hay muchas plantas y algunos animales venenosos. Uno de los mecanismos de protección que tenemos los animales para evitar accidentes es una preferencia por los alimentos conocidos y un rechazo inicial hacia los alimentos nuevos.

Tiene quince meses. Antes siempre quería probar todo lo que veía, pero actualmente solo come aquello que ya ha probado. Lo nuevo ni se lo mete a la boca.

¿Qué mejor protección que comer lo mismo que comían tus padres? Se ha comprobado que los animales aprecian a través de la leche materna el sabor de los alimentos que come la madre. Así, las ovejas que han mamado prefieren, cuando son mayores, comer el mismo tipo de hierba que comían sus madres; mientras que las ovejas criadas artificialmente no muestran tales preferencias. Aunque no se ha podido hacer un experimento similar, se supone que a los niños les pasa lo mismo. Probablemente, esto contribuye al rechazo de los niños de pecho por las papillas: no les gustan los cereales con sabor a vainilla, ni los triturados de varias frutas mezcladas porque no son cosas que su madre suela comer. En cambio, suelen aceptar (¡y pedir!) bocados del plato de su madre.

Así pues, el rechazo a los alimentos nuevos es algo totalmente normal en los niños, sobre todo si no han conocido su sabor a través de la leche materna. No hay que obligarles nunca a comer algo nuevo (le cogerían manía); pero tampoco es necesario desterrar el alimento en cuestión de nuestra dieta. Se ha comprobado que, si se les ofrece (¡sin forzar!) de forma regular, y si ven que sus padres lo comen, acaban aceptando muchos alimentos (pero no todos, claro).

¿No debería acostumbrarse a comer de todo?

¿Cuándo fue la última vez que asistió a un banquete de bodas? ¿Recuerda el menú?

En casi todos los restaurantes preparan una mesa aparte para los niños. Mientras los adultos degustan elaboradas y exóticas ensaladas o pescados y mariscos con originales salsas, los niños toman un «menú para niños», que casi siempre consta de macarrones con tomate y pollo asado con patatas fritas. Jamás he visto a nadie en la mesa de los adultos (ni siquiera a los más jóvenes, que acaban de ganar su derecho a estar en ella) decirle al camarero: «No me gusta esto; ¿no podría traerme macarrones y pollo?».

Por cierto, que los niños suelen comer la mar de bien, pues no hay nadie que les obligue. Y los adultos comen alimentos que a veces no han probado en su vida, sin quejarse ni poner cara de asco, y suelen decir que está muy bueno.

Naturalmente, los profesionales de los restaurantes, tras ver comer a miles de niños y de adultos, saben que es imposible hacer comer «de todo» a un niño. También saben que los adultos sí que comen «de todo» (o casi todo), aunque se hayan criado a base de macarrones.

Siga su ejemplo, y no se preocupe por el tema. Su hijo comerá de todo (al menos, de todo lo que haya en casa) cuando le llegue la edad. Entre tanto, intentar obligarlo a comer un determinado alimento es la mejor manera de que le coja manía.

Por cierto, muchos niños aceptan una amplia variedad de alimentos a los dos años, pero luego se hacen más remilgados. Entre los cuatro o cinco años y la adolescencia, algunos niños parece que siempre quieran lo mismo: arroz con tomate, macarrones, patatas fritas y pan con chocolate, y vuelta a empezar.

A propósito, ¿come usted de todo? En cada cultura hay alimentos que se consideran adecuados, y otros que no. Yo no probaría jamás varios alimentos que en nuestro país se consideran perfectamente comestibles, como los caracoles y los pies de cerdo. Y mucho menos hormigas y filetes de perro, que se consideran un alimento normal en otros países. Si me invitaran a comer en según qué casas, pensarían que estoy muy mal educado, porque no como de todo.

¿Y si nació con bajo peso?

> *Soy madre de una niña de cinco meses nacida prematura, después de un parto inducido a las 36 semanas debido a un crecimiento intrauterino retardado. Pesó al nacer 1,950 kg, y su peso actual es de 5,800 kg.*
>
> *[...] la niña comía de maravilla, cada vez quería más y casi me asustaba de ver la rapidez con la que se acababa los biberones. Todo fue cumplir los dos meses y empezó a dejarse cada día un poquito de cada toma. Ahora continúa igual. Hace cuatro tomas con una cantidad total de 480 ml de leche. Añadiendo a cada biberón dos cacitos de cereales.*

El crecimiento intrauterino retardado suele ser debido a algún problema, por ejemplo de la placenta, que impide al feto alimentarse normalmente. Por eso le provocaron el parto a Silvia: para que su hija pudiera comer y recuperar el peso. Y eso es lo que hizo: tenía «hambre atrasada», y comió como una fiera hasta que su peso se normalizó. Otra brillante prueba de que los niños comen lo que necesitan. Alcanzado el objetivo, volvió a comer lo normal (para desesperación de Silvia, que no esperaba este cambio).

No todos los niños nacidos con bajo peso muestran esta rápida recuperación. Según cuál sea la causa del problema, es posible que siga comiendo poco y creciendo lentamente durante años.

Los niños prematuros o con bajo peso tienen menos reservas de hierro, y es posible que necesiten tomar unas gotas de hierro. Pregunte a su pediatra.

¿No hay que acostumbrarlo a seguir un horario?

¿Sigue usted un horario? ¿Desayuna, come y cena a la misma hora los domingos que los miércoles? Cuando ponen un partido o una película interesante por la tele, ¿no adelanta o retrasa usted la cena? ¿Y cuando sale al teatro, o come fuera de casa?

Los horarios de las comidas son uno de los más curiosos mitos de nuestra cultura. En realidad, nadie sigue un horario fijo para comer. No es necesario comer a determinadas horas para estar sano, ni para hacer bien la digestión, ni para nada. La «sabiduría popular» entra en contradicciones en este capítulo: para unos, por ejemplo, es peligroso irse a dormir con el estómago lleno, sin haber hecho la digestión; mientras que otros le recomendarán precisamente empapuchar a su hijo con una gran papilla antes de acostarle, para que duerma de un tirón.

Solo si tenemos un trabajo nos vemos obligados a adaptarnos, y a comer antes o después. Por eso mismo, su hijo seguirá un horario para comer tan pronto como vaya al cole: se tomará la leche antes de salir de casa, el bocata a la hora del recreo, comerá al acabar las clases de la mañana y merendará al acabar las clases de la tarde. ¿O cree que si no le da las papillas a una hora determinada su hijo sufrirá tal «alteración del ritmo» que a los doce años se llevará una fiambrera con macarrones y se los comerá en clase de matemáticas?

Tampoco es necesario darle de comer siempre en el mismo lugar o con la misma rutina. Su hijo comerá unos días sentado en su trona, y otros en sus rodillas. Comerá unos alimentos con los dedos, y otros con cuchara. Comerá unos días en su casa y otros en casa de la abuela. Incluso comerá a veces mientras camina por la calle.

Si de verdad fuera necesario (que no lo es) enseñar a los niños, con uno o dos años de edad, a seguir las normas sociales de los adultos, entonces lo importante sería, precisamente, enseñarles a no seguir ningún horario. Imagine que a los doce años, cuando vaya a comer un domingo a casa de la abuela, si la paella no está lista hasta las dos y media, su hijo se pasa desde la una y cuarto llorando y gritando «¡tengo hambre, tengo hambre, tengo hambre!», porque de pequeño lo acostumbró a comer siempre a la una y cuarto. ¿Le gustaría tener un hijo tan «mal educado»?

¿Es malo comer entre horas?

Esto no es más que una extensión del mito anterior. La comida no tiene «horas» y, por tanto, tampoco tiene «entre horas».

Los animales no comen a horas fijas. Los grandes carnívoros hacen comidas abundantes y muy separadas; pero no a horas fijas, sino al azar, cuando consiguen cazar. Los herbívoros y los insectívoros van comiendo todo el santo día, cuando encuentran algo que llevarse a la boca, a no ser que estén hartos.

En realidad, diversos estudios científicos indican que comer pequeñas cantidades con gran frecuencia no solo no es perjudicial para la salud, sino que, probablemente, es mejor que tomar grandes comidas muy separadas, como solemos hacer.[2] Las ratas de laboratorio a las que se dan grandes comidas pocas veces al día acumulan más grasa corporal que aquellas a las que se deja comer a su gusto, aunque consuman las mismas calorías. También fabrican más colesterol, y su estómago se hipertrofia. Es decir, su organismo responde al peligro de no tener comida cuando se necesita, aumentando su capacidad para almacenar grandes reservas en las épocas buenas.

En el ser humano, los que comen «a sus horas» (pocas comidas, pero abundantes) tienen más colesterol y menos tolerancia a la glucosa que los que «picotean» (comidas pequeñas, pero frecuentes). Por eso se recomienda a los diabéticos repartir la comida en cinco o seis veces al día.

Por estos mismos motivos, conseguir que un bebé pase toda la noche sin comer no parece ser una ventaja para su metabolismo.[2] Aunque, en teoría, un niño podría comer más durante el día y luego no comer nada durante la noche, probablemente es mejor que sus comidas estén más repartidas. El que pidan el pecho por la noche, por tanto, no se ha de considerar como un «vicio», sino como una necesidad.

¿Cuántas horas puede estar sin comer?

Mi pregunta es hasta qué edad debo despertar a mi hija de ocho meses para darle de comer, ya que la pediatra me ha dicho que no debo de-

jarla más de diez horas sin comer porque le puede venir un bajón de azúcar.

Los recién nacidos pierden peso, y cuanto menos maman, más peso pierden. A veces entran en un círculo vicioso: pierden tanto peso que están demasiado débiles para llorar, y el que no llora no mama... Por eso, es prudente intentar dar el pecho a un recién nacido, como mínimo, cada 4 horas, aunque no lo pida. Del mismo modo, a un niño enfermo o que pierde peso, de cualquier edad, puede que convenga ofrecerle comida más a menudo, pero siempre sin forzar.

Pero no hace falta despertar para comer a un niño sano que está ganando peso regularmente, ni a los ocho meses ni con dos semanas. A no ser que sea la madre la que necesite darle, porque se le hinchan demasiado los pechos o porque está a punto de salir de casa, por ejemplo.

¿Cuánto tiempo ha de pasar entre la comida y el baño?

El llamado «corte de digestión» no existe. No pasa absolutamente nada por mojarse después de comer.

Cada verano los medios de comunicación nos aseguran que algún bañista ha muerto por un corte de digestión. No es cierto. Han muerto ahogados. Tal vez, hilando muy fino, algunas personas pueden sentirse pesadas y fatigadas tras una comida muy copiosa, y eso podría facilitar un accidente si cometen la imprudencia de alejarse demasiado nadando. Pero no hay absolutamente ningún peligro en la orilla de la playa, y mucho menos en la bañera de casa. Puede usted bañar a su hijo inmediatamente después de comer.

¿Por qué en casa no come y en el colegio sí?

Los niños suelen portarse «mejor» con extraños que con sus padres. No podemos reprimir nuestra sorpresa cuando la maestra nos asegura que en la escuela recoge sus juguetes o se abrocha solo la bata... Los envidiosos le dirán que le toma el pelo, pero no se deje engañar: en realidad, es una muestra de cariño.

Para empezar, todos lo hacemos. ¿Acaso no le aguanta a su jefe cosas que no le aguantaría a su marido? Es una cuestión de confianza, y Dios nos libre de que sus hijos no notasen la diferencia entre la escuela y un verdadero hogar.

Y usted, querido padre que también lee este libro, ¿dónde obedecía más, dónde se quejaba menos, dónde hacía antes la cama, dónde doblaba mejor su ropa, dónde barría y fregaba más, en su casa o en la mili? ¿Le gustaría repetir la mili? ¿Quería más a su sargento que a su madre?

Volviendo a las comidas, hay que distinguir entre la cantidad de comida y los modales (si come rápido, sin jugar, sin ensuciarse, sin levantarse de la silla...). Es lógico que su hijo coma con mejores modales en la escuela, donde se siente vigilado, que en casa, donde se siente querido y seguro. Pero la cantidad, el comer o no comer, es asunto distinto, y la diferencia suele deberse a un motivo sencillo: en la guardería no le obligan.

Jamás hay que obligar a comer a un niño; entre otras cosas porque, cuanto más se les obliga, menos comen. Y en el cole, aunque quieran, difícilmente le podrán obligar, porque suele haber una «señorita» con diez o más comensales. No hay tiempo material para darle la lata durante dos horas o hacerle el avión con la cuchara; el que no espabila no come. Y, claro, espabila.

Hay excepciones. Algunos niños comen todavía menos en el colegio. Normalmente, eso se debe a que allí les obligan todavía más. Increíblemente, algunas mentes perturbadas consiguen encontrar el tiempo para obligar a comer a algunos niños. Desprovistas del cariño que modera la actuación de la verdadera madre, se comportan a veces con crueldad inusitada. He visto niños a los que han obligado a comer sus propios vómitos. Nunca desoiga las quejas de sus hijos, por este o por otros motivos; un niño con terror a la escuela puede que tenga sobradas razones.

Si su hijo es víctima de malos tratos, en relación con la comida o con cualquier otro tema, póngalo rápidamente a salvo y presente una denuncia. Si le obligan a comer, pero la cosa no llega a extremos tan graves, intente razonar con los responsables de la escuela o guardería para convencerles de que no le obliguen. Si los argumentos racionales no sirven, no dude en contar cuentos chinos, como que «mi Antonio tiene la boca del estómago abierta, y ha dicho el médico que, sobre todo, no le obliguemos a comer por nada del mundo, porque podría vomitar e irle hacia el pulmón». Eso debería bastar para conseguir un respeto razonable.

Tres cuartos de lo mismo para aquellos niños que sienten una especial repugnancia por un alimento concreto. Hace años se produjo en un hospital español un suceso muy desgraciado. Un niño de pocos años, alérgico a la leche y hospitalizado por otro motivo, murió al darle un yogur. La alergia constaba en la historia clínica, y el niño, pese a su corta edad, había sido cuidadosamente aleccionado por sus padres para que se negase a tomar cualquier producto lácteo; pero, a pesar de todo, le dieron un yogur a la fuerza.

Puedo imaginar la escena. El niño gritando, llorando, cerrando la boca, explicando que él no come yogures, que no puede comer yogures. Y tal vez alguien que dice: «Este niño lo que está es malcriado, su madre se lo consiente todo, y él le toma el pelo. Trae acá el yogur, y vas tú a ver si se lo come o no se lo come».

Este caso debería bastar para que nadie, en un hospital o en una escuela, se atreviese a obligar a comer a ningún niño. Por desgracia, aunque en su día fue muy comentado, parece que todo el mundo lo ha olvidado. Por supuesto, no todos los niños que se niegan a tomar un determinado alimento tienen alergia ni corren un peligro real; pero sus motivos tendrán y merecen un respeto. Si ve que no logra conseguir ese respeto en la escuela por las buenas, no dude otra vez en decir que su hijo tiene alergia.

¿Podemos permitir que se salga con la suya?

En la vida es frecuente que dos personas tengan distinta opinión sobre algún asunto. Nuestros hijos deben aprender a actuar adecuadamente en estos casos. Deben aprender a defender con argumentos sus opiniones, a escuchar con respeto los argumentos y opiniones de los demás, a dar la razón a quien la tiene y a exigir respeto cuando la razón está de su parte. Deben aprender también a ceder sin humillarse y a llegar a acuerdos satisfactorios.

Por desgracia, muchos «expertos» en educación infantil (pocas materias cuentan con un plantel tan amplio de expertos, desde los que escriben libros hasta los que nos encontramos en el ascensor) insisten en que ante los hijos es imprescindible mantener la autoridad, que si cedes una vez estás perdido, que las normas deben ser pocas pero inviolables (otra versión prefiere muchas normas, pero igualmente inviolables), que darle a un niño lo que pide con gritos y llantos es «recompensarle» y por tanto hacer que llore y grite más...

¿Por qué solo los padres están dotados de este poder absoluto? Esperamos que los empresarios escuchen las protestas de los obreros. Esperamos que las leyes no provengan de la voluntad de un tirano, sino de un consenso democrático. Incluso ante las decisiones de los jueces es posible presentar recursos y alegaciones. ¿Temen los jueces acaso perder autoridad si el recurrente «se sale con la suya»?

Debemos preguntarnos qué clase de hijos queremos criar: ¿personas responsables, comprensivas, capaces de dialogar, seguros de sí mismos y firmes en sus convicciones, o adultos obedientes y serviles? Según cuál sea nuestra respuesta, deberíamos, más bien, plantearnos si podemos permitirnos el lujo de no dejar que nuestros hijos se salgan con la suya... especialmente, cuando tienen razón.

¿Por qué mi hijo come menos que el de la vecina?

¿Y qué, si el de la vecina come? ¿Acaso no es más guapo el suyo? ¿Y mucho más listo? Pues deje que la vecina se consuele con lo de la comida...

Son muchos los motivos por los que unos niños comen más o menos que otros. Influyen, por supuesto, la edad, el tamaño, la velocidad de crecimiento, la actividad física..., pero también factores intrínsecos en el metabolismo de cada persona. Todos conocemos a gente que «come como un pajarito»; y a otros que «no se sabe dónde lo meten».

Sí, los hijos de muchas vecinas comen más, y los de otras comen menos que el suyo. Pero a veces también se produce un malentendido: ¿a qué llama usted comer poco y a qué llama su vecina comer mucho?

Una amiga nuestra se quejaba amargamente de lo poco que comía su hijo. «Siempre se deja más de medio plato. ¿El vuestro come?», preguntaba ansiosa. «Pues sí, come», le respondíamos. «¿Se acaba el plato?» «Pues sí, normalmente se lo acaba.» Tan preocupada parecía, convencida de que su hijo era el único que no comía en este mundo, que nos daban ganas de decirle una mentira piadosa (de hecho, hace ya algún tiempo que, a ese tipo de preguntas, respondemos: «¡Huy, no, no come nada, pero está sana y fuerte, que es lo importante!».).

Un verano alquilamos a medias un apartamento grande y nos fuimos de vacaciones con nuestros amigos. Llega la hora de la comida, y nuestra amiga contempla con asombro el plato que le servimos a nuestro hijo. «¿Solo eso le ponéis?» «Pues sí.» «Pero ¿tendrá bastante?» «¡Claro! Si le pusiéramos más, no se lo podría acabar...» Su rostro cambió, como debió de cambiar el de Arquímedes cuando salió de la bañera gritando ¡eureka! Corrió a vaciar el plato de su hijo (¡le había puesto el doble que al nuestro!). Su hijo se lo comió todo, claro está. No tuvo más problemas con la comida.

¿Por qué ya no come lo que antes sí le gustaba?

Y es que, en efecto, las preferencias de los niños van cambiando con el tiempo. No es raro que una niñita que parecía fanática del plátano se pase súbitamente al partido de la manzana con armas y bagajes; o que Miguelito, que parecía una esponja con la leche, se niegue a tomar ni una gota durante año y medio, tal vez para volver de pronto a pedir leche... o no.

¿Hasta qué edad debo darle yo de comer?

Mucho antes del año, a veces desde la «primera papilla», los niños suelen intentar comer por sí mismos. Que no es necesariamente lo mismo que comer solos, porque, probablemente, no querrán que su madre se vaya, sino que se quede a su lado admirando y alabando su habilidad para tomar guisantes con los deditos. Si se les deja practicar, pronto comerán perfectamente, con los dedos o con cuchara, y se llevarán un vaso a la boca.

Si por las prisas o para que coman más rechazamos estos primeros intentos de autonomía, es fácil que nuestro hijo pierda el entusiasmo por el tema, y que al año y pico no muestre ya ningún interés por comer solo, con lo fácil que es que te lo metan en la boca.

No hay nada de malo en acostumbrar a un niño a que no coma por sí mismo, siempre y cuando esté dispuesta a seguir haciéndolo durante años sin protestar. Lo que no vale es no dejarle comer solo cuando lo pide, y luego enfadarse cuando se haya acostumbrado.

En todo caso, «darle de comer» nunca ha de ser sinónimo de «obligarle a comer». Tanto si come por sí mismo como si le da usted, el plato se retira en cuanto su hijo dice (o hace gestos de decir) «no quiero más».

Con frecuencia, un niño (a veces mayor) que comía perfectamente sin ayuda pide un día que le den la comida. Puede que esté malito, o que tenga celos, o simplemente que le haga ilusión. Es un mimito que no puede hacer ningún daño. Acéptelo como una muestra de cariño, no permita que los envidiosos le digan que su hijo «le toma el pelo» o «está haciendo una regresión». Por el contrario, se trata de una conducta totalmente normal, como señaló el eminente psiquiatra infantil John Bowlby:[41]

> Esto es incluso cierto en el mundo de las aves. Los pinzones jóvenes, que son ya suficientemente capaces de alimentarse por sí solos, a veces co-

mienzan a solicitar alimento de un modo infantil cuando ven a sus padres.

¿Cuántas calorías necesita mi hija?

Si en alguna página de este libro se ha hablado de calorías, ha sido solo a título de ejemplo. Tuve que buscar esos datos en las páginas de una obra que no había consultado nunca antes, ni como padre ni como pediatra. Conocer las necesidades calóricas de los niños, como las de los adultos, puede ser útil para los científicos e investigadores, o en casos muy especiales, como el de un paciente en coma al que se alimenta por sonda. Pero no tiene ninguna utilidad a la hora de dar de comer a un niño sano.

En primer lugar, las necesidades de los niños, como las de los adultos, son enormemente variables. Varían con la edad y con el peso del niño, pero incluso niños de la misma edad y el mismo peso pueden ingerir cantidades muy distintas. También varían las necesidades de un día a otro. ¿De qué le servirá a usted saber que su hija necesita entre 84,2 y 120,8 kcal por kg de peso y día? (sí, una diferencia de casi un 50 por ciento; son datos reales para niñas de cincuenta y seis a ochenta y tres días con lactancia artificial).[2] Las necesidades reales de su hija podrían estar en cualquier punto de ese amplio abanico, e incluso un poco por debajo o por encima. Su hija, en cambio, sabe exactamente lo que necesita.

En segundo lugar, las necesidades de los niños «varían» con el tiempo: como se comentó más arriba, hay nuevos estudios, más precisos, sobre las necesidades calóricas de los niños. Los datos que acabo de dar, entre 84 y 120 kcal/día, están desfasados y superados. Según Butte,[4] las niñas de tres meses (es decir, noventa días) con lactancia artificial necesitan entre 59,7 y 117 kcal por kg de peso y día. La media ha bajado y el abanico se ha ampliado, y se reconoce que unos niños comen más del doble que otros, a pesar de tener la misma edad y peso.

Las recomendaciones de unos y otros autores son difíciles de comparar, pues se refieren a distintas edades. Dewey y Brown[42] se tomaron la molestia de hacer los cálculos necesarios para poderlas comparar. Solo a título de curiosidad, y para que pase un rato divertido, sepa que la OMS recomendaba en 1985, para los niños (ambos sexos) de doce a veintitrés meses, 1170 kcal/día; mientras que Butte, en 2000, calcula 894, una reducción del 24 por ciento. Entre los nueve y los once meses, el bajón en las calorías recomendadas fue del 28 por ciento. Una cuarta parte de la dieta, borrada del mapa en solo quince años. Y esto se refiere a las cifras de 1985, que en la primera edición de este libro denominaba «nuevas», por oposición a las viejas, más altas todavía. Es probable que alguno de esos libros que tendrá usted por casa y que recomiendan las cantidades exactas de cada alimento que debe consumir cada niño a determinada edad se basen todavía en aquellas recomendaciones casi «prehistóricas». En tercer lugar, incluso si fuera posible (que no lo es) saber exactamente cuántas calorías necesita su hija, usted no podría saber si las ha tomado o no. Usted sabe cuántas calorías tiene un yogur o un flan, porque lo pone en la etiqueta, y son productos preparados industrialmente, siempre igual. Pero ¿cuántas calorías lleva un plato de macarrones? Dependerá de la cantidad de salsa, y de si esa salsa lleva más o menos aceite, o de si moja pan, o pone queso rallado... Los científicos usan medios muy elaborados para medir la ingesta calórica en sus experimentos; intentar contar calorías en casa es dieta-ficción.

Una conducta alimentaria sana se guía por claves internas (hambre y saciedad), y no por claves externas (presiones, promesas, castigos, publicidad...). Los expertos creen que muchos problemas de la adolescencia y la vida adulta, como el hacer dieta de forma obsesiva o el comer compulsivamente, provienen de haber aprendido, en la primera infancia, a comer según claves externas.[14] Hágale a su hijo un regalo para toda la vida: permita que aprenda a comer según sus propias necesidades, y no según una tabla de calorías.

Me han dicho que lo que le pasa a mi hija es que es «malcomedora», y que le tengo que dar un suplemento llamado Pediasure.

El término «malcomedor» parece inventado por los laboratorios Abbott, fabricantes de Pediasure, para traducir la expresión inglesa *picky eater*, textualmente «el que come picoteando».

Abbott ha gastado últimamente mucho dinero en intentar convencer a médicos y padres de que existe una nueva enfermedad, «el niño "malcomedor"», y de que ellos (Abbott) tienen la solución. Tengo en mis manos un folleto que se distribuía a los padres en las farmacias españolas a finales de 2009, junto con una muestra gratuita de Pediasure. Hay un cuestionario de seis preguntas, que también puede encontrar en su web http://mihijonocome.es:

- ¿Toma tu hijo solo un número limitado de alimentos?
- ¿Rechaza tu hijo probar alimentos nuevos?

- ¿Rechaza tu hijo tomar verduras y otros grupos de alimentos?
- ¿Muestra tu hijo gran atracción o rechazo por ciertos alimentos?
- ¿Crea problemas la conducta de tu hijo durante las comidas?
- ¿Come tu hijo con excesiva lentitud?

Si la respuesta a dos o más preguntas es «sí», hay que consultar al pediatra, porque el niño «puede ser un “malcomedor”, con riesgo de un desequilibrio nutricional».

Obsérvese que no nos preguntan el peso y la talla del niño. Incluso un niño obeso puede ser «malcomedor», con solo que tenga una gran atracción por el jamón y coma con excesiva lentitud (tampoco se da una definición de «excesiva lentitud». A mí de pequeño me decían que era de mala educación comer deprisa, y que había que masticar bien los alimentos).

Afirma más abajo el folleto que «más del 45 por ciento de los niños en edad preescolar son “malcomedores”». ¡Con semejantes preguntas, lo asombroso es que los «malcomedores» sean menos del 95 por ciento!

Continúa enumerando los supuestos riesgos para la salud a que se expone el niño «malcomedor», y cito textualmente:

- Desarrollo físico subóptimo:
  — Retraso del crecimiento y el desarrollo (4-6)
  — Mayor riesgo de enfermedades infecciosas (3)
  — Mayor susceptibilidad a desarrollar desórdenes alimenticios (sic) en el futuro (2)

- Deterioro en el funcionamiento y el desarrollo mental:
  — Disminución de la motivación, la curiosidad, y reducción de las actividades exploratorias y los juegos (7)
  — Incremento del riesgo de desarrollar comportamientos agresivos e hiperactividad (8)

Sí, los desórdenes son «alimenticios» (es decir, que alimentan), y no «alimentarios» (relacionados con la alimentación). Se nota una información muy cuidada. Los numeritos entre paréntesis se refieren a los artículos científicos citados al final del folleto. Lleno de curiosidad (¿de verdad algún científico ha dicho esas tonterías?), los he comprobado uno por uno:

2. **Mayor susceptibilidad a desarrollar desórdenes alimenticios** (sic) **en el futuro**: Leung A. K., Robson W. L. *The toddler who does not eat*; American Family Physician; 1994; 49:1789-1792, 1799-1800; www.pubmed.gov/8203317.

Lejos de amenazar con futuros «desórdenes alimenticios», este artículo dice textualmente:

> La mayoría de los niños de entre dos y cinco años de edad a los que sus padres traen porque no quieren comer están sanos y tienen un apetito apropiado para su edad y su velocidad de crecimiento. Las expectativas paternas poco realistas pueden producir preocupación innecesaria [...] hay que tranquilizar a los padres e informarles sobre el crecimiento y desarrollo normal de los niños de esta edad.

3. **Mayor riesgo de enfermedades infecciosas**: Alarcón P. A., Lin L. H., Noche M. Jr. et ál. *Effect of oral supplementation on catch-up growth in picky eaters*; Clinical Pediatrics; 2003; 42:209-217; www.pubmed.gov/12739919.

Es un artículo realizado por los mismos laboratorios Abbott, y no habla de niños «malcomedores» en general, sino de niños «malcomedores» con bajo peso. A ver si el peso va a ser importante...

4-6. **Retraso del crecimiento y el desarrollo**:

4. Olsen E. M. *Failure to thrive: still a problem of definition*; Clinical Pediatrics; 2006; 45:1-6; www.pubmed.gov/16429209.

5. Krugman S. D., Dubowitz H. *Failure to thrive*; American Family Physician; 2003; 68:879-884; www.aafp.org/afp/2003/ 0901/p879.pdf.

6. Chatoor I., Surles J., Ganiban J. et ál. *Failure to thrive and cognitive development in toddlers with infantile anorexia*; Pediatrics; 2004; 113: e440-447; http://pediatrics.aappublications.org/cgi/reprint/113/5/e440.

Estos tres artículos deberían demostrar, según la propaganda de Abbott, que los niños «malcomedores» van a sufrir retraso del crecimiento y desarrollo. En realidad, los dos primeros hablan de niños con retraso del crecimiento, es decir, con un grave problema de bajo peso.

En el de Chatoor sí que aparecen niños «malcomedores», pero resultan tener un peso por encima de la media para su edad (¡si llegan a comer!). Tienen esos niños un coeficiente intelectual algo más bajo que los que comen «normal», pero los autores concluyen que la diferencia no se explica por su estado nutricional, sino por la relación madre-hijo, el nivel de estudios de la madre y el nivel socioeconómico.

7. **Disminución de la motivación, la curiosidad, y reducción de las actividades exploratorias y los juegos:** UNICEF. *The state of the world's children*; 1998; www.unicef.org/sowc98.

En efecto, UNICEF afirma en este informe que «en niños pequeños, la malnutrición disminuye la motivación y la curiosidad y reduce las actividades de juego y exploración». La malnutrición, señores, un grave problema que mata a miles de niños cada año en los países en desarrollo. Algo que no tiene nada que ver con que los niños bien nutridos se acaben o no se acaben su verdurita. Mezclar las dos cosas es un insulto.

8. **Incremento del riesgo de desarrollar comportamientos agresivos e hiperactividad:** Pinhas-Hamiel O., Newfield R. S., Koren I. et ál. *Greater prevalence of iron deficiency in overweight and obese children and adolescents*; International Journal of Obesity; 2003; 27:416-418; www.pubmed.gov/12629572.

Increíble pero cierto. Como prueba de que los «malcomedores» pueden tener «comportamientos agresivos e hiperactividad», Abbott aporta un artículo que en realidad habla sobre el mayor riesgo de anemia y el déficit de hierro en niños obesos. No sé si es un error o una burla.

En definitiva, la publicidad de Pediasure asusta a los padres con peligros imaginarios basados en pruebas falsas. Mentiras y más mentiras.

Y si los padres se lo creen y compran el dichoso producto, estarán dando a sus hijos un batido hipercalórico e hiperproteico. Recomiendan uno a dos vasos diarios entre uno y cuatro años de edad, dos o tres vasos entre cinco y diez años. Cada uno de esos vasos lleva 225 calorías, 6,8 g de proteínas, 11,2 g de grasa, 15,6 g de azúcares... No es un producto para «abrir el apetito», para que el niño coma más, sino todo lo contrario: es un producto para aportar al niño los nutrientes que necesita, para substituir a la comida.

Si comía «poco», después de tomarse este cóctel comerá aún menos (¡o se pondrá obeso!). Si llevaba una dieta poco variada, ahora será «variadísima»: viene en dos sabores, vainilla y chocolate. Si el problema era que le hacía ascos a la comida sólida, no se preocupe, ¡Pediasure se bebe! Si se quejaba de que su hijo no comía una dieta normal, pues ya ve, ahora vive de productos farmacéuticos. En definitiva, los conflictos en torno a la comida y las preocupaciones de los padres probablemente van a aumentar.

Sería un producto útil para algunos niños que de verdad han perdido peso por alguna enfermedad. Pero, claro, hay tan pocos niños en esa situación, y hay en cambio tantos «malcomedores»... El negocio no está en vender a los enfermos, que hay poquitos, sino en vender a los sanos.

Es muy fácil hablar, pero me gustaría ver qué haría ese doctor González si sus hijos no comieran, como el mío

Mala suerte, señora. Llega usted tarde para verlo, porque ya están creciditos. Sí, han crecido, a pesar de que no comían. ¿Por qué cree que sé que un niño puede levantarse y no desayunar, o irse a la cama sin cenar, o pasar todo el día con un yogur y dos galletas? ¿Por qué cree que sé que unos dejan de comer al año, y que otros no toman la primera papilla hasta los diez meses? ¿Cómo me he enterado de que pueden estar más de un año sin probar la leche, o sin probar los plátanos? ¿Por qué piensa que insisto en que todo eso es normal?

Pues por lo mismo que sé que, si les respetas y no les obligas, comen lo que necesitan y se crían sanos y felices.

No, no hablo de oídas. He estado allí, y lo he visto.

APÉNDICE
UN POCO DE HISTORIA

«Mi niño no me come» es una queja tan frecuente y angustiosa que uno tiende a pensar que se trata de un temor inmemorial en la especie humana, que ha existido siempre, como el temor a la oscuridad y a los lobos. Hace años, yo mismo pensaba que este temor de las madres a que el niño no comiera provenía de los largos milenios en que la pérdida del apetito era el primer síntoma de la tuberculosis o de alguna otra enfermedad entonces incurable, el heraldo de la muerte.

Sin embargo, la lectura de algunos libros antiguos ha despertado mis dudas. ¿Es posible que los «niños que no comen» sean un invento relativamente moderno?

En tiempos del doctor Ulecia y Cardona, que publicó en 1906 su *Arte de criar a los niños,*[43] parece que las madres no se quejaban al pediatra de que sus hijos no comían. Todo lo contrario, se enorgullecían de su buen apetito... para desesperación del médico:

> ¡Cuántas veces no se oye a los padres ponderar, satisfechos, el apetito de su hijo, diciendo: «¡Si viera usted lo que come...! ¡Come de todo...!»!
>
> ¡Y a cuántos también, pasado algún tiempo, no se les oye condolerse de la pérdida del niño, diciendo: «¡Pobrecito! ¡Ya comía de todo cuando se nos murió!»! Sin comprender, desgraciados, que precisamente esa fue la causa que influyó más que otra en la catástrofe.

Pues el temor más extendido entre los expertos en nutrición infantil de la época (el doctor Ulecia había estudiado en París con el doctor Budin, uno de los más grandes pediatras de su tiempo) era precisamente el exceso de alimentación, «un verdadero e imperdonable crimen».

La introducción de las papillas era muy cauta. Hasta los doce meses, diez como muy pronto, recomienda el doctor Ulecia no dar absolutamente nada más que el pecho. A esta edad se comienza con una sopa clara de agua con harina, y después el pecho.

La dieta completa para un niño de un año de edad era:

> De 8 a 9 de la mañana, una mamada.
>
> A las 12: una sopa hecha con cualquier clase de harina [...] que no deberá en *manera alguna hacerse con caldo, aun cuando esté muy colado*, pues las grasas no convienen a los niños en los primeros meses.
>
> Estas sopas tienen que ser *muy claritas al principio*, y luego cada vez más espesas [...] no soy partidario de las sopas hechas con leche; prefiero se hagan con agua, y después de la sopa, *como postre*, se dé una mamada [...].
>
> A las 4 de la tarde: una mamada.
>
> A las 7 de la noche: 130 g de leche.
>
> A las 11: una mamada.
>
> Después de medianoche: como el mes anterior, una sola mamada.

A los trece o catorce meses recomienda el doctor Ulecia añadir una yema de huevo a la sopa, y por la tarde otra sopa, pero sin huevo. A los quince meses, una yema en cada sopa. A los dieciséis o diecinueve meses, caldo, legumbres y galletas (una sola vez al día). A los veinte o veintiún meses se suprime el pecho, incluida la mamada nocturna, y se permiten las galletas tres veces al día. A los veintidós o veinticuatro meses, chocolate, pescado o seso.

A los tres años se introduce el huevo entero y la croqueta de gallina (¡solo la parte interior!). La ración de pescado se especifica «del tamaño de un duro o poco más» (los duros de plata de Alfonso XIII tenían un diámetro de 37 mm). De leche, tres tomas al día de 100 g (¡menos de medio vaso!).

A los tres años y medio se introduce la fruta: «podría tolerársele unos cuantos granos de uva». El niño, eso sí, solo toma leche (130-150 g) dos veces al día.

La verdura, «un poquito», se introduce con cuatro años cumplidos, al igual que la ternera. Fruta «en cantidades moderadas, excepto melón, sandía, melocotón...» y nunca para merendar o cenar.

¿Comprende ahora por qué los niños sí que comían? Usted, apreciada lectora, que está preocupadísima porque su hijo no le come nada, se hubiera llevado un buen rapapolvo si le hubiera explicado al doctor Ulecia todo lo que come su angelito. Fruta, verdura, carne y pescado antes del año, vasos enteros de leche... ¡lo va a matar! (y hubiera tenido que pagar 10 pesetas por la consulta, por cierto, todo un capitalito). Recuérdelo la próxima vez que su hijo no quiera fruta: ¡su bisabuelo no probó la fruta hasta los tres años!

Y es que el problema del «niño que no come» surge de un desequilibrio entre lo que el niño come y lo que su madre espera que coma. Los niños es probable que siempre hayan comido, más o menos, lo mismo. Pero lo que las madres esperaban (al menos, las madres que visitaban al pediatra o leían libros) ha cambiado radicalmente a lo largo del pasado siglo. Hoy, si nuestra hija le da tres mordiscos a una manzana, estamos desesperadas porque nos han dicho que tendría que comerse media manzana, media pera, medio plátano y media naranja con galletas. Nuestra abuela también le daba tres mordiscos a la manzana, pero nuestra bisabuela se guardaba muy mucho de confesárselo al pediatra...

Muchas veces nos han dicho que es imprescindible acostumbrar a los niños a tomar una variedad de alimentos desde bien pequeños, porque si no luego se negarán a tomarlos y serán unos caprichosos. No es cierto. Nuestros bisabuelos no tomaban «comida normal» hasta los cinco años, y, sin embargo, se adaptaban perfectamente a una dieta adulta. Nada menos que a la famosa dieta mediterránea, sin colorantes ni conservantes. ¿No será al revés, que las frutas, verduras y legumbres eran hace cien años una golosina largamente esperada, y ahora hemos conseguido convertirlas en una temida tortura?

Veinte años después, en 1927, el doctor Puig y Roig, en su obra *Puericultura*,[44] ni siquiera menciona la existencia de niños inapetentes o que no comen. Recomienda la primera papilla (sopa de pan y ajo) a los seis u ocho meses. La dieta de un niño con un año cumplido sería:

A las 6 de la mañana – El pecho.
A las 9 de la mañana – El pecho.
A las 12 del mediodía – Sopa salada.
A las 4 de la tarde – El pecho.
A las 7 de la tarde – Sopa dulce.
A las 11 de la noche – El pecho.

La sopa salada solo lleva pan, sal y ajo. La sopa dulce es de harina de avena o arroz, puede llevar leche. Por desgracia, la obra del doctor Puig se centra en el primer año, y apenas da vagas indicaciones sobre la introducción del resto de los alimentos.

Pero podemos encontrar todos los detalles en la obra de su colega y conciudadano el doctor Goday, que solo un año después publicó *Alimentació del nen durant la primera infància*[45] (1928), la única de las aquí citadas que no va dirigida a las madres, sino a los médicos. No menciona para nada la inapetencia o el problema de los niños «que no comen». Recomienda también la primera sopa clara de harina y agua a los ocho meses; y al año (entre los diez y los quince meses) recomienda la siguiente dieta:

> Dos papillas de harina [harina y agua] y cuatro mamadas (o cuatro vasos de leche con azúcar). Después del año se puede intentar añadir una yema de huevo en una de las papillas. En lugar de estas, también podremos dar sopas de leche [harina y leche].

Entre los quince y los dieciocho meses se introducen el puré de patatas, el pan, el huevo, las pastas. Entre los dieciocho y los veinticuatro, carne y pescado.

Los purés de verduras, como las espinacas, se pueden dar en pequeñas cantidades. Son muy poco nutritivos...

Se pueden dar frutas desde la edad de dieciocho meses, pero solamente cocidas, en forma de compotas o confituras. Solo en el curso del tercer año autorizaremos el uso de frutas al natural, y en cantidades muy pequeñas.

Las recomendaciones del doctor Goday siguen siendo muy diferentes de las actuales, aunque, probablemente, habrían producido escalofríos al doctor Ulecia («¡verdura antes de los dos años! Menos mal que le dan poquito», debía de pensar el venerable anciano).

No son muy distintas las recomendaciones del doctor Roig i Raventós, en 1932, en la cuarta edición de sus *Nocions de puericultura*.[46] La primera papilla (pequeña sopa de pan y ajo, y después el pecho) se da a los ocho o, mejor, diez meses. La alimentación, al año, apenas ha cambiado:

> A las siete de la mañana: pecho.
> A las diez: biberón.
> A la una de la tarde: sopa salada y pecho.
> A las cuatro: pecho.
> A las siete: sopa dulce y pecho.
> A las diez de la noche: pecho.

La sopa salada contiene agua, pan y ajo.

A partir de los dieciocho meses se recomienda pan con mantequilla, yema de huevo, zumos de tomate, uva y naranja, fideos, legumbres. El pescado se da a los dos años y medio, y el pollo, a los tres años.

Para el doctor Roig, el exceso de alimentación sigue siendo el mayor peligro:

> La mayor parte de las enfermedades de la infancia viene de alimentarlos con demasiada cantidad.

Aunque todavía muy escasas para las ideas actuales, las papillas que los expertos recomendaban en los años veinte y treinta eran algo más precoces y abundantes que a comienzos de siglo. ¿Por qué? ¿Cómo afectó esto al apetito de los niños? No habla el doctor Roig de inapetencia en 1932, pero es probable que el conflicto se esté ya gestando. Tarde o temprano, si las recomendaciones siguen subiendo, cierto número de niños serán incapaces de comérselo todo.

En 1936, en la quinta edición de su obra,[47] el doctor Roig ha hecho algunas modificaciones. El adelanto de las papillas continúa, lento pero inexorable. La frase:

> Al final del segundo semestre conviene que la criatura conozca el gusto salado. (1932)

ha sido substituida por

> En el segundo semestre conviene que la criatura conozca el gusto salado. (1936)

También se introduce el zumo de fruta cruda a partir de los cuatro meses, para prevenir el escorbuto:

> El escorbuto se presenta en niños criados con leches esterilizadas, maternizadas, que para hacerlas similares a la leche humana la ciencia química las ha *profanado* hasta el punto de destruir las pocas vitaminas que contienen.

A medida que las raciones aumentan, aumenta también, sin duda, el número de niños que no pueden con todo. En 1936 sale a la luz el conflicto (no es el único conflicto, por cierto, que sale a la luz en España en aquel año; y, sin duda, ambos conflictos se venían gestando desde hacía décadas). Sale a la luz cuando el doctor Roig añade al final de su libro tres capítulos dedicados al enflaquecimiento, al raquitismo y a la inapetencia. Esta última merece dos páginas: «La falta de apetito de los niños es una de las causas más frecuentes de preocupación familiar».

¡Ya tenemos el cuadro completo: los niños que no comen, y las madres preocupadas! Pero, en aquellos primeros tiempos, existía aún un grupo (hoy, al parecer, totalmente extinto) de madres que resultaban para el doctor Roig tan extrañas como amenazadoras: las madres que no están preocupadas. Las que todavía defienden el derecho de su hijo a no comer, rechazando las recomendaciones del experto:

> Una escena que, tristemente, se repite en el consultorio del pediatra (médico de los niños) es la siguiente: después de seguir un régimen adecuado al caso clínico y de leerlo a la familia, a veces, mucho antes de terminar su lectura, la madre, delante del hijo, interrumpe al médico para decirle: «¡Todo eso que recomienda no se lo tomará!». Su hijo ya sabe, desde aquel momento, que tiene por defensora de su tozudez en rehusar los alimentos a la propia madre, ignorante e indigna de tener cuidado de su hijo [...]. Ante el hijo no debe desautorizarse jamás a un superior, y menos a un médico.

Una frase sorprendente, y más si pensamos que está escrita en 1936, en catalán y en «zona roja». Por suerte, los pediatras actuales no se consideran a sí mismos como un «superior» de la madre, ni piensan que una madre que no se limite a obedecer en silencio al pediatra es «indigna de cuidar a su hijo».

Otras veces, la madre aparece como culpable por exceso de cariño:

> Es también tristemente frecuente que la inapetencia, como los vómitos nerviosos de los escolares, se presente en niños rodeados de *afectos íntimos mal dosificados y demasiado concentrados* [...]. El vómito es el final de la batalla que cada día se produce en la mesa con los inapetentes nerviosos.

Por último, la madre puede estar simplemente equivocada:

> Hay también una *inapetencia imaginativa*. Los niños comen bien, pero las madres, sin ningún fundamento científico, se imaginan que su hijo no come lo suficiente, y cada día estalla una batalla inútil.

De lo que no hay ningún caso, ¡faltaría más!, es de un niño que no coma porque no necesita tanta comida, porque su pediatra le había recetado una dieta excesiva. Lejos de revisar sus teorías a la vista del escaso éxito que ha tenido su aplicación, los expertos en nutrición de la época deciden seguir adelante a toda vela. La séptima edición[48] (1947), ahora en castellano, de la obra del doctor Roig contiene cambios drásticos:

La primera papilla (sopa de ajo) se adelanta de los ocho o diez meses a los seis. El menú para el niño de un año es el mismo de 1932, reseñado más arriba; aunque las horas han cambiado, sin que se explique el motivo (ahora son las 6, 9, 12, 4, 9 y 12). Ahora bien, la «sopa salada» de 1932 solo llevaba pan y ajo, mientras que en 1947 incluye queso, pollo o pescado:

> Algunos niños toleran, de siete a ocho meses, que se añada en la sopa media yema dura o una cucharadita de queso de vaca rallado o una cucharadita de mantequilla, que deben hervir dos minutos, o una cucharadita de puré de hígado (hervido y tamizado). Cada día un alimento distinto.

También el primer biberón «educativo» se adelanta de los diez a los seis meses. Se amenaza con terribles desgracias a los niños que no se tomen la papilla a determinada edad. Curiosamente, esta edad se adelanta en seis meses, y el niño que ayer estaba perfectamente está hoy expuesto a ¡convertirse en nata!, sin que el autor dé ninguna explicación sobre los motivos que le llevaron a cambiar de criterio:

> Es necesario que, al acercarse a fines del primer año, la criatura tome algo más que el pecho, porque la leche tiene muy poco hierro, y si el niño solo vive de la secreción láctea, se vuelve blanco y flojo. Son los *niños de requesón.* (1936)
>
> Es necesario que, al acercarse a fines del primer semestre, la criatura tome algo más que el pecho, porque la leche tiene muy poco hierro, y si el niño solo vive de la secreción láctea, se vuelve blanco y flojo. Son los *niños de nata.* (1947)

Para el doctor Ramos, que publicó su obra *Puericultura*[49] en 1941 (segunda edición 1949), el «niño que no come» no parecía ser un problema importante. El libro dedica amplios capítulos a educación y disciplina de los lactantes y niños pequeños, pero apenas un par de párrafos a la comida:

> Cuando un niño que de ordinario come bien, se niega a alimentarse, la madre no debe insistir, haciéndoselo tragar a la fuerza, sino que, por el contrario, le

sometera a unas cuantas horas de dieta de agua mineral, infusiones o zumos de fruta, bastando esta medida para vencer la desgana.

El reconocer que algunos niños no necesitan tanta comida no le hace, sin embargo, rebajar sus recomendaciones generales. Zumo de frutas a los tres meses, cereales a los cuatro, puré de verduras a los cinco, puré de frutas a los cinco y medio, galletas a los seis, yema de huevo a los siete, hígado a los ocho... A los diez meses, la dieta es ciertamente substanciosa, con interesantes cambios entre 1941 y 1949.

La dieta de 1941, para niños de nueve a doce meses, es la siguiente:

6 mañana. Primera tetada.
9 mañana. Puré de fruta con galletas.
12 mañana. Puré mixto con hígado. Segunda tetada.
4 tarde. Papilla con yema de huevo. (Al año una yema.) Tercera tetada.
8 noche. Sopa de sémola, tapioca o copos de avena. Zumo de fruta o pecho.
11 noche. Papilla. Cuarta o quinta tetada.
Dos galletas al día o algún trocito de pan.

Mientras que en 1949 se recomienda, para niños de diez a doce meses:

7 mañana. Primera tetada.

10 mañana. Papilla de 150 g con una cucharadita con colmo de harina o gofio. *Tres cucharaditas de yema, tres días a la semana, que en meses sucesivos se aumentan hasta llegar a una yema al año, tres días a la semana.* Segunda tetada.

2 tarde. Tres cucharadas de puré de verduras mezclado a *una cucharada* (diez meses) o *dos cucharadas* (once meses) *de patata* (puré mixto). Tres cucharaditas de hígado los tres días que no toma yema de huevo. Un poco de agua hervida o mineral. Puré de fruta.

6 tarde. Papilla de 150 g con una cucharadita con colmo de harina o gofio. *Tercera tetada. (Se suprime al año.)*

10 noche. De 5 a 8 cucharadas de sopa (de 75 a 120 cc). Cuarta tetada.

Unos cambios significativos, en solo ocho años y proviniendo del mismo autor. Por un lado, se reducen de seis a solo cinco comidas diarias. Por otro lado, aumenta el énfasis en el control pediátrico, se especifican los gramos, los centímetros cúbicos, los días en que se da yema o se da hígado (no, no es que antes se dejase al libre albedrío; esto es solo el cuadro resumen, y el libro ha dedicado antes varias páginas a explicar esos detalles. Lo que cambia es el énfasis; el Dr. Ramos considera en 1949 que esos detalles son tan importantes como para repetirlos en el cuadro resumen).

¿Se comerán todo esto? Hay motivos para dudarlo.

Para el doctor Blancafort, que publicó en 1979 la obra *Puericultura actual*[50] (parece que la primera edición es de 1968; no queda claro si ha habido modificaciones), la inapetencia es un tema importante, «una causa frecuente de problemas madre-hijo», y constituye el primer apartado en el capítulo de «Alteraciones digestivas más frecuentes en el niño». Le dedica seis páginas, con descripciones similares a las que haría cualquier pediatra actual:

> La *inapetencia* o *anorexia* [...] constituye una de las causas más frecuentes de consulta al médico por parte de la madre preocupada, que casi llega a creer que, de persistir la situación, su hijo va a morir de hambre [...] debe considerarse como una fase pasajera poco menos que normal en todos los niños [...]. Por lo general, el problema de la inapetencia no suele plantearse en toda su importancia hasta pasado el primer año de vida.

El tratamiento recomendado por el doctor Blancafort, por cierto, también es muy similar al expuesto en estas páginas: no forzar al niño, no distraer ni amenazar, no darle medicamentos, reconocer que no necesita comer tanto... Pero esta actitud comprensiva no le impide subirse al carro del adelanto de las papillas, que recomienda iniciar a los tres meses, y no precisamente poco a poco: de entrada, dos papillas diarias de harina y leche, y una de fruta. A los cuatro meses, verdura. Yema e hígado a los seis (pero a veces también a los cuatro)...

Por supuesto, en la dieta para los diez o doce meses ya no se menciona ninguna tetada. Y, lo que es más sorprendente, ningún biberón. Los años setenta marcaron el triunfo de los «sólidos»:

> Desayuno: una papilla dulce, que puede completarse con unas galletas o bizcochos.
>
> Comida: sopa o puré de verduras o de patatas, añadiendo la ración correspondiente de carne, hígado, seso, etc. Fruta como postre, o algo de queso.
>
> Merienda: papilla completa de fruta o yogur de fruta o galletas.
>
> Cena: una papilla dulce con una yema de huevo o bien una sopa con yema de huevo o jamón dulce o pescado o una bechamel.

Al año se introducen legumbres secas, frutas secas, salsa, dulces y pasteles y cacao. ¡No sorprende que el doctor Blancafort tuviera que dedicar seis páginas al tema de la inapetencia!

Esto no pretende ser un análisis histórico exhaustivo; no se han buscado sistemáticamente todos los libros y fuentes de información sobre el tema. Pero da la impresión de que el «niño que no come» como preocupación de las madres y consulta frecuente a los pediatras nació en los años treinta y se fue extendiendo progresivamente, siguiendo los cambios en las recomendaciones sobre alimentación infantil.

La alimentación de los niños ha cambiado, a lo largo de este siglo, casi tanto como el largo de las faldas o el ancho de las corbatas. Cada generación de pediatras ha recomendado una dieta totalmente distinta a la anterior (es decir, distinta a la que sus profesores les habían enseñado en la facultad, y más distinta aún a la que ellos mismos habían tomado en su infancia). Cada pediatra ha cambiado de dieta a lo largo de su vida profesional. Cada generación de pediatras se ha topado con la dificultad de «enseñar» los nuevos descubrimientos de la ciencia a las madres, luchando contra los consejos de las abuelas, que seguían las normas de los pediatras de treinta años atrás. Esta pobre madre o abuela, que no hace más que repetir lo que le ordenó otro pediatra o leyó en otro libro, es denostada como ignorante en alimentación infantil. Ningún autor se molesta en comentar las dietas antiguas para explicar la causa de las diferencias y el porqué de los avances de la ciencia. No, cada autor recomienda dietas recién inventadas, como quien predica los Diez Mandamientos y exige obediencia instantánea. Los pediatras de hoy, que suelen recomendar la primera papilla a los seis meses, se topan con madres y, sobre todo, abuelas, acostumbradas a las precocísimas papillas de los años setenta («¡Cómo que te ha dicho que solo el pecho? ¡Tendría que estar tomando ya tres papillas!»). Hace setenta años, en cambio, el problema era el contrario, y el doctor José Muñoz, autor de *¡¡Madre... cría a tu hijo!!*[51] (1941), critica la interferencia de las abuelas en este diálogo imaginado:

«Pero, cómo, ¿ya le vas a dar papillas al pequeño?...»

«El doctor me lo ha ordenado, y yo, al ponerme bajo sus órdenes, cumplo fielmente lo que se me manda.»

«No sé qué te diga —contesta la abuela—; en mi tiempo queríamos más a los hijos; cinco tuve y no consentí darles más que mi pecho hasta los veintiséis meses. Cuestión de modas. ¡Cómo cambian los tiempos...! En estos, todo lo queréis hacer aprisa, pronto..., que ande pronto..., que hable pronto..., que coma pronto...»

«Cumplo fielmente lo que se me manda.» La obediencia convertida en virtud suprema. En este diálogo, la madre parece un robot, tiesa como un palo, dando respuestas estereotipadas, mientras que la abuela, en cambio, vive y piensa, y tiene opiniones propias extraídas de su experiencia. Aunque sus posturas fueran las opuestas, aunque la abuela estuviera recomendando con entusiasmo la primera papilla a los dos meses, no podría evitar sentir más simpatía por ella. Sin embargo, el doctor Muñoz pensaba (y tal vez acertaba) que, con este diálogo, alababa a la madre y ridiculizaba a la abuela, y que así impulsaba a las madres a desoír a las abuelas y a hacerle más caso a él. Realmente, ¡cómo cambian los tiempos!

Sería absurdo pensar, sin embargo, que la alimentación de los niños cambiaba, simplemente, por modas. Estamos hablando de auténticos expertos en nutrición, que estaban al día de los avances científicos de su tiempo. Tal vez se equivocaron (y, desde luego, cuesta creer que todos tengan razón, cuando dijeron cosas tan opuestas); pero, sin duda, había un motivo para cambios tan radicales.

Creo que dicho motivo fue la lactancia artificial. En 1906, prácticamente todos los niños tomaban el pecho, de su madre o de una nodriza (el doctor Ulecia ofrecía reconocimientos de nodrizas por 15 pesetas). Algunos niños tomaban ya lactancia artificial, a base de leche de vaca con azúcar, con los desastrosos resultados que pueden imaginar. La capacidad de los lactantes pequeños para digerir y metabolizar el exceso de proteínas y de sales minerales en la leche de vaca es limitada, y era fundamental limitar estrictamente la dosis. De aquí la gran preocupación por la sobrealimentación, y los rígidos horarios de las tomas.

Por desgracia, los expertos creyeron que los horarios, que tal vez eran necesarios para los niños que tomaban leche de vaca, convenían también a los que tomaban el pecho. Incluso cuando el porcentaje de niños que tomaban biberón era muy bajo, los pediatras tenían más experiencia con niños de biberón que con niños de pecho, sencillamente porque estaban mucho más enfermos y acudían más a sus consultas. En aquellos tiempos, los pobres no iban al pediatra, y mucho menos si estaban sanos (llevar a un niño al pediatra para «revisión» era algo impensable). Es difícil hacerse cargo hoy en día (a no ser que se conozca bien el Tercer Mundo, donde la situación sigue siendo la misma) de la tremenda mortalidad que acarreaba la lactancia artificial en aquellos tiempos. El doctor Ulecia cita al respecto a otro experto, el doctor Variot, de Francia:

> Las madres que niegan el pecho a sus hijos, sobre todo en los dos primeros meses de la vida, y los someten desde el nacimiento a la lactancia artificial exclusiva, los exponen a mayores riesgos de morir que los que corre un soldado en los campos de batalla.

Los bebés que tomaban pecho hasta el año se criaban sin problemas, pues la leche materna lleva todas las vitaminas y nutrientes necesarios; y entre los pocos que tomaban leche de vaca entera, la consigna era no sobrecargar aún más el sistema digestivo. Pero la situación se deterioró rápidamente. Veinte años después, el doctor Roig se queja de que cada vez es más difícil encontrar una buena nodriza, y sus libros están llenos de anuncios de leches artificiales.

En los años treinta, los bebés tomaban leche preparada industrialmente, en la que se habían reducido las proteínas, pero también se habían destruido las vitaminas en el proceso de esterilización. Ahora necesitaban otros alimentos, sobre todo frutas, verduras e hígado, para evitar el escorbuto y otras deficiencias vitamínicas; y cereales y otros alimentos caseros para reducir rápidamente la dosis de la costosa leche artificial (o las madres más pobres volverían a pasarse a la leche de vaca entera, probablemente sin esterilizar, indigesta y a veces transmisora de la tuberculosis).

Un exceso de entusiasmo llevó a recomendar unas cantidades que los niños difícilmente conseguían tomar, y mucho menos los de pecho, que no necesitaban papilla para nada.

Por desgracia, todos los expertos parecen haber cometido el mismo error: dar a los niños de pecho las mismas papillas que a los que toman el biberón.

En los años setenta, la fabricación de leches artificiales había mejorado lo suficiente como para que los niños que tomaban el biberón no sufrieran escorbuto, raquitismo o anemia. Ya no era necesario el zumo de naranja para evitar el escorbuto, y se empezaron a apreciar, en cambio, los posibles peligros, más sutiles, de las papillas demasiado precoces: las alergias e intolerancias, la celiaquía. Progresivamente, las papillas se volvieron a retrasar: a los tres meses, a los cuatro, ahora a los seis. Personalmente, no creo que el proceso haya terminado; y será interesante ver qué nos depara el futuro...

EPÍLOGO
¿Y SI NOS OBLIGASEN A COMER A NOSOTROS?

La carga de la Brigada Nutricional

El sol brillaba en lo alto de un cielo sin nubes, y el aire traía aromas de hierba recién cortada cuando Edmundo Tavares decidió entrar en La Carpa Dorada, un restaurante agradable y no demasiado caro. Desde su mesa, Edmundo disfrutaba de una buena vista sobre el parque y los magnolios en flor. Buen observador de la naturaleza humana, prefirió, sin embargo, sentarse en un costado, dominando el interior del restaurante.

La clientela era tan variada como fascinante. Frente a él, un individuo obeso y sudoroso comía ruidosamente a dos carrillos, deteniéndose solo para trasegar increíbles cantidades de vino barato. Durante unos segundos, Edmundo siguió como en un sueño los movimientos de su papada, una masa blanquecina y ondulante como dunas de finísima arena. No era, ciertamente, un espectáculo capaz de entretener a nadie durante mucho tiempo; y Edmundo pronto ignoró a su gordo compañero para fijarse en una joven muy delgada, casi espiritual, en la siguiente mesa. «Delgada, casi espiritual... vaya cursilada», se dijo. Cuántas veces había leído esta descripción en algún libro, y «espiritual» se asociaba en su mente con un matiz filosófico o religioso, acaso sobrenatural. Ahora, viendo a aquella chica pálida, perdida la mirada en sabe Dios qué extrañas reminiscencias frente a su plato de macarrones casi intacto, comprendió que «espiritual» tenía aquí un significado mucho más terreno, simplemente incorpóreo a base de no tener cuerpo, como en aquella broma de sus días escolares: «Estás más delgado que la radiografía de un suspiro».

En el centro del salón, junto a la carpa dorada que daba nombre al local, unos ejecutivos, perfectamente trajeados (aunque la mujer se distinguía por no llevar corbata), discutían acaloradamente sobre un despliegue de estadísticas y documentos que casi ocultaban los platos y los teléfonos móviles. Edmundo sonrió, pensando en los preciosos contratos manchados de tomate y grasa. Pero no, son profesionales, seguro que pueden leer un informe sobre una ensaladilla rusa sin el más mínimo accidente.

Más allá, en un discreto rincón, unos novios se miraban como tontos, con las manos entrelazadas sobre la mesa. Ahora se vuelven a entrelazar las manos sobre la mesa... ¡qué de vueltas da el mundo! ¿O es que su generación tenía pocas oportunidades para entrelazar nada en otros sitios? ¿Me estaré haciendo viejo?, pensó recordando otras mesas, otras manos.

No era fácil perderse en ensoñaciones, pues continuamente le volvían al mundo las risas y gritos de un ruidoso grupo de estudiantes, en una mesa situada a sus espaldas. Les miró de reojo, discretamente. Bromeaban, bulliciosos, despreocupados, sin respeto a las convenciones sociales ni temor al ridículo. Como siempre que contemplaba a un grupo de jóvenes, le pareció encontrar algún rostro conocido antes de desechar la ridícula idea: no, ellos también tendrán ahora cuarenta años.

Acababan de traerle la ensalada cuando un silencio denso y frío se extendió por el amplio comedor como las ondas en un estanque. Los temidos uniformes negros de la Policía Nutricional tomaban rápidamente posiciones. No los había visto llegar por el parque, sin duda habían entrado por la puerta de servicio. Eran media docena de agentes, bajo el mando de un teniente muy joven y atildado. Estos oficiales recién salidos de la academia, rígidamente ordenancistas y deseosos de justificar sus galones, eran siempre los peores. Sus mismos hombres estaban atemorizados. No dejarían pasar ni una.

Una agente de mediana edad se dirigió rápidamente a la mesa de los ejecutivos. No les había dado tiempo de guardar sus contratos e informes, que fueron bruscamente requisados. «¡En la mesa no se juega!» El más joven intentó esbozar una protesta, pero la mujer le contuvo con un gesto imperioso. Toda resistencia era inútil. Tal vez mostrando una total sumisión y comiendo sin rechistar les devolvieran los documentos después del postre.

Las chanzas habían terminado en la mesa de los estudiantes. Una detención por malos comedores podía significar la deshonra de sus familias y la expulsión de la universidad. Comían muy derechos, en absoluto silencio, llevándose rítmicamente a la boca el tenedor o la cuchara. ¿Estaban tal vez demasiado derechos; comían tal vez demasiado al unísono?

Los brazos subían y bajaban con precisión coreográfica. El agente que les observaba tenía la vaga sospecha de que le tomaban el pelo, pero por más que se esforzaba no podía apreciar nada decididamente ilegal en su actitud, de modo que optó por darse la vuelta e ignorarlos. Varias personas en las mesas circundantes reprimían una sonrisa de aprobación: tal vez esta juventud vale más de lo que parece, después de todo.

Se oyeron gritos apenas velados provenientes de la cocina. En todos los restaurantes se apresuraban a hacer desaparecer cualquier resto de alimento por el desagüe; pero esta vez la inexperiencia de uno de los pinches había permitido a la PN descubrir un plato con media ración de canelones. Las leyes que impedían dejar comida en el plato eran implacables. El propietario se deshacía en explicaciones.

—Siempre he estado en regla, ustedes lo saben. El cliente se negó a acabárselos y se dio a la fuga, no pudimos evitarlo. Aún no hemos tenido tiempo de rellenar el impreso de denuncia, por eso precisamente hemos guardado el plato. Hay que hacerle la foto para el expediente... Pero estamos limpios, miren el cubo de los desperdicios, vac...

Con un gesto dramático, el propietario mostró el cubo, y las palabras murieron en sus labios. ¡Restos de estofado! El pinche nuevo había cometido otro error, y este podía ser fatal. La sargento les taladraba con la mirada, exigía una explicación. Antes de que los demás salieran de su parálisis, el pinche se adelantó, tembloroso:

—Tuve que tirarlos, se me cayó un plato al suelo. Pero no se rompió.

—¡La comida no se tira! —rugió el propietario—. Otro error y te despido.

Y luego, dirigiéndose obsequioso a la sargento:

—Es nuevo, cada vez cuesta más encontrar personal bien preparado.

Pero no había dejado de observar, satisfecho, la rapidez del pinche para cubrir su propio error e inventar una excusa. En aquellos tiempos, siempre bajo la amenaza de ver el restaurante expropiado y puesto bajo el control directo de la PN, la astucia y la rapidez de reflejos eran cualidades valiosas.

Edmundo Tavares no perdía detalle de cuanto ocurría en el salón, sin dejar por ello ni un instante de prestar su atención aparentemente indivisa a la ensalada. Se felicitó por su elección: un plato ligero, pero que extrañamente siempre contaba con la aprobación de la PN. A los Nutricionales les fascinaba lo verde. Los dos tortolitos del rincón habían dejado de entrelazar sus manos de inmediato, pero no podían evitar mirarse embelesados de vez en cuando. La agente que tan severa había sido con los ejecutivos parecía ahora inclinada a la condescendencia, pero una fría mirada de su teniente le recordó su deber. Se cuadró junto a la mesa y empezó a marcar el paso con voz chillona.

—¡A comer y a callar! Cuchara al plato, cuchara a la boca, uuuuno, doooos, cuchara al plato, cuchara a la boca, uuuuuno, dooooos.

El gordinflón sentado ante Edmundo estaba muy nervioso y miraba a los policías con ávido disimulo. «Está intentando distinguir las insignias», comprendió de pronto. «Debe de ser algo miope.»

Los Nutricionales SS (Super Sebo) exigían un peso superior a la media, y cuanto más alto mejor; pero estaban en pugna constante con los Nutricionales SA (Solo Atléticos), para quienes el peso ideal estaba entre los percentiles 25 y 75. Como consecuencia de estas luchas internas del régimen, la vida de los individuos cuyo peso estaba por encima del percentil 75, o entre los percentiles 25 y 50, se había hecho muy difícil. No tanto, sin embargo, como la de los desgraciados que estaban por debajo del percentil 25; la mayoría de ellos habían conseguido exiliarse antes del cierre total de las fronteras.

Esta vez se trataba de Nutricionales SS, y el obeso se tranquilizó en cuanto estuvo seguro. Es más, se atrevió a dar un paso siempre arriesgado:

—Camarero, esta pierna de cordero estaba excelente. ¿Podría repetir?

El disgusto del camarero era evidente, pero no tenía elección. Con la PN SS en el local, la repetición estaba garantizada. El propietario en persona trajo, sonriente, la nueva ración. La venganza, sin embargo, era sutil: el plato estaba completamente lleno. El gordo palideció al verlo; esperaba solo «un poco más», pero aquello era excesivo. Y dejar algo que él mismo había pedido era el peor de los crímenes.

Demasiado tarde, el propietario se arrepintió de su treta. El intento de repetición, comprendió, no iba destinado a aprovecharse de la situación, sino solo a buscar protección. Perseguidos por las SA, la única salvación de los obesos era tener buenos amigos en las SS. Súbitamente avergonzado, intentó ofrecerle una vía de escape:

—Lo lamento, señor, pero se nos ha acabado el flan con nata —musitó cordialmente—. Tendrá que pedir otro postre. Le sugiero un zumo de naranja.

—De acuerdo —respondió el obeso, y en sus ojos se leía el agradecimiento. Tal vez sí que podría acabarse la pierna de cordero. Se puso a ello.

El teniente estaba ahora junto a la pecera.

—¿Por qué este pez no come?

—Acaba de comer —se excusó el propietario—, pero no importa.

Sacó algo seco de un paquete de comida para peces y lo echó al agua. La carpa se apresuró a devorarlo.

—Las carpas siempre tienen un rincón vacío. Por eso la elegí como enseña de mi establecimiento.

El teniente casi sonrió. «Fue buena idea comprar la carpa», pensó el propietario, esperando que el incidente del estofado en la basura fuese totalmente olvidado.

Pero la fría mirada del teniente se clavaba ya sobre la chica delgada. El silencio se hizo aún más ominoso. No solo parecía estar por debajo del percentil 25 (los rellenos de la ropa interior no podían ocultar la delgadez de las mejillas), sino que el plato estaba todavía muy lleno, y comía con desesperante lentitud. Incluso a aquella distancia, Edmundo podía decir que la chica sudaba, y le parecía oír los latidos de su corazón.

Tras contemplarla durante unos segundos eternos, el teniente hizo un gesto a uno de los agentes, que se acercó decidido hacia la joven.

—Venga, coma un poco, si está muy bueno. Así, muuuy bien. Tiene usted que crecer, y poner un poco de carne en esos huesitos. Vamos, otra cucharadita, aaaasí, qué guapa se pone cuando come. ¿Está cansada, mi vida? Yo la ayudaré, traiga el tenedor. ¡Mire el avión cómo viene, brrr brrrrrrr! ¡El avión con macarroncitos para mi niña! ¡Muy bien! Mire, un pajarito en la ventana, qué pajarito más lindo. ¿Ve como abre el piquito? Muuuy bien, un poquito más. Ahora, este poquito poooor la abuelita, y este otro poquito poooor papá... Venga, no vamos a dejar estos macarrones tan buenos. El cocinero se los ha hecho con muuuucho cariño. Así, muy bien, ya falta poco. ¿No quiere ir al cine esta tarde? Pues primero hay que acabarse la comidita, para estar fueeeerte. ¡Ay, qué rica ella, cómo come mi niña!

Lenta, penosamente, los macarrones fueron desapareciendo, y el agente de la PN rebañó la salsa con pan y se lo metió a la aterrorizada mujer en la boca. ¡Y aún faltaba el bistec con patatas! Edmundo, como otros muchos clientes del restaurante, contenía la respiración. Era evidente que no conseguiría acabarse el segundo plato.

El camarero trajo la carne. Había puesto el bistec más pequeño posible y la cantidad mínima de patatas, y dirigió a la joven una mirada de complicidad. Esta apenas pudo esbozar una sonrisa de agradecimiento; la ración seguía estando muy por encima de sus posibilidades, y el camarero lo sabía. Pero no podía exponerse más; en varias ocasiones, la PN había hecho pesar raciones sospechosamente pequeñas.

El agente cortó la carne en trocitos minúsculos, y volvió a su inagotable cháchara. Pero cada cucharada era más penosa, y cada vez más palpable el terror de la una y la cólera del otro. Edmundo, como los otros clientes, intentaba concentrarse en su propio plato, en el rítmico ir y venir del tenedor. No ver, no oír, no pensar. Simplemente sobrevivir. Cuántas veces había soñado Edmundo con un gesto heroico, un arrebato de dignidad; levantarse y gritar: «Deje a esa señorita, déjela en paz». En vez de ello, tuvo que tragarse su propia cobardía y escuchar cómo el policía le decía a la mujer:

—¿Ve este señor cómo come? ¡Él sí que se porta bien! ¡Vamos, tiene usted que ser grande, como este señor!

La joven, con la mirada perdida en el vacío, abría y cerraba mecánicamente la boca, mientras dos lágrimas resbalaban sobre unas mejillas que se hinchaban peligrosamente. «Hace tiempo que no traga», pensó Edmundo. De pronto, con un sonido estremecedor, mezcla de tos y náusea, la mujer dejó caer una bola de carne reseca y penosamente masticada.

—¡Teniente, está haciendo la bola!

El oficial se acercó decidido. Una sonora bofetada rompió el consternado silencio. Se acabó, pensó Edmundo, se acabaron los aviones y las palabras amables. No había piedad para los terroristas de la BOLA (Bloque Opositor por la Libertad de Alimentación). Sabía lo que vendría a continuación: le harían tragarse la repugnante bola y el resto de la carne. Le abrirían la boca a la fuerza, hundiendo con dos dedos de hierro las mejillas entre sus dientes, de modo que ella misma se mordería si intentaba cerrarla. La cebarían hasta hacerle vomitar, vomitaría encima del plato y le harían comer de nuevo su propio vómito. Edmundo cerró los ojos, angustiado, inspiró lenta y profundamente, intentando no vomitar él también mientras escuchaba los gritos de terror de la joven:

—¡No quiero más! ¡No quiero más! ¡No quiero más!

Edmundo se forzó a abrir los ojos. Oscuridad. Comprendió de pronto que todo había sido un sueño. «Qué ridículo sueño», pensó. «Policía Nutricional. ¿A quién puede ocurrírsele una cosa así?» Y, sin embargo, se notaba todavía sudoroso, agitado. Había parecido tan real. Sobre todo, aquel último grito.

—¡No quiero más! ¡No quiero más!

¡Otra vez! ¡Lo estaba oyendo! El terror espeluznó su espina dorsal. Pero no, no era un sueño. Era su hija Vanesa, de dos años, que en la habitación vecina gritaba en sueños. Qué extraño, ¿es posible que hayamos tenido el mismo sueño? No, claro, debe de estar despierta. Eso es, debo de ser yo el que grité dormido, y ella lo repite para llamar la atención. ¡La muy...! Realmente, estos niños saben latín. Ya nos advirtió el doctor, cuando nos explicó cómo enseñarla a dormir, que intentaría todos los trucos para que fuéramos a su habitación por la noche. Pero no pienso ir, ya lo creo que no. Tiene que aprender a dormir sola, ya está bien de tomarle el pelo a la gente.

Por cierto, un día de estos tendríamos que consultarle al médico lo de la comida. Cada vez come menos, y encima ahora marranea. Algo habrá que hacer con esta niña.

NOTAS

1. ILLINGWORTH, R. S., *The normal child. Some problems of the early years and their treatment*, 10.ª ed., Churchill Livingstone, Edimburgo, 1991.
2. FOMON, S. J., *Nutrición del lactante*, Mosby/Doyma Libros, Madrid, 1995.
3. VAN DEN BOOM, S. A. M., KIMBER, A. C. y MORGAN, J. B., *Nutritional composition of home-prepared baby meals in Madrid. Comparison with commercial products in Spain and homemade meals in England,* Acta Pædiatr., 1997, 86: 57-62.
4. BUTTE, N. F., WONG, W. W., HOPKINSON, J. M., HEINZ, C. J., MEHTA, N. R. y SMITH, E. O. B., *Energy requirements derived from total energy expenditure and energy deposition during the first 2 years of life,* Am. J. Clin. Nutr., 2000, 72: 1558-1569.
5. DEWEY, K. G., PEERSON, J. M. y BROWN, K. H. et ál., *Growth of breast-fed infants deviates from current reference data: a pooled analysis of US, Canadian, and European data sets,* Pediatrics, 1995, 96: 495-503.
6. WHO, *Working Group on Infant Growth. An evaluation of infant growth*, Documento WHO/NUT/94.8, OMS, Ginebra, 1994.
7. DEWEY, K. G., *Growth patterns of breastfed infants and the current status of growth charts for infants,* J. Hum. Lact., 1998,14: 89-92.
8. VON KRIES, R., KOLETZKO, B., SAUERWALD, T., VON MUTIUS, E., BARNERT, D., GRUNERT, V. y VON VOSS, H., *Breast feeding and obesity: cross sectional study,* BMJ, 1999, 319: 147-150.
9. GRUMMER-STRAWN, L. M. y MEI, Z., *Centers for Disease Control and Prevention Pediatric Nutrition Surveillance System. Does breastfeeding protect against pediatric overweight? Analysis of longitudi-*

nal data from the Centers for Disease Control and Prevention Pediatric Nutrition Surveillance System, Pediatrics, 2004, 113: 81-86.

10. RÄIHÄ, N. C. R. y AXELSSON, I. E., *Protein nutrition during infancy. An update,* Pediatr. Clin. N. Amer., 1995, 42: 745-764.
11. HOWIE, P. W., HOUSTON, M. J., COOK, A. et ál., *How long should a breast feed last?,* Early. Hum. Dev., 1981, 5: 71-77.
12. WOOLRIDGE, M. W., Baby-controlled breastfeeding: Biocultural implications, en Stuart-Macadam, P. y Dettwyler, K. A., *Breastfeeding, biocultural perspectives,* Aldine de Gruyter, Nueva York, 1995.
13. WOOLRIDGE, M. W., INGRAM, J. C. y BAUM, J. D., *Do changes in pattern of breast usage alter the baby's nutrient intake?,* Lancet, 1990, 336: 395-397.
14. BIRCH, L. L. y FISHER, J. A., *Appetite and eating behavior in children,* Pediatr. Clin. North. Am., 1995, 42: 931-953.
15. BIRCH, L. L., JOHNSON, S. L., ANDRESEN, G. et ál., *The variability of young children's energy intake,* N. Eng. J. Med., 1991, 324: 232-235.
16. SHEA, S., STEIN, A. D., BASCH, C. E. et ál., *Variability and self-regulation of energy intake in young children in their everyday environment,* Pediatrics, 1992, 90: 542-546.
17. FISHER, J. O. y BIRCH, L. L., *Restricting access to palatable foods affects children's behavioral response, food selection, and intake,* Am. J. Clin. Nutr., 1999, 69: 1264-1272.
18. *ESPGAN, Committee on Nutrition, Guidelines on infant nutrition. III. Recommendations for infant feeding,* Acta Pædiatr. Scand., 1982, suppl. 302.
19. *Complementary feeding: A comentary by the ESPGHAN Committee on Nutrition.* J. Pediatr. Gastroenterol. Nutr., 2008;46:99-110.
20. *American Academy of Pediatrics Committee on Nutrition. On the feeding of supplemental foods to infants,* Pediatrics, 1980, 65: 1178-1181.
21. American Academy of Pediatrics Section on Breastfeeding, *Breastfeeding and the use of human milk,* Pediatrics, 2005, 115: 496-506. http://aappolicy.aappublications.org/cgi/reprint/pediatrics;115/2/496.pdf
22. American Academy of Pediatrics Work Group on Breastfeeding, *Breastfeeding and the use of human milk,* Pediatrics, 1997, 100: 1035-1039.
23. UNICEF, OMS, UNESCO,FNUAP, PNUD, ONUSIDA, PMA, Banco Mundial. *Para la vida.*, 3.ª ed., 2002. http://www.unicef.org/spanish/ffl/

24. Cohen, R. J., Brown, K. H., Canahuati, J. et ál., *Effects of age of introduction of complementary foods on infant breast milk intake, total energy intake, and growth: a randomised intervention study in Honduras,* Lancet, 1994, 343: 288-293.
25. Klaus, M. H., *The frequency of suckling. A neglected but essential ingredient of breast-feeding,* Obstet. Gynecol. Clin. North. Am., 1987, 14: 623-633.
26. Daly, S. E. J. y Hartmann, P. E., *Infant demand and milk supply. Part 2: The short-term control of milk synthesis in lactating women,* J. Hum. Lact., 1995, 11: 27-37.
27. Weile, B., Cavell, B., Nivenius, K. y Krasilnikoff, P. A., *Striking differences in the incidence of childhood celiac disease between Denmark and Sweden: a plausible explanation,* J. Pediatr. Gastroenterol. Nutr., julio 1995, 21: 64-68.
28. Ivarsson, A., Hernell, O., Stenlund, H. y Persson L. A., *Breastfeeding protects against celiac disease,* Am. J. Clin. Nutr., 2002, 75: 914-921.
29. *Complementary feeding: A comentary by the ESPGHAN Committee on Nutrition.* J. Pediatr. Gastroenterol. Nutr., 2008.
30. American Academy of Pediatrics, Committee on Nutrition. *Hypoallergenic infant formulas.* Pediatrics, 2000;106:346-349.
31. *Complementary feeding: A comentary by the ESPGHAN Committee on Nutrition.* J. Pediatr. Gastroenterol. Nutr., 2008.
32. Greer F. R., Sicherer S. H., Burks A. W., American Academy of Pediatrics Committee on Nutrition; American Academy of Pediatrics Section on Allergy and Immunology. *Effects of early nutritional interventions on the development of atopic disease in infants and children: the role of maternal dietary restriction, breastfeeding, timing of introduction of complementary foods, and hydrolyzed formulas.* Pediatrics, 2008;121:183-191.
33. Macknin, M. L., Medendorp, S. V. y Maier, M. C., *Infant sleep and bedtime cereal,* Am. J. Dis. Child., 1989, 143: 1066-1068.
34. Comité de Lactancia Materna de la AEP. Recomendaciones para la lactancia materna, 2008. http://www.aeped.es/pdf-docs/lacmat.pdf
35. Fernández Núñez, J. M., Sendín González, C., Herrera, P. et ál., «Doctor, el niño no me come», como demanda de consulta, *Atención Primaria,* 1997, 20: 554-556.
36. Comité de Nutrición de la Asociación Española de Pediatría, *Indica-*

ciones de las fórmulas antirregurgitación, An. Esp. Pediatr., 2000, 52: 369-371.

37. American Academy of Pediatrics, Committee on Nutrition, *The use and misuse of fruit juice in pediatrics,* Pediatrics, 2001, 107: 1210-1213.
38. Sanders, T. A. B., *Vegetarians diets and children,* Pediatr. Clin. N. Amer., 1995, 42: 955-965.
39. Norris, J., *Vitamin B12 Recommendations for Vegans,* http://www.veganoutreach.org/health/b12rec.html
40. Hood, S., *The vegan diet for infants and children.*
41. Bowlby, J., *Vínculos afectivos. Formación, desarrollo y pérdida,* Ediciones Morata, Madrid, 1986.
42. Dewey, K. G. y Brown, K. H., *Update on technical issues concerning complementary feeding of young children in developing countries and implications for intervention programs,* Food. Nut. Bull., 2003, 24: 2-28.
43. Ulecia y Cardona, R., *Arte de criar a los niños*, 2.ª ed., Administración de la Revista de Medicina y Cirugía Prácticas, Madrid, 1906.
44. Puig y Roig, P., *Puericultura o arte de criar bien a los hijos,* Librería Subirana, Barcelona, 1927.
45. Goday, S., *Alimentació del nen durant la primera infància,* Monografies Mèdiques, 19, Barcelona, 1928.
46. Roig i Raventós, J., *Nocions de puericultura*, 4.ª ed., Políglota, Barcelona, 1932.
47. Roig i Raventós, J., *Nocions de puericultura*, 5.ª ed., Políglota, Barcelona, 1936.
48. Roig i Raventós, J., *Nocions de puericultura*, 7.ª ed., Políglota, Barcelona, 1947.
49. Ramos, R., *Puericultura. Higiene, educación y alimentación en la primera infancia,* tomo I, Barcelona, 1941.
50. Blancafort, M., *Puericultura actual*, Bruguera, Barcelona, 1979.
51. Muñoz, J., *¡¡Madre... cría a tu hijo!!,* Barcelona, 1941.

ÍNDICE TEMÁTICO